"十三五"国家重点出版物出版规划项目

新中国法治发展70年观察丛书

丛书主编　李步云 郭道晖

新中国自然资源法治创新70年

李显冬　孟磊——主编

中国法制出版社
CHINA LEGAL PUBLISHING HOUSE

主编简介

李显冬，中国政法大学民商经济法学院教授，博士研究生导师。现任中国政法大学国土资源法研究中心主任；中国法学会能源法研究会常务理事；自然资源部《中华人民共和国矿产资源法》《中华人民共和国土地管理法》修改工作咨询专家；北京市行政复议委员会非常任委员；北京市法学会常务理事；北京市妇女法学会顾问。1983年毕业于中国政法大学，2000年获博士学位。1994—1995年作为中华人民共和国访问学者在加拿大麦吉尔大学研修两年。退休后经特聘任中国地质大学（北京）教授、自然资源部立法咨询顾问。著有《中国矿业立法理论与实践》《溯本求源集：国土资源法律规范系统之民法思维》等著述五十余部。发表有《完善准物权理论以健全自然资源资产产权制度》《矿业权之特许属性辨析》《"民有私约如律令"考》等学术论文一百五十余篇。

孟磊，中国地质大学（北京）副教授，硕士研究生导师，中国地质大学（北京）经济管理学院法学教研室主任，中国地质大学（北京）自然资源战略发展研究院自然资源法治研究中心主任。中国地质经济学会矿产资源法学分会常务理事、副秘书长，中国应急管理学会法律工作委员会副秘书长。主持有《自然资源基本法基础理论研究》《地质调查立法研究》《职业索赔行为规范研究》等课题，主编有《中华人民共和国土地管理法适用指南与案例释义》《矿产资源税费改革研究》等著作，发表有《自然资源基本法的起草与构建》《新冠防治背景下的我国应急管理法律规范系统的构建》等代表性论文。

新中国法治发展70年观察丛书

总　序

新中国成立70年以来，在经济、政治、文化、社会、生态等多个方面取得了举世瞩目的成就，在法律制度建设方面也取得了从无到有的进展，在法学研究方面更加关注我国国情和本土问题。这些法律制度为我国的发展提供了坚实的保障，也为我国在新时代推进制度建设和法学研究提供了丰富的经验。在法治建设方面所取得的成就离不开学术界与实务界法律人的共同努力。

党的十八届四中全会作出全面推进依法治国的决定，十九大报告中更提出“全面推进依法治国总目标是建设中国特色社会主义法治体系、建设社会主义法治国家”。推进“法治中国”建设是中国共产党领导中国人民在新时代作出的重要决策，也是马克思主义法学理论中国化的又一重要理论和实践发展。新中国成立70年以来的进程中包含着法治建设的进程，虽然中间有过短暂的挫折，但是总体上还是在向确立依法治国基本方略并进一步推进法治国家建设的方向发展。

我们认为，我国走上依法治国道路的起点是1978年召开的党的十一届三中全会，这次会议公报指出，法律要具有稳定性、连续性和极大的权威，做到“有法可依，有法必依，执法必严，违法必究”，要保证法律面前人人平等。尽管公报没有明确出现“法治”的提法，但这一系列法治原则体现了依法治国、建设法治国家的思想。写于1979年的《论以法治国》（李步云、王德祥、陈春龙）一文，被认为是最早明确提出并系统论述“依法治国”的文章。当时用的是“以法”，但和后来的“依法”有相近的内涵。这篇论文指出中国必须建设法治国家，并从历史背景、理论依据、观念变革、制度保障等方面对实行“以法治国”作了全面而系统的论证。最终，这篇文章以《要实行社会主义法治》为题于1979年12月2日在《光明日报》摘要刊载。20世纪90年代初，作为《法学研究》的主编（李步云）和《中国法学》的主编（郭道晖），我们商量在编审稿件时，凡是涉及谈论以法治或法制作为治国方略的，一律采用水字旁的“治”（即“治理”之“治”，“治”是水字旁，“水可载舟亦可覆舟”，取人民是法治主体之意）。从1994年下半年开始，中央政治局决定每年举办两次法制讲座。当时，中国社会科学院为1995年1月和1996年2月的两次讲座成立了课题组，李步云教授是这两次课题组的成员，司法部决定由中国社会科学院法学所所长王家福代表课题组在中南海作讲解。其中，1996年2月的讲座主题是“关于实行依法治国，建设社会主义法制国家的理论和实践问题”。为了这一主题李步云教授经过半个多月的准备，写成了“依法治国，建设社会主义法治国家”这一讲稿。一个月后，第八届全国人民代表大会第四次会议的一系列重要文件都将“依法治国，建设社会主义法治国家”作为法治建设的总方针和奋斗目标确定下来。经过我们和法学界反复论证，1997年，党的十五大明确将“依法治国”确立为治国方略。1999年，“依法治国”被写入《中华人民共和国宪法》。这也是我们法学界为新中国的建设贡献的一点智慧。

回顾新中国70年法治建设的发展历程，系统展示取得的巨大成就，认真总结背后的宝贵经验，对于我们以后更好地建设法治中国、进一步完善中国特色社会主义国家制度和法律制度，具有重大的理论意义和实践价值。这一想法得到了中国法制出版社的高度认同，应中国法制出版社的邀请，我们筹划组织了《新中国法治发展70年观察丛书》，旨在通过这套书，展示新中国成立70年来法治建设和法学研究的丰硕成果。

这一想法也得到了学界同仁的积极响应。他们中既有李其瑞、蒋传光、穆兴天、贾洛川、李显冬、刘仁文、杨立新、刘作翔等（以分册设置为序）学界名家，也有宋海彬、邱昭继等优秀青年学者。在此特向为本丛书作出贡献的所有专家学者表示衷心的感谢。他们在自己的研究领域做出了受到学界认同的成果，我们相信他们的观察和研究是踏实勤恳的，他们围绕“新中国法治发展70年观察”这个话题所研究的成果是值得参考的。在学者们的共同努力下，我们分别从马克思主义法治理论中国化、新中国法治建设、新中国民族法制建设、新中国监狱制度建设、新中国自然资源法治创新、新中国刑法、新中国民法等几个方面设立了分册，进行专项总结和研究。我们的设想也得到了国家新闻出版署的支持，《新中国法治发展70年观察丛书》被列入了《“十三五”国家重点图书、音像、电子出版物出版规划》。

作为九十岁左右的法律人，我们见证了新中国的诞生和发展，看到了这个国家、这个民族所取得的非凡成就，我们期望以《新中国法治发展70年观察丛书》记录我国走向法治的必然过程，也期待通过这套书展示我国在法学和法治建设方面取得的成就，这也是作为法学学者的我们献给新中国70周年华诞的一份礼物。

李步云　郭道晖

2019年10月

序

Preface

自然资源包罗万象，包括国土、生物、矿产、海洋、水、气候气象等诸多种类。自然资源制度纷繁复杂，几乎每一类自然资源都有相应的单行法规定，如土地、矿产、森林、草原、野生动物、水等都有单行法，每一个单行法都有权属法律制度、流转法律制度和行政管理法律制度。在单行法之外，每个领域还有规模不等的行政法规、地方性法规、规章和规范性文件，尤其是属于政策范畴的文件数量庞大。

新中国成立 70 年来，多个自然资源的管理部门在很长时间内多头管理，以至于空间规划重叠相左问题突出，十三届全国人大一次会议批准国务院机构改革方案，决定组建自然资源部。新组建的自然资源部整合了国家发展和改革委员会、住房和城乡建设部等八个部门的部分职责，将统筹“山、水、林、田、湖、海、草”（当然国土之中均有矿产资源）的系统治理，统一行使全民所有自然资源资产所有者职责，统一行使所有国土空间用途管制和生态保护修复职责，着力解决自然资源所有者不到位、空间规划重叠等问题。自然资源部的组建，实现了自然资源的一体化管理，重塑了自然资源管理的新格局，科学还原了自然资源系统的整体性。

新中国成立 70 年来，我国的自然资源法治建设走出了一条中国特色的治理之路，取得了伟大的成就。但自然资源法治建设还存在立法质量不高、立法体系不协调、自然资源领域矛盾纠纷频繁多发、行政复议行政诉讼持续高位运行等突出问题。

本书针对这些问题，依据系统研究思维的方式展开专题研究，对自然资源法治建设的理论和实践进行了全面系统的回顾和总结，对自然资源法治建设存在的问题进行了深入剖析及解答。本书在全面总结和系统梳理新中国成立70年以来自然法治领域的理论发展和立法经验的基础上，紧密结合生态文明建设的改革部署，提出了在自然法律规范系统的视角下，制定自然资源基本法、完善自然资源单行法等建议。

自然资源的管理和改革需要用法治引领和保障，自然资源的管理和改革实践需要理论的指引，未来自然资源法治建设需要更为系统的理论支撑、更为全面的实践总结概括，更为精妙的利益协调平衡、希望本书能为自然资源法治建设贡献绵薄之力。

是为序！

编者

2019年七十年大庆前夕

目录 Contents

第三章　新中国水资源法治70年

第四章　新中国林业资源法治70年

第五章　新中国草原资源法治70年

第六章　新中国海洋海岛领域法治70年

第七章　新中国湿地保护法治70年

绪论

自然资源法在新中国 70 年的不断与时俱进

第一节 新中国自然资源法立法的独立性演进

自然资源对任何一个国家而言，都是立国和社会发展的基本条件，而可持续发展作为人类社会与经济发展的全面性战略，也是目前全球共同研究的一个热点问题。要实现可持续发展就不可能不探讨可持续发展的物质基础——自然资源问题。[①] 新中国成立以来，随着社会经济的发展，对资源需求的猛增，资源问题的突出和人们认识水平的提高，都使得自然资源法愈益得到重视，有了很大的发展，这一点特别是在改革开放以后，社会主义市场经济迅猛发展的时期，尤为显著。可以说，新中国成立后的70年中，自然资源法的立法发展大致经历了三个大的阶段，即新中国自然资源法产生的萌芽与孕育阶段、迅猛发展阶段和逐步健全完善阶段。

一、新中国自然资源法产生的萌芽与孕育阶段

从新中国成立到1979年《环境保护法（试行）》的出台，是新中国自然资源保护法的孕育阶段。

（一）新中国早期的自然资源立法侧重于开发利用

早在1951年4月18日，政务院即颁布了新中国的《矿业暂行条例》，其

① 冯悦暖:《中国经济可持续发展中自然资源利用问题研究》，黑龙江大学2002年硕士学位论文。

规定“全国矿藏，均为国有”，还明确表明“探矿或采矿人，应配合矿床构造及矿物岩石之特性，采用最适当的工程设备与探采方法，并尽力避免损害矿藏，或减低矿产收获率，同时应顾及矿区之未来发展”。[①] 显而易见，矿产资源是除土地外，在国家工业化即现代经济发展过程之中，联系最直接且影响最大的自然资源。

自然资源对经济增长具有不可替代的支撑作用，但出于资源的稀缺性，当今世界正面临资源短缺的威胁，资源对经济发展的制约也日益明显。我国作为发展中大国，经济快速发展，经济增长引致的矿产资源需求旺盛和资源短缺的局面不容乐观，特别是一些关系到国计民生的战略矿产的供需矛盾，短期内不仅难以改善而且有加剧的可能。[②] 如何缓解这种矛盾亦成为越来越受关注的课题。

1954 年 9 月 20 日新中国颁布的第一部《宪法》第六条第二款规定：“矿藏、水流，由法律规定为国有的森林、荒地和其他资源，都属于全民所有。”另外，国家还先后颁布了许多有关的指示、规定、办法和条例，如《国家建设征用土地办法》《政务院关于发动群众开展造林、育林、护林工作的指示》《国有林主伐试行规程》《公路绿化暂行办法》《国务院关于保护和发展竹林的通知》《水土保持暂行纲要》《国内植物检疫试行办法》《国务院关于利用和收集我国野生植物原料的指示》《森林保护条例》等，均事关自然资源的开发管理。

此外，地方也制定了一些保护资源的法规、规章，如《华东保护山林水利管理垦荒办法》《中南军政委员会关于禁止盲目开荒与破坏森林的指示》，等等。出于对自然环境的关注、重视，国家制定了诸多涉及土地、水、森林、矿产、野生动植物等的法律法规，这些法律法规的一个明显的特点，就是其内容主要是侧重于自然资源的利用和保护。

① 萧代基、孟凡强：《中国矿产资源产权与价格制度的 60 年变迁》，载《南方周末》2009 年 10 月 8 日。

② 彭建安：《我国工业化时期战略矿产资源的约束问题探析》，湖南大学 2008 年硕士学位论文。

（二）新中国以自然资源为客体的环保工作始于20世纪70年代

由于工业生产的无度发展导致大量森林草原植被等遭受破坏，以至于生态恶化，自然资源迅速减少，震惊世界的八大公害正是在20世纪中叶发生的，[①] 因此世界各国开始关注环境问题，采取各种措施解决环境资源的污染，自然也就包括要采用立法手段。1972年联合国人类环境会议召开，会议通过了《人类环境宣言》，宣言中指出："保护和改善人类环境是关系到全世界各国人民幸福和经济发展的重要问题，也是全世界各国人民的迫切希望和各国政府的责任。"[②]

20世纪70年代，由于长期以来，人们对环境保护的认识不够，导致生态环境的破坏和环境污染的加重。周恩来最先认识到环境保护问题的重要性，在他的努力下，中国派团参加了第一次世界环境大会。这次会议使代表团成员深刻认识到了环境保护问题的必要性。在周恩来的推动下，1973年召开了第一次全国环境保护会议，《关于保护和改善环境的若干规定》随之颁布实施，其实际上就是新中国第一部环境保护行政法规，确立了新中国32字环境保护工作方针，即"全面规划、合理布局、综合利用、化害为利、依靠群众、大家动手、保护环境、造福人民"。自此，我国的环境保护工作开始步入正轨。[③]

1978年修订的宪法第一次对环境保护做出规定，即"国家保护环境和自然资源，防止污染和其他公害"。特别是1978年党的十一届三中全会召开，国家确立了以经济建设为中心、实行改革开放的政策等，对这一时期的自然资源保护方面的立法起到了促进和推动作用。1979年9月通过了《环境保护法（试行）》，这都是新中国成立后自然资源保护工作，尤其是自然资源立法发展深化的必然结果。

---

① 宫克:《世界八大公害事件与绿色GDP》，载《沈阳大学学报》2005年第4期。

② 《重读〈人类环境宣言〉: 建构中国环境话语体系的可贵努力》，载《中国环境报》2015年1月14日。

③ 杨文利:《周恩来与中国环境保护工作的起步》，载《当代中国史研究》2008年第3期。

二、新中国自然资源法迅猛发展的阶段

（一）改革开放后自然资源立法迅速发展并初步形成体系

1. 改革开放后中央提出要“搞立法，搞规划，把国土整治好好管起来”。

1979 年始至 1989 年《环境保护法》的颁布，这十年是我国自然资源法迅速发展并初步形成体系的时期。20 世纪 70 年代是中国政治、经济大变革时期，党的十一届三中全会的召开，使国家进入了一个新时代，有了一个难得的发展机遇，这一切为自然资源法第二时期的发展创造了极好的条件。

具体地说，国家的重视表现在 1987 年中共中央书记处做出决定，强调“要搞立法，搞规划，把我们的国土整治好好管起来”。① 同年 10 月，国务院批准国家建委关于开展国土整治工作的报告，指出“搞好国土整治，是一项很重大的任务。目前，我国的国土资源和生态平衡遭受破坏的情况相当严重，迫切需要加强国土整治工作”。②“国土整治包括考察、开发、利用、治理、保护这些相互关联的五个方面的工作。”同时，这些方面具体立法工作的进展，也显而易见。

2. 宪法上有关自然资源的明确规定为自然资源立法奠定了基础。

在 1978 年《宪法》规定的基础上，自然资源法律规范作为一个系统，又有了很大进展。1978 年《宪法》仅在第六条规定，“矿藏、水流、国有森林、荒地和其他海陆资源，都属于全民所有”，并首次规定，“国家保护环境和自然资源，防治污染和其他公害”。而 1982 年修改后的《宪法》，更进一步充实了有关自然资源保护方面的规定，如“矿藏、水流、森林、山岭、草原、荒地、滩涂等自然资源，都属于国家所有，即全民所有；由法律规定属于集体

① 杨邦杰：《国土整治综合协调方显成效——我在国家计委从事国土整治工作 40 年的回忆》，载《中国经济导报》2013 年 1 月 17 日。

② 杨邦杰：《国土整治综合协调方显成效——我在国家计委从事国土整治工作 40 年的回忆》，载《中国经济导报》2013 年 1 月 17 日。

所有的森林和山岭、草原、荒地、滩涂除外”。“国家保障自然资源的合理利用，保护珍贵的动物和植物。禁止任何组织或者个人用任何手段侵占或者破坏自然资源。”“城市的土地属于国家所有。”“农村和城市郊区的土地，除由法律规定属于国家所有的以外，属于集体所有。”“任何组织或者个人不得侵占、买卖、出租或者以其他形式非法转让土地。”“一切使用土地的组织和个人必须合理地利用土地。”“国家保护和改善生活环境和生态环境，防治污染和其他公害。”“国家组织和鼓励植树造林。”

可见，1982 年《宪法》既明确规定了自然资源的所有制，又明确规定了国家保护自然资源，保障它的合理利用。这为我国自然资源立法奠定了宪法基础，指明了自然资源保护和利用的方向。①

3. 新中国自然资源各单行立法相继出台。

随着我国民主与法制建设的飞速发展，自然资源立法取得了很大进展，短短十年时间，我国制定了一系列自然资源的单行法律法规，自然资源的开发、利用、保护和管理等方面基本实现了有法可依。②

1979 年 2 月全国人大常委会通过了《森林法（试行）》，1984 年又正式公布了《森林法》。随后又相继制定了《草原法》《土地管理法》《矿产资源法》《渔业法》《水法》《野生动物保护法》等，并依据这些法律制定了大量行政法规、部门规章和地方性法规及规章。我们清楚地看到这一时期自然资源的立法得到了迅速的发展，并在 20 世纪 80 年代末初步形成了体系；同时这个时期我国污染防治法也取得了大发展，一系列重要单行法律如《水污染防治法》和《大气污染防治法》、海洋环境保护法等相继出台。

自然资源立法发展阶段性成果的一个明显的标志是 1989 年 12 月 26 日正式出台了《环境保护法》。③

① 焦艳鹏：《自然资源的多元价值与国家所有的法律实现——对宪法第 9 条的体系性解读》，载《法制与社会发展》2017 年第 1 期。

② 李龙亮：《中国自然资源立法的反思及其完善》，载《资源科学》2008 年第 4 期。

③ 汪劲：《从环境基本法的立法特征论我国〈环境保护法〉的修改定位》，载《中外法学》2004 年第 4 期。

三、新中国自然资源法律规范逐步健全完善阶段

（一）新中国市场经济的确立耦合于《环境与发展世纪议程》

20 世纪 90 年代，国内外形势发生了许多重大变化，这对我国自然资源法的发展产生了深远影响。首先，1992 年党的十四大明确提出在我国进行经济体制改革，建立社会主义市场经济。1993 年通过了《中共中央关于建立社会主义市场经济体制若干问题的决定》，它为我国建立市场经济体制指明了方向并提出了基本要求。

同时，国际环境保护法发展迅速。随着环境问题作为非传统安全问题被提上全球各个国家的议事日程，人们对环境保护与经济社会发展之间关系的认识发生了深刻变化，这一变化促成的结果和显著标志便是在 1992 年 6 月召开的联合国环境与发展大会。这次会议是人类环境保护史上的重要路标，成为继 1972 年联合国人类环境会议后的第二座里程碑。大会签署了包括《里约环境与发展宣言》和《21 世纪议程》在内的五个重要文件，取得了丰硕的成果，极大地促进了人类社会的可持续发展，将全球的环境与发展推向新的高潮。

中国作为世界上最大的发展中国家，在会议的筹备、召开以及后续行动中发挥了重要的作用，得到了国际社会的普遍认可与赞扬。在相关问题上，与“77 国集团”达成统一立场，促进了国际事务朝着公平与公正的方向发展。同时，联合国环境与发展大会的召开，也使中国认识到了国内环保事业中的不足与缺陷，从而扬长避短，完善了国内的环保政策，制定了《中国 21 世纪议程》，促进了国内环保事业的发展。同时，在更广泛的范围内，利用多层次的途径，开展环境保护方面的国际合作。①

联合国环境与发展大会召开不久，我国于 1992 年 8 月公布了《中国环境与发展十大对策》，指出我国必须转变传统发展战略，走可持续发展道路。1994 年

---

① 赵杰:《中国与联合国环境与发展大会的关系研究》，青岛大学 2014 年硕士学位论文。

3月，国务院批准了《中国21世纪议程——中国21世纪人口、环境与发展白皮书》，提出了实施可持续发展战略的基本框架、对策和行动方案，其中包括与可持续发展有关的立法，也包括自然资源立法的完善问题。可持续发展战略，强调发展应是经济、社会的全面和普遍发展，通过发展满足当代人的物质与文化需要，又不危害后代人的发展需要，实现当代人之间和代际的公平、正义。

显然可持续发展的关键是保护生态环境、合理开发利用和节约自然资源，把发展限制在自然资源和生态环境可以承受的限度和范围内，使人类社会与大自然协调发展、和谐共处。为此，必须改变长期以来那种以消耗大量资源、破坏自然环境为代价的发展模式，彻底更新观念，建立新的道德和价值标准以及新的行为方式，善待大自然。

（二）新中国自然资源立法涌现以适应市场经济的可持续发展

正是为适应建立社会主义市场经济体制和可持续发展战略的需要，新中国自然资源立法迅速发展，出台了一系列自然资源法律法规。这一时期颁布和修改了《水产资源繁殖保护条例》《水土保持法》《渔业法》《矿产资源法》《森林法》《土地管理法》《水法》《野生动物保护法》等法律以及大量的自然资源保护行政法规、规章和自然资源地方性法规及规章。

特别是党的十八大以后，以习近平为核心的党中央坚定不移地推进生态文明建设，美丽中国建设迈出重要的基础性步伐。专家学者都认为，党的十八大以来，中央按照全面建成小康社会新的目标要求，把生态环境质量总体改善作为经济社会发展的主要目标之一，新中国的生态文明建设在理念培育方面、主体构架方面、区域发展方面、有效监管方面、保障措施方面、治理实效方面，都取得了长足的进步。①

① 陈向国:《十八大以来我国生态文明建设成绩斐然》，载《节能与环保》2018年第8期。

第二节 新中国自然资源所有权法律制度的学理沿革

一、大陆法系与英美法系均认可自然资源所有权归国家所有

在社会主义和资本主义两大阵营对立的“冷战”时期，资本主义国家中的自然资源强调私人所有的现象比较普遍。按照主体不同对所有权进行划分，再分别加以规范的法律传统在那时是不存在的。

在社会主义国家中，自然资源公有的情况是常理，因为那是社会主义和公有制的一种象征。不过当代的社会主义国家和资本主义国家在创建自然资源国家所有权制度时，在历史传统、法律制度、国情民生有所不同的情况下，却都确认了国家对自然资源享有所有权。自然资源自身的特点及克服生态和环境危机的需要也都成为此种考虑的重要因素，因而不同国家的自然资源所有制的确立方向也表现出相似性。[①]

政治制度对当代自然资源国家所有权的影响越来越弱。[②]比如，对矿产资源、水资源、无线电频谱资源的开发、利用和保护问题等，即便是不同政治体制的国家，在法律中也都明确规定了国家对自然资源享有权利。可以说，当代社会在自然资源产权结构方面正在向公共所有权和中间公共供

① 邱秋、张晓京：《当代自然资源国家所有权制度发展的新趋势》，载《法学研究》2010年第5期。

② 施志源：《气候资源之法律属性以及权利归属研究》，载《福建师范大学学报》2014年第4期。

应者转变，[1] 随着约束自然资源上的私人所有权和肯定自然资源国家所有权的新趋势的发展，国家所有权在自然资源产权结构中的法律地位显得越来越重要。[2]

二、自然资源国家所有权理论源于罗马法上的公有物理论

（一）罗马法的理念和制度设计对后世的深远影响

自然资源国家所有权制度理论是在罗马法的共有物和公有物理论基础上发展而来的。罗马法以自然资源的属性及其用途为依据，首次规定了对国有自然资源所进行的分类调整，并认为自然资源不应成为私人财产所有权的客体，因为自然资源具有很强的公共性，社会全体人员对公共自然资源享有的基本权利应当被特殊保护。这对后世的法律制度的建立和法学理论的发展都产生了深远的影响。[3]

（二）罗马法公产所有权只是具有公共使用因素而已

大陆法系国家的立法事实上均以罗马法为依据，在其发展过程中对公产（公物）理论进行了丰富，确认了行政主体对公产的所有权且负有了保障公产状态的强制性义务，[4] 并对公产所有权与民法所有权的区别进行了分析。[5] 公产所有权作为行政法上的所有权，虽然它来自民法，却和民法上的所有权在取得方式、权能、使用和管理方面存在不同，显然，通过行政法所施加的改造，具有了公共性。

---

① Vincent Ostrom. Alternative Approaches to the Organization of Public Proprietary Interests. Natural Resources Journal. 1975, 15.

② 邱秋、张晓京：《当代自然资源国家所有权制度发展的新趋势》，载《法学研究》2010 年第 5 期。

③ 陈仪：《自然资源国家所有权的公权性质研究》，苏州大学 2015 年博士学位论文。

④ 陈仪：《自然资源国家所有权的公权性质研究》，苏州大学 2015 年博士学位论文。

⑤ 黄锡生：《水权制度研究》，北京科学出版社 2005 年版，第 55 页。

三、英美法中对自然资源适用公共信托理论

（一）“双重所有权理论”是自然资源信托制度的构建基石

虽然英美法系没有建立公产或公物制度，但是在以普通法调整自然资源国家所有权制度的同时，其公共信托理论在对自然资源的管理上扮演了相当于公物制度的角色。[①] 英美法系国家公共信托理论以保护环境为主要目的，重视环境资源的自然属性对人类社会的重要性，所以不允许任何人对其进行占有、支配和损害，环境资源应当属于全体国民。[②] 这即成为英美法系国家构建自然资源国家所有权制度的理论基础。

公共信托理论就是国家通过宪法对自然资源进行控制，它起源于信托法律制度，而双重所有权作为信托制度的基础，即信托财产的受让人并不能完整地享有所有权的权能，其取得的所有权只是名义上的，实现信托的设立意图也是管理和处分信托财产的前提；[③] 相对而言，受益人虽然无权管理处分信托财产，但对信托财产却享有“实质上的所有权”。[④]

（二）法律上自然资源的信托所有权是一种限制物权

在英国，虽然是由财产法调整公共机关的财产，但公众信托理论被认为是用来限制服务于公共利益的财产之使用的，如很少进入市场、遵守特殊目的等。[⑤] 之后，英国在北美建立殖民地，其法律体系和法律制度也随之进入美国，美国逐渐以信托的方式，将信托资源的所有权赋予了州，联邦政府只是持有公共信托土地、水和资源，而其使用权由人民享有。后来经过一系列

① 肖泽晟：《公法物研究》，法律出版社 2009 年版，第 74 页。

② 邱秋、张晓京：《当代自然资源国家所有权制度发展的新趋势》，载《法学研究》2010 年第 5 期。

③ 张淳：《信托法原论》，南京大学出版社 1994 年版，第 100 页。

④ 周小明：《信托制度比较法研究》，法律出版社 1996 年版，第 12—18 页。

⑤ ［英］F.H. 劳森、B. 拉登：《财产法》（第二版），施天涛等译，中国大百科全书出版社 1998 年版，第 120—121 页。

案例确立了公共信托理论在自然资源领域的适用。换言之，州政府虽然拥有自然资源的所有权，但因其处分权受到限制所以该所有权并不完整。[①]

因此，公共信托理论是一种保护自然资源的手段，[②]不论是公共性较强的还是较弱的自然资源，都受到其保护。这为自然资源国家所有权的公权属性奠定了坚实的理论和实践基础。[③]

四、世界各国自然资源所有权制度的发展趋势

（一）多元化是当代自然资源国家所有权制度的主要特征

多元化之所以成为主要特征首先是因为在自然资源所有权制度中，国家的地位越来越重要，其次则是受当代自然资源国家所有权调整分类化的影响。自然资源所有权制度的主要发展趋势不但在制度上越来越相似，而且公法和私法的结合也越来越紧密，这是因为世界各个国家都越来越将目光聚焦到了自然资源本身的特点、属性和用途之上。

（二）资源环境问题的急增促成了各国采取可持续发展理念

资源环境问题的急剧增加以及各国对可持续发展理念越来越认同，都成为自然资源国家所有权制度发展的重要驱动力。新的趋势赋予了自然资源国家所有权制度新的内涵，也为我国跟上时代步伐，快速完善自然资源国家所有权制度提供了重要的借鉴。[④]

---

① 陈仪:《自然资源国家所有权的公权性质研究》，苏州大学2015年博士学位论文。

② 肖泽晟:《公法物研究》，法律出版社2009年版，第75页。

③ 陈仪:《自然资源国家所有权的公权性质研究》，苏州大学2015年博士学位论文。

④ 邱秋、张晓京:《当代自然资源国家所有权制度发展的新趋势》，载《法学研究》2010年第5期。

第三节 自然资源法独立性理论之辨析

由于自然资源的保护对象具有广泛性和多样性的特点，自然资源法与其他法律部门相比即成为极度综合化了的部门，其所调整的社会关系也极为复杂，保护自然资源需要相关的各种法律规范、各种方法，在整体范围内，从各个方面对自然资源法律关系进行综合调整。因此，自然资源法的部门法属性以及是否应当独立的问题，一直是法学界争议的焦点。

一、自然资源法之部门法属性研究之诸说

（一）韩德培的环保部门与经济部门两部门法共同调整说

著名学者韩德培认为，自然资源法应该为自然资源保护法和自然资源管理法两个部分，但这两个部分的部门法属性是不一样的，其中自然资源保护法属于环境保护法的范围，而自然资源管理法则应包含于经济法之中。作出这样的划分，主要是因为自然资源法这两个部分的基本指导思想和任务是不一样的，自然资源保护法主要是为了保护和改善环境，而自然资源管理法则主要是为了合理利用自然资源。[①]

① 韩德培主编:《环境保护法教程》(第四版)，法律出版社 2003 年版，第 32 页。

（二）肖乾刚的自然资源“法群说”

学者肖乾刚认为，根据自然资源法的历史发展和我国现行的资源立法、法规汇编情况，在自然资源法的概念下，各种单项资源法集合成法群形态，这是现存的法律事实。对资源整体利用和综合利用进行立法，把现存的各项资源法集合成为法群形态，是自然资源法的发展趋势。①

（三）“传统部门法否认说”

学者张璐认为，对自然资源部门法属性的研究必须超越传统的法学思维定式，破除相关部门法的门户之见，因为自然资源法调整对象的广泛性和复杂性，无法运用单一的调整方法解决实际问题，从而也就无法通过传统部门法以调整对象和调整手段来作为依据的此种划分方法，来研究自然资源法的部门法属性。其认为对自然资源法部门法属性问题的研究，应当加强对自然资源法长期以来在发展变化过程中内在规律性问题的研究，总结出其中的支配性因素，在此基础上充分把握自然资源法的发展方向，保证对自然资源法部门法属性的分析和认识与其理论进化趋势一致。②

（四）“领域法学”与“边缘法学”

学者吕忠梅认为，关于与“自然资源法”密不可分的“环境法”的学科属性，近年来有两种值得关注的看法。一种观点是认为，环境资源法是“领域法学”。③ 刘剑文教授就提出：“领域法学是以问题为导向，以特定经济社会领域全部与法律有关的现象为研究对象，融经济学、政治学和社会学等多种研究范式于一体的整合性、交叉性、开放性、应用性和协同性的新型法学理论体系、学科体系和话语体系，具有研究目标的综合性、研究对象的特定性

---

① 肖乾刚主编：《自然资源法》，法律出版社 1992 年版，第 21 页。

② 张璐：《自然资源法的部门法属性分析》，载《环境法治与建设和谐社会——2007 年全国环境资源法学研讨会（年会）论文集（第四册）》，第 1335 页。

③ 李启家：《环境法领域利益冲突的识别与平衡》，载《法学评论》2015 年第 6 期。

以及研究领域的复杂性等特征。”①

另一种观点是认为，环境资源法为所谓“边缘法学”，所谓“边缘法学是法学体系中的一类特殊分支学科，它是法学与其他社会科学或自然科学因部分研究对象相关或交叉重叠，以及研究方法的直接移植而产生的一类分支法学学科”。② 吕忠梅认为“边缘法学”仅仅是表明其具有多学科交叉和渗透的属性。两种学说都探讨了法学中的多学科交叉、多部门融合问题，其之所以会有“领域性”或者“边缘性”，是因为它们对社会关系的“二次调整性”，即在这一类社会关系已有法律进行调整的基础上，通过另一性质的法律对该社会关系再次进行调整的法律。③

吕忠梅认为，“领域法学”或者“边缘法学”的观点，可以在事理上说明环境法的学科属性。但也需要澄清一些问题，“领域法学”的核心是如何解决领域法与部门法的关系，涉及法律体系与“领域法”、法学体系与“部门法”、法律制度与“部门法”的关系等二级命题。“边缘法学”也还要进一步回答边缘法是社会科学还是自然科学、是法学学科还是环境或自然学科、是理论学科还是应用学科。这两种观点均是在法理方面所作的努力，但其解释力、证明力都还有待提升。

从法理角度看，其逻辑起点、范畴体系以及其如何形成对社会生活的解释力，都足以支撑几十年甚至上百年研究的内容，其是否需要教义学方法等，事实上目前均尚未达成共识，所以环境法和自然资源法的研究范式尚远未形成。吕忠梅认为，我们必须清醒地意识到，这都是因其不从法理上解释问题才难以被法学认可。

（五）否定“还原思维”的“诸法合体回归”说

学者吕忠梅还谈到，我国物权法没有“资源利用权”的概念，主要以用

---

① 刘剑文：《论领域法学：一种立足新兴交叉领域的法学研究范式》，载张文显主编：《私法与法治经济建设》，法律出版社 2017 年版，第 8—13 页。

② 汪太贤：《边缘法学的思考》，载《甘肃政法学院学报》2000 年第 1 期。

③ 吕忠梅：《环境法学》，法律出版社 2010 年版，第 32—38 页。

益权制度来解决国家资源所有权的使用问题，所以她提出：矿业权、林业权、渔业权、海域使用权都是用益权吗？比如，渔业权包括养殖权与捕捞权，捕捞权是用益权吗？对自然资源的使用有消耗性使用和非消耗性使用两种，把消耗性使用定性为用益权在逻辑上不能自洽。[①]所以崔建远教授认为这些应是准物权，可以从民法角度对自然资源的使用进行建构。[②]因此在这一问题上，准物权与用益权究竟是什么样的一种关系值得探讨。有学者进而提出，自然准物权即准用用益物权的有关规定，因此可以称之为“准用益物权”。

吕忠梅认为，虽然民法和环境法都以自然资源为研究对象，但因不同的人性预设而建构了不同的制度体系：[③]环境法为了当代人和后代人的共同利益，保护自然资源所承载的生态价值、公共安全价值，要通过对所有权的限制和公法措施来实现；而民法为了个体利益，保护自然资源的经济价值，要通过物权制度及其流转制度来实现，两者之间存在巨大差异。[④]如果将几者结合而综合运用，岂不又回归到中国古代“诸法合体，民刑不分”的思路上去了吗？

（六）部门法学方法论难以解读环境法与自然资源法等现象

众多学者都同意，由于传统法理学是建立在民法基础理论上的，以个人主义为圭臬，采取所谓“还原主义方法论”来构建了法学范畴和概念体系。所谓“还原论”作为西方现代科学之源，认为万物均可通过分割成部分的途径了解其本质。[⑤]因为人类主体思维具有割离本性，如果不把不间断的东西

---

① 消耗性使用，即生活资料或生产资料在生产或生活中因使用而使物的物理形态消失。参见吕忠梅：《物权立法的“绿色”理性选择》，载《法学》2004年第12期。

② 崔建远：《关于准物权转让的探讨》，载《河南政法干部管理学院学报》2003年第6期。

③ 吕忠梅：《从理性经济人到生态理性经济人：〈绿色民法典〉的人性预设》，载《私法研究》（第5卷），中国政法大学出版社2005年版，第38—88页。

④ 焦艳鹏：《自然资源的多元价值及其法律实现：对宪法第9条的体系性解读》，载《法制与社会发展》2017年第1期。

⑤ Б. 格里戈里耶夫、刘伸：《原子论与还原论》，载《国外社会科学》1981年第8期；刘敏、董华：《还原论传统的盛行与隐匿》，载《系统科学学报》2011年第1期。

割断，不使活生生的东西简单化、粗糙化，不加以割碎，不使之僵化，那么我们就不能去想象、表达、测量、描述运动。[①] 实际上，法学研究的“还原”思维就是将法律分为民法、刑法、行政法、诉讼法等法律部门，完全以是否有独立的调整对象来作为划分法律部门的标准；从而将司法案件区分为民事案件、行政案件、刑事案件等。

综上所述可见，自然资源法与环境法由于两者立法目标以及调整要素的高度融合，二者之间的关系往往处于交叉重叠或者彼此包含的状态。而要想解决自然资源法和环境法的交叉重叠问题，就需要改变既有的部门法划分模式，创新法律规范系统理论，建立自然资源法律规范系统思维理论。

二、新中国自然资源法与环境法的“分分合合”理论

（一）自然资源法作为环境法的一部分而存在的学说

承认自然资源法独立性最大的障碍就在于须厘清其与环境法的关系，由于自然资源法与环境法之间的密切联系，使得理论研究和立法实践都倾向于将二者融合，1997 年法学二级学科的调整方案将环境法与自然资源法合二为一，统称为“环境与资源保护法学”，更是使得自然资源法作为环境法的部分存在。

例如，学者戚道孟就认为，自然资源法与环境保护法是部分与整体的关系，其认为自然资源保护是指通过对环境的合理利用，最大限度地和持久地提高人类的生活质量，采取适当的措施以永续使用和维护良好的生态环境。这种认识上的变化使自然资源的保护越来越具有环境保护的性质。其实任何自然资源都是环境要素，它作为环境保护的对象也是应该的。由此可见，自然资源保护成为环境保护的组成部分是必然的。[②]

① 列宁:《哲学笔记》第 285 页，转引自孙正聿:《列宁的“三者一致”的辩证法——〈逻辑学〉与〈资本论〉双重语境中的〈哲学笔记〉》，载《中国社会科学》2012 年第 9 期。

② 戚道孟主编:《自然资源法》，中国方正出版社 2005 年版，第 5 页。

（二）与环境法融合形成一个独立的环境与资源法说

学者杜群认为，可持续发展观指导下的自然资源立法，必须首先是满足自然资源生态系统不受破坏，其次是自然资源的经济利用。在这个意义上，自然资源法从传统的经济法阵营走出来，与环境法融合形成一个独立的法律部门——环境与资源法，是顺应了可持续发展的客观要求的。①

（三）环境法与资源法共同融合发展为完整意义上的环境法说

学者张璐认为，环境问题包括环境污染和环境破坏，其中环境破坏是与自然资源的开发利用和保护管理有着直接的因果关系的，关于自然资源的开发利用及其养护的法律规定当然应该成为完整意义上环境法的组成部分。而且从另外一个角度来说，自然资源法的缺乏将从根本上造成环境法的功能残缺，从而导致环境法作用目的均无法实现，因为环境污染与环境破坏并非截然分开的，它们是彼此联系、互为因果的，但任何一方面规则涉及的欠缺都不利于环境问题的根本解决。环境保护不可能与社会经济活动完全割裂开，而自然资源以及狭义上的环境法（污染防治法）共同融合发展，为完整意义上的环境法奠定了坚固的现实基础。②

（四）环境法与自然资源法间不同的独立价值取向说

学者张湘莹认为，环境法与自然资源法在法律关系上是相互独立的，有着不同的法律调整对象，此谓环境法调整的是人与环境的关系，而自然资源法调整的是人与自然资源的关系，两部法律在中心内容与核心问题上也有所不同。但由于自然环境与自然资源在实际生活中的较强连接性，自然资源法与环境法在整体上又具有统一性。③

① 杜群：《我国环境与资源法范畴若干问题再探讨》，载《法学评论》2001年第2期。

② 张璐：《自然资源法的部门法属性分析》，载《环境法治与建设和谐社会——2007年全国环境资源法学研讨会（年会）论文集（第四册）》，第1336页。

③ 张湘莹：《对环境法与自然资源法统一性的分析》，载《法制博览》2019年第5期。

学者邓海峰认为，除了考虑学科属性以外，还需要尊重两法所栖生的社会环境和人类利用环境与资源要素的不同特点。环境法侧重于环境法益的整体性维护，以环境公共利益或社会利益的实现为制度之落脚点，在范围上囊括了资源性和非资源性环境要素的全部领域；而自然资源法则更关注独立的、具有特定经济属性的自然要素在用益价值上的实践。[①]

三、新中国自然资源法理念的演进

经济基础决定上层建筑，随着社会生产力的提高，人类开发利用自然资源的能力迅速增强，经济发展的规模和速度都在不断加大，与此同时，伴随着自然资源的大量消耗和生态的破坏，人们对自然资源的利用和保护的态度也就随之改变，由此导致自然资源法内在蕴含的法律精神与理念发生变化，这主要包括以下两个方面，即私法保护向国家干预的转变以及经济功能向生态功能的转变。

（一）自然资源的私法保护转向国家干预的私法公法化

人类社会诞生以来，人类的活动始终围绕着开发、利用自然资源而展开，这是因为人类的生存和发展都离不开自然资源。奴隶社会、封建社会、资本主义社会早期，无论是农牧业，还是工业的发展，很大程度上都直接依赖自然资源的开发、利用的规模和程度。早期有关自然资源的立法，其主要目的是促进自然资源的开发利用，以满足人们的基本生活需求。

然而早期的这些社会形态皆为私有制社会，对自然资源的开发利用属于私人经济的组成部分。而自然资源作为自然物，又有别于其他财产的特殊性，它作为主要的生产资料就必然有对其分配和保护的特别需要，伴随着私有制社会的发展，加强对私有权的法律保护，资源物权就必然是自然资源保护的主要法律内容。总之，早期的自然资源法的特点是以促进自然资源开发为立

① 邓海峰:《环境法与自然资源法关系新探》，载《清华法学》2018年第5期。

法目的，以资源物权为主要内容，以特别条款的形式存在于民法当中。因此，有的学者称这个时期为特别物权法时期。[①]后来，随着严重环境污染的发生，生态环境与资源的保护开始得到了重视，各国才开始陆续颁布保护和管理各种自然资源的单行法。

在自然资源法的发展过程中，从最初的特别物权法到后来的以行业管理和特定类型自然资源管理为主要内容的单行法的法律形态演变，是自然资源法法律理念社会化变迁的典型体现。因为，传统的物权法作为私法属性表现最为强烈和集中的法律领域，其对自然资源的制度设计完全是在把自然资源当作纯粹的私有财产这一基本前提下进行的，而后来产生的以行业管理和特定类型自然资源管理为主要内容的各种自然资源单行法，则是有史以来首次将自然资源开发利用的纯粹私人经济行为有效地介入了国家的干预，这使得真正近代意义上的自然资源法从其产生起，就具有了强烈的私法公法化的社会法倾向。

就本质而言，自然资源法的社会化实质上反映了随着社会的发展与进步，自然资源法的基本理念由个人本位向社会本位的转变，其主要关怀目标也从个体利益转向了社会公共利益。[②]

（二）自然资源的单纯经济功能逐渐向兼具生态功能转变

传统经济形态中的实用主义对法律的影响根深蒂固，在这样的指导思想下，最初的自然资源法对社会关系的调整和规范的基本落脚点都在于自然资源的实用性。这种实用性主要体现在自然资源的经济价值或经济效能上，因此，自然资源法一切法律规范和制度的设计，都应是以实用主义为中心的，其基本目标在于促进自然资源经济价值在最大限度上的实现。但随着社会的发展变化和人们对自然资源认识的逐渐深入，对于自然资源法上述单一的价值取向不得不进行逐渐的调整与改变。这主要基于两方面的原因[③]：

---

① 戚道孟主编:《自然资源法》，中国方正出版社 2005 年版，第 11 页。

② 张璐:《环境与资源保护法学》(第三版)，北京大学出版社 2018 年版，第 291 页。

③ 张璐:《环境与资源保护法学》(第三版)，北京大学出版社 2018 年版，第 291 页。

首先，经过长期的积累，单一强调对自然资源经济性开发利用所导致的社会问题日益显露，主要表现为对自然资源的严重破坏、浪费，自然资源在整体上呈现退化的趋势，在很多领域已经无法满足人类社会经济性开发的需求。

其次，自然资源的退化在影响到经济发展的同时，也对人们的日常生活环境产生了明显的影响，如森林砍伐所导致的水土流失和泥石流，植被退化所形成的沙尘性气候，过度引水灌溉造成的土壤盐碱化和江河断流等，这些问题已经在某种程度上对人类生存的基本需要形成了威胁。因此，以实用主义为中心的自然资源法的基本价值观念受到了社会的普遍质疑，产生了法律理念变迁的必要与可能。①

在近代自然资源法的发展过程中，生态化的基本理念在自然资源法中得以逐步形成和确立。自然资源法生态化的法律理念，主要是指以自然资源赋存与演变的自然规律为前提，在自然资源法的法律规范与制度设计上充分考虑自然资源的生态承载能力，以维持和保证自然资源生态功能完整性的基本法律精神与观念。宏观而言，生态化的法律理念是可持续发展战略在自然资源法中的实际贯彻与体现，因为只有维持和保证自然资源自身生态功能的完整性，才有可能提供可持续利用的自然资源基础，这是社会得以发展与进步的基本物质保障。

而且，自然资源功能的复合性也决定了其生态功能与经济功能是彼此联系、相互影响的，对生态功能的维持与保护是其经济功能得以最大限度实现的基本前提，那么同时，对自然资源生态功能的破坏将使其社会经济功能的存在失去基本的依托。

因此，生态化的法律理念也在实际上保证了满足社会经济可持续发展对自然资源的长远需求。②

① 张璐:《环境与资源保护法学》(第三版)，北京大学出版社 2018 年版，第 291—293 页。
② 张璐:《环境与资源保护法学》(第三版)，北京大学出版社 2018 年版，第 291—293 页。

第四节
自然资源产权理论的勃兴

一、改革开放后经济学中的产权概念风靡全中国

（一）经济学中产权制度之兴起

1. 所谓“产权”的概念与所有权的概念并不等同。

现代产权经济学已经对产权给出了基本概念，[①]经济学家们将产权定义为人与人之间的关系，所以产权的实质就是在规范规则的约束下形成的社会关系。[②]这与马克思论述的所有权的概念特征非常相近。因此，有学者将产权定义为人们拥有的用自己的财产去损害他人，或让他人受益的权利。[③]

2. 科斯作为新制度经济学的开创者把制度和企业引入了主流经济学。

科斯是新制度经济学的开创者与产权理论的奠基人，他论证了企业、产权、契约和市场对经济发展的决定性作用和它们相互之间的关系。[④]他认为，制度是对经济现象、经济行为和经济关系有重大影响和支配作用的重要因素，

---

① 陈美衍：《现代西方产权经济理论研究》，复旦大学2008年博士学位论文：“产权是授予特别个人某种权威的办法，利用这种权威，可以从不被禁止的使用方式中，选择任意一种对特定物品的使用方式。”

② 李勇、孙娜：《产权缺陷与我国市场经济建设中的信用缺失》，载《科学·经济·社会》2014年第3期。

③ 陈安宁：《论我国自然资源产权制度的改革》，载《自然资源学报》1994年第1期。

④ 冯兴元：《科斯：“我将长眠，祝福中国”——科斯的遗产》，载《南方周末》2013年第3期。

要研究经济现象、经济行为和经济关系就必须先研究制度。故把制度和企业引入了主流经济学。而在这之前，主流经济学的关注重点在于诠释市场价格体系和市场价格体系如何发挥作用。

（二）经济学中的产权制度在法学中何以解读

1. 法律制度是人类追求一定社会秩序的必然结果。

恩格斯说过，人们“把每天重复着的生产、分配和交换商品的行为用一个共同规则概括起来……这个规则首先表现为习惯，后来便成了法律，随着法律的产生，就必然产生出以法律为职责的公共权力机关——即国家”[①]。由此可见，被称之为早期研究制度经济学的学者如洛克、马克思等既是政治学家又是法学家，他们对制度的法学理解充满经济学和政治学的色彩。法律制度发展直到现在，为了使其更充分有效地发挥强制和规范作用，非正式制度的社会规范向正式的法律规范的转化过渡，始终是社会发展的主流趋势和必然结果。[②]

2. 财产的意义扩大为交易和预期交易的重复。

当代的财产意义已经与以前大不相同，变化之处在于交易和预期交易的重复出现，以及使用价值的范围扩大到了稀缺性价值，这些都成了无形资产的基石，而无形资产又成为运行机构的观念基础，影响着国家的整体运作。[③]

3. 产权研究的是自然资源作为物的未来合法权利。

关于概念上的演化，经历了把物之实际转移视为交换，到所有权的法律移转的转变，使得商品的交换已经不能概括交易的全部内容，社会的集体运转规则决定了它是主体之间对具体的物之未来所有权的取得和转让。[④]在我

---

① 《马克思恩格斯选集》（第二卷），人民出版社 1995 年版，第 538—539 页。

② 李显冬、牟彤:《完善准物权理论以健全自然资源资产产权制度》，载《中国国土资源经济》2014 年第 2 期。

③ ［美］约翰·康芒斯:《制度经济学》，赵睿译，华夏出版社 2013 年版，第 47 页。

④ ［美］约翰·康芒斯:《制度经济学》，赵睿译，华夏出版社 2013 年版，第 52—53 页。

国，物的概念一直在扩大，在允许自然资源进入市场有偿使用的背景下，自然资源作为物进行占有也享有相应的权益，故而法律也应当对其合法权益予以规定。①

（三）健全公共资源之产权制度的社会价值所在

1. 社会集体行动决定着自然资源所有权的交换规则。

现代经济学家认为“集体行动对个人行为的控制”就是制度，②而社会的集体行动是所有权交换规则建立的决定因素，因此，制度经济学是建立在所有权制度之上的。③

2. 自然资源的使用价值和价值显示的是其经济属性。

联合国将自然资源定义为：自然资源是能为人类所用的物质和能量的总和。④反过来看，这也意味着自然环境中的各类资源，只要它能以各种方式为人类提供利益就都是自然资源。⑤所以，自然资源的使用价值和价值的属性是可以用经济尺度来衡量的。

3. 产权明晰帮助且强化了自然资源的“定分止争”与“物尽其用”。

产权制度的目标是以给予产权主体明晰平等的权利与责任为方式，以使产权主体以高效利用资源为目的，进而促使资源最充分地发挥自己的价值，严格遵守自然资源开发利用的根本原则和终极目标，即“定分止争”和“物尽其用”，同时又能给产权主体一定的责任约束。⑥明晰的产权保障经济主体更专注于完善内部管理、研发生产技术、投身市场交易，以追求自身利益的最大化。而且明晰的产权已经为其提供了最佳方式，同时也进一步促进自然

① 李显冬、牟彤：《完善准物权理论以健全自然资源资产产权制度》，载《中国国土资源经济》2014年第2期。

② ［美］约翰·康芒斯：《制度经济学》，赵睿译，华夏出版社2013年版，第62页。

③ ［美］约翰·康芒斯：《制度经济学》，赵睿译，华夏出版社2013年版，第4页。

④ 蔡守秋：《环境资源法教程》，高等教育出版社2010年版，第275页。

⑤ 曹明德、黄锡生：《环境资源法》，中信出版社2004年版，第209页。

⑥ 谢地：《论我国自然资源产权制度改革》，载《河南社会科学》2006年第4期。

资源发挥其最佳效用。①

4. 自然资源产权的可交易性影响着其产权的效率。

推进自然资源产权制度建设，首先要对自然资源产权效率与公平关系进行恰当的平衡，同时要以自然资源国家所有权的有效运行为前提，才能深入揭示自然资源产权效率与公平的内在关系和运作结果的原理。

“科斯定理”阐明了当交易成本为零时，在产权明确和经济主体双方正常谈判交易的情况下，市场会呈现出一种均衡的状态，最终会实现资源的有效配置。这是较为系统的西方经济学产权理论体系产生的基础，即通过界定产权并实现其交易来提高产权效率，因为产权的可交易性对产权的效率具有重大影响。②

5. 所有权作为制度经济学的基础决定了自然资源法经济学的方法论。

在民商事裁判中，法经济学的方法论无疑会被广泛运用，同时也与传统规范法学相互融合弥补，一起建立民商事裁判理论的方法论基础。我国自然资源国家所有权制度变迁是随着市场经济的蓬勃兴起而发展的，我国在市场经济的前期，对自然资源国家所有权进行制度设计时甚至把市场化作为首要目标，二十多年来的成就和经验教训也丰富了法经济学的方法论。③

二、公私法的辩证演化诠释了制度经济学的理论基础

（一）自然资源的市场化改革需要理论支持与法律依据

自然资源国家所有权“公法私法化”和“私法公法化”理论的主要目标是实现国家经济利益，主要作用是为国有自然资源的市场化改革提供依据，不论

---

① 李显冬、牟彤：《完善准物权理论以健全自然资源资产产权制度》，载《中国国土资源经济》2014年第2期。

② 董金明：《论自然资源产权的效率与公平——以自然资源国家所有权的运行为分析基础》，载《经济纵横》2013年第4期。

③ 董金明：《论自然资源产权的效率与公平——以自然资源国家所有权的运行为分析基础》，载《经济纵横》2013年第4期。

在理论还是实践方面，这与市场经济建立时期的需求都相一致。[①] 按照市场经济理论，明确人、物、债三个基本要素，找到商品所有人是商品交换的第一步，之后才是建立完善市场经济的秩序，推进市场化和商品化。由此可见，明确的产权的作用是不可替代的，它对自然资源效用最大化起着决定性的作用。[②]

另外，我国自然资源权利制度与自然资源保护之间也存在一定的微妙关系，现实情况是在自然资源被认为是共有物的情况下，利用自然资源的收益人与利用自然资源所产生的不利后果的承担人并不是同一人，后果是由全体共有人承担，所以，共有人都有利用自然资源的积极性，却没有保护自然资源的积极性，推广而言，没有法律依据的对自然资源进行控制和管理容易导致自然资源开发管理秩序混乱，进而容易发生对自然资源过度开采、滥挖滥用的现象，此即经济学中所谓的“绿地悲剧”。[③]

（二）新中国自然资源国家所有权的二重法律属性

在市场经济条件下，自然资源国家所有权包括私法上的所有权和公法上的所有权，私权意义上的所有权主要涉及市场经济条件下自然资源所有权的运行，而公权意义上的所有权主要涉及自然资源的国家公共产权的行政管理。[④]

随着市场改革不断深入、要求不断提高，公私法在各自领域内进行演化，自然资源开发利用的根本原则是私法价值的体现，为了实现资源的价值最大化，在赋予主体明确而对称的权利与责任的前提下，注重当事人意思自治，这是公法私法化的体现。与私法相比，公法的作用在于规范公共管理组织的运作，对自然资源的滥用现象进行监控和管理，规范行为方面实行“管制”，在个别规制方面强调“指令”，这又是私法公法化的体现。[⑤] 政府和市场有机

① 邱秋、张晓京:《当代自然资源国家所有权制度发展的新趋势》，载《法学研究》2010 年第 5 期。

② 李显冬、牟彤:《完善准物权理论以健全自然资源资产产权制度》，载《中国国土资源经济》2014 年第 2 期。

③ 成言:《为保护生态环境作出我们这代人的努力》，载《环境》2017 年 12 月。

④ 董金明:《论自然资源产权的效率与公平——以自然资源国家所有权的运行为分析基础》，载《经济纵横》2013 年第 4 期。

⑤ 李显冬、牟彤:《完善准物权理论以健全自然资源资产产权制度》，载《中国国土资源经济》2014 年第 2 期。

结合，公法和私法的充分弥合，是发挥自然资源最大效益的必经途径。

（三）自然资源的财产属性与国家对资源的公法规制并不冲突

在自然资源法所调整的社会经济关系中，国家扮演着双重的角色，具有民事主体和公法主体的双重身份。① 一方面，国家作为自然资源所有者，在自然资源准物权的设定法律关系中，是民事法律关系的主体，所以作为这种法律关系运作方式的自然资源准物权即因此可以准用传统用益物权民事法律关系的法律规定。

另一方面，国家作为行政管理者，在各种自然资源开发管理过程中，基于对社会公共利益的整体考虑，自然要依法对各种自然资源的开发管理行为进行必要的行政管制。这无疑是我国各种自然资源单行法修改中必须贯彻始终的立法路向。

三、新中国自然资源有偿使用理论的提出

自然资源有偿使用制度包含在生态文明制度体系内，制度建立的必要性不言自明。一是促进经济社会的可持续发展。因为有制度进行调节和规制，才能避免自然资源不必要的浪费和多余的消耗，从而实现可持续发展。二是自然资源有偿使用制度的建立，是完善社会主义市场经济制度体系的本质要求。自然资源有偿制度作为市场经济制度内容之一，是完善社会主义市场经济体制的必由之路。三是转变发展方式的需要。制度的建立有助于将过去粗放型发展模式推动改变为依靠技术、人才、知识、信息等因素来实现经济增长的发展模式。②

① 苏永钦：《民事立法者的角色——从公私法的接轨工程谈起》，载新华网：http://www.xinhuanet.com/expo/2017-01/23/c_129458586.htm，最后访问日期：2019 年 1 月 3 日。

② 李佐军：《自然资源有偿使用化节约为内在约束力》，载国务院发展研究中心网：http://www.drc.gov.cn/xsyzcfx/20170119/4-4-2892535.htm，最后访问日期：2018 年 12 月 25 日。

但是，在市场化经济不断深入改革的背景下，我国自然资源制度改革举步维艰，成效不大，自然资源的市场配置方面依然停留在公法计划供给阶段，几乎没有私法介入的余地。改变现有制度，将从前计划经济下使用自然资源的状况向市场调节下的有偿使用进行转变，构建一个产权清晰、交易灵活、秩序规范的高效体制是理论与实践中的一个重大课题。①

（一）自然资源有偿使用提出的背景

1. 新中国自然资源所有权主体单一而在行使中事实虚位且主体混同。

一直以来，自然资源有偿使用和自然资源市场往往被忽视，具体表现为政府对自然资源的开发、利用、保护基本上依旧适用全覆盖型的行政调整体制，采取无偿、无期限、无流动的政策。② 例如，在利用自然资源的过程中，只强调对其进行规范性的公法调整，不注意使用个别性的私法调整方式，更欠缺合作监督的调节机制。③ 在我国现行体制下，国家作为法律规定的权利主体并非完整权利的享有者，这是我国自然资源国家所有的基本矛盾。④ 更严重的是，自然资源的控制者和管理者即各级地方政府难免把地方利益放在首位，无限使用自然资源及其经济价值，致使自然资源虽披着国家所有权的外衣，却有可能成为各级政府掠取利益的工具。⑤

2. "委托—代理"理论解决不了自然资源权利制约的难题。

对于如何实现国家所有权，学术界观点众多，⑥ 其中最有代表性的即在"统一的唯一的国家所有权"理论基础上产生的"委托—代理"理论，此种理论坚持国家必定是代表全体人民的法定代理人，也涉及国家所有权的法律实

① 虞磊珉：《自然资源利用权市场化流转法律问题研究——以水权为研究对象》，华东政法大学2015年硕士学位论文。

② 姬兆芬：《论我国环境保护法律调整机制》，上海交通大学2007年博士学位论文。

③ 蔡守秋：《自然资源有偿使用和自然资源市场的法律调整》，载《法学杂志》2005年第2期。

④ 董朔战：《论中国自然资源产权制度的变迁》，郑州大学2000年硕士学位论文。

⑤ 刘超：《自然资源国家所有权的制度省思与权能重构》，载《中国地质大学学报（社会科学版）》2014年第2期。

⑥ 侯富强：《公产法律制度审视下森林国家所有权的实现方式》，载《学术研究》2017年第4期。

现方式。而所谓的“统一且唯一的国家自然资源所有权”的内容实际上存在许多矛盾，具体包括以下方面：

首先，中央政府与地方政府、各地方政府之间、“央企”与地方国企之间存在复杂的利益纠纷，这说明在事实上“国家所有权”是不可能“统一且唯一”的。

其次，无论是在概念上还是逻辑上，国际法与国内法的规定中，并没有将“国家”与“全民”等同，所以，国家所有权与全民所有权也不可能等同，抽象的“国家”无法作为主体来具体地去行使民法上具体“物”的所有权的权能。

最后，从民法的角度看，现行国家所有权制度并不具备民事法律关系主体、客体、权利、义务及责任五个基本要素。[①]所以，将国家所有权定义为“统一且唯一”是不恰当的，这只能强化自然资源所有权主体虚位的事实。

所有权落实不到位可以反映出两个存在的问题：一是现行自然资源制度设计中存在理论缺陷，二是现行自然资源制度在适用过程中引发许多现实问题。[②]例如，自然资源所有权主体虚位所产生的委托—代理问题，产权代理不明确，自然资源的重要性和稀缺性被忽略，经济关系不稳定，最终导致资源开发利用秩序混乱。

由此恶劣影响已经造成：一是对于自然资源掠夺性、破坏性的开发利用未进行限制反而加以纵容；[③]二是大量属于国家所有的自然资源被不合理地占有、使用和收益，导致重要的国有资源严重流失，造成了自然资源配置不合理、使用效率不高和资源能源紧缺、环境污染、生态破坏等后果。[④]

3. 建立准物权制度反映了自然资源商品交换领域落实公有制的客观要求。

准物权在划分所有权人与使用权人之间的利益、权利、义务的边界方面具有不可替代的作用。在自然资源使用制度改革前，企业事业单位使用的自然资源都是国家以行政手段无偿提供的，准物权在大多数情况下都须基于行

① 孙宪忠：《“统一唯一国家所有权”理论的悖谬及改革切入点分析》，载《法律科学（西北政法大学学报）》2013年第5期。

② 贺冰清：《矿产资源产权制度演进及其改革思考》，载《中国国土资源经济》2016年第6期。

③ 陆婷婷：《国有自然资源用益法律秩序研究》，清华大学2015年硕士学位论文。

④ 蔡守秋：《自然资源有偿使用和自然资源市场的法律调整》，载《法学杂志》2004年第13期。

政行为产生，虽然往往要以合同为转移，但统收统支使国家无法提高资源收益，对于调控有心无力，自然资源在社会化生产中的优化配置缺少了国家的制度支撑而不易保障，自然资源的公有制几近走向反面。实行自然资源的有偿使用制度可以使自然资源的收益在国家和社会各种法律关系中得以合理分配，如此，组织社会生产和进行宏观调控都有了资金保障。

矿业权等自然资源用益物权作为在自然资源国家所有权上设置的他物权，无疑是一种民事权利，自然资源用益物权人与国家之间的法律关系也只能是一种平等的民事法律关系，即物权法上的所有权人与用益物权人之间的法律关系。全国人大代表孙宪忠研究员在《民法典》编纂中提出提案，主张《物权法》编纂应增加一节“准物权”，故在各种自然资源单行法的修改中亦应明确，对自然资源的占有、使用和收益法律关系中准用《物权法》有关规定，与民事基本法予以衔接。①

4. 自然资源有偿使用是社会主义市场经济体制的客观要求。

社会主义市场经济是一个包含了完备要素用益物权市场的体系。自然资源作为生产要素之一，需要进入市场流通才能发挥其作为社会主义市场体系内在要素的作用，否则优化配置的目标就无法达到，公平竞争的市场氛围将不易形成。我国已经从改革开放之初家庭联产承包责任制“两权分离”的制度，过渡到现阶段的坚持农村土地集体所有的前提下，所有权、承包权、经营权“三权分置”格局的土地制度。在过去的行政划拨制度下，自然资源使用者没有驱动力和积极性，严重浪费了宝贵的自然资源。在社会主义市场经济的背景下，明晰了产权，才能调动所有权主体和市场主体积极性，故而必须推行自然资源有偿使用制度，让资源回归市场，内化节约，资源高效利用的规划因此才能得以实现，让人民分享市场配置资源的成果。

自然资源产权改革路径实质上是用益物权的市场化，但也不能忽视自然

① 孙宪忠:《关于修改我国〈物权法〉的议案（征求意见稿）》，载中国法学网：http://iolaw.cssn.cn/bwsf/201907/t20190730_4947332.shtml，最后访问日期：2019 年 11 月 30 日。

资源国家所有权的根本属性，与之相关的机制建设也应当齐头并进。[①]在依法进行市场配置、完善规则的前提下，以试点为方法，培养自觉保护和节约资源的内生动力，落实监管，成为维护所有者权益的坚实后盾。只有如此，社会主义市场经济体制才可以促进经济社会的可持续发展。

（二）新中国自然资源有偿使用的法律前提

其实，自然资源规定为国家所有只是手段，实现资源的合理利用才是终极目标。[②]明确属性是高效行使权利、实现目标的前提，从民法的角度看，明确自然资源所有权的法律属性，就要解决自然资源商品交换中“人、物、债”三个基本要素问题：[③]

1. 自然资源在法律上的所有人是代表全体人民的国家。

根据联合国20世纪的国际协议，每个国家都对自然资源及与其相关的经济活动享有充分永久的主权。历史上，自然资源永久主权不仅是领土主权的延伸，且凝结了发展权之价值。要应对此种自然资源永久主权原则解释和适用上的困境与挑战，既应从理论上确立该习惯国际法原则在法律位阶上的优先性，也应嵌入发展权的法律价值，并遵循利益平衡的方法，以协调永久主权权利与投资保护、自由贸易和环保等相关国际法律义务，融通国家的最高管辖权、“全体人民的发展权”和人类共同利益。当代自然资源永久主权原则“确定的核心”乃是可持续发展权。我国应须适应该原则的新发展，调整自然资源法律制度。[④]从国内法的规定来看，我国绝大多数自然资源所有权属于全民所有亦即国有，由各级政府及政府相关部门代国家和全民行使和管理权利。另外，企业、农民也掌握着部分自然资源的他物权。

① 董金明：《论自然资源产权的效率与公平——以自然资源国家所有权的运行为分析基础》，载《经济纵横》2013年第4期。

② 何登辉：《论自然资源国家所有权的实现路径》，载《苏州大学学报（法学版）》2018年第9期。

③ 李显冬：《民法视角下的自然资源有偿使用》，载《中国国土资源报》2017年第5期。

④ 龚向前：《发展权视角下自然资源永久主权原则新探》，载《中国地质大学学报（社会科学版）》2014年第3期。

2. 自然资源用益物权同样可以成为商品。

客体的体系价值由民法的体系特征决定，在《德国民法典》的形式理性中，客体的基本作用是界定权利，客体理论的应用还由物权扩展到整个民事权利体系。当代民法理论上，客体的不确定性、不周延性和功能缺乏性使其面临被质疑的困境，这种困境来源于哲学上的主客关系思维惯性的潜在影响，民法的权利思维模式的封闭性，以及权利和法律关系概念的片面混用。当代民法中，只有物才能部分符合所谓客体的要求，所以，有法学家建议，民法总则应当放弃规定专门的客体部分。①

目前民法上物的概念的外延一直在扩大，不再限于商品的交换，未来所有权的权利转让与获得、交易的预期等都包括在内，《物权法》第二条已明文规定，"法律规定权利作为物权客体的，依照其规定"。这自然也同样反映在了土地、矿产、水资源、森林、草原等诸多自然资源的市场配置中。

3. 自然资源商品交换的基本法律形式是合同。

关于自然资源作为商品交换的规范原则和基本法律形式，国际上的做法是由国家在公法规制下，以合理分配权利义务的方式，包括采取收回、处置、分配自然资源，保障国家利益和社会整体收益的充分实现。②

在我国，自然资源资产有偿使用的含义已合理确定，③具体形式就是通过缴纳或受偿与要进行利用的自然资源价值相应的费用，建立起"契约自由，意思自治"的市场配置机制。改革的重点领域包括建立健全国有土地资源有偿使用制度等七项制度。改革开放以来，我国对自然资源进行了相对全面的保护和尽可能的合理利用，在保护所有者权益方面也发挥了积极作用，但同时也存在资源保护不全面彻底、所有权人主体虚位、权利内容有漏洞、市场的决定性作用未充分发挥、监督机制不到位等问题，不符合经济社会发展和

① 梅夏英：《民法权利客体制度的体系价值及当代反思》，载《法学家》2016年第12期。

② 李显冬：《民法视角下的自然资源有偿使用》，载《中国国土资源报》2017年第5期。

③《国务院关于全民所有自然资源资产有偿使用制度改革的指导意见》："自然资源资产有偿使用制度一般是指：除国家法律和政策规定可划拨或无偿使用的情形外，对自然资源进行利用或受偿均应交付与其价值相应的费用的原则。"

生态文明建设的总目标。《关于全民所有自然资源资产有偿使用制度改革的指导意见》的出台，必将让自然资源资产有偿使用制度与经济社会发展和生态文明建设步调一致，使生态文明制度基础更加坚固。①

（三）新中国自然资源有偿使用的现实构想

虽然通过“有偿使用”可以提高利用效率、公平分配收益、减少资源滥用、节约管理成本，但是，不可片面强调商品化和市场化，应当在不以营利为目的的前提下区别对待，具体问题具体分析。

比如，河边取水饮用与工厂抽水生产相比，应前者无偿而后者有偿。对一般经济资源可以采取市场定价的方法，再将使用费收缴国库；对国家专有的战略资源不把“有偿”放在首位，而是收益必须主要甚至全部上缴国库，用于公益事业和公共支出，由全民共享成果；而对于公共性质较强的自然资源，应当以无偿使用、公平分配为主，确有必要收费的，也应基于公益目的仅收取必要成本费。这也是国家本应承担的公共管理职责和社会保障职责之一。

① 《国土资源部调控和监测司负责人解读〈关于全民所有自然资源资产有偿使用制度改革的指导意见〉》，载新华网：http://www.xinhuanet.com/expo/2017-01/23/c_129458586.htm，最后访问日期：2017年1月23日。

第五节 公法理论对自然资源所有权的解读

一、自然资源国家所有的法律依据和现实要素

（一）国际法对国家自然资源永久主权的肯认

自然资源所有权性质问题的核心即自然资源国家所有权究竟是公法权力，还是私法权利？还是兼有两种法律属性？20 世纪，国家对自然资源的永久主权原则已经由联合国大会正式肯认，成为自然资源所有权属于公法性质的最重要的法律依据之一。①

“二战”以后，国家享有的主权权利依旧占有其至高无上的法律地位，自然资源的永久主权原则因此也得以发展。各发展中国家为维护国家主权，发展民族经济，强烈要求世界各国遵守近代以来国际政治中最根本的原则之一即国家主权平等原则，因此，国家享有和行使自然资源永久主权也就成了题中应有之义。发展中国家提出的《关于建立新的国际经济秩序的宣言》和《行动纲领》于 1974 年 4 月联合国大会第六届特别会议上被通过，这不但符合世界历史发展和人民意愿的要求，也激励我们为探讨有关国际新秩序的理论，以有效地建立国际经济新秩序而努力。②

《关于建立新的国际经济秩序的宣言》明确规定了国家对自然资源享有的

① 张义忠:《国际经济法学》，中国人民公安大学出版社 2001 年版，第 54 页。

② 谢益显:《论国际新秩序的本质要求及其实现手段》，载《外交学院学报》1991 年第 10 期。

永久主权，[1]有关《行动纲领》亦指明发展中国家享有的相应权利。[2]自然资源永久主权原则的重要性再次在1974年12月举办的第二十九届联合国大会通过的《各国经济权利和义务宪章》中被重申，提出了国家享有并能自由行使包括拥有权、使用权和处置权在内的自然资源的永久主权。因此，永久主权反映了国家享有固有的、高于一切的对其自然资源的控制和使用权，同时，一个国家必须积极行使这项权利以造福于其公民。因为自然资源的禀赋与开发程度无疑是促进一个国家经济增长的重要因素，但丰富的自然资源并不能直接推动经济增长，只有高效利用、合理管理，才能为经济发展做出贡献。[3]

（二）新中国自然资源所有权的公法依据

1. 新中国宪法对自然资源法律属性有明文规定。

在自然资源国家所有的问题上，宪法甚至可以说整个法律体系的建立随着我国社会主义意识形态，在不同历史时期表现出不同的特点。对自然资源所有权进行解读，应当以宪法变迁为背景。我国宪法中写入自然资源国家所有权主要是由于社会主义传统，但结合我国现行宪法体系的立法现状与社会现实，《宪法》中“私有财产”条款在宪法变迁的总体背景下，释放出了个体理性，而宪法中的“国家所有”条款旨在防止个体的非理性行为，因此这二者之间存在矛盾。[4]其实自然资源的国家所有制的内容中，在国家要为了全体人民的利益而行使权利的前提下，包含了“经营”的理念，所以为了公共利益行使权利并不妨碍同时具有盈利性。随着计划经济弊端的暴露和对国家

① 《关于建立新的国际经济秩序的宣言》：“每个国家对自己的自然资源和一切经济活动拥有充分的永久主权。”

② 《行动纲领》：“采取措施收回、开发、发展、销售和分配自然资源，特别是发展中国家的自然资源，来为它们的国家利益服务，促进它们之间的集体自力更生，并加强有益的经济合作，以便发展中国家获得加速发展。”

③ 张景华：《经济增长中的自然资源效应——自然资源是“福音”还是“诅咒”》，载《山西财经大学学报》2007年第3期。

④ 李忠夏：《“国家所有”的宪法规范分析——以“国有财产”和“自然资源国家所有”的类型分析为例》，载《交大法学》2015年第2期。

全方位调控的反思，国家意识到对国有财产的利用方式应当进行调整和改革，使其更偏向于市场化形式。然而这种思维过激又导致政府在行使权利时只考虑自身的地区利益，反而会让公共目的逐渐疏远，以至于盈利的色彩太过浓重。[①]

从之前公法对社会进行全面调整，私法的极少数存在也是为了公法目的，且公私法中的所有权基本都属于公法领域的局面，到如今，公法和私法的区分逐渐明朗，民法上的所有权开始真正具有私法属性，宪法意义上的所有权经过数次修正，公法私法化才逐渐受到了重视。[②]

2.“人权入宪”对私权保护具有重大理论价值和现实意义。

2004年的宪法修正案将人权观念引入宪法，具有重大的理论价值和现实意义，[③]不但将“尊重和保障人权”原则作为宪法的价值法则，而且为私有财产权提供了法律保障依据，是所有权人对抗国家公权力滥用特别是抵御国家公权力不当侵害，在实际损害发生时可以保护权利的法律武器。[④]这与民法上平等主体之间的所有权关系是不同的，这是公法私法化的体现。

至此，在保障基本人权的层面上，我国法律中已有宪法所有权和民法所有权之区分。这就意味着，公法监管与私法自治之间必须并且能够形成明确的法律结构，公私法的界限逐渐模糊，因而才造就了自然资源国有财产介于公法与私法之间的特殊法律属性。[⑤]

3. 宪法中的“自然资源”所有权的范围与民法上的权利并不相同。

需要国家对自然资源进行规制的原因是宪法中的“自然资源”能够被人

---

① 李忠夏:《“国家所有”的宪法规范分析——以“国有财产”和“自然资源国家所有”的类型分析为例》，载《交大法学》2015年第2期。

② 徐涤宇:《所有权的类型及其立法结构〈物权法草案〉所有权立法之批评》，载《中外法学》2006年第1期。

③ 戴小明、汪志强:《人权及其宪法保障——由宪法修正案所引发的思考》，载《社会主义研究》2004年第6期。

④ 徐涤宇:《所有权的类型及其立法结构〈物权法草案〉所有权立法之批评》，载《中外法学》2006年第1期。

⑤ 李忠夏:《“国家所有”的宪法规范分析——以“国有财产”和“自然资源国家所有”的类型分析为例》，载《交大法学》2015年第2期。

类所开发，本身具有经济价值且对于国民经济发展有着举足轻重的作用。虽然宪法未对开发利用的具体形式加以规定，但从最初草案中可以看出，宪法所列自然资源具有的属性并不否认自然资源具有经营性这一特征。[①] 其与民法上自然资源所有权的不同之处在于其更多地体现了权利的公法属性。

特别是在我国经济体制改革过程中所造成的社会转型之背景下，强调对自然资源的“国家所有”采取功能限缩式的宪法解释更是必要的，这也与《宪法》第九条制定的意义相符。在法律规范系统中，以宪法作为基础的物权法也会受到影响，对物权法中的自然资源国家所有权应当进行“合宪性解释”。

（三）宪法与行政法对自然资源国家所有权的规定体现公法权能

由宪法来规定自然资源国家所有权有两个作用和意义：对外，国家作为主权者保卫自己的自然资源不受其他国家的侵犯，保护了本国自然资源的完整性；对内，国家则以维护公共利益为准则来行使权利，当市场失灵、自然资源利用秩序混乱时，国家依据基本法律的直接规定，运用法律、行政法规为主的方式，对市场秩序进行宏观调控，以提高对自然资源开发利用的有效性。

行政法通过行政处分的方式，对自然资源国家所有权的公法权能进行了更多的展现。其公法权能的侧重点主要是维护自然资源的公共性，保证高效利用资源，其不但要满足当代的社会发展，也要满足后代对自然资源的需求，国家首要的角色是管理者，正当高效地运用行政法对自然资源市场配置予以调整，旨在实现自然资源的优化配置。[②]

我国仍将长期处于社会主义初级阶段，经济发展不平衡合乎常理，保持自然资源国家所有权的公法化形式，既有利于在保护环境且深化节约的前提下，真正发挥宏观调控的作用，又加快了经济发展的方式转变，遏制住追求短期目标一味企图高速盈利的发展方式，推进了集约式的发展。[③]

---

① 李忠夏：《“国家所有”的宪法规范分析——以“国有财产”和“自然资源国家所有”的类型分析为例》，载《交大法学》2015年第2期。

② 尚璐璐：《自然资源国家所有权问题研究》，辽宁大学2016年硕士学位论文。

③ 尚璐璐：《自然资源国家所有权问题研究》，辽宁大学2016年硕士学位论文。

二、自然资源所有权公法属性理论的梳理

（一）“自然资源所有权公权说”对“物权说”的批判

新中国那些持“公权说”观点的学者们认为“物权说”包含以下矛盾和理论困境：[①]

1. 自然资源所有权的主体特征不同。

物权主体历来强调其实体化，这与“全民国家”所表达的主体抽象性间存在矛盾，物权主体之间的平等性与国家的优越性之间显然也有矛盾，被主体支配的物的确定性和自然资源的不确定性也难以一致。

2. 自然资源所有权的权利内容不同。

自然资源国家所有权的权利内容所包含的内涵和外延，绝非私权性质的所有权所能包罗，无论是在范围还是内容上，公权力都要比私权广泛得多。

3. 自然资源所有权的权利行使方式不同。

抽象的国家并非做出行使权利的意思表示的主体，各级政府和相关职能部门和企事业单位才是真正的决策人，有学者将此称之为“非自主性”的特征。[②]法律规定由国务院“代表”国家行使自然资源的所有权，但是，国务院是全民意志的“执行者”，并不一定就能“代表”全民的意志，“国家”不可能对每一件资源管理活动明确授权，资源管理权也显然不符合民事权利可处分、可放弃或消极行使的特点。[③]而物权的行使要求其主体具有自主性。

4. 自然资源所有权的责任承担方式不同。

事实上，伐木、挖掘、狩猎、捕鱼、开垦和放牧等个人行为通常并不是非法的。相反，有些违法行为最多也只承担行政或刑事责任，并不会引发民

---

① 巩固：《自然资源国家所有权公权说》，载《法学研究》2013年第4期。

② 王利明：《物权法论》，中国政法大学出版社2003年版，第276页。

③ 巩固：《自然资源国家所有权公权说》，载《法学研究》2013年第4期。

事责任关系的救济补偿和责任承担。用益物权的不可处分性是确定的，但国家可以通过行政法将自然资源使用权让渡给其他主体，这些主体都在对资源物进行实际处分，所以将包含处分权能的自然资源所有权视为一种用益物权是有其缺陷的。[①] 实际上，一个国家没有权利直接控制和使用实际拥有者所享有的完整的权利内容，因此国家也就不能将自然资源在总体上让渡给他人。

5. 所有权的唯一性与自然资源所有权的多重权利内容相左。

《森林法》在明确规定森林资源属于国家所有时，又认可个人林木的所有权，《森林法实施条例》中也有森林资源包括林木的规定。若将二者均视为民法上的所有权，显然就构成了对“一物一权”原则的违反。[②] 故而自然资源所有权的规定，并不满足传统民法所有权唯一性的特点。

“公权说”提出的根本原因都已集中反映在这些现实存在的法律矛盾和差异上，这其实也就是自然资源国家所有权与私权的差异。以《宪法》第九条为基础，不论是在宪法与民法、权利与权力的区别方面；还是法律条文的客观表述方面，这些规范并不能将民事权利仅仅赋予国家；国家不能依据这些规范即被认为仅仅是私权的主体，何况一般也只能称之为“特殊的民事主体”，所以有学者解读：对此唯有从公权角度才能得到恰当的说明，从主体、客体以及立法目的来看，自然资源国家所有权首先体现的是国家运用公法手段来“支配”公共财产的公权力。[③]

（二）自然资源所有权作为公权力的实质与内容

作为公权力，赋予国家对资源利用的“积极干预”之权和最终支配权才是实质，将自然资源规定为国家所有，只是为实现合理利用自然资源的一种手段。[④] 作为一个抽象主体，国家本身显然并不能直接支配和利用自然资源，其实现支配的方式只能是干预，即决定自然资源的利用主体、利用方式、收

---

① 巩固：《自然资源国家所有权公权说再论》，载《法学研究》2015 年第 3 期。

② 巩固：《自然资源国家所有权公权说》，载《法学研究》2013 年第 4 期。

③ 巩固：《自然资源国家所有权公权说再论》，载《法学研究》2015 年第 3 期。

④ 何登辉：《论自然资源国家所有权的实现路径》，载《苏州大学学报（法学版）》2016 年第 9 期。

益分配方式等重大事项，这些都是干预的实现形式。

首先是可以把对自然资源的直接占有和支配权授予国家机关或相关国有单位，再通过行政行为予以传达形成他物权或准物权法律关系；其次是在把握公平和效率的前提下，通过市场优化资源配置，国家只保留名义上的所有权；再次是通过立法和执法，来保障自然资源的合理利用，至于何为“合理”，则只能根据国情和社会现实综合予以判断，进而形成科学、稳定的资源利用秩序；[①] 最后是自然资源国家所有权作为“支配权”自然具有“排他的效力”，我国的国情决定了现阶段我国经济发展的不均衡，生产方式较为粗放，以至于往往环境污染严重，资源消耗过度，故而须结合资源客观属性以及生态环境、社会发展情况等因素，全面予以考量，绝不可以偏概全。因此才有学者认为，国家对自然资源的“所有”其实并不是权利，本质上更是一种垄断权或专权。[②]

三、自然资源法中公法私法化的理论

（一）“公法私法化”已成为世界主流趋势

1. 特定的法律形式可以为不同的法律关系之调整目的服务。

在法律社会化运动的时代背景下，“公私法混合”或“私法公法化”与“公法私法化”被当作法律社会化的体现。其原因是：这三者是社会民生最直观的反映。但是，在法律的内容与形式上并非一一对应，达成法律目的并不必然通过某种特定形式。因此，过于机械地把这三个“概念”当作法律社会化的内容的弊端，则在于其缩小了法律社会化的表现形式，又不适当地扩大了法律社会化的内容范围。[③]

① 巩固：《自然资源国家所有权公权说再论》，载《法学研究》2015年第3期。

② 徐祥民：《自然资源国家所有权之国家所有制说》，载《法学研究》2013年第4期。

③ 于柏华：《“公私法混合”、“公法私法化”与“私法公法化”辨析》，载《黑龙江省政法管理干部学院学报》2010年第1期。

而从经济法产生的经济、政治及法哲学思潮来解读，社会民生显然应当是经济法的最终价值，社会民生蕴含在当代社会正义之中，既然经济法以产权明晰等法律方式回馈社会，再次重申了正义，自然体现了经济法所包含的精神价值。①

2. 公法和私法的区分已成为当今世界民法法系法律制度最基本的分类。

根据部门法的划分方法，宪法、行政法为公法；而民法自然包括物权法和合同法等，为私法。在大多数语境中，私法的原则或精神向公法领域渗透的现象即被称为“公法私法化”。②

学者认为，公法中信赖保护原则就是私法中诚实信用原则向公法渗透的结果。③随着法律的变迁，尤以经济部门法的滞后性与不合理性即突出表现了法域的异化现象，随着社会改革的不断进行，在公法与私法仍是相互区分的前提下，公法与私法间频繁开始了种种互动，但此依旧并不影响公法权力与私法权利的区分。因为“公法”所指代的公共管理领域的法律关系是从调整对象意义上说的，而“私法化”所指代的协商、放任的法律手段则是从调整方法意义上说的。④

当公私权利受到来自不同主体的侵害时，属公法问题的即适用公法来解决，属私法问题的则要适用私法予以解决。但是，为避免权利过度集中和强制专断，实现自治和管制的双重目标，⑤私法既然以任意性规范为主，运用强制性规范的国家干预应当严格控制在一个有限的范围内，否则调控的结果很可能就是越俎代庖，适得其反。⑥

---

① 胡光志、张美玲:《法律与社会的互动：经济法的民生价值及其展开》，载《西南民族大学学报（人文社科版）》2016年第1期。

② 金自宁:《“宪法第一案”与公法“私法化”》，载《法治论丛—上海政法学院学报》2007年第1期。

③ 于柏华:《“公私法混合”、“公法私法化”与“私法公法化”辨析》，载《黑龙江省政法管理干部学院学报》2010年第1期。

④ 王心想:《经济部门法与经济法律制度的名称探究》，载《法制博览》2017年第3期。

⑤ 钟瑞栋:《民法中的强制性规范——公法与私法“接轨”的规范配置问题》，厦门大学2007年博士学位论文。

⑥ 钟瑞栋:《“私法公法化”的反思与超越——兼论公法与私法接轨的规范配置》，载《法商研究》2013年第7期。

（二）新中国自然资源市场化改革促进了“公法私法化”的进程

1. 随着社会的大变革世界各国都对政府自然资源经济职能提出了新要求。

随着历史环境不断的变革，社会的不断转型，国家的职责范围也在不断扩大，从仅限于抵御外敌、保障社会生活的正常运行，以及必不可少地提供公共设施等有限的公共事务，扩展到全方位干预私人社会生活中的贸易、金融、环保、科研、医疗卫生、社会福利等各方面，这种现象的出现，也许能够归因于市场的缺陷。显然也是为了公共利益，国家就得用“看得见的手”去弥补“看不见的手”的不足。

但是，国家干预是一项纷繁复杂的庞大事项，任何分散失真滞后的信息，特别是层级过多的机构，再加上时滞性和不确定性的政策，都会造成国家干预成本高昂和政府失灵。而且，抽象的国家只是公共利益在名义上的代表者，各种职能性的活动均须由国家机关和国家机关工作人员来具体实施与执行，因为国家机关及其工作人员的可控性，不言而喻要远远超过社会变革所带动市场灵活运转的那种可预知性。①

2. 私法公法化使体现市场规律的自由竞争被引入自然资源的管制过程。

国家机关工作人员既是拥有私利的自然人，又负有维护公共利益的责任，此种双重身份背后，表现了两种并不完全一致的利益冲突，只要处于外在约束力或内在控制力不够的时候，有些国家机关工作人员即可能会出现懒惰懈怠、玩忽职守的情况，私利显然往往容易占据上风，而职权身份此时甚至会成为追求私利的工具，更严重的是政府决策的制定和执行也会出现牺牲公共利益的现象，② 最终造成难以弥补的恶果。

综上原因，国家干预逐渐可能成为部门特别是个人谋取私利的工具，加之市场改革的需要，因而私法调整方法才将再次被运用到传统的公法关系之中，辅助国家实现社会公共管理职能，即国家在公法领域加入私法手段来对

① 王文科：《论政府对公共利益的追求及其滥用》，载《福建行政学院学报》2010 年第 10 期。

② 龚刚强：《法体系基本结构的理性基础——从法经济学视角看公私法划分和私法公法化、公法私法化》，载《法学家》2005 年第 3 期。

社会公共事务进行管理，将自由竞争纳入公共事务的管理过程之中，将私法的“篱笆墙”作为抵御公权力滥用的最后一道防线，以实现市场对资源配置的重要作用。①

（三）自然资源法律规制中公法的主导地位及其反思

新中国一开始并不看重自然资源法律规制的私法属性，而只强调其公法绝对主导地位，注重从所有制角度对自然资源的法律规制中区别予以对待，虽然我们不否定公法手段可能带来的调整成效，但其毋庸置疑仍造成了当事人不平等的法律地位。不论是使公法私法化，还是引入市场方法，无疑都是国家干预手段的变化和调整，都是克服政府失灵、加强制度监督的方法，而不是对国家干预的全面否定，仅仅是在总结经验之后，使“看得见的手”更好地发挥作用。②

公私法的法律分类关系一直随着大陆法系的发展而变化。“从合到分”和“从分到合”，两者“合中有分”和“分中有合”，背后起着决定性作用的规律性因素可以通过对公私法关系的演变过程的研究，和对古罗马、中世纪、自由资本主义和垄断资本主义各时期公私法关系的梳理后，都会发现：公私法关系无疑是辩证的统一。看似矛盾，却相互渗透，这都是市场经济社会发展等因素共同作用的结果。③

---

① 田喜清：《探析公法的私法化：以行政法为视角》，载《探求》2014年第3期。

② 龚刚强：《法体系基本结构的理性基础——从法经济学视角看公私法划分和私法公法化、公法私法化》，载《法学家》2005年第3期。

③ 钟瑞友：《对立与合作——公私法关系的历史展开与现代抉择》，载《公法研究》2010年第10期。

第六节 传统私法对自然资源所有权的解读

一、自然资源国家所有权向私权演化的原因和形式

（一）公法与私法的相对独立性与多元综合性

1. 公法领域与私法领域实施不同的规则体现着其本质的区别。

在公法与私法规则不同的背后，是公法与私法在基本理念上的差异：在公法领域是“法无授权不可行”，而在私法领域则是“法不禁止即为自由”，亦即理念决定行为的规则，所谓“契约自由，意思自治”，无非是既要对公权力进行严格的约束，又要给予市民社会中的个体以尽量大的自由。理念同样决定了公法侧重于对权力的约束与规范；私法则侧重于对当事人自主和自治予以尊重与保护。所以，行为规则的互调自会大大减损相应规则的意义和作用。①

其实所有权并非民法中的专有名词，也并不仅包含在民法上的权利内。这涉及“所有权概念具有形式统一性”这一判断。“所有权”一词使用在不同的语境中的含义有大有小，在公法层面，所有权处在政治法律制度的语境中，只能是调整所有的财产关系；②而在私法层面，所有权则可仅调整个体间的财产支配关系。

① 金自宁：《“宪法第一案”与“公法私法化”》，载《法治论丛——上海政法学院学报》2007年第1期。
② 胡康生主编：《中华人民共和国物权法释义》，法律出版社2007年版，第97页。

2. 自然资源法律规范系统的综合法律调整已成为历史发展趋势。

宪法上的所有权反映的是所有权人和国家之间公法法律关系，旨在使公民取得所有权并得到保护；民法上的所有权是所有权人和个体之间发生的民事法律关系，旨在调整权利所指向的客体。[①] 两种层面的所有权侧重点不同，概念也就不会一致。[②] 但是，在全球法律发展融合推陈出新的背景下，随着财产制度与政治制度也从混为一体到最终逐渐分离，建立一个多元化的法律体系和所有权体系已成为趋势。

当自然资源由国家所有并由政府或政府职能部门代为占有、使用、收益和处分时，在市场经济的背景下，国家具有民事和行政的双重主体地位，其拥有的自然资源所有权也即具有公权与私权的双重性质，这也是在国家所有权中，为什么既有私权，又有公权的原因，所以不应当再单一地由公法进行规范，应对自然资源进行综合性的法律规制。[③]

（二）私法同样是披着国家意志外衣的社会行为规则

私法在形式上同样是披着国家意志外衣的社会行为规则，即使将道德和习惯规则也包括在内，事实上也都体现着国家的意志。私法从内容上源自社会商品交换生活，涉及财产、契约、婚姻家庭、损害赔偿等诸多方面。所以，私法的价值恰旨在于所有权的交换过程中形成规则，以达到定分止争的目的，并以最有效的方式来利用自然资源，最终实现自然资源价值的最大化。自然资源的使用价值和价值决定着社会发展的经济基础，私法在承载了国家意志的基础上，并不影响以有效的方式帮助自然资源实现价值。[④]

故有学者认为，《宪法》中的所有权可分为两类。第一类所有权是公民的基本权利，其系以国家及其机关为规范对象。第二类是全民所有权，不以私

---

① 徐涤宇:《所有权的类型及其立法结构》，载《中外法学》2006年第1期。

② 马俊驹:《国家所有权的基本理论和立法结构探讨》，载《中国法学》2011年第4期。

③ 尹田:《民法调整对象的理论检讨与立法表达》，载《私法》2010年第4期。

④ 李显冬、牟彤:《完善准物权理论以健全自然资源资产产权制度》，载《中国国土资源经济》2014年第2期。

人所有权的客体为客体，其作用是保障我国基本经济制度，虽然不是私法所有权，但却是私法所有权设定依据的重要角色。[①]可以说，前者是将私权作为抵御公权力滥用的最后一道防线；而后者则是将私权作为实现公权懿旨的途径。

（三）民法上的自然资源国家所有权也受根本大法的拘束

宪法作为根本大法，是其他法律规范的制定依据。宪法规定国家及其机关享有权利的同时也负有保障义务，这既然是宪法上的国家所有权规范功能的体现，就要求国家须为全民利益而行使权利，坚守合理使用自然资源的方针等。不论是在制定法律，或是在执行法律时，民法上自然资源国家所有权的权利范围，都应当符合上述宪法保障义务。这是私法上的自然资源所有权的特点之一。[②]

所以，《宪法》第九条第一款关于自然资源国家所有的规定，是宪法上的国家所有权，作为由公权向私权的过渡形式，尽管我国《宪法》和《物权法》中都对自然资源所有权作出规定，但两者的区别是显而易见的。[③]如今的宪治体制和行政体制使得宪法在实际审判中的利用率并不高，在实践中，一直有判决中不直接引用宪法的惯例，宪法也不能被随意解释和直接适用。修改宪法和相关法律就成了变更这种现状的唯一途径。[④]

二、自然资源所有权私法性质的演化过程及理论梳理

（一）自然资源法律属性的“物权论”与“特殊物权说”

民法上的自然资源国家所有权的最大特征，即其私法属性功能使得国家

---

① 税兵：《自然资源国家所有权双阶构造说》，载《法学研究》2013年第5期。

② 金可可：《论乌木之所有权归属》，载《东方法学研究》2015年第3期。

③ 金可可：《论乌木之所有权归属》，载《东方法学研究》2015年第3期。

④ 张新宝：《民事法官能够直接引用宪法条文判案吗？——最高人民法院法释〔2001〕25号司法解释另解》，载《民商法前沿》2015年第3期。

可以作为市场交易的主体之一，实现了用益物权在市场中的价值运用，让国家所有权的功能得以更好的实现，以增强国家财富。①

1. 自然资源之“物权论”。

传统民法理论认为，国家所有权是国家对国有财产或称“全民所有制财产”所享有的包含占有、使用、收益和处分四项权能的权利，其是对全民所有制在法律上的确认。因此，尽管这种权利在主体、客体、权利内容等方面具有一些特殊性，但本质是权利人直接支配物并排他享有的一种民事权利。此即所谓“物权说”，显然，这是将自然资源国家所有权几乎完全置于民法物权体系中来定义的。②

2. 自然资源之“特殊物权论”。

民法学者多数认为，虽然自然资源国家所有权有许多不同于“一般”民法所有权的特别之处，但这些特别之处并未超出民法体系，所以并不影响其物权属性。③对此，可称之为“特殊物权论”。他们认为，与民法所有权并无太多异处的国家所有权只是基于宪法规范，在权利价值中多包含了一些公共目的而已，此即其“特殊”之处。④还有学者认为，国家所有权负担了保障公民自由、为公民自主发展提供物质支持的义务，但并不能因此将其排除于民法之外，因为在权利属性和权能内容上，它与其他所有权并无二致。⑤

此种观点其实与“物权说”并无实质差异，只是将宪法赋予国家所有权的特殊功能给予强调而已。“特殊物权说”是以民法思维对自然资源所有权的制度建设进行研究的结果，⑥也突出了国家所有权的特殊性，仅仅是践行了“法律一般规制”与“特别规制”结合的必要性。⑦

---

① 王旭：《论自然资源国家所有权的宪法规制功能》，载《中国法学》2013年第6期。

② 巩固：《自然资源国家所有权公权说》，载《法学研究》2013年第4期。

③ 巩固：《自然资源国家所有权“非公权说”检视》，载《中国法律评论》2017年第4期。

④ 朱虎：《国家所有和国家所有权——以乌木所有权归属为中心》，载《华东政法大学学报》2016年第1期。

⑤ 程雪阳：《中国宪法上国家所有的规范含义》，载《法学研究》2015年第4期。

⑥ 孙宪忠：《根据民法原理来思考自然资源所有权的制度建设问题》，载《法学研究》2013年第4期。

⑦ 巩固：《自然资源国家所有权“非公权说”检视》，载《中国法律评论》2017年第4期。

同时，也有学者认为这一学说并没有从根基上解决国家所有权与私人所有权的异质性问题，因为国家所有权并不符合民法所有权的必备特征，当采取具有公法色彩的各种特别限制来规制自然资源的公共性时，其在逻辑上即无法成立了。

3. 自然资源之“公共所有权利论”。

“公共所有权利论”认为民法上不仅存在私人所有权，还包括了“公共所有权”，国家所有权虽是民事权利但属于“公共所有权”。[①]那些与私人所有权的不同之处仅反映了权利的复杂性和多样性，不能作为说明国家所有权不是民法中的所有权的依据。[②]

（二）自然资源法律属性之“双阶构造说”

1. 强调宪法与民法的本质差别为其最大亮点。

不少学者都认为，不冲破“所有权只能是私权”的束缚，对国家所有权的研究来说就无法取得真正的飞跃，但他们却不完全抛弃“国家所有权”与一般所有权的相关性，以包容和结合的思想主张其既是公权又是私权，即公、私混合说，此即所谓“双阶构造说”。这个学说借鉴了德国公法理论。[③]为了避免宪法与民法的混同，该学说着重强调了宪法与民法存在区别，认为不能用民法思维和理论解读宪法，自然资源所有权的最终解释权应归宪法，甚至得出矿产资源法中的“权”是“权力”而非“权利”等论断。[④]

2. 此学说并不否定民法意义上的自然资源国家所有权。

该学说的另一个特点是其并不否定民法意义上的自然资源国家所有权的存在，所以有学者认为其实质上与特殊物权说非常相近，虽然强调了要区分宪法权利和民法权利，但缺陷之处在于将权利属性与其所处的法律体系画等号，认为在民法的文意中，所谓权利就只能是私法权利，故而只要在民法中

① 巩固：《自然资源国家所有权“非公权说”检视》，载《中国法律评论》2017年第4期。
② 张力：《国家所有权遁入私法：路径与实质》，载《法学研究》2016年第4期。
③ 税兵：《自然资源国家所有权双阶构造说》，载《法学研究》2013年第4期。
④ 巩固：《自然资源国家所有权“非公权说”检视》，载《中国法律评论》2017年第4期。

再加入国家所有权的内容，就只能意味着从公法向私法的过渡业已完成。此种说法认为公法的出现具有短暂性的观点，可以说该现象对解决涉及公共利益方面的事务，有百害而无一利。①

（三）自然资源法律属性之“三层结构说”

1. 越来越多的国家在宪法中规定了国家自然资源所有权。

所谓宪法上的自然资源国家所有权的“三层结构”，是指私法权能、公法权能和宪法义务。②此学说与以往研究的区别在于，该学说不仅认识到自然资源经由宪法、行政法、民法共同调整这一客观事实，也支持自然资源国家所有权业已入宪这一必然趋势。

随着社会生产技术的发展，也包括经济结构的变化与市场一体化的推进，都使自然资源在国家综合实力的提高中的地位越来越重要，因此法律对自然资源的统一规制即十分必要。③故而越来越多国家的宪法中的基本问题都包含了国家自然资源所有权。另外，因为宪法的制定和修改程序有其严格的条件，只有通过特别程序才能使其得以改变，自使得宪法中自然资源国家所有权可能被随意更改的概率被降低，从而可以保障自然资源法律规范系统的稳定性。

但并不是说宪法所有权是由民法中所有权派生而来的，“宪法所有权和私法所有权”的划分仅指在公私法层面上两者效力不同。④宪法所有权并非一种新生的权利，仅仅是表达了私法所有权受到了宪法层面的法律保护而已。⑤

① 巩固:《自然资源国家所有权“非公权说”检视》，载《中国法律评论》2017 年第 4 期。

② 王涌:《自然资源国家所有权三层结构说》，载《法学研究》2013 年第 4 期。

③ Jason Scott Johnston, The Tragedy of Centralization: The Political Economics of American Natural Resource Federalism, 74 U. Colo. L. Rev. 487(2003).

④ 王涌:《自然资源国家所有权三层结构说》，载《法学研究》2013 年第 4 期。

⑤ 陈仪:《自然资源国家所有权的公权性质研究》，2015 年苏州大学博士学位论文。

2. 宪法上自然资源国家所有权的法律关系结构与民法上的并无本质不同。

自然资源国家所有权在宪法上呈现出来的法律关系结构与在民法上呈现出来的法律关系结构有以下相同点：①

（1）两者的结构完全相同。

宪法上的自然资源国家所有权，是国家以所有者的身份与其他主体之间的权利义务关系，这与民法规定的所有者与私人之间的关系并无不同。

（2）权利形式上宪法的国家所有权本身即包含私法内容。

宪法上的自然资源国家所有权的权利形式即国家作为自然资源所有者，有权要求他人不侵占自然资源，有权处分和使用自然资源，他人处分自然资源的行为对于国家不产生效力。这些与民法上的所有权的权利内容是相同的，故可以得出的结论是，宪法上的自然资源国家所有权的规定包含了私法上所有权的全部内容，所以可以直接适用到私法关系中，从而产生私法效力即权利和义务关系。

3. 宪法上的自然资源国家所有权中兼具私法权能和公法权能。

宪法上自然资源国家所有权的权利内容中包含但不限于民法上所有权的权利内容，除民法上所有权的占有、使用、收益和处分四项一般权能外，在立法、行政、司法方面国家也还享有权力。例如，进行自然资源立法、用行政手段进行管制，以及合理分配有关利益等——自然资源国家所有权的第二层结构。②国家作为自然资源所有人不但享有民法赋予的权利和义务，还要承担由宪法规定所赋予的一系列宪法义务，这在我国《宪法》第九条中有具体的表述。③此即其第三层结构。

但是，理论上对“所有权”的属性可以进行发挥，但是在实践中到底该适用公法规范，还是私法规范的问题却无法回避，“该公时公，该私时私”的做法也是没有理论支撑的。

---

① 王涌:《自然资源国家所有权三层结构说》，载《法学研究》2013年第4期。

② 王涌:《自然资源国家所有权三层结构说》，载《法学研究》2013年第4期。

③《宪法》第九条规定，自然资源全民所有，国家保障自然资源的合理使用，保护珍贵的动物和植物，禁止任何组织或者个人侵占自然资源。

（四）其他有关自然资源法律属性的学说

1．“规制说”。

（1）宪法上的国家所有权的本质是一种国家责任。

规制说认为应当将我国宪法规定的以“国家占有”为中心的自然资源所有权制度，转变为以“国家规制”为中心的模式。对于自然资源，首先应理解为在充分发挥市场调节的基础上，国家通过行政手段确保社会成员公平地、持续地共享自然资源，这些都来源于国家的宪法保护义务。① 耶利内克认为，国家作为法人享有一种本身就包含了限制和义务的公法权利，保障公共利益是其主要目的，是不允许抛弃、让渡和随意改变内容的，这是一种国家与生俱来的责任。②

故国家责任才是宪法上的国家所有权的法律实质。

（2）分解权能与约束权能的结合。

国家对自然资源享有所有权是作为一种职权来存在的，它是在认识到市场亦即实现公有制的一种方式并且须遵守法律的前提下，政府及其管理部门可以接受国家的委托来管理自然资源。对权能进行分解，但不能在缺乏正当程序的情况下处置这些资源，当市场与社会可能失灵时，自可运用法律手段和行政措施，对各种风险进行持续有效的控制。③ 在这个过程中，要求权力执行者使用和处分自然资源的行为符合宪法规定，这又是对其权能所进行的约束。《宪法》第九条第二款正是对这种规范模式的证实与解释。

首先，从“国家保障自然资源的合理利用”的内容分析，即正视了合理利用的前提是“可利用”，说明了自然资源并非都不能创建私人所有权，国家可以将使用权转让给个人，使之成为市场流通的内容。其次，立法者在确立使用权取得制度、收益分配制度和补偿保障制度时，加上了“禁止”的

---

① 王旭：《论自然资源国家所有权的宪法规制功能》，载《中国法学》2013 年第 12 期。

② ［德］耶利内克：《主观公法权利体系》，曾韬等译，中国政法大学出版社 2012 年版，第 173、178 页。

③ 王旭：《论自然资源国家所有权的宪法规制功能》，载《中国法学》2013 年第 12 期。

表述，对使用权和收益权设立了一定程度的规制。[①]这些规制也必然暗含对行政机关在行使职权过程中的约束，强调其一定要坚持人民主权和为了全民利益的原则。至此，权利与义务的结合构成了一种较为完整的中国自然资源国家所有权的规制模式。但是，从实际效果来看，尽管"规制说"将"宪法上的国家所有权"的属性界定为公法权利具有积极意义，[②]但显而易见此种学说不够彻底，只是借用传统的规制概念掩盖国家干预的强制色彩，难以自圆其说。

2."制度说"。

（1）宪法上的自然资源国有之条款是构建自然资源法律制度的基础。

"制度说"的基本观点是：宪法自然资源国有条款在整个宪法体系中具有非常重要的地位，它是国家构建自然资源法律制度体系的宪法基础，不能孤立地解释其内容和功能，所以只能结合其他宪法条文进行体系化解读，将具体实现途径实现制度法定化。[③]

（2）自然资源综合法律调整是社会经济的客观要求。

该学说还认为"国有财产"的公法规制不是一个能孤立解决的难点问题，也不仅是一个法学上的问题，是一个需要民法、经济法、行政法共同进行综合性调整的社会领域。当宪法提供了一个法律规范的结构体系之后，需要经济法和行政法等对其细节内容和具体方式加以补充和完善，甚至需要其他学科加以具体化，这是一个需要立法、执法、司法、守法每一环节相互配合的综合法律调整系统。[④]但是有学者认为该学说过于倚重外国理论，也未认可国家所有权的权力属性，故认为其仍然不彻底，难以彻底服人。

---

① 王旭：《论自然资源国家所有权的宪法规制功能》，载《中国法学》2013年第12期。

② 巩固：《自然资源国家所有权"非公权说"检视》，载《中国法律评论》2017年第4期。

③ 巩固：《自然资源国家所有权"非公权说"检视》，载《中国法律评论》2017年第4期。

④ 李忠夏：《"国家所有"的宪法规范分析——以"国有财产"和"自然资源国家所有"的类型分析为例》，载《交大法学》2015年第2期。

三、自然资源所有权私法化的合理性与其缺陷

（一）自然资源所有权由私法调整的合理性

1. 自然资源所有权的公法私法化具有重要的意义。

私法的内容在自然资源的法律体系中被越来越多地提及，自然资源所有权的内容也越来越强调须对公民和法人财产权利予以保护。[①]重视自然资源所有权的私法属性，就是重视市场经济的体现，也是市场化的需要，将自然资源的无偿、无期限使用变为有偿、有期限使用，无疑这应是我国自然资源法律变革的主要内容。[②]

2. 私法对个体利益和公共利益的保护。

应当认为，公法既能保护公共利益，也能保护个人利益。[③]因此，判断权利的属性不能单纯地看权利规定在哪个法律文件之中，亦即不能仅看其外在的表达形式。当看待权利的视角不同时，权利即会呈现出不同的性质，从主权国家的视角来看待自然资源国家所有权，它就是一项公权力，以确保国家对自然资源享有主权为主要内容；当我们把视角放在市场经济的背景下，自然资源国家所有权又是一项保护自然资源、保护个体利益的权利，但谁也不能否定其是保护公共利益的私法权利。[④]

3. 增加了对自然资源私法方式的保护。

私法重视主体之间的平等性、自主性、公平性、有偿性，当国家作为私法的特殊主体时，首先就是强调国家与民众的平等性，在自然资源利用与保护方面享有同样的权利，使每种资源都能最大、最优、最持久地发挥效用。

---

① 郭雅：《最新中华人民共和国经济法全书经济案例4》，吉林摄影出版社2004年版，第33页。

② 柯心：《论我国自然资源法的立法选择》，载2010年《生态文明与林业法治——全国环境资源法学研讨会论文集》，第816页。

③ 张巍：《关于公法与私法的划分问题》，载《科教导刊》2009年第3期。

④ 郑了了、蔡珠莎：《森林资源国家干预的规范化探析》，载《中国林业经济》2016年第6期。

宪法上自然资源所有权私法化的合理性，自在于将自然资源权的公共属性与物权联系起来，除了保障使用者的使用权，还对使用者赋予了义务，国家可以用私法的方式约束资源使用人，对自然资源进行有效的配置。①

（二）自然资源所有权完全定位于私法的缺点

1. 私权难以同时兼顾经济价值与非经济价值。

许多学者对自然资源所有权向私法转化的缺陷进行了讨论，如谢睿华教授就认为，自然资源国家所有权物权化只能调整部分自然资源，理由是《物权法》作为私法的本质是追求经济利益的最大化，而自然资源具有经济价值和不可忽视的生态发展等非经济价值，并且随着自然环境的持续恶化和自然资源的使用枯竭，其生态、社会等非经济价值的重要性不断上升，甚至可以说已与其经济价值比肩。《物权法》既难以平衡个体的经济利益和自然资源的生态、社会等非经济价值，也不可能将非经济价值的内容包括其中。②

2. 宪法与民法上的自然资源所有权之法律特征差异致其目的功能难以等同。

我国宪法中的自然资源国家所有权与民法中的所有权有诸多不同，主要区别表现为以下几点：

（1）宪法自然资源所有权与民法所有权的调整范围不同。

宪法中所有权概念的范围更为广泛。表现为宪法上自然资源国家所有权的客体不受是否具有经济价值和排他性的限制，客体可以是概括的、非特定的，可以是某一类自然资源的总和或某几类自然资源的泛称。③

（2）宪法上的自然资源所有权与民法所有权的性质不同。

在民法中所有权的性质当然是一种私权利，强调排他性与对抗性；而宪法

① 柯心：《论我国自然资源法的立法选择》，载2010年《生态文明与林业法治——全国环境资源法学研讨会论文集》，第817页。

② 谢睿华：《自然资源国家所有权物权化的再认识》，载《生态文明法制建设——2014年全国环境资源法学研讨会（年会）论文集（第一册）》，第87页。

③ 王树义：《环境法前沿问题研究》，北京科学出版社2012年版，第69页。

中的所有权的性质是各种主体取得所有权资格的公权利，强调的是其公共性。①

（3）宪法自然资源所有权与民法所有权的保障对象不同。

宪法所有权保护的是制度价值，其以最大多数人的最长远的最大利益为出发点；而民法所有权保护的是现存的财产权或财产秩序，②在不违法的前提下，允许民事主体追求个体利益的最大化。

（4）宪法自然资源所有权与民法所有权的主体资格不同。

取得所有权的主体在宪法和民法的规定中有差异，宪法中不同主体在取得所有权时有不同的资格要求；而民法上的所有权对待主体是平等的，不论是在性质上还是在保护手段上都是如此。③

3. 自然资源的生态价值在公法中会被更加得以表彰。

当国家以《物权法》为根据，以民事主体的身份对自然资源进行规范时，其公法人格的特征与私法人格相融合，致使片面追求地区经济增长的政府，无限度地不科学地依靠自然资源来创造经济增长，忽略了自然资源的有限性和发展的可持续性，无视自然资源的非经济价值，对自然资源和生态环境造成了无法弥补的损失。

在宪法之中，追求最大多数人的最长远的最大利益无疑是公法的题中应有之义，故自然资源的生态价值在公法中更能得以体现和保护。而从物权法的主旨来看，生态化显然并非物权法的主要直接目标。④

四、自然资源私法公法化的理论

（一）私法公法化意指自然资源私法领域要加入公法的规制

“私法”的侧重点在其调整对象上，即社会个体之间的法律关系；“公法

① 赵世义：《论财产权的宪法保障与制约》，载《法学评论》1999年第3期。

② 徐涤宇：《所有权的类型及其立法结构——〈物权法草案〉所有权立法之批评》，载《中外法学》2006年第1期。

③ 赵世义：《论财产权的宪法保障与制约》，载《法学评论》1999年第3期。

④ 谢睿华：《自然资源国家所有权物权化的再认识》，载《生态文明法制建设——2014年全国环境资源法学研讨会（年会）论文集（第一册）》，第88页。

化”的侧重点则在调整方法上，即国家强制的法律手段。[1]私法公法化也就是在市民社会领域的特定法律关系之中，运用公法上的规制方式，这意味着国家采用了直接干预的手段。因为法律平等是私法自治的基础，故国家干预首先在于其欲扫除事实上的不平等，然后又对私法上自由选择的范围进行了限缩，以维持社会公平，促进社会公共利益的最大化。[2]

（二）自然资源私法公法化的发展追求多元价值目标的实现

除了个体利益，公共利益也是私法保护的对象，它对自然资源使用的限制主要体现在民事法律规范之中，当代由于环境问题、资源危机凸显，私法的作用不再局限在平衡各种权利主体间的经济利益关系，同时，也更关注自然资源利用中的环境和资源的保护问题。但是，市场失灵、自然资源稀缺性的加剧、人口的增长、人类发展的无限性等原因，要求对自然资源开发利用必须是有计划的、合理的、可持续的。只有代表全体人民利益的国家，才有能力对自然资源利用实行统一规划，宪法、行政法及自然资源法中的公法规范等，对利用自然资源的限制，具体实施时往往要通过公权力的行使得以实现，私法公法化的目的旨在确定自然资源使用权与社会公共利益之间的界限，最终平衡公私利益之间的冲突关系。

（三）自然资源的私法救济当然也会有其局限性

无论是“私法公法化”所追求的多元价值目标的实现，还是对市场失灵的纠正，都需要避免矫枉过正。而将过多的强制性规范引入私法之中，就会形成过度强制，不仅无法真正实现其既定的目标，而且会破坏私法固有的逻辑体系和已经形成的私法秩序。因此，自由和自治仍然应当是民法的核心和灵魂。为避免过度强制，在私法规范的安排上，仍然应以任意性规范为主，

① 龚刚强：《法体系基本结构的理性基础——从法经济学视角看公私法划分和私法公法化、公法私法化》，载《法学家》2005年第3期。

② 于柏华：《“公私法混合”、“公法私法化”与“私法公法化”辨析》，载《黑龙江省政法管理干部学院学报》2010年第1期。

表现为国家的主动干预的强制性规范，应当严格控制在“国家和社会忍无可忍”的范围内，否则调控的结果很可能是南辕北辙，适得其反。①

首先，如何以最小的成本获取最大的利益，是在私法领域内利用自然资源时主要考虑的问题，如何对自然资源进行合理和可持续的利用的问题，事实上往往并不被重视。②

其次，对于在利用自然资源过程中的滥采滥用等现象，只有利用公权力的力量才能进行相对有效的规制管理和惩戒。显而易见，私法权利不可能具有强制性。

只是，把强制性规范引入私法中是一把“双刃剑”，不仅容易形成过度强制，无法真正实现个体利益与公共利益兼顾，可能还会破坏私法固有的逻辑体系，给已经形成的私法秩序制造某种混乱。③

（四）自然资源市场不能仅有私法支撑尚须公法的有形之手

私法的本质是强调自由意志，保障市场契约自由，然而对主体意志自由和行为自由的过分强调，不利于社会整体公共利益的发展，崇尚契约自由的市场同时具有灵活性和滞后性，不可能由传统私法独自进行规范调整，必须由现代公法的有形之手进行把控和辅助。④

于是，从世界私法发展实践看，在将具有公法属性的强制性规范植入私法体系内部已成为私法公法化的立法惯例的背景下，⑤为了对政治国家与市民社会进行恰当有度的制度调整，为了对私法体系进行进一步的完善，私法公法化不应当被一味排斥。⑥

---

① 钟瑞栋:《“私法公法化”的反思与超越——兼论公法与私法接轨的规范配置》，载《法商研究》2013年第7期。

② 黄萍:《自然资源使用权制度研究》，复旦大学2012年博士学位论文。

③ 钟瑞栋:《“私法公法化”的反思与超越——兼论公法与私法接轨的规范配置》，载《法商研究》2013年第7期。

④ 杨阳:《论私法公法化的逻辑本位及其限度》，载《河北学刊》2015年第6期。

⑤ 张晓慧:《大陆法系公法与私法内涵嬗变的历史脉络——从概念工具到体系化标准再到价值取向》，载《兰州教育学院学报》2016年第12期。

⑥ 杨阳:《论私法公法化的逻辑本位及其限度》，载《河北学刊》2015年第6期。

第七节
生态文明背景下对自然资源所有权的完善

一、社会主义初级阶段生态观的基础理论地位及其现实意义

（一）生态思想是探求人与自然界关系的本质

1. 历史条件和时代背景催生了社会主义初级阶段的自然资源生态观。

随着工业和资本的快速发展，生态问题在全世界均开始暴露，人与自然的不和谐逐渐凸显，在此历史条件和时代背景下，催生出了马克思主义的生态观。人与自然相互影响、相互制约、紧密联系、不可分割，正确处理人与自然的关系，是马克思主义生态观的基本观点，也是我国实现可持续发展的思想基础，无疑其具有重要的现实意义。不但为形成中国特色社会主义生态观奠定了理论基础，也为生态文明建设指明了目标方向，为建设美丽中国指明了方向。①

自然观即自然辩证法思维，其研究的主要内容是自然界变化发展的普遍规律，包括人在自然界中扮演的角色，人与自然界的关系等。生态思想是探求人与自然界关系的本质之一。

2. 生态思想在社会主义的实践观中一直根深蒂固。

马克思主义生态思想在西方近现代思潮中最具影响力，它对资本主义工

---

① 林鹏:《马克思主义生态观及其现实意义简析》，载《当代教育理论与实践》2016年第6期。

业文明的批判入木三分，无疑为整个社会的发展也提供了很大的帮助。目前中国经济发展中出现了一些问题，环境问题只是其中比较突出的一个，将马克思主义生态思想应用在中国生态文明建设中，自对新中国生态环境理论的发展有其启迪作用。①

历史已经无数次地证明，人类往往只重视眼前的发展进行盲目的实践，而无意识地甚至是有意识地违背自然规律，于是受到自然界的报复与惩罚，这些问题的本质其实都是深刻的生态问题。②

3. 在马克思、恩格斯的社会形态观中包含着生态思想。

资本无限地增值和扩张与自然资源和社会需求的有限性间产生的矛盾，引发了周期性的经济危机，过度的生产、生活消费被错误地作为使矛盾得到暂时缓解的方式，从而对不可再生资源造成大量的破坏和浪费，致使整个世界的可持续发展搁浅。社会形态的畸形是对生态思想不够重视的结果。

马克思、恩格斯的生态思想从自然先在性、人与自然的物质交换、自然资源循环利用、人与自然的和谐发展等多个角度，论述了人与自然的统一。基于此，我国生态文明建设应坚持以马克思主义生态思想为指导，促进生态文明建设与社会主义政治建设、经济建设、文化建设和社会建设相结合，实现生态文明建设的创新。③

（二）新中国对自然资源“生态文明”科学概念的提出与完善

党的十七大提出了“生态文明”的科学概念，全面建设小康社会中也有关于“建设生态文明”和“建设资源节约型、环境友好型社会”等战略任务的内容，十七届五中全会通过的“十二五规划”也高度重视“资源节约型、环境友

① 张静苗：《马克思主义生态思想对当代中国生态文明建设的启示探讨》，载《吉林广播电视大学学报》2018 年第 2 期。

② 李崇富：《马克思主义生态观及其现实意义》，载《湖南社会科学》2011 年第 1 期。

③ 张灏、张怀民：《马克思、恩格斯生态文明思想的启示》，载人民论坛网：http://www.rmlt.com.cn/2017/0614/478641.shtml?_t_t_t=0.6702321316115558 2017 年 6 月 14 日，最后访问日期：2018 年 12 月 18 日。

好型社会”的建设。[①]

党的十八届三中全会再次肯定了我国生态文明制度建设的紧迫性和重要性，并明确了生态文明制度建设的详细宗旨。由于市场经济对利益追求的无限性，过度的资源消耗曾经是支持经济高度增长的一大因素，这自会引起环境生态问题等连锁反应。当认识到生态环境恶化和自然资源紧缺的严重性和不可修复性时，全党全国人民自必须对马克思主义生态观是重要理论基础和制度支撑，形成统一认识和集体行动，而统一和提高这种认识就要努力建构、宣传和普及马克思主义生态观。[②]

二、生态环境理念的转变：公法私法化与私法公法化的结合

（一）在自然资源领域“以权利制约权力”

在环境问题产生之初，主要是靠外部手段——公法手段解决环境问题，但在运行过程中，其运行成本高昂、权力膨胀又使得地方恶性竞争等缺陷层出不穷，特别是管理者与被管理者间的关系对立，更使得主动性和积极性难以发挥。[③]此时，私法手段即受到了重视，因为单一的行政法律手段无法解决环境问题，而只运用私法手段也会产生并导致政府失灵以及成本增加等问题。故只有以权利制约权力，才是趋利避害的最佳途径。

（二）自然资源法的“社会本位”之客观要求

法律的社会本位要求以维护社会公共利益为出发点，完全以个人利益为本位的绝对化权利手段必须抛弃。公法手段是为了对公共利益进行保护，但其是一种同样需要依赖社会道德观念来予以制约的机制，所以启动私法机制，

---

① 《中国共产党第十七届中央委员会第五次全体会议公报》，载《人民日报》2010年9月10日。

② 李崇富：《马克思主义生态观及其现实意义》，载《湖南社会科学》2011年第1期。

③ 刘婷：《自然资源开发利用权的市场化研究——以农村土地承包经营权市场化的试错演进为借鉴》，山东师范大学2009年硕士学位论文。

则能助力道德机制的运行，有效地预防政府失灵，调整政府与个体关系的有效互动，让公民能积极主动地参与交易。这样，那种既具有私法的内在激励机制，又具有公共权力属性的自然资源所有权形式，无疑才是社会所需要的东西。[①]

（三）自然资源国家所有权的结构正由单一方式向复合建构演变

国家所有权的权利结构不再只保持一种形态，其权能也不单只有包括占有、使用、收益、处分，管理权能也应当包含其中，它是自然资源国家所有权在公法层面的体现。

在权利结构方面，其中复合式所有权可划分为“授予式”，即利用行政关系的设置使权能分离；“让渡式”，即通过利用债权关系的设置使权能分离；而“转化式”，即利用物权关系的设置使权能分离。从产权经济学角度分析，一方面，产权的明晰程度与对权利主体的激励和约束程度成正比。[②]另一方面，行政处分是国家保障公共利益的手段，不能完全丢弃。

因此，综合采取上述“授予式”“让渡式”“转化式”的方法是保护自然资源、贯彻可持续利用的有效途径。不同对象采取不同手段，“转化式”适用于经营性国有财产，对于国有财产中的土地资源，尽可能采取由“让渡式”向“转化式”过渡的国家所有权结构。将“授予式”的国家所有权结构向“让渡式”转变，可能会更适合公益性财产。最后，采取“授予式”的国家所有权结构规范行政性财产。[③]

公法与私法的兼容，经济管制与契约自由的结合，即公法私法化和私法公法化的混合立法模式是取他之长、补己之短的有效途径，应当共同作用共同完成对国家所有权和自然资源的法律调整。

---

① 刘婷：《自然资源开发利用权的市场化研究——以农村土地承包经营权市场化的试错演进为借鉴》，山东师范大学2009年硕士学位论文。

② 李胜兰：《国家所有权行使的经济分析》，载《中山大学学报（社会科学版）》2001年第1期。

③ 周林彬、王烨：《论我国国家所有权立法及其模式选择——一种法和经济学分析的思路》，载《中国政法大学学报》2002年第3期。

第一章

新中国土地法治 70 年

第一节
新中国70年来的土地立法与政策的演进

一、新中国逐步确立农村集体土地所有制的阶段
——1949年至1956年新中国的土地制度

（一）新中国土改将封建半封建土地所有制改变为农民的土地所有制

1. 新中国成立后首要任务是确立土地所有权和使用权法律关系。

新中国成立伊始，党和国家延续解放战争中的土改政策，首先做的就是没收官僚买办和地主的土地，处理城镇房地产权和无主土地，摧毁半封建半殖民地的土地私有制，建立新型的社会主义土地所有制和土地使用方式。①

1949年9月29日中国人民政治协商会议第一届全体会议通过了《中国人民政治协商会议共同纲领》(以下简称《共同纲领》)，其第三条规定“……有步骤地将封建半封建的土地所有制改变为农民的土地所有制……”为了实现这个目标，《共同纲领》第二十七条规定：“土地改革为发展生产力和国家工业化的必要条件。凡已实行土地改革的地区，必须保护农民已得土地的所有权。凡尚未实行土地改革的地区，必须发动农民群众，建立农民团体，经过清除土匪恶霸、减租减息和分配土地等项步骤，实现耕者有其田。”《共同纲领》中关于土地改革的内容为土地立法的发展乃至整个土地管理法律

① 许坚、吴茨芳、高海燕：《新中国的土地立法》，载《资源产业》2002年第4期。

制度的建立、健全和完善打下了扎实的基础，起到了良好的开端。[①]

2.《土地改革法》是新中国成立之后第一部专门针对土地问题的法律。

1950 年 6 月 28 日中央人民政府委员会第八次会议通过的《土地改革法》分为六章，总共有四十条。其中第一条写明了“废除地主阶级封建剥削的土地所有制，实行农民的土地所有制，借以解放农村生产力，发展农业生产，为新中国的工业化开辟道路”。除此之外，该法对土地的没收和征收、土地的分配、特殊土地问题的处理等都进行了规定。在该法出台之前，党确立了“依靠贫农、雇农，团结中农，中立富农，有步骤有分别地消灭封建剥削制度，发展农业生产”的土地改革总路线。为了贯彻该路线，新的土地改革政策除了没收地主的土地、耕畜、农具等生产资料以及多余的粮食、房屋之外，其余财产不予没收。[②]

在土地分配问题上，实行了在原耕地基础上以抽补调整方法来分配土地的政策，尽可能地减少过多的不必要的土地变动，使农民能够安心进行农业生产。同时，更加强调团结和保护中农，争取占农村人口 20% 的中农加入反封建的统一战线中来，使得 90% 以上的农村人口团结在我党周围。[③]《土地改革法》建立了农民私人所有的土地制度，土地改革完成后，由人民政府发给土地所有证，并承认一切土地所有者有自由经营、买卖及出租其土地的权利。

3.《城市郊区土地改革条例》亦随之出台。

《土地改革法》在当时仅适用于农村地区，而为了在全国范围内完成土改，1950 年政务院通过了《城市郊区土地改革条例》。其主要内容如下：

第一，城市郊区所有没收和征收得来的土地，一律归国家所有，由市人民政府管理，连同国家在郊区所有的其他农业土地分配给无地少地农民耕种

① 李佑新、高文学：《土地改革对新中国制度建设的历史影响》，载《中国社会科学报》2017 年 4 月 27 日。

② 翟佳琪：《刘少奇：土地改革法的主持起草者与推动者》，载《湘潮》2005 年第 9 期。

③ 翟佳琪：《刘少奇：土地改革法的主持起草者与推动者》，载《湘潮》2005 年第 9 期。

使用，凡使用城市郊区国有土地从事耕种者，除向国家缴纳农业税外，不再交租，但经营人不得将国有土地出租、买卖或荒废，原经营人如不需用该项土地时，必须交还国家。所有没收来的房屋，除大建筑及风景区的别墅等不适合于农民居住的房屋应当作公用外，其余均应分配给农民所有。

第二，国家因建设需要收回农民耕种国有土地或征用私人所有的农业土地时，应给耕种该土地的农民以适当安置，并对其在该项土地上的生产投资（如凿井、植树等）及其他损失，予以公平合理的补偿，或以相等的国有土地调换。

第三，城市郊区土改完成后，对分得国有土地的农民，由市人民政府发给国有土地使用证，保障农民对该项土地的使用权。对私有农业土地者发给土地所有证，保障其土地所有权。[①]

4. 为解决建设用地供应的迫切问题颁布了《国家建设征用土地办法》。

1953 年起国家要开始“一五”建设，迫切需要解决建设用地的供应问题，于是 1953 年 11 月 5 日政务院第 192 次政务会议通过了《国家建设征用土地办法》。该法规定：“凡兴建国防工程、厂矿、铁路、交通、水利工程、市政建设及其他经济、文化建设等所需用之土地，均依本法征用之；凡属有荒地、空地可资利用者，应尽量利用，而不征用或少征用人民的耕地良田；凡虽属需要，而对土地被征用者一时无法安置，则应俟安置妥善后再行举办，或另行择地举办；被征用土地的补偿费，在农村中应由当地人民政府会同用地单位、农民协会及土地原所有人（或原使用人）或由原所有人（或原使用人）推出之代表评议商定之。”

（二）1954 年《宪法》规定国家依照法律保护农民土地所有权

1. 新中国成立之初一直到互助组和初级社是农民依法享有土地所有权。

直到农民加入初级社以后，也只是由初级社统一使用农地。这是新中国土地制度的第一次重大变革。通过这次变革，我们应该了解的是，我们所追

① 许坚、吴茨芳、高海燕：《新中国的土地立法》，载《资源产业》2002 年第 4 期。

求的是让农民拥有土地产权，因为土地是他们最重要的财产。这次土地制度的变革所产生的结果是平均了地权。“平均地权”是从苏区到解放区的尝试，再到新中国成立后逐步到全国的覆盖。在这个过程中，地权的平均是通过土地暴力革命来实现的。①

1954年《宪法》作为新中国成立之后的第一部宪法，对土地制度作了比较详细的规定：国家依照法律保护农民的土地所有权和其他生产资料所有权。同时又规定：国家为了公共利益的需要，可以依照法律规定的条件，对城乡土地和其他生产资料实行征购、征用或者收归国有。

2. 从1952年到1957年新中国土地可以由私人享有土地所有权。

1950年颁布实施的《土地改革法》在以前的解放区法律基础之上，进一步从法律层面保障了农民的土地所有权。1951年的《中共中央关于农业生产互助合作的决议》和1953年的《中共中央关于发展农业生产合作社的决议》为农村互相合作运动提供了指引。土改之后，农民拥有土地所有权，不但拿到了土地所有证，还可以对土地进行自由的处置，包括买卖。当时国家的出发点就是通过土改让农民获得土地财产，只是说更为平均化而已，也就是要“平均地权”，确切地说是为了改变过去那种“富者田连阡陌，贫者无立锥之地”的不平等现象。

3.《高级农业生产合作社示范章程》规定农村土地转变为社会主义劳动群众集体所有。

1955年11月9日通过的《农业生产合作社示范章程》规定：社员的土地必须交给农业生产合作社统一使用。1956年6月30日通过的《高级农业生产合作社示范章程》才规定入社的农民必须把私有的土地等主要生产资料转为合作社集体所有，农村土地自此开始由个人所有转变为社会主义劳动群众集体所有。

① 龙登高：《百年中国土地制度变革及其启示》，载搜狐网：http://www.sohu.com/a/134082890_275005，最后访问日期：2019年6月17日。

二、完善农村集体土地所有制到土地立法停滞的阶段

——1957 年至 1977 年新中国的土地制度

（一）新中国土地立法长期徘徊于农村集体土地所有制的完善

1.“文革”以前新中国土地问题不靠立法而靠相关政策。

从合作化完成到“文革”结束这一历史时期中，新中国土地立法在相当长的一段时间内处于停滞状态，这个阶段的前十年，土地立法的主要任务是完善农村集体土地所有制。所以当时土地问题上的立法不多，主要靠政策。当时狭义的法律文件就一个：1958 年《国家建设征用土地办法》。另外一个重要的文件是 1962 年 9 月 27 日中国共产党第八届中央委员会第十次全体会议通过的《农村人民公社工作条例修正草案》。

2. 唯一的专门法律即《国家建设征用土地办法》。

20 世纪 50 年代要大规模地搞经济建设，为了保障建设用地的供应问题，1958 年 1 月 6 日全国人大常委会批准、国务院公布施行了《国家建设征用土地办法》。该办法是较早期的一部专门针对土地征用的规范性问题所颁布的法律，影响深远，意义重大。其第二条规定：“国家兴建厂矿、铁路、交通、水利、国防等工程，进行文化教育卫生建设、市政建设和其他建设，需要征用土地的时候，都按照本办法的规定办理。”第三条规定：“国家建设征用土地，既应该根据国家建设的实际需要，保证国家建设所必需的土地，又应该照顾当地人民的切身利益，必须对被征用土地者的生产和生活有妥善的安置。如果对被征用土地者一时无法安置，应该等待安置妥善后再行征用，或者另行择地征用。国家建设征用土地，必须贯彻节约用地的原则。一切目前可以不举办的工程，都不应该举办；需要举办的工程，在征用土地的时候，必须精打细算，严格掌握设计定额，控制建筑密度，防止多征、早征，杜绝浪费土地。凡有荒地、劣地、空地可以利用的，应该尽量利用；尽可能不征用或者少征用耕地良田，不拆或者少拆房屋。”

该办法明确了整个土地征用计划的范围，强调对于被国家征用了土地的人进行安排，并且字里行间贯彻了节约用地的理念。

（二）“三级所有、队为基础”主要以政策确立的集体土地制度

《农村人民公社工作条例修正草案》（以下简称“六十条”）中将“三级所有、队为基础”的形式确立下来。规定：生产队范围内的土地，都归生产队所有，生产队所有的土地，包括社员的自留地、自留山、宅基地等，一律不准出租和买卖。生产队所有的土地，不经过县级以上人民委员会的审查和批准，任何单位和个人都不得占用。要爱惜耕地。基本建设必须尽可能地不占用或者少占用耕地。

从严格意义上说，“六十条”不是法律，是党的文件。“六十条”先后经三次修改，通过缩小社队规模，取消公共食堂和供给制，改变农业基本核算单位，最终确立了“三级所有，队为基础”的此种新的土地所有权体制。“六十条”的出台无疑是党中央与农村基层共同推动的结果，作为特定历史条件下的“法政策”，其为城乡二元体制的巩固和工业化的初步实现提供了制度保障。而且“六十条”所确立的农村集体土地所有权“三级所有、队为基础”的精神也反映于《土地管理法》和《物权法》。目前，“六十条”在确定农村集体土地所有权和使用权方面的精神仍发挥着重要作用。[①]

（三）“文革”使新中国土地法治建设遭到严重破坏

1954年，新中国第一部宪法获得通过，奠定了中国法治建设的基础。

然而刚刚兴起的法治萌芽却在1966年开始的十年“文革”中遭到了严重破坏。

国家行政法学者和经济法法制史专家一致都认为：“‘文革’时期是法律虚无主义。”当时缺乏法律规范，治理社会的方式有非常强的随意性，缺乏制度与

① 辛逸：《“农业六十条”的修订与人民公社的制度变迁》，载《中共党史研究》2012年第7期。

法律规范来治理国家的状态，导致了一场灾难。[①] 在土地资源领域，自然也不能例外。

三、逐步建立和完善城镇国有土地使用制度的阶段

——1978年至1982年新中国土地法治的恢复与重建

（一）新中国进入了土地法治的恢复和重建及发展的新时期

1. 逐步建立和完善城镇国有土地使用权制度成为土地立法的核心。

1978年以后，土地立法的重点从农村转向城市，逐步建立和完善城镇国有土地使用制度成为土地立法的核心。在坚持土地公有制的前提下，改革土地使用制度自然成为经济体制改革的重要内容之一。在新中国土地既是政府宏观调控的重要手段，也是影响房地产业发展的基本要素。当时新中国土地使用制度改革构想无疑是受到了香港土地批租制度的启发。面对如何才能建立和完善内地的城市土地管理制度，当时尚存有一系列未解决的难题，此时，随着中英香港回归谈判的深入，我国香港的土地批租制度的经验自然为人们所逐渐知悉，成为新中国的土地制度变革的一种直观的借鉴。[②]

2. 中外合营企业对批准核拨的建设用地只有使用权并无所有权。

随着新中国改革开放政策的逐步实行，中外合资企业大量涌现。1979年《中外合资经营企业法》和1980年7月《国务院关于中外合营企业建设用地的暂行规定》开始明确规定，对中外合营企业建设用地："不论新征用土地，还是利用原有企业的场地，都应征收场地使用费。"[③] 中外合营企业对批准核拨的建设用地，只有使用权，没有所有权。严禁买卖或变相买卖土地。当时土地使用制度的改革既涉及国有土地，也涉及集体所有土地在使用和管理上

① 白旭、蔡敏、余里：《从人治到法治：艰难而充满希望的行程》，载中国经济网：http://views.ce.cn/view/ent/201410/20/t20141020_3735813.shtml 2014年10月20日，最后访问日期：2019年2月18日。

② 李昱民：《香港土地批租制度对我国内地的启示》，载《上海投资》2005年第9期。

③ 谭企坤：《土地使用制度的改革和实践》，载《党政论坛》1992年第11期。

的改革。作为改革开放的法律及政策基础，该规定还明确了场地使用费的具体标准，成为改革开放初期国家制定并颁布的第一部专门规范城市国有土地取得和使用的行政法规。

（二）新中国第一部专门规范农村村镇建设的土地法规得以颁行

根据农村宅基地所有权性质演变与原始取得宅基地权利的主体演变，可将农村宅基地制度分为农村宅基地农民私人所有、农民享有宅基地所有权；宅基地归生产队集体所有而农民享有宅基地使用权；宅基地属于农民集体所有而农村居民和城镇居民享有宅基地使用权；宅基地属于农民集体所有而农户享有宅基地使用权四个阶段。不同的阶段具有不同的法律政策内容及其特点。[①]

1982 年国务院颁布的《村镇建房用地管理条例》是新中国第一部专门规范农村村镇建设的法规，它首次提出珍惜和合理利用每一寸土地是我国的国策；确立了村镇建房的统一规划制度，还授权省级人民政府根据不同地区的不同情况规定社员建房的用地标准，建立了村镇用房的审批制度。该条例的许多规定都被写进了 1986 年的《土地管理法》，成为沿用至今的重要法律制度。

（三）颁布实施《国家建设征用土地条例》解决国家建设土地需求

1982 年 5 月 14 日国务院公布实施的《国家建设征用土地条例》第一次明确规定，征用土地的补偿费包括土地补偿费、青苗补偿费、土地附着物补偿费以及农业人口安置补偿费，并在此基础上适当地提高了补偿标准，对农村剩余劳动力的安置途径也作出了相应调整，主要有：就地农业安置，乡村企业安置，迁队或并队安置以及农转非、集体或国有企业安置等。该条例的颁布实施解决了国家建设的土地需求。后来农地征用补偿制度产生了诸多问题，

---

① 丁关良：《1949 年以来中国农村宅基地制度的演变》，载《湖南农业大学学报（社会科学版）》2008 年第 8 期。

而且似乎已成为我国社会经济持续发展的一种现实障碍。通过对新中国农地征用补偿制度所进行的梳理，通过对不同阶段农地征用补偿制度的效果及其原因所进行的分析。有学者认为，农地征用补偿制度的根本问题不在于补偿标准，而在于农地产权制度。往往是公权力的无约束，或者土地生产要素功能的被忽视，以及农民权利的缺失，出现了问题所致。因此，今后我国农地征用补偿制度的改革自然也应主要从这几个方面来进行。①

征地制度无疑是新中国现行土地制度的重要内容。征地制度的演变与发展见证了新中国社会经济发展的历程。故而不同时期征地制度会呈现不同时代特征，反映着当时社会经济发展的不同特点。所以要把握未来我国征地制度的改革方向，自然少不了要梳理征地制度发展的历史脉络，分析其制度变迁的基本特点，在此基础上才可能客观地提出征地制度改革的期望。

（四）新中国1982年《宪法》对土地问题作出了专门的新规定

1982年12月4日，新中国第四部《宪法》即现行《宪法》经第五届全国人大第五次会议通过并颁布。在此之前，新中国曾先后制定过三部《宪法》，即1954年《宪法》、1975年《宪法》和1978年《宪法》。1982年《宪法》第一次明确了国有和农民集体所有土地的范围，规定城市的土地属于国家所有；农村和城市郊区的土地，除由法律规定属于国家所有的外，属于集体所有；宅基地和自留地、自留山，也属于集体所有。

有学者在原旨主义视角下，挖掘1982年《八二宪法》第十条土地条款的生成背景、内在逻辑和制度意涵，他们发现：出于改革开放以后便利国家建设取得土地，限制农地流失的迫切现实需要，该条款承继和巩固了20世纪50年代成形的城乡二元土地所有制结构和“农地非农化的国家征地原则”，并试图以合理用地作为证成和规范该制度的价值尺度。几十年来的改革与修宪给宪法土地条款注入了市场、法治和人权理念，特别是非国有财产平等保护等规范意蕴，但现行制度的种种现实弊病也日益凸显。因此，需要重新思考该

① 罗红云：《新中国农地征用补偿制度变迁历程及启示》，载《新疆财经大学学报》2014年第3期。

条款，清理其遗产。原旨主义立场回顾但不固执历史，要求我们超脱一时一地的具体土地制度安排，去把握宪法条文背后的实践理性、价值平衡等鲜活而深沉的宪法原理，以指导并推动中国土地制度的进一步改革。①

1982 年《宪法》也在根本大法层面上确立了新中国的现行土地征用制度，规定国家为了公共利益的需要，可以依照法律规定对土地实行征用。

四、农村家庭承包制的探索与确立阶段

——1983 年至 1988 年农村土地承包经营权的勃兴

（一）改革开放中人民公社解体而家庭承包经营体制得以确立

1. 新中国的人民公社制度不再适应中国社会经济发展的需要。

曾经的人民公社“一大二公”的体制束缚了广大农民的主体意识，阻碍了农业生产力的发展，“大跃进”中兴起的人民公社体制难以适应改革开放的现实需求，甚至可以说已经严重阻碍农村生产力的解放与发展。新中国合作化运动与人民公社的建立与调整，被现今很多学者视为一种主导信念与现实间的不断互动，是有其内在逻辑的制度变迁过程。传统的劳动互助思想、信念体系和苏联的榜样作用，特别是源自战争年代所形成的牺牲精神和社会运动经验，共同构成了推行农业集体化的信念来源。此种信念不仅主导了农业合作化运动的不断升级，也促进了人民公社制度的发轫和调整，而且在现实的反作用下持续演进。

2. 新中国农村经济体制的改革发轫于家庭联产承包责任制的改革。

安徽凤阳小岗村的十八户农民探索出的“包产到户”的经验应运而生，在解放生产力的过程中展现出强大的生命活力。②在完成国家“交公粮”任务的同时，增加了农民的收入和发展了农村生产，但当时这一新的土地管理

① 彭錞：《八二宪法土地条款：一个原旨主义的解释》，载《法学研究》2016 年第 5 期。

② 詹宏伟：《我国农村经济体制改革的成功起步、理论蕴含和现实启示——兼论乡村振兴中的产权改革问题》，载《重庆工商大学学报（社会科学版）》2019 年第 5 期。

制度于法无据，并未得到全面推广，鉴于法律并没有明确其法律地位，自然只能依党和国家的各种政策来对这一新的制度予以肯认，显而易见，新生的农村联产承包责任制亟须国家的法律来予以确认和保障。

在改革开放的迫切现实需要中，新中国《土地管理法》应运而生。《土地管理法》出台后，土地管理制度就有了明确的法律依据，城市农村土地管理逐渐制度化和法律化。农村土地使用制度从此发生了根本性转变，人民公社制的农村土地经营制度逐步解体，农村家庭承包经营体制开始基本确立。

1983年1月，党中央《当前农村经济政策的若干问题》指出：以包产到户、包干到户为主要形式的联产承包制“是党的领导下我国农民的伟大创造”，要求“凡是群众要求实行这种办法的地方，都应当积极支持”。包产到户在这一政策指导下，各地区迅速普及，家庭承包经营进入稳定发展阶段。

1984年1月，中共中央《关于1984年农村工作的通知》进一步规定了土地承包政策问题，主要的内容是：稳定、完善联产承包责任制，延长土地承包期，一般在15年以上；合理补偿农民向土地投资；自留地、承包地均不准买卖，不准出租，不准转作宅基地和其他非农业用地；完善统一经营和分散经营相结合体制，设置以土地公有为基础的合作经济组织。

1986年1月，中共中央、国务院印发《关于1986年农村工作的部署》文件实际上调整的是土地承包经营问题。1987年1月中共中央印发了《把农村改革引向深入的通知》。该通知指出：要完善分散经营和统一经营相结合的双层经营体制，稳定家庭联产承包制。

3. 联产承包制的形成体现了马克思主义基本原理必须与中国实际相结合。

在1985年到1988年的几年中，土地承包政策出现反复情况，个别地方违背农民意愿，强行收回农民的承包地，任意改变承包合同等，极大地挫伤了农民的生产积极性。针对混乱现象，中共中央、国务院先后发布了两个文件要求各级党委和政府把做好农业和农村工作摆在首位，认真抓好“稳定完善以家庭联产承包为主的责任制，建立健全农业社会化服务体系”等六项工作。再加上同时期土地也急剧减少，仅1985年，减少耕地2300多万亩，导致1985年后连续几年的粮食产量停滞不前，“粮食安全”问题引起了中央的高度关注，1986年中共中央国务院为此下发《关于加强土地管理，制止乱占耕地的通知》，农地非农用的权利开始收归国家。

家庭联产承包责任制则极大地解放和发展了生产力。农村土地制度改革的成功起步，蕴含着宝贵的经验和深刻的理论，对深化农村改革乃至整个中国改革具有重要的导向意义：调动农民的生产积极性无疑是解放和发展农业生产力的根本条件；而调动农民生产积极性的根本措施，在于落实和尊重农民的主体地位；确立农民主体地位的根本在于确立农民产权主体地位，而农业生产资料产权清晰化的实质，其实就是落实农民产权主体地位；所以要根据不同历史条件创造落实农民产权主体地位的不同形式。

可见，我国现行的以家庭承包经营为基础，统分结合的双层经营农村土地政策，是在经历了土地改革、合作化运动、人民公社运动及以党的十一届三中全会后对农村改革的探索中不断形成的。这是一个不断突破、探索、磨合、前进的过程。因此，摸清我国土地政策的演进历程，把握土地政策制定规律，不但对于解决当今城镇化进程中暴露出的土地问题；而且对展望未来土地政策发展方向，均具有理论上的意义。①

（二）新中国首部全面调整土地法律关系的《土地管理法》颁行

1.体制改革以土地制度为突破口促进了计划经济向市场经济的转型。②

1986年6月25日，第六届全国人大常委会通过并发布《土地管理法》，这是新中国成立后，我国颁布的第一部关于土地资源管理、全面调整土地关系的法律，它的颁布是我国土地管理工作的重大转折和管理体制的根本性改革。《土地管理法》以法律的形式确认了家庭承包责任制，进一步充实了土地承包政策的内涵，标志着我国土地管理工作开始纳入依法管理的轨道。

新中国实行土地的社会主义公有制，即全民所有制和劳动群众集体所有

---

① 付辰玉：《关于改革开放以来我国农村土地政策问题研究》，中共辽宁省委党校2015年硕士学位论文。

② 朱建华：《我国农村集体土地流转的典型模式和法律困境研究》，重庆大学2010年硕士学位论文。

制。任何单位和个人不得侵占、买卖、出租或者以其他形式非法转让土地。国家为了公共利益的需要，可以依法对集体所有的土地实行征用。国有土地和集体所有的土地的使用权可以依法转让。国家依法实行国有土地有偿使用制度。

2. 土地有偿使用改革的背景下土地的非农使用权正式收归国有。

1988 年 4 月，第七届全国人大第一次会议通过了《宪法修正案》，删去了《宪法》第十条第四款中“禁止土地出租”的规定，同时在该条款中增加了“土地的使用权可以依照法律的规定转让”的规定。同年 12 月 29 日，第七届全国人大常委会根据宪法修正案通过了关于修改《土地管理法》的决定，在《土地管理法》中删除了“禁止出租土地”的内容，并增加规定“国有土地和集体所有的土地的使用权可以依法转让”和“国家依法实行国有土地有偿使用制度”等内容。[①] 同时，为适应改革开放的新形势土地管理工作的需要，对农村集体建设用地的审批、非法转让土地和破坏耕地的违法行为处罚及其处罚程序等内容也进行了修改。我国《宪法》和《土地管理法》对土地使用制度改革的修改规定，奠定了这一时期土地立法的基调，那就是一切为土地使用制度改革服务。

1986 年设置国家土地管理局标志土地的非农使用权正式收归国有。[②] 土地非农用制度的变迁轨迹，又回归到了国有化的轨道。1986 年后，在强化土地非农用权国有化的同时，农民对原有的自留地、宅基地和农用地权利，也在缩小。

五、以《土地管理法》为核心的法律体系初步建立的阶段
——1989 年至 1997 年土地法治的全面建设期

改革开放开辟了新中国成立以来党的历史发展的新阶段。党的十三大的

① 《土地收入 20 年涨 100 倍背后：地财政野蛮生长》，载搜狐网：http://wwwsohu.com/a/112993232_162997，最后访问日期：2019 年 6 月 17 日。

② 李昌平：《中国土地制度变迁与“三农”兴衰》，载《炎黄春秋》2007 年第 6 期。

召开确立了社会主义初级阶段和党的基本路线，明确认识到我国正处于社会主义的初级阶段，所以要在此基础上来寻找出一条符合中国国情的有中国特色的社会主义道路。为了继续发展这种良好的局面和深化改革，党和国家在土地管理制度上继续摸索前进。

（一）《宪法》《土地管理法》修改后确立了土地有偿使用制度

1. 市场经济改革要求土地作为生产要素进入商品交换领域。

随着社会主义市场经济体制的建立，《土地管理法》中规定的无偿且无期限的划拨用地制度，土地使用权不得转让的规定，都越来越难以适应市场经济条件下经济发展的要求。在总结地方试点成功经验的基础上，1988 年第七届全国人大一次会议通过了《宪法修正案》，决定将《宪法》第十条第四款：**"任何组织或者个人不得侵占、买卖、出租或者以其他形式非法转让土地。"**修改为：**"任何组织或者个人不得侵占、买卖或者以其他形式非法转让土地。土地的使用权可以依照法律的规定转让。"**《宪法修正案》的颁布在当时具有划时代的重要意义，它不仅为国有土地有偿使用制度的建立扫清了法律障碍，更为自然资源有偿使用制度的改革拉开了序幕。

2.《土地管理法》修改主要解决土地作为生产要素进入市场的问题。

1988 年 12 月，第七届全国人大常委会第五次会议通过了《关于修改〈中华人民共和国土地管理法〉的决定》。修改的主要内容是将原来"任何单位和个人不得侵占、买卖、出租或者以其他形式非法转让土地"的规定，修改为"任何单位和个人不得侵占、买卖或者以其他形式非法转让土地"，同时增加两款，规定"国有土地和集体所有的土地的使用权可以依法转让。土地使用权转让的具体办法，由国务院另行规定"，还规定"国家依法实行国有土地有偿使用制度，国有土地有偿使用的具体办法，由国务院另行规定"。同时，为了进一步加大对土地违法行为的制止力度，在第五十二条增加一款，规定："受到限期拆除新建建筑物和其他设施的处罚的单位和个人，必须立即停止施工。对继续施工的，作出处罚决定的机关有权制止。拒绝、阻碍土地管理工作人员依法执行职务的，依照治安管理处罚条例的有关规定处罚。"此外，修改后的《土地管理法》还明确了乡（镇）村公共设施、公益事业建设需要使用土地的，由县级以上地方人民政府批准。

1990年5月19日国务院令第55号——《城镇国有土地使用权出让和转让暂行条例》施行。该法改革了城镇国有土地使用制度，中华人民共和国境内外的公司、企业、其他组织和个人，均可依照本条例的规定取得土地使用权，进行土地开发、利用、经营。

1990年5月19日国务院令第56号——《外商投资开发经营成片土地暂行管理办法》施行。该法主要为吸引外商投资从事开发经营成片土地，加强公用设施建设，改善投资环境，并规定了外商投资开发经营成片土地的权利义务，依据《土地管理法》及相关法规适用。

（二）家庭联产承包责任制的确立

1991年11月中共十三届八中全会发布《关于进一步加强农业和农村工作的决定》。该决定第一次明确规定“把以家庭联产承包为主的责任制、统分结合的双层经营体制”作为我国乡村集体经济组织的一项基本制度，长期稳定下来，并不断加以完善。

1992年农村经济开始按市场经济运行并逐渐发展。在邓小平同志南方谈话之后，农村经济进入了新的发展高峰，党的十四大正式确立中国建立社会主义市场经济体制。

这是马克思社会主义经济理论发展的一大成就。在党的十一届三中全会前，我国虽然对社会主义建设模式进行过一些探索，经济建设也取得了很大的成绩，但始终没有找到一条适合我国国情的建设道路，没有形成能指导我国社会主义建设的经济理论和经济体制。党的十一届三中全会后，在邓小平解放思想，实事求是思想的指导下，在总结我国社会主义建设胜利与挫折和借鉴国内外不同社会制度经济建设成功与失败各种经验教训的基础上，逐步形成了社会主义市场经济理论，使中国的社会主义走上了一条健康发展的道路。①

① 曹建军:《社会主义市场经济理论创立轨迹》，载《思想·理论·教育》1998年第4期。

1993年4月第八届全国人大对《宪法》进行了又一次修改，正式将“家庭联产承包责任制”载入宪法，成为社会主义市场经济下的一项国家基本经济制度，解决了家庭联产承包责任制法律地位的争议。1993年11月，中共中央、国务院发布《关于当前农业和农村经济发展的若干政策措施》明确提出，“在原定的耕地承包期到期之后，再延长30年不变”，各地根据中央的政策精神进行第二轮土地承包，落实土地承包期“再延长30年不变”的政策。

第二轮土地承包期限延长看上去是个技术问题，像拍脑袋一样，实际上是经过验证的谨慎做法。从制度的效果来讲，更稳定，更有预期。制度最重要的一点是稳定，好的制度要稳定，最怕变来变去，第二轮土地承包期限意在增强制度的稳定功能和预期功能。农民承包了集体所有的土地后，对承包使用年限非常敏感。期限的本质是预期，这里面反映出两层意思：一是农民对土地使用的预期；二是制度和政策的稳定。[①]

1994年7月5日《城市房地产管理法》颁布，对在城市规划区国有土地范围内取得房地产开发用地的土地使用权，从事房地产开发、房地产交易中的土地使用权制度加以规定。明确依法实行国有土地有偿、有限期使用制度，按规定出让转让土地使用权，及相关权利义务。

1995年，国务院批转《农业部关于稳定和完善土地承包关系意见的通知》，国务院强调，以家庭联产承包为主的责任制和统分结合的双层经营体制，是党在农村的一项基本政策和我国农村经济的一项基本制度，必须保持长期稳定，任何时候都不能动摇。要通过强化农业承包合同管理等一系列措施，使农村的土地承包关系真正得以稳定和完善。[②]要求切实维护农业承包合同的严肃性，积极稳妥地做好延长土地承包期工作，提倡在承包期内实行增人不增地、减人不减地，建立土地承包经营权流转机制，保护继承人的合法权益，加强对延长土地承包期工作的领导。1997年8月，中办、国办联合下发《关于进一步稳定和完善农村土地承包关系的通知》，该通知对土地使用权的流转

---

① 刘守英：《承包期限的本质是稳定制度预期》，载《农村工作通讯》2017年第11期。

② 萧娜：《国务院批转农业部〈意见〉稳定和完善土地承包关系》，载《新农村》1995年第6期。

制度作出了具体规定，进一步稳定和完善土地承包政策。

1997年9月12日，党的十五大召开，大会通过了《高举邓小平理论的伟大旗帜，把建设有中国特色社会主义事业全面推向21世纪》的报告。该报告强调，要长期稳定以家庭联产承包为主的责任制，完善统分结合的双层经营体制，逐步壮大集体经济。

20世纪90年代末期，我国耕地保护面临的形势十分严峻，开发区热、房地产热导致耕地面积锐减，人地矛盾日益尖锐。面对经济形势的变化，《土地管理法》呈现出了滞后性，对农用地转为建设用地缺乏严格的法律限制、对土地违法行为缺乏强有力的法律监督体制和手段、对土地征用缺乏严格的法律限制且比较分散，以及对国有土地资源和市场管理缺乏明确的规定。在这种情况下，党中央、国务院于1997年4月15日下发了《关于进一步加强土地管理切实保护耕地的通知》。在这个文件中，中央提出了一系列加强土地管理和耕地保护的措施，决定在冻结非农业建设占用耕地的同时，完成《土地管理法》的修订工作，同时也提出了修订《土地管理法》的重要原则。

党中央、国务院高度重视土地整治工作。1997年《中共中央、国务院关于进一步加强土地管理切实保护耕地的通知》就提出："积极推进土地整理，搞好土地建设。"至1999年新修订的《土地管理法》明确规定："国家鼓励土地整理。"到2008年党的十七届三中全会再次提出："大规模实施土地整治，搞好规划、统筹安排、连片推进。"①

（三）1997年新《刑法》增设土地犯罪条款

在1997年新《刑法》出台以前，原《刑法》中对土地制度的保护没有单独设立罪名，土地违法与治罪无关，致使一些违法者有恃无恐，土地违法案件大量发生。1997年新修订的《刑法》专门增加了土地犯罪条款，即《刑法》第二百二十八条规定的非法转让倒卖土地使用权罪、第三百四十二条规定的非法占用耕地罪以及第四百一十条规定的非法批准征用占用土地罪和非法低

① 徐绍史：《切实搞好土地整治　促进城乡统筹发展》，载《中国土地》2011年第10期。

价出让国有土地使用权罪。从我国的实际情况出发，针对乱占、滥用耕地，越权批地，非法转让、倒卖土地使用权等愈演愈烈、屡禁不止的土地违法现象，增设了涵盖管地、用地、转让三大领域的四个罪名，[①]使土地资源得到了《刑法》的保护，为严格管理土地，依法落实保护耕地的基本国策提供了重要的法律武器。

六、新中国土地资源由“刀制”变“水治”的阶段

——1998 年至 2004 年土地资源深化改革时期

（一）土地资源管理重大变革并继续向社会主义市场经济发展

家庭联产承包责任制在初步经过市场经济的洗礼之后，家庭承包制度的优越性得到了普遍认可，但在具体制度的实施上，家庭承包经营制度还有所局限性。为继续进一步鼓励生产力的发展，在全面开始第二轮土地承包工作以及在长期稳定土地承包关系的基础上，鼓励有条件的地区积极探索土地经营权流转制度改革。对土地的管理进行了重大变革并继续向社会主义市场经济模式发展。在加快农村土地制度法制化建设的基础上，鼓励有条件的地区积极探索土地经营权流转制度的改革。

（二）1998 年《土地管理法》确立了最严格的用途管制制度

1988 年修改的《土地管理法》已经明显不能适应市场经济条件下加强土地管理、切实保护耕地的需要。1998 年 8 月 29 日，第九届全国人大常委会第四次会议修订通过了《土地管理法》，并于 1999 年 1 月 1 日起开始实施。1998 年国务院还颁布了重新修订的《土地管理法实施条例》和《基本农田保护条例》，并与修订后的《土地管理法》同步实施。

1998 年的《土地管理法》在总结过去土地管理改革经验和教训的基础上，

① 房言法:《谈〈刑法〉增设的土地犯罪条款》，载《北京房地产》1997 年第 6 期。

以建立世界上最严格的土地管理法律制度为目标，[①] 对以分级限额审批为主要内容的土地管理制度进行了根本性的变革，确立了新型的土地用途管制的法律制度，规定："国家实行土地用途管制制度。国家编制土地利用总体规划，规定土地用途，将土地分为农用地、建设用地和未利用地。严格限制农用地转为建设用地，控制建设用地总量，对耕地实行特殊保护。"同时，该法第一次将"土地承包经营期限为 30 年"这个党的土地政策上升为法律。这是我国土地政策法律化的典型例证，它使"土地承包期限 30 年"具有了法律保障。

1998 年 10 月 14 日，党的第十五届中央委员会第三次全体会议通过《中共中央关于农业和农村工作若干重大问题的决定》，这一划时代的农业政策，在充分肯定家庭联产承包经营的基础上，对土地承包政策提出了跨世纪的政策方针与政策要求。该决定的政策方针是："长期稳定农村基本政策。"这个方针当然也适用于土地承包政策。

保持党在农村的基本政策长期稳定，是坚持把农业放在国民经济的首位，实现增加农产品的有效供给，增加农民收入的根本保证。其重点必须落实好稳定土地承包关系，减轻农民负担和按保护价敞开收购余粮的政策，这是关系农民切身利益、保护农民生产积极性、推进农村经济体制和农业增长方式转变的重大问题，因而必须不折不扣地落到实处。[②]

2000 年 10 月 11 日，党的第十五届中央委员会第五次全体会议通过的《中共中央关于制定国民经济和社会发展第十个五年计划的建议》指出，要加快农村土地制度法制化建设，长期稳定以家庭承包经营为基础、统分结合的双层经营体制，这是对家庭承包政策的新要求。

2001 年 3 月 15 日，第九届全国人大第四次会议通过的《中华人民共和国国民经济和社会发展第十个五年计划纲要》指出，加快农村土地制度法制化建设，长期稳定以家庭联产承包经营为基础、统分结合的双层经营体制。在长期稳定土地承包关系的基础上，鼓励有条件的地区积极探索土地经营

① 佟绍伟：《什么是最严格的土地管理制度》，载《河南国土资源》2004 年第 3 期。

② 生桐：《坚持党在农村的基本政策长期稳定》，载《青海农技推广》1998 年第 2 期。

权流转制度改革。[①]

（三）《土地承包法》颁行及《宪法》和《土地管理法》的修改完善

2002年8月29日，第九届全国人大常委会第二十九次会议通过了《农村土地承包法》。我国农村现在还有2亿多农民的家庭，都承包着集体经济组织的土地，所以《土地承包法》是一部关系亿万农民切身利益的法律。[②]该法主要规定了农村土地承包经营的几个重要问题：国家实行农村土地承包经营制度；依法保护土地承包经营权；妇女与男子享有平等的权利；土地承包经营权的流转必须遵循自愿原则；承包期内发包方不得收回承包地等。

2004年3月14日，第十届全国人民代表大会第二次会议通过的《宪法修正案》，将宪法第十条第三款：**“国家为了公共利益的需要，可以依照法律规定对土地实行征用。”**修改为：**“国家为了公共利益的需要，可以依照法律规定对土地实行征收或者征用并给予补偿。”**[③]

同年8月28日，第十届全国人民代表大会常务委员会第十一次会议对《土地管理法》作出修改，一是将《土地管理法》第二条第四款修改为**“国家为了公共利益的需要，可以依法对土地实行征收或者征用并给予补偿”**；二是将其他条款中的“征用”修改为“征收”，并进一步明确了征地制度的内涵。

七、新中国土地资源法治建设的新阶段

——2005年至今之新形势下的创新发展

（一）土地管理法律规范不再仅局限于《土地管理法》之内

新的经济形势下，为适应经济高速发展的需要以及与各领域法律的匹配，

① 潘彦平：《建立土地流转市场，激活土地使用效益》，载《农民致富之友》2002年第1期。

② 陈锡文：《深度解读修改〈中华人民共和国土地承包法〉的原因》，载《农村百事通》2019年第4期。

③ 《中华人民共和国宪法修正案中有关农业的部分》，载《中国改革（农村版）》2004年第5期。

也出台了涉及土地管理制度的其他法律，为更好地利用土地资源提供了法律依据。

2007年修正后的《城市房地产管理法》在第一章“总则”中增加一条，作为第六条：“为了公共利益的需要，国家可以征收国有土地上单位和个人的房屋，并依法给予拆迁补偿，维护被征收人的合法权益；征收个人住宅的，还应当保障被征收人的居住条件……”

（二）《物权法》是从土地法律制度中抽象概括出来的商品交换规则

《物权法》是在中国特色社会主义法律体系中起支架作用的重要法律，是民法的重要组成部分。它的颁布实施，对国土资源管理影响重大。国土资源是最重要和最有价值的“物”，规定土地权利和矿权保护和管理的基本原则，是《物权法》最重要的内容。《物权法》全面肯定了《土地管理法》确立的以耕地保护为核心的土地用途管制制度，并将党中央、国务院关于完善征地制度的一系列政策措施上升为法律规定。《物权法》还对国土资源法律制度进行了改革创新，首次从国家民事基本法的角度明确国家对不动产实行统一登记制度，并从诸多方面完善了国有建设用地使用权制度。同时，《物权法》还对农村集体土地流转和宅基地管理改革留下了足够的法律空间，成为国土资源管理部门保护资源、保障发展、维护权益的重要法律武器。以《宪法》为核心，以《物权法》《土地管理法》《城市房地产管理法》和《农村土地承包法》为重要组成部分的土地管理法律体系基本形成，成为中国特色社会主义法律体系的重要组成部分，并按照构建保障和促进科学发展新机制的新要求，不断改革创新，与时俱进。①

但也有学者认为，《物权法》第十一章“土地承包经营权”的内容，就整体而言主要是依据《农村土地承包法》而架构的，旨在对家庭承包取得的用益

① 《立法实践与创新的光辉历程——就新中国土地法制建设访国土资源部政策法规司副司长魏莉华》，载中国国土资源网：http://www.mnr.gov.cn/zt/zh/gtzyhh60/tdly/200910/t20091009_2035419.html，最后访问日期：2019年6月17日。

物权性质的土地承包经营权予以法律规范。不过对其法律规范进行剖析后，可以发现《物权法》对用益物权性质的土地承包经营权的范围并未明确界定；对用益物权性质的土地承包经营权亦未实行一体的法律制度规范；对以其他方式承包经依法登记取得的土地承包经营权物权，并无完善的法律规范可适用；用益物权性质的土地承包经营权其内容法定不明；承包地被征收后土地承包经营权人的补偿内容亦不明确；其他方式承包取得的物权性质土地承包经营权承包期未予界定；抵押财产的土地承包经营权其法律属性未界定，这七个方面的不足，自为今后修改和完善土地承包经营权法律制度必须考虑的重要问题。①

（三）不动产统一登记推动和规范了土地确权登记的行为规则

1.《物权法》的颁布实施对土地登记的程序和内容提出了新要求。

长期以来，我国的土地、房屋、草地、林地、矿业、海洋等不动产的登记分布在多个部门，实行多级管理。直到《物权法》颁布，才确立了不动产登记制度，并明确我国实行统一的不动产登记制度，该制度最首要的功能在于明晰产权，对于市场交易效率和安全性的提高有着重要意义。②《物权法》的颁布实施确立了不动产登记制度，为规范土地登记提供了千载难逢的良机。

2008年2月1日起正式实施的《土地登记办法》，是推动和规范土地确权登记发证、硬化地权的又一重要规章。《土地登记办法》对1989年实施、1995年修订的《土地登记规则》进行了修改完善，一方面尽量不打破多年实践中已经形成的、并被证明为科学可行的土地登记制度和确权体系，确保土地登记工作的连续性，减少因为修改法律而带来的执行上的成本；另一方面对地方在长期土地登记工作实践中摸索出的好的经验、做法，进行了归纳、吸收，使土地登记办法在创新的基础上更加科学、完善。这为实现土地确权

① 丁关良：《〈物权法〉中“土地承包经营权”条文不足之处评析》，载《湖南农业大学学报（社会科学版）》2007年第5期。

② 李抒妍：《我国不动产登记制度实施问题及对策研究》，吉林大学2018年硕士学位论文。

登记发证全面覆盖，加强土地产权保护提供了法律依据。

2.《不动产登记暂行条例》颁行为土地登记系统框架的完善迈出重要一步。

2014年12月22日，国务院总理李克强签发第656号国务院令，公布《不动产登记暂行条例》，自2015年3月1日起施行。该条例明确，为方便群众申请登记，对申请材料不齐全或者不符合法定形式，应当场书面告知申请人不予受理并一次性告知需要补正的全部内容，否则视为受理。该条例是建立不动产统一登记制度，推进简政放权，整合部门职能职责，减少多头管理，逐步实现一个窗口对外，方便企业和群众的有效举措。[①]

2016年1月21日，国土资源部公布的《不动产登记暂行条例实施细则》，对集体土地所有权登记、国有建设用地使用权及房屋所有权登记、宅基地使用权及房屋所有权登记等各种不动产权利的登记，都作出了更为细致的规定。2017年4月，国土资源部办公厅印发《压缩不动产登记时间实施方案》，要求各地在确保登记资料移交到位、人员划转到位的基础上，进一步简化登记流程，提高登记效率，分类压缩不动产登记办理时限。[②]

2018年6月，全国统一的不动产登记信息管理基础平台已实现全国联网，不动产登记体系进入全面运行阶段。

3. 公法私权综合法律调整构建起土地资源市场的行为规则。

土地问题，说到底还是经济利益的分配问题。运用经济手段，合理调整利益机制，是促进城乡土地合理利用的核心。调整利益机制，就是要协调好国家、地方政府、农民集体和用地者在土地利用上的经济关系，主要的调控手段即价、税、费。[③]

为适应土地参与宏观调控，进一步提高新增建设用地成本的需要，国务院于2006年修订了《城镇土地使用税暂行条例》，决定自2007年1月1日起，将城镇土地使用税的税额在原来的基础上提高两倍，并将外商投资企业纳入

① 李磊:《不动产登记立法体系检讨及完善建议》，载《人大法律评论》2017年第3期。

② 李抒妍:《我国不动产登记制度实施问题及对策研究》，吉林大学2018年硕士学位论文。

③ 吴海洋:《调整利益机制，促进城乡土地的合理利用》，载《农村经营管理》2009年第2期。

征税范围。2007 年 12 月，国务院公布新修订的《耕地占用税暂行条例》，决定自 2008 年 1 月 1 日起，将耕地占用税的税额标准提高 4 倍，占用基本农田的，适用税额还要再提高 50%。同时统一了内、外资企业耕地占用税税收负担，从严规定了减免税项目，取消了对铁路线路、飞机场跑道、停机坪、炸药库占地免税的规定。这对于贯彻落实最严格的耕地保护制度，减少占用耕地，充分利用城市现有土地，更多地筹集用于"三农"的资金都具有十分重要的意义。这是运用经济手段，调整利益机制的重大决策，可以加大用地者的土地保有成本，促进集约节约用地。

为实现税收法定，2018 年 12 月 29 日《耕地占用税法》由十三届全国人大常委会第七次会议通过，于 2019 年 9 月 1 日起施行，2007 年 12 月 1 日国务院公布的《耕地占有税暂行条例》同时废止。

4. 旨在推进中国特色农业现代化和新型城镇化的农村土地制度之改革完善。

（1）农村"三块地"改革试点经验将被充实到《土地管理法》中。

农村"三块地"（农村土地征收、集体经营性建设用地入市和宅基地改革）试点，取得了不少成效，通过所有权与使用权分开的产权制度改革，实现与国有土地同等入市，同权同价，最终实现城乡建设用地市场的统一。"三块地"改革收官以后，改革所得的相关经验，将被充实到正在修改的《土地管理法》中。[①]

党的十八届三中全会对农村土地征收、集体经营性建设用地入市、宅基地制度改革作出重要部署。2014 年 12 月，习近平总书记先后主持召开中央全面深化改革领导小组第七次会议和中央政治局常委会会议，审议通过《关于农村土地征收、集体经营性建设用地入市、宅基地制度改革试点工作的意见》。

2015 年 2 月 27 日，十二届全国人大常委会第十三次会议审议通过《关于授权国务院在北京市大兴区等三十三个试点县（市、区）行政区域暂时调整实施有关法律规定的决定》，授权在试点地区暂时调整实施《土地管理法》《城

① 杨仕省：《"三块地"改革年底收官　城里人到农村买地暂不放开》，载《华夏时报》2018 年 12 月 8 日。

市房地产管理法》有关法律规定，授权期限截至 2017 年 12 月 31 日。

（2）土地制度作为农村最基本的法律制度必须适应新的形势变化。

2018 年 12 月 23 日《土地管理法修正案（草案）》公布征求意见稿，主要修改完善了土地征收、集体经营性建设用地入市、宅基地制度、强化耕地尤其是永久基本农田保护等内容。其中明确了我国非农建设用地将不再必须国有。另外，强化耕地尤其是永久基本农田保护，为“多规合一”预留空间，适当下放农用地转用审批权限，并删去了省级人民政府批准征地报国务院备案的规定。

为与土地管理法修改做好衔接，扫清集体经营性建设用地入市的法律障碍，对《城市房地产管理法》第九条关于城市规划区内的集体土地必须先征收为国有后才能出让的规定一并作出修改，《城市房地产管理法修正案（草案）》规定：“城市规划区内的集体所有的土地，经依法征收转为国有土地后，该幅国有土地的使用权方可有偿出让，但法律另有规定的除外。”

2018 年 12 月 29 日，十三届全国人大常委会第七次会议表决通过了关于修改《农村土地承包法》的决定。新修改的农村土地承包法明确规定，承包方承包土地后，享有土地承包经营权，可以自己经营，也可以保留土地承包权，流转其承包地的土地经营权；土地经营权流转期限为五年以上的，当事人可以向登记机构申请土地经营权登记；国家保护进城农户的土地承包经营权，不得以退出土地承包经营权作为农户进城落户的条件。此外，新修改的《农村土地承包法》进一步保护农村妇女的土地承包经营权。

会议同时决定，为了进一步深入推进农村土地征收、集体经营性建设用地入市、宅基地管理制度改革试点，更好地总结试点经验，为完善土地管理法律制度打好基础，并做好试点工作和《土地管理法》修改工作的衔接，会议决定，将《全国人民代表大会常务委员会关于授权国务院在北京市大兴区等三十三个试点县（市、区）行政区域暂时调整实施有关法律规定的决定》规定的调整实施有关法律规定的期限延长至 2019 年 12 月 31 日。

2019 年 8 月 26 日，第十三届全国人大常委会第十六次会议通过了修改《土地管理法》的决定，修改后的《土地管理法》在“三块地”改革方面有多项规定。

在集体经营性建设用地方面，取消了多年来集体建设用地不能直接进入市场流转的二元体制；在宅基地方面，在原来“一户一宅”的基础上，增加了“户有所居”的规定；同时，允许已经进城落户的村民自愿有偿退出宅基地。

修改后的新《土地管理法》将“基本农田”的表达，全部改为“永久基本农田”，体现了对基本农田永久保护的法律理念。[①]

① 《土地管理法修改通过新修改土地管理法有哪些变化》，载至成网：wwwahicheng.com/gncj/n/287380.html，最后访问日期：2019 年 8 月 27 日。

第二节
新中国 70 年来土地资源法学理论的不断演进

从新中国成立到 1978 年以前，中国在经济上实行高度集中的计划经济，在土地立法和政策中也强调中央政府的作用。城市土地属于国家所有，实行无偿划拨使用制度。在农村，土地所有权经历了农民所有到集体所有的演变过程。1978 年改革开放后，我国的土地资源市场逐渐形成，国有土地有偿使用制度体系日益完善，在农村，通过将所有权与使用权分离的土地产权改革，农民享有的土地使用权资本属性进一步加强。在土地制度演变的过程中，学界对相关理论进行了探讨，在促进土地资源法学理论不断发展的同时，也推动了土地立法和政策的变革。

一、国有土地使用权相关理论

新中国刚成立的一段时间内，国家也曾对城市土地实行过有偿使用，1954 年以后土地有偿使用制被取消，直至改革开放以前，我国城市土地的使用基本上沿用单一的无偿划拨方式。[①]20 世纪 70 年代末 80 年代初，国有土地使用权的有偿使用成为土地使用制度改革的方向。

① 丛屹:《城市土地有偿使用制度的改革与实践》，东北财经大学 2001 年博士学位论文。

（一）国有土地使用权法律属性曾有争议

有学者认为土地使用权应独自成为一种新创设的物权种类，应建立效力等同于所有权的使用权制度，以利健全地产市场的法律秩序与保护使用权人的权利。[①] 更多的学者认为土地使用权为用益物权，[②] 属于民法范畴。[③] 学者们还对与其法律属性不可分离的国有土地使用权有偿使用的必要性进行了探讨。[④]

（二）国有土地使用权有偿使用的方式

学者们对我国国有土地使用权有偿使用的方式进行了论述。有学者指出：我国城市土地使用权制度的深化改革的方向应该是以土地使用权出让和转让制度为主，以行政划拨为辅。[⑤] 也有学者指出："在土地使用权初次流转方面，由过去单一的行政划拨使用土地方式，增加了土地使用权出让、租赁、土地使用权作价入股、土地使用权授权经营等方式。并且，随着时间的推移，行政划拨的适用范围将越来越小，而有偿有期限使用的非行政划拨方式的适用范围将越来越大，即由市场机制配置土地资源的比重会越来越大。"[⑥]

（三）国有土地使用权出让合同的法律性质

关于土地使用权出让合同的法律性质，学界主要有三种观点：

1. 行政行为说。

持该观点的学者认为，土地使用权出让合同是一种行政合同，是国家实现其土地管理职能的行政行为。"在土地出让合同契约的法律形式下却蕴藏着浓重的行政色彩。土地出让合同作为国有土地管理权的行使和体现的一种方

---

① 刘文琦：《论中国城市土地使用权的法律性质》，载《法学家》2000年第2期。

② 王卫国：《中国土地权利研究》，中国政法大学出版社1997版，第145页。

③ 李俊杰、张国敏：《论国有土地使用权的性质》，载《河北法学》2006年第3期。

④ 王家福、黄明川：《论土地使用权有偿转让法律制度》，载《法学研究》1988年第3期。

⑤ 王作堂、王文珍：《论我国城市土地使用权制度的改革》，载《北京大学学报（哲学社会科学版）》1990年第3期。

⑥ 孙佑海：《城市国有土地初次流转对策研究》，载《法制与社会发展》2000年第5期。

式，在法律上则充分地体现出行政性或权利因素”，[①]“土地使用权出让合同，乃是行政合同。出让不是平等主体间的财产权转移，而是权力者对其领土范围内的社会成员批授财产权……相应地，有关国家违反土地出让合同的救济，也就应该纳入行政诉讼，适用一般公法的救济。”[②]

2. 经济法律行为说。

持该观点的学者认为：“国有土地使用权出让应为经济法律行为，因此而建立的国家（土地所有者）与土地使用者之间的关系是经济法律关系，即接受经济法调整的权利义务关系。”[③]“土地使用权出让是国家作为土地所有者的一种经济行为……土地使用权出让合同是经济合同而非行政合同。明确这一点在实践中有着重要意义。”[④]

3. 民事法律行为说。

持有该观点的学者认为，“土地是一种商品，国家行政管理机关代表国家，作为土地所有者，将土地转让或出让给土地使用者，这与一般的商品买卖在性质上是一样的，因而应为民事行为。”[⑤]

二、农村集体土地所有权的理论构建

（一）关于农村集体土地所有权性质的讨论

对于农村集体土地，《宪法》第十条第二款规定：“农村和城市郊区的土地，除由法律规定属于国家所有的以外，属于集体所有；宅基地和自留地、自留山，也属于集体所有。”

对于农村集体土地所有权的法律形态问题，我国法学界存在以下几种不

① 张瑚、张福林:《从判例看国有土地使用权出让合同的性质》，载《国土资源》2006年第3期。
② 王沁、李凤章:《论土地使用权“出让”的性质》，载《现代经济探讨》2016年第6期。
③ 朱谢群:《论国有土地使用权出让的法律性质》，载《法律科学（西北政法学院学报）》1999年第2期。
④ 邱纪成:《论土地使用权出让合同不是行政合同》，载《现代法学》1995年第4期。
⑤ 叶秀如:《土地使用权出让是一种民事法律行为》，载《发展研究》2004年第11期。

同的看法：

1. 集体经济组织依法享有的所有权。

该观点认为，农村集体土地所有权是一种由农村集体经济组织或其他农村集体组织如村民委员会所单独享有的所有权。①

2. 新型总有说。

该观点认为我国农民集体所有权，并非单纯的农村集体经济组织所有权，而是一定范围内全体农民集体成员直接享有的所有权；是把集体意志和利益同集体成员个人意志和利益有机统一的所有权，是全体集体成员通过一定的组织形式，按照“平等自愿、议决一致”原则对集体财产享有占有、使用、受益和处分权。②

3. 个人化与法人化的契合说。

该观点认为集体土地所有权是“个人化与法人化的契合”，集体土地为集体组织法人所有，而集体组织成员对集体土地享有股权或社员权。③

4. 从合作制的角度来释明集体土地所有权。

该观点认为集体土地所有权是以一定的团体或组织为主体，通过其组织结构形成团体或组织成员的集体意志，以共同占有、使用、收益和处分为其特征的一种集体土地权利。④

5. 新型所有权形态说。

该观点认为，其即一定范围内全体农民集体成员直接享有所有权。否认集体土地所有权存在的实在性，认为“农民集体所有权的主体就是一定组织内的全体农民”，“农民集体”既非个人，也非法人，不是一种独立的民事法律主体，也不能作为独立的法人来享有集体土地所有权。⑤

---

① 柳琳：《论我国农村集体土地所有权的性质》，载《广西社会科学》2005年第3期。

② 韩松：《我国农民集体所有权的实质》，载《法律科学（西北政法学院学报）》1992年第1期。

③ 温市杨：《集体土地诸物形态剖析》，载《中国法学会民法学经济法学1998年学术研讨会论文集》。

④ 马俊驹：《论合作制与集体所有权》，载《吉林大学社会科学学报》1993年第5期。

⑤ 韩松：《我国农民集体所有权的实质》，载《法律科学》1992年第1期；《我国农民集体所有权的享有形式》，载《法律科学》1993年第3期。

6. 共同共有说。

该观点认为，所谓集体土地所有权是一定社区范围内的农民共同共有的所有权形式。①

学者们从不同的角度思考问题，对于集体土地所有权特性的理解把握也有所不同。但是如此多的观点本身也证明了对于集体土地所有权性质认识上存在着巨大的分歧，现有的法律条文对集体土地所有权的界定实际上是不清晰的。

（二）关于农村集体土地所有权主体的解析

《物权法》与集体土地所有权主体相关的规定有两条：第一，我国《物权法》第五十九条第一款规定：**"农民集体所有的不动产和动产，属于本集体成员集体所有。"**第二，第六十条规定：**"对于集体所有的土地和森林、山岭、草原、荒地、滩涂等，依照下列规定行使所有权：（一）属于村农民集体所有的，由村集体经济组织或者村民委员会代表集体行使所有权；（二）分别属于村内两个以上农民集体所有的，由村内各该集体经济组织或者村民小组代表集体行使所有权；（三）属于乡镇农民集体所有的，由乡镇集体经济组织代表集体行使所有权。"**从法律上看，我国集体土地所有权的主体分为：村内农业集体经济组织的农民集体（村民委员会）、村内农民集体（村民小组）、乡（镇）农民集体三种。

有的学者认为，农民集体所有实际上是从所有制关系的角度来界定土地所有权的，也就是说，农民集体所有实际上是指集体所有，它是与全民所有的概念相对应的，但农民集体对土地的所有要具体表现为各个独立的集体经济组织所有，这些集体经济组织都是指由个人联合起来具有法人资格的组织，每个组织才是集体所有权的具体主体，所以农民集体与农村集体经济组织并不是两个不同类型的主体。②

有的学者认为，法律规定明确表明集体土地由各农民集体所有，只不过

① 肖方扬：《集体土地所有权的缺陷及完善对策》，载《中外法学》1999年第4期。

② 王利明：《物权法》，中国政法大学出版社1998年版，第521页。

是村农业生产合作社等农业集体经济组织或村民委员会经营管理而已。因而不能认为农业集体经济组织或村民委员会为集体土地所有权的主体。集体土地所有权的主体只能是农民集体。[①]

也有的学者认为，我国农民集体所有权，并非单纯的农村集体经济组织所有权，而是一定范围全体农民集体成员直接享有的所有权，是把集体意志和利益同集体成员个人意志和利益有机统一的所有权，是全体集体成员通过一定的组织形式，按照“平等自愿、议决一致”原则，对集体财产享有占有、使用、受益和处分权。[②]

还有学者认为，立法分别使用了“集体所有”和“集体经济组织所有”两个概念，似乎将二者等同起来，但同时又规定了集体经济组织是集体土地的经营管理者，似乎又要将二者区别开来。这都体现出立法上的混乱。[③]

三、土地承包经营权的理论演进

（一）如何认定土地承包经营权法律关系的性质

关于土地承包经营权的法律性质，在2007年《物权法》明确规定土地承包经营权的用益物权性质之前，学术界主要有以下几种观点：

1. 劳动法律关系说。

陈志英、朱勇认为，土地承包经营关系是劳动法律关系。[④]理由是：第一，承包方是发包方经济组织内部成员，土地承包合同是集体经济组织与成员之间订立的，属于劳动组织的内部合同；第二，从内容上看，承包户的劳动是集体联合劳动的一部分；第三，承包户的收入是按劳所得，因此认为属于劳动关系。

---

① 江平：《中国土地立法研究》，中国政法大学出版社1999年版，第253页。

② 韩松：《我国农民集体所有权的实质》，载《法律科学》1992年第1期。

③ 常健：《论我国农村集体土地所有权制度的完善》，载《不动产纵横》2001年第1期。

④ 陈志英、朱勇：《论农用土地使用权》，载《法律科学·西北政法学院学报》1999年第4期。

2. 物权法律关系说。

更多学者认为土地承包经营权是一种用益物权性质的民事权利。[①] 持物权说的学者认为，“中国大陆民法上的土地承包经营权相当于——永佃权……从这一（承包）合同作为法律事实产生的承包经营权，并非债权，而是一种物权，”[②]“是反映我国经济体制改革中农村的承包经营关系的新型物权。”[③] 其主要依据在于：[④] 第一，土地承包经营权是《民法通则》第五章第一节所直接规定的权利，而这一节里规定的所有权和与所有权有关的财产权，实际上是关于用益物权的规定。第二，承包人对所承包的土地在法律和合同规定范围内有直接控制、利用的权利，即所谓他物权。土地承包合同生效后，承包户享有对土地直接管领的权利，不需要向集体组织有交付行为。第三，排他性，同一土地上不允许成立同一内容的两个承包权。土地承包经营权是具有排他性的财产权。因此，认为土地承包权是一种他物权。

3. 债权法律关系说。

部分学者认为土地承包经营权是一种具有债权性质的民事权利。陈甦主张，[⑤] 基于联产承包合同所取得的土地承包经营权属于债权性质，而且目前承包中出现的问题与承包权的债权性质相关。张平、应瑞瑶认为，[⑥] 土地承包经营权虽然是通过承包合同设定的，但它在承包期内具有绝对性和排他性，并具有占有、使用和收益的权能，因此可以认定是民法上一种相对独立的物权。

这种物权与传统用益物权不同，它的移转仅限于转包，而不能买卖、自由让渡或进行抵押，也不能成为继承权的客体，因此属于一种与地上权、地役权等并列的新型用益物权或具有中国特色的新型财产权。尽管土地承包经营权规定于《民法通则》第五章第一节，并且通常认为该节实际上是对物权

① 孙佑海等:《中华人民共和国土地管理法讲话》，中国政法大学出版社 1998 年版，第 61—63 页。
② 崔建远:《房地产法与权益冲突及协调》，载《中国法学》1994 年第 3 期。
③ 钱明星:《物权法原理》，北京大学出版社 1994 年版。
④ 刘成龙:《我国土地承包经营权流转的法律问题研究》，中国农业大学 2006 年硕士学位论文。
⑤ 陈甦:《土地承包经营权物权化与农地使用权制度的确立》，载《中国法学》1996 年第 3 期。
⑥ 张平、应瑞瑶:《农村土地承包经营立法若干理论问题探讨》，载《现代法学》2000 年第 5 期。

制度作出规定，但该法对其赋予的物权性质在具体法律制度中的体现极不充分，承包人自主转让其权利这一重要特征无法得以体现，不动产物权的登记公示制度也没有建立起来。所以，基于联产承包合同所取得的土地承包经营权，根据其现实法律关系的内容与特点来分析，仍属于债权性质。

陈甦认为，[①]“就目前既有的具体土地承包经营权的普遍情形来看，其实质上确是一种债权，而不是物权”。上述学者持有债权说的理由主要有以下几点：[②] 第一，承包合同是当事人签订的，权利义务没有法定标准，这与物权法定的原则不符；第二，承包权不能对抗发包权，强行摊派、乱收费甚至任意撕毁合同，侵犯农户利益的现象大量存在，而且农民拒绝不了，这又与物权效力的绝对性与排他性不相吻合；第三，发包方权利膨胀，干预农户的生产经营，农户转让须经发包人同意，在这点上更无异于债权关系；第四，承包经营权是有期限的；第五，国家征收或者征用土地由发包方去谈判，由发包人决定补偿条件，农民物权的主体资格、地位并没有体现。

在土地承包经营权出现早期，学者们把土地承包经营权看作用益物权，是一种具有中国特色的新型他物权，到后期，理论界又普遍认为它是债权性的，所以很多学者提出了其应“物权化”的观点。土地承包经营权必须物权化，这样更有利于保护承包经营权人的利益，稳定土地承包关系；而且土地承包经营权物权化能够使土地承包经营权具有对抗第三人的效力，还可以更有效地促进土地承包经营权的流转。[③]

2002 年《农村土地承包法》没有对土地承包经营权的性质进行界定，但 2007 年《物权法》明确了土地承包经营权的用益物权性质。

（二）土地承包经营权流转限制的逐步放宽

2002 年《农村土地承包法》第三十四条曾对土地承包经营权流转的主体

① 陈甦：《土地承包经营权物权化与农地使用权制度的确立》，载《中国法学》1996 年第 3 期。
② 刘成龙：《我国土地承包经营权流转的法律问题研究》，中国农业大学 2006 年硕士学位论文。
③ 王利明：《农村土地承包经营权的若干问题探讨》，载《中国人民大学学报》2001 年第 6 期。

进行了规定，"土地承包经营权流转的主体是承包方。承包方依法有权自主决定土地承包经营权是否流转和流转的方式"。《土地承包经营法》第三十二条和《物权法》第一百二十八条对土地承包经营权的流转方式进行了规定。通过家庭承包取得的土地承包经营权可以依法采取转包、出租、互换或者其他方式流转，但不能用来抵押，流转方式受到一定的限制；通过非家庭承包方式取得的承包经营权的流转则几乎不受限制，可以转包、出租、互换，可以进行抵押。

马克思曾说，"权利永远不能超出社会的经济结构以及由经济结构所制约的社会的文化观念"。随着社会的发展，很多学者对土地承包经营权的流转形式进行了充分的分析。孟勤国[①]认为，反租倒包实际上是将土地承包经营权经过二次移转：一是初次流转，即农户将土地转包给发包方村集体，村集体支付转包费给农户；二是再流转，即村集体与第三方之间的转包，将土地承包经营权给第三方，由第三方支付转包费给发包方。两个合同所涉及的流转其实是多次转包，不是独立的土地流转方式。在法律明确规定集体经济组织不能随意收回承包地的条件下，反租倒包有可能成为村集体变相收回农户土地的手段。

也有学者认为，根据流出方其物权的让渡与保留以及流转关系的法律性质，可以将土地承包经营权流转分为物权让渡型、债权型、股权型土地承包经营权流转三大类。物权让渡型土地承包经营权流转，是物权变动中的物权转移，属于物权变动的范畴，主要包括互换、转让、继承、抵押等土地承包经营权流转方式。债权型土地承包经营权流转，属于债权变动的范畴，主要包括代耕、出租、转包等土地承包经营权流转方式。股权型土地承包经营权流转主要包括入股等土地承包经营权流转方式。

袁震[②]认为，农村土地承包经营权的出租、代耕是土地承包经营权的债权性流转方式，在出租与代耕法律关系中，承租人与代耕人均享有基础债权关

① 孟勤国:《中国农村土地流转问题研究》，法律出版社 2009 年版，第 82 页。

② 袁震:《农村土地承包经营权流转形式之法理分析》，载《河北法学》2011 年第 8 期。

系与占有事实而产生的对农地的控制性权利。而所谓“反租倒包”模式本质上是在农村土地承包经营权的基础上建立起了双层租赁结构，即农户以租赁的方式将土地租赁给集体，集体再通过转租的形式将土地租赁给种粮大户或者公司。转让、互换是导致物权变动的流转方式。在法律已经允许通过家庭承包方式设定的土地承包经营权转让、互换的基础上，应当逐步允许该种土地承包经营权抵押。

为了保护农民的土地权利，可以允许农民在土地承包经营权上设定次级承包经营权，并将该次级承包经营权抵押。所以，土地承包经营权的转包明显不同于土地承包经营权的转让与出租，转包行为是一种包含着设定支配权意思表示的处分法律行为，转包的后果是设定与永佃权相当的次级承包经营。在土地承包经营权入股的运作过程中，农民一般是在其土地承包经营权上设定次级承包经营权并将该权利移转给合作社或者公司，从而获得相应的股权。土地承包经营权入股后形成的农地股权是以物权为基础，以债权为基本运作形式，带有复合性权利特征的土地权利。

杨光则认为，[①] 代耕不应成为土地承包经营权流转的法定方式，实际生活中代耕更倾向于一种好意施惠关系而非法律关系。根据处分行为的内容及物权变动效果的不同，可将土地承包经营权物权性流转分为：土地承包经营权物权移转型流转，如土地承包经营权的转让、互换和入股等和土地承包经营权物权设定型流转，如土地承包经营权的抵押或被设定地役权等。

对于以家庭承包方式取得的土地承包经营权能否抵押，部分学者基于“土地福利论”[②]“国家家长权”[③]“土地兼并说”以及“耕地保护论”等理论主张，[④]如果允许以家庭承包经营方式取得的土地承包经营权来抵押，那么农民在其土地上设置抵押权等附属权利后，就有可能丧失基本生存的保障，这样会产

① 杨光：《我国农村土地承包经营权流转法律问题研究》，吉林大成2013年硕士学位论文。

② 孟勤国：《物权法开禁农村宅基地交易之辩》，载《法学评论》2005年第4期。

③ 秦晖：《国农村土地制度与农民权利保障》，载《探索与争鸣》2002年第7期。

④ 孟勤国、黄莹：《中国农村土地法律政策的三个前置性问题》，载《西南民族大学学报（人文社科版）》2010年第7期。

生严重的社会问题，包括但不限于土地兼并问题、耕地资源破坏问题等。

但时军燕认为，[①] 基于物权法之效率原则，在农业规模化和现代化成为不可逆转之势的今天，在农村社会保障体系日益完善的形势下，允许土地承包经营权通过抵押的方式进行流转，更能体现《物权法》物尽其用的立法价值；同时我国现行法已经有条件地承认了土地承包经营权的转让，举重以明轻，所以应承认土地承包经营权的抵押，这样才合乎逻辑。

也有学者对土地承包经营权的流转模式进行了分析。高富平[②] 认为，农业生产发展的根本出路在于土地的规模经营，而土地规模经营的实现取决于土地承包经营权流转。土地承包经营权物权化仅解决了静态利用问题，而流转则使物权化的承包经营权财产化。土地承包经营权流转的意义不是简单的土地经营方式变革，而是农村集体经济的转型，自 21 世纪开始，从中央到地方在政策上积极推进农村承包经营权的流转，各地农村积极探索，出现了各种各样的流转模式和具有规模效应的经济组织形式。这些形式大致可以分为两类：全员土地股份合作经济组织可作为一种模式，代表着一种新的集体化模式，即建立在农户产权尊重基础上的现代合作经济；农户自主流转模式意味着农村经济将逐渐演变为农户自主（市场化）配置土地资源的市场经济模式，其集体经济的因素除体现为不同合作经济组织的规模效应外，更多体现为土地资产收益再分配，用于农村公益事业发展和集体福利。农村土地流转不应当是政策引导或推动的结果，而应当是经济发展的内在需要，是农民自愿的选择，应当根据各地情况因地制宜地开展。

（三）土地承包经营权三权分置的法理结构

2013 年党的十八届三中全会通过的《中共中央关于全面深化改革若干重大问题的决定》提出了农地“三权分置”的新型农村土地权利结构之构想，

---

① 时军燕：《土地承包经营权抵押的可行性研究》，载《公民与法（法学版）》2015 年第 4 期。

② 高富平：《农村土地承包经营权流转与农村集体经济的转型——新一轮农村土地制度改革的法律思考》，载《上海大学学报（社会科学版）》2012 年第 4 期。

随即“三权分置”这一议题再次引发了学术界的热议。有关三权分置改革的学说分歧可以分为两个层次，第一层次是三权分置中三权的具体内容以及分置的三权相互之间的关系及配置，第二层次是三权分置下三权的法律性质研究。

1. 土地承包经营权三权分置权利结构的界定。

对于三权分置究竟为哪三权，学界有不同的解读，主要表现为：第一，集体所有权－农户承包权－经营者使用权①；第二，集体所有权－农民使用权－经营者土地经营权②；第三，集体所有权－国家发展权－经营者土地经营权③；第四，集体所有权－农民成员权－农地使用权④；第五，有学者认为三权分置实为四权，表现为土地所有权－成员权－承包经营权－经营权⑤；第六，集体所有权－农户承包经营权－土地经营权，持此类观点的学者居多，也是2018年《农村土地承包法》最终选择的模式，后述关于三权相互关系的学说都是持此类观点的学者。

学界关于三权之间相互关系的学说，可以分为以下几类：

（1）权能分离说。

持该观点的学者认为，土地承包权与土地经营权是土地承包经营权发生权能分离的结果，但对于分离的方式，又存在外部权能分离与内部权能分离两种不同的主张。认为属于外部权能分离的学者⑥认为，农地产权是一个权利束，包括占有、使用、收益、处置等子权利，且每一项子权利的内容还可以再细分为由一个人或多个人享有的相应的权益。承包经营权分离为承包权

---

① 冯玉华、张文方：《论农村土地的“三权分离”》，载《经济纵横》1992年第9期。

② 刘志刚、郭仁德：《农地产权制度改革的设想》，载《领导决策信息》2003年第5期。

③ 赵紫玉、徐梦洁、於海美：《构建我国农地产权“三权分离”模式——现行农地产权制度改革的设想》，载《国土资源科技管理》2006年第6期。

④ 高飞：《农村土地“三权分置”的法理阐释与制度意蕴》，载《法学研究》2016年第3期。

⑤ 楼建波：《农户承包经营的农地流转的三权分置——一个功能主义的分析路径》，载《南开学报（哲学社会科学版）》2016年第4期。刘云生、吴昭军：《政策文本中的农地三权分置：路径审视与法权建构》，载《农业经济问题》2017年第6期。

⑥ 潘俊：《农村土地“三权分置”：权利内容与风险防范》，载《中州学刊》2015年第11期。

和经营权，其分离是多个主体分享农地产权这一权利束的直接体现。

持内部权能分离学说的学者则认为，中央政策文件将用益物权性质的土地承包经营权分离为农户承包权和土地经营权，该分离并非权利裂变或解体，而是承包经营权中用益物权状态的内部划分。土地承包经营权是独立的权利，并非承包权和经营权的组合。①

（2）派生说。

持派生说的学者在三权分置学说中占多数，但对派生的权利路径以及派生后权利的独立性上理解有所不同。

高圣平②先生认为，集体在农村土地所有权之上为承包农户设定土地承包经营权，承包农户在其土地承包经营权之上为其他经营主体设定土地经营权。并非土地承包经营权分离为承包权和经营权，而是土地承包经营权派生出土地经营权。“两权分离”之下的“土地承包经营权”和“三权分置”之下的“土地承包权”实为同义语，只不过在“三权分置”之下承包农户行使其土地承包经营权受到了其上所设定的土地经营权的限制。③

耿卓④教授则认为，土地承包权派生于集体土地所有权，土地经营权则派生于土地承包权，即遵循在权利上设定权利的模式。土地承包权等于土地承包经营权。两个术语实质一致，只是语境不同，土地承包经营权主要针对不发生流转时的情形，土地承包权主要针对发生流转时的情形。在土地承包经营权流转时存在两种情况：一是物权性流转，即在土地承包经营权上设定土地经营权，可进行转让、抵押和入股等；二是债权性流转，即土地租赁权。

① 肖卫东、梁春梅:《农村土地“三权分置”的内涵、基本要义及权利关系》，载《中国农村经济》2016年第11期。

② 高圣平:《承包地三权分置的法律表达》，载《中国法学》2018年第4期。高圣平:《承包土地的经营权抵押规则之构建——兼评重庆城乡统筹综合配套改革试点模式》，载《法商研究》2016年第1期。

③ 高圣平:《论农村土地权利结构的重构——以农村土地承包法的修改为中心》，载《法学》2018年第2期。

④ 耿卓:《承包地“三权分置”政策入法的路径与方案——以农村土地承包法的修改为中心》，载《当代法学》2018年第6期。

高圣平和耿卓两位学者的主张趋于一致，区别在于高圣平认为土地经营权依然是债权，而耿卓则认为土地经营权基于流转方式的不同而具有不同的权利性质。

蔡立东[1]虽然也属于派生学派，但从其主张可以看出，土地经营权虽然派生于土地承包经营权，但一旦设立，则具有独立的法律地位，其认为，三权分置的权利结构为“集体土地所有权－土地承包经营权（农户承包权）－土地经营权”，本质为“所有权－用益物权－次级用益物权”。所有权是农户承包权的母权，农户承包权是经营权的母权，农户承包权与土地经营权同为用益物权。土地经营权派生于农户承包权，是土地承包经营权人基于处分行为设定的独立用益物权。

（3）集体土地所有权分离说。

持该学说的学者认为，土地所有权仍保留在农民集体手中，但土地不再直接发包给农户直接占有使用，而是将农户承包权改造为集体土地的份额权利（是集体成员对集体土地的所有者份额）；农业用地则由村集体统一经营运作，既可以承包给专业的农业合作社经营，也可以出租或发包给农业公司、专业农户等经营使用（取得土地的经营权）；土地的经营者向农民集体支付土地使用费，农民集体扣除集体提留等项目后，按照农民承包权（所有权份额）分配给农民。

在“三权体制”下，土地承包权由土地使用权变为所有权份额，由“物权”变为财产权，由直接获得土地收益（通过自己的劳动）变为间接获得土地收益（资本收益）。承包权的客体并非土地，而是土地的收益。土地经营权不是来源于土地承包经营权，而是来源于农民集体所有权，不是土地承包人让渡了土地的经营权，而是农民集体出让或设定土地经营权（土地使用权）。[2]该学说忽视了农户的身份属性，用收益权取代身份权固然可以实现土地承包经营权的财产价值，扫清身份障碍，但是否意味着收益权可用于融资担保尚不

① 蔡立东、姜楠:《农地三权分置的法实现》，载《中国社会科学》2017年第5期。

② 高富平:《农地“三权分置”改革的法理解析及制度意义》，载《社会科学辑刊》2016年第5期。

明确。

（4）成员权与财产权区分说。

持这种观点的学者认为土地承包权为成员权，创设具有物权效力的土地经营权取代原土地承包经营权。集体成员依据成员身份享有土地承包权，无偿取得土地经营权，集体成员可以自行耕种，自己持有土地经营权，也可以依照法定条件转让该土地经营权。土地经营权是典型的用益物权，可以通过出租、转让、转包、抵押等方式自由流转。也即如果土地不流转，为“集体土地所有权－农户承包权－农户土地经营权”，如果土地流转，则为“集体土地所有权－农户承包权－经营主体土地经营权”。①

持该观点的还有马俊驹教授。该学说试图从成员权和财产权相区别的角度实现土地经营权的流转，但土地经营权在融资担保中如何变现则是最终考量土地经营权的财产价值能否顺利实现的标准，剥离身份权后的土地经营权能否自由流转有待商榷。

（5）总有学说与永佃权制度。

还有学者试图引进始自日耳曼法的总有学说和罗马法中的永佃权制度来实现三权分置的权利构造。

持总有学说的学者认为，集体所有权具有“总有”性质，承包权具有成员所有权的含义，承包经营权变成经营权：从具有“总有”性质的集体所有权之中派生出具有成员所有权含义的农户承包权，以此对集体所有权进行改造，使之成为一种可在实践中由个人支配的产权形态；同时维持原承包经营权的性质和权能不变，但将其更名为经营权，使之成为去身份化后的用益物权。②

试图用永佃权构建三权分置的学者则认为，以集体永佃制实现承包经营权、承包权的物权化。将土地承包经营权的法律地位界定为永佃权，变成独立的物权，承包经营权期限界定为70年，且到期后自动续期。如果农民转让

① 方婷婷、吴次芳、周翼虎：《农村土地“三权分置”的法律制度构造》，载《农村经济》2017年第10期。

② 陈胜祥：《农地“三权”分置的路径选择》，载《中国土地科学》2017年第2期。

土地经营权，在此基础上分离出承包权和经营权这一相对独立的物权。[①] 该两种学说虽然具有新意，但毕竟与我国的物权法传统不相融，缺乏相应的物权法基础，支持者甚少。

2. 土地承包经营权三权分置中土地经营权的性质定位。

就土地经营权的性质而言，学界主要存在以下观点：

（1）“总括权利说”。

土地经营权并非具体化的单一权利，不是独立的民事权利，而是包括土地承包经营权在内的各种农地使用权的总称。因此，土地经营权不是法律语言，也无法通过立法成为法律概念。

（2）“物权说”。

土地经营权派生于土地承包经营权，从权利的稳定性和对抗性出发，应将其确立为物权，可以是独立平行的用益物权，也可以是次级用益物权（耕作权）。蔡立东、姜楠[②] 认为，土地经营权是在土地承包经营权之上形成的一种独立的、新型的用益物权。

孙宪忠[③] 认为，经营权物权化在制度上是可行的，但新设物权不得妨害土地承包经营权。在三权分置的模式下，立法必须坚持将稳定农民的承包经营权作为基本制度，他提出不宜将农民土地承包经营权改为“承包权”，土地经营权若在立法上确定为物权，则可命名为“耕作权”或者“耕作经营权”。

朱继胜[④] 认为，农村土地“三权分置”的目标是构建新型农业经营体系，发展适度规模经营。为此，须对土地经营权进行物权塑造，其途径是在土地承包经营权之上，通过合同与登记创设“次级土地承包经营权”。次级土地承包经营权在物权法定意义上仍然是一种“土地承包经营权”，权利人对土地享有占有、使用和收益的权利，可将该权利设定抵押或作其他法律处分。由

---

① 韩立达、王艳西、韩冬：《农地“三权分置”的运行及实现形式研究》，载《农业经济问题》2017年第6期。

② 蔡立东、姜楠：《承包权与经营权分置的法构造》，载《法学研究》2015年第3期。

③ 孙宪忠：《推进我国农村土地权利制度改革若干问题的思考》，载《比较法研究》2018年第7期。

④ 朱继胜：《“三权分置”下土地经营权的物权塑造》，载《北方法学》2017年第2期。

于它完全是依照市场规则而设立的，与农户原始取得的土地承包经营权相比，它是一种不负载任何社会保障功能的纯粹财产权。根据《不动产登记暂行条例》，应将次级土地承包经营权纳入“法律规定需要登记的其他不动产权利”，作为土地承包经营权的负担在登记簿中加以记载，并颁发不动产权属证书。

（3）“债权说”。

在物权法定之下，物权非依法律明定不得创设，且同一物上不宜存在两个相互冲突的用益物权，同时土地经营权依土地流转合同而生，其本权是债权，因而土地经营权的性质应为债权。

申惠文[①]认为，土地经营权是基于承包土地的出租、转包协议而产生的债权性质的土地使用权。高圣平[②]认为，土地利用关系一向都有物权和债权两种法律表达方式，两种方式体现了不同的风险、成本和收益，利用人自可根据自己的经济目的和偏好，选择有利于自己的利用方式。若将其定性为物权，可稳定土地经营关系，但却将土地托管、代耕代种等短期的利用关系也界定为物权，并强制性地要求登记，一则与交易习惯不合，二则人为地增加了当事人之间的交易成本。若将其定性为债权，虽不若物权那样稳定，但却足以涵盖所有的流转关系且手续简便，节省交易成本。同时，如赋予土地经营权这一债权以登记能力并采取登记对抗模式，同样可以起到稳定经营主体的经营预期的作用，这也与现行法上“以其他承包方式取得的土地承包经营权”的登记处理模式相一致。

王佳森在《承包土地经营权之抵押权实现的制度困境及出路》一文中亦认可土地经营权的债权属性，并对传统观点债权只能进行质押而不能进行抵押从立法层面予以了驳斥，但在后文中王佳森又提出基于债权性的土地经营权具有不稳定性、存在权属不清的问题以及土地经营权人对出租人的依附性会导致土地经营权的行使受限等问题，为促进土地经营权抵押权的实现，我

① 申惠文：《债权物权二元财产权体系视角下的农村土地经营权》，载《云南大学学报（法学版）》2015年第3期。

② 高圣平：《论农村土地权利结构的重构——以农村土地承包法的修改为中心》，载《法学》2018年第2期。

国立法应进行土地经营权的物权化改造，即在认可土地经营权债权属性的基础上赋予其类似物权的效能，同时立法应适当放宽抵押权实现时土地经营权流转的限制。

单平基[①]认为，将土地经营权定性为用益物权不符合私权生成逻辑，过多相互龃龉的他物权设置将导致土地所有权的虚置及土地承包经营权的虚化，且与保持农村土地承包经营关系长久稳定不变的方针不符，土地承包经营权经由出租、转包、入股等流转形式分离出的土地经营权具有债权属性；互换、转让等流转形式只引发土地承包经营权主体的变更，无法分离出新的土地经营权。在"三权分置"之下，应将土地经营权纳入债权范畴，采取"农村土地集体所有权（自物权）-土地承包经营权（用益物权）-土地经营权（债权）"的权利结构，既符合土地经营权的生成逻辑，防止土地集体所有权的虚置及土地承包经营权的虚化，具有节约制度变更成本的优势，也可稳定土地经营权人的经营预期，达到中央提出的实现现代农业适度规模经营的目的。

（4）"二元权利说"。

土地经营权的性质因土地流转形式不同而不同，其中转让、互换产生土地承包经营权的让渡，具有物权性质；而转包、出租不产生土地承包经营权的让渡，仅具有债权性质。

四、宅基地使用权理论的演进

（一）关于宅基地使用权法律性质的讨论

1. 地上权说。

该观点认为，应当以"地上权"来概括非所有权人因建筑物或其他工作物而利用所有权人土地的权利。在我国，地上权即因建筑物或其他工作物而

---

① 单平基：《"三权分置"中土地经营权债权定性的证成》，载《法学》2018年第10期。

利用国家或集体所有的土地的权利[①]。我国立法中使用宅基地使用权这一概念，本质上是在国有或者集体土地上建造公民的住宅，即在他人的土地上建造建筑物或者种植竹木，这实质上就是地上权这样一个传统他物权统管的内容，故应废弃宅基地使用权、土地承包经营权概念，而代之以地上权概念[②]。根据土地的不同用途可将地上权分为公益地上权、住宅地上权与普通地上权。其中，住宅地上权[③]就是指集体经济组织内部成员基于集体分配而取得的宅基地使用权，以及为解决城镇居民居住困难而建造的经济适用房及安居工程住宅所占用土地的使用权。

2. 占有权说。

孟勤国[④]认为，所有权为主体，担保物权和用益物权为两翼的自物权。他物权的传统物权理论体系具有重财产归属轻财产利用的极大弊端，以至于所有权权能分离理论难以在其上成立。基于权能分离理论而产生的按财产归属的价值取向和准则建立起来的他物权制度，难以解决中国的重大财产问题，因此，应彻底抛弃大陆法系的传统物权理论体系，重构中国的物权制度，构建“二元结构”，即将物权分为所有权、占有权两类，所有权表征物质归属，占有权表征物质利用，所有权和占有权是平等的，权利人可以相互对抗。我国的宅基地使用权或土地使用权表征之利用，属于占有权。

3. 自物权说。

该观点认为大陆法系传统的“所有权－用益物权”模式是以土地所有权私权性质为基础设计的，缺失这一基础，即不能成立用益物权。我国固有法中的宅基地使用权制度，本质上是一项政治制度而非民法上的权利，相当于大陆法系国家的所有权，而非所有权派生或分离的结果，是一种自物权而非

① 钱明星:《物权法原理》，北京大学出版社 1994 年版。

② 杨立新:《论我国土地承包经营权的缺陷及其对策——兼论建立地上权和永佃权的必要性和紧迫性》，载《河北法学》2000 年第 1 期。

③ 王效贤、夏建三:《用益物权制度研究》，北京法律出版社 2006 年版。

④ 孟勤国:《中国物权法草案建议稿》，载《物权二元结构论——中国物权制度的理论重构》，人民法院出版社 2004 年版。

他物权。

也就是说，由于我国实行土地公有制，国家、集体的土地所有权只是一个抽象的概念，因而在土地所有权基础上设定的宅基地使用权或土地使用权，对于民事主体而言，相当于自物权。[①] 王崇敏认为，[②] 宅基地使用权是宅基地使用权人依法享有的占有、使用农村集体土地建造住宅和附属设施并长期保有的权利，结合我国土地政策和农村经济社会发展之现实，宅基地使用权是一种准所有权，是物权效力十分强大的他物权，其类似于自物权。尽管《物权法》将宅基地使用权定性为用益物权，但我国立法文本中的用益物权与大陆法系立法上的用益物权存在本质的差异，公共利益对土地及相关权利结构的设计不具有决定性，不能否定宅基地使用权的私权属性。

4. 用益物权说。

“用益物权说”认为宅基地使用权属于用益物权，这一观点在我国学界具有通说的地位，我国多数学者对此持肯定看法。在用益物权体系下，又分地上权说、基地使用权说、土地使用权说、独立的用益物权说等观点。从目的上看，宅基地就是对集体所有的土地而进行的用益，因此具有用益物权的性质。在集体所有的土地上设立宅基地使用权，对本权而言，则是一种限制，这同样也符合用益物权对所有权有所限制的基本特征，因此宅基地使用权属于用益物权应无异议。

然而在用益物权说内部同样也产生了较大的分歧，有学者认为，宅基地属于地上权，应将其纳入地上权制度的调整之中，从而没必要在法律上设立单独的宅基地使用权制度。“基地使用权说”的提出者梁慧星先生认为，“基地使用权”可以准确地体现地上权的内涵与特征，为地上权一词通俗而恰当的替代语，其认为“基地使用权”是指为他人所有的土地上建造并保有建筑物或其他附着物而使用他人土地的权利。宅基地使用权、国有土地使用权、乡镇建设用地使用权都是把他人土地作为基地使用，因为都可以归属于“基地使用权”的范围，

① 高富平:《物权法的十个基本问题——物权法草案修改意见》，载《法学》2005年第8期。

② 王崇敏:《论宅基地使用权性质》，载《河南财经政法大学学报》2014年第5期。

这便于在法律运行上对同类土地使用权的规制，也便于同类土地使用权法律制度的统一协调。我国大多数学者认为，宅基地使用权属于土地使用权，应当将其纳入土地使用权制度的调整之中。此外，还有观点认为，宅基地使用权应属于一种独有的用益物权，王利明教授主编的《中国物权法草案建议稿》持这类观点。

《物权法》颁布前，民法学界对宅基地使用权法律属性的讨论空前激烈，用益物权论的基地使用权说、地上权说、特有用益物权说、人役权说以及不同于用益物权论的占有权论均对宅基地使用权的法律属性提出过不同看法。[①]专门的土地法学研究并未对宅基地使用权进行抽象的直接定性，而是指出宅基地使用权的性质构成为生存保障性、物权性、可转让性与有期限性。[②]直到 2007 年，《物权法》明确了宅基地使用权的用益物权性质。

（二）关于宅基地使用权流转的法律限制

我国宅基地使用权制度存在的问题，主要弊病集中于农村宅基地使用权是否可以流转，其本质是宅基地使用权的福利保障性质与物权性质的冲突，是公法与私法的冲突。学术界尚未有定论，争议双方各持己见，观点针锋相对，但逐渐形成支持宅基地使用权流转的理论趋势，对流转的程度学界又有不同的观点。

1. 自由流转说。

此种观点认为农村集体所有的土地与城镇国有的土地都是我国公有土地的组成部分，既然城镇国有土地使用权可以自由流转，则限制农村集体土地

① 上述观点分别参见：梁慧星：《中国民法典草案建议稿附理由·物权编》，法律出版社 2004 年版，第 209—248 页；江平：《中国土地立法研究》，中国政法大学出版社 1999 年版，第 295—300 页；王利明：《中国民法典学者建议稿及立法理由·物权编》，法律出版社 2005 年版，第 272—280 页；关涛：《大陆法系民法中的人役权》，载《法学论坛》2003 年第 6 期；孟勤国：《物权二元结构论——中国物权制度的理论重构》，人民法院出版社 2002 年版，第 197—216 页；孟勤国：《中国物权法草案建议稿》，载《法学评论》2002 年第 5 期。

② 刘俊：《中国土地法理论研究》，法律出版社 2006 年版，第 323—325 页。

使用权的流转即对农村集体土地使用权法律地位的歧视，这显然是不公平的。宅基地使用权作为农村集体土地使用权的重要组成部分，理应与城镇国有土地使用权一样可以自由流转，包括向农村集体经济组织之外的主体流转。

孙淑云、吴海玲认为，[①]《物权法》在用益物权编规定了农村宅基地使用权，它具有用益物权的基本性质。作为一项私权利，宅基地使用权人对宅基地具有占有、使用、收益的权利，《物权法》既然将宅基地使用权定性为财产权，交换和流通就是其固有之义。农民基于身份向农村集体经济组织无偿申请取得宅基地使用权，但是一经取得，便具有了直接支配性和排他性，任何人不得侵犯这一权利，宅基地使用权人不得对宅基地本身进行处分，并不意味着不能对其享有的使用权进行处分。刘俊认为，[②]“宅基地使用权申请并取得后，其生存保障的使命已经告终。至于农民取得宅基地使用权后如何行使是农民自己的事情，法律在这方面不该过多的干预”。邓辉、张晓宁也持这一观点，[③]认为现实中因继承等而出现的“一户多宅”属合法取得，而不允许流转，这必将使农民的财产权的实现受到限制，同时也造成资源的浪费。高圣平认为，[④]宅基地负载着保障功能，同时具有财产属性，不同时期的宅基地制度在两者之间的权重各有差异。随着我国经济结构的转型，宅基地的财产属性越发彰显。宅基地用益物权权能的完善主要体现为宅基地使用权抵押和转让（退出）等处分权能的强化。在确保农民不失地的前提下探索增加财产性收入，实现宅基地“三权分置”，为房地分离的模式提供了可供选择的路径。在供地形势日益紧张的背景下，“一户一宅”的住房保障政策应以多种形式加以实现。宅基地有偿使用制度是解决目前超占宅基地、“一户多宅”问题的有效路径，但也应适用于供地紧张地区的初次分配。

---

① 孙淑云、吴海玲：《论我国宅基地使用权流转制度的完善》，载《湖南科技大学学报（社会科学版）》2013年第1期。

② 刘俊：《农村宅基地使用权制度研究》，载《法学研究》2007年第3期。

③ 邓辉、张晓宁：《宅基地使用权制度的现代化构建：体系与变革》，载《西部法学评论》2017年第2期。

④ 高圣平：《宅基地制度改革政策的演进与走向》，载《中国人民大学学报》2019年第1期。

2. 限制流转说。

宅基地使用权是由农民从农村集体经济组织无偿分配取得的，是农民基本的生活保障，农民基于各种原因离开村集体经济组织后，如果农民落户于城镇，则其不再属于本集体经济组织成员，不应再享有表征居住保障功能的宅基地使用权，而应将其宅基地使用权归还给其所在的集体经济组织，其原宅基地上的房屋可以在集体经济组织内部转让，但不能将其住房转让给集体经济组织之外的他人。值得一提的是，在学术界有学者提出宅基地使用权禁止转让的观点。

部分学者认为宅基地使用权具有身份性和福利性，不应该进行自由的流通，只能在农村集体经济组织内部范围流转。① 王利明教授也持这一观点，认为宅基地使用权尽管是一项财产权利，但是具有一定的身份性质，并不适合自由转让，只能在集体经济组织成员之间进行自由转让。此外，魏华、戴孟勇认为，② 在现行法虽未明确禁止，但国家政策却严厉禁止城镇居民购买宅基地使用权的情况下，应当根据《合同法》第五十二条第四项即以“损害社会公共利益”为由认定宅基地使用权转让合同无效。

（三）关于宅基地三权分置的讨论

现行法上的宅基地使用权制度忽视其经济属性，制约了农村和农民的发展。为弥补农地法律制度改革中宅基地使用权这块短板，2018 年 1 月 2 日中共中央、国务院发布的《关于实施乡村振兴战略的意见》进一步明确：“完善农民闲置宅基地和闲置农户政策，探索宅基地所有权、资格权、使用权‘三权分置’，落实宅基地集体所有权、保障宅基地农户资格权和农民房屋财产权，

① 陈朝兵：《农村土地“三权分置”：功能作用、权能划分与制度构建》，载《中国人口·资源与环境》2016 年第 4 期；朱继胜：《论“三权分置”下的土地承包权》，载《河北法学》2016 年第 3 期；高飞：《农村土地“三权分置”的法理阐释与制度意蕴》，载《法学研究》2016 年第 3 期；石冠彬、魏振华：《论土地承包经营权流转的法律规制——一个解释论视角的分析》，载《江海学刊》2016 年第 4 期。

② 魏华、戴孟勇：《论宅基地使用权的转让》，载《法律适用》2014 年第 10 期。

适度放活宅基地和农民房屋使用权。”为实现中共中央关于宅基地“三权”分置政策的丰富内涵及目标导向，关键是要明确宅基地资格权的法律属性。学界对此众说纷纭、莫衷一是。部分学者另起炉灶，提出宅基地的新三权，如三层次权利结构说[①]、二元三权结构说[②]。更多学者对资格权的内涵和属性给出了自己的主张，对此可以归纳为以下主张：

1. 双重属性说。

有学者以集体与成员的特殊总有关系为基础，提出“资格权是集体成员宅基地分配中的一种资格”“具有人身权和财产权双重属性”，和使用权都是原有的宅基地使用权分解后的产物。[③]还有学者认为，宅基地农户资格权应包括宅基地分配资格权和宅基地使用权两种权利，是一种兼具身份权和财产权的复合性权利。不过，后者基于不同阶段而对资格权作出不同的界定，认为农户行使并实际取得宅基地使用权后，宅基地资格权就等同于既有实体法中的宅基地使用权。[④]

2. 取得资格说。

学者李凤章则认为，[⑤]基于盘活宅基地资源的考量，在允许宅基地使用权依法自由流转的前提下，将宅基地资格权解释为集体成员要求集体分配宅基地并无偿使用的资格。还有学者把资格权界定为“将宅基地取得资格从使用权中分离出来单独设立”的权利并以配给权命名。[⑥]

3. 成员权说。

程秀建认为，[⑦]从权利取得来看，宅基地使用权具有明显的身份属性，“具

---

① 席志国：《民法典编纂视域中宅基地“三权分置”探究》，载《行政管理改革》2018年第4期。

② 宋志红：《宅基地“三权分置”的法律内涵和制度设计》，载《法学评论》2018年第4期。

③ 孙建伟：《宅基地“三权分置”中资格权、使用权定性辨析——兼与席志国副教授商榷》，载《政治与法律》2019年第1期。

④ 陈耀东：《宅基地“三权分置”的法理解析与立法回应》，载《广东社会科学》2019年第1期。

⑤ 李凤章、赵杰：《农户宅基地资格权的规范分析》，载《行政管理改革》2018年第4期。

⑥ 岳永兵：《宅基地“三权分置”：一个引入配给权的分析框架》，载《中国国土资源经济》2018年第1期。

⑦ 程秀建：《宅基地资格权的权属定位与法律制度供给》，载《政治与法律》2018年第6期。

有明显的社区封闭性和不可交易性”，[①] 身份属性仅是获得宅基地使用权分配的前提，财产权是取得宅基地使用权后的物权表现形态。从制度功能来看，农户基于集体成员的身份当然、无偿取得宅基地使用权，具有显著的福利性和社会保障性。

五、土地征收制度的理论演进

近年来，随着经济建设的不断发展，我国的工业化和城市化进程的不断加快，由于种种原因，农村土地征收问题已经成为当前农村冲突的焦点，如何解决和处理好农民土地征收问题已经变得越来越重要。学者们主要对土地征收中涉及的公共利益界定问题以及土地征收补偿问题进行了探讨。

（一）公共利益界定的相关讨论

1.“公共利益”的确定模式。

目前，国际上有两种用以确定“公共利益”的模式：一是一般概括式又称司法裁定式，即可以通过法院来裁定政府的经济建设和事业发展是否出于公共利益的需要，如果证据充足，法院可以认定属于公共利益需求。这种方式只给出一个笼统的原则，有较大的法律伸缩性。二是法规列举模式，又称充分列举模式，就是要把每一种符合公共利益的情形全面罗列于法规中，以绝对缩小征收的适用范围。[②] 从我国《宪法》《土地管理法》《物权法》的相关规定来看，对于什么是公共利益都只是作了概括性的规定，未作列举性的规定，梁慧星先生的《物权法建议稿》第四十八条对公共利益作出了较为明确的界定：“所谓公共利益，指公共道路交通、公共卫生、灾害防治、科学及文化教育事业，环境保护、文化古迹及风景名胜的保护、公共水源及引水排水用地区域的保护、森林保护事业，以及国家规定的其他公共利益。”该条同

① 陈小君：《“三权分置”与中国农地法制变革》，载《甘肃政法学院学报》2018 年第 1 期。

② 刘禹涵：《我国土地征收制度改革的问题与走向》，载《河北法学》2017 年第 35 卷第 4 期。

时指出“征收不得适用于商业目的”。①

2.“公共利益”的概念。

中国人民大学法学教授胡锦光指出：公共利益是针对某一共同体内的少数人而言的，客体对该共同体内的大多数人有意义。共同体的规模大到整个国家、社会，小到某一个集体。②学者张武扬认为：（1）公共利益是公众的利益，而不能简单归结为政府的利益。（2）公共利益是法定的利益，而不属于行政自由裁量的利益。（3）公共利益是相权衡比较的利益，而不是绝对的利益。（4）公共利益是政府负有维护责任的利益，而非随意处分的利益。（5）公共利益是直接的实质利益，而不是间接的抽象利益。③

土地征收的公共利益应当定义为：不特定的公众基于生存与发展的基本需要所形成的，由政府予以相应保障的机会性利益。这一定义包含三层意思，一是公共利益属于任何一个自然人都有机会享有的利益，主体是不特定的公众，客体是对特定自然人而言不一定实际享有的利益；二是公共利益只限于自然人生存与发展的基本需要，不包括经济和社会发展产生的各种红利；三是公共利益必须由政府提供相应保障，包括财政补贴、安全防范、统一规划等付出型措施，不包括政府招商引资之类的经营性活动。④

3.“公共利益”的认定标准。

王景斌认为，⑤认定公共利益需同时具备形式性标准和实质性标准。形式性标准是指确认公共利益所必经的程序，具体而言应当包括以下两条标准：（1）法定标准，即公共利益必须是由法律明确规定的而且只有在法定条件下才可出于公共利益的需要依法对公民的基本权利加以限制，但法定的公

---

① 吴春燕：《我国土地征收中公共利益的厘定与处置》，载《现代法学》2008年第6期。

② 胡锦光：《论我国宪法中“公共利益”的界定》，载《中国法学》2005年第1期。

③ 张武扬：《关于“公共利益”界定的法律认识及思考》，载《修宪之后的中国行政法——中国法学会行政法学研究会2004年年会论文集》，2004年8月23日。

④ 孟勤国、肖楚钢：《土地征收法律制度的重点问题与立法建议》，载《上海政法学院学报（法治论丛）》2019年第2期。

⑤ 王景斌：《公共利益之界定：一个法理学视角》，载《修宪之后的中国行政法——中国法学会行政法学研究会2004年年会论文集》2004年8月23日。

共利益不等同于法律规则明确规定的利益，也包括法律原则的规定。

（2）透明度标准，因公共利益目的和本质上具有正当性，是对事物的全局性和可持续性考量所作的选择，一般通过说明都能获得公众支持，也能取得相对人的理解，所以在制度设计时多是公开进行的，不回避相对人的必要参与和知情，没有必要秘密进行或暗箱操作。

实质性标准是从内容上判断某一利益是否为公共利益的标准，具体包括合理性标准、公共受益性标准和可持续发展标准。

学者们还对公共利益的认定程序进行了阐述。如彭立峰指出：[①] 公共目的认定程序的设置应注意以下事项：第一，该程序是政府动用土地征收权的必经前置程序。第二，公开听证是该程序的必经环节。第三，信息的充分公开应贯彻于该程序的始终。

吴春燕提出了公共利益认定程序的下列建议：建立和完善与公共利益征地有关的听证、复议和复审程序；建立公共利益认定的公开程序，设立公共利益的审查程序，在公共利益的认定中，建立相应的监督程序。[②]

《宪法》和《土地管理法》都规定国家为了公共利益的需要可以征地，但何为公共利益没有明确的法律规定，加之《土地管理法》又规定，任何单位与个人使用土地必须使用国有土地，所以导致了征收成为获得土地的唯一途径。2019 年新修改的《土地管理法》采取列举的方式，对于公共利益作出了明确的界定，即因“军事外交，政府组织实施的基础设施建设、公益事业、扶贫搬迁和保障性安居工程以及成片开发建设等六种情况确需要征地的可以依法实施征收”。[③]

（二）关于土地征收补偿的讨论

学者们关于土地征收补偿的讨论主要集中在补偿标准和补偿方式两个方面。

---

① 彭立峰：《土地征收公共目的的美法日三国比较研究》，载《行政法学研究》2014 年第 3 期。

② 吴春燕：《我国土地征收中公共利益的厘定与处置》，载《现代法学》2008 年第 6 期。

③ 《〈土地管理法修正案〉通过征地补偿有新变化》，载山水句容网：www.slohu.com/a/3367/035s_194/60，最后访问日期：2019 年 8 月 27 日。

1. 现行土地征收补偿标准过低。

依据《土地管理法》(2004 年修正)，征收土地的，按照被征收土地的原用途给予补偿。土地补偿费和安置补助费的总和不得超过土地被征收前三年平均年产值的三十倍。目前备受抨击的，也正是这个以农业用途为基础的补偿标准。[①] 学者对我国土地征收补偿标准的批判概括而言主要有以下几点：补偿原则不统一、补偿标准不清晰且过低、补偿捆绑的社会功能过多却缺乏对财产本身之补偿、未按市场价值进行补偿等。[②] 有学者指出：虽然在补偿额中蕴含着社会保障的因素，但是这种计算补偿额的方式显然极大地剥夺了农民对土地增值利益的分享，事实也证明集体土地的补偿金往往只有其出让金价格的几十分之一甚至几百分之一。[③]

关于我国征地补偿标准的改革，主要有三种观点[④]：第一种是主张先维持平均年产值标准，只提高补偿倍数；第二种是主张区分所征土地的经营性与非经营性，对经营性用途的征地采用市场价格进行征购，对非经营性用途的征地则仍采用现有补偿标准；第三种也是大多数学者赞同的观点，即采用市场价格进行补偿。但对市场价格如何决定又有不同意见，有人主张区位级差补偿法，即主要根据土地区位条件确定补偿标准，以离城市中心的远近来决定补偿标准的大小。

国土资源部发布的《中华人民共和国土地管理法(修正案)(征求意见稿)》确立了“公平合理补偿”的原则；规定了征地补偿内容即征地补偿安置费用包括土地补偿费、安置补助费、农民宅基地及房屋补偿、地上附着物和青苗的补偿费，以及被征地农民的社会保障费用等。同时规定采取“区片综合地价”来确定补偿额。

---

① 刘禹涵:《我国土地征收制度改革的问题与走向》，载《河北法学》2017 年第 35 卷第 4 期。

② 张学博、丁卉:《新中国 70 年视野下的农村土地制度新一轮改革与创新》，载《党政研究》2019 年第 3 期。

③ 方涧、沈开举:《我国集体土地征收与补偿制度之嬗变与未来——兼评〈土地管理法(修正案征求意见稿)〉》，载《河北法学》2018 年第 8 期。

④ 薛刚凌、王霁霞:《土地征收补偿制度研究》，载《政法论坛》2005 年第 2 期。

2019年8月26日修改的《土地管理法》明确完善了征地补偿的规定。首次明确了土地征收补偿的基本原则是保障被征地农民原有生活水平不降低，长远生计有保障；其还改变了以年产值倍数法来确定土地补偿费和安置补助费的做法，以区片综合地价取代原来的土地年产值倍数法。并且在原来土地补偿费、安置补助费、地上附着物和青苗补偿费三项基础上又增加了农村村民住宅补偿和社会保障费。①

2. 补偿方式应该多样化

关于补偿方式，一些学者借鉴东南沿海征地补偿中采用政府、集体与个人共同缴纳保险费的办法，将失地农民纳入社会保障体系中的成功经验，提出我国应当重视对农民的社会保险补偿方式；还有一些学者针对我国一次性货币补偿的缺点，提出了分期补偿、土地使用权入股安置、留地安置等多种形式的复合安置。从我国农民谋生技能较低、进入城市后就业困难的现状出发，上述补偿方式可以弥补单一金钱补偿的不足，有利于失地农民的生活安置。②③④ 这些意见，显然在《土地管理法》修改中得到了重视。

六、集体经营性建设用地流转的理论

现行农村土地使用制度的一个缺陷是农村集体建设用地不能与国有建设用地同等同价地进入市场交换，建设用地必须先征收再流向市场，一定程度上抑制了农村集体流转意愿。农村集体经营性建设用地使用权流转制度改革必须在政策上和法律上寻求突破，从根本上改变土地制度的二元性，实现农民集体土地与城市国有土地“同地同价同权”的城乡要素市场的平等化，实

① 《重磅！〈土地管理法〉时隔十五年再次修改！征地补偿标准有新变化》，载搜狐网：http://www.sohu.com/a/336654973_514691，最后访问日期：2019年12月5日。

② 蔡乐渭：《中国土地征收补偿制度的演进、现状与前景》，载《政法论坛》2017年第35卷第6期。

③ 薛刚凌、王霁霞：《土地征收补偿制度研究》，载《政法论坛》2005年第2期。

④ 谷中原、尹婷：《中国失地农民生活保障问题及其应对——基于征地补偿和安置视角的分析》，《湖南农业大学学报（社会科学版）》2018年第19卷第2期。

现制度的一体化。学者们对集体经营性建设用地流转的研究主要聚焦在集体经营性建设用地的产权分析以及流转收益的分配方面。

（一）集体经营性建设用地的产权需要明晰

对于农村集体（经营性）建设用地入市，国内最普遍的学术分析是从产权问题上进行的。清晰明确的产权是入市流转的前提。现有的农村集体所有制下产权强度不够，使用权主体权属关系不清晰，所以在农地入市流转过程中农民没有充分享受土地红利，城市化带来的收益没有惠及周边。①

盖凯程、于平认为土地制度改革是各方利益重构的过程，相关利益主体间力量对比及其利益耦合度决定了制度创新的基本维度，集体土地入市实质是确定土地使用权作为商品进入土地市场交易，在我国现行体制下只能是“土地使用权”的出让。②

温世扬认为“集体建设用地使用权”作为一种“事实物权”是客观存在的，《物权法》通过转介条款第一百五十一条，将农村建设用地产权人和执行人的设定权交于《土地管理法》，但仍未纳入用益物权的范畴，限制了农村集体土地所有权主体行使处分权、收益权，集体建设用地使用权权能属性应在相关法律立法修改中增设。③

宋志红认为集体（非公益性）建设用地市场化并不是简单地放开国家用地市场，需要国家相关部门严格入市项目土地交易用途、用地规划限定把控，打击非法用地行为，国家18亿亩耕地红线不得破坏，禁止土地泛资本化，从而危害国家粮食安全。④

总而言之，土地产权理论可以分为绝对产权说与相对产权说两种观点。

---

① 姚健:《集体经营性建设用地使用权入市法律问题研究》，山西财经大学2018年硕士学位论文。

② 盖凯程、于平:《农地非农化制度的变迁逻辑：从征地到集体经营性建设用地入市》，载《农业经济问题》2017年第3期。

③ 温世扬:《集体经营性建设用地“同等入市”的法制革新》，载《中国法学》2015年第4期。

④ 宋志红:《集体经营性建设用地入市的立法回应解析——〈土地管理法（修正案）〉（征求意见稿）入市规定解读与评析》，载《中国国土资源经济》2017年第6期。

绝对产权说认为，既然我国法律明确规定集体建设用地的所有权归集体所有，那么集体经营性建设用地的收益自然归集体独占，政府不享有土地所有权，自然无法参与利润的分配当中。相对产权说则认为，在当下，中国是没有私有独占土地的，土地的性质都是公有的，即使局部集体享有的土地权利也是受限制的权利，如不能随意改变用途、自由变卖等，因此政府作为国家的代表完全有资格获取土地入市所产生的利益。

（二）集体经营性建设用地流转收益分配机制研究

实现了同等入市、同权同价之后，土地流转的利益分配也是需要解决的核心问题。地方政府的角色需要重新界定，可能的定位包括税收管控或入市中介管理等身份。[①] 侯银萍认为法律上允许农民或集体自由出让其土地并享受此过程中产生的收益，并就土地增值价值享有收益权。[②] 收益分配是农地流转的关键环节，对其分配比例应在充分吸收各地试点经验的基础上形成相对合理的模式，其分配主体应由政府转向集体与农民，同时保障农民的知情权和土地财产权。

王小映提出土地初次增值收益归公制度，主张建立城乡不动产税收体系，农地收益分配要以“初次分配基于产权，政府参与再次分配”为原则，各参与主体拥有独立的收益权，公权力不得过度干预。[③]

于潇、吴克宁、阮松涛主张增值收益由国家规划掌控使用，在分配收益方面注重对土地所有权人的利益保护，基于产权理论地利共享。[④]

学者们普遍认为，在集体经营性建设用地流转收益的分配中应该强化农民的权益，通过转换政府角色，增加农民的收益分配比例，最终实现农民的土地财产权。

2019年《土地管理法》修改的一个制度创新，即取消了多年来集体建设

---

① 谢泽夫、陆红:《农村集体经营性建设用地入市障碍及对策》，载《天津法学》2016年第1期。

② 侯银萍:《产权性质视角下的“农地入市”困境破解》，载《法学》2014年第5期。

③ 王小映:《论农村集体经营性建设用地入市流转收益的分配》，载《农村经济》2014年第10期。

④ 于潇、吴克宁、阮松涛:《集体经营性建设用地入市》，载《中国土地》2014年第2期。

用地不能进入市场流转的二元体制，为城乡一体发展扫除了制度性的障碍，被称之为2019年修法的最大亮点。

其删除了原《土地管理法》有关“任何单位和个人需要使用土地必须使用国有土地”的这一条规定，规定了农村集体性建设用地在符合规划、依法登记，并经三分之二以上集体经济组织成员同意的情况下，可以出让、出租给农村集体组织以外的单位和个人使用，使用者还可以通过转让、互换、抵押的方式进行再次转让。[①]

---

① 《新〈土地管理法〉说了些啥？快来围观》，载《经济日报》2019年8月27日。

第二章

新中国矿产资源法治 70 年

第一节 我国的矿业立法与实践

一、矿业立法是中国近代社会转型的产物

（一）中国历代的矿业权法律制度的沿革[①]

清代以前，我国并无成文的矿业权法，甚至可以说没有系统的矿业权法律著述，有关矿业开发管理的制度和规定散见于各种典籍之中。从先秦到清以前，两千年间的矿业政策的核心始终在“官办”还是“民采”即禁与放之间往返；隋唐后到明代“任民开采、收取矿税”的政策变化无常；中国古代的矿业法的表现形式基本为广义的、实质意义上的法律。但中国古代一直重视矿管行政机构的设置。[②]

（二）中国近代矿业权法律制度是在列强逼迫下的转型

1. 清末改制中矿业立法是“师夷长技以制夷”社会转型的必然结果。[③]

矿业立法也是步入近代后商品交换社会经济基础对上层建筑的客观要求。[④]清末洋务派，基于创办军工企业对煤炭的紧迫需求，也认识到了发展

---

① 参见付英主编：《中国矿业法制史》，中国大地出版社2001年版。

② 曹晓凡、程伯仕、周黎：《矿业权制度的历史沿革》，载《资源环境与工程》2006年第4期。

③ 费正清主编：《剑桥中国晚清史》，中国社会科学出版社1992年版，第2页。

④ 汪敬虞：《十九世纪西方资本主义对中国的经济侵略》，人民出版社1983年版，第431—432页。

矿业的必要性，李鸿章就曾说：“船炮、机器之用，非铁不成，非煤不济。”[①]近代中国，无论是宪治，还是宪法，当然也不可能不包括矿业权法，都是继受西方的，[②]都是帝国主义列强炮口下无奈的选择。

2. 清末从零星的矿务条款发展到综合规范的路矿单行法。

矿业法规康熙初年仅有单项矿例，1898年有《矿物铁路公共章程二十二条》；1902年又有《矿务章程十九条》；1904年有《矿务暂定章程三十八条》；1906年的《矿律》已达五十九款；1907年又有了《大清矿务章程》和附章，且到1910年又予修订，其吸取西方有关规定成为较完整的民商事单行法典。

3.《大清矿务章程》构建了中国最早的现代矿业法律体系。

矿产资源历来被认为是一国经济命脉的基础。早在20世纪之初，虞和寅先生就指出：“欲建民国，先厚民生，欲厚民生，先兴矿业。”[③]最初张之洞找英国人参校日本矿业章程，编纂成《矿务正章》十五章七十四款,《矿务附章》七十三条。之后农工商部、外务部会同奏请损益变通，最后又修订为《大清矿务章程》十四章八十一款，附章四十六条，使之较原章程更加完备。

新中国成立之前，出现过两个矿业立法高潮，一个是以《大清矿务章程》为标志的第一个高潮；另一个高潮则是以《中华民国矿业条例》《中华民国矿业法》为标志。20世纪的前50年，有关矿业活动的法律已达百部之多。

二、新中国“开发矿业、地质先行”

（一）解放初期地质工作先行旨在大力开发矿业

1950年毛泽东主席在莫斯科接见中国留苏学生代表时题词：“开发矿业”，主席“开发矿业”的题词成为一个时代的号召。[④]

---

① 刘光永:《李鸿章与近代矿业》，载《安徽史学》1993年第3期。

② 参见俞荣根:《宪政文化与近代中国》序言，法律出版社1997年版。

③ 虞和寅:《矿业法草案》，南京农矿部1928年版，第1页。

④ 丁全利:《纪念毛主席开发矿业题词60周年座谈会举行》，载《中国国土资源报》2010年2月9日。

新中国成立之初，百废待兴，急需恢复国民经济，要人民安居乐业，但有了物质基础才可能进行社会主义改造。在“三年国民经济恢复时期”，针对当时地质勘查工作十分薄弱且零星分散的情况，中央人民政府政务院1950年即成立了中国地质工作指导委员会，负责统一规划和领导全国地质工作；1952年，为适应即将开始的第一个五年计划建设形势的需要，又成立了中华人民共和国地质部，为我国矿产资源勘查工作的相对集中统一管理奠定了基础。

为尽快恢复旧矿区生产和探采新矿区，根据当时国家经济条件及公私并重、公私合营的经济结构，政务院于1950年12月22日第六十四次政务会议通过了《矿业暂行条例》。

（二）一九六五年《矿产资源保护试行条例》是针对勘查与开发中普遍存在的问题的应急措施

解放初期先是模仿苏联计划经济的立法思维，后来又搞“大跃进”，导致当时矿业秩序较乱。特别是在“全民大办钢铁”的时期，采矿活动遍地开花，小土高炉到处林立；在“边勘探、边设计、边施工”的影响下，地质勘查工作完全处于被动局面，不讲地质工作的客观规律，不按规程规范作业，浮夸虚报矿产储量等现象比比皆是。在地质矿产管理多部门分割的情况下，一个矿区可以由几个工业部门同时勘查与开采，由此造成重复勘探、单一勘探、盲目勘探，以及采矿中的采大弃小、采富弃贫、采厚弃薄、采易弃难、采此弃彼等一系列严重问题。于是在1965年12月17日由国务院批转了地质部制定的《矿产资源保护试行条例》。其是针对“一五”计划后矿产资源勘查与开发中普遍存在的问题而作出的保护性规定，是一个较有针对性的专项行政法规。其制定时，我国已经取消了“私有制”，所以这部法规只对矿业工作时应注意的事项做了原则性的规定，不具有界定产权的性质。①

由于当时历史原因的限定，这一条例难免有欠妥之处，而且产生了一定

① 苏迅、张慧君：《我国探矿权、采矿权发展简史》，载《资源·环境·产业——中国地质矿产经济学会2003年学术年会论文集》。

的负面效应，对部门分割、多头管理的矿政体制给予了肯定，弱化了对破坏或浪费矿产资源行为和责任人的制裁力度，等等。

（三）完全计划经济体制下的矿业规范

随着“一五”计划的实施，特别是“一五”后期开始的对私有经济的社会主义改造，新中国很快就形成了矿业领域完整的社会主义公有制和计划经济管理体制。顺理成章，探矿权与采矿权实际上即已变成随附于地质工作计划与矿山生产计划来下达，事实上由政府主管部门分别直接授予有关地勘单位和矿山企业的一种独立享有的、不可转移的工作和生产性权利。

在这种体制下，行政命令代替了法律法规，也就不可能形成完善的矿业法律体系。新中国成立后至“文化大革命”前，我国除了有《矿业暂行条例》和《矿产资源保护试行条例》两部比较重要的法律法规以外，于1953年还颁布过《关于在勘探工作中临时占用农村土地及砍伐农民林木的赔偿暂行办法》，1954年颁布过《地质资料使用暂行办法》和《地质勘查工作统一登记暂行办法》，1955年颁布过《进行全国矿产储量统计及编制矿产储量平衡表》。

1958年颁布了《全国地质工作登记暂行规程》，1962年颁布了《矿产普查工作规范》，1964年颁布了《矿山生产地质和测量工作暂行规定》，1965年颁布的《关于铀矿普查勘探和综合利用的若干规定》等，总的来看，有关矿产资源勘查管理方面的规范性文件偏多，而有关矿产资源开发管理、矿产资源综合利用、矿业环境监测等方面的法律法规很少，甚至很多领域是空缺。矿业法规的缺少与不配套，自然影响到国家对矿业活动的规制和对矿业经济的宏观控制。

（四）“文革”时期停滞发展

“文化大革命”阶段，矿业立法工作随同全国经济建设一起进入了停滞期。矿业经济的管理十分混乱，矿业发展遭到严重破坏，更谈不上法制建设。只在1968年发布了《全国地质资料汇交办法》和1973年颁布了《矿产储量表填报规定》两项法规，矿业法制建设被付之阙如。

三、改革开放背景下《矿产资源法》的出台与演进

在改革开放四十年来我国社会主义法律体系的形成过程中，新中国的矿业立法几近从无到有，也是一个从简单的多种法律渊源到成文法律规范的体系化的过程。在这样一个将国家管理矿产资源开发利用的各种临时应急措施法制化和法典化的定型进程中，无时不体现着法作为上层建筑对社会经济基础的反映。

尽管在知识经济时代矿业在国民经济中的比重有所下降，但是其重要性却丝毫没有降低，对于正处于工业化中期的新中国而言，矿产资源的需求正值高峰时期。我国虽是世界上矿产资源比较丰富的少数几个国家之一，但矿产资源的人均储量却相对较低，且贫矿、呆矿、伴生矿比重很大，分布不均；我国矿产业存在着资源利用率不高、生产效率低、采矿技术落后等问题，不仅造成了我国矿产资源的损失和浪费，而且使环境也遭受到严重破坏。因此，有效合理地利用有限的矿产资源始终是我国政府一贯的目标。

（一）《矿产资源法》的颁布是新中国矿业立法的里程碑

1982年，地质部更名为地质矿产部，各省（自治区、直辖市）地质局也随之更名为地质矿产局。原地质部由过去单一的找矿变为找矿兼管矿，有关矿业立法之大部分争议亦渐趋统一。1986年3月19日《矿产资源法》（以下简称《86年矿法》）公布，自1986年10月1日起施行，是解决矿产资源方面问题的最终直接法律依据。其包括总则、矿产资源勘查的登记和开采的审批、矿产资源的勘查、矿产资源的开采、乡镇集体矿山企业和个体采矿、法律责任、附则七章共50条，明确了多种经济成分勘查开发国有矿产资源的法律地位；对各级人民政府、各有关部门的地矿行政管理职责分工作了规定，明确了由地质矿产部门主管矿产资源勘查与开发的监督工作，体现了国家在矿产资源管理中的所有权与使用权的适当分离和政企分开的原则；对矿产资源国家所有，国家对矿产资源的勘查开发实行统一规划、合理布局、综合勘查、合理开采和综合利用，矿产资源有偿开采，勘查成果有偿使用等都作了明确

规定。

总之，我国《86年矿法》在矿业体制改革中发挥了积极作用，我国矿产资源的开发利用开始走上物权调整之轨道，结束了矿业管理无法可依的时代，为之后《矿产资源法》得以有效实施和完善奠定了基础。

至于1994年3月26日国务院颁布的《矿产资源法实施细则》更大大增强了《矿产资源法》的可操作性，这样，我国基本建立起了矿产资源管理的法律框架。

(二)《86年矿法》的局限性

《86年矿法》虽然在当时具有矿业立法基础的作用，但是随着经济体制的发展，其历史局限性逐渐体现，使其难以适应市场经济进一步发展，1996年《矿产资源法》的修改有鉴于此，其主要表现在以下几个方面：

1. 经济体制改革中的矿业权有偿出让由于缺乏法律依据而受阻；
2. 商品经济条件下的矿政管理规范却欠缺产权市场管理之内容；
3. 不同所有制的不平等保护反而造成了国有资源性财产的流失；
4. 新旧经济体制的冲突阻碍了我国矿业经济的进一步向前发展。

虽然《86年矿法》规定对探矿和采矿采取许可登记制度，但是在探矿权、采矿权仍然实行由国家无偿授予并不得流转的制度下，这种计划经济体制的延续，已经难以完全适应社会主义市场经济体制改革的新形势。显然，《矿产资源法》中许多法律规范与后颁布的其他相关法律法规产生了矛盾，如不尽快加以废止或修订，滞后的矿业立法必然阻碍我国矿业经济的进一步发展。[①]

(三)《矿产资源法》随时代发展多次修改，增加配套性法规以适应商品交换的需求

1. 1996年《矿产资源法》在矿产资源利用方式和管理方式上有重大变革。

在经济体制改革的大背景之下，1992年，全国人大对《86年矿法》执行

① 江平主编：《中国矿业权法律制度研究》，中国政法大学出版社1991年版，第113页。

情况进行检查之后决定对《86年矿法》进行修改，之后，经过四年的努力，终于在1996年8月29日通过了《全国人民代表大会常务委员会关于修改〈中华人民共和国矿产资源法〉的决定》(以下简称《96年矿法》)，并于1997年1月1日起施行。

《96年矿法》并非对原先《矿产资源法》个别条文的改动，而是在矿产资源利用方式和管理方式上的重大变革，其主要在以下几个方面进行改动：一是明确了我国矿产资源的国家所有权的行使模式，规定矿产资源属于国家所有，由国务院行使国家对矿产资源的所有权。地表或者地下的矿产资源的国家所有权，不因其所依附的土地的所有权或者使用权的不同而改变，确立了分级管理模式等。二是确立了我国矿产资源的有偿使用制度，《86年矿法》所规定的规则是采矿权绝对不可转让，而此次修改则确立了探矿权、采矿权有偿取得和在某些特定情形下可依法转让的法律制度。还加强了对国土资源生态环境的保护，在设立和关闭矿山企业、开采矿山资源方面都规定了严格的环境保护的要求，是矿产资源利用方式和管理方式的重大变革，反映出了我国矿产资源法治思想的根本性变化。

2. 国务院制定了与《96年矿法》配套的三个行政法规。

1998年，为了与修改后的《96年矿法》配套，国务院又制定了三个配套行政法规：《矿产资源勘查区块登记管理办法》《矿产资源开采登记管理办法》《探矿权采矿权转让管理办法》，其中，《探矿权采矿权转让管理办法》开创了矿权转让历史，是中国矿管历史上又一划时代的事件。

同时，为了适应我国加入世贸组织（WTO）的承诺，2001年国务院修改了陆上、海上对外合作开采石油资源条例；为了加强地质资料管理，充分发挥资料的作用，保护地质资料汇交人的合法权益，国务院制定了《地质资料管理条例》。为了加强对地质勘查活动的管理，维护地质勘查市场秩序，保证地质勘查质量，促进地质勘查业的发展，国务院于2008年3月3日又制定了《地质勘查资质管理条例》。这些矿业立法完善的过程及其成果都是为了适应改革开放新形势的需要，促进了矿业经济的健康发展。

2006年6月，原浙江省国土资源厅和财政厅联合颁布了《对建筑用石拍卖和拍卖所得的管理办法》，是省级政府主管部门针对矿业权市场建设的首个文件。此后，各省（区、市）相继出现探矿权、采矿权竞争出让的探索，原国土资源部于2003年6月颁布了《探矿权采矿权招标拍卖挂牌管理办法（试行）》这一规范性文件，意图完善矿业权有偿取得制度，规范招标拍卖挂牌行为。此后，探矿权与采矿权的有偿出让在全国普遍推开，推动了矿产资源勘查、开采事业的发展。

3. 社会发展的脚步不可逆转，一些陈旧的与时代脱节的规定理当剔除。

《96年矿法》修改至今已经二十多年①，我国在这段时期中改革开放程度不断提升，经济发展在矿产勘查开发过程中自然也出现了一系列新的问题，面对新的形势和问题，其已显现出不适应发展需要的态势，重视矿产资源的资源性忽视了其财产性；在突出矿业权的私权性和对矿业权人的利益进行保护等方面，仍然存在缺陷。②《矿产资源法》自1996年修订，对解决1986年《矿产资源法》就矿业权管理过严的问题，起了重大的作用。但近十几年来，1996年修订的《矿产资源法》在实施过程中也出现了一些问题：在矿业权出让环节上法律规制多有争议；对矿业权流转限制过多也导致了资源配置的市场化程度不高；③合法取得之矿业权被侵害甚至非法剥夺的事件时有发生，而公权始终严重制约着矿业权作为私权的正当享有和行使；④与《民法通则》先后颁行的《矿产资源法》自然与其后颁行的《物权法》《行政许可法》等法律法规难以衔接，凡此种种，都说明：随着我国社会经济的改革发展与深化，现行《矿产资源法》中确有一些内容早已不再适应新形势的发展和新情况的

① 《矿产资源法》后于2009年进行了少量修改。

② 吴晶晶：《司马义·艾买提：加大矿产资源法执法力度》，——纪念《矿产资源法》颁布实施20周年座谈会，全国人大常委会副委员长司马义·艾买提的发言，载新华网：https://news.sina.com.cn/o/2006-10-25/195510324448s.shtml，最后访问日期：2019年8月21日。

③ 杨留强、许朋伟：《浅论矿业权的流转》，载《全国环境资源法学研讨会论文集（二）》，2006年，第612页。

④ 李显冬：《从历史的脉搏看〈矿产资源法〉修改的方向》，载李显冬主编《矿业权法律实务问题及应对策略》，中国法制出版社2012年版。

需要，个别规定甚至已经无法再继续适用。[①]

多年来，中国矿业联合会高级资政委员会一直组织诸多专家学者参与《矿产资源法修改关键问题研究》等诸项目课题，对矿产资源法的下一步修改思路进行研究，重点突出《矿产资源法》的修改要与《物权法》规定予以衔接、与其颁行后的一系列市场配置矿产资源的改革尝试相衔接，以及贯彻落实党的十八届三中全会的改革要求这三个方面。

有关建议稿中主要从矿产资源国家所有权及矿业权人的利益保护、矿产资源国家所有权的行使、矿业权主体准入资格、矿业权登记、矿业权流转、矿业用地这六个方面给出修改建议，探索修法方向。此外诸多学者也从各种角度，如进行公私法平衡性调整、变更矿业权行政审批程序、突出矿业权的物权属性、保护探矿权人的优先获得采矿权、促进矿业权市场商品化流转、借鉴世界各地通行的矿业权撤销制度等进行了探讨，始终为《矿产资源法》的完善做出了积极贡献。

4. 中国矿业联合会高级资政委员会就为什么要修改该法给出了三大理由：

首先是现行《矿产资源法》已不适应矿产资源市场化改革的实施。

我国社会经济体制改革的方向是发挥市场在资源配置中的决定作用。市场的资源配置作用需要借助产权制度来实现，没有权证意义的产权制度，自然就不可能充分发挥好市场的作用。我国现行《矿产资源法》还难以完全摆脱行政管理法的模式。虽然该法规明确规定了探矿权、采矿权，基本建立起了新中国的矿业权制度，但是仍然没有摆脱矿业权对行政权力的依附，因而缺乏稳定性的、难以充分流动的市场要素制度建设，以至于造成矿业权制度在市场配置矿产资源过程中难以充分发挥其应有的作用。

其次带有浓厚行政管理色彩的《矿产资源法》与作为商品交换规则的《物权法》难以完全协调。

作为民事基本法的《物权法》本质上是商品交换的一般规则，而《矿产

① 《矿产资源法修改列入十一届全国人大常委会立法规划》，载中央政府门户网：http://www.gov.cn/gzdt/2013-02/21/content_2337230.htm，最后访问日期：2019 年 5 月 3 日。

资源法》作为综合性的经济立法，虽然其涵盖矿业权的内容，但相当多的却都是矿产资源行政管理的内容。其中，矿业权的规范属于民事法律规范范畴，它和《物权法》之间是特别法与一般法的关系。当《物权法》将探矿权、采矿权明确规定为用益物权的时候，就早已意味着：凡单行法或特别法没有专门规定之时，探矿权、采矿权都可以适用《物权法》的一般规定。

该委员会认为，由于现行《矿产资源法》制定于《物权法》颁行之前，其中很多规定会在所难免地与《物权法》的具体规定甚至基本原则相抵触。

此外诸多学者也从各种角度如进行公私法平衡性调整、变更矿业权行政审批程序、突出矿业权的物权属性、保护探矿权人的优先获得采矿权、促进矿业权市场商品化流转、借鉴世界各地通行的矿业权撤销制度等进行了探讨，努力为《矿产资源法》的完善积极做贡献。

（四）生态文明建设背景下我国矿业政策出现的新变化

我国一向都重视矿产资源的监管，一次次对矿产资源的管理秩序予以整顿。自1986年《矿产资源法》颁布实施以来，国家先后出台了一系列矿产资源相关规范性文件，依靠其为矿业权流转提供了基本规则。在经济发展进入新常态，中央已将生态文明建设纳入“五位一体”总体布局，并提出建设“美丽中国”和“创新、协调、绿色、开放、共享”发展理念的大背景下，我国的矿业政策出现了新的变化。

党的十八大以后，国家加大力度转变发展方式，加强自然保护区建设、建立国家公园体制，都对地质勘查工作转型升级提出了明确要求，这些区域内的矿产资源勘查开采受到抑制。矿产勘查、开采空间不断减少，矿产勘查开采环境成本不断加大，矿产勘查开采环境约束力度也不断加大。国家积极开展矿产资源权益金制度改革，建立了由矿业权出让收益、矿业权占用费、矿山地质环境治理恢复基金等构成的新型矿产资源权益金制度体系。另外，国家积极探索矿业权竞争性出让方式改革。

2015年和2016年，中共中央、国务院先后发布《关于加快推进生态文明建设的意见》《生态文明体制改革总体方案》《关于完善产权保护制度依法保护产权的意见》，为进一步规范矿业权市场交易明确了方向。只是由于矿业权纠纷往往标的巨大、利益纠葛多，既涉及国家对矿产资源的行政管理、矿产资源的合理开发和有效利用，也涉及市场主体财产权益的确认和保护，同时还关系安全生产、环境保护等社会公共利益。

总之，在国家大力推进生态文明建设背景下，矿山企业面临产业转型升级，绿色矿山建设是实现矿业发展方式的新要求。为应对我国矿业发展的新变化、新动向，矿业立法也需要理论和制度创新。

四、《关于审理矿业权纠纷案件适用法律若干问题的解释》将法律临时应急措施予以定型化

（一）2017年2月20日最高人民法院审判委员会全体会议审议并原则通过了《关于审理矿业权纠纷案件适用法律若干问题的解释》

矿产资源所具有的耗竭性、稀缺性和不可再生性等特性，均使其对国民经济具有了重要的战略价值。随着我国改革开放的不断深入，在我国部分地区，有关矿产资源权益流转的一级市场和二级市场日趋活跃，纠纷也大量涌现。同时，矿产资源开发利用存在私采滥挖现象，导致矿区环境污染、生态破坏，严重损害人民群众环境权益。在矿产资源产权制度改革的深入推进过程中，我国的矿产资源有偿使用制度和市场交易机制逐步构建完善。但矿产资源产业领域仍然存在公共资源分配不合理、资源开发缺乏整体规划、生态环境破坏严重、权力寻租现象多发、矿业权人权利行使缺乏必要约束、流转市场透明度和竞争性不足等问题，这些社会关系不可避免地逐渐要反映到审判实践之中。鉴于全国各级法院对现有涉矿法律法规的理解差异较大，裁判标准不一，自亟待确立统一的裁判规则。

为依法保护矿业权流转，维护市场秩序和交易安全，保障矿产资源合理开发利用，最高人民法院环境资源审判庭经深入调研，多次组织召开专家论证会、学术研讨会、法院系统座谈会，起草形成了司法解释征求意见稿，并经吸收各方意见和建议修改后提交审判委员会会议审议。2017年2月20日，最高人民

法院审判委员会全体会议审议并原则通过了最高人民法院《关于审理矿业权纠纷案件适用法律若干问题的解释》(以下简称《矿业权司法解释》)。

该解释共二十三条，主要规定了矿业权出让、转让、出租、承包、合作、抵押等合同的效力认定、法律后果；无证、越界勘查开采的处理；特殊区域涉矿合同效力的司法审查；涉矿环境公益诉讼等内容。[①]

(二)最高人民法院《矿业权司法解释》对民事法律行为的基本理论正本求源

我国民法理论认为，法律行为生效需具备成立要件与有效要件；法律行为成立后，其是否有效，法律规定不明，只有再符合有效要件，才能发生法律效力。然而，受制于长期以来理念上的单一线性思维，无论是从成立要件关涉保障自治、有效要件关涉限制自治，还是从成立要件具有肯定性、有效要件具有否定性，抑或从诉讼法上成立要件事实由主张法律行为上权利者举证、有效要件事实由否认法律行为效力者举证的角度来看，此种“正面”“并列”规定有效要件与成立要件的做法均有不妥之处。

2017年颁行的《民法总则》于“民事法律行为”一章将意思表示概念和理论贯彻始终，构建了基本完整的意思表示规则，纠正了关于民事法律行为“合法性”要件的立法错误。[②] 参与《矿业权司法解释》起草的法学家与法官、公法学者与司法学者，从理论与实践两个角度达成了共识。

(三)《矿业权司法解释》表达出法学界经过长期理论论争的法学共同意识

现行矿产资源领域的立法的现有制度安排和条文设置，关涉宪法、行政法、环境保护法、物权法等多个部门法，但法学界论者多囿于自身立场仅及

① 郑学林、王旭光、贾清林、刘牧晗：《矿业权纠纷案件的审判理念与最新裁判规则——〈最高人民法院关于审理矿业权纠纷案件适用法律若干问题的解释〉的理解与适用》，载《法律适用》2018年第5期。

② 申海恩：《〈民法总则〉关于“民事法律行为”规定的释评》，载《法律适用》2017年第5期。

于一点，鲜有体系化的研究论证，往往基于不同的学术背景、学科视野和实践经验各自作出了不同的评价。此外，安排也过于偏颇，致法律调整手段难以满足实践需要。首先，公法控权多有失当，私法保护应对不足；其次，基本法律、行政法规之间冲突明显，适用困难；再次，相关规范位阶较低，变动不居；最后，基础理论研究薄弱、难以回应实践关切。此种理念具体体现到司法解释之中，也促进了对民法总则中法律行为等法律规范修改的理解。可以说，这一司法解释是新中国法学界经过长期理论论争的法学共同意识的一种司法临时应急措施定型化的立法表达。①

1. 司法实践认识到了矿业权法律属性的研究不足。

矿业权兼具行政特许和民事物权双重属性。矿业权法律关系，融合了行政性和契约性因素，需妥当适用作为调整手段的国家干预和私人自治，实现公法和私法的共治。矿业权权利构成上的复合性不仅是学术之争，也是涉及矿业权权属确认、矿产资源开发利用中国家公权力和矿业权人私权利的界限应如何划定的重要问题，自需妥善处理。

2. 审判需要深入对自然资源国家所有权法律性质和权利构造的研究。

矿产资源所有权是矿业权的基础权利。对矿产资源国家所有权的法律性质和权利构造的研究，显然是探讨矿业权法律属性的逻辑起点。

（四）矿业权权属确认与矿产资源开发监管法律事实构成的研究有了突破

矿业权是一个复杂的权利束，尽管现行勘查开采许可制度，将规定范围内特定矿产的归属物权和主体对归属物权进行开发利用的行为权“糅合”，包含在许可证中，但矿产资源勘查开采许可、矿业权的取得以及实际的勘查开采行为，三者分属不同性质的法律事实，分别涉及不同的公法监管和私法自治领域。

我国矿业立法未根据调整对象的不同分别制定矿产资源法和矿业法，公私法上存在混淆和杂糅，亟须辨清、完善，厘清矿产资源勘查、开采活动中

① 江必新:《矿业权法律关系调整中的国家干预和私人自治》，载《法学评论》2018 年第 1 期。

所涉及的行政和民事两种法律关系，构建行政行为与民事行为的二元区分与互动。一旦将此种理解适用于矿业权转让申请未经审批的转让合同效力认定，其中的核心问题，自与法律行为效力内容的私法重构密不可分。

（五）矿业权法律关系调整中必须公私法共治以实现综合法律调整

矿产资源的自然属性，突出表现在了矿产资源的稀缺性、耗竭性和不可再生性方面；矿业权的权利特性，关键在于其矿业权权利体系的复合性和关联性及矿业权权利运行的实践需要，以及其在所难免的矿业权权利行使必然产生的环境负外部性，这些均为矿业权法律关系调整中的公私法共治提供了现实基础。

所以，如何把公法的规范力适度地延伸到私法关系中，以调和现代社会管制与自治的矛盾，其不论对立法或司法而言，都是对依赖体系思考而传统上又以公私法的区隔为基本体系架构的大陆法系国家的一项重大的考验。故此，矿业权流转纠纷案件审判实践面临的问题，其产生原因和解决路径多可落脚于国家干预和私法自治的冲突与协调。

1. 在矿业权法律调整中公法与私法正在融合。

公私法的二元对立提供了一种限制权力和保障权利的理想和现实制度设计。“公私法混合”“公法私法化”“私法公法化”等概念和社会情势，公私法的发展呈现出对立和融合并存的趋势。

2. 必须解构矿产资源国家所有权的多重构造。

法学理论研究表明，矿业权恰是基于对矿产资源这一公共资源性财产的利用而派生的新的权利类型，且对其他准物权有导向性启迪。

3. 要把握矿业权的双重法律属性集中表现在行政特许的民事物权。

矿业权是作为所有权人的国家所设定的一种他物权，是矿产资源所有权让渡权能的结果。而行政许可是引起矿业权民事法律关系成立之必要的事实行为，行政许可或者特许起“催生”“准生”与确认的作用，赋予行为人以法律上之力，使其占有、使用等状态名实相符，可以“准用”物权的有关规定。

第二节 新中国矿业权法律规范系统的法理学解构

1986年《矿产资源法》的出台，标志着新中国矿业权法律体系的初步建立。随着经济高速发展，矿产资源需求增大，资金和技术的缺乏是制约我国矿产资源开发利用的因素之一。在经济全球化的今天和“一带一路”倡议的大背景下，中国矿产资源开发利用实行“立足国内，面向世界，互通有无，确保安全”的两个资源、两个市场战略，矿产资源全球配置。而对矿业权制度的经济本质的认识，无疑有助于正确理解矿业权制度的实质，有利于资源的市场配置。

一、新中国矿业立法之基础理论的出发点探究

（一）矿业权法律关系在经济领域具有公法属性

我国宪法对矿产资源等自然资源的法律属性有明文规定，《宪法》第九条明文规定了自然资源归国家所有，国家作为自然资源的主权者，应当为全体人民的利益行使该权力，当市场失灵时，国家自然可以直接依据法律的规定对自然资源进行宏观调控，以保证自然资源的合理利用，而大陆法系有所谓“公法”与“私法”划分的理论。公法与私法的划分可见于各个理论学说之中，只是，多数国家并没有以法律条文的形式将其规定下来，加之市场经济的发达，公民权利意识的提高，产生了一系列关于公法与私法划分的争论。当代

社会，公法与私法出现了融合，主要表现为“公法私法化”及“私法公法化”。①

私法强调意思自治，而公法则强调国家权力的行使旨在维护公共利益。公法与私法划分理论是西方法律文化的重要成果，影响了人类从古至今的历史。其由古罗马法学家创立，中世纪一度沉寂，到罗马法复兴才得以延续，近代在大陆法系国家的理论与实践中其获得了充分发展。20世纪后出现了“私法公法化”和“公法私法化”趋向，一度使传统公法与私法划分理论发生动摇。②

私法公法化现象是传统的私法与公法的二元区分从近代社会向现代社会转变过程中出现的一种新趋势，是私法与公法之间相互渗透、相互融合的必然产物。从私法与公法的传统二元区分到私法公法化现象的出现，是国家的经济制度、政治制度和法律制度随着社会的发展而发生的重大变化之一。

私法公法化的法理基础以贯彻私法与公法的二元区分为前提，它不仅肯定公法原则对私法自治的限制，而且还通过公法向私法领域的延伸，扩大了公法自身的适用范围。实际上，私法的公法化理论就是经过对传统的私法与公法理论所进行的修正，使其顺应法律的社会化发展需求。③是故，宪法所规定的自然资源国家所有权之所以理应属于宪法即公法意义上的所有权，是因为国家对作为其基本构成要素的土地这种自然资源禀赋，既然在公法调整范畴之列，自可将其此种依法享有的公法意义上的主权，解读为所谓的公法规定的所有权。

以国家权力为依据的经济生活之调整，在调整个人相互间之法律的秩序的范围内，仍为私法的规定，私法尚未公法化。但依据国家权力而行的经济生活之调整，不单为调整个人相互间的法律关系之秩序，且直接使该项法律的关系成为个人与国家间的关系的场合；换言之，即不单使违反限制之个人相互间的法律关系可以被认定为无效，且进一步以国家的权力对违反者予以公法上的制

---

① 孟丽敏：《论公法与私法》，载《法制博览（中旬刊）》2014年10月15日。

② 叶秋华、洪荞：《论公法与私法划分理论的历史发展》，载《辽宁大学学报（哲学社会科学版）》2008年第1期。

③ 田喜清：《反思私法与公法的划分——以私法公法化为视角》，载《朝阳法律评论》2014年第4期。

裁，而依这种制裁的手段去强制其遵守的场合，私法便发生公法化。

这种意义的私法公法化现象已无可掩饰地在种种关系上表现出来，首先就是所有权之公法上的限制；其次是企业的公共化；再次是契约自由之公法上的限制；最后即公法与私法的结合。①

（二）矿业权等自然资源之“公法的私法化”是世界潮流

单一行政手段的矿业开发计划经济曾被描绘得至善至美，但其事实上却助长了资源浪费，也难以避免环境污染，所以，市场化的改革引发了“公法私法化”的进程，国家干预渐成某种排除个人自由选择的力量，使得私法手段再次被引入公法关系之中来实现国家的社会公共管理职能，这一过程即被称之为“公法私法化”和“私法公法化”。新中国的矿业权制度随着“公法私法化”的进程，以及《矿产资源法》的颁行，从单一的公法规制转变为公私法双重规制。“公法私法化”是传统的公法与私法的二元区分，在近代社会向现代社会的转变过程中出现的一种现象，是公法与私法二者相互融合的产物。

公法私法化的产生有着深刻的历史背景和社会基础。在公法私法化的趋势中，出现了私法原则引入公法领域和公共任务的私人化管理的现象。这实质上反映了现代政府在行使职能上手段选择的多样化，当然，其理论基础仍以公法与私法的区分为前提，同时又肯定了私法对于公法的影响。也正是因为公法与私法的融合，反映了现如今社会关系的复杂以及由此引发的法律调整手段的多样化。

行政法作为公法的典型代表，其私法化的表现尤其突出。行政法的私法化是顺应社会发展的产物。随着社会经济的发展，公民对于政府的要求逐步提高，政府要承担的公共任务也越来越多，行政的压力越来越大。为此，政府开始冲破传统的公法与私法的界限，将私法理念和手段借鉴到行政管理之

① ［日］美浓部达吉:《私法的公法化》，黄冯明译、周旋勘校，中国政法大学出版社2003年版，第三章第六节。

中，从而引起了行政法私法化的进程。行政法的私法化所具有的重要意义在于：首先对于行政机关而言，能够更加有效地完成公共任务；其次对于广大民众而言，能够更好地表达自身意愿，更好地体现民主。[①]

（三）矿业权制度的法律事实之构成——“行政许可加合同”

矿业权的取得采用行政许可方式，但引入合同方式表达双方的权利义务，矿业权制度的法律构成自被称之为“行政许可加合同”，行政许可解决经济管制问题；合同则解决商品经济中的契约自由问题。

1. 矿业权中的“行政许可”本质上应为“普遍禁止的解除”。

矿产资源的开发利用为涉及国家安全与公共利益的重大公法事项，所以对其开发利用须严格管控。此种严格的行政许可，只有行政相对人满足法律规定的条件时才被允许，我国在自然资源全民所有和集体所有的基础上，逐步于土地、林地、矿产等诸领域推动所有权与占有、使用和收益权逐步分离，进而形成不同层级政府对各种自然资源的实际占有和收益权，形成一个复杂的自然资源资产管理体系。当前，探矿权由国家、省两级管理，采矿权则是由国家、省、市、县四级管理，按照相应的资源种类及规模来划分中央和地方的权限。这样严格的行政许可应当认定为是对普遍禁止行为的解除，是自由的恢复而并非权利的授予。

行政许可最主要的三种功能，即防止危险、合理配置资源、提供公信力证明。作为弥补市场缺陷的一种有效管制手段，行政许可有其独特的优越性，但其发生作用的领域也是有限的，行政许可作为“权力之手”也可能会产生某些社会问题和负面影响。认定行政许可的性质有多种学术观点，其中“解禁说”更深刻地阐明了市场经济条件下行政许可的本质属性。[②]自然界是人类全面发展的现实基础，矿产资源作为自然界的重要组成部分，其开发和利用关系到人类的根本利益，所以原则上才要对其实行普遍的禁止。但如果完

① 李翠翠:《公法私法化问题研究》，西南政法大学2015年硕士学位论文。

② 刘素英:《行政许可的性质与功能分析》，载《现代法学》2009年第9期。

全不进行资源的开发利用，也难以满足人类社会发展的客观需求。

因此，国家才允许有条件地对矿产资源进行开发，而这个条件就是为了实现中国最大多数人最长远的最大利益。同时人的全面发展是经济社会发展的根本目的。矿产资源的开发利用要求我们从人类可持续发展的长远利益出发，追求发展的可持续性，不仅要实现当代人自身的发展，而且也要实现未来世世代代人的发展。

因此，国家需要在平衡当前利益和长远利益、私人利益和公共利益的条件下，对具备法律规定的资格和条件的相对人进行一般禁止的解除。这样的观点认知也有利于行政权力的控制和矿业权人的合法权益的保障，同时也符合中央一再倡导的“以人为本”的科学发展观的要求。故而发展矿业要坚持以科学发展观为统领，以人为本，按照可持续发展的要求，遏制生态恶化，保护生态环境。坚持合理规划，统筹协调，严禁非法开采，推动矿产资源开发健康、持续、协调发展。①

2. 矿业权制度中的合同体现着自然资源市场交换规则。

使市场在资源配置中起决定性作用和更好发挥政府作用，是党的十八届三中全会提出的一个重大理论创新观点，自是我们指导经济体制改革的基本原则。只有当契约自由完全背离契约正义而走向形式正义的泥沼时，才允许通过实质正义理念对契约自由进行规制，进而通过国家干预的手段实现契约自由与正义的合体。

20世纪以来，契约自由原则不断受到来自各方面的挑战，“契约死亡”之声不绝于耳。在矿产资源开发利用与生态环境保护的特定时空条件下，矿业经济领域中国家功能自需重新界定，此种角色的转换赋予国家干预契约自由以正当性基础，从而一方面防止契约自由语境下的无限滥用，另一方面国家干预适度恰当，也会使契约自由的精神更发扬光大。②

① 徐守盛:《以人为本保护生态环境　合理开发矿产资源》，载和讯网：http://news.hexun.com/2008-09-08/108643143.html，最后访问日期：2019年8月21日。

② 刘宇:《浅谈契约自由原则与国家干预》，载《知识经济》2008年第2期。

市场配置必须体现平等、自愿、等价有偿、公平和诚实信用诸多民法基本原则。民事主体可以依据意思自治和契约自由原则通过矿业权转让、抵押、合作开发等方式实现收益，因此矿业权无疑是一种私人财产权。与一般用益物权的权利取得方式不同，自然资源所有权的取得须经国家的行政许可，按照相关特别法和行政许可法来获得。实际上，从权利的权能来看，两者的占有、使用、收益等权能均存在共同性，都是在民法的制度规则基础上进行利用和交易。我国的《矿产资源法》较多地突出了矿业权人的公法义务，不注意兼顾其民事财产权属性，自不利于对矿业权进行私法上的有效保护。

新中国的矿业权制度随着“公法私法化”进程，从单一公法规制转变为公私法双重规制。矿业权的取得采用行政许可方式，但引入合同方式表达双方权利义务，矿业权制度因此被称为“行政许可加合同”。行政许可解决的是经济管制问题；合同涉及的是商品经济中的契约自由问题。所以，依“解禁说”解读矿业权制度中行政许可的本质只能是：在普遍禁止的原则下，为实现中国最大多数人最长远的最大利益方可将法律禁止予以解除。故而，矿业权制度中的合同必须体现自然资源市场交换的一般规则。如此，经济管制与契约自由是矿业权制度改革的永恒主题，矿业权市场配置要囿于正当程序界定的社会公共利益之“篱笆墙”，矿业权市场配置须依最大多数人最长远的最大利益为转移。[①]

二、完善准物权理论以更好地实现矿产资源的市场配置

（一）我国现在自然资源产权的相关法律制度相对成型

“自然资源产权”是指自然资源的所有、使用、转让等法律制度的总称。自然资源产权体现在民法上主要即自然资源的物权制度，我国的自然资源物权

① 李显冬、朱茜、张雨嫣：《矿业权制度中法律关系之理论解构》，载《中国国土资源经济》2018年第1期。

并非单一的物权类型，而是以自然资源为标的之一的群物权的总称。目前，我国的自然资源产权主要包括自然资源所有权和自然资源使用权。我国的自然资源产权类型上以土地所有权及他物权作为基础，在改革过程中森林、草原等资源的法律制度不断跟进完善，而广义土地资源之外的其他自然资源可准用《物权法》的有关规定，这就使得自然资源产权相关法律的覆盖范围相对全面，能够在实践经验的积累中不断在各个方面探寻适合自己特定领域的规则。

（二）物权理论以"所有为中心"向"以利用为中心"的演化

生产社会化和资源利用的高效化发展的结果，也是物权社会化发展趋势的体现。[①]而资源的优化配置和充分利用又必须以资源最大限度地自由运动为前提，[②]故而现代财产关系更注重动态的财产关系。[③]实现资源的充分游移，保证财产利用的畅通性，最大可能地发挥资源的效用，寻求最佳的社会经济效益，业已成为现代物权理论的首要价值目标和立法重心。[④]

（三）我国传统物权制度在自然资源领域已经开始逐渐扬弃

我国自然资源产权流转制度逐步构建，土地的经营权早已开始与承包人再次分离，林权流转发生了重大的物权变革，但目前法律所确定和保护的所有权只是财产静态归属，对于鼓励资源的流转和充分利用、创造财富的动态方面缺乏有效的权能，这使得传统的物权理论在资源合理利用与优化配置上难以胜任决定功能之要求，所有权的支配性在传统理论中过于绝对，也在一定程度上压抑了资源的优化配置并在运动中实现增值的可能性，并且，现行物权理论不利于资源优化配置以"物尽其用"。

因此，物权理论在不断地向"以利用为中心"转变，这是生产社会化和资源利用的高效化发展的结果，也是物权社会化发展趋势的体现。社会资

① 郑云瑞:《论西方物权法理念与我国物权法的制定》，载《上海财经大学学报》2006 年 3 月。
② 马俊驹、梅夏英:《论物权法的发展与我国物权法体系的完善》，载《武汉大学学报》1996 年第 2 期。
③ 童列春:《私法上财产关系的身份调整》，载《法商研究》2011 年第 5 期。
④ 马俊驹、梅夏英:《论物权法的发展与我国物权法体系的完善》，载《武汉大学学报》1996 年第 2 期。

源的优化配置和利用已被置于现代物权理论的基础地位。[①]在界定财产归属、明晰产权从而保证经济运行有序化的同时，会实现资源的充分游移，从而保证财产利用的畅通性，以最大可能地发挥资源的效用，寻求最佳的社会经济效益，毋庸置疑，这些业已成为现代物权理论的首要价值目标和立法重心。[②]

三、传统准物权理论的再次勃兴是解读矿业权的有效路径

（一）民法上物的概念一直呈现扩大化的趋势

在突破了“物必有体说”之后，出现了统一物的概念缺位的新课题，必须寻找到新的共性，否则物的概念将面临解体的危险。物的概念在20世纪之前主要受到物理学发展的影响，在20世纪以来则更多受到社会观念、商业活动和科学技术等多方面的综合影响。我国物权法上的物权客体分为物和权利两大类，物是具有自然属性的物权客体，其范围具有开放性，应当进行类型化；权利则是仅具有法律属性的物权客体，具有法律拟制性，其范围具有限定性。[③]这也就是在限制物权之中，逐步要求那些以权利为其客体的民事权利独立成为一类予以系统规制的社会生活基础的原因。

而在物权的领域中，自然资源的产权制度有着自身的特殊性，自然资源的使用价值与价值的社会基础性和在经济活动之中所具有的经济稀缺性，都决定了自然资源产权制度有必要独立建立起来，同时于其建立时同样应当遵循“定分止争”“物尽其用”的自然资源开发利用的根本原则。全国人大法学界代表孙宪忠研究员业已在人大议案中提出：就类似于采矿权等可以准用物权保护规则的权利作出规定。这些权利大体上有：采矿权、海域使用权、渔业权、采伐权、取水权等。它们依据行政批准或者行政许可取得，直接占有

---

① 丁军胜：《土地用益物权的种类研究》，载《法制与社会》2009年第31期。

② 马俊驹、梅夏英：《论物权法的发展与我国物权法体系的完善》，载《武汉大学学报》1996年第2期。

③ 杨立新、王竹：《论物权法规定的物权客体中统一物的概念》，载《法学家》2008年第5期。

使用特定物，有些还可以取得收益，虽然并非根据民事行为取得，但是在权利的享有和保护上却可以准用物权规则，因此民法上统一称之为“准物权”。①

1949年《日本渔业法》第二十三条中“渔业权可视为物权，准用土地有关规定”的规定，可以看作准物权制度在世界范围内的滥觞。该法第四十三条中把入渔权也视为物权。②在我国，崔建远教授对准物权制度研究颇为深入，其力作《准物权研究》是填补国内准物权理论研究空白的专著。崔建远教授称：“准物权的概念强烈地宣示着渔业权、水权、矿业权和狩猎权等与典型物权的类比关系，暗示出这些权利的性质”，可见，理解矿业权等自然资源产权的性质的重要前提是明晰准物权制度。③

（二）自然资源准物权与传统用益物权二者间有明显差别

自然资源产权制度并不能完全套用当前的用益物权的规则，应当明确：

1. 自然资源准物权的客体存在不特定性。

一方面，有些自然资源使用权的客体很难从物理上或观念上特定化，这以探矿权最为典型；另一方面，有些自然资源使用权的行使在实践中难以将客体完全特定化，包括渔业权和狩猎权等。

2. 自然资源准物权在权利的构成上具有复合性。

例如，矿业权的构成上，一方面的权利为在特定区域或工作区内勘探、开采矿产资源之权，另一方面的权利系对特定矿区或工作区内的地下使用权。④采矿权还包括了取得矿产品的权利。

3. 自然资源准物权之权利取得和行使具有公法管制性。

在权利的取得上，大部分的自然资源使用权需要经过行政许可或者是特

---

① 孙宪忠：《关于修改我国〈物权法〉的议案（征求意见稿）》，载中国法学网：http://www.iolaw.org.cn/showArticle.aspx?id=5091，最后访问日期：2017年2月23日。

② 许瑛：《论资源利用权的用益物权性质——兼析〈物权法〉第一百二十三条》，载《河南教育学院学报》（哲学社会科学版）2009年第4期。

③ 崔建远：《关于渔业权的探讨》，载《吉林大学社会科学学报》2003年第3期。

④ 崔建远：《准物权研究》，法律出版社2012年版，第49页。

许，如探矿权、采矿权、大部分的取水权等。

4. 自然资源准物权在权利的效力上与用益物权并不完全等同。

以排他效力为例，典型物权在同一标的物上不能同时成立两个或者两个以上内容互不相容的物权。而以取水权为例，并不存在传统意义上排他的效力，如同一水域可以存在两个甚至多个取水权。

5. 自然资源的耗竭性决定了其使用人必须享有某种处分权。

用益物权的性质是：依照传统的物权理论，在所有权人依法设定他物权时，无论他物权人的权能多么广泛，他物权人最终不享有对所有物的处分权，因而总是受到所有权人意志的制约。① 这样，所有权人所拥有的财产价值就难以充分体现出来，而自然资源的耗竭性决定了其使用人必须享有某种处分权，质疑这些准物权为用益物权的学者，其最大的理论依据即在于：土地以外的诸如矿业权等其他自然资源产权的实现，都要求其权利人享有处分这些自然资源物质形态的权利。② 取水权、狩猎权、矿业权等都无法回避这个法律问题。

一直有学者存疑，究竟矿业权人可否享有处分权？国家当然原始取得一切储存在地下的矿产资源的所有权，因而矿业权人可否有权任意处分，包括将它们转让给私人？③

四、目前法学界的几种“准用益物权”学说理论

（一）“权利束”说

崔建远教授认为准物权是一组性质有别的权利的总称。它由矿业权、取

---

① 李国强：《“权能分离论”的解构与他物权体系的再构成——一种解释论的视角》，载《法商研究》2010年第1期。

② 程基厚：《自然资源物权之解构》，载《资源节约型、环境友好型社会建设与环境资源法的热点问题研究——2006年全国环境资源法学研讨会论文集（一）》。

③ 郗伟明：《当代社会化语境下矿业权法律属性考辨》，载《法学家》2012年第4期。

水权、渔业权和狩猎权等组成。[①]就准物权的本质而言，准物权是与典型物权有所不同的物权，而非物权以外的权利，仍然属于物权范畴。[②]因此，准物权的法律效果在多数情况下与物权的法律效果相同或者相类似。在渔业法、水法、矿产资源法、野生动物保护法等无相应的具体规定时，均适用物权法乃至民法的一般规定。[③]

（二）“不完全物权”说

刘宝玉教授在其文章中对准物权的概念进行了阐释，他认为在法律用语上可以将“准”简解为：“近而未达，同类视之。”据此，将准物权定义为：系指在物权法所规定的范物权种类之外，性质与要件等相似于物权并准用物权法有关规定的财产权。[④]相对于范物权而言，准物权是那些“不完全是”物权的特殊权利现象。在由物权、债权、知识产权等私权类别构成的权利色谱中，处在各种典型权利类别夹缝中的混合性权利，其物权色彩偏重者，就可界定为准物权。[⑤]刘教授同时提出在我国物权立法中，应当采用原则规定与个别事项的具体规定相结合的方式来规范准物权问题。[⑥]

（三）“准用”用益物权一般规范说

王利明教授认为，《物权法》确认海域使用权为物权的一种类型，并将其纳入《物权法》的调整范围，这不仅完善了我国物权法的体系，而且对有关实践具有重大意义。海域使用权之所以能够被纳入《物权法》，是因为它具有

① 崔建远：《准物权研究》，法律出版社 2012 年版，第 18 页。
② 崔建远：《准物权研究》，法律出版社 2012 年版，第 23 页。
③ 王利明：《物权法研究》，中国人民大学出版社 2002 年版，第 611 页。
④ 刘宝玉：《准物权及其立法规制问题初探》，载《中国民法年刊》（2004），法律出版社 2006 年版，第 374 页。
⑤ 刘宝玉：《准物权及其立法规制问题初探》，载《中国民法年刊》（2004），法律出版社 2006 年版，第 374 页。
⑥ 刘宝玉：《准物权及其立法规制问题初探》，载《中国民法年刊》（2004），法律出版社 2006 年版，第 374 页。

物权的一些特征。物权法将海域使用权作为一种物权，有利于明确权利归属，解决权利争议，还有助于维护海域利用秩序，保护海洋环境资源，也为海域使用权制度的发展和完善提供了制度空间。在特别法没有规定的情况下，可以准用用益物权的一般规则。[①]故此，这一理论亦被称之为“准用益物权说”。[②]

（四）分段分析其属性说

我国在矿产资源领域内施行了一系列法律法规用于具体调整这一类公共资源。例如，第六届全国人民代表大会常务委员会第十五次会议通过自 1986 年 10 月 1 日起开始施行的《矿产资源法》；1994 年 3 月 26 日，国务院颁布了《矿产资源法实施细则》。随后，对采矿权交易，原国土资源部专门颁布了《探矿权采矿权招标拍卖挂牌管理办法（试行）》（国土资发〔2003〕197 号）等一系列文件。由此可以看出，在准物权设定前期，政府通过对招标、投标主体、方式等控制，主导此类公共资源交易的进行。

两阶段说认为，基于行政优益权，即在合同的签订、履行、解除、终止的过程中，行政机关有居于主导地位的权利，即行政职权在合同的履行过程中起主导作用。换言之，行政主体在履行协议过程中享有合同的发起权、合同履行的监督权和指挥权，行政机关可以根据实现公共利益或者行政管理目标的需要单方变更、解除协议，甚至可以依法单方作出行政强制、行政处罚。

而矿产资源作为《物权法》中所规定的物，因此公共资源交易的行为也属于《物权法》上对物的支配权，由此可以得出，尽管矿业权设定的契约的一方主体是行政主体，但在行政优益权之外其也只是按照“国家”的授权，代表“国家”履行其相应的职能所签订的采购合同，并没有任何行政特权。此类公共资源交易双方处于完全平等的地位，其订立的契约遵循了《合同法》的自愿、平等等原则，故由此达成的契约应属于民法上的合同，其履行和实

① 王利明：《试论〈物权法〉中海域使用权的性质和特点》，载《社会科学研究》2008 年第 7 期。

② 李显冬、唐荣娜：《论我国物权法上的准用益物权》，载《河南财经政法大学学报》2007 年第 5 期。

现及冲突的调整也应当按照《合同法》的有关规定。

简言之，即将公法规制的行政法律关系与民法规制的民事法律调整的民事法律关系两个阶段区分开来。

五、我国矿产资源综合法律调整立法的经验和未来方向

一方面，必须以国家强制力对矿业权的流转进行干预，依据公法规范以行政许可的方式对矿业权进行管理；另一方面，矿业权作为私权，须在公法规范为契约自由构筑的“篱笆墙”内，充分尊重当事人的意思自治和契约自由。此外，市场配置还须依最大多数人的最长远的最大利益为转移。市场配置有利于经济利益的调整，只不过不论引进技术或资金，还是规避风险而提高投资效益，均须依法进行并实现中国最大多数人的最长远的最大利益。

社会公共利益是指社会共同体不特定多数人的共同的正当利益，相对于“国家利益”“集体利益”和“个人利益”而言，其价值在于主体的广泛性，不仅包括范围上的“广大”，也包括时间上的“长远”。同时，社会公共利益价值也重在经济性，在于促进国民经济的整体效益和经济安全，实现社会的可持续发展。可以说，经济管制与契约自由是矿业经济体制改革的永恒主题。

最后需要注意的是：对于埋藏于地下的矿产资源而言，不论是由表及里、由浅入深地摸清矿体形态、数量、质量，再到打井掘巷，开采加工最终将矿产品用于工业生产，无疑是一个漫长的过程。其中既是知识经验和技术的凝集；更是雄厚资金的投入，但未被发现或未被开采出来以前，矿产资源国家所有权尚为一种期待权，难以在经济上直接实现。可见，矿产资源所有权虽制约着矿业权人用益利益的实现，但矿产资源隐蔽性的特点也影响着矿产资源所有权的实现，国家矿产资源所有权只有依托矿业权的实施才能最终得以实现，其优势仅在于国家只享有成功后的收益，但无须承担勘查开采的经济风险。①

① 杨璐：《浅议矿产资源的特殊性及其资产管理》，载《中国自然资源报》2019年7月17日。

第三节
新中国矿业权市场投融资模式的建构

人类的经济活动是一个利用自然资源进行连续生产和分配的循环过程，地质勘查和采矿企业处于这一过程的最前端，为整个工业生产乃至人们的基本生活源源不断地提供各种必需的矿产资源和能源。一国的经济发展水平固然取决于工业制造的技术创新和生产能力，但若离开矿业，整个经济活动将成为无源之水、无本之木，失去持续发展的动力。回望过去我们不难发现，矿业经济与改革开放以来的经济快速增长始终相伴相随、相互促进，同时也在改革中逐步摆脱计划经济的束缚，融入社会主义市场经济体系之中，形成以探矿权为源头，以采矿权为中心的矿业市场。随着改革的不断深化以及矿业权市场的形成和市场经济体系的完善，旧有的管理体制和投融资模式已经不在，全行业都必须适应新的环境，在日益激烈的市场竞争和挑战中寻求生存和新的发展机遇。作为矿业权最初来源的地质勘查企业首当其冲，需要在新的环境下，解决投融资问题。

一、传统计划体制下矿业开发的投融资模式

（一）传统计划体制下地勘的投资模式

1. 改革国家垄断地质勘查和国家单一的投资模式势在必行。

计划经济体制下，国家垄断所有的地质勘查活动，地勘单位从地质找矿

到地质探矿、从生产到生活一应俱全。除了国家地矿部专业地质找矿队伍以外，各个涉及矿产资源的部门都有自己的地质找矿队伍。勘查所需资金全部来源于国家投资，中央和地方以财政拨付事业费方式将大量资金投入地勘行业。[①]国家垄断地质勘查和国家单一的投资模式，引发了效率低下等诸多不利影响，严重制约了矿业经济乃至整个社会经济的发展，因此，改革势在必行。

2. 通过市场配置矿产资源以实现资源效益的最大化以及效率最优。

回顾地勘行业历年来的改革路径发现，国家一直在积极推进该领域的市场化进程，根据社会主义市场经济体制目标，从政府和市场二元视角重建地勘行业的管理和投融资体制。即在政企（事）分开的基础上，对地勘行业进行科学分类。一方面继续发挥政府的主导作用，另一方面让市场在资源配置中要起决定性作用，依据市场规则、市场价格、市场竞争来配置资源，实现资源效益最大化和效率最优化。[②]中央和省一级保留一部分承担基础性、公益性、战略性地质勘查任务的骨干力量，将其余的地质勘查单位逐步改组成按照市场规则运行和管理的经济实体。[③]

3. 地勘市场经济体制的构建是逐步打破行业垄断且引进公平竞争的过程。[④]

随着改革的进一步深化，原有的国有地勘单位改企建制逐步提上议程，承担公益性项目的地勘企业则仍然实行国家所有或国有资本控制，其余则成为市场主导的经济实体，项目所需由市场配置资源，政府仅给予适当财政补助。

（二）市场化过程中地质勘查企业面临的问题

1. 社会资金已逐渐成为地质勘查资金的重要来源。

自20世纪90年代市场化改革之后，社会资金逐渐成为地质勘查资金

---

① 张彦英:《地勘工作管理体制和运行机制改革的探讨》，载《中国地质》1994年第4期。

② 刘学梅等:《对社会主义国家资源配置理论的再认识——习近平系列重要讲话中政治经济学思想研究》，载《毛泽东邓小平理论研究》2015年第1期。

③ 《70万“矿业先锋”改制：为何选择半市场化？》，载《第一财经日报》2013年3月22日。

④ 崔万夫、孟琪:《地勘行业垄断与竞争之选择》，载《中国矿业》2013年第2期。

的另一来源，非油气矿产勘查投资中社会资金所占比例呈逐年上升态势。到2005年，社会资金已达到60%左右，此后很长一段时间基本稳定在这一水平。

但2014年上半年，国内非油气固体矿产勘查投入165亿元，同比减少24%，出现了十几年来国内地质勘查投入的首次下降。据2016年全国地质勘查行业通报，全国从事非油气地质勘查单位职工46.66万人，总资产5842.33亿元，总收入1716.08亿元。其中地质勘查业收入662.46亿元，占总收入的38.6%。在地质勘查业收入中，财政收入与市场收入之比大体为1∶3。亦即如果离开了市场，意味着地勘行业收入将减少3/4。[①]这是目前地勘行业产业结构状况的反映，也是数十年地勘行业改革积累的结果。近两年这一趋势愈演愈烈。

2. 单纯依赖政府地勘资金既不符合经济规律亦影响投资活力与效率。

从投入情况看，2016年我国地质勘查投入延续了近年来的下滑态势。全国地质勘查投入资金247.29亿元，同比减少24.6%。其中，中央财政63.20亿元，占总量的25.6%，同比减少10.6%；地方财政81.82亿元，占总量的33.1%，同比减少14.1%；社会资金102.27亿元，占总量的41.3%，同比减少36.8%。政府与社会投资比为58.7∶41.3。[②]这种政府资金来源占较大比例的情况不符合地质勘查经济规律，影响了地质勘查投资活力与效率的持续提升，如不能尽快改变，将对国家实施找矿突破战略，提高资源保障程度形成较大的负面影响。[③]同时，社会资本投资占比下滑的原因，并非社会资金供应或需求不足，而是缺乏有效的社会资金投融资渠道和动力。

---

① 国土资源部地质勘查司：《地质勘查投入延续下滑公益性地质异军突起——2016年全国地质勘查成果通报》，载《中国矿业报》2017年5月18日。

② 所有勘查投入数据不包括石油、天然气、页岩气、煤层气矿产勘查投入，也不包括我国香港特别行政区、澳门特别行政区和台湾地区相关数据。

③ 王一波等：《地质勘查资金投入模式的国际经验及启示》，载《中国国土资源经济》2015年第10期。

二、市场经济体制下矿业权融资模式和目标定位

（一）建立矿业权市场投融资体制的必要性

1. 矿产资源探勘的巨大投资依赖于资源市场的有效需求。

随着我国经济的发展和市场投资体制的改革，宏观经济的周期性变化和产业的转型升级已使我国地勘行业面临着新的问题。研究结果显示，中国GDP增速放缓，导致全球对铜、钢铁等大宗商品的需求显著下降。宏观经济环境的重大变化，将或快或慢地影响大宗商品价格，进而影响勘查活动的投入，最终影响到地勘单位的生存环境。但实践证明，地勘单位生存环境的决定因素并不完全取决于经济增速，而恰是常态下甚至低速发展条件下的发展能力以及适应新制度的能力。“没有制度的改革和创新，即使有了某种技术突破，也很难使找矿取得全面突破。”[①]

2. 要在市场配置中获得采矿权和探矿权自须通过市场解决融资需求。

市场化后的地勘企业除将成本优化控制作为一项充满技术性难题的任务外，如何获取新的融资渠道则必须提上议事日程。即使是属于公益二类的地勘事业单位，在财政经费无法足额保障的条件下，如何确保既能适应新的市场环境，又保证公共服务和公共产品的供应，无疑也需要进行成本优化。[②]民营矿产资源开采企业，其低价甚至免费利用国家地勘资源的历史已经结束，要在激烈竞争的环境下长期生存和发展，除了以市场竞争方式和市场价格取得探矿权以外，也要考虑商业性矿产勘查投资，以解决自身发展所必需的资源不足的问题。虽然一些具有远见的民营矿业，很早就把找矿工作放在了企业经营的首位，[③]但矿山企业一方面要投入大量的开发建设资本，另一方面又

---

① 邵毅：《地勘单位不改革，地质找矿难突破——对发挥地质找矿主力军作用的几点思考》，载《国土资源》2014年第1期。

② 周正兰：《地勘单位公益二类企业成本最优化探讨》，载《财会学习》2017年第13期。

③ 张志文：《浅谈大中型民营矿山企业的生产经营特点》，载《矿业快报》2007年第4期。

需要大量的流动资金维持企业日常运营，财务压力迫使许多企业必须求助于商业银行，甚至有的靠民间高利贷度日。在矿产资源开发面临着巨额资金需求和诸多财务风险的情况下，资金是否充足便成了矿产资源勘探开发成败与否的关键。[①]因而，不论是民营矿山企业，还是市场化后的国有地勘单位，要获得采矿权和探矿权，必须通过市场解决融资需求。

3. 矿业资源的获取和后续发展资源的补充接替均离不开稳定的融资机制。

毋庸置疑，在有限的资金投入的前提之下，宏观经济环境的重大变化，将或快或慢地影响大宗商品价格，进而影响勘查活动的投入。矿产资源作为现今国际社会的一种重要的战略资源，是国家稳定和安全的重要基石[②]。矿产资源开发项目周期长、金额大，资产流专用性较强而流动性差。[③]矿业资源的获取和后续发展资源补充接替乏力的问题可能会再次导致矿产资源供需矛盾突出，不可避免地成为矿山企业可持续性发展的核心战略。随着全球对矿产资源需求的持续增长，矿产资源安全成为矿产资源开发管理过程中的重中之重，政策和法律体系均需要以安全价值为基点进行构建。[④]

（二）矿业权市场投融资体制的目标定位

1. 矿业权市场融资体制的构建首先要让市场起决定性作用。

为促进我国矿产资源的开发利用，确保国家矿产资源的安全，必须超越非公即私的传统法律思维，以私权为基础，以公益为边界，从市场和政府二元角度构建新的投融资模式，尊重市场主体双方的选择，发挥私法自治、契约自由的自发调节作用。我国地矿行业长期实行计划经济体制，国家拥有自然资源所有权，垄断地质勘查和资源开采权，导致该领域私人权利不彰，矿业权基础薄弱，公权力任性。因此，在矿业权市场融资体制的建构中，强调

---

① 罗建江：《现阶段海外矿业投资的机会和风险因素分析》，载《金融经济》2015年第1期。
② 董立功：《我国石油供需及发展趋势分析》，载《中国石油和化工标准与质量》2014年第5期。
③ 彭民：《油气项目融资结构研究》，东北石油大学2012年博士学位论文。
④ 罗辉、宦吉娥：《矿产资源安全研究述评》，载《中国地质大学学报（社会科学版）》2010年第5期。

私权优先和契约自由有其特别的意义，将“凡是不违法的即合法”作为调整投融资各方关系的基本原则。

2. 矿产资源的社会公共属性要求其开发须以最大多数人的最长远的最大利益为转移。

与矿业权密切相关的地质勘查、矿山开采和权利转让行为，既是一种私权行为，更是一种涉及社会公众利益的行为，故而不论引进技术或资金，还是规避风险而提高投资效益，均须依法进行，如此，对矿业权市场各方主体的意思自治适当限制和政府必要的宏观调控亦不可或缺。一方面，在必要的时间和必要的领域，政府可以用行政许可、行政处罚等强制方式对矿业权的形成和流转进行适当干预，为矿业权人的行为自由划定一个明确具体的范围；另一方面，政府则必须充分尊重当事人的意思自治和契约自由，体现“礼法结合、出礼入刑构成中华法系的基本精神和中华法文化的最主要特征”①。只有实现契约自由和适度的国家干预的平衡，才能达到效率与公平的统一。②

3. 公私利益交织的矿业权市场融资须在实体上严格界定公共利益之“篱笆墙”。

社会公共利益是指社会共同体不特定多数人的共同的正当利益，相对于“国家利益”“集体利益”和“个人利益”而言，其价值在于主体的广泛性，既包括范围上的“广大”，也包括时间上的“长远”；同时，其价值还体现在促进国民经济的整体效益、经济安全和社会可持续发展方面。随着近年来生态环境、消费者领域等公益危机的凸显，保护社会公共利益成为法学界广为关注的热点话题。③另外，由于国家在矿业领域长期占据主导地位，私权发育仍然不足，需要进一步培育和保护。对限制个人权利的社会公共利益，必

① 马作武：《引礼入法奠定中华法系基石》，载《光明日报》2017年2月18日。

② 王丽萍：《对契约自由及其限制的理性思考》，载《山东大学学报（哲学社会科学版）》2006年第11期。

③ 冯宪芬、朱昱：《经济法中社会公共利益界定的法哲学思考》，载《人文杂志》2009年第5期。

须严格控制，防止公权力随意越界，假借公益之名侵害私权。

三、新中国矿业权市场融资体制的改革

构建矿业权市场融资的体制应当是“政府+市场”模式。二者泾渭分明、分工不同、目标各异，但又必须相互配合，合作共赢，最终殊途同归。

（一）新中国公共财政矿业投资的范围和方式

矿产资源探勘开发投资是矿业权形成的最初来源，但政府在该环节的投融资的主要目的是基于国家安全等社会公共利益，而不是垄断权利，更非私利或利益集团之利益。

1. 政府预算并不单单是投入的过程，其更重要的应是预算投入所产生的结果。

政府的任何投资都来源于公共财政，应当符合公共需要和公共利益这一基本目的，应当符合预算的基本目标。传统的投入预算理念认为，政府预算只是一个资源配置过程，它是通过公共选择这种非市场机制来完成资源配置的。其侧重点在于预算资金的投入、分配、使用等过程，对预算资金的使用结果较为忽视。但依据现代产出预算理念要求，追求社会效率和社会公平，公共预算的目标决定了政府在矿业权市场投融资的范围，只能是涉及国家安全、国家发展战略、公共秩序且不宜市场化的领域。

2. 政府在矿业权市场进行投融资活动必须遵循宪法。

作为权力的背后资源，公共财政在一定程度上决定着权力的效能，为规范财政收支行为，强化预算约束就具有极为重要的宪法意义，这一法律要求，决定了政府在矿业权市场进行投融资活动必须遵循的程序。

3. 有限的财政资源应当主要集中于公益性地勘领域。

地质勘查市场是矿业权市场的基础，也是公共利益最为密集的环节，因此，有限的财政资源应当主要集中于公益性地勘领域，这才是政府主导型的

地质勘查市场投融资体制题中应有之义。①

4. 在政府主导原则的引导下最大限度地扩展地勘投融资渠道。

应当创新政府主导型的投资模式，建立以国有投资公司为主体，以国有企业和事业单位为运营主体，以勘查成果权利化为目标的投融资模式。必要时，可采用政府与社会资本合作即 PPP 模式吸收社会资本参与涉及矿业权市场公共领域的地勘或开采项目。在公私共赢、政府主导的原则引导下，最大限度地扩展投融资渠道，增加投融资总量，推进矿业权市场升级。

（二）境外矿业市场投资模式对新中国的镜鉴

1. 从国际经验看矿业权市场，探勘开发投资又分为直接投资和间接投资。

直接投资是企业通过与政府签订合作开发协议进行投资，间接投资则是企业利用所取得的项目筹措资金。②为了解决资金及技术问题并转移风险，资源国政府意识到吸引境内外资金是保证矿产勘查持续进行的重要途径。③因此，通常会与外国或本国民营矿业公司签订探勘开发合同，由私人公司提供资金和技术来开发矿产资源。

当前国际上矿产资源共同开发的主流合作形式是 UJV（Unincorporated Joint Venture），即通过矿产勘查，发现一个或数个可供商业开发的矿床，以备合作勘查之企业各方能够建立一个合作型矿山企业进行商业开发。④合作企业不具备独立法人人格，成立合作企业合作各方的母公司必须对其担保，负有连带的责任和义务。⑤但任何企业进行资源合作开发的最终目的无疑是要获得满意的投资报酬，而地勘领域却充满许多风险和变数。⑥为此，合作各方需要通过一

① 日本、加拿大、德国三个比较典型的地质勘查市场投融资分别为银行政府主导型、资本市场主导型、财政资金投入主导型。参见王一波等:《地质勘查资金投入模式的国际经验及启示》，载《中国国土资源经济》2015 年第 10 期。

② 彭民:《油气项目融资结构研究》，东北石油大学 2012 年博士学位论文。

③ 余中平、宋雄:《论我国矿产资源形势及地质找矿目标》，载《地质与勘探》1998 年第 6 期。

④ 刘利军:《西北有色地质勘查局地质矿业一体战略的研究》，西安交通大学 2001 年硕士学位论文。

⑤ 刘益康:《合作勘查——国际矿产勘查商务活动的又一种模式》，载《中国地质经济》1993 年第 7 期。

⑥ 王年平:《国际石油合同模式比较研究》，对外经济贸易大学 2007 年博士学位论文。

系列合约隔离和分散勘查过程中的风险。

2. 发达市场经济国家的地质勘查资金基本来源于市场投资。

其中投入来源主要为风险资本市场融资，包括基金市场、证券市场、银行信贷等多元投融资模式。具体包括资本市场的股票融资投入、私人资本投入、商业银行信贷资金投入、投资公司股权投入和合作投入等多种形式。例如，加拿大和澳大利亚等矿业发达国家，都已建立了以证券交易所为纽带的风险勘查资本市场，并形成了一套高效、灵活和成熟的运行机制。① 目前，全球最大的风险勘查资本市场为加拿大多伦多证券交易所，有超过 1000 家初级勘查公司通过该市场筹集勘查资金。可以说，西方国家矿业的繁荣健康发展，动力源泉正是在于拥有一个成熟、高效的风险勘查资本市场。

3. 矿产资源开发项目融资通常分为股权融资与债权融资两种形式。②

发行股票属于股权融资之范畴，发行债券和银行长短期贷款属于债权融资范畴。矿产资源项目融资结构中不但要注意法律结构和资本结构的安排，③ 同时要结合融资来源与方式、融资条件与成本以及融资利率等来确定最适合项目的法律结构。“项目融资作为近 30 年来国际金融市场的一个重要创新，不仅为吸引私人资本、商业资本和国际资本提供了更加灵活多样的投资渠道，也为各国能源发展、基础设施建设以及当地经济发展提供了强有力的资金支持。” ④

（三）新中国市场化的矿业投融资模式的建构

各国的矿业权市场具有许多共同之处，但也各具特色。总体而言，当前我国的矿业权市场和资本市场都还处在发育阶段，我们应当在充分吸收他国

① 张恒：《2018 年以后国有地勘单位会逐渐消亡吗？》，载中国矿业网：http://www.chinamining.org.cn/index.php?m=content&c=index&a=show&catid=6&id=18990，最后访问日期：2016 年 12 月 19 日。

② 杨静、朱辉：《优化我国企业融资结构的探讨》，载《边疆经济与文化》2005 年第 12 期。

③ 彭民：《油气项目融资结构研究》，东北石油大学 2012 年博士学位论文，第 39 页：“油气项目融资结构中首要应注意两个问题：其一，是在油气项目的总投资中，发起人自有资金投入与从外部筹资的比例问题；其二，是债务的风险分担问题。这里实际上涉及油气项目融资的法律结构和资本结构的安排。”

④ 彭民：《油气项目融资结构研究》，东北石油大学 2012 年博士学位论文。

经验的基础上，建立适合于中国国情的矿业权市场，尤其是在矿产勘查市场投融资模式方面。

1. 矿业权市场尤其是矿业探勘是高风险性的投资。

无论国内还是国际市场，投资者才是真正的风险承担者。[①] 探勘开发合同从一定意义上看就是对赌协议，投资人必须通过协议追求与高风险相匹配的高回报，这也完全符合市场经济规律。因此，除了保证国家财政的必要资金投入以外，还要大力发展矿业权市场特别是地质勘查市场，必须建立以资本市场为主的多渠道、多元化的投融资模式。国家需要通过修订完善现有法律法规、制定税收优惠和补贴政策、设立多融资板块、完善中介服务体系和市场制度、培育投资者群体等措施，来建立我国多层次矿业权，特别是风勘投融资市场体系。[②]

2. 资本市场应当成为矿业市场直接融资的基本途径。

地质勘查是矿业权的基础，是整个行业乃至相关产业发展的动力源头。国家应当允许条件成熟的矿产勘查企业上市融资，鼓励资本向矿业权市场流动，一方面保障矿业权增量有充足而稳定的资金支持，另一方面保障投资者在承担较高风险的同时能够获得相应的资本回报。

3. 债权市场是矿业权市场必不可少的融资方式。

债权市场的发育需要以探矿权和采矿权可抵押和可流动为前提。国家应当建立开放的矿业权担保市场，允许矿业权抵押，完善矿业权市场间接融资体制。

4. 资本化是体现矿业权价值的一种重要形式。

如果允许探矿权和采矿权资本化，无疑能够吸引大量的社会资本间接进入矿业权市场。我国矿业权的资本化目前在法律上还存在一定障碍，阻塞了一条重要的矿业权市场投融资渠道，不利于矿业权融资，因此，应当适时对企业资本制度进行完善。

---

① 吴辉然:《浅析国际石油勘探开发合同风险的规避》，载《当代经济》2008 年第 13 期。

② 郁璇、鲍璇:《加拿大矿业资本市场对我国多层次风勘市场的启示》，载《市场周刊（理论研究）》2015 年第 2 期。

5. 矿产资源是有赖于全球配置和市场配置的经济资源。

在资源全球化日益发展的今天，利用国际资本市场，实施海外矿产资源风险勘探开发的战略，对于我国社会经济的可持续发展具有极为重要的意义。因此，除了国内市场以外，我国的矿业权市场投融资模式还要充分利用国际资本和资金市场，尤其是矿产资源探勘开发具有高投入且高风险的特点，应当向外资开放除了基础性、公益性和战略性之外的领域，建立与国际接轨的有效的矿业投资融资机制和国外矿产资源风险勘查专项资金。[①]

① 吴荣庆等:《国外矿产资源勘查开发基本构架及其对策思考》，载《中国矿业》2001年第6期。

第四节
《矿产资源法》的修改与矿产资源法治的未来

一、《矿产资源法》的修改势在必行[①]

（一）《矿产资源法》修改为势所必然

《矿产资源法》颁行已经三十多年，其第一次修改完成于1996年，距今也已经二十余年。无论从实施的年限，还是从形势的需要，《矿产资源法》的修改已经成为时代的必然选择。[②]

1. 历年来社会各界修改《矿产资源法》的呼声越发强烈。

（1）矿产资源的法律制度设计直接关系国家经济的可持续发展，事关重大。

自1986年《矿产资源法》施行以来，围绕着如何合理利用和保护我国的矿产资源，实践部门不断进行摸索，理论界也开展了一定的研究。1996年对《矿产资源法》进行修订后，2003年，全国人大常委会提出加快《矿产资源法》修订工作要求，原国土资源部即着手成立班子，开展调研论证，开始新一轮《矿产资源法》的修订工作。此次修改，拟以科学发展观为统领，以矿产资源分类分级管理为基础，以建立和完善探矿权、采矿权的权利制度为核心，以

① 王宏峰：《修改〈矿产资源法〉势所必然——访国土资源部法律中心实验室副主任郑美珍》，载《华北国土资源》2013年第6期。

② 张维辰：《〈矿产资源法〉修改的重点内容与方向选择——基于〈矿产资源法〉修改调查表的分析》，载《中国地质大学学报（社会科学版）》2017年第11期。

提高矿产资源合理开发利用水平为目标，进行较为全面的修改。

随着我国及世界经济的不断发展，能源需求不断加大，矿产资源的战略地位日益受到重视，鉴于矿产资源法律制度的设计直接关系到国家经济的可持续发展，关系到国家的政治稳定甚至是国家安全，对其修改确应慎重。为此，理论界自应加强对《矿产资源法》修改的深入研究。[①]

（2）对《矿产资源法》已经到了不可不改的地步，社会各界已达成共识。

对于《矿产资源法》修改的必要性，无论政府、学术界和社会各界对此可以说已经形成了普遍的共识。

（3）人大代表强烈呼吁要重点关注和推进《矿产资源法》的修改。

很多人大代表认为，《矿产资源法》的实施过程，已证明其需要与时俱进的修改完善。在之前的全国历届两会上，人大代表提交的关于修改《矿产资源法》有关条款的议案和建议，都成了人大重点关注和推进的内容。特别是党的十八大后提出全面推进依法治国以来，随着立法背景的变化和矿产资源勘查、开发、管理等工作新形势的出现，修改《矿产资源法》的呼声越发强烈。[②]

2.2017 年 5 月原国土资源部《矿产资源法》修改小组即已成立。

党的十八大以来，“法治中国”理念深入人心，《矿产资源法》的修改作为原国土资源部的重大工作之一正在有序推进。2017 年 5 月 25 日《矿产资源法》修改小组成立，标志着新一轮《矿产资源法》修改正式启动。《矿产资源法》的实施为我国矿产资源管理逐步规范化起到了非常重要的作用，但由于现行《矿产资源法》产生于计划经济和市场经济转换阶段，更多地保留了计划经济的烙印。而今，立法背景自然业已发生了深刻的变化，加之《矿产资源法》实施以来积淀了很多棘手问题，虽然经过多次的政策调整，使相关制度逐渐适应时代的需要，但是在“依法治矿”呼声越来越高的新形势下，随

① 谢青霞、戴茂华:《我国矿产资源法研究综述》，载《生态经济》2011 年第 1 期。

② 周铸:《全国人大代表、铜陵有色集团副总经理丁士启提交重点议案:建议修改〈矿产资源法〉有关条款》，载《中国矿业报》2019 年 3 月 12 日。

着中国特色社会主义市场经济体制的建立，加之《中共中央国务院关于加快推进生态文明建设的意见》要求修订《矿产资源法》，使之“实现矿产资源按质量分级、梯级利用”“完善矿产资源规划制度，强化矿产开发准入管理”，所以亟待在新的《矿产资源法》修改中拔掉这些制约矿产资源勘查开发和矿业经济发展的“钉子”，将行之有效具有可行性的政策纳入法律规范之中，以增强法律的可适用性。①

（二）《矿产资源法》的修改需要全社会的合力支持

矿产资源在整个社会经济发展中的地位不言而喻，矿产资源法律规范系统作为整个经济、社会、法律系统的子系统，无疑与其他社会系统相互联系，互相影响，共同作用，以最终实现新中国矿产资源法律规范系统的目的功能。简言之，修改后的《矿产资源法》既然要调整全社会各个不同的涉矿领域，其修改过程中，当然需要全社会的合力支持。所以，《矿产资源法》的修改需要在全社会的合力支持下，力争做好以下几个方面的工作：②

1. 将党的法政策融入《矿产资源法》修改之中“坐拥皋比”。

（1）正确理解公共政策与法之间的联系与区别是合理定位法政策学的前提。

党的十二大报告和党的十四大报告的涉矿内容在《矿产资源法》立法和修法中得到了较好体现，发挥了重要的指导作用；故而党的十八大报告和十九大的报告内容必然要在本次《矿产资源法》修改中得到较好体现，并将发挥重要的指导作用，旨在将党的方针政策贯彻于整部法律之中，着重在立法宗旨、矿产资源及国家所有权、禁采区域等条款中加以体现。

---

① 《〈矿产资源法〉修改浅谈》，载环球破碎机网：http://www.ycrusher.com/news/131897.html，最后访问日期：2019年6月11日。

② 张维宸：《〈矿产资源法〉修改的重点内容与方向选择——基于“〈矿产资源法〉修改重点内容调查表”的分析》，载《中国矿业大学学报（社会科学版）》2017年第6期。

（2）对于法与政策的关系始终有不同的理解。

法政策学是研究法与公共政策相互关系的学问。从学科定位而言，法政策学应当定位于法学的分支学科，并始终要以法律思维为基础，在不断批判和反思政策思维的基础上实现法学与公共政策学的有机整合。[①]我们应该秉持科学的态度，正确地理解与对待政策与法之间的矛盾。[②]

中国古代"礼之所去，刑之所取""出礼入刑"，[③]相辅相成。目前习惯作为补充性的法律渊源于《物权法》第八十五条已有明文规定；法理作为补充性的法律渊源体现于司法实践之中在所难免。顺理成章，在习惯无法补充制定法适用所出现漏洞的情形下，自然学说和判例均可以对制定法予以弥补。这种操作办法已经由最高人民法院院长在人大报告中所确认：在法律无规定的情况下，法院可参照法理办案。[④]2017年全国人大颁布《民法总则》，在有关规范之中，均体现了法理为法律渊源的精神。[⑤]

既然理论上学说和判例都属于法理的范畴，[⑥]建立判例法制度自是弥补立法滞后性缺陷的需要，也是弥补立法空白的需要。法谚曰："法律的生命不在于逻辑而在于经验。"[⑦]所以，司法解释、习惯、商业惯例等均能升华为民法的渊源。制定一部法律渊源开放的民法典，就不仅是司法实务界的需求，也是依法治国的需求，更是我们实现"良法善治"的市场经济之客观要求。[⑧]

党的政策无疑是党领导立法机构，将矿产资源法治领域中各种临时应急措施予以法律文件定型化的指引；而最终的矿业法律规范系统，则是党的政

① 鲁鹏宇：《法政策学初探——以行政法为参照系》，载《法商研究》2012年第7期。

② 黄强：《试论社会主义法与党的政策的关系》，载《南京广播电视大学学报》2002年第1期。

③ 《后汉书·陈宠传》，"礼之所去，刑之所取，失礼则入刑，相为表里者也。"

④ 徐国栋：《论民法的渊源》，载《法商研究——中南政法学院学报》1994年第6期。

⑤ 李国际、李伦安：《论我国民法总则的法律渊源》，载《三峡大学学报：人文社会科学版》2017年第6期。

⑥ 徐国栋：《论民法的渊源》，载《法商研究》1994年第6期。

⑦ 武树臣：《判例在我国法制制度中的地位》，载《法学》1986年第6期。

⑧ 参见［英］罗杰·科特威尔：《法律社会学导论》，潘大松等译，华夏出版社1989年版，第276页。

策在法律实施过程中集体智慧的结晶。

2. 资源利用本无错，但对资源开发利用监管不力则是祸根。

政府、企业和矿产资源勘查开发利用利益相关者都寄希望于本次《矿产资源法》的修改，强化“依法治矿”，将实践中合理的、可行的法规规章纳入法律中来，强化矿产开发准入管理和执法监察，明确地方政府的监管职责，对无证开采、无证勘查、提交虚假地质勘查报告、破坏性开采行为“零容忍”。

所以，系统梳理我国矿产资源开发监管领域中主要的政府协同实践形式，分析这些协同形式存在的问题，并在此基础上研究优化协同治理的总体框架和具体目标，以期为我国矿产资源开发监管政策和立法的完善和发展，提供临时应急措施定型化的思路参考。①

3. 可持续发展必须强化矿山生态环境保护和治理的规制。

现行《矿产资源法》中有关环保的法律规定难以有效实施。所以要在创新、协调、绿色、开放、共享的五大理念指导下修改《矿产资源法》，就需要加快推进生态文明建设，确保矿产资源国家所有权利益不受损害，适当增加矿山生态环境保护和治理章节内容，强化环境责任终身追究和矿山环境损害赔偿，并适当向矿产资源开发利用的中游管理延伸。

应当从严格执行矿山生态环境保护的相关政策；健全国家层面的矿山生态环境监管机制；制定矿山生态环境损害的监测、风险评估、保护与恢复治理的专项规划；以及落实地方各级政府和企业的矿山生态环境损害责任诸方面，完善我国矿产资源开发生态环境的监管。②

4. 充分发挥市场配置资源的决定性作用并更好地发挥政府作用。

习近平总书记多次强调市场经济本质上就是市场决定资源配置的经济，

---

① 石小石、白中科、刘卿斐、陈晨：《我国矿产资源开发中的政府协同监管机制研究》，载《资源与产业》2017年第1期。

② 李海东、沈渭寿、卞正富：《西部矿产资源开发的生态环境损害与监管》，载《生态与农村环境学报》2016年第5期。

健全社会主义市场经济体制必须遵循这条规律。[①] 以习近平同志为核心的党中央基于经济发展进入新常态的重大判断，提出要使市场在资源配置中起决定性作用和更好发挥政府作用，这是我们党在理论和实践中的又一重大推进，为全面推进矿产法治的发展指明了方向，提供了遵循。[②]

在广泛调研取证的前提下，促进矿产资源高效利用，明确矿产资源按质量分级开发、梯度利用和保护边界，完善矿产资源规划管制和矿产资源合理开发利用评价指标管控，简化矿业权审批权限，加强矿产资源储量审核、储量统计与动态管理，细化矿产资源有偿使用制度，细化矿业权出让税费和收益分配体系。

5. 开门修法以广泛吸收国内外矿产资源勘查开发管理的先进理念和经验。《矿产资源法》的修改几乎牵动着国民经济的所有行业，在修法的过程中，不仅要广泛吸收专家的意见和建议，而且要吸纳各行各业的意见和建议，同时还要参考国外先进管理理念和经验（但不能照搬照抄，因为中国国情决定了《矿产资源法》必须从中国实际出发），完善章、节、条、款、项、目，以确保修改后的《矿产资源法》的语言更加准确，可操作性更强。

二、《矿产资源法》修改中反复研讨的法政策问题

（一）《矿产资源法》修改必须贯彻落实好习近平生态文明思想

在《矿产资源法》的整体框架、顶层设计和具体制度体系建设中，毋庸置疑须贯彻落实好习近平生态文明思想，坚持节约资源和保护环境的基本国策，坚持节约优先、保护优先、自然恢复为主的方针。故而为加大矿山环境

---

① 《"壮士断腕" 打造发展新动能（治国理政新实践）——党的十八大以来推进简政放权改革的启示》，载人民网：http://politics.people.com.cn/n1/2016/0129/c1001-28094052.html 2016 年 1 月 29 日，最后访问日期：2019 年 5 月 8 日。

② 王建平、李发鹏、夏朋：《两手发力——要充分发挥好市场配置资源的作用和更好发挥政府作用》，载《水利发展研究》2018 年第 9 期。

恢复治理力度，《矿产资源法》应明确设立和完善矿山环境治理恢复（包括土地复垦）保证金等法律制度，构建起行之有效的相应的法律规范子系统。

1. 必须强调生态文明是最大多数人的最长远的最大利益。

党的十八大以来，习近平总书记在众多场合多次强调环境保护在民生事业中不可或缺的地位，充分体现了以习近平同志为核心的党中央的人民情怀。这一理念源自我们党全心全意为人民服务的根本宗旨。①顺理成章，构建人类共同体的新思维，不但在宪法中应予宣示，在直接影响生态环境的《矿产资源法》中更是头等大事。

2. 依宪治国即依法治国其主旨即让市场起决定性作用。

如果从权利保护的角度来看，《矿产资源法》自应当注重对物权效力的确认与保障，充分尊重市场主体的意思自治，故公法要尽量予以较少的限制；②而如果从秩序维护的角度看，《矿产资源法》则应当加强市场秩序方面的管理，强化行政机关在维护市场秩序方面的主导地位，以通过公法来保障"契约自由，意思自治"商品交易秩序。③

具体到我国的矿产资源开发管理秩序而言，公法加强对矿业权人的合法权益的维护本身就是私法范畴的题中应有之义；而如体现公众整体利益的矿业生态环境修复制度的公法设计中，最有效的依然离不开各种贯彻利益激励的私法机制。

（二）《矿产资源法》修改重在厘清其制度演进规律予以完善

现行《矿产资源法》的立法目的重管理轻权利保护。1986年颁布的《矿产资源法》主要是为了满足当时对矿产资源开发管理的需要，侧重从行政角度管理和规范矿产资源的勘查和开采，这就造成了现行《矿产资源法》在立

① 思力：《良好生态环境是最普惠的民生福祉》，载求是网：http://www.qstheory.cn/wp/2019-03/06/c_1124200932.htm，最后访问日期：2019年8月21日。

② 江平：《法学视野中的市场经济和宏观调控》，载中国网：http://www.china.com.cn/chinese/OP-c/719122.htm，最后访问日期：2019年9月6日。

③ 杭宁：《契约自由原则与市场经济》，载《青海师专学报（社会科学版）》2000年第5期。

法目的上“重行政管理、轻权利保护”、矿产资源产权制度设计不合理、矿业权权能不明晰的问题。

相对于人类经济社会快速发展对资源的需求而言，矿产资源总是有限的、稀缺的，而人类对它的需求则似乎是无限的。因此，就需要制定矿产资源方面的法律法规及政策，规范资源的开采和使用，促进资源的合理配置和有效利用。自2003年以来，该法几经启动修改却未能取得有效进展，关键在于修改涉及诸多重要问题未能解决，包括立法目的的重新确立、矿产资源合理开发最有效管控途径的选择、矿业权市场的优化、各种矿产资源税费的理顺、矿业权与土地使用权的衔接、矿产资源开发的有效监管及法律责任等。

原国土资源部（现自然资源部）一直抓紧进行矿产资源法的修改工作。曾任矿产资源法修改负责人的专家曾表示，矿产资源法的调整范围不是“大矿产管理”的概念，故而将坚持矿产资源国家所有权与矿业权相分离，坚持矿产资源集中统一管理。矿产资源法修改要抓紧梳理研究一些重大问题，包括探矿权与采矿权的关系等。要深入研究解决“两权”之间的过渡以及探矿权成本处理问题，鼓励搞活探矿权，严格规范采矿权；处理好矿业权与行政管理权的关系。特别是《物权法》颁布后，已明确将探矿权、采矿权纳入用益物权，这就要求对矿业权的权利设置、权利登记和保护方面体现矿业权的物权属性。物权法主旨在“物尽其用，定分止争”，故而要适应新形势，矿产资源法的修改还应包括对矿业开发活动利益关系的调整，[①] 以及简政放权和放权后如何监管。

（三）从公法角度针对矿区生态治理中的新问题来建立具有系统功能的矿区生态环境修复制度

土地复垦是生态恢复的重要手段，也是恢复生态学的重要研究对象。[②] 但随着我国生态学以及环境科学的不断进步，生态恢复已经在向生态修复与环境修复学说转变。理论上认为，矿区生态环境修复是对各种因采矿造成的生

① 甘藏春：《矿产资源法修改不会另起炉灶》，载《中国粉体工业》2012年第1期。

② 黄丹勇：《矿区土地复垦与生态环境恢复综述》，载《湖南有色金属》2011年第27卷第6期。

态破坏和环境污染的区域因地制宜地采取治理措施，使其恢复到期望状态的活动或过程，其目的是保证在开采矿产资源的同时，又保护区域生态环境。①鉴于生态环境修复已经成为当前生态环境保护的重要形式，在这种理论下的各种生态环境保护措施于世界各国均已经日趋成熟。

矿产资源作为我国重要的资源，对我国的经济发展有其直接的影响，根据我国相关部门出台的政策，重新总结了矿产资源规划与开发的思路。在矿产资源规划方面，应该根据法律制定的相关要求与准则，针对不同种类的矿产资源进行规划。②因此，《矿产资源法》修改中应当对矿区生态环境修复作出具体规定：一方面是赋予行政管理机关在保护环境方面的一些公权力，进一步明晰环境影响评价制度。专家建议在修订的《矿产资源法》中明确矿产资源勘查、开发的环境影响评估制度，明确评估单位、评估内容、评估要求等，以利于严格执行。另一方面则需要完善公众参与制度、公益诉讼制度，鼓励当事人之间的意思自治，政府在矿区生态环境保护中应当更多地提供服务，协调多方的利益关系。同时也应当规定相应的激励措施，③细化私权利益的保障，调动矿业权人参与矿区生态环境修复的积极性。

---

① 参见胡振琪、杨秀红、鲍燕等:《论矿区生态环境修复》，载《科技导报》2005年第1期。

② 饶曼周:《矿产资源规划环境影响简要评价》，载《资源节约与环保》2019年第4期。

③ 晓林、杨荣升:《生态环境建设与经济补偿机制》，载《人民之声》2011年第5期。

第三章

新中国水资源法治 70 年

第一节
水法概述

水资源是社会的基础资源，其具有不可替代且多样性的功能。[①]基于水资源在生态安全和经济可持续发展中的重要地位，必须实现水资源的可持续利用，从而确保人类社会的可持续发展，这无疑是人类社会一个共同的课题。目前人类社会面临着水资源短缺、水污染、洪水泛滥等诸多问题。这些问题能否有效地解决，对于社会的可持续发展有着特别重要的意义。

一、水资源与新中国经济社会的发展

（一）水既是基础性的自然资源又是战略性的经济资源

中国是一个文明古国，也是一个正在向现代化迈进的发展中国家。无论是历史还是现代，中国的文明与发展都与水利休戚相关，中华民族灿烂悠久的文明史，就是一部除水害、兴水利的历史。[②]中国文明的起源和水的治理有着密不可分的关系，以至于有人将其称之为“治水文化”。[③]正是因为我

① 成光民：《水利在脱贫攻坚中的地位和作用》，载中国水利学会：《中国水利学会 2016 学术年会论文集（下册）》，中国水利学会编 2016 年 3 月。

② 《矫勇在中国—西班牙水论坛上的致辞》，载中国政府网：http://wwwgov.cn/gzdt/2007-10/15/content_776864.htm 2007 年 10 月 15 日，最后访问日期：2019 年 2 月 19 日。

③ 《姚赞：彰显治水文化　以美丽河湖创建提升人居环境》，载温州新闻网：http://news.66wz.com/system/2018/11/16/105128527.shtml 2018 年 11 月 16 日，最后访问日期：2019 年 4 月 19 日。

们的祖先在水资源治理中取得了成功，才为我们社会的存在奠定了坚实的物质基础。大禹治水的故事在中国广为流传，古人运用智慧和力量进行水资源治理，可以说是中国古代社会的端倪。中国古代很多大型水利工程对社会的发展起到了积极的促进作用，甚至惠及今天。例如，都江堰、郑国渠、灵渠、京杭大运河、海塘工程等大批水利工程，都可谓一直鹤立于世界民族之林。

（二）新中国成立以来水资源的治理提高到了一个新高度

1. 1951 年新中国的第一个水利大工程："一定要把淮河修好。"①

1950 年七八月间，淮河流域发生了特大洪涝灾害。河南、安徽两省共有 1300 多万人受灾，4000 余万亩土地被淹。中共中央接到的一封电报中说：有些灾民，因躲水不及，爬到树上，有的被毒蛇咬死。毛泽东主席看到此处，不禁流下了眼泪。7 月 20 日，毛泽东批示："除目前防救外，须考虑根治办法，现在开始准备，秋起即组织大规模导淮工程，期以一年完成导淮，免去明年水患。"②1950 年 10 月 14 日，政务院发布《关于治理淮河的决定》，制定了上中下游按不同情况实施蓄泄兼筹的方针。新中国水利建设事业的第一个大工程就此拉开了帷幕。

当人民政府决心根治淮河的消息传到淮河流域的时候，数千万群众热烈拥护中央治理淮河的决定。在全国人民的支援下，治理淮河第一期工程于 1950 年 11 月底开工，数十万名民工和工程技术人员奋战在治淮工程的工地上。1951 年 5 月，中央治淮视察团把印有毛泽东亲笔题词"一定要把淮河修好"的四面锦旗，分送到了治淮委员会和三个治淮指挥部，极大地鼓舞了治淮大军的士气。到 1951 年 7 月下旬，第一期工程全部完工。这期工程共完成了蓄洪、复堤、疏浚、沟洫等土方工程约 1.95 亿立方米（其中沟洫工程土工约 1

① 《共和国的足迹——1951 年："一定要把淮河修好"》，载中央政府门户网站：http://www.gov.cn/test/2009-08/03/content_1382280.htm 2009 年 8 月 3 日，最后访问日期：2019 年 4 月 19 日。

② 《共和国的足迹——1951 年："一定要把淮河修好"》，载中央政府门户网站：http://www.gov.cn/test/2009-08/03/content_1382280.htm 2009 年 8 月 3 日，最后访问日期：2019 年 4 月 19 日。

亿立方米），石漫滩山谷水库一座，板桥、白沙两处山谷水库的一部分，润河集蓄洪分水闸一座，其他大小涵闸62处，谷坊155处。

治淮一期工程的竣工，保证了1951年淮河流域的丰收。1951年冬，淮河两岸人民又投入了治淮二期工程的战斗中。1952年7月，治淮二期工程结束；1953年的治淮工程又开始了紧张的筹备。经过8个年头的不懈治理，到1957年冬，国家共投入资金12.4亿元，治理大小河道175条，修建水库9座，库容量316亿立方米，还修建堤防4600余公里，极大地提高了新中国的防洪泄洪能力。①

2. 20世纪50年代中期旨在增产增收的农田灌溉水利建设。

新中国成立后，我们国家在水利建设方面首要解决的问题是对人民群众的生命财产安全有严重威胁的大江大河的治理。但同时，为了快速恢复国民经济，对农田水利建设也十分重视。

（1）防止水患，兴修水利，旨在大力发展生产的水利建设基本方针。

新中国成立之初，就确定了“防止水患，兴修水利，以达到大力发展生产的目的”的水利建设的基本方针，并要求在这一原则下，“根据不同的情况和人力财力及技术等条件，分别轻重缓急，有计划、有步骤地恢复并发展防洪、灌溉、排水、放淤、水力、疏浚河流、兴修运河等水利事业”。②

1950年12月，政务院又专门制定了《兴办农田水利事业暂行规则草案》，明确了指导农田水利建设的领导机关、资金来源、人力物力的使用、施工步骤等相关问题，为兴办农田水利作了具体规定。③但因为客观条件的限制，特别是人力、财力和物力的不足，当时水利建设的重点只能是以防洪为目的之大江大河的治理。

① 《共和国的足迹——1951年：“一定要把淮河修好”》，载中央政府门户网站：http://www.gov.cn/test/2009-08/03/content_1382280.htm 2009年8月3日，最后访问日期：2019年4月19日。

② 李葆华：《当前水利建设的方针和任务》（1949年11月14日），载《中华人民共和国经济档案资料选编（1949—1952）》（农业卷），社会科学文献出版社1991年版，第443—444页。

③ 见《兴办农田水利事业暂行规则草案》（1950年12月），载《中华人民共和国经济档案资料选编（1949—1952）》（农业卷），第494—495页。

（2）合作化之后新中国较大规模的农田水利建设。

到了20世纪50年代前中期，随着土地改革在全国范围内基本完成、过渡时期总路线的正式提出，以及农业生产合作社的蓬勃发展，农村集体经济得到了迅猛发展，为进行较大规模的农田水利建设奠定了一定的基础条件。

1953年3月6日至17日，水利部召开农田水利工作会议，对前几年的水利建设进行了总结，对群众性的小型农田水利建设给予了充分肯定，认为："根据目前农村分散的小农经济特点及目前国家财力、工业化的程度，以开展群众性的小型水利最为有效。"通过对以往经验教训的总结，水利部提出，"1953年以及今后的农田水利工作的方向""应该着重开展群众性的各种小型水利，整顿现有水利设施，加强灌溉管理，发掘潜在力量，以扩大灌溉面积。"①

5月6日，水利部党组将这次会议的综合报告上报中央，中央批准了这个报告，并且指示："在农田水利建设中，现时应将重点放在开展群众性的各种小型水利。"随同这个指示一起下发的，还有《中共热河省委对发展农村小型水利的几点意见》。同年10月，中央农村工作部又进一步提出："今后农田水利工作，除了比较大型的灌溉工程应由国家办理外，应根据广大群众'需要、可能、自愿'的条件，大力开展兴修群众性小型水利。"并明确要求："在南方应以整修兴修塘坝堰小型水库及添置龙骨水车等提水工具为主，着重地上水源的利用。在北方则以整修兴修小型渠道、打井贷水车为主。"②

从1953年开始，全国各地普遍开展了以农田灌溉为主要内容的小型水利建设，特别是原来农田水利建设所占比重较少的华东、中南等地区。比如华东地区的浙江省，新中国成立初期的水利建设以防洪为主。从1953年开始，逐步实行"旱、洪、涝兼治，蓄、引、提结合"的治理措施，从单一治理发展到综合开发利用，以小型为主，大、中、小结合，建设了多种多样的农田水利设施。中南地区的湖北省，在1953年连续两次召开重灾区水利会议，强

① 参见《建国以来重要文献选编》（第4册），中央文献出版社1993年版，第260—264页。

② 参见《中共中央农村工作部三处：农田水利情况和存在的问题》（1953年10月13日），载《中华人民共和国经济档案资料选编（1953—1957）》（农业卷），中国物价出版社1998年版，第624—625页。

调今后水利工作的方针，以兴修小型农田水利为主，至1954年春天，完成各种小型水利设施建设7.4万多处。①

（3）农田水利建设逐渐与合作化运动的开展和推进结合起来。

早在1951年12月15日中央印发的《关于农业生产互助合作的决议（草案）》通知中，就已提出人民政府应该适当地采取一些办法援助修水利、修滩、造林等的互助组和合作社。1954年中央批发的农村工作部《关于全国第四次互助合作会议的报告》提出："国家水利部门必须善于把农民的人力、财力组织起来发展小型水利，并有效地从技术上帮助他们。"②

1955年8月，华北五省区农田水利工作会议召开。经过讨论，一致认为应紧密地结合互助合作的发展，"争取在今冬明春掀起一个广泛的群众性兴修农田水利的运动"。10月16日，中央同意了水利部党组报送的《关于华北五省区农田水利工作会议纪要的报告》并提出，"第一个五年计划全国农田水利任务由7200万亩增加到1亿亩"，要求开展一个规模宏大的农田水利建设运动。③

这期间，毛泽东在为《中国农村的社会主义高潮》一书所写的按语中提出："每县都应当在自己的全面规划中，做出一个适当的水利规划。兴修水利是保证农业增产的大事，小型水利是各县各区各乡和各个合作社都可以办的，十分需要定出一个在若干年内，分期实行，除了遇到不可抵抗的特大的水旱灾荒以外，保证遇旱有水，遇涝排水的规划，这是完全可以做得到的。在合作化的基础之上，群众有很大的力量。几千年不能解决的普通的水灾、旱灾问题，可能在几年内获得解决。"④由此掀起农田水利建设的一个高潮。据统计，1953年至1957年我国共扩大灌溉面积约21808万亩，平均每年增加约4360万亩，而在1956年这一年，就新增灌溉面积11870万亩。⑤

① 参见《中共中央农村工作部三处：农田水利情况和存在的问题》（1953年10月13日），载《中华人民共和国经济档案资料选编（1953—1957）》（农业卷），中国物价出版社1998年版，第624—625页。

② 参见《建国以来重要文献选编》（第5册），中央文献出版社1993年版，第729页。

③ 参见邓力群主编：《当代中国的基本建设》（上），中国社会科学出版社1989年版，第49页。

④ 参见《毛泽东文集》（第6卷），人民出版社1999年版，第450页。

⑤ 参见《中华人民共和国经济档案资料选编（1953—1957）》（农业卷），第683页。

（4）农田水利建设对减轻水旱灾害和促进农业生产发展发挥了巨大的作用。

关于这一时期的农田水利建设，中央农村工作部部长邓子恢在1955年8月曾进行过总结。他认为，成功的经验主要有三条：第一，正确贯彻中央农田水利方针政策，因地制宜地普遍开展民办公助的群众性农田水利；第二，在党政统一领导下，统一安排，使农田水利兴修工作和中心工作紧密结合；第三，贯彻了“多受益多负担，少受益少负担，不受益不负担”的合理负担政策。①

但诚如中共中央、国务院在1957年《关于今冬明春大规模地开展兴修农田水利和积肥运动的决定》中所指出的：“1955年冬和1956年春高潮时期的缺点主要是：在规定水利任务计划时，有些地区数字偏大一些，与当时的农、副业生产结合不够，有些地方未充分与当地群众协商，有过某些强迫命令的现象。其次是工程多样性和因地制宜不够，有些地方强调工程的单一化，如过分强调打井，计划定得过死等。此外，对当时的兴修水利运动的具体指导不足，及时总结推广先进经验和纠正缺点不够，因而有些地方曾经产生了浪费劳力，引起群众不满的现象。”② 当然，这一时期农田水利建设的成绩还是主要的。

3. 新中国在“大跃进”时期的农田水利建设热潮。

三年“大跃进”时期的农田水利建设，规模宏大，建设速度快，建成了一批大中型的水库和众多的小型水利工程，扩大了农田的灌溉面积，提高了抵抗水、旱灾害的能力。但同时，由于指导思想上的“左”的错误，决策和规划不能从当时的实际出发，一味追求数量，盲目施工，致使这一时期动工兴建的项目，除少数能够按期完成并真正发挥作用外，大多数项目或则在后来的调整中缓建，或则勉强续建而又难以发挥效用，或则干脆半途而废，既造成了大量的浪费，也留下了深刻的教训。③

① 邓子恢：《农田水利建设中的经验和问题》，载《中华人民共和国经济档案资料选编（1953—1957）》（农业卷），第629—630页。

② 见《建国以来重要文献选编》（第10册），中央文献出版社1994年版，第567—568页。

③ 樊宪雷：《20世纪50年代至60年代初我国兴修水利的探索实践及其基本经验》，载人民网：http://dangshi.people.com.cn/n/2014/0504/c384616-24971830.html，最后访问日期：2019年2月20日。

（三）新中国整个水资源治理事业迅猛发展

截止到21世纪初，新中国水利建设硕果累累，曾统计过，业已建成的江河堤防27.7万千米，建成水库8.5万座，初步形成了七大江河防洪工程体系，主要江河的防洪减灾能力明显提高，战胜了1958年黄河大水、1991年江淮大水、1998年长江、嫩江大水等特大洪水；全国年供水能力已增加到6000亿立方米，保障了5625万公顷农田灌溉、600多座城市和工业的基本供水；累计解决了农村2.82亿人的饮水困难；初步治理水土流失面积92万平方千米；城市污水处理率达45%；水电装机容量已经增加到1.08亿千瓦。①

中国耕地面积仅占世界耕地总面积的6.8%，但却养活了世界上20%的人口，这之中水资源的有效开发和利用功不可没，毕竟我国淡水资源只占世界水资源总数的6%。

二、新中国的水资源问题

中国有着特殊的地理位置，独特的气候环境，由于其处在太平洋季风区，这就使得中国水资源的分布极其不均衡。从空间分布来看，水资源的分布从南到北依次递减。从时间分布来看，汛期是洪涝，而到了旱季则水资源短缺。②自从1978年改革开放以来，中国经济持续快速增长，相比而言，社会的发展对于水资源的需求猛烈增长，新中国在水资源领域一直面临严峻的挑战。

（一）水资源供需关系紧张

所谓“水资源短缺”，是指水资源的需求超过了水资源的供给。经济规模和人口规模都是在不断膨胀的，由于需求猛烈增长，但是水资源的总量却不会大幅度变化，加上水资源不合理的开发利用，世界上很多地区都出现了水

① 《矫勇在中国—西班牙水论坛上的致辞》，载中国政府网：http://wwwgov.cn/gzdt/2007-10/15/content_776864.htm 2007年10月15日，最后访问日期：2019年2月19日。

② 王毅：《中国的水问题：转型、治理与创新》，载《环境经济》2008年第4期。

资源短缺的问题。[①] 中国水资源人均占有量只有 2200 立方米，仅为世界平均水平的 28%。更为严重的是我国水资源总量呈现减少的趋势，近年来，随着人类活动的影响，气候发生变化，我国北方地区水资源总量减少。以黄河、淮河、海河为例，径流量减少十分之一以上。其中海河流域年径流量减少的更多，干旱缺水已成为中国北方地区发展经济的突出问题。目前，我国北方地区的农村存在水资源短缺和水资源浪费双重问题，工农业水资源供求矛盾突出。[②] 水资源作为国民经济发展的自然物质基础，[③] 预计到 2030 年我国人口达到 15 亿高峰时，水资源供需矛盾将进一步加剧。

（二）洪灾损失严重

我国防洪标准偏低，不利于水资源安全。洪涝灾害是人类社会严重的灾害之一，中国这方面的损失极其严重。考虑到我国人口密度大，财产集中，经济总量较大，洪水可能造成的损失越来越大。根据统计分析，1990 年以来全国平均洪涝灾害损失在 1100 亿元左右，约占同期全国 GDP 总量的 1%。发生流域性大洪水年份，损失将会更大。[④]

（三）水资源污染严重

随着人类集中程度和经济发展程度的提高，生活废水、工业废水自然逐年增多。而且随着社会的发展，人们生活水平的提高，不但导致垃圾变多，而且水资源的污染也会加重，这在很大程度上也影响了人们的正常生活。[⑤] 相比之下，由于我国污水处理设施普遍较为落后，污水处理的价格机制还不完

---

① 张春玲、付意成、臧文斌、王轩、郑琦、孙福强：《浅析中国水资源短缺与贫困关系》，载《中国农村水利水电》2013 年第 1 期。

② 秦志存：《中国北方农村面临的水资源短缺和利用不合理的困境及解决方法》，载《企业导报》2014 年第 8 期。

③ 张永伟、满守刚、孙家国：《中国水资源紧缺原因及解决对策》，载《黑龙江水专学报》2001 年第 2 期。

④ 邱瑞田：《我国洪水干旱突发事件及应急管理》，载《中国应急救援》2007 年 7 月 20 日。

⑤ 王铃宇：《水污染治理措施》，载《吉林农业》2019 年第 4 期。

善，很多污水未经处理，就直接排放到自然水域，这更导致我国水资源污染严重。水资源的污染造成了严重的后果，很多水资源丰富的地区，因为水污染，反而成了水质型缺水，这也加剧了我国水资源的短缺。

（四）水土资源保护不力

水土资源的科学开发关乎水资源的长治久安，反之则将会造成严重的环境后果，如近年来出现的河道断流、湿地萎缩、草地退化、地下水超采及水土流失等一系列生态和环境问题。具体来讲，我国湖泊总面积相比于新中国成立初期减少了七分之一，全国可利用草原中绝大多数也出现不同程度的退化、沙化，地下水超采区面积已扩展到 19 万平方公里。中国经济的可持续发展面临着严峻的生态环境方面的考验。[①]

2009 年 1 月，瑞士达沃斯世界经济论坛年会发布报告称，整个人类社会面临着严重的水资源短缺，水资源今后可能比石油还昂贵。今后数十年内，各国的生产和生活领域对水资源的需求量将大大增加，人类对水资源的争夺将愈演愈烈，中国将可能面临越来越严峻的水资源挑战。[②]

① 韩啸:《水危机逼近中国》，载《决策与信息》2012 年第 10 期。
② 韩啸:《水危机逼近中国》，载《决策与信息》2012 年第 10 期。

第二节
新中国水资源法治的演进

新中国成立以后，我国经济社会迅猛发展，人民生活水平不断提高，对水资源的需求量也日益增大，供需矛盾凸显。同时，为了尽快实现工业化，谋取更大的经济利益，一些地方对水资源进行过度开发利用，导致水危机不断加剧，出现了水污染、水害、水环境破坏等一系列社会问题。

水资源作为一种宝贵的自然资源，是人类生存和经济社会发展的物质基础。水资源的稀缺性、不可替代性和时空分布的不均衡性以及供求矛盾，决定了必须在水资源自然格局的基础上进行合理的人工配置。[①] 为了促进经济社会的可持续发展，实现人与自然的和谐相处，必须将水资源保护纳入法治的范畴，规范水资源开发和利用的方式。

在不同的历史时期，水资源开发利用的方式不同，水资源法治建设的内容也不同。例如，在古代，水资源的利用主要以灌溉和漕运为主，水法也主要对防洪做了规定。而在当代社会，水资源短缺，水污染严重，水环境恶化则是水法需要着重规范的内容。在新时代社会矛盾发生转化的大背景下，只有对水资源法治进行一个系统的回顾，探寻其发展的规律，才能对未来水法治的发展方向有一个准确的把握，从而指导实践的发展。以水资源法治的内容为标准，可以将我国当代水法治的演进划分为以下几个阶段：

---

① 沈晓娟:《苏南水质型缺水地区的水资源合理配置研究》，河海大学2007年硕士学位论文。

一、水资源法治的初步发展阶段（1957—1978年）

（一）“文革”前水资源法治从无到有的初步发展阶段

从新中国成立初期到实行改革开放，我国水资源法治建设正处在“从无到有”的初步发展阶段。[①]1957年，颁布实施了《中华人民共和国水土保持暂行纲要》，专门对防止水土流失作了规定。1959年卫生部和建筑工程部联合发布了《生活饮用水卫生规程》，主要包括水质指标、水源选择和水源卫生防护三部分，第一次确立了生活用水标准。随着中国社会主义建设事业的发展，环境污染日益严重。

（二）水污染从负面促发了水资源法律制度的变迁

1972年6月，国务院批准了国家计划委员会、国家基本建设委员会关于官厅水库污染情况和解决意见的报告，建立了官厅水库水源保护领导小组，开始了中国第一个水域污染的治理；接着又批准召开防治大连、上海等主要港口和松花江、黄河、长江、珠江、渤海、东海等水域污染会议。

1973年8月5日至20日，由国务院委托原国家计委（现发改委）在北京组织召开的中国第一次环境保护会议，审议通过了“全面规划、合理布局、综合利用、化害为利、依靠群众、大家动手、保护环境、造福人民”的环境保护工作32字方针和中国第一个环境保护文件——《关于保护和改善环境的若干规定》，其中对水污染物的排放第一次做了明确的规定。这一时期，我国处于高度计划经济时期，市场配置资源的机制尚未形成，缺乏依法治国的理念，导致资源利用无序，保护不到位。因此，这一阶段属于我国水资源法治建设的初步发展阶段。[②]

① 刘志强、张建华:《完善自然资源法律体系的思考》，载《中国国土资源经济》2019年第3期。
② 刘志强、张建华:《完善自然资源法律体系的思考》，载《中国国土资源经济》2019年第3期。

二、新中国水资源法治的快速发展阶段（1978—2000年）

（一）资源保护入宪且《环境保护法（试行）》随之出台

1978年3月5日通过的《宪法》明确规定，“国家保护环境和自然资源，防治污染和其他公害”，确认环境保护是国家职能之一。1979年公布施行《环境保护法（试行）》，这是我国第一部关于保护环境和自然资源、防治污染和其他公害的综合性法律，对防治污染的任务、基本要求和措施、机构设置、法律责任等作了基本的规定。当然，这些规定也同样适用于水污染防治。这一阶段，我国自然资源法治的理论和实践不断丰富，水资源法治建设也得到了迅速的发展。

（二）《水污染防治法》及其实施细则颁布施行

我国水资源法制建设不断加快，水污染防治、水土保持、水资源开发利用和水生态的保护、水灾防止等方面的立法相继出台。1984年颁布实施了《水污染防治法》，对水环境质量标准、污染物排放标准的制定、水污染防治的监督管理等进行了规定。为了贯彻该法，又颁布了相关的实施细则等，使我国的水污染防治工作取得了一定的成效。

但是，随着大规模经济建设的发展，水资源大规模利用和污水随意排放，导致我国水环境质量仍在不断退化，水污染防治领域也出现了许多新问题。例如，城市水污染防治主要突出对工业废水污染控制，对流域污染控制、城市生活污水和非点源污染防治问题难以适应，等等。1996年对《水污染防治法》及2000年对其实施细则均为了适应形势发展的需要作了大量的修改，其中包括针对工业污染源的重点污染物总量控制制度、城市污水进行集中处理和收取污水处理费等，补充和完善了该阶段我国水污染防治立法体系。①

① 陈蓝图:《我国城市水污染防治立法若干问题研究》，湖南师范大学2002年硕士学位论文。

（三）1988年颁布实施了《水法》

1988年《水法》以及与之配套的行政法规和规章等的颁行，意义重大。其中包括：《违反水法规行政处罚暂行规定》《防汛条例》《取水许可制度实施办法》《河流管理条例》及《城市节约用水管理规定》等，使水资源的开发利用和水生态的保护有法可依。1982年国务院颁布了《水土保持工作条例》，1991年全国人大常委会通过了《水土保持法》，1997年制定颁布了《防洪法》等法律、法规，这些都完善了新中国水土保持和水灾防治的法律规范体系。

在这一阶段，新中国在水资源利用与保护科技支撑方面做了大量工作，特别是在改革开放思想的指引下，解放了思想，拓展了学术研究领域，出现欣欣向荣的局面。我国于20世纪80年代开展了第一次水资源评价工作，开始思考水资源的科学利用问题，为我国水资源利用和经济社会发展相协调研究奠定了基础。第一次水资源评价于1985年取得全国性成果，并于1987年编写出版了《中国水资源评价》一书。我国还于1984年和1996年先后完成了两次全国水质评价。

（四）水资源法律法规侧重开发利用而忽视水生态环境和生态系统的保护

总体来看，这一阶段基本以开发水资源、提高经济收入和GDP为主攻目标，对水资源保护则考虑不足，这也与当时开展大规模经济建设、解决人民温饱问题的目标一致。国际上讨论较多的水资源可持续利用理念，是直到20世纪末才开始在国内兴起的，而且也没有在实际工作中得到很好的贯彻，故而水资源保护还没有被放到应有的重要位置上。①

这一阶段，我国的水资源法治建设业已开始创设起了系统的水资源法律

① 夏军、左其亭：《中国水资源利用与保护40年（1978—2018年）》，载《城市与环境研究》2018年第2期。

规范体系，形成了水污染防治、水资源开发利用和水生态保护、水土保持、水灾防治四个水资源法治的子系统；同时也形成了多级别、多层次的综合法律调整的法律规范系统；再者，这四个子系统相对独立，融合性不强，在管理体制上不统一，特别是水污染防治法和水资源开发利用的规制相互分离，使得整个水资源法律规范系统的目的功能不明确。

当时的法律体现为初级的水法制度建设，运行可操作性差；再加上早期水资源立法的背景都是在我国改革开放的前期，计划成分还很多，所采用的也主要是行政命令手段，且多为末端控制，欠缺市场激励手段，公众参与不够，国际化程度亦不高；最后就是，当时水资源立法的主旨仅强调水资源的开发利用，而在水资源的技术性保护和采用技术性方式提高水资源的利用效率方面的措施很少，重视水资源管理的同时忽视了水生态环境和生态系统的保护。①

三、水资源法治改进完善阶段（2000 年后）

20 世纪末出现的一系列水灾害、水事活动和水形势变化，为进入 21 世纪后水资源利用与保护的理念、行为和工作带来新的需求和动力，总结起来有如下三个方面：

（一）21 世纪水资源利用与保护理念的不断演进

1. 国际上逐步得到认可的水资源可持续利用的思想在新中国得到认可。

2000 年前后，在国际上逐步得到认可的水资源可持续利用思想，开始指导和影响我国的水资源利用与保护实践，并成为 2002 年开始的全国水资源规划工作的主要指导思想。

2. 中国也认识到对水资源的开发利用不能超过其承载能力。

1998 年长江和嫩江—松花江大洪水之后，我国政府和学术界痛定思痛，

① 张炳淳：《我国当代水法治的历史变迁和发展趋势》，载《法学评论》2011 年第 2 期。

认真分析当时面临的水形势并采取应对措施，中央作出灾后重建、整治江湖、兴修水利等重大部署，改变了一些传统的认识。人们逐渐认识到：无限制地利用水资源是不行的，不能把水资源看成“取之不尽、用之不竭的资源”。

3. 中国水资源的开发利用已要求形成人与自然和谐相处的水环境。

随着人民生活水平的提高，温饱问题基本得到解决，人民群众对美好生活的需要日益广泛，希望生活的环境更加美好，更加迫切希望走人与自然和谐相处的道路。

（二）新中国水资源法治建设在改革开放的背景下发展完善

2000 年以来，我国加快《水法》配套法规和制度建设，取得了突出成绩。

1. 2002 年 8 月 29 日通过了《水法》修正案。

此次对《水法》作了较大的修改，修改后的《水法》，一是强化了水资源的统一管理，注重了水资源的宏观配置，发挥了市场在水资源配置中的作用；二是把节约用水和水资源保护放在了突出位置，提高了用水效率；三是加强了水资源开发、利用、节约和保护的规划与管理，明确了规划在水资源开发利用、节约、保护中的法律地位，强化了流域管理；四是适应水资源可持续利用的要求，通过合理配置水资源，协调好生活、生产和生态用水，特别是要加强水资源开发、利用中对生态环境的保护；五是适应依法行政的要求，强化了法律责任。

2. 修订水法规体系总体规划中配套法规建设旨在加快配套法规起草工作。

21 世纪以来，我国陆续颁布或修改实施了《水土保持法》《水污染防治法》《防汛条例》《取水许可和水资源费征收管理条例》《大中型水利水电工程建设征地补偿和移民安置条例》《黄河水量调度条例》《水文条例》《抗旱条例》《太湖流域管理条例》等法律法规。此外，水利部还颁布实施了《水量分配暂行办法》《取水许可管理办法》等 30 件部门规章。

各地严格依照《水法》规定，紧密结合地方实际，出台了一大批内容新、质量高、有特色的地方性法规、政府规章和规范性文件，既保障了《水法》在本地的有效落实，又开创性地在用水总量控制、河湖管理、河道采砂、节约用水等方面开展立法工作，也为国家水利立法提供了示范和借鉴。

3. 新中国相对完备的水资源法律规范系统业已基本形成。

这一阶段水资源法治建设的特点，一是不仅考虑到水法制度的设立，同时也考虑到制度的运行，旨在使法律的可操作性更强；二是水污染防治和水资源开发利用规制制度开始融合，注重开发中的水生态环境保护和水污染的防治；三是管理制度转型，即由过去单一的命令控制手段向命令控制、行政诱导、经济刺激和公众参与转变；四是加强了生态环境保护的成分；五是开始重视水资源保护中的企业和公民财产权益。

至此我国已经形成了一个相对完备的水资源法律规范系统。既有《水法》《水污染防治法》《水土保持法》和《防洪法》4 部法律，还有行政法规 20 部，以及地方性法规 160 多部和水利部等部门规章 90 部；再加上地方政府规章 170 多部等，共同为水资源的开发利用、保护管理及水利建设提供了良好的法治基础，使各项水事活动基本实现有法可依。[①]

可以说，既有的法律规范系统在我国国家层面主要包括四大子体系，即水污染防治法子系统、水资源开发利用和水生态保护法律规范子系统、水土保持法律规范子系统、水害防治法律规范子系统。

（三）新中国“安邦、富民、强国”的兴修水利到水资源法治的必由之路

1. 新中国初期的水资源法制无非是临时应急措施的法律定型化。

英美法法学家认为：“那些最大的变革从来都不是预先设计好的。甚至当某项立法导致了重大的后果时，人们也可以肯定地说这样的结果并不是出自立法者的本意。立法者只是提出了对一个小问题的救济措施，但实际发生的情况可能是当时大量的事件利用了这种救济方式，并极大地偏离了立法者的

① 郭运霞：《论我国水资源安全屏障的法制建设》，载《生态安全与环境风险防范法治建设——2011年全国环境资源法学研讨会（年会）论文集（第二册）》。

意图。社会潮流利用它可以利用的一切事物。”①

正因如此，著名普通法学家密尔松才说：“一个紧急的问题出现了，自然必须找到一个应急的处置办法。没有人知道那个解决办法以后会被视为什么制度的渊源，或者这个事情会变成其他什么事情的有效的结果。”②故可以认为，普通法系的法官们，是在一个生动、复杂而又充满困难的程序之中，根据不断变化的实际情况，发挥自己的主观能动性来灵活适用一种看起来不很明确的法律规则。

如果将新中国成立初期这一阶段有关水资源的法律制度视为“临时应急措施的定型化”，可以发现其特点主要表现为：一方面，缺乏系统的水资源法律体系，对于水资源仅有的一些原则性的规定，而且其大都分散于行政法规、规章中，并且规定的原则性过强，很难进行具体操作；另一方面，对于水资源的规范内容，也主要集中于防治水土流失，缺乏对水资源保护和开发利用的法律规制。

2. 新中国“安邦、富民、强国”的水资源法治必须与时俱进。

回顾新中国成立70年来中国水利的发展历程，可以看出新中国水利在社会主义建设中取得了卓著的成就，新中国水利始终走的是“安邦、富民、强国”的科学发展道路，水利的改革与发展，不仅充满了中国特色，彰显了中华民族治水的力量和智慧，还充分展现了治水理念上的与时俱进，新中国的水利事业不但为安邦、富民、强国奠定了重要的社会物质基础，还为经济社会发展作出了巨大贡献。③

① 潘维大：《英美法导读讲义》，（台北）瑞兴图书公司1998年版，第35页。

② ［英］密尔松：《普通法的历史基础》，李显冬等译，大百科全书出版社1999年版，第18页。

③ 张岳：《新中国水利回顾与展望——水利辉煌60年》，载《水利经济》2009年第6期。

第三节
新中国水资源法治的基本历史经验

中国正在一心一意谋发展，并着力解决发展过程中不断出现的新问题、新情况，全力迎接各种挑战。中国政府强调要更加注重经济发展与人口、资源、环境相协调，建设资源节约型和环境友好型社会，把经济社会发展转入以人为本、全面协调可持续发展的轨道。

根据国家经济社会发展政策和战略的调整，适应经济社会发展对水利的需求，在总结中国几千年来治水实践经验的基础上，通过不断探索，我国的治水理念和政策也进行了重大调整，正在逐步从工程水利向资源水利、传统水利向可持续发展水利转变。其核心理念就是通过约束人类自身行为，抑制对水资源开发利用的恶性竞争，在江河的开发利用和治理过程中更加注重防止对水的侵害，实现人与自然的和谐相处。

一、新中国水资源法治的基本原则

学界已经认识到，中国走可持续发展水利道路，要坚持以下基本原则：

（一）新中国水资源的法治必须坚持以人为本

这意味着要把全中国最广大人民的最长远的最大利益作为水资源开发管

理工作的出发点和落脚点。[①] 通过水资源的开发管理努力满足人民群众对供水安全、粮食安全、防洪安全和生态与环境用水等方面的需求。

（二）水资源法治须尊重自然规律坚持人与自然和谐相处[②]

自然，在水资源法治中要充分考虑水资源承载能力和水环境承载能力，妥善处理开发与保护的关系，减轻乃至防止人类活动对水资源的侵害。

（三）水资源法治要坚持节约资源和保护环境的基本国策

2017 年 5 月 26 日，习近平同志主持召开中共中央政治局第四十一次集体学习并发表讲话，认为推动形成绿色发展方式和生活方式是贯彻新发展理念的必然要求，必须把生态文明建设摆在全局工作的突出地位，坚持节约资源和保护环境的基本国策，坚持节约优先、保护优先、自然恢复为主的方针，形成节约资源和保护环境的空间格局、产业结构、生产方式、生活方式，努力实现经济社会发展和生态环境保护协同共进，为人民群众创造良好生产生活环境。[③]

所以不言而喻，新中国水资源法治必须把水资源的节约、保护、配置放在突出位置。

（四）完善水资源法律规范系统旨在坚持依法治水

从 2014 年 12 月到 2015 年 2 月，在短短 2 个月时间内，习近平总书记先后 11 次阐述了党的十八大以来新一届中央领导集体提出并形成的“四个全面”战略布局的问题。他强调，“要全面贯彻党的十八大、十八届三中和四中全会精神，全面建成小康社会、深化改革、依法治国、从严治党，引领各项工作”。

① 王思怀:《十七大以来中国特色社会主义理论体系研究综述》，载《商洛学院学报》2009 年第 1 期。

② 吴志翔:《浅谈构建水利与经济社会和谐发展的双赢平台》，载《山西建筑》2007 年第 25 期。

③《习近平：推动形成绿色发展方式和生活方式　为人民群众创造良好生产生活环境》，载《中国党政干部论坛》2017 年第 6 期。

全面依法治国是总结我国社会主义现代化建设成功经验和教训作出的重大战略抉择，是全面建成小康社会和深化改革的重要保障，是着眼于实现中华民族伟大复兴的中国梦、实现党和国家长治久安的长远考虑，归根到底是为子孙万代、长远发展。[①]

所以，加强法律制度建设旨在规范各种水事活动。依靠科技进步，重视水资源信息化建设，重视公众参与，不断提高水利建设水平和水资源管理水平。

（五）新中国治水转型的核心在于实现新型的水资源法治

中国治水转型的核心是治理模式的转型，要以实现人与自然和谐相处为理念，以建设节水防污型社会为目标，从以“控制”为主的传统治理模式转向以“良治”为导向的现代治理模式，建立新型的水治理结构和体制。[②]

水资源法治的核心就是遵循经济规律，实行政府宏观调控和市场机制有机结合，探索建立水权制度和水市场，不断推进水利投融资体制改革和水价机制改革。[③]

二、新中国水资源法治的“法政策”主旨

（一）全面建设节水型社会以解决我国水资源的供需矛盾[④]

通过管理制度建设和变革，建立以水权、水市场理论为基础的水资源管理体制，确定水资源开发利用“宏观控制指标”，明确各地区、各行业乃至各用水单位的水资源使用权指标，达到明晰初始水权的目的，实行水量微观定额指标管理，确定产品生产或服务的科学用水定额，形成以经济手段

---

① 施芝鸿：《“四个全面”战略布局是怎样形成的》，载《政策》2015年第4期。

② 王亚华：《水危机的根本出路：治道变革》，载《绿叶》2007年第5期。

③ 汪恕诚：《以水资源的可持续利用促进经济社会的可持续发展——在第三届世界水论坛部长级会议上的演讲》，载《中国水利》2003年第6期。

④ 李征、郑莉莉：《加快建设节水型社会实现水资源可持续利用——济宁市创建节水型城市的几点思考》，载《济宁师范专科学校学报》2006年第5期。

为主的节水机制，不断提高水资源利用效率和效益，促进经济、资源、环境协调发展。

（二）“给洪水以出路”把防洪思路从控制向管理转变①

依法规范人类的经济、社会活动，使之适应洪水的发展规律。科学安排河道、湖泊、枢纽、蓄滞洪区，重点加强蓄滞洪区建设等防洪减灾体系中的薄弱环节，加强洪水预警预报和风险管理，合理利用雨洪资源，建立洪水管理制度，不断完善综合防洪减灾体系。

（三）发展循环经济，防治结合，综合治理，解决水环境问题

以恢复和改善水体功能为目标，以水源地保护为重点，逐步建立以水环境承载能力为基础的排污权管理制度，根据河流纳污能力，实行排污总量控制。大力发展循环经济，积极推进产业结构调整，加大污水处理和再生水利用。实行严格的地下水保护政策，加强地下水超采地区的综合治理。诸如在实现小流域环境改善和可持续发展中提倡“三生共赢”，即指要把解决环境问题的目标定位于生活、生产与生态的“三生共赢”，其被认为是一条解决水资源管理中各种问题的根本路径。所以立足于流域水环境质量改善，以“三生共赢”和可持续发展理念为指导，提出了基于“三生共赢”的小流域水环境综合治理理论架构，就是要立足于水环境质量改善和水资源的优化配置，强化流域水环境约束，以尽可能小的环境代价来支撑流域经济结构优化和新型城镇化的发展；以资源高效和循环利用为核心，大力发展循环经济体系和循环社会体系，并通过创新流域治理体制机制构建成共担利益共享格局，最终实现社会经济的可持续发展。②学界已逐步认识到了，中国现阶段的突出环

---

① 李坤刚：《从淮河的经验看黄河下游防洪问题》，载《人民黄河》2005年第11期。

② 高爽、祝栋林、胡惠良：《基于“三生共赢”的小流域水环境综合治理对策研究》，载《中国环境管理》2017年第5期。

境问题只有“立足于治、治防结合、综合治理”才能有效解决。[①]

（四）充分发挥水资源生态自我修复能力来保护和修复生态

对水资源的开发和保护刻不容缓，故生态水利规划已逐步被纳入生态水利建设之中。做好生态水利工程建设，有利于改善区域内水文环境，增强水资源的自我恢复能力，加快跨区域水资源的开发和利用的速度，推进区域内水资源的优化，最终实现对水资源的统一管理和区域内生态环境多样性的保护。[②]

因此以预防保护和有效监督为主，国家通过投入与政策引导，采取退耕还林、封山禁牧禁柴等政策，辅之以工程、行政、技术、管理等综合措施，加强对重点水土流失地区和生态脆弱河流的综合治理，逐步扭转我国与水相关的生态恶化的趋势。

三、我国水资源法治的目标和任务

（一）把保障饮水安全作为中国水资源管理工作的首要任务

新中国农村在饮水困难问题上取得了历史性的成就。自2000年到2004年年底，全国共建成各类农村饮水工程80多万处，使6000多万农村人口告别了饮水难。五年间，中央共安排国债资金103亿元，加上地方政府和群众自筹资金，总投入约200亿元。

新中国成立以后我国农村供水事业取得了较大的成绩，但到20世纪末，全国仍有不少群众生活用水困难，主要分布在山区、牧区、少数民族地区和严重干旱地区。从2000年开始，国家安排专项资金，重点帮助中西部地区解

① 曾晓东：《中国现阶段的突出环境问题只有立足于治、治防结合、综合治理才能有效解决——学习〈国务院关于加强环境保护重点工作的意见〉的体会》，载《环境保护》2012年第13期。

② 也尔盼·乌尔克西：《生态水利工程对水资源保护的影响探讨》，载《能源与节能》2019年第2期。

决农村饮水困难问题。[①]

由于一些地区水环境质量差、水生态受损重、环境隐患多等问题十分突出，影响和损害群众健康，不利于经济社会持续发展。2015年4月2日，《国务院关于印发水污染防治行动计划的通知》发布。其对于切实加大水污染防治力度，保障国家水安全，具有重大意义。

（二）水资源法治重在积极推进节水型社会建设[②]

建设节水型社会的关键是构建起全社会节水的体制和机制。我国正在积极推进水资源管理制度改革，实行建设项目水资源论证制度、取水许可等制度，以及对取用地表水或者地下水的单位和个人试点征收水资源税，大力提倡用水户参与水管理，不断完善流域和区域相结合的水资源管理制度。同时在100余个城市开展节水型社会建设试点，积累经验。通过加强节水管理，推广节水技术改造，促进全国工业、农业用水水平稳步提高。

（三）加快江河防洪减灾体系建设以确保防洪安全

新中国对大江大河的防洪进行了系统的规划，并投入大量资金用于防洪体系建设。1998年以来，中国投资1600余亿元，开展了大规模的长江综合防洪体系建设。长江中下游干流3578公里堤防加固工程已全面完成，恢复水面2900平方公里，增加蓄洪容积130亿立方米，这是我国历史上第一次从围湖造地、人水争地，转变为大规模的退田还湖，给洪水以出路。[③]一批重点江河控制性枢纽工程相继完成或开工建设，1582座病险水库得到除险加固。今后我们将按照防洪规划要求，坚持给洪水以出路的原则，坚持工程措施与非工程措施相结合，逐步建立和完善防洪减灾社会保障体系。[④]

① 姚润丰、邓苏勇：《中国6000多万农村人口告别饮水难》，载新浪网：http://news.sina.com.cn/c/2005-10-13/21357161547s.shtml，最后访问日期：2019年3月12日。

② 高晓利：《我国节水型社会建设中的政府行为研究》，河海大学2008年硕士学位论文。

③ 汪恕诚：《怎样解决中国四大水问题》，载《水利建设与管理》2005年第3期。

④ 汪恕诚：《怎样解决中国四大水问题》，载《水利建设与管理》2005年第3期。

（四）高度重视粮食安全问题，完善水利对农业的支持和保护体系

中国13亿人口的粮食安全问题，政府始终高度重视。新中国在农业用水方面的政策是，通过农业节水，提高用水效率保障粮食用水安全，基本实现农业用水总量零增长。为此，中国大力开展农田水利基本建设，改善农业生产条件。从1998—2004年投资172亿元，对已有灌区进行节水改造和续建配套；积极推广农民用水户参与灌溉管理。近十年中，形成300多亿立方米的年节水能力，新增粮食综合生产能力400多亿公斤。至2010年，中国将新增工程节水灌溉面积1000万公顷，全国灌溉水有效利用系数从目前的0.45提高到0.50。

中国作为水资源匮乏的人口大国，农业发展、粮食安全和生态保护关乎民生大计，因而有效开发利用水资源至关重要，虚拟水贸易战略的实施也被认为是一个行之有效的应对之策。[①]2019年8月关于《资源税法（草案）》的审议结果，在初审的基础上对有关水资源税的内容作出完善，在法律上为相关改革留出必要空间。[②]

（五）加快水资源配置工程建设以提高对水资源的时空调控能力

为缓解我国北方水资源短缺和生态环境恶化状况，中国政府正在进一步建设南水北调工程，从根本上缓解北京、天津等华北地区和西北地区水资源短缺问题。同时，区域水资源配置工程建设进程加快，全国正在和将要建设一批水资源配置工程，克服水资源区域分布严重不均匀状况，统筹地区发展。

为基本保障经济社会发展对水资源的需求，在对我国水资源开发利用现状进行阐述评价的基础上，还须分析经济社会发展对水资源配置的基本需求和水资源配置对经济社会发展的保障作用，选取水资源及其利用、区域发展和生态环境状况三个方面的代表性指标，评价水资源开发利用与区域经济社

① 韦苏倢:《中国——东盟农产品虚拟水贸易问题研究》，中央财经大学2016年博士学位论文。

② 《资源税法二审：与水资源税改革相衔接》，载中国人大网：http://www.npc.gov.cn/npc/c30834/201908/2b828b5114734cf2902dd693700004bf.shtml，最后访问日期：2019年8月24日。

会发展的适应度，根据评价结果来对区域水资源予以配置。①

（六）加大水污染防治力度以遏制水环境恶化的趋势

2015年4月2日，《国务院关于印发水污染防治行动计划的通知》发布，其总体要求是：全面贯彻党的十八大和十八届二中、三中、四中全会精神，大力推进生态文明建设，以改善水环境质量为核心，按照“节水优先、空间均衡、系统治理、两手发力”原则，贯彻“安全、清洁、健康”方针，强化源头控制，水陆统筹、河海兼顾，对江河湖海实施分流域、分区域、分阶段科学治理，系统推进水污染防治、水生态保护和水资源管理。坚持政府市场协同，注重改革创新；坚持全面依法推进，实行最严格环保制度；坚持落实各方责任，严格考核问责；坚持全民参与，推动节水洁水人人有责，形成“政府统领、企业施治、市场驱动、公众参与”的水污染防治新机制，实现环境效益、经济效益与社会效益多赢，为建设“蓝天常在、青山常在、绿水常在”的美丽中国而奋斗。

（七）高度重视生态和环境问题，注重修复和拯救水资源生态系统

水生态保护是为了让生态系统保持正常水量平衡，维持水循环。大气降水中多数都是被生态系统吸收，一小部分则是成为水资源量，被生态系统利用掉的这部分，将会维持着区域内的生态稳定。经济进步以及人口增长让水生态环境面对严峻的形势，很多地区的河道已经断流，水资源污染非常普遍，破坏环境的同时，经济进步也由此遇到阻力。无论从哪个层面考虑，对水生态环境实施必要的保护以及修复都是非常有意义的工作内容。②

国家全面实施建设项目环境影响评价制度和水资源论证制度，从源头上使城市建设和工业布局充分考虑水资源条件和承载能力。对生态遭受破坏的

---

① 陈文艳、易斐、李亚非、高媛媛：《水资源配置与区域发展的适应性分析浅议》，载《中国水利》2018年第4期。

② 尤新军：《关于水生态环境保护与修复工作的思考》，载《资源节约与环保》2018年第5期。

地区，积极实施调水补水。例如，加强黄河流域水资源统一调度，实现了黄河连续6年不断流；对黑河流域、塔里木河流域实施综合治理和水资源统一调度，流域下游地区生态得到修复；实施了扎龙湿地补水等生态补水工程等，都均旨在拯救生态。

（八）完善水资源管理体制和机制

新中国颁布实施的《水法》《防洪法》《水污染防治法》《水土保持法》及其相关行政法规、技术政策和标准，确立了流域管理和行政区域管理相结合的水资源管理体制，积极推行城市水务管理体制改革，许多城市实行了城乡水务一体化管理，制定出台了加快改革水价、促进城市供水、污水处理市场化一系列政策，① 鼓励民营资本参与水务市场建设和运营。

研究表明，落实《水污染防治行动计划》将大力推动我国水环境产业的发展，据原环保部（现生态环境部）测算《水污染防治行动计划》将拉动环保产业新增产值1.9万亿元，其中直接购买环保产业产品和服务将不少于1.4万亿元。水污染防治行动的计划中明确水环境质量改善的阶段性目标，对重点流域、工业行业、规模化畜禽养殖、工业集聚区、城镇生活污水治理等领域的发展需求巨大，并促进我国水污染治理领域政府和社会资本合作（PPP）、政府购买环保公共服务、重点区域环境污染第三方治理等模式创新发展。在水环境产业发展的重点领域，不但要健全投资方式与回报机制、鼓励丰富融资工具、拓宽融资渠道，还要注重技术研发引进与成果转化等水环境产业发展对策措施。②

① 王敏捷：《黄河上中游流域水资源管理体制探讨》，载2000年黄河水资源管理研讨会编：《黄河水资源管理研究论文集》2001年9月。

② 赵云皓、逯元堂、马春晖、李扬飏、辛璐、樊宇：《实施〈水污染防治行动计划〉推动水环境产业发展——对〈水污染防治行动计划〉的解读》，载《环境保护科学》2015年第3期。

第四节
新中国水资源法治的进一步完善

一、健全新中国水资源法治法律规范之诸子系统

（一）水资源保护公众参与法律制度子系统行之有效

公众参与水资源保护的优势是：信息渠道更畅通和决策更有创造力；决策得到更多的公众支持和更好的贯彻实施；政府更加开明，更加民主；增强公众的水资源保护意识。随着我国社会经济的发展环境问题日益凸显，尤其是水资源的污染已经严重危害人民群众的健康。在市场与政府这两种调控手段对水资源的保护也力不从心的背景下，作为环境与资源保护法学的一项基本原则，公众参与原则日益受到重视。[①] 因此，在水资源保护机制中，必须注重公众在水资源保护过程中的作用，鼓励可能受到相应水资源开发行为影响的公众参加到相应的决策制定、开发利用活动中，并提出符合自身利益的主张，以实现水资源的良好保护、合理开发与利用。

（二）水资源规划法律规范子系统是水资源法治之规范依据

水资源利用与保护规划，是合理开发、利用与保护水资源的重要法律依据。我们应当结合我国水资源的时空分布、地理特点等因素进行流域规划的

---

① 杨风娥：《公众参与水资源保护研究综述》，载《水利发展研究》2009年第7期。

制定与落实，实现对水资源的开发利用与保护的指导。同时，在规划中对河流的上下游、左右岸水资源开发利用进行合理安排，协调地区之间的利益冲突，从而实现水资源的可持续利用。

（三）水环境质量标准应为水资源法治的制度支撑[①]

健全的标准可以为水资源保护提供有效的法律支撑。我们应在《水法》《水污染防治法》等基础上，结合当前我国科学技术制定合理、有效的水环境质量标准，赋予其较高的法律地位，将其作为执行相应法律规定的重要依据，以此来完善我国有关水资源保护标准制度。此外，结合当前农村、城市水资源实际情况，制定出符合社会需要的标准，为实现农村、城市水资源保护提供有效的法律依据。

（四）水资源法治中市场调节法律子系统不可或缺

1. 我国应当逐步建立水资源有偿使用制度。

探索建立水资源保护和生态恢复的经济补偿制度，尤其应当强化经济刺激手段的运用和完善。我们需要关注经济刺激手段，如污染者付费、环境税、排污权交易、禁令等。经济刺激手段在实现水资源目标保护时兼具灵活性和效率性，能够持续地引导和刺激用水主体进一步减少排污量、采用清洁工艺技术。

2. 要特别关注水资源生态补偿机制的确立和应用。

对于上游地区过度开发利用，上游的出境水质在污染程度方面超过水质管理目标所设定水质标准的，要按照超标程度给予下游相应补偿；对于上游地区限制开放利用、影响经济发展，使得上游的出境水质在实际污染程度未超过水质管理目标所设定水质标准的，下游地区也应给予上游相应补偿。

---

① 常纪文、汤方晴、吴平：《中国水治理的法制建设问题与对策建议》，载《重庆理工大学学报（社会科学）》2018年第5期。

（五）水资源保护与开发法律责任为水资源法治的负面规制[①]

当前水资源保护法律责任制度方面存在着较大的欠缺，以致实践中法律责任作用未得到全面发挥。因此，我们应当强化法律责任，科学、合理安排法律责任方式的种类、内容、程序等，实现水资源保护行政法律责任与刑事法律责任之间的顺畅衔接，并严格执行，不使其落空，从而建立科学良好的法律责任体系，为水资源保护提供支撑。

二、新中国水资源法治理念及其基本原则的演进[②]

（一）水资源法治系统目的功能的确立

1. 水资源法治系统旨在追求占中国最大多数人的最长远的最大利益。

水法的立法目标是“为了合理开发、利用、节约和保护水资源，防治水害，实现水资源的可持续利用，适应国民经济和社会发展的需要”。如果把立法目标设置为双目标，也就是水资源保护和经济发展两个中心，无疑很容易顾此失彼，难得两全。在所难免往往会由于人们过于追求经济目标而忽视对水资源的保护。很有可能在实践中将经济发展作为法律发展的直接目标，而无视对水资源的保护。[③]

有鉴于此，法律应更加着重强调水资源的保护，这是社会长治久安的前提条件。将可持续发展作为法律的指导理念，将水资源保护作为法律的唯一目标，更加注重对水资源保护作为法律发展的要求。从具体的落实路径来看，从环境影响评价制度、公众参与制度、“三同时”制度等运行入手，坚持可持续发展，并将其作为发展目标来进行落实，推动我国水资源的良好保护。

---

① 余跃军、高利红：《〈水法〉中的水资源保护制度研究》，载《环境资源法论丛》2002年第2卷第1期。

② 姚金海、周蓓：《论水法的法律地位》，载《经济与社会发展》2016年第6期。

③ 秦天宝：《论我国水资源保护法律的完善》，载《环境保护》2014年第4期。

2. 水资源法治中协调原则必须与时俱进以充分发挥其本来意义。

协调原则在水资源保护过程中占据着重要的作用。既要协调水资源保护行政主管部门之间的职权，也要协调经济发展与水资源保护之间内在固有的矛盾。由于水资源本身具有一定的地域性，这就需要对水资源风险管理以地域管理为主要管理模式，适应自然资源的自然属性，实现环境管理的目的。在法律或行政法规中对相应行政主管部门之间的职权范围以及业务协调进行明确性规定，合理安排各自职责，以更好地发挥行政主管部门保护水资源的作用。同时，将水资源保护列为第一目标，实现水资源的可持续发展目标。①

3. 水资源法治中预防原则的调整与完善。

水资源及水环境保护既是水法，也是环境资源保护法规制的主要对象。水资源及水环境保护基本原则必然是水法和环境资源保护法中基本原则的具体体现。水资源及水环境保护基本原则主要包括了可持续发展原则，受益方对受损方利益补偿的原则，预防为主与防治结合、从源头防治与保护的原则，公众参与保护及全过程监督的原则和协同合作原则等。②

在实践过程中，因预防为主原则的有限性使得治理水污染的目标未能有效实现。事实上，预防为主原则应用的重心在于对当前以及可能出现的环境污染与生态破坏进行预防，而对于潜在性的环境污染与生态破坏问题则无法进行有效的预防。因此我们应将“预防为主原则”调整为“预防原则”，并按照可持续发展的要求对其内容进行更新与完善，将预防原则作为其重要的指导原则。坚持预防原则，积极落实“三同时”制度、环境影响评价制度等。③

（二）进一步健全水资源保护法律规范的实施机制

1. 水资源监管应当整合各种监管力量。

法律制度只有落在实处才能最终起到效果。既有的监管体制各自为政，

① 徐文婷:《基于可持续发展的水资源保护策略探讨》，载《黑龙江科技信息》2015年第11期。

② 徐红霞:《论水资源及水环境保护基本原则》，载《改革与战略》2008年第7期。

③ 段婕妤:《水资源保护中政府法律责任的完善》，载《山西省政法管理干部学院学报》2015年第2期。

法律规范散见于各个规范文本且规定之间既不统一亦不协调，[①]而且对于监管主体这一重要的问题也有待讨论。环境保护部门肩负着重任，但是其他相关部门的职责也不能忽视。

2. 水资源的多重行政管理状况必须予以改变。

很长时间之内国家环境保护部门、林业部门、流域管理委员会等行政机构均对水资源的培育、调配、利用、开发行使不同的职权，牵一发而动全身。因而水生态文明的监管职责，应落实责任主体，防止产生责任推诿。为了推进监管效果，应尝试构建多部门、跨流域联合执法机制。

3. 政府实际运作体制同样为一种临时应急措施的定型化。

从实际来看政府运作过程，各级党委要担当领头羊的角色。在标准的制定、执行与落实、监测、信息公开、法律责任等方面则应当发挥政府应有的作用。因此，生态文明监管中，应健全党委领导、政府负责、社会协同、公众参与的社会管理格局，在服务中实施管理，在管理中体现服务。

关于环境监管的行为性质，学界认为，环境监管不仅是国家职责，亦是国家义务，前者相对于被管制对象，具有强烈的管理色彩，后者则是对国家进行直接而有效的约束。所以，环境监管并非国家为了财政创收而选择性地执法，而是对所有破坏生态文明的行为应一视同仁，积极履行的一项国家义务。[②]

故此应强化政府环境责任，规范和约束政府行为，建立能够有效约束政府、促使各级政府及其工作人员依法履行环保职责的法律制度。在市场经济发展中，政府应制定有利于水资源开发、利用与保护的产业政策，建立和完善环境与发展综合决策制度和机制，增强政府在相应领域的综合决策和协调能力。[③]

---

① 顾向一:《我国水生态文明法律规制研究》，载《水利发展研究》2017年第3期。

② 顾向一:《我国水生态文明法律规制研究》，载《水利发展研究》2017年第3期。

③ 吴舜泽、姚瑞华、赵越、王东:《科学把握水治理新形势 完善治水机制体制》，载《环境保护》2015年第10期。

三、我国当代水资源法治建设的发展趋势

虽然我国目前水资源保护形成了相对较完备的法律规范系统，但是由于我国经济社会的高速发展、市场经济的不断完善，民主化进程的加快，都促使水资源法治进一步发展完善。根据我国法治建设的方向，我国水资源法治建设的发展主要可归纳出以下几种主要的趋势：

（一）水资源保护已从法制走向法治

“法制是制度，法治是理念”[①]，法制是法律制度由无到有的过程，而法治是构建法律制度、运行法律、实施法律、依法行动、遵行法律的过程，是依法行为理念深入人心的过程。[②]通过立法程序，以成文法形式表现出来的法律、法规等行为规范，要真正落实在法律主体的行为中，使法律主体依法活动，仅有法律制度的构建是不行的，还需要执法、司法制度的安排，还需要全社会法律意识的提升。

但“有法律不等于有法治”，我国改革开放的前期，是法律制度的构建期，是创建法制的过程，而后期（这一过程还在持续）重点则是法治秩序的构建过程，旨在使法律制度真正运转起来，使法治意识深入人心，使政府依法行政、使公民依法维权。从“法制”到“法治”，看似仅一个字的改动，中国却走过了二十年的历程，“实行社会主义法治”“依法治国”这些今天的平常提法，在中国当代法治史上却是经历了艰难曲折的历程才被确立下来的。通过这些词汇背后的争论，我们看到中国法治观念的前进步伐。[③]

我国水资源法治建设在前一阶段的建设基础上，开始重视法律运行和法律实施，特别是可操作性的强化，这是一大趋势，并且这一趋势在不断地延展。

---

① 江平：《市场自治权应该得到公权尊重》，载《读书》2010年第8期。

② 张炳淳：《我国当代水法治的历史变迁和发展趋势》，载《法学评论》2011年第2期。

③ 李步云：《亲历从“法制”到“法治”的转变》，载《武汉文史资料》2015年第5期。

（二）水资源法治建设从“裁判主义”法学转向“预防主义”法学

“二战”后大陆法系的“裁判法学”认为，法律是为解决已发生的争执和麻烦而予以裁判和恢复原状所依赖的裁判规范，但其存在的弊端是淡化了法律规则的预防功能，忽视了司法效率和成本。[①] 为去除这一弊端，西方法学从“裁判主义法学”向“预防主义法学”转变，[②] 开始将法的功能定位由事后救济转向对行为过程的校正与防治的功能转变。[③] 面对新的水资源危机问题，仅凭借传统的“环境救济主义”思想，在事后采取救济措施，往往得不偿失。作为规范人的涉水行为进而调整水事关系的立法，必须对水资源的深刻变化作出有效的回应：亦即摒弃“法律救济主义”思想，从理论高度上向“预防主义”思路转变，贯彻预防为主的原则。

在这一认同的背景下，水资源法治建设将突出水生态环境保护，水源涵养、水土保持，促进人与自然和谐相处，实现经济与社会可持续发展。在此目标的基础上，强化政府责任、建立健全相关的水管理体制和制度，完善保护规划制度，运用经济刺激手段推进公众参与，实现水法从救济性法向预防性法的过渡。

（三）流域保护和系统综合管理子系统衍生新的理念

所谓综合生态系统管理是指管理自然资源和自然环境的一种综合管理战略和方法，它要求综合对待生态系统的各组成成分，综合考虑社会、经济、自然（包括环境、资源和生物等）的需要和价值，[④] 此种综合要采用多学科的知识和方法，综合运用行政的、市场的和社会的调整机制来解决资源利用、

---

① 罗大平：《环境风险评价法律制度研究》，武汉大学2005年硕士学位论文。

② 张炳淳、付康康：《〈陕西省秦岭生态环境保护条例〉之创新》，载《环境保护》2008年第16期。

③ 高原：《环境风险评价的法律问题研究》，华南理工大学2013年硕士学位论文。

④ 李忆春：《生态系统方法与中国〈环境保护法〉的完善》，载中国法学会环境资源法学研究会、国家环境保护总局、全国人大环资委法案室、兰州大学编：《环境法治与建设和谐社会——2007年全国环境资源法学研讨会（年会）论文集（第一册）》2007年5月。

生态保护和生态退化的问题，以达到创造和实现经济的、社会的和环境的多元惠益，实现人与自然的和谐共处。①

区域综合立法不是仅对单项环境介质、单个资源要素的单项管理，也不仅仅局限于单一的土地类型、保护区域、政治或行政单位，而是多种介质、多种目标的全过程管理，它是一种跨部门、跨行政区域、多元主体参与的系统管理，其涵盖所有的利益相关者，将经济、社会和环境因素有效整合到管理目标中。这无疑促使了我国流域综合管理法的出现，如我国正在酝酿制定的《长江法》《黄河法》等流域管理法。

我国践行“让江河湖泊休养生息”理念，重点流域和区域污染防治取得新突破：国务院办公厅转发的《重点流域水污染防治专项规划实施情况考核暂行办法》，②以及重点流域省界断面水质考核制度的全面建立，成为推动重点流域水污染防治的关键抓手；水体污染控制与治理科技重大专项进入全面实施阶段；③综合生态管理思想衍生出相应的制度如生态用水制度、水生态补偿制度和根据优化开发、重点开发、限制开发、禁止开发确立的功能区划制度等。

（四）地方性水资源法治建设得以加强且问责制度得到确立

新中国涉水的地方性法规、规章已经形成了体系。④例如，陕西省有《陕西省渭河水污染防治条例》《陕西省城市水源保护区环境保护条例》《西安市城市饮用水源污染防治管理条例》《西安市黑河引水系统保护条例》《陕西省实施〈中华人民共和国水土保持法〉办法》《关于重新核定水资源费征收标准的通知》等。⑤又如，甘肃有《甘肃省石油勘探开发生态环境保护条例》《甘

---

① 周训芳：《追求人与自然和谐共处的环境权学说——蔡守秋环境权理论研究述评》，载《长沙电力学院学报（社会科学版）》2004 年第 2 期。

② 《流域水污染防治专项规划实施情况考核暂行办法正式实施》，载《西南给排水》2016 年第 5 期。

③ 赵英民：《全面实施科技兴环保战略　加快完善环保科技标准体系》，载《环境保护》2011 年第 23 期。

④ 吉炳轩：《用法律手段推动水利跨越式发展》，载《中国人大》2016 年第 11 期。

⑤ 宁丹源：《渤海环境保护中非滨海省区的法制建设任务》，中国海洋大学 2011 年硕士学位论文。

肃省实施〈中华人民共和国水法〉办法》《甘肃省水资源费征收管理办法》《关于加强黄河甘肃段水污染防治工作的意见》等。再如，内蒙古自治区有《内蒙古自治区境内西辽河流域水污染防治条例》《内蒙古自治区取水许可制度实施细则》《内蒙古自治区实施〈中华人民共和国水法〉办法》《内蒙古自治区水资源费征收使用管理办法》等。

地方性水资源法治建设之目的旨在适应我国地域辽阔，地方水资源和水环境差异性大特点的要求。地方水法治建设步伐的加快，推动了水法治建设自下而上的进程，地方在获得一定的经验后，中央总结地方经验，制定国家有关涉水法律，以推进国家层面上水资源法治的完善。

另外，问责制在地方也得以强化，如贵州制定了《主要污染物总量减排攻坚工作行政问责办法》，对城市污水处理设施建设进度严重滞后的市（州）、县政府领导进行诫勉谈话；[①]广西对未按计划完成城镇污水处理设施建设的47位市（县）政府主要领导向全区发出通报。[②]

（五）我国当代水资源法治建设逐步注重国际跨界河流的法律理念，并开始吸收国际水法原则和习惯

1. 新中国国内水法对国际跨界河流的法律原则和习惯的认同。

我国虽然没有加入《国际水道法非航行使用法公约》《跨界水道和国际湖泊保护和利用公约》等国际跨界河流条约，但是，随着我国水资源法治的进一步发展，其中的一些法律原则和法律理念，开始逐步受到我国水资源法治的重视，并表现在我国政府的外交政策之中。例如，关于下游国家关切我国在上游修建水利工程的问题，我国政府多次重申“不做任何损害下游国家利益的事情”的立场。对于国际跨界河流的“不造成重大损害原则”等法律原则和习惯的认同，如果经常出现在我国关于国际河流的对外声明中，就必然

① 贵州省人民政府污染减排办公室:《多措并举打好贵州省污染减排攻坚战》，载《环境保护》2009年第1期。

② 《广西壮族自治区人民政府对全区未按计划完成城镇污水生活垃圾处理设施项目建设开工和运营目标任务市县第一责任人的通报》（桂改发〔2009〕55号）。

会对我国国内水法产生影响。目前，对于我国的国际跨界河流具有重要影响的法律原则主要有：尊重主权与领土完整原则、国际河流有限主权原则、国际河流利用平等互利原则、国际河流沿岸国自由航行原则、国际河流沿岸国合作原则、公平合理利用国际河流原则、利用国际河流不造成重大损害原则、防治国际河流环境污染原则等。

2. 我国目前已经签订了一定数量的国际跨界河流条约。

现行有效的关于国际跨界河流领域的条约主要有：《中华人民共和国政府和朝鲜民主主义人民共和国政府关于国境河流航运合作的协定》(1960 年 5 月 23 日签订，1960 年 8 月 19 日起生效)；①《中华人民共和国政府和俄罗斯联邦政府关于船只从乌苏里江(乌苏里河)经哈巴罗夫斯克城下至黑龙江(阿穆尔河)往返航行的议定书》(1994 年 9 月 3 日签订并生效)；②《中华人民共和国政府和俄罗斯联邦政府关于合理利用和保护跨界水的协定》(2008 年 1 月 29 日签署)；《中华人民共和国政府和蒙古国政府关于保护和利用边界水协定》(1994 年 4 月 29 日签署，1995 年 1 月 16 日生效)；《中华人民共和国政府和哈萨克斯坦共和国政府关于利用和保护跨界河流的合作协定》(2001 年 9 月 12 日签署，2002 年 9 月 23 日生效)；③《中华人民共和国政府、老挝人民民主共和国政府、缅甸联邦政府和泰王国政府澜沧江—湄公河商船通航协定》(2000 年 4 月 20 日签订并生效)等。

(六)水资源管理体制变革逐步推进

水资源是重要的自然资源，也是生态系统的构成要素。在我国积极深化自然资源管理制度改革，推进生态文明制度建设的关键时期，水资源管理制

① 王志坚:《国际河流法刍议》，载中国法学会环境资源法学研究会、水利部、河海大学编:《水资源可持续利用与水生态环境保护的法律问题研究——2008 年全国环境资源法学研讨会(年会)论文集》2008 年 12 月。

② 殷敏:《"一带一路"倡议下中国对俄投资的法律风险及应对》，载《国际商务研究》2018 年第 1 期。

③ 邢鸿飞、王志坚:《我国国际河流相关政策分析》，载《河海大学学报(哲学社会科学版)》2010 年第 1 期。

度改革也迫在眉睫。①

我国的水资源管理和水污染法治监督体制存在分散执法、缺乏统一协调的弊端，各部门各自为政，制约了水资源和水环境管理的有效开展。环保部门担负着对其他相关部门的统一协调职能，但环保部门的地位原来较低，并不能有效发挥作用，且在以往的环境法中也没有明确规定环保部门在环境监管和环境执法中的统一协调权，面对环境监管和环境保护所涉及的主体范围的广泛性、综合性强的特点，往往不能形成沟通、配合和联动。

因此，建立一个综合管理、协调一致的专门机构尤为重要。结合我国的“大部制改革”，摒弃多头管理、条块分割，各部门基于自己的利益，在执法过程中不能形成联动机制的体制弊端，设立统一的水务管理机构，形成执法的联动机制，使水资源和水环境管理在统一机构的组织、协调、督促下健康发展。

（七）水资源法治之中混合型法律手段运用越来越多

水资源保护法律存在着法律目的未能体现可持续发展的情形；协调原则与预防原则未能有效发挥作用；环境影响评价制度、流域规划制度、标准制度不足；法律实施机制的单一化等问题。为了更好地保护水资源，学界认为应当从以下几个方面完善我国水资源保护法律：（1）应将可持续发展作为法律理念；（2）要完善协调原则、预防原则；（3）健全公众制度、流域规划制度、水质标准制等法律制度；（4）实现水资源保护法律实施机制的多元化。②

混合型法律手段是法律通过对公权力的修正或者政策的增加，以对某种利益进行倾斜保护来协调各种利益平衡的过程，换言之，政府通过一定的诱导干预机制来影响法律关系主体的行为偏好，而将决策权最终留给私人，诱导他们按照预期目标作为或者不作为，从而来协调社会利益关系。其特点表现为：

① 林燕华：《自然资源管理制度改革中的水资源管理》，载《安徽农业科学》2015年第8期。
② 秦天宝：《论我国水资源保护法律的完善》，载《环境保护》2014年第2期。

1. 水资源法律规制手段的混合性。

由于现代社会出现了一些特殊的社会问题，如不正当竞争和垄断问题、消费者权益保障问题、生态环境问题、社会保障问题等，而传统的自治型调节手段或者强制型调节手段由于其对社会关系和社会利益的调整简单机械、缺乏灵活性和平衡性，而对这些问题不能够单独处理，因此“现代法对这些问题的调整方式是在结合前面两种传统的方式基础上形成的”[①]。

但是，这种手段绝不是对两种手段的简单相加，它是一种“相对自主性”和“相对强制性”的有机结合，并兼有自治型手段和强制型手段的特征，吸收了两种手段的共有优点，“它是通过法律对权力进行控制，又对权利进行约束”来实现对社会关系的调整和对利益关系的平衡。它是“私法手段公法化”和“公法手段私法化”相互渗透回应、折中妥协的动态过程。

2. 水资源法律规制手段的多功能性。

由于手段的混合性，使其具备了功能多样性的可能。这是因为混合型法律手段将个体决策、集体决策和国家决策融合在同一法律手段中，并“以尽可能接近亚当·斯密提到经济秩序时所描述的方式，把参与者的自私行为向公共利益引导”[②]。从而使这一手段同时具有了自愿性、强制性和诱导性功能。

3. 水资源法律规制手段的政策平衡性。

这种手段在一些法学著述中被称为“政策性平衡”，实质上它是国家宏观干预政策的法律化，其价值特性在于它的“社会妥协性”。

4. 水资源法律规制手段的灵活性和实施的低成本性。

市场和政府管理部门可以有效地使交易成本最小化，“在市场形态中，满足信息和其他需要的成本在很大程度上具体化为：多种生产者和消费者一起分担获取及传播信息以及其他产品和服务的成本。在统治集团中这些成本内部化了”。[③] 与传统的强制型手段，特别是命令控制型手段相比，混合型手段

---

① 张文显：《法理学》，法律出版社 1997 年版，第 275 页。

② [英] 迈克尔·豪利特、M. 拉米什：《公共政策研究：政策循环与政策子系统》，庞诗等译，生活·读书·新知三联书店 2006 年版。

③ 张炳淳：《我国当代水法治的历史变迁和发展趋势》，载《法学评论》2011 年第 2 期。

可以借助市场信号来满足信息需求，同时可以将一部分实施成本分解给私人，所以其实施的成本大大减少。综观各国水法律体系，其对水资源保护的管理措施在过去多采用“直接控制”即强制型法律手段和“自治管理”即自治型法律手段，而采用“间接调控”即混合型手段较少，而目前这种手段如废水排污费制度、水权交易制度、阶梯水价制度、水生态补偿制度、废水税制度等将成为当代水资源法治建设的发展趋势。

第四章

新中国林业资源法治 70 年

第一节
改革开放前林业制度回顾

改革开放之前，农业的产业化形式的所谓“大农业”并不多见。由于现代意义上的“大农业”与中国几千年来自给自足的农业以及改革开放前的计划经济的农业，有着根本的区别，所以当时谈及新中国的农业是“大农业”，是相对于“小农业”的一种说法。当时国际上把农业分为种植业和畜牧业，新中国习惯上把农业分为“农、林、牧、副、渔”五业。这其中的“农”即为“小农业”，实际上就是仅指种植业。

在这一语境下，当时的所谓“大农业”，实践中就是对第一产业，即农业的具体内容划分的概括。而现在我们很多时候提到的“大农业”一般却都是指农业的产业化形式。其内涵就不仅包括种植和养殖，还包括产前产后。如产前的农药、化肥等的生产；产后加工、销售等。实际上它已经贯穿了一二三产业。其中第二产业，包括农产品加工；第三产业包括近年来兴起的“农家乐”“观光农业”等。

简单地说，现在这种“大农业”已是一种新的经济模式，其延伸了农业产业化，促进了经济大发展。[①]而改革开放之前，除了极少数陆续建立的国营农、林场以外，广大的农村都是中国几千年一直存在的自给自足的农业，后来发展起来成为计划经济模式下的集体所有制的农业。它们就是“农、林、

---

① 霍玲:《大农业理论指导下的循环经济》，载《地质技术经济管理》2003年第6期。

牧、副、渔”都包括在内的那种所谓的“大农业”。

林业产权制度是林业生产关系一项最基本的内容，对于林业生产力的发展有重要影响。[①] 自新中国成立以来，中国的林业产权制度变迁经历了一个曲折的过程，这个过程是与我国特定的社会历史背景和社会发展进程相吻合的。[②] 从 1949 年新中国成立到 1978 年改革开放前，我国林权政策与农村土地制度的变革紧密相连，经历了三个阶段的调整，分别是：土地改革时期（1949—1952 年），社会主义改造时期（1953—1957 年），人民公社化时期（1958—1978 年）。

一、土地改革时期的林权制度

新中国成立后，我国经济发展迎来全面恢复与建设时期，为了激发农民的生产积极性，同时当然也是为了化解木材资源的供需矛盾，新中国开始了新一轮土地改革。

1950 年通过的《土地改革法》规定：**“没收和征收的山林、鱼塘、茶山、桐山、桑田、竹林、果园、芦苇地、荒地及其他可分土地，应按适当比例，折合普通土地统一分配之……”** 同时还规定：**“大森林、大水利工程、大荒地、大荒山、大盐田和矿山及湖、沼、河、港等，均归国家所有，由人民政府管理经营……”** 这一时期林权政策的主要内容是确定山林权属，将山林的所有制变为国家或农民分别所有，林地林木依照规定严格按照人口均分到户，并通过进行土地改革重新调整生产关系。[③] 随后的政策进一步确定了大森林的面积标准和管理办法，并由县级人民政府颁发林权证书对农户个人所有权加以确认。

在该制度下，个人对林地及其林业资源享有占有、使用、收益和处

① 樊宝敏、李淑新、颜国强：《中国近现代林业产权制度变迁》，载《世界林业研究》2009 年第 4 期。

② 林瑞馨：《我国林权制度改革史分析》，厦门大学 2007 年硕士学位论文。

③ 甯美妮：《我国林权制度的历史考察及发展趋势探究》，重庆大学 2011 年硕士学位论文。

分的各项所有权能，林权主体可以自由行使对山林的支配权，如采伐、利用、出卖、赠送等，林地也可以自由流转。这种对林农个人所有的林业产权的确立保障了农民切身利益，使得农民生产积极性有了很大的提高。

二、社会主义改造时期的林权制度

（一）1953年农业初级合作社建立后的林权制度

1953年，我国开始进入计划经济时期，同年公布了《关于发展农业合作社的决议》，这被认为标志着我国农业初级合作化的开始。《关于发展农业合作社的决议》规定了在基本维持山林所有权稳定不变的条件下，以户为单位，自愿组合成林业生产互助组进行合作生产。在互助组的基础上，通过将农田、山林入股，耕畜、农具等折价入社参与分红的办法，组成林业初级合作社。

到1955年11月，为实施1954年《宪法》所规定过渡时期总路线，国家颁布了《农业生产合作社示范章程》草案。该章程第一条明确合作社为坚持“自愿互利”原则的集体经济组织，引导广大农民加入合作社，主要采取教育和示范的手段，[①] 鼓励农民将山林使用权、经营权出让给集体；同时规定，农民房屋前后及自家宅院栽种的树木仍归个人所有，其他林木由合作社统一帮助栽种和经营。

合作社经营各种林木所取得的收益，在扣除集体花费和应得利息后，其余收益部分都归林木所有者，林地所有者可以在扣除公积金、公益金后获得土地分红。

---

① 胡震：《1956年〈农业生产合作社示范章程〉立法的历史考察》，载《中国农业大学学报（社会科学版）》2018年第6期。

（二）1956年高级农业生产合作社建立后的林权制度

中国对农业进行社会主义改造，在其发展过程中，大体经过三个步骤：由带有社会主义萌芽的互助组，发展到以土地入股和统一经营为特点的半社会主义的农业生产合作社；然后在半社会主义农业生产合作社的基础上，进一步过渡到全社会主义的农业生产合作社。[①] 到了1956年，农业合作社开始由初级合作社发展为高级合作社。国家出台的《高级农业合作社示范章程》规定：**“把社员私有的主要生产资料转为合作社集体所有”**，即林地所有权与经营权都收归了合作社，林地收益也基本都归集体所有了。

只有零星的林木，归社员自己所有；幼林和苗圃，由合作社有偿作价后转为合作社集体所有；成片的经济林和用材林，按一定标准作价归合作社集体所有。在高级社阶段，从法律上看，农民个人不再直接享有对山林生产资料的财产所有权。

三、人民公社化时期的林权制度

（一）人民公社将一切生产资料包括林地及林木归其所有

1958年8月，中共中央正式通过《关于在农村建立人民公社问题的决议》，“大跃进”和人民公社化运动随之开始在全国农村范围内迅速兴起。这一时期的林业制度，带有强烈的“一大二公”“一平二调”的政治特征。人民公社的建立，将土改时期的“分山分林到户”与农业合作化时期的“山林入社”，统一改为人民公社时期的“山林集体所有、统一经营”。原合作社所有的一切生产资料归为人民公社所有，包括林地及林木的所有权。[②]

---

① 宋涛：《初级农业生产合作社过渡到高级农业生产合作社的必然性》，载《教学与研究》1956年第6期。

② 周少舟、方兰、缪光平、杨文生、费勇：《集体林权制度改革背景、进展及其他》，载《中国林业产业》2008年第5期。

在“一平二调”的原则下，林地由公社统一经营，并可以在生产队或生产大队之间任意调拨，各生产队的劳力可以由公社任意调支，林地收益除完成国家的税收任务外，其余全部上交公社，并在公社范围内实行平均主义供给制。这种制度造成了农民积极性严重不足，生产效率低下，许多地方甚至出现了不尊重集体产权、不问山林权属，组织劳动力上山哄抢山林、乱砍滥伐的混乱现象。

（二）“林业十八条”后各种林木实行“谁种谁有”

为解决人民公社化过程中出现的问题，中共中央1961年3月制定的《农村人民公社工作条例（草案）》，作出了林业集体化长期不变的规定：**“……上面所说的土地、牲畜、农具、山林、水面、草原的所有权和经营权，经过社员大会或者社员代表大会讨论同意，定下来以后，长期不变。除了这些以外，还有别的所有权和经营权的问题，经过社员大会或者社员代表大会讨论同意，定下来以后，也长期不变。”**

同年6月又颁布了《中共中央关于确定林权保护山林和发展林业的若干政策规定（实行草案）》（即“林业十八条”），明确指出：**“高级合作社时期，初级合作社、生产队集体所有的山林和社员所有的山林，应该仍然归生产队和生产大队集体所有和社员个人所有。”“高级社时期确定归社员个人所有的零星树木，社员在村前村后、屋前屋后、路旁水边、自留地上和坟地上种植的树木，都归社员个人所有。”“人民公社以来和今后新造的各种林木实行‘谁种谁有’的原则，国造国有，社造社有，队造队有。”**重新确定了山林权属，保护了农民对零星树木、自己种植的屋前屋后树木的所有权。

（三）1962年后又实行“三级所有，队为基础”

将山林按照两种基本形式进行划分：一是对于山林面积大、分布比较均匀的，划分到生产队，由生产队集体经营；二是对于山林分布不均、难以划片的，由大队集体经营。对丘陵平原地区基本采用全部或者大部分划片到队，同时分给每户社员部分自留山由社员自己经营的形式，分配标准为当地山林面积的5%—20%不等。

公社化运动之后，原属于农业生产合作社和社员的一切土地，连同耕畜、农具等生产资料以及一切公共财产都已无偿地收归公社所有，林地也属于集体所有，由集体统一经营，实行了集体组织对自己所有的森林、林木以及林地享有的占有、使用、收益和处分的制度，这成了一个集合概念，其具体表现为由森林、林木以及林地所有权组合而成的权利束。从法律属性看其应为一种带有公法色彩的物权。①

（四）“大跃进”和人民公社化时期林业陷入困境

开始于1958年的“大跃进”和人民公社化运动使我国国民经济遭遇了巨大的危机，林业战线也陷入了严重困境。②

直到1960年11月农业战线开始大规模调整，林业战线才随之迈开了调整的步伐。1961年1月中共八届九中全会后林业调整全面展开并随之进入高潮。林业调整历时五年多以后，至1965年年底结束。

① 杨涛:《集体林权制度改革若干问题探讨》，湖南师范大学2010年硕士学位论文。

② 刘元:《20世纪60年代党对林业政策的调整》，湘潭大学2015年硕士学位论文。

第二节 改革开放后的第一轮林权制度改革

一、改革开放后第一轮林改的背景

（一）“三起三落”的农村“包产到户”

20 世纪 70 年代末 80 年代初的农村土地家庭联产承包责任制被誉为我国农民的伟大创造，并由此推动了中国经济体制改革。也有人认为，早在 1956 年、1959 年和 1962 年就曾经有过三次“包产到户”风，他们创造并三次付诸实践了包产到户的生产责任制形式，被称之为“包产到户”的“三起三落”。只是由于对什么是社会主义的认识上的偏差，在“左”的指导思想束缚下，三次努力都无疾而终，历史留下的这些经验和教训，为我们选择正确的农业包括林业发展道路积累了宝贵的经验。[①]

1978 年一个寒冷的夜晚，安徽省凤阳县小岗村 18 户农民按下了十八颗红手印，将集体土地承包到户，搞起了“大包干”，实现了“一年翻身，改变面貌”的故事，早已形象地将生产队与各家各户农民约定记录下来，即先把该交给国家的、该留给集体的都固定下来，收获以后剩多剩少都是农民自己的。这个简单易行、最受农民欢迎的方法，于 1979 年为时任安徽省委第一书记的万里以“交够国家的；留够集体的；剩下的都是自己的”所谓“大包干”的做法予以概括，从而给予了政治上的肯定与支持。因而被称为“伟大的壮举”，

① 邓智旺：《“包产到户”三起三落的历史启示》，载《许昌师专学报》2000 年第 4 期。

从此奏响了新中国农村经济体制改革的序曲。[①]

（二）家庭联产承包责任制同时也在林权制度中萌芽和起步

1980年5月31日，邓小平发表讲话，肯定了凤阳县搞“大包干”的做法。[②]9月，中央发出通知，第一次肯定了“大包干”的改革行动，农村改革由此全面铺开。其后，以家庭联产承包责任制为主要形式的新型农业生产关系在各地农村普遍确立。农村改革特别是家庭联产承包责任制的实行，对充分调动亿万农民积极性，打破农业长期停滞不前的困难局面，加快农业发展，改变农村面貌，产生了深远影响和极大推动作用。

1978年秋到1980年4月是家庭联产承包责任制的萌芽和起步阶段。对农民自发的包产到户，中共中央经历了从不允许、允许例外、小范围允许到全面推广的过程。而在这一阶段，则是从不允许到允许例外。家庭联产承包责任制的实施，突破了人民公社体制下“三级所有，队为基础”的规定，确立了农户的市场主体法律地位，有效地解决了农林生产的激励问题，大大提高了中国农民的生产热情，使农业包括林业实现了前所未有的发展。当然，改革既被称之为“第二次革命”，[③]家庭联产承包责任制从萌芽到形成和发展，当然不可能是一帆风顺的，其经历了非常曲折的过程。[④]

1978年12月，《农村人民公社工作条例（试行草案）》依旧明确规定：**“不许包产到户，不许分田单干。”**1979年9月，党的十一届四中全会通过的《中共中央关于加快农业发展若干问题的决定》中对“包产到户”仅严格限制在**“某些副业生产特殊需要和边远山区”**以及**“交通不便的单家独户”**的范围内。可以说，1980年5月到1981年年底是家庭承包制的全面展开阶段。近年来学

① 《一个红手印，一个政策，一个开始——从安徽小岗村看农村土地政策变革留下的足迹》，载新华网：http://www.xinhuanet.com/mrdx/2018-10/08/c_137517804.htm，最后访问日期：2019年3月15日。

② 邓小平：《关于农村政策问题》，载《邓小平文选》第2卷，人民出版社1994年版，第315页。

③ 《习近平为何把改革开放称为“第二次革命”？》，载中国新闻网：http://it.chinanews.com/gn/2018/04-10/8487399.shtml，最后访问日期：2019年3月16日。

④ 赵博：《家庭联产承包责任制的变迁、现状及前景展望》，内蒙古大学2010年硕士学位论文。

术界对20世纪70年代末80年代初的农村改革虽看法不一，但大都肯定其成绩，探索不可能没有缺陷，其对以后农村的进一步改革的指导，[①] 毋庸置疑。

1980年9月，中共中央75号文件《关于进一步加强和完善农业生产责任制的几个问题》规定：**“在边远山区和贫困落后地区，集体经济长期搞不好的生产队，群众要求包产到户的，应当支持，也可以包干到户。”**这是肯定包产到户的第一个中央文件，它对于推动农业体制改革，产生了重要的影响。

（三）“家庭承包责任制”的确立

1982年春到1984年年初是家庭承包责任制的全面完成阶段。1982年1月，中央批转了《全国农村工作会议纪要》，第一次正式肯定了包干到户也是一种生产责任制，指出包干到户是建立在土地公有制基础上的，是社会主义农业经济的组成部分。1983年1月，中共中央印发《当前农村经济政策的若干问题》，进一步对家庭联产承包责任制作出高度的评价，它标志着家庭联产承包责任制作为农村改革的一项战略决策的正式确立。

二、改革开放后第一轮林业改革的历程

（一）稳定山权林权、划定自留山和确定林业生产责任制的“林业三定”

1981年3月，中共中央、国务院发布《关于保护森林发展林业若干问题的决定》，明确提出要稳定山林权属，划定自留山，落实林业生产责任制。

1981年7月11日，国务院下发《国务院办公厅转发林业部〈关于稳定山权林权落实林业生产责任制情况简报〉的通知》，要求各地：“必须尽快作出部署，组织力量在明春以前完成这项工作。”本次改革属于以森林、林木、林地为对象的土地产权制度变革，以林业生产关系调整为核心。

① 王连花：《70年代末80年代初农村改革评价述评》，载《改革与开放》2012年第2期。

1. 第一次林权改革旨在以森林、林木、林地为对象的土地产权制度变革。

“林业三定”是稳定山林权、划定自留山和确定林业生产责任制的简称。“三定”是1981年中共中央、国务院《关于保护森林发展林业若干问题的决定》中提出的林业政策。其是通过稳定“山权林权”即“国家所有、集体所有的山林树木，或个人所有的林木和使用的林地，以及其他部门、单位的林木，凡是权属清楚的，都应予以承认，由县或者县以上人民政府颁发林权证，保障所有权不变。”同时建立林业生产责任制，借以调动广大林农发展林业生产的积极性。通过进一步明晰林农对森林、林木的所有权、使用权和林地的使用权，确保林农的收益权和处置权，减轻林农负担，增加林农收入，调动林农和社会各方面参与林业建设的积极性。[①]

林业“三定”时期主要是在1981年至1983年，其主要内容有：

（1）国家所有、集体所有的森林、林木、林地，个人所有的林木和使用的林地，以及其他部门、单位所有的林木，要确定权属，由县以上人民政府颁发林权证，确认所有权或使用权。

（2）划给农户自留山（或沙滩、沙荒）用于植树种草，长期使用，种植的林木归农户所有，允许继承。

（3）选择和确定林业生产责任制，把责任和报酬、整体利益与个人利益联系起来。

2. 林业林农和社会各方面参与林业“三定”是以“四固定”为准。

1982年12月4日通过的《宪法》第九条第一款规定：**“矿藏、水流、森林、山岭、草原、荒地、滩涂等自然资源，都属于国家所有，即全民所有；由法律规定属于集体所有的森林和山岭、草原、荒地、滩涂除外。”**目前强调林地所有权属于全民或者集体所有，此即为宪法上的依据。

“三定”时集体的山林，一般以“四固定”时确定的权属为准，“四固定”时未确定权属的，参考合作化或土改时确定的权属。这里所谓的“四固定”则是指

---

① 刘璨、朱文清、刘浩：《林业“三定”制度安排对我国南方集体林区森林资源影响的测度与分析》，载《制度经济学研究》2013年第12期。

1960年11月3日，中共中央发布《关于农村人民公社当前政策问题的紧急指示信》明确规定：**"劳力、土地、耕畜、农具必须坚决实行四固定，固定给生产小队使用"**；[①]1962年9月27日中共中央发布的《农村人民公社工作条例修正草案》第十二条第一款规定：**"为了保护、培育和合理利用山林资源，公社所有的山林，一般地应该下放给生产队所有；不宜于下放的，仍旧归公社或者生产大队所有。归公社或者生产大队所有的山林，一般地也应该固定包给生产队经营；不适合生产队经营的，由公社或者生产大队组织专业队负责经营。这些山林的所有权和经营权，定下来以后，长期不变。"**[②]此后，法律法规特别是政策对"四固定"一再予以肯认。

（二）林业"三定"囿于改革初期的社会政策环境

1."三定"之时市场经济体制尚未形成，故计划经济色彩浓厚。

从经济体制方面来看，实行林业"三定"之时，我国尚处于改革开放初期，故而当时的经济体制带有非常浓厚的计划经济体制色彩，由于市场经济体制远未确立，市场经济观念也远未被普通民众所接受，可以说，国家的许多改革措施均未真正得以贯彻，当时对外开放的程度自然也很低。

而现在全面推进林业改革时机已经成熟；虽然改革应尊重历史，保持政策的连续性；但改革要有系统观念，必须善于把握全局；故要以强化物权保护为重点，切实尊重林农利益；推进各项配套改革，建设服务型政府。[③]

2."三定"时经济发展刚起步所以工业化与城市化仍依赖农村的积累。

从中央农村政策来看，"三定"时由于国家经济发展水平还比较低，工业化及城市化在很大程度上依赖于农业的积累。这意味着工业化的资金要来源

---

① 《1960年11月3日　中央发出〈关于农村人民公社当前政策问题的紧急指示信〉》，载中国共产党新闻网：http://cpc.people.com.cn/GB/64162/64165/72301/72304/index.html，最后访问日期：2020年3月18日。

② 《农村人民公社工作条例修正草案》，载农业农村部网站：http://www.moa.gov.cn/gk/zcfg/xzfg/200601/t20060120_539366.htm，最后访问日期：2020年3月18日。

③ 刘苇萍、王礼权：《新一轮集体林权改革与林业"三定"的比较研究——以江西省遂川县为例》，载《林业经济》2007年第11期。

于农业包括林业部门，所以“大农业”无疑是工业化和城市化启动时期资本积累的一个重要源泉。①

3.“三定”之初由于林业法治刚起步，法律制度之建设付之阙如。

从法制建设角度看，“三定”改革时期我国法制建设还不够全面。对森林资源法律规范系统理论的研究非常有限。由美国、德国、加拿大和日本等国的国有森林资源法律制度可知，国外林业发达国家对国有森林资源的管理都有完备的法律法规体系，实行森林资源的法制化管理。

要立足我国森林资源的现状，构建以《森林法》等森林资源法律规范为依据，以中央《关于加快林业发展的决定》精神为指导，以严格保护、积极发展、科学经营、持续利用为方针，以增加森林资源总量，提高森林质量，实现森林可持续发展为目标，以生态优先、社会经济效益兼顾，严格保护、合理利用和确保国土生态安全、建设生态文明为基本原则，森林资源法治管理系统。② 无疑需要认真系统的理论研究，进行立法配套准备。显而易见，当时并不具备此种应有的法治环境。

由以上几个方面来看，林业“三定”改革由于当时的环境局限，在所难免出现了各种问题。

4.“三定”其实也是受到了当时木材统购统销经营体制的影响。

从20世纪50年代开始，国家对集体林区木材一直实行统购统销政策，价格由国家统一制定，这种经营体制一直实行到1985年。1981年至1983年林业“三定”后，尽管林农取得了山林承包权，但木材生产和经营还属于集体统一经营性质。1985年1月，中共中央发出《关于进一步活跃农村经济的十项政策》，宣布取消木材统购，开放木材市场，实行议购议销。1987年《中共中央、国务院关于加强南方集体森林资源管理坚决制止乱砍滥伐的指示》即又规定：**“集体山林没有分的不得再分，已经分的要积极引导农民实行多种形式联合采伐、联合更新造林。”**

---

① 夏恩君：《工业化与城市化的偏差是中国农业发展的结构性症结》，载《农业现代化研究》1995年第2期。

② 侯彦杰：《国有森林资源法制化管理体系研究》，东北林业大学2006年博士学位论文。

有学者曾认为，取消集体林区木材统购统销，开放木材市场，实行议购议销是林业的一项根本性改革，是木材经营体制改革的重大突破。这一变革从流通领域调整了集体林区的生产关系，使林业经营方式，利益分配更趋合理；可以解决长期以来林木价格背离价值的问题，给林区人民兴林致富打开门路。[①]

5.“三定”受到了我国当时林业产业化程度的束缚。

在我国经济建设中，林业产业化能够起到经济支持的重要作用。但部门相关单位在林业产业工作过程中，会受到多方面因素影响，阻碍林业产业化水平的提升。[②]20世纪80年代初期，由于当时社会市场化程度还很低，大量剩余劳动力滞留在农村，再加上劳动力自由流动程度低，迫于生计，许多林农对森林资源的利用需求远远大于培育的需求，对周期较长的林业开发需求疲软。以至于林业产业很不发达，林业产业链条短，木材、毛竹利用还处于卖原材料阶段，森林资源价值自然也就较低。

三、第一次林业改革对森林资源法治的影响

（一）林区林业“三定”对森林资源有直接或潜在影响

改革开放以来，中国政府十分重视林业建设，走出了一条适应中国国情、林情的林业生态建设道路，生态保护得到社会各界的普遍重视和认可。学界对改革开放以来我国的林业生态建设进行回顾和梳理，根据侧重点的不同和社会经济发展变化的历史背景，一般都是把改革开放以来我国的林业生态建设划分为四个阶段，即大力植树造林阶段、加强森林保护阶段、可持续林业阶段、生态林业阶段。[③]

1981年至1987年，我国政府开始实施以稳定山林权属，给社员划定自留

① 胡海钦:《坚持改革开放　搞活木材流通》，载《林业经济问题》1986年第1期。

② 吴霖:《我国林业产业化发展问题浅析》，载《中国农业信息》2016年第1期。

③ 崔海兴、孔祥智:《改革开放以来我国林业生态建设演变及展望》，载《2008年全国中青年农业经济学者年会论文集2010年》，第756—761页。

山，并落实林业生产责任制的林权改革，也就是所说的林业“三定”。

有学者利用全国七次森林资源清查数据，采用计量经济学方法，来分析南方集体林区林业“三定”对森林资源产生的直接和潜在影响。其研究的结果已经表明，林业“三定”对我国南方集体林区的森林源产生了一定的负面影响，从南方9省区总体来看，林业“三定”使有林地面积下降465.44万公顷，使活立木蓄积减少了25158.31万立方米；使林分面积减少了400.12万公顷，使林分蓄积减少了24815.02万立方米。如果没有林业“三定”的影响，我国南方集体林区有林地面积将会增加307.98万公顷，活立木蓄积将增加23245.53万立方米；林分面积将增加387.37万公顷，林分蓄积将增加30875.10万立方米。同时经验性结果显示，是木材价格的上涨导致了南方集体林区森林资源的破坏。[①]

（二）林业“三定”自身制度设计和实施存在的不足

1. 林业“三定”制度的初衷源于改革开放初期的“一包就灵”的大潮。

当时普遍认为，在不改变林地集体所有的前提下，农户获得林地使用权和林木所有权，利用人们家庭亲情等，减少包括监督在内的交易成本；明确受益分配机制，交够国家和集体的，剩余的全部留给家庭，加之我国南方集体林区有家庭经营林业的传统，水热等自然条件又比较好。按照这样的逻辑关系和生产经营条件，以家庭经营为主导的林业“三定”应当能够刺激农户经营管理其所分到或者得到森林资源，促进森林资源经营管理，应当能够出现类似于农业家庭经营粮食丰收和农民增收一样的森林资源增长和农民增收的局面。可是实践的结果恰恰适得其反。

2. 林业专家后来认识到集体所有的历史环境有其特殊性。

20世纪80年代初期，政府部门和社会各界对家庭经营尚存在相当大的争论，由于农民担心林业“三定”制度会再次发生变化，自然采伐森林资源即

① 刘璨、朱文清、刘浩：《林业“三定”制度安排对我国南方集体林区森林资源影响的测度与分析》，载《制度经济学研究》2013年第4期。

成为获取最大收益的快车道；当时，我国社会经济百废待兴，对木材和其他林产品的需要呈现出明显增加态势，木材价格表现为一种明显上升态势，刚刚获得森林经营管理权的农民在此种市场信号的刺激下，自然开始大量采伐木材；在林业“三定”的实施过程中，为了获得更好的政绩，各级政府不断地压缩界定集体林产权过程，争取早出经验。受到这种急功近利心态的影响，很多相关政策制度并未行之有效地建立起来，也对木材市场未进行必要的监管和引导，这一切都致使其长期处于一种无序状态。①

（三）林业“三定”改革的意义

1. 确立了以家庭经营为主导的集体林产权制的改革方向，初步建立了以森林资源产权利益与产权者的归属关系。

林业“三定”改革是伴随着农业改革的巨大成功而开始的。《中共中央、国务院关于保护森林发展林业若干问题的决定》要求：在集体林区实行稳定山权、林权，划定自留山，落实林业生产责任制的林业“三定”改革，这一政策的出台标志着林业家庭承包制的开始。林业“三定”改革的核心是在坚持林地集体所有制的前提下，经营权由集体向农户转移，逐步建立起以家庭承包为主导的林业产权体系。国家的目的是通过明晰产权，建立有利于林业发展的激励机制，引导社会各界力量（主要是农户）发展林业。②

在林业“三定”时期，出现了两种新型集体林产权模式，即自留山和责任山。林业“三定”以后，通过林地林木流转，集体林区出现了大户、专业户等多种集体林产权安排形式，同时维持集体统一经营和家庭经营，形成多种林地林木权属形式。林业“三定”时期坚持林地集体所有，交够国家，留足集体的集体林分配机制能够有效地解决当时国家、集体和农户之间的利

① 丁洪美：《从理性认识林业“三定”中吸取教训——访国家林业局经济发展研究中心研究员刘璨》，载《中国绿色时报》2012 年 6 月 4 日。

② 张海鹏、徐晋涛：《集体林权制度改革的动因性质与效果评价》，载《林业科学》2009 年第 7 期。

益关系。[①]

2. 以家庭经营为主导、多种产权模式共存的林权体系林业“三定”改革调动了农民的积极性和主动性。

“林改”的主要目的，是通过进一步明晰林农对森林、林木的所有权、使用权和林地的使用权，确保林农的收益权和处置权，减轻林农负担，增加林农收入，调动林农和社会各方面参与林业建设的积极性。[②]

林业“三定”的实施，林业发展出现了生机和活力，造林面积有所增加。虽然林业“三定”后被废止，但是截至1986年林业“三定”改革结束时，家庭经营的林地面积已经占全国集体林总面积的69%左右。[③]

3. 林业“三定”改革为林业的进一步深化改革提供历史经验。

林业“三定”改革拉开了林业改革的序幕，确定定了林业改革的方向，也暴露了改革初期出现的一系列的问题。之后新一轮的“林改”充分吸取“三定”改革正反两方面的经验，体现了林业改革的继承性和连续性。目前集体林产权制度改革设计了森林保险、林权抵押贷款、减轻林业税费负担等配套改革措施，增加了农民和其他经营主体经营林业、管理林业的积极性。[④]

总之，林业改革涉及对林业经济价值和生态价值理念的调整、不同利益主体的利益分配、市场经济体制的建立、配套措施的跟进等诸多因素，上述因素决定了林业改革不可能一蹴而就。林业改革是一个渐进的、历史的、不断完善的过程。林业“三定”所带来的一些问题，需要通过不断探索林业新机制和深化林业改革来解决。

---

① 刘璨、黄和亮、刘浩、朱文清：《中国集体林产权制度改革回顾与展望》，载《林业经济问题》2019年第2期。

② 刘苇萍、王礼权：《新一轮集体林权改革与林业“三定”的比较研究》，载《林业经济》2007年第11期。

③ 张海鹏、徐晋涛：《集体林权制度改革的动因性质与效果评价》，载《林业科学》2009年第7期。

④ 丁洪美：《从理性认识林业“三定”中吸取教训——访国家林业局经济发展研究中心研究员刘璨》，载《中国绿色时报》2012年6月4日。

第三节 2008年至2016年的第二次林权制度改革

一、第二次林改的社会大背景

（一）林权改革的核心“分林到户”旨在明晰产权

虽然我国对林权制度进行了改革，取得了一定成效，但并未解决好产权问题。面对我国耕地少、林地多的现状，更凸显了发展林业所具有的潜力。因此，形势需要实行进一步的林权制度改革，以真正保护农民的合法权益。所以新林改应运而生，其可以被看作20世纪80年代“林业三定”政策的延续和推进，只不过这次改革的力度更大，意义更深远。原国家林业局局长贾治邦曾说过：中国农业用18亿亩耕地解决了13亿人的吃饭问题，而林业用43亿亩林地，却没有解决13亿人的用材问题，更没有解决社会对生态的需求问题，其根本原因就是林业改革不到位，体制和机制不顺，阻碍了林业生产力的发展。[①]

他的看法是：这都是由于林业体制不顺和机制不活所造成的；林业要想又好又快发展，林改是一道必须跨过的“坎”。而所谓林改，在贾治邦看来就是在坚持集体林地所有权不变的前提下，将林地的承包经营权、林木的所有权分到一家一户。从这个意义上讲，林权改革的核心就在于明晰产权、分林到户。[②]

① 李晓明：《林改出路：“两权分离”》，载《农经》2010年第6期。

② 李晓明：《林改出路：“两权分离”》，载《农经》2010年第6期。

（二）山林确权到户使农户真正享有了山林的承包经营权

新一轮林权改革将原来由集体经营的山林确权到户，使农户真正享有山林的承包经营权。中央要求到2013年前后，全国基本完成明晰产权、承包到户的改革任务；做到确权率和林权证发放率均达到90%以上，集体林地家庭承包经营率山区不低于70%，丘陵地区不低于60%，平原地区不低于50%。这个改革目标已被宣告实现。①

土地确权对土地流转有着重要的作用。中国新一轮集体林地确权到户政策的林地流转效果研究发现：集体林地确权不但具有内生性，促进了农户林地的流转；确权使确权户林地流入概率和流出林地概率都有所增加；集体林地确权年限越长，农户林地流入和流出的可能性越大，确权的长期效果更明显。

有鉴于此，故迫切需要进一步强化集体林地确权，给农户一个学习参与林地流转的机会以稳步推进集体林地流转。②

（三）推动森林、林木和林地使用权的流转

新一轮林权改革加快推进森林、林木和林地使用权的合理流转。在明确林地权属的基础上，国家鼓励森林、林木和林地使用权的合理流转，各种社会主体都可通过承包、租赁、转让、拍卖、协商、划拨等形式参与流转。2003年中央文件中提到：要重点推动国家和集体所有的宜林荒山、荒地、荒沙使用权的流转。对尚未确定经营者或其经营者一时无力造林的国有宜林荒山、荒地、荒沙，也可按国家有关规定，提供给附近的部队、生产建设兵团或其他单位进行植树造林，所造林木归造林者所有。森林、林木和林地使用权可依法继承、抵押、担保、入股和作为合资、合作的出资或条件。积极培育活立木市场，发展森林资源资产评估机构，促进林木合理流转，调动经营

---

① 魏建、尹少华、刘璨：《新一轮集体林权改革对兼业与非兼业农产收入的影响研究》，载《林业经济》2018年第12期。

② 朱文清、张莉琴：《集体林地确权到户对林地流转的政策效果分析》，载《资源科学》2018年第7期。

者投资开发的积极性。

所以要规范林地流转程序，加强林地流转的管理。认真做好流转的各项服务工作，及时办理权属变更登记手续，保护当事人的合法权益。在流转过程中，要坚决防止出现乱砍滥伐、改变林地用途、改变公益林性质和公有资产流失等现象。要切实加强对流转后应当用于林业建设资金的监督管理。国务院林业主管部门要会同有关部门抓紧制定森林、林木和林地使用权流转的具体办法，报国务院批准后实施。[①]

（四）于林权物权化基础上倡导发展农民林业专业合作社

无论是在经济方面还是生态方面，分散的家庭经营实际上并不利于林业的发展。因此，在林权物权化的基础上，国家倡导发展农民林业专业合作社。为了推动林业合作社的发展，中央还组织开展创建农民林业专业合作社示范县活动，试图以此提高林业生产经营组织化程度。同时，中央财政造林补贴也将林业合作组织作为补贴对象。

（五）林业投融资改革与林权改革相伴

有关部门鼓励金融机构开发适合林业特点的信贷产品，拓宽林业融资渠道。中央要求在已实行集体林权制度改革的地区，各银行业金融机构要积极开办林权抵押贷款、林农小额信用贷款和林农联保贷款等业务；鼓励林区外的各类经济组织以多种形式投资基础性林业项目。

在中央的领导下，各地的林权改革如火如荼地开展起来。按照“林业物权化、市场化”的指导思想，地方的林权改革围绕着“产权明晰”和“产权流转”探索各自的改革模式。虽然各地的林改都有自己的特色，但基本上可以归纳为两大模式：一是“分林到户”，二是“分股到户”。

① 见2003年6月25日《中共中央　国务院关于加快林业发展的决定》（中发〔2003〕9号）第十四条。

（六）从经济利益为出发点转到生态利益优先，生态和谐发展

党的十八大报告中，建设生态文明社会的地位进一步凸显，这是中国共产党“生态文明宣言”的集中体现。对生态文明的理解，我们经历了从肤浅认识到深刻认识的不同阶段，这也反映了党和国家发展观的变迁。建设生态文明社会的目标是扭转长期以来的生态赤字，实现生态盈余；其路径是以生态空间布局为依托，构建资源节约型、环境友好型、气候适应型社会，建设有效的生态文明制度、形成良好的社会共识。建设生态文明社会，不仅是中国共产党对全国人民的庄严承诺，也是中国对全人类发展做出的最大绿色贡献。①

如果把改革开放初期“分山到户”，确立林业生产责任制为主的“三定改革”和分类经营、税费改革、林产品流通等社会主义市场经济体制改革称为林权改革的“1.0 版本”，那么自 2003 年局部试点，2008 年全面实施的新一轮集体林权改革就是林权改革的“2.0 版本”。

这一轮集体林权改革，从以经济利益为出发点到以生态利益优先、寻求经济与生态和谐发展；从照搬农业领域改革、片面追求生产效率，到吸取基层创新兼顾生态和经济利益的经验；从政府与市场责任不清、相互掣肘到政府与市场激励相容、相得益彰；从权属不清导致加剧社会不公到统筹规划实现精细化产权界定，以此减小了贫富差距。

二、新一轮集体林权制度改革（二次林改）的内容及评价

2008 年 6 月，党中央、国务院印发了《中共中央　国务院关于全面推进集体林权制度改革的意见》（国务院于 2008 年 6 月 8 日发布），这是继 20 世纪 80 年代的集体林权改革后的新一轮关于集体林权制度改革的全面规划和战略部署，该意见共计 5 部分、21 条，学者对此作出的基本评价，主要集中在

① 胡鞍钢、郎晓娟:《中国共产党的生态文明宣言》，载《行政管理改革》2012 年第 12 期。

五个方面。

（一）林业部门对林地和林木权属的管理制度进一步完善

产权界定、产权保护作为国家提供的制度保障使得林地、林木的权属更为明晰。截至 2013 年，全国除上海和西藏外的 29 个省级单位（不含港澳台），已完成确权面积 27.05 亿亩，占各地纳入集体林权制度改革面积的 98.97%，确权发证工作基本完成。林权管理机构的建设进一步加强。农民作为林地承包经营权人的主体地位得到进一步确立，推动了家庭承包制的完善。随着林权管理体系的完善，林地经营权、林木所有权进一步明确，促进了林地、林木权属纠纷的依法解决。

依法治林是维护森林生态系统协调、稳定发展的前提，是维护生态安全、实施林业可持续发展战略的基础，也是保护森林资源，保障森林的可持续经营措施之一，故而必须加大对破坏森林资源各种行为的打击力度，维护好林区的社会治安秩序。①

（二）林业经济价值与生态价值比翼齐飞

此次林改旨在使经营权进一步放活，在森林的经济价值得到更充分开发的同时，生态价值得到更好的保护。

2003 年 6 月，中共中央、国务院下发的《关于加快林业发展的决定》指出，**“全面建设小康社会，加快推进社会主义现代化，必须走生产发展、生活富裕，生态良好的文明发展道路，实现经济发展与人口、资源、环境的协调，实现人与自然的和谐相处”**。②

改革所释放的红利，已使得林业产业总产值持续增长。2008 年至 2013 年，全国林业产业总产值从 2.15 万亿元增长至 4.46 万亿元，年均增长率达 15.7%，

① 张民侠：《森林可持续经营法制保障体系研究》，南京林业大学 2010 年博士学位论文。

② 寇文正：《生态建设：呼唤林业产业比翼齐飞——访全国绿化委员会副主任、国家林业局局长周生贤》，载《中国林业产业》2004 年第 1 期。

这无疑在一定程度上得益于林业经营权放活后市场活力的激发。对商品林、公益林实行严格、规范、科学的分类经营管理。不但产业创新不断，林下经济、森林旅游业等新兴林业经济形态得到大力发展，林下经济产值也快速增长，2012年全国林下经济产值达3601.24亿元，年增长率高达71.98%，森林旅游已成为森林经济价值的重要组成部分。

无疑，随着社会经济的发展，人们生活水平的提高，森林旅游产业得到了重视与发展，已成为社会经济进步的重要组成部分。[①]

（三）林权的交易流转范围扩大服务能力亦进一步加强

随着集体林权制度改革不断推进，集体林权流转对发展适度规模经营、推动现代林业建设和增加农民收入都发挥了积极的作用，但同时有些地方不同程度地亦存在流转行为不规范、侵害农民林地承包经营权益、流转合同纠纷增多、擅自改变林地用途，以及林权流转管理和服务不到位等问题。为进一步加强林权流转管理，防范林权流转风险，保障广大农民、林业经营者和投资者的合法权益，规范集体林权流转，2013年国家林业局发布了《关于进一步加强集体林权流转管理工作的通知》，[②]旨在使林地林木处置权得以更好的落实，为发展适度规模经营、推动现代林业建设和增加农民收入提供政策支持。

林权流转政策保障的进一步完善，无疑会使林权流转管理更为规范和成熟，也使得防范林权流转风险能力进一步加强。我国林权的流转适用范围不但进一步扩大，而且林权交易的服务能力也进一步得以加强。

（四）权责对等、权利对应使收益权得到更好的保障

林改的利益机制激活了林业经济活力，使森林资源的保护更加自觉。收益权保障制度的进一步完善，使得经营收益更加公平、补偿收益也得以明确。

① 李泽永:《浅谈发展森林旅游业的思考》，载《农家科技（下旬刊）》2017年第7期。

② 《国家林业局关于进一步加强集体林权流转管理工作的通知》（林改发〔2013〕39号），载中国林业网：http://www.forestry.gov.cn/portal/main/s/72/content-596127.html，最后访问日期：2019年3月16日。

不但国家级公益林全部纳入了森林生态补偿范围，国家级公益林也实现中央财政补偿的全覆盖，故而从实施效果看，二次林改更加有利于激励林农自主自愿进行森林抚育和保护公益林。

切实加强林权权益保护工作，具体表现在不但要依法保障林权权利人的合法权益，任何单位和个人不得禁止或限制林权权利人的合法经营活动。农村集体经济组织要尊重农户承包经营权，不得非法变更、解除承包合同，不得以任何理由违法收回农户承包的林地。确因自然保护区、森林公园、湿地公园等建设需要占用林地的，探索采取置换或者市场化方式，对林权权利人依法给予合理补偿。当然，在承包期内，承包方对应亦不得非法改变林地用途，不得毁坏林地。

而在管理上，则要求全面停止天然林商业性采伐，开展天然林落界核实工作，落实工作经费；对集体和个人所有的天然商品林，尽快根据落界核定成果与林木所有者签订停伐管护协议，兑现停伐管护等相关补助；探索承包权依法自愿有偿退出机制，切实保障农户承包林地的处置权。推进林权证管理系统与林木采伐系统的互联互通工作，提高林权流转的保障水平。①

（五）林改的各项主要配套措施全面落实

被誉为“第三次土改”的农村集体林权制度改革，全面激活了林业发展要素，使林业生产关系适应了林业生产力的发展要求，是中国农村改革发展史上浓墨重彩的一笔。在主体改革做出选择、指明方向后，必须抓紧推进一系列配套改革，建立和完善相关制度。同样，新的林权制度建立后，如何因地制宜地推进各项配套改革，推进林业管理体制变革和运行机制创新，有力保障权利人的林权权能，自是此次改革之中必须抓紧研究解决的重要课题。②

林改配套措施无疑支撑着集体林权改革核心目标的有力达成。森林经营方案编制进一步规范，实施进一步加强。改革商品林采伐管理，实行采伐限额

① 参见广西壮族自治区人民政府办公厅《关于完善集体林权制度的实施意见》（桂政办发〔2018〕4号）。

② 朱旭东：《推进配套措施改革　保障林权权能落实》，载《安徽林业》2008年第2期。

一贯制管理，以经济手段控制采伐、反哺育林。森林抚育补贴刺激造林积极性，使中央财政森林抚育补贴试点规模大幅增加。森林保险推广，森林投保面积大幅增长。林农合作促增收，林业专业合作组织得到扶持发展，覆盖面扩大。

三、二次林改的结果与实效以及其不足

（一）我国的资源禀赋要求将林业发展建设作为社会经济效益的重点发展目标

目前世界上绝大多数国家处于森林多效益经营模式阶段，这些国家根据本国的国情和林情分别采取了森林三大效益一体化经营模式和森林多效益主导利用经营模式以及森林多效益综合经营模式；而少数发达国家如美国、加拿大等已经开始采用可持续发展的生态系统经营模式。各国依据社会经济发展对森林经营的要求，采取了包括经济政策在内的一系列政策措施，有效地促进了森林经营的发展。① 随着我国经济体制的迅速发展，国有资源的消耗迅猛，原本丰富的资源条件渐渐呈现出衰竭之势，国家不得不优化资源的产业结构，从而进行资源能源的节约利用，提高资源的经济效益。

根据我国的土地综合条件，将林业的发展建设作为社会经济效益的重点发展目标。我国的南方地区由于良好的土地环境和适宜的温度条件，被当成我国的重点集体林业生产地区，因此，集体林权制度的改革也需要不断地发展深化；北方地区由于自然条件和投入资金等方面的条件限制，集体林权制度的改革深受影响，处于较为落后的发展层次。

（二）我国的集体林权制度的法制建设仍然处于较为缓慢和薄弱的阶段

改革开放后农民富起来了，靠的是好的土地政策，所以，集体林业的发

① 吴涛：《国外典型森林经营模式与政策研究及启示》，北京林业大学2012年硕士学位论文。

展同样也离不开好的林业政策。由于集体林业资源的产权意识起步晚，公有制度和非公有制度的划分不明确，也在很大程度上限制了我国集体林权制度的改革与发展，使相关政策的实施面临着巨大的困境与挑战。

集体林权制度改革之所以被称为“第三次土地改革”，是由于作为制度性改革，我国林地所有权和使用权在实际操作中并没有完全得以明晰；森林资源资产评估法律制度也不健全；再加上所谓“托管造林”相关的法律法规亦付之阙如等，都成为影响集体林权制度改革的法制障碍。而要破解这些法制障碍，推动我国集体林权制度改革，无疑需要在实践中进一步落实林权的归属，健全完善森林资源资产评估法律制度和与“托管造林”相关的法律法规，以促进林地流转规范有序发展。[①]

（三）集体林木产业的经济效益较低是林权制度改革的一大制约因素

集体林权制度改革是农村改革的重要组成部分，我国南方集体林区90%以上的林业用地均属于集体所有，因而开展深化集体林权制度改革对林业发展具有重要的意义。显而易见，林业在农村经济发展中占据着重要位置，但相对其他产业而言不但其成本较高，而且经济效益也偏低，故导致农民发展林业的意愿不高。农民在林权主体改革中获得了林地使用权和林木所有权后，其对实现林权带来的经济利益的需求自亟为迫切。可见，保障改革成效的配套措施的有效实施，无疑也就成为农民投入林业生产、增加收入的重要途径。[②]

由此可见，只有把经济效益放在首位，同时兼顾好生态效益才是促进集体林业发展最有效的方法。现有的林改政策没有把林木的培育、种植、林地的有效利用以及工人的生活条件有机结合，林木不能及时变现，经济效益受到了社会条件的限制，压低了农户造林、护林的积极性，严重影响了集体林

① 林龙：《我国集体林权制度改革中的法制障碍及解决途径》，载《青岛农业大学学报（社会科学版）》2010年第4期。

② 任晓冬、杨秀美：《南方集体林区林权制度改革与农民增收的思考》，载《农村经济》2008年第10期。

业的发展。

四、完善新一轮集体林权制度改革的对策建议

（一）扩大公益林林权改革试点以逐步修订相关法律法规

自2008年集体林权制度改革在全国推进后，我国绝大部分的集体公益林同商品林一样也完成了产权改革。但如前所述，目前公益林仍存在生态保护与林农利益间的矛盾，除生态效益补偿较低外，公益林的产权残缺使其无法如商品林一样取得显著的经济效益是另一诱因。为了更好地实现公益林的生态效益和经济效益的平衡，应从制度的层面破解目前制约公益林抵押的法律“枷锁”。

1. 修改公益林的相关法律制度逐步赋予公益林以更多的权能。

现有生态公益林集体、个人所有面积较大、补偿标准偏低；生态公益林内树种单一，人工林比重较大；生态公益林受政策规定限制进行采伐，这些都使林权所有者的处置权和收益权受到影响。特别是将国家级自然保护区之区域内集体林界定为生态公益林后，生态保护与林农利益的矛盾日益凸显。故而在不改变公益林性质的前提下，放宽生态公益林流转方式，允许以赎买、转让等方式流转生态公益林。建立起生态公益林长效管理机制，盘活生态公益林，实现“生态得绿、林农得利”的双赢目标。①

2. 林权抵押是随着集体林权制度改革深化而必然产生和发展出来的。

《农村土地承包法》《物权法》《担保法》都只规定了通过招标、拍卖、公开协商等方式承包的农村土地（包括“四荒地”）可以抵押，而对于在集体林权制度改革之后日益成为林地主要承包方式的，即以家庭承包方式取得的林地使用权，却明确禁止抵押。这不但使得实践中林农的抵押没有法律依据，而且只能以国家以及试点地区的政策文件成为其开展的主要支撑。

① 刁静严:《放宽生态公益林流转方式》，载《中国城市报》2019年3月18日。

集体林权抵押作为一项重要的强农惠农政策，也是农村金融领域发展的一项创新举措，还是金融领域与林业领域合作的产物。既有利于解决林农手中缺乏林业生产经营资金的窘境，也有利于林农通过发展林业走上致富之路。虽然集体林权抵押的现实问题重重，集体林权抵押法律制度尚有待完善，林权抵押实务处于窘境，而且林权抵押相关机制构建亦不完善，这些都阻碍着集体林权抵押向前进一步发展。[①]

林权抵押贷款是破解农村融资难、实现兴林富民的重要举措，对于农村经济发展和林业现代化建设具有重要意义。林权抵押为盘活森林资源资产开辟了一条新的融资渠道，但是相关法律规范和具体实践中的抵押贷款政策对林权抵押贷款有诸多限制。[②]集体林权抵押贷款作为集体林权制度改革的重要产物，是我国农村产权改革和农村金融改革的双重创新。目前，我国林业经营者对林业发展资金需求较为迫切，而常规的林权经营资金并不能满足林业的迅速发展，在这种背景下，集体林权抵押贷款势必将成为弥补林业发展资金缺口的新型融资方式。集体林权抵押贷款一方面可以盘活林业资源，使林业资源的经济价值、社会价值得以充分发挥；另一方面可以满足林农等林业经营者的发展资金需求，为林业发展提供融通资金。[③]为解决当前林权抵押融资的困境，学界均认为应从多个方面进行改进。

3. 修改法律将公益林纳入抵押物的范畴。

随着社会经济的快速发展，人们越来越重视森林资源流转问题，显而易见，森林资源流转是我国森林产业发展过程中的重要组成部分，林地流转和树木流转都属于森林流转。[④]所以，要对《物权法》《担保法》《农村土地承包法》《森林资源资产抵押登记办法》等相应法律法规作出修正，扩大抵押物的范围，将公益林纳入抵押物的范畴。赋予公益林相应的用益物权，既符合市场经济发展的需求，也是推动林区发展的重要驱动力。在不改变公益林性

① 李明:《集体林权抵押法律问题探析》，西南政法大学2015年硕士学位论文。

② 丁海娟、刘欣宇:《我国林权抵押贷款的制度困境分析》，载《世界林业研究》2012年第3期。

③ 李明:《集体林权抵押法律问题探析》，西南政法大学2015年硕士学位论文。

④ 陈明珍:《集体林权制度改革中森林资源流转成效问题解析》，载《现代园艺》2016年第2期。

质的前提下，应允许公益林转让和抵押及流转。

可见，公权力的适度“收”对于释放林区的发展活力具有重要的推动作用，顶层制度设计的完善也将为生态林的市场化经营奠定基础。当然，从制度上赋予相应的用益物权是一个相对漫长的过程，如何在流转或者抵押的过程中不损害公益林本身的性质和使命也是必须考虑的议题。故可进行公益林林权改革试点，探索既有利于公益林的保护和发展，又有利于农民对公益林经营获利的路子。在此基础上进一步完善和健全相应的法律法规，以促进公益林的健康快速发展。

（二）完善林权登记制度并促进林权用益体系的建设

1. 为适应市场配置的要求须赋予林业合作社以物权主体资格。

森林资源的所有权和使用权实行的是登记制度，没有登记就无法确认物权人的主体资格地位。林业专业合作社不但可以降低交易成本，能够提高其产品的竞争力，而且在增强抵抗商业风险的能力，促进新产品开发和新技术推广，并增加林农收入等方面，发挥其重要的作用。而林业专业合作社运行效率的高低，无疑是影响其发展的重要因素。[①] 因此一般认为，应从林权登记制度上对林权出资的合作社予以确认，从而确立起合作社用益物权的主体资格。

2. 赋予可租用林地的相应用益物权。

租用林地的用益物权受到限制的原因在于，若对租用林地发林权证将可能会导致有人长期圈地、林权的过度集中甚至不稳定等现象。但如果因此就收回租用林地的抵押权无异于“因噎废食”，将严重制约林地的融资经营，不利于山区的扶贫改革发展。

为了加强对森林、林木和林地所有权和使用权的管理，我国实行林权登记制度，林权登记制度是由《森林法》、《森林法实施条例》和《林木和林地权属登记管理办法》等林业法律、法规和部门规章来予以规制的，故可见林

① 黄凤、贾利:《林业专业合作社及其效率评价研究》，载《林业经济》2016 年第 7 期。

权登记过去主要是由林业法来调整。[①]林权不动产统一登记制度的实施可以有效促进集体林权制度改革的进一步深化，带动林业经济发展。只要分析出不动产统一登记制度下的林权类登记工作中业已出现的问题，即可在此基础上，提出诸如加强窗口建设和服务、提高业务熟练度、建立健全信息共享机制等途径，来加快不动产统一登记制度下林权登记工作的有序开展。[②]

所以在加强政府监管的基础上需要完善林权登记制度，赋予租用林地的相应物权。通过赋予经营权这一债权一定的物权功能实现融资，在遵守制度框架的体系内激活了产权资本。监管方面，地方政府可采取收取保证金的模式，对租用林地的经营情况予以监管，定期予以验收。

（三）加强和优化公共财政投入且鼓励社会力量参与

加大公共财政对林业、林区扶持力度，发挥公共财政的杠杆效应和乘数效应，是推动国家实现绿色发展和生态文明建设的重要动力。林业是外部性极强的产业，有必要建立以公共财政为导向、社会力量参与的投入机制。

1. 加强和优化保障森林资源的公共财政投入。

（1）资金作为林业发展的重要基础在林业现代化建设中举足轻重。

即使同比财政投入总量显著增加，政策倾斜于生态建设领域，但实践中仍不能满足发展的需要；虽然目前林业税费明显下降，但其仍制约着林业的发展。在此基础上，如何提出适合林业现代化实际需求的林业投入保障体系，主要包括：率先把森林资源纳入绿色国内生产总值核算体系，营造有利于林业投入的氛围，建立以公共财政为主的多渠道投资方式吸引全社会投入；在林业全额纳入财政预算的基础上，逐渐取消更新改造资金、育林基金和维简等，只有这样，才能从根本上建立适合林业现代化需要的林业投入保障体系。[③]

---

① 刘宏明：《从物权法看我国林权登记制度的变化》，载《中国林业》2007年第10期。

② 刘昌江、胡琼、聂心春：《不动产统一登记制度下林权登记的建议》，载《现代农业科技》2018年第9期。

③ 汤勇：《浙江林业现代化的投入保障研究》，载《浙江林学院学报》2007年第3期。

（2）林区政府应有长期稳定的林业财政投入机制。

对林区基础设施建设、林下经济扶持和林业技术服务等方面，地方政府可实行长期而稳定的财政投入机制。首先，多方位多层次地筹集财政支林资金、扶贫资金和以工代赈资金等；其次，提高各级政府在林业投入的比重，设立专项资金实行项目申请制，以奖代补；最后，实行差别投入和统筹扶持。加大公共财政对偏远山区的财政扶持，实行差别对待，能有效地统筹城乡和东西发展。与此同时，公共财政对林业的支持发展要结合农村综合改革扶贫开发等政策，实行资源整合，形成林业与林农内生性的增长机制。

2. 鼓励各种社会力量都来参与公益林建设。

（1）加强林业经营者与高校科研院所的合作。

开展科研院所之间的科技合作是林业科学技术与生产实践相结合的时代要求，有利于科研院所之间在土地、设备、技术、人才等方面的资源共享，既充分利用了资源，又培养和锻炼了干部，使科研院所真正实现了“双赢”。同时能够为当地林业实现产业化提供有效的科技支撑。[①]

政府可依托公共财政搭建高校与林农合作的平台和媒介，定期选派人员前往高校学习先进技术或邀请高校科研人员前往当地开办讲座现场指导。与此同时，可培养自己的专业人才队伍服务于本地林业的发展。

（2）搭建企业、林农、政府的交易合作平台。

认真贯彻中央文件精神，立足山区林业发展优势，围绕加快林业发展，增强集体经济；增加农民收入，按照“多予、少取、放活”的经营方针，从政策、资金、技术上加强林业扶持力度；多渠道、多层面、多角度扩大对林业的开发开放力度，实施兴林富民战略，全力推进农村奔小康。[②]

如除对公益林补偿外，建立碳汇交易市场，坚持“谁受益，谁补偿，谁污染，谁付费”的原则，也是用市场化手段推进植树造林、加强森林管护、

---

① 邹天福：《加强科研院所之间科技合作促进林业产业化发展》，载《第八届西部论坛暨中国西部地区科技经济与社会发展论坛论文集》2006年6月（兰州）。

② 徐继友：《青阳搭建平台增加林农收入》，载《中国林业》2004年第10期。

增强森林蓄积量、保护生物多样性、改善环境和自然景观的一种有益探索。通过碳汇交易，既能给林农增加一块财产性收入，也能调动社会各界造林育林的积极性，进一步增强生态产品的生产能力，对城乡统筹、林业增效、林农增收都具有重要的现实意义，是生态补偿机制和林业发展机制的一项创新性举措。[①] 总之，要引进各种社会力量参与林区建设和服务。

（3）学习国外经验建立林业发展基金以多渠道吸引社会资金。

林业产业是规模最大的绿色经济体，是一项发展地域广、产业链条长、受益群体大的基础产业。当我国林业产业实现了跨越式发展，为全社会创造了巨大的生态福祉和绿色财富之时，处于转型升级的关键阶段的我国林业亟待发展，巨大的资金缺口因此即成为对其形成制约瓶颈的重要因素。解决这一问题，不但要知道钱从哪里来，还得知道钱要给谁花，以及钱要怎么用，如何才能使钱生钱。在国家资金投入不足的情况下，林业产业的融资主要还得面向市场、面向社会。[②] 国外对此已有较为成熟的经验，可资借鉴。

由于直接涉及全球气候变暖这一典型公共问题，且可有效促进气候、市场、资本以及技术要素的有机结合，碳交易已成为应对气候变化及加快低碳经济发展的有效制度安排，进而成为世界各国落实《巴黎协定》框架下国家自主贡献的重要选择。从实证分析视角来看，我国碳交易实践虽普遍开展，但其相应法律促导机制还存在诸多不足；国家层面尚缺乏有效、详细的碳交易规则；地方上各地出台的碳交易规范尚待统一；已颁布的有关法律规范内容实效性有待提升。为进一步提高我国碳交易制度的实践绩效，未来应适时出台统一的碳交易规则，以加强碳交易法律促导机制的规范性、权威性；同时完善既有碳交易法律促导机制内容，增强制度的实施性、实效性；还须适时出台国家层面碳交易平台建设立法，构建统一、有效的碳交易平台体系；解决碳交易有关制度之间的衔接问题。

---

① 柯榕、吴莉莉：《搭建"两山"转化新平台　碳汇交易走进开化林农家》，载中国碳排放交易网：http://www.tanpaifang.com/tanhui/2017/0928/60645.html，最后访问日期：2019年4月16日。

② 刘露霏：《全国林业产业投资基金政策要点解读》，载《中国林业产业》2017年第12期。

在林业基金的基础上成立林业银行和林业风险投资基金，在吸纳社会力量的同时为林区发展建设服务。公共财政支持问题是解决“三林”问题的关键，更事关国家2020年全面小康社会建设目标的实现。

（四）坚持社会公平正义来完善林权纠纷解决机制

合理妥善解决林权纠纷是维护基层社会稳定和国家长治久安的重要部分。化解农村的利益纠纷，维护基层社会的稳定，对现代化的中国政治稳定意义重大。

而新集体林改就是从根本上化解纠纷的过程，但这是一个历史的过程，纠纷的长期搁置会影响基层社会的稳定和国家长治久安，也阻滞林业经营的进一步发展，因此如何尽快妥善解决林权纠纷是当务之急。对此我们认为应当在坚持公平正义的基础之上从以下几个方面解决这些矛盾纠纷。

1. 摸清当前林权纠纷的基本情况以进行分类处理。

对于历史久远的权属纠纷，政府要发挥引导作用与双方当事人协商，可通过合股分利或者合作经营的方式共享林地开发的收益。对于民怨较深、重大复杂的权属纠纷，地方政府应及时从速处理，以防搁置过久引起矛盾激化。

2. 坚持依法治林和以德治林相结合的解决方式。

在引导林权纠纷当事人采取法律手段来解决纠纷的同时，也需利用村庄内部丰富的治理资源来降低纠纷解决的难度，尤其应充分发挥当地德高望重的老干部、老党员和老族长的影响力，在尊重村规民约的基础上破解林权纠纷。

3. 建构多元化林权纠纷化解机构。

解决林权纠纷是林权制度改革的重要保障与必要前提。我国在法理以及实践层面上存在林权纠纷多元化解决机制，但是因为解决机制面临的问题，使得林权纠纷的解决需要完善其保障机制，这样才可以满足其发展要求。[①] 通过政策引导和资金支持等途径鼓励民间纠纷调解组织的形成和规范化发展，

---

① 张代强：《林权纠纷解决机制及其完善途径探析》，载《中国绿色画报》2018年第3期。

充分发挥民间组织的作用来解决多类型的林业纠纷问题，达到缓解林业纠纷诉讼所带来的司法压力。

新中国成立以来，由于我国林权制度经历了数次重要的改革。而且历次林权制度改革均是将重心放在了林权主体界定与内容创新之上，但侧重产权改革所必然产生的大量林权纠纷，在运动中很少顾及。虽然林权变革多有，而林权纠纷解决制度建设却付之阙如，这必然造成我国实施市场配置林业资源过程中，林权纠纷不但数量多、范围广，而且类型复杂，处理难度也相当大。

林权纠纷处理制度的完善，有利于及时化解林权纠纷、保障林权主体合法维权、有利于社会和谐稳定，是林权制度改革得以顺利推进的重要保障与有力后盾。目前我国林权纠纷解决制度存在着规范依据效力低下，多元纠纷解决手段之间存在冲突，纠纷分流解决制度存在缺陷，行政力量压制当事人意思自治等问题。

我国林权纠纷解决制度改革应遵循的原则，除市场经济必然要求的意思自治原则、平等原则外，效率原则与分流处理原则也不可欠缺。借鉴国外林权纠纷解决的先进经验，对我国林权纠纷解决制度的具体改革思路予以设计，自应制定统一的林权纠纷解决规范；设立专门的林权纠纷处理机构；协调多元化林权纠纷解决手段之间的关系；完善分流处理机制等具体改革措施，均为我国林权纠纷解决制度的改革与完善提出了新的思路。①

4. 建立和健全林权纠纷档案管理。

我国集体林权改革经历了“分林到户”的土改时期、将林权入社的农业合作化时期、集体所有的人民公社时期、“四固定”时期及改革开放初的林业“三定”时期。林权政策随着时间的变化而不同，也使得林权争议随着时间的推移而变得复杂，各种原因导致争议案件迟迟无法解决，渐渐形成了积案，争议就在这个过程中慢慢变成了隐患。建构林权争议调处证据的

① 蓝洋:《我国林权纠纷解决制度改革研究》，华南理工大学2017年硕士学位论文。

认定规则有利于明确集体林权改革，有利于完善林权争议调处。[①]政府可通过设定专项工作经费的方式，来鼓励各级林业组织对林权纠纷档案资料进行归纳和分析，在此基础上获取包括林业纠纷成因、相关当事人利益诉求及解决途径等在内的关键信息，用于指导今后类似林权纠纷的处理和提高纠纷的处置效率。

① 许羚懿:《林权争议调处所涉证据及其认定规则构建》，浙江农林大学2013年硕士学位论文。

第四节 林权制度改革中的关系

一、林权改革之中国家的地位与作用

随着改革的深入，国家“强林惠农”政策不断完善，为促进生态治理和生活富裕提供了强有力的政策支撑。国家林业局会同国家发改委、财政部等10个部门联合印发了《林业产业发展“十三五”规划》，明确了林业产业发展的支持政策和保障措施。中央财政建立了造林、森林抚育、林业贴息贷款、天然林保护管理和森林生态效益补偿补助制度，提高了林业重点工程造林和森林生态效益等补助标准，停征了育林基金，扶持集体林业发展的公共财政政策体系正在形成。

林业投融资渠道不断拓宽，建立了林业产业发展基金，构建了林权抵押贷款“活树变活钱、资源变资本”的融资机制，破解了长期困扰集体林业发展的融资难问题。中央财政森林保险保费补贴政策覆盖全国，投保森林面积达到20.44亿亩，为各类林业经营主体提供风险保障近11780万元，有效化解了林业生产经营风险。

农村林业治理体系加速变革为实现治理有效奠定了良好基础。随着集体林权制度改革的不断深化和服务对象的不断增加，林业部门的职能从过去的监管为主转变为监管与服务并重。各地大力加强林业社会化服务体系建设，国家林业重点龙头企业达416家，同时探索出了“林业共营制”“林保姆”“托管代理”等多种组织形式，进一步健全了集体林业生产体系和经营体系。全国集体林地承包经营纠纷调处率在95%以上，有效维护了集体林区稳定，保障了农民合法权益，巩固了集体林权制度改革成果，促进了农村社会和谐。①

进入21世纪以来，若没有国家推动集体林权制度改革，那么闽中溪乡以“林木管护押金承包，木材收益比例分成”为主的集体林管理体制可能还要维持一段时间。在全国范围内开展以“福建模式”为取向的集体林权制度变革更是离不开国家力量的主导和推进。除此之外，为深化集体林权改革而出现的减免林业税费、林权抵押贷款等诸多“放权让利”的政策举措都离不开国家的介入。

社会经济的发展推动了林业的现代化建设，通过改善林业生态环境，同时解决各种制约问题，林业产业一定会有新的突破，获取到更高的经济效益以及社会效益。机遇与挑战并存，为林业产业发展打开一个新思路，对此，必须引起我们的高度重视。②

二、林权制度的导入与我国乡村之发展

从现代国家建构的角度分析国家法律向乡土社会渗透的过程。可以看到，伴随现代国家建构中的“政权下乡”的是“法律下乡”。特别是20世纪80年代，国家对乡土社会的整合由政策整合向法律制度整合转变，以求建构统一的法律制度共同体。但起源于工业和城市社会的现代法律下乡，与根植于乡土传统的农村社会遭遇着碰撞和困惑。在现代国家建构和乡土社会变迁的双向过程中，乡土社会呈现出双重法律制度整合的状况，并需要加以制度性整合。③

也正因如此，改革开放以来，中国农村的发展最引人注目的推动方式是制度的导入，无论是村民自治制度对民众政治理念和行为的塑造作用，还是

---

① 《深化集体林改　加快产业发展　服务乡村振兴》，载中国林业网：http://www.forestry.gov.cn/main/5383/20180214/1076881.html，最后访问日期：2019年4月17日。

② 李建生、冉芳：《新常态下林业产业发展面临的形势与挑战探究》，载《农业开发与装备》2019年第3期。

③ 徐勇：《“法律下乡”：乡土社会的双重法律制度整合》，载《东南学术》2008年第5期。

耕地政策及附属其上的农业税费的调整，对于乡村社会发展的促进效果均十分明显。

在国家作用、农民行为和乡村发展的维度，考察中国农村土地制度包括林地改革历程，无论是林业“三定”改革，林业股份合作制改革，还是集体林权市场化运作，以至于被称为“第三次土地改革”的集体林权再造，每一次改革都是对现实经济社会背景的回应。[①] 例如，集体林权的市场化运作发展性模式。这种制度的输入主要着眼于发展需要，而林农也积极配合制度的实施，在充满良好预期的前提下努力实现自身利益最大化。当前“还权于民”的集体林权制度改革就是一个例子。

可见，集体林权制度的导入对乡村社会的影响是复杂的。在一般情况下，目前中国农村最大的目标不但要为国家提供足够的粮食，为国家经济建设提供资源支持。而且国家的政策意图还要解决农村落后、农民贫困的现状，实现农村现代化的宏大目标。在免除农业税背景下的集体林权制度改革，更是明显蕴含着促进社会主义新农村建设，实现乡村的和谐、协调发展的意图。[②]

三、国家转型与林权

（一）新中国土改不仅有重要经济意义还有极高的政治价值

从历史发展的脉络来看，在传统社会中，地方行政长官与农民并很少有直接的正式接触。即使接触，也是通过政府中的衙役，农民在家庭中和宗族中按照自己的方式维护秩序、生活，农民除要官府保护他们以防强盗抢劫谷物外，对官僚机构并无他求。事实有力地证明政府和上层阶级对农民的基本生活方式并没有起到什么作用，统治者与被统治者的联系极其微弱。

新中国成立后开展的土地改革不仅具有重要的经济意义，还具有极高的

---

① 何得桂:《集体林权变革的逻辑——改革开放以来闽中溪乡的表达》，华中师范大学2008年硕士学位论文。

② 周水仙:《完善乡村治理机制，构建社会主义和谐新农村》，载《上海农业科技》2006年第6期。

政治价值。它“彻底推翻乡村的旧秩序，使中国借以完成世纪的历史任务‘重组基层’，使上层和下层、中央和地方整合在一起。使中央政府获得巨大组织和动员能力，以及政令统一通行等诸多好处”。与此同时，农民都获得了属于个人所有的山林、田地等生产资料，国家与农民的互动、紧密关系取得了前所未有的发展。[①]

（二）公有产权责无旁贷地担当起国家的政治和社会责任

新中国成立之后国家的主要目标是工业化，而工业化所需要的原始积累则主要来源于土地资源的贡献和农民的支持。于是“山林入社”，走集体化、组织化道路成了当时条件下的重要选择，集体产权也就应运而生。有学者认为，“除了体现经济和法律意义上的财产权利之外，集体及集体产权还责无旁贷地担当起国家的政治和社会责任”。其最明显的表现就是，国家对包括林业在内的农业资源的汲取，并将土地、产品和劳动等经济资源赋予国家特性。

因此，集体林地政策的调整是国家对林农需求的合理回应和满足，是农民林地收益权的回归和发展，可以认为，伴随着国家转型而出现的土地法律、政策的调整，不断扩展了广大农民对土地的权利，使之从不完整趋向完整。农民权利至少是地权的持续拓展将有助于促进现代国家建构的深化。

① 李铁强：《土地国家与农民》，人民出版社 2009 年版。

第五节 林权改革的特色与展望

一、新集体林权改革是相对激进的一步到位式的改革

（一）林权改革短期扬弃耕地改革几十年来形成的经验

2008年6月8日，《中共中央、国务院关于全面推进集体林权制度改革的意见》的出台，标志着我国的林业及农地制度将发生重大转变，其历史意义堪称继30年前分田到户后的“第二次革命”，对促进农民就业增收、建设生态文明、推进现代林业发展产生了重大的现实意义。但同时也存在着一些不良现象，故而有学者提出，应当审慎地来看待这个问题。[①]

林地制度在村级实践过程中，是正式制度和非正式制度共同作用的结果。新集体林权制度安排，既需要国家力量推动，也需要国家力量、林地经营者、村干部和村民群体所形成的合力。如果从村级实践过程来评价集体林权制度改革，“林改”中的若干重大问题包括：既须平衡林改中的效率与公平，也要考察林地集中与经营绩效的关系，还得明晰林权与促进林地的投入、林改后的林地可持续经营、林改实践中的决策模式等。可以认为，当前我国农村家庭土地承包制度正在转向以耕地流转为目标的改革实践，正面临一些亟待破

① 王春龙:《集体林权改革制度之思考》，载《中国集体经济》2009年第12期。

解的新命题。[①]

林权制度改革距农业承包制改革已经40年了，它吸收了耕地承包制的经验教训，而且在实践中很快超越了耕地承包制。从实践的过程来看，此次林权改革既是家庭联产承包经营制度从耕地到林地的拓展和延伸，又是对既有农地制度的重大突破。从新集体林改实践中可以看出，这次林改在很多方面比20世纪实行的耕地承包制走得更远。

同时，有学者甚至认为，相对于耕地制度改革而言，新集体林改几乎是“一步到位”。改革遵循了《农村土地承包法》《物权法》等相关法律对40年农地制度的所有改革经验，并有相当大尺度的突破。如果说40年来农村耕地制度的变革是一个渐进式的改革的话，那么，国家推行的林权改革，则是相对激进的一步到位式的改革。换言之，林权改革实际上是要在几年之内实践耕地制度改革几十年来形成的正反两面的经验。中国新一轮农村集体林权制度改革的主体改革完成后产生了广泛的社会影响，但深化林权改革的任务依然任重道远。[②]

（二）耕地承包与新集体林改都以明晰确权为改革主要目标

1. 林地与耕地有着诸多相同之处。

草原的产权属性和耕地、林地一样，都是属于农村集体所有或国家所有，依法由农民集体使用；集体林权制度改革、农村耕地承包和草原承包三者在本质上具有一致性。[③]所以在改革思路上也几乎是一致的。事实上，农村土地制度既包括耕地制度，也包括林权制度，两者产权属性是一致的，都是农村集体所有，经营权则分给了具体的农户，该两者共同构成了农户的两大经济支柱。目前，制度经济学家普遍认为，产权具有排他性，产权的明晰界定

---

① 贺东航、朱冬亮：《关于集体林权制度改革若干重大问题的思考》，载《经济社会体制比较》2009年第2期。

② 何得桂：《关于深化我国集体林权制度改革的思考》，载《求实》2013年第11期。

③ 刘志梅：《集体林权制度改革与耕地承包制度改革的对比分析及二者对草原承包制改革的启示》，载《2009中国草原发展论坛论文集》。

会减少不确定性，进而增进资源的有效配置与使用。正是基于这一点，无论是耕地承包制改革，还是新集体林改，都把明晰确权作为改革的最主要目标。而且，从某种程度上说，这两种制度变革都达成了目标。耕地承包制改革之后，农民获得了耕地的承包经营权和使用权，而新集体林改后，广大的林地经营者也获得了林地使用权。

2. 新林改正在遵循着耕地改革的大致路线。

所谓林权改革先锋是将原有的计划用林制度变革为“包林到户”，从而激发了农户的积极性，使得林业开始快速发展，而现在又开始了“三权分置”，进一步细化了所有权、经营权和使用权，进一步激活了林业的经济，使得林农得到实实在在的利益。而这一切都与耕地改革有着惊人的相似之处，当年正是安徽省凤阳县小岗村的先进例子将包产到户的经验送到了祖国的大江南北，耕地由原先死气沉沉的公社集体化到后来充满生机的“家庭联产承包责任制”，而现在由于新的情况出现，进城务工的农民增多，为了激活农村闲置的土地，又开始了“三权分置”改革，进一步刺激农村经济的发展。

农村林权以及土地制度改革都是我国的重要经济体制改革，所以一定得将就农村林权制度改革与土地制度改革进行一定的比较分析，[①] 由此可见，林权改革在诸多方面都借鉴了耕地改革的经验，在总的路线方针上都有着相似之处，两者也是密不可分的，共同促进着新农村经济的发展。

3. 林业有其特殊性所以照搬耕地的经验是同样不可取的。

比起耕地制度改革，林权制度改革要复杂得多。相较于耕地，林业有其天然的特殊性，首先，树木的生长周期比起农作物缓慢得多；其次，耕地的最主要目的在于解决温饱，而林木最主要的利用价值则是在温饱的基础上追求致富，其具有很高的经济价值；最后，对于林木的毁坏后果要更加持久，毁林的危害是具有长期性的。此外，林木大多是天然长成的，而耕地上的农作物则需要农民的悉心照料才能够成熟。以上这些特性就导致了林权在用益时会出现许多问题，如乱砍滥伐带来的可能是永久性的生态破坏；农民对于

① 于丽瑶:《农村林权制度改革与土地制度改革比较》，载《农业开发与装备》2016年第8期。

不是亲手培植长大的林木毫不珍惜，一味索取；由于树木的生长周期过长导致农民仅关注眼前利益而忽略了长远利益，等等。

林业业态的特殊性，使集体林权制度改革面临着较其他领域产权改革更为复杂的特点，因而相对于其他领域的改革也更为困难。无论是集体林权的内涵，还是林业物品特殊性，以及林业生产特殊性等，均说明集体林权制度改革是一个复杂的利益再分配过程。再加上公益林林权和商品林林权改革所具有的不同重点难点，无疑都是在集体林权制度改革中应予关注的问题。①

二、林权改革与土地改革理所应当有所区别

（一）林权改革更加注重经济、社会、生态三重效益

由于树木的生长周期过长，因此要更加提防因乱砍滥伐导致的毁山灭林，防止长期性损害结果的出现；然后，林权改革的政策更趋向于稳定，由于树木生长的周期长，就更加注重政策的稳定性，以防朝令夕改对承包人未来受到不确定性的困扰，耕地承包时间是从最初的15年不变到30年不变再到现在的再延30年不变；而林业承包期则一开始就是70年，且70年期限是指依法通过家庭承包方式取得的林地承包经营权期限，不包括集体流转或其他方式承包等方式取得的林地使用权年限，这就突出了作为承包者的农民的经营主体地位，承包期越长，越能让承包人安心，放手去经营。

（二）曲折的历史证明照搬耕地改革的经验行不通

林业改革必须注重其自身的独特性，所以现在的林改在借鉴耕地改革的同时，也在避免耕地改革的缺失，在许多地方尤具独特性，甚至反超了耕地

① 朱春燕、秦武峰：《基于林业业态特殊性视角的我国集体林权改革复杂性分析》，载《东南学术》2010年第9期。

的发展。例如，从流转程度上来说，林权改革一步到位地包含了“包”和“流”，而耕地的流转在很长时间内都是只有“包”，没有“流”，虽然法律明确规定允许耕地以“招标、拍卖、公开协商等方式”流转，但是在实践中耕地的流转大多还停留在初级阶段，最常见的也就是将自家承包的耕地短期转租给其他农户，至于拍卖、抵押、入股等方式就比较少了，不过近十年来，此类流转也不断多起来，但是从“包”到“流”，耕地走了近三十年，而林地从一开始就有很多实践案例，政府也鼓励其流转，尤其是林地的二次流转，且从流转的面积到期限都超过了耕地。

从规模化经营来看，耕地目前更多的是农户分散化经营，一般都是每家每户各自种植自家承包的一亩三分田，这样的种植模式并不利于农业的集约化发展，不利于大型的现代化耕种设施的普及和利用，虽然已经有所好转，但是情况仍然没有发生实质上的变化。而相比而言，林业的规模化经营却初见成效。林改实践中，林业经营大户可以把林地承包经营权作为股权，自愿联合或组成股份公司、合作组织等形式，这能提高经营效益，有效解决单个农户分散经营中存在的一些问题。此外，转包、出租、转让、拍卖等多样化的林地经营形式也能促进林业的规模化经营。从媒体的报道来看，集约化经营附业已经成为林权改革后林业经营管理体制的主要方式。再如，从融资工具的应用上来看，新一轮的集体林权制度改革中允许以林地使用权和林木所有权作为抵押，取得贷款。抵押人在抵押期间仍可继续使用抵押的林地，但未经抵押权人同意，不得批准采伐，不得办理林权变更登记。如果到期不履行债务，抵押权人可以依法处置抵押物，这样就拓宽了林业融资渠道。① 这事实上走在了土地流转法律规定的前面。

（三）未来林权制度改革显然还将继续深化

我们要坚持党的方针政策，以习近平总书记重要讲话精神为指引，深入

① 贺东航、朱冬亮：《关于集体林权制度改革若干重大问题的思考》，载《经济社会体制比较》2009年第2期。

总结改革开放40年来林业改革发展取得的显著成效、宝贵经验，着力谋划好国有林场改革、国有林区改革、集体林权制度改革、国家公园体制机制试点、天然林保护、退耕还林等新时代林业重点改革工作，以更大的改革力度、更好的改革成效为经济社会发展创造良好生态条件。要把中央经济工作会议的要求贯穿于林业发展的各方面、全过程，加大生态保护修复力度，创新生态保护修复制度，加快建立生态补偿机制，鼓励支持林草经济发展，实施好大规模国土绿化行动，保护修复好长江生态环境，提升林业生态扶贫成效，充分调动全社会参与林业改革发展的积极性、主动性，为建设生态文明、美丽中国作出新的更大贡献。

目前，虽然我们已经取得了长足的发展，但是仍然存在各种问题，如部分林农认识程度仍然不高，缺乏林改积极性、部分集体林划分到户难度大、操作不规范，林改质量不高、林权改革进展不平衡、遗留问题处理难等，这些都是接下来亟须解决的问题。

林业体制不顺、机制不活的问题依然突出，国有林场和国有林区改革还在探索试点之中。

（四）对于林权改革接下来最重要的一步就是立法跟进

集体林权问题关乎国家生态、经济和社会发展，其涉及国家、集体和人民利益的衡量与平等保护，因此需要良好的法律制度予以规范。

通过对我国的集体林权制度改革过程的回顾，可以分析出在整个历史沿革中集体林权的发展一直依靠林业政策来推动，事实上法律发挥的作用很小。林权问题自是民法问题，要依靠民事法律尤其是物权法来规范。但我国现有的法律中有关集体林权的内容存在基本概念不清，法律规范不一致，林农权益保障的配套制度不健全，特别是征地补偿不合理等问题。

而相关立法的完善，不但需要把集体林权相关的基本概念法治化，将“林地即林木集体所有权”通过民事法律予以明确，建立起诸如农民集体经济组织“成员权”制度以及建立合理的征地机制等。只有摆脱单一的行政管理思维，同时注重通过民事法律来对市场配置林业资源进行规范，集体林权所涉及的各方面权益才能得到切实保障，集体林权制度才能得到更好的发展。①

尤其是确定具有长期性和物权性特征的林权，这将成为林权改革的基本方向，森林产权明晰后，为了保证林权拥有者可以依法进行入股、转让、抵押等相关内容，也需要加快出台森林、林木、林地流转的相关法律法规，通过流转鼓励适度扩大森林经营规模，并对流转双方的合法权益要时刻保护，维护林区的和谐稳定，实现森林经营的经济效益的进一步提高。

（五）未来的改革要更加注重对于生态的保护

集体林权制度改革的背景之下，集体林区发生了两个重大转变，如果以此为出发点来对我国传统生态保护政策的适应性进行研究，可以认为，我国传统生态保护政策与集体林区所发生的转变不相适应，从政策目标、政策手段和具体的政策措施等多个层次，均可提出我国传统生态保护政策适应性优化的框架。②

做好生态保护红线划定工作，将林业重要保护地纳入红线，实行最严格的保护制度，人工商品林原则上不划入红线。此外，还有一些新的市场正在逐步形成，如林业碳汇市场。林业碳汇是伴随着国际社会为缓解全球气候变暖趋势而采取的一系列行动而被逐步提出来的，造林和再造林为《京都议定书》第一承诺期的清洁发展机制项目。林业碳汇是林业发展的新趋势，是林业发展的新契机。在当前我国政府建立生态补偿机制，加快建设环境友好型社会，推进林业资源可持续发展的背景下，积极引导林农和消费者进入林业碳汇市场不仅有利于促进林区经济社会发展，还有利于森林生态效益市场化运作模式的最终形成。实践证明，发展林业碳汇符合我国林业发展战略，对加快我国林业生态建设、改善区域生态环境、增加就业和发展经济等方面都具有促进作用，同时也为我国林业的发展提供了契机。但目前我国的碳汇市

① 梁智喻：《我国现行法律中集体林权立法的规范分析》，中国社会科学院研究生院2016年硕士学位论文。

② 程鹏、谢和生：《集体林权改革与传统生态保护政策适应性探讨》，载《社会科学家》2012年第3期。

场仍然处于起步阶段，与欧美等发达国家相比仍然不够完善，市场无法充分地发挥其作用。因此，在诸多方面仍需要继续发展。

（六）需要加强集体林权制度改革配套对策的实施

林业作为农业经济不可或缺的部分，其发展方向一直是人们关注的焦点。处于中心地位的林业基本部分之林权制度的改革会给林业发展方向产生不可或缺的影响。在实现林业又好又快发展的路上，一些地区已做了优秀的表率，它们凭借改革，促进了当地林业更好、更快的发展。要想林权制度改革取得一定的成果，配套改革必不可少。①

例如，制定木材税费征收的优惠政策，在地方财政预算中纳入基层林业执法人员经费。建立森林资源流转体系，根据相关的政策法规，尽快将林木、森林所有权、使用权和林地使用权流转的具体实施办法制定出来。为了尽快确保对荒山、荒地依法流转给民营企业和个人进行造林，并取得林地使用权，可以采取承包、租赁和继承等方式。加快培育林业要素市场，推进商品林产权交易。建立森林资源资产评估机构，规范森林资源转让的信息发布、资产评估、林权变更。建立健全的林业经营体系，林农在自主自愿和明确利益分配的前提下，积极引导其采取多种形式，委托经营、家庭联合经营、合作制、股份制等，创建新的林业经营实体，使抵抗灾害、抵御风险和市场竞争能力得到进一步提高。

为了确保千家万户的小生产与千变万化的大市场相适应，需要建立起涉及林业的各类专业合作社和专业协会等中介组织。建立林业服务体系，为了给林业经营主体提供更优质的服务，需要搭建农企、政企、银企、科企合作平台，建立完善的金融、科技和产业服务体系。积极推动林业发展与相关金融机构的对接与合作，创建林业融资信用平台。

建立森林资源“三防”体系以积极引导农民建立“三防”组织，进一步完善森林灾害防治服务网络，保证以政府为主导的以森林防火和病虫害防

① 赵融：《林权制度改革对林业发展方向的影响》，载《经营管理者》2016年第13期。

治为主的群防群治体系逐步形成。不断探索生态保护的有效形式，确保严格保护与合理利用相结合。建立以管理、执法、服务三大职能为主的新型林业管理体系，为了在林业改革中提供更优质的行政管理服务，需要逐渐建立林权的转让交易、确认、行政审批、办证登记和信息发布等一站式的管理服务中心。

（七）林权改革资源重组既是生产关系变革亦是农村社会关系的重大变革

林业作为大农业经济范畴不可或缺的一部分，其发展方向一直为人们所关注。处于中心地位的林业基本部分的林权制度的改革，自然会给林业发展方向带来重大的影响。①

如果侧重从村级实践过程来评价集体林权制度改革，对“林改”中的若干重大问题进行思考，这些问题应包括林改中的效率与公平、林地集中与经营绩效的关系、明晰林权与促进林地的投入、林改后的林地可持续经营、林改实践中的决策模式等。

林权改革打破了改革开放40年，甚至是新中国成立70年来形成的集体成员间平均占有资源的传统，无论这种突破是在正面意义上还是在负面意义上。应该充分认识集体内部成员资源占有的不平均，尤其是外部力量进入村庄给村落社会所带来的强大冲击，从一定意义上看，林权改革所带来的资源重组，不仅意味着生产关系的变革，还意味着农村社会关系的重大变革。

外部资本及随着资本而来的各种管理力量进入村庄以后，历史形成的相对封闭却较为完整的村落社会共同体将被打破，农村社会关系网络将被瓦解，这将对农村社会的治理产生根本性的冲击。未来我们需要对林权改革所可能带来的农村社会关系的变革及治理环境的变化作出积极的反应，林业改革的推进也将有所变化。

① 赵融:《林权制度改革对林业发展方向的影响》，载《经营管理者》2016年第13期。

第五章

新中国草原资源法治 70 年

第一节
不同时期草原资源相关法律及政策回顾

一、我国草原概况及新中国成立之初相关政策

（一）草原概念及其在我国的分布

1. 所谓草原其范畴已比较广泛几乎涵盖了所有长草的土地。

“天苍苍，野茫茫，风吹草低见牛羊”的诗句妇孺皆知，其所描述的是壮阔无比、生机勃勃、水草丰盛、牛羊肥壮的草原景图。从专业的角度来看，它是由草本植物和灌木为主的植被覆盖的土地。依《草原法》规定来解读，草原是指天然草原和人工草地。天然草原包括草地、草山和草坡，人工草地包括改良草地和退耕还草地。因此，要特别指出的是，今天我们所说的草原，范畴已经比较广泛，不仅仅是指传统意义上的北方放牧草地，而是几乎涵盖了所有长草的土地。

2. 中国是一个草原大国。

中国有天然草原3.928亿公顷，约占全球草原面积的12%，世界第一。其他草原面积较大的国家及全球占比分别是澳大利亚9.76%、美国7.67%、巴西5.99%、巴基斯坦5.73%、俄罗斯2.84%。从中国各类土地资源来看，草原资源面积也是最大，是耕地面积的2.91倍、森林面积的1.89倍，是耕地与森林面积之和的1.15倍。[①]

① 胡利娟：《我国天然草原面积3.928亿公顷世界第一》，载中国科技网：http://www.stdaily.com/zhuanti01/lyzx/2018-07/19/content_691514.shtml，最后访问日期：2018年7月19日。

3. 中国草原的分布。

中国80%的草原分布在北方，20%分布在南方，北方以传统的天然草原为主，南方则主要是草山、草坡。西藏、内蒙古、新疆、四川、青海、甘肃六省区是中国最重要的草原省份，草原面积2.93亿公顷，占全国草原面积的73.35%。西藏、内蒙古、新疆草原面积位列前三位。中国有草原面积比重较大的牧业县108个、半牧业县160个，这268个县共有草原面积2.34亿公顷，占全国草原面积的59.57%。①

我国草原从东到西跨49个经度（78°E—127°E），从南到北跨36个纬度（29°N—65°N）；东西长约4000千米，南北宽约2500千米，总面积约4亿公顷，约占国土面积的41.7%。我国草原的类型之多居世界第一位，共有18个大类、37个亚类、53个组、1000多个草地型。我国有牧草种类5000多种，草原上生活着许多珍稀野生动物，还生长有许多珍贵的中草药。草地植被类型可以概括为草甸类、草原类、荒漠类、灌草丛类。其中草甸类草地面积最大，分布最广，占全国草原面积的26.9%；沼泽类草地面积最小，仅占草原总面积的0.68%。②

4. 我国草地资源远未得到合理、高效的利用与开发。

我国是草地资源大国，发展草地畜牧业具有无可比拟的资源优势和潜力。但在牧业的发展方面很多地方还很落后。内蒙古、甘肃、青海、新疆、西藏是我国草地畜牧业发展的五大牧区，也是我国生态环境建设和保护的重要地区。③

作为世界草原资源大国，我国草原畜牧业仍属弱势产业，与发达国家相比差距很大，这一现状主要是由于资源限制等因素造成的。2003年11月22日在兰州召开的“中国西部草地与畜牧业可持续发展政策国际研讨会”上专

① 《中国草原资源情况》，载搜狐网：https://www.sohu.com/a/241981051_100001695，最后访问日期：2018年12月20日。

② 高生珠、赵宏、韩占军、常万琴：《草地旅游业与草地可持续发展》，载《农业科学研究》2006年第3期。

③ 魏虹：《五大牧区草畜业结构优化与可持续发展能力建设》，中国农业科学院2005年博士学位论文。

家指出，这种限制包括草原严重退化、草原灾害频繁、草原超载而没有得到有效控制三个方面。①

（二）内蒙古自治区草原牧区改革的引领经验

自1949年中华人民共和国成立后，全国牧区陆续开展了社会经济改革，新中国成立伊始，草原牧业生产经营中废除了各种牧主阶级压迫的私有制，实行公有制和自由放牧。牧业经营基本上废除了封建雇佣劳动及农奴、奴隶劳役剥削制，实行牧户家畜私有和合理雇工制。②1952年全国牧区牲畜头数发展到4600万头（只）。③由于内蒙古是中国共产党领导下建立很早的民族自治区域，我们在草地畜牧业领域，事实上一直主要是推广内蒙古等地牧区改革的成功经验。④

1. 新中国成立之初就颁布了有关草原资源的重要政策文献。

1953年9月9日，由周恩来总理签署的中央人民政府政务院令批准公布《中央人民政府民族事务委员会第三次（扩大）会议关于内蒙古自治区及绥远、青海、新疆等地若干牧业区畜牧业生产的基本总结》文件。⑤文件中提出了发展草原畜牧业经济的工作方针：

（1）要制定慎重稳进的工作方针；

（2）发展畜牧业生产是牧业区经常的中心工作任务；

（3）加强和巩固民族团结；

（4）大力培养牧业区民族干部；

（5）贯彻“人畜两旺”的方针；

（6）在半农半牧区实行以牧为主方针，保护牧场，禁止开垦。

① 张目、程亮：《资源限制阻碍我国草原畜牧业发展》，载《草原与草坪》2004年第1期。

② 李毓堂：《中国草原政策的变迁》，载《草业科学》2008年第6期。

③ 张新伟：《内蒙古畜牧业社会主义改造研究》，内蒙古大学2011年硕士学位论文。

④ 夏莉娜：《布赫和他的父亲乌兰夫》，载《中国人大杂志》2014年第20期。

⑤ 吴炯吉：《内蒙古牧民义利观变迁研究》，内蒙古师范大学2017年硕士学位论文。

2. 国家当时制定了发展草原牧业经济的各项政策。

（1）在牧业区实行“不斗不分，不划阶级”与“牧工牧主两利”的政策。① 实行新“苏鲁克”（即牧民为牧主放牧须根据合同获得合理工资）的制度。

（2）合理地解决草原牧场问题。

草场实行民族公有政策，可实施牧民自由放牧，调剂草场的方式。②

（3）实行扶助贫苦牧民发展生产的政策。③

如发放贷款和救济款等款项，解决贫苦牧民缺乏母畜、种畜、农业工具等问题。

（4）组织工、农、牧业的互相支援，发展牧业区贸易合作事业。④

（5）采取轻于农业区和城市的税收政策，使牧民休养生息。

（6）实行稳步发展牧民间互助合作的政策。

（7）有条件的地方倡导定居游牧。⑤

（8）加强爱国主义教育，开展增畜保畜竞赛活动，培养牧区劳动模范，奖励工作干部和技术人员。⑥

（9）建立国营牧场与种畜场，给牧民以科学示范作用。⑦

3. 国家规定了关于发展草原畜牧业生产的具体措施。

（1）保护培育草原，划分与合理使用牧场草场。

（2）搭棚、盖圈、储草，防止风雪。

（3）扑灭狼害及其他灾害。

（4）组织定期交配，大群分群放牧，按群接羔；小群合群放牧，互助接羔。

（5）改良品种。

（6）防治牲畜疫病。⑧

---

① 李毓堂:《中国草原政策的变迁》，载《草业科学》2008年第6期。

② 伊拉古:《草原保护利用制度的完善》，内蒙古大学2006年硕士学位论文。

③ 王有星、金戈:《试论乌兰夫牧区经济工作思想》，载《满族研究》2007年第3期。

④ 李毓堂:《草产业和牧区畜牧业改革发展30年》，载《草业科学》2009年第1期。

⑤ 王秀云:《民族贫困地区县长论教育》，民族出版社2000年版，第54页。

⑥ 吴炯吉:《内蒙古牧民义利观变迁研究》，内蒙古师范大学2017年硕士学位论文。

⑦ 兀玥琳:《从“公地悲剧”到“围栏陷阱”》，西北师范大学2012年硕士学位论文。

⑧ 李毓堂:《中国草原政策的变迁》，载《草业科学》2008年第6期。

（三）新中国成立初期我国有过一系列有关草原资源的重点及热点论题

1. 牧业是众多少数民族生存发展的主要经济方式。

对草原牧区战略地位的重要性已达成共识，主要是鉴于草原牧区 90% 以上是少数民族聚居区，而牧业是历史上少数民族生存发展的主要经济方式，作为国民经济的组成部分，也是解决牧区民族问题的基本内容，其在国家工业化与农业发展中，不可或缺。

学界已经认识到，少数民族在发展壮大的过程中有着诸多的联系与共性，每个民族的生存方式都与其所处的自然环境息息相关。畜牧业是北方民族赖以生存的主要经济形式，至于狩猎和农业等经济形式，在其社会发展中仅具有辅助性的作用。这使得少数民族能够更好地去适应气候变化的影响。①

2. 草原牧区社会经济特点过去一直为个体的私有的小生产经济。

草原牧区的社会经济主要依靠牲畜自然繁殖，受自然条件影响极大，因此其具体组织比农区要困难得多，再加上长期民族压迫，造成复杂的民族关系与民族隔阂。

草原是陆地生态系统的主体，在生态系统功能和服务上都具有重要的作用和地位。近年来随着全球气候变化和人类活动的加剧，全国有 90% 的可利用天然草原发生不同程度的退化，且减量面临以每年 200 万公顷的速度递增的严峻现实。草原的生态问题是在一定的地理、气候等自然条件下草原社会经济生活中无数微观个体进行博弈的结果。牧户作为草原生产与消费等经济行为的微观主体，是畜牧业、牧区畜牧业以及牧区经济中最基本的决策单元。②

3. 必须纠正牧区工作中的"重农轻牧"和"牧业落后论"的错误倾向。

现在的政策和法律都强调，既不能急躁冒进，也不能机械地认为历史上

---

① 呼和：《论中国古代北方少数民族生存发展与自然环境的适应关系》，载《吉林省教育学院学报（上旬）》2014 年第 1 期。

② 尚辰蔚：《典型草原牧户禀赋分异及其社会—经济—生态的分析》，内蒙古大学 2014 年硕士学位论文。

游牧经济向农业经济转变才是进步，我们不能忽视牧区的特点以及牧业生产，要了解发展牧业生产是发展牧区经济、改善人民生活、摆脱民族贫困落后的必经之路。当然，我国在农业现代化的讨论中，也有人从经济学和营养学的要求出发，主张改变我国以农业为主的历史传统，走畜牧业为主的发展道路；也有的主张从实际出发，实行农牧并举的方针，那都是后话。①

二、社会主义改造时期草原制度的发展

（一）草原资源制度的发展

1. 内蒙古自治区牧主封建特权的逐步废除。

1947 年 5 月 1 日内蒙古自治政府成立，随后在全区开展了民主改革运动。在牧业区的民主改革主要是废除牧主在政治和经济上的一切封建特权。在民主改革中根据畜牧业经济和牧主经济的特点，对牧主采取了“不斗、不分、不划阶级”和“牧工牧主两利”政策，牧主的封建特权逐渐得到废除，牧主经济也得到一定发展。在保障牧工权益的同时，这一政策也在一定程度上事实上保存了牧主经济，使牧主经济能够继续为当地的经济建设服务，对当时牧区的解放和发展生产力起到一定的促进作用。②

1952 年年底蒙绥牧区的民主改革完成。1953 年 9 月中共中央向全国发布了对农业、手工业和资本主义工商业社会主义改造的过渡时期总路线。1953 年 12 月 7 日，中共中央蒙绥分局召开蒙绥牧区工作会议，部署在蒙绥地区的畜牧业社会主义改造。在民主改革过程中，只是取消了牧主的部分封建特权，牧主对牧民的剥削仍然存在，牧主阶级并没有被彻底消灭。民主改革后牧主经济成了具有雇佣性质的资本主义经济，与建立社会主义公有制经济的目标

① 高言弘：《我国重农轻牧的历史演变》，载《学术论坛》1980 年第 1 期。

② 李玉伟、张新伟：《试论内蒙古关于牧主和牧主经济的民主改革》，载《前沿》2013 年第 5 期。

并不相符。①

为了进一步解放牧区的社会生产力，消灭残留的牧主经济，自然要对牧主经济进行社会主义改造。对牧主经济的改造，在蒙绥第一次牧区工作会议上就开始着手研究方针和政策，并在一些牧区开展了试点，当时认为，要等条件成熟以后，再对全区的牧主经济开展大规模改造。

我国在20世纪50年代中期基本完成了恢复国民经济和社会民主改革以后，开始有计划的经济建设，同时开始对生产资料私有制进行全面的社会主义改造。根据党在过渡时期的总路线和国家第一个五年计划的要求，结合内蒙古地区的实际和社会经济特点，内蒙古自治区积极稳步地实行了对农业、畜牧业、手工业和资本主义工商业的社会主义改造。②

内蒙古自治区对农业的社会主义改造实际上从土地改革完成以后就逐步开始了，当时主要是组织季节性换工互助组，广大农民较早地体会到组织起来的好处，为农业合作化运动的开展打下了一定的思想基础。

1951年12月，中央通过了《关于农业生产互助合作的决议（草案）》，强调在农业互助合作运动中必须绝对遵守自愿和互利的原则。全区各地根据中央精神，积极引导农民走“组织起来，发展生产”的道路，使互助合作运动迅速发展起来。到1952年年底，内蒙古自治区已经组织起来各种类型的互助组13.9万个，同时，开始试办了17个土地入股、统一经营的半社会主义的农业生产合作社，即初级社。③

到1955年8月，内蒙古全区初级农业生产合作社发展到6994个，入社农户达到19万户。此后不到半年时间，全区初级农业生产合作社由6994个激增为1.6万个，入社农户占农户总数的比例由17.27%猛增到91.6%以上，基本上实现了半社会主义的农业合作化。同时，内蒙古自治区还试办了20多个高级农业生产合作社。到1956年年底，全自治区已经组建高级农业生产合作社

---

① 张新伟:《内蒙古畜牧业社会主义改造研究——以对牧区牧主经济社会主义改造为例（1953—1958年）》，内蒙古大学2011年硕士学位论文。

② 钟山:《开放型经济研究分析》，中国对外经济贸易出版社2003年版。

③ 蒋伯英:《建国初期邓子恢关于农村经济与农民问题的理论》，载《龙岩学院学报》2016年第4期。

9622个，入社农户达到121.8万户，占农户总数的83%，这些高级社是社会主义性质的，土地和基本生产资料归集体所有，取消土地报酬，实行按劳分配，消灭了富农剥削，基本实现了高级农业生产合作化。

2. 新中国"慎重稳进"的牧区畜牧业社会主义改造运动。

新中国成立初期，中国共产党在广袤的中华大地上推行了意义深远的土地改革运动，其中当然包括少数民族地区——内蒙古自治区。而且针对内蒙古地区自身的特点，在农业区实行土地改革的同时，在牧业区实行的是与当地实际情况相符的民主改革。之后伴随着全国农业合作化运动的全面展开，内蒙古牧业区为了使自己的发展与全国农业合作化运动的大潮相适应，实行了由自我特色的变个体经济为社会主义集体所有制经济的畜牧业社会主义改造。

畜牧业经济是内蒙古自治区民族特点和地区特点最鲜明的经济形态，它的发展关系着整个内蒙古经济的发展，因此整个内蒙古地区的社会主义改造任务是否能够顺利完成，在很大程度上取决于畜牧业社会主义改造的成功与否。为此，党和自治区政府在领导农业进行社会主义改造的同时，也投入了极大的精力领导内蒙古牧区畜牧业的社会主义改造。

内蒙古牧区畜牧业社会主义改造主要包括对个体牧民经济、牧主经济和召庙（巴音）经济改造三个方面。[①]其中，对个体牧民经济的改造主要是通过走互助合作的道路完成的；对牧主经济的改造是通过和平改造的"赎买"方针完成的；对召庙（巴音）经济的改造是通过采取比对待牧主更宽厚的政策和一系列稳妥的改造办法完成的。同时，为了使畜牧业更加顺利地完成社会主义改造任务，自治区党委与政府从内蒙古牧区的实际出发，在改造的过程中又采取了一些具体举措："稳、宽、长"政策；"慎重稳进"的工作方针等。由于执行了一系列正确的方针政策，内蒙古牧区的畜牧业社会主义改造在全国完成农业合作化的两年后，于1958年7月也顺利完成了社会主义改造。[②]

---

① 汪锋、刘澜、刘惠农、刘白羽、张际春：《有关中共八大的一组文献》，载《中共党史资料》2006年第6期。

② 钱占元：《从科学发展观的角度看乌兰夫领导牧区工作》，载《内蒙古统战理论研究》2006年第6期。

3. 赎买政策下成功地完成与草原有关的社会主义改造。

内蒙古自治区对资本主义工商业的社会主义改造是根据中央的精神采取了赎买的政策，即对其进行和平改造。自治区在1953年上半年以前，对私营工业采取供应原料、加工订货、统购包销产品的办法，对私营商业采取经销、代销的办法进行初步改造。从1953年下半年开始，自治区加快了对私营工商业的改造步伐，对皮毛实行统购，对牲畜和肉食实行统一管理，扩大了有组织的市场，缩小了自由市场，限制了私商的活动，打击了不法分子。

同时，自治区还扩大了加工订货、统购包销、经销代销和批购零销的范围，逐步把私营工商业纳入国家计划的轨道。到1954年年底，私营工业接受加工订货和包销的产值已占其总产值的48.5%；私营商业接受经销、代销和批购零销的户数也大量地发展起来。自治区在继续进行初级形式改造的同时，开始着手对有10名工人以上的私营工业进行调查摸底，有重点地发展了一批公私合营的工商企业。到1955年，公私合营工业发展到13户，职工达到857人，产值占全部公私合营及私营工业总产值的48.2%。1956年，自治区的资本主义工商业改造出现了高潮，从个别企业公私合营发展到全行业公私合营。①

（二）少数民族牧区逐步迈向社会主义的畜牧业改造政策之确立

1. 1957年“牧区畜牧业生产座谈会”的召开。

中共中央农村工作部、国务院民族事务委员会和农业部在1957年11月25日到12月7日召开了牧区畜牧业生产座谈会，参加的有内蒙古、青海、甘肃、新疆、四川、广东、广西、云南、贵州、河北、山西、陕西、吉林、黑龙江十四个省、自治区畜牧部门以及部分县、旗和中央有关各部的负责人。朱德副主席在会上对畜牧工作作了重要指示，中共中央农村工作部部长、国务院副总理邓子恢作了总结报告。②会议着重讨论了中央民委草拟的“关于

① 王艳君：《社会主义改造在内蒙古顺利完成》，载中广网：http://www.cnr.cn/2007zt/nmg60/ky60n/200707/t20070729_504526681.html，最后访问日期：2019年8月30日。

② 邓子恢：《加强领导　全面规划　发展畜牧业》，载《中国畜牧学杂志》1958年第1期。

在少数民族牧区逐步实现畜牧业的社会主义改造的指示”文件和牧区畜牧业生产建设方针、政策措施等问题。

2. 会议提出了牧区畜牧业生产方针。

（1）此次会议确立了北方草原牧区畜牧业生产方针。

即在积极稳步地进行社会主义改造基础上，大力发展畜牧业；逐步改游牧为定居，实行农牧结合（首先是饲料生产），兼营牧产品加工工业等副业生产，发展以牧业为中心的多种经济。

（2）此次会议明确了亚热带和山地牧区畜牧业生产方针。

亚热带和山地牧区畜牧业要在争取粮食自给基础上，在不破坏水土保持的原则下，积极发展畜牧业，发展农、林、牧和副业相结合的多种经济。一般农业区要逐步做到所需牲畜自养自给或部分自给。[①]

（3）此次会议提出要有计划地在牧区发展国营牧场。

此次会议提出要有计划地在牧区发展国营牧场，显而易见旨在从技术、种畜和经营管理等方面支援牧区畜牧业生产，并起示范作用，以促进牧区的社会主义改造。

（三）国家颁布（包括草原牧业的）《一九五六年到一九六七年全国农业发展纲要》

《一九五六年到一九六七年全国农业发展纲要》这一文件的制定，与当时《中国农村的社会主义高潮》一书的编撰在时间上几乎紧密衔接。它开始于毛泽东于1955年11月在杭州和天津与14个省委书记和内蒙古自治区党委书记共同商定的“十七条”。1956年1月毛泽东又同省市自治区的负责人商量后，扩充为“四十条”，并反复征求社会各界意见，经中央政治局通过和最高国务会议讨论，才形成了“纲要草案”，进而相继形成“修正草案”和“第二修正草案”等。其倾注着毛泽东的大量心血。《人民日报》社论对其的评价是：“这

① 《加强领导全面规划发展畜牧业——邓子恢在畜牧业生产座谈会上谈今后发展畜牧业的方针》，载《畜牧与兽医》1958年第1期。

是建设我国社会主义农村的伟大纲领，它给我国五亿农民指出了今后十年的奋斗目标。”① 这一纲要最重要的地方在于它把中国的农业发展问题扩展为中国农民的生产方式和生活方式问题，所谓“既见物更见人”。②

故可见，当时由中共中央政治局提出的1956年到1967年全国农业发展纲要（草案），是将17条扩充为40条后，才拟出这个纲要的草案初稿的。后由中共中央邀请了在北京的工业、农业、医药卫生、社会科学等各方面的科学家、各民主党派、各人民团体的负责人和文化界、教育界的人士，共1375人进行过讨论。③

该纲要规定：**“在牧区要保护草原，改良和培育畜牧草，特别注意开辟水源。”**《一九五六年到一九六七年全国农业发展纲要（草案）》，是新中国独立编制经济社会发展规划的开端，它明确了中国农业（包括草原牧业）中长期的发展指标和主要策略，建构了一些有较大影响的制度。

三、人民公社化运动时期相关草原的政策

1958年年底，全国牧区除西藏等少数地区外，在合作化基础上，实现了人民公社化。草原所有权和经营使用权明确实行草原公有制，归全民所有或集体所有。草原的经营使用权与农地一样，实行三级所有（公社、大队、生产队）或二级所有（公社、大队），队（大队）为基础。④

（一）“牧业四十条”的发布

一直以来，党和国家高度重视牧区工作，在不同历史时期都作出了重要决策和部署。1958年“大跃进”和随后三年困难时期，牧区许多地方错误地

① 《建国以来重要文件选编》（第10册），中央文献出版社1994年版，第658页。

② 徐俊忠：《探索基于中国国情的组织化农治战略——毛泽东农治思想与实践探索再反思》，载《毛泽东邓小平理论研究》2019年第1期。

③ 廖鲁言：《关于1956年到1967年全国农业发展纲要的说明》，载《湖南政报》1956年第1期。

④ 李毓堂：《中国草原政策的变迁》，载《草业科学》2008年第6期。

批判“牧区特殊论”，出现大面积开垦草原种粮的现象，导致粮草两败，草原沙化。[①]1959年，毛泽东就畜牧业发展问题在新华社发表文章，强调要把农、林、牧三者放在同等重要地位。1961年，中央原则上同意国家民委党组《关于少数民族牧业区工作和牧业区人民公社若干政策的规定（草案）的报告》，明确指示全国试行。[②]

1963年中共中央批发《关于少数民族牧业区工作和牧业区人民公社若干政策的规定》，该文件即被简称为“牧业四十条”。[③]其规定：

（1）重申牧区半牧区实行以牧为主的方针和保护草原禁止开垦的政策。

（2）提出牧业发展和草原保护的基本原则。

规定“必须保护草原，防沙、治沙、防治鼠虫害，保护水源，兴修水利，培育改良草原和合理利用草原”；还规定“有计划地进行牧业区和草原的基本建设”。[④]

（3）提出发展草原牧业的“八字宪法”。[⑤]

水（发展水利）；草（建立打草场和人工饲草料基地）；繁（提高繁殖率）；改（改良畜种）；管（改善饲养管理）；防（防病防灾）；舍（建造厩舍）；工（工具改造），合称“水、草、繁、改、管、防、舍、工”八个字。

（二）全国最早制定的草原管理方面的地方性法规[⑥]

1963年5月11日，内蒙古自治区人民委员会首次发布《内蒙古自治区草原管理条例（试行草案）》，对当时草原管理方面的一些重要问题作了法律规定。这是已知的在全国各省市中最早公布的关于草原管理的地方性法规。1965年4

① 李毓堂：《中国草原政策的变迁》，载《草业科学》2008年第6期。

② 王金梅：《巴特尔：推动牧区美丽与发展双赢》，载中国网：http://news.china.com.cn/txt/2017-11/07/content_41857257.htm，最后访问日期：2019年8月31日。

③ 司颖雪：《草原资源物权制度研究》，兰州大学2010年硕士学位论文。

④ 万政钰：《我国草原立法存在的主要问题及对策研究》，东北师范大学2013年博士学位论文。

⑤ 芳芳：《我国草原保护立法问题研究》，吉林大学2015年硕士学位论文。

⑥ 陈玥旻：《促进草原生态保护与可持续发展》，载《定西日报》2007年9月4日。

月 30 日，自治区人民委员会修改发布《内蒙古自治区草原管理条例》，共 14 条。以后在乌兰夫的倡导下，草原管理条例又历经修订，并陆续制定了实施办法和相关规章规定。① 由此而使得“文革”前草原资源与畜牧业得以恢复发展。

这一条例最早出现于内蒙古，本想弥补“大跃进”对草原所造成的影响。然而随着“文革”的爆发，牧区草原更遭到了前所未有的破坏，草原被大规模开垦，沙化和荒漠化的草原不计其数。② 这一时期因为基本法律的缺席，导致草原遭到历史上最疯狂的破坏。虽然这个时期有一些关于草原开发与保护的政策文件，但大多杂乱无章且变化万端，难以梳理。

以内蒙古自治区为例，随着制度建立，“文革”前牲畜入社集体经营方式：一是牲畜作价入社，畜股分红占分配收入的 20%—30%；二是牲畜作价入社，付给固定利息；三是牲畜作价入社，分期偿还；四是畜股报酬在生产发展过程中逐步降低和取消；五是公社给社员留少量自留畜。

在这样的政策之下，1965 年内蒙古牧区牲畜发展到 7400 多万头（只）。③

四、“文革”时期相关草原的政策

（一）“文革”前中期对草原法治的破坏

1.“文革”中各级行政管理机构大都瘫痪致草原管理领导机制解体。

在“文革”中，原有国家各类方针政策大都受到批判，机构瘫痪，管理失效。

2. 造成牧区草原发生大规模开垦种粮。

据内蒙古、新疆、青海、黑龙江等十省、区不完全统计，1958 年以后到“文

① 李学军、薛智平：《乌兰夫对我国民族法制建设的卓越贡献》，载内蒙古新闻网：http://inews.nmgnews.com.cn/system/2016/12/25/012230594.shtml2016 年 12 月 25 日，最后访问日期：2019 年 8 月 31 日。

② 黄海波：《科学发展观视域下内蒙古中部地区草原环境保护对策研究》，大连海事大学 2012 年硕士学位论文。

③ 陈国裕：《20 世纪六七十年代我国的战备和边防工作》，载《新疆社科论坛》2016 年 6 月 15 日。

革”时期，开垦草原700万公顷以上，且大都是水草丰美的打草场、冬春营地或春秋牧场等草原精华部分。中国科学院院士、草原专家张新时认为，自20世纪50年代以来，共有1930多万公顷的优质草原被开垦，曾达到过全国耕地的18.2%之多。①

3. 南北方25°以上草山草坡也普遍发生陡坡开垦种粮现象。②

4. 精华草原开垦破坏和牲畜头数增加超载过牧。

据报道：内蒙古伊克昭盟③1958年后开垦草原约67万公顷，造成土地沙化约267万公顷，年水土流失1亿吨以上。青海环湖地区1958年后开垦草原38万公顷，造成牲畜死亡570多万头。新疆牧区1958年后，通过不断地将牧业公社的人工饲草饲料地和牧业生产队转变为农田和农业社队，开垦草原几十万公顷。造成牧区保留草原的超载过牧，退化沙化。草原上的珍贵野生植物（发菜、麻黄、干草、虫草及胡杨林、梭梭林等）遭到毁灭性砍挖，造成草原植被严重破坏，土地沙化。草原上的珍稀野生动物（野牛、野马、野驼、羚羊、狐狸、鹰、雕等）遭到灭绝性猎杀，许多国家级保护物种濒临消失，④以至于导致大面积草地退化沙化和水土流失。

（二）“文革”后期草原政策的“整顿”

1. 邓小平同志复出时所开展的“清理整顿”工作。

1973年邓小平同志开始分管国务院的工作。他在主持中央和国务院日常工作期间，于1975年开始对各方面进行整顿。这种整顿实际上就是系统地纠正“文化大革命”以来各种“左”的错误做法。用邓小平后来的话说，“这些整顿实际上是同‘文化大革命’唱反调”。⑤其对草原牧区产生了重大影响。

---

① 《因不断开垦 中国北方草原边缘向北退缩约200公里》，载中国新闻网：http://www.chinanews.com/news/2004/2004-11-20/26/507952.shtml，最后访问日期：2019年11月30日。

② 曹世杰：《积极开发南方草山草坡》，载《中国科技信息》1991年第10期。

③ 现鄂尔多斯市。

④ 李毓堂：《中国草原政策的变迁》，载《草业科学》2008年第6期。

⑤ 童青林编著：《邓小平复出始末》，载《回首1978，历史在这里转折》，人民出版社2008年版。

2. 当时全国牧区开展了学习内蒙古乌审召的运动。

内蒙古伊克昭盟乌审旗涌现建设草库伦（围栏）、种草种树的先进典型“牧区大寨”乌审召。经过铲除醉马草，“前挡后拉”“穿靴戴帽”、兴建草库伦等方法治沙造林，创造和发展了“治理沙漠、建设草原”的独特经验，为牧区建设养畜开辟了一条新路。

五、改革开放至《草原法》2002年修订之前的草原牧区政策

党的十一届三中全会开启了改革开放历史新时期。[①]20世纪80年代以后，中央、国务院和有关部委对草地管理建设问题作了许多指示和规定，确立了立草为业的指导思想。[②]草原牧区的生产经营体制和草原管理建设进入了新阶段。

（一）改革开放时期党中央确定了草原资源的重要法政策

1. 1979年9月28日党的十一届四中全会通过《中共中央关于加快农业发展若干问题的决定》。[③]

文件规定垦荒不准破坏森林、草原和水利设施。积极改良畜种，加强草原和农区草山草坡的建设，兴修水利，改良草种，合理利用草场，实行轮流放牧，提高载畜量。做好牲畜的防疫工作。尽快颁布草原法。[④]

《中共中央关于加快农业发展若干问题的决定》是新中国成立以来真正具有现代化意义的经济纲领。它深刻分析了20世纪70年代末中国农业（当时是在大农业语境下，无疑即包括了畜牧业）经济的现状，明确认识到农业发展和国民经济其他部门的关系，农业发展对工业化、现代化的重要性。它的

① 司颖雪：《草原资源物权制度研究》，兰州大学2010年硕士学位论文。
② 李毓堂：《草地资源保护与可持续发展》，载《21世纪中国土地科学与经济社会发展》（中国土地学会2003年学术年会论文集）。
③ 高雪：《河北省景县社队企业研究》，河北师范大学2017年硕士学位论文。
④ 唐慧敏：《制定和颁布土地法是当前亟待解决的问题》，载《贵州社会科学》1981年第5期。

出台是中国共产党顺应中国历史发展实际的产物；文件本身体现了中国现代化进程中的必须发展现代农业，当然包括现代畜牧业和草原资源的管理这些核心内容，并且强调必须走中国特色的农业现代化道路。

此外，这一决定还包含了与中国建设现代化相关的丰富内涵，在改革开放几十年后的今天依然值得我们去认真思考，不但对我们在科学发展观指导下构建社会主义和谐社会，对促进我国全面实现小康的目标，还对完成自近代以来数代中国人盼望国家繁荣富强的梦想，仍然富有其启发意义。[①]

2. 1987 年 6 月 11 日《全国牧区工作会议纪要》。

当时，我国草原牧区各民族干部和群众盼望已久的全国牧区工作会议，在国务院主持下于 1987 年 6 月 4—9 日在北京举行。会议对牧区工作的许多重大问题作出了决定。1987 年 8 月 13 日，国务院国发〔1987〕73 号文件向各省、自治区、直辖市人民政府、国务院各部委、各直属机构下达通知，批转了《全国牧区工作会议纪要》，要求各地区、各部门结合实际情况贯彻执行。[②] 文件指出：

（草原）牧区经济特别是畜牧业还很脆弱，是国民经济中的一个薄弱环节。主要是：牧区畜牧业发展缓慢，投入不足；草原退化严重，草畜矛盾尖锐；抗灾能力弱，生产不稳定。

要保护草原，改变掠夺式放牧，逐步引导，牧区从自然放牧向集约化方向发展，从单一经营向多种经营发展，从游牧半游牧向定居半定居发展。各级领导部门在制定政策的时候，必须照顾到牧区与其他地区的差异，不要照搬农区的经验和做法。[③]

牧区要实行以牧为主、草业先行、多种经营、全面发展的方针。

---

① 叶明勇：《从现代化视角解读〈中共中央关于加快农业发展若干问题的决定〉》，载《古今农业》2010 年第 1 期。

② 《国务院批转全国牧区工作会议纪要的通知》（国发〔1987〕73 号），载中国政府网：http://www.gov.cn/zhengce/content/2011-03/30/content_3465.htm，最后访问日期：2019 年 8 月 30 日。

③ 《党的十一届三中全会以来中共中央、国务院和中央领导同志关于种草和建设草原的指示（摘录）》，载《草业科学》1992 年第 4 期。

牧草是畜牧业的基础，发展草业是发展畜牧业的前提。必须加强管理，保护草原，建设草原，发展草业，逐步做到以草定畜，增草增畜，平衡发展。要把草原建设纳入国土整治规划和国家农业基本建设规划中去，逐步增加投入，有计划地建设一批围栏草地和人工改良草地。我国草原辽阔，类型多样，要有区别、有选择地进行治理和建设。要加强草原水利建设，抓紧解决人畜用水问题。有条件的要注意发展草原林网，实行林草间作。[①]

草原建设要实行国家、集体、群众一起上，特别要鼓励集体和牧民增加投入，建设草地。牧民投资建设的草地，谁建设、谁经营、谁受益，长期不变。牧区要建立育草基金，其资金来源：国家适当增加点投资；牧区的牧业税和羊毛交易税；地方从机动财力拿出一部分资金；从畜产品和草产品经销环节中适当提取一部分资金；有条件的地方还可适当利用一部分外资。牧区育草基金由各省、区管理使用，专款专用，多筹多用，少筹少用。[②]

牧区要稳定和完善“草地公有，承包经营；牲畜作价，户有户养；服务社会化”和“专业承包，包干分配”等多种形式的生产责任制。[③]要明确草地管理使用权，防止发生草地纠纷。冬春草地适于承包到户的要承包到户，不适于承包到户的可以承包到联户或自然村。夏秋草地可参照历史情况和牧民放牧习惯，划分放牧范围，建立管护制度。

积极开展信息、技术等服务工作：草原管理站、畜牧兽医站、畜种改良站和经营管理站是直接为牧业生产服务的主要单位，并受政府委托担负牧政管理职能。县级各站要实行统一领导，综合服务，通过改革逐步建成服务中心。

树立商品经济观念，讲求经济效益：要根据不同草场和不同的自然条件，因地制宜地发展畜牧业，要因地制宜开展多种经营，发展以畜产品为原料的

① 费洪平、戴公兴：《经济发展与地方管理丛书：经济开发区产业规划与管理》，科学出版社2000年版。

② 《党的十一届三中全会以来中共中央、国务院和中央领导同志关于种草和建设草原的指示（摘录）》，载《草业科学》1992年第4期。

③ 朱晓明：《新时期民族宗教工作的实践与思考》，华文出版社2003年版。

加工业，做到统一规划，合理布局，照顾牧民的利益。①

（二）国家草原资源管理保护的一系列重要措施

草原牧区生产建设方针：牧区坚持以畜牧业为主，草业先行、多种经营、全面发展的方针；半农半牧区要把畜牧业摆到突出的地位，发挥牧农结合的优势，多种经营，全面发展，建立草原管理建设十大基础体系。②

1. 建立草原法制体系。

1985年国家首次颁布了《草原法》，草地面积比重大的十多个省（区）也制定了《草原法实施细则》或《草原管理条例》。③

草原作为生态系统的重要组成部分，不仅具有巨大的自然价值，而且还具有极高的人文价值。在生态危机日益加剧的今天，草原生态环境恶化问题不容忽视。早在1987年世界资源研究所就曾指出，全世界已有60%以上的草原存在严重的恶化问题，而我国草原生态环境的恶化状况更令人担忧。据农业部草原监理中心发布的数据显示，我国存在不同程度退化、沙化、盐渍化、石漠化问题的草原当时已经占到全国草原总量的90%，草原生态环境恶化引发了草原生态功能减退、沙尘暴频发、湿地面积缩减、生物多样性减少和草原文化丢失等一系列生态和社会问题。

草原生态环境恶化的原因有两个方面：其一是人为因素导致的草原破坏，其二是自然因素引起的草原退化。其中前者是人类自身有能力改变的，而且是主要的；后者则是人力目前所难以扭转的。过去我国关于草原的保护主要集中于自然科学技术领域，近年来才逐步认识到，草原的保护既需要自然科学技术手段的“修补”，也需要社会科学制度的保障，特别是法律制度的保障。因为草原生态环境的恶化主要来自人的行为，而法律又是调整人的行为的更为强有力的行为规则。④

① 李毓堂：《全国牧区工作会议的重要决策及其意义》，载《中国草业科学》1987年第6期。
② 邹华：《我国草原保护和建设措施探讨》，载《草业与畜牧》2008年第2期。
③ 李毓堂：《中国草原政策的变迁》，载《草业科学》2008年第6期。
④ 万政钰：《我国草原立法存在的主要问题及对策研究》，东北师范大学2013年博士学位论文。

2. 建立草地行政管理和技术推广体系。

20世纪80年代初，农牧渔业部（农业部）在畜牧局设草原（草业）处，主管全国草地行政管理建设和技术推广工作。牧区各省区及州（地、盟）、县（旗）也建立了相应的机构，初步形成了草原行政管理建设和技术推广体系。2002年国务院决定在农业部设立全国草原监理中心。①

3. 建立草地资源调查和动态监测体系。

学界基于草地资源的特点及其发展潜力，一直在探寻草地资源可持续发展的途径。其中既需要科学利用天然草地，大力建设栽培草地，发展高效草地畜牧业；也得加快推进农闲田、冬闲田种草，建立新型的草田轮作制度；还需要进一步深入调查草地资源现状，建立草地资源承载力的动态监测系统。②

20世纪80年代至90年代初，原国家农委、计委、农业部和中科院联合组织了全国草地资源调查。编写出版了《中国草地资源》《中国草地资源数据》《中国草地资源图》《中国牧草资源图谱》等专著。国家建立了卫星遥感和地面建模草地动态监测系统。并按《草原法》的规定，建立草原生产、生态监测预警系统。2000年我国出版《中国资源科学百科全书》与《草地建立资源学卷》，构成了我国草地资源调查和动态监测体系。

4. 建立草地家庭承包生产经营体系。

20世纪80年代开始的农村“联产承包责任制”的普遍推广，结束了“吃大锅饭”式的公社生产队经营体制。1984年内蒙古在全国率先打破了“三级所有，队为基础”的旧体制，实行了“草原公有，承包经营，牲畜作价，户有户养”的“草畜双承包”责任制；1989年，自治区党委政府在认真总结“草畜双承包”责任制的基础上，提出了实施草场“双权一制”即落实草原

① 兀玥琳：《从“公地悲剧”到“围栏陷阱”》，西北师范大学2012年硕士学位论文。

② 皇甫江云、卢欣石、李镇清、罗京焰、赵楠、毛凤显：《我国西南地区草地资源特点及其可持续发展途径》，载《中国草地学报》2011年第3期。

所有权、使用权和承包到户责任制。①

5. 建立牧草种子繁育、检验与市场体系。

总结我国牧草种子繁育检验体系的现状和存在的不足，借鉴并分析发达国家的先进经验，以此即可找到我国牧草种子繁育检验体系的改进措施：既要完善有关的法规和行业标准，全面实施牧草新品种保护制度和牧草种子生产认证制度；又要发挥现有的牧草种子质量监督检验机构的作用；还得加强牧草种子专业化生产技术的研究与推广。②

20 世纪 80 年代后期，农业部草原主管部门在全国建立了科研院校优良牧草引种育种科学实验网、国家优良草种子繁殖基地。制定了《牧草种子检验规程》《优良牧草种子生产技术要求》等规定。成立了 14 个部或省级牧草种子检验中心（站）和全国牧草品种审定委员会，我国还加入了国际种子检验协会（ISTA），开展了优良牧草种子进出口贸易。建立起了我国牧草种子繁育、检验和市场交易的体系。③

6. 建立草地围栏保护利用和飞播牧草旨在改良草原建设制度体系。

草原畜牧业要想持续发展，就必须建立健全公共财政制度，增加对草原畜牧业的供给，发挥公共财政政策对草原畜牧业可持续发展的激励作用。④20 世纪 80 年代初期，在邓小平同志的倡导下，我国开展了大规模飞播牧草作业，并制定了有关技术规程和管理办法。同时，推广了草原围栏、草场改良和人工种草技术，建立了一批试验示范区。

21 世纪以后，根据国家规定，全国正在建立基本草牧场保护、草原合理利用、草畜平衡、退牧还草、禁牧休牧轮牧和禽饲圈养及退耕还草等制度和

① 常文清：《论内蒙古草原产权制度改革和草原产权保护完善的对策建议》，载中国社会科学网：http://www.cssn.cn/dq/nmg/201812/t20181206_4789073.shtml?COLLCC=2959557188，最后访问日期：2019 年 11 月 30 日。

② 王赟文、韩建国：《完善我国牧草种子繁育检验体系的几点思考》，载《种子》2005 年第 10 期。

③ 兀玥琳：《从“公地悲剧”到“围栏陷阱”》，西北师范大学 2012 年硕士学位论文。

④ 娜仁图雅：《促进内蒙古草原畜牧业可持续发展的公共财政政策研究》，载《企业经济》2010 年第 1 期。

办法，将进一步完善草地保护利用、改良和建设体系。

7. 建立草原植保体系。

20世纪80年代后期，国家开展了有计划有组织的大规模草原治蝗灭鼠工作。农业部1997年制定了《草原治虫灭鼠实施规定》。各省区建立了专门草原植保机构和队伍。科研院校开展了防治牧草病虫害和毒草的研究。21世纪，国家正进一步推广草原病虫毒害的综合防治技术，不断完善草原植保体系。①

8. 建立草地类自然保护区建设与管理体系。

1984年农牧渔业部和城乡建设部的草原和环保部门，制定了《草原荒漠和南方草地自然保护区规划大纲》。随后全国建立起11个草地类自然保护区，并制定了《草原和草原野生动物类自然保护区管理条例》，初步建立起我国草地类自然保护区体系。修订了《草原法》的有关规定，要求部省级政府机构，在“具有代表性的草原类型区、珍稀濒危野生动植物分布区、具有重要生态功能和经济科研价值的草原，建立草原自然保护区”。这一新的规定将不断完善草原自然保护区体系。②

2019年全国林业和草原工作会议作为新中国历史上第一次全国林业和草原工作会议，此次会议重点强调了当时和其后一个时期需要突出抓好的十项重点工作。一是推进大规模国土绿化；二是建立以国家公园为主体的自然保护地体系；三是保护生态资源；四是加强草原保护管理；五是深化改革；六是抓好森林草原防火和松材线虫病防治；七是抓好生态扶贫；八是合理开发利用林草资源；九是创新投融资体制机制；十是全面从严治党。③

9. 建立草业科研、教育和学术社团建设体系。

20世纪80年代后期，国家加强了中国农科院和省（区）级草原研究机构

---

① 李毓堂：《中国草原政策的变迁》，载《草业科学》2008年第6期。

② 马忠业、张爱玲、孙涛：《我国天然草地自然保护区建设与发展现状》，载《草原与草坪》2011年第8期。

③ 焦玉海、余遵、龙琳：《全国林业和草原工作会议在安徽合肥召开》，载中国林业新闻网：http://www.greentimes.com/green/news/yaowen/szyw/content/2019-01/14/content_407401.htm，最后访问日期：2019年8月31日。

建设，推动开展科学研究工作。原农业部同甘肃省合作建立了甘肃草原生态所。在钱学森草业系统科学理论的指导下，全国大专院校建立了16个草业科学系和草业学院。在国家与社会的支持下，全国先后成立了中国草原学会、中国草业协会、中国系统工程学会草业系统工程专业委员会及内蒙古沙产业草产业协会、广东草业协会、甘肃草业协会、新疆草原学会等学术和行业团体。形成了老中青结合的草业科研、教育和社会学术交流体系。[①]

10. 建立草地牧业综合发展试验示范体系。

20世纪80年代以后，国家先后在20多个省（区）40多个县（场），开展了草地牧业综合发展试验示范项目。项目根据牧区实际问题、历史经验和钱学森倡导的草产业系统理论，经过十多年的实践，总结探索出在草原牧区创建草、畜、工、贸相结合的草产业系统工程基本理论和模式，为草业经济由计划经济向产业化市场经济发展的转化，开创了道路。长期以来，我国在畜牧业生产中过度利用草地的生产功能，而忽视其生态功能，造成草地大面积退化，这不但引起草与畜关系的失衡，使传统草原畜牧业难以为继，故而亟须探索适宜牧区特点的生态保护与草牧业发展新模式，依靠科技创新推动草牧业发展。[②]

立足于草原生态系统水、土、气、生等要素监测，草原生态学基础研究，以及退化草地恢复、人工草地建设和生态系统管理等方面的应用研究，并通过示范推广为草原的保护和可持续利用提供科技支撑。基于长期监测、养分添加和放牧控制试验，揭示草原生物多样性和生态系统稳定性的维持机制。[③]学界发现：不同物种和功能群之间的补偿效应是生态系统稳定性维持的重要机制，而且物种和群落水平的化学计量内稳性是生态系统稳定性维持的基础，由化学计量内稳性高的物种占优势的群落，具有更高的生产力和稳定性；另外，混合利用方式（放牧和打草轮换）有利于多样性、生产力和

---

① 彭晨、陈志远、李寅秋：《势下农业科技社团科技服务分析与展望——以江苏省为例》，载《农学学报》2017年第7期。

② 兀玥琳：《从“公地悲剧”到“围栏陷阱”》，西北师范大学2012年硕士学位论文。

③ 白永飞、王扬：《长期生态学研究和试验示范为草原生态保护和草牧业可持续发展提供科技支撑》，载《中国科学院院刊》2017年第8期。

生态系统稳定性的维持。

基于各种基础研究和长期试验示范，该体系不但可以提高多年生人工草地的生产力和稳定性，延长了人工草地的利用年限，提高了牧草品质，[①]而且为进一步探索适宜牧区特点的生态保护与草业发展新模式，可以提出草地生产功能与生态功能合理配置技术体系。

这一体系通过建设高效人工草地和基本草牧场，既解决了饲草的生产问题，通过退化草地恢复和天然草地合理利用，还提升了草地的生态功能。这些研究成果不仅使我国的草地生态学研究业已达到国际先进水平，也使其成为草原科技成果转化的基地和开展国内外合作研究的重要平台。[②]

11. 1993 年《草原防火条例》颁行。

20 世纪末，农业部成立了草原防火部门加强草原防火责任制。1993 年 10 月 5 日，中华人民共和国国务院令第 130 号颁布了《草原防火条例》。该条例于 2008 年 11 月 19 日国务院第 36 次常务会议进行了修订。

《草原防火条例》主要是为了加强草原防火工作，积极预防和扑救草原火灾，保障人民生命财产安全，保护草地资源。该条例适用于中华人民共和国境内一切草原（包括草山、草地）的火灾的预防和扑救；但是，林区和城市市区除外。

该条例主要规定了草原防火工作实行预防为主、防消结合的方针。国务院农牧业部门主管全国草原防火工作。

条例还规定了草原火灾的预防工作与草原火灾的扑救工作的具体管理、实施方案，以及应对草原火灾突发情况的奖励与处罚。

据统计，在 4 亿多公顷草原中，草原火灾易发区占 1/3，频发区占 1/6。1993 年国务院发布的《草原防火条例》，对预防和扑救草原火灾，发挥了积极

---

① 张春梅、赵恒军、张廷峰、汪新川：《人工草地建植技术浅谈》，载《黑龙江畜牧兽医》2004 年第 9 期。

② 白永飞、王扬：《长期生态学研究和试验示范为草原生态保护和草牧业可持续发展提供科技支撑》，载《中国科学院院刊》2017 年第 8 期。

的作用。[①] 但随着经济社会的发展，我国草原防火工作面临的形势也发生了一些变化，主要表现在：一是草原作为重要的生态保护屏障和牧民的基本生产资料，其作用日益凸显，对草原防火工作的要求越来越高，需要在总结实践经验的基础上，完善草原火灾预防、扑救和灾后处置等制度；[②] 二是为了完善草原防火责任制，需要进一步明确各级人民政府、草原防火主管部门、有关部门及单位在草原防火工作中的责任；三是按照应急管理工作的要求，需要进一步加强草原火灾监测预警、快速反应和综合扑救等方面的制度建设；四是 1993 年《草原防火条例》的法律责任部分对违法行为的处罚力度偏轻，对一些违法行为没有规定相应的处罚措施，难以有效制裁各种违法行为，需要进一步完善。

因此，国务院 2008 年对 1993 年《草原防火条例》作了补充和完善。[③]

（三）改革开放后我国草原资源的地位愈益重要

1. 草原为具有多种独特的生态、经济、社会功能的重要战略资源。

草地家庭承包生产经营体制从 20 世纪 80 年代即开始实施，结束了计划经济时期“吃大锅饭”式的公社生产队经营体制。2002 年国务院 19 号文件指示进一步推动草原家庭承包制，更使这一体系不断得以完善。[④]

依《草原法》规定，草原包括天然草原和人工草地。天然草原包括草地、草山和草坡，人工草地包括改良草地和退耕还草地。

我国有草原面积比重较大的牧业县 108 个、半牧业县 160 个，这 268 个县共有草原面积 2.34 亿公顷，占全国草原面积的 59.57%。

鉴于草原具有多种功能，草原早已不仅仅是用于放牧，而是有着独特的

---

① 国家统计局:《92 中国发展报告》，中国统计出版社 1993 年版。

② 《中国草原发展报告之“草原法制建设”（2011）》，载《中国畜牧业》2013 年第 21 期。

③ 《国务院法制办负责人就〈草原防火条例〉答记者问》，载中国网：http://big5.china.com.cn/gate/big5/www.lianghui.org.cn/policy/txt/2008-12/05/content_16907706.htm，最后访问日期：2019 年 8 月 30 日。

④ 李毓堂:《中国草原政策的变迁》，载《草业科学》2008 年第 6 期。

生态、经济、社会功能，是不可替代的重要战略资源。[①]草原首先是地球的“皮肤”，其重要生态功能是其他生态系统无法比拟的，更是无法替代的；草原是重要的生产资料，草原畜牧业是草原地区的传统产业和优势产业。2017年全国天然草原鲜草总产量10.65亿吨，畜产品生产能力折合2.58亿羊单位（1个羊单位相当于1只50公斤体重的成年母羊）。2016年，西藏、内蒙古、新疆、四川、青海、甘肃六大草原省区产牛肉183.4万吨、羊肉225.5万吨、奶类1077.5万吨，分别占全国25.6%、49.1%、29.9%，在全国草食家畜生产中发挥着极其重要的作用；全国268个草原牧业及半牧业县的农业人口虽然只有全国农业人口的2.5%，但其生产的牛肉、羊肉、奶类产量分别占到全国23%、35%、23%。若通过加强草原保护建设达到世界发达国家水平，我国草原畜牧业还有10—20倍的提升潜力。[②]

2. 草原是具有牧业特点的牧区社会发展的基础。

草原既是重要的生态屏障区又大多位于边疆地区，多为少数民族的主要聚集区和贫困人口的集中分布区。我国草原从东到西有绵延4500余公里的边境线；曾有过统计，我国1.1亿少数民族人口中，70%以上集中生活在草原地区；全国268个牧业半牧业县中，有152个县是国家扶贫开发重点县，占57%。2016年，108个草原牧业县农牧民人均收入为7800元，160个半牧业县农牧民人均收入8155元，分别占全国农民人均收入的63%和66%。2017年内蒙古、新疆、西藏、青海、甘肃、四川六大草原牧区省份农牧民人均收入为11229元，是全国农民人均收入（13432元）的83.6%。[③]

由此可见，草原是牧区人民赖以生存和发展的最基本的生产资料，所以要实现其经济社会发展，从根本上说还是要紧紧依赖草原，大力发展草原特色经济，走生态产业化、产业生态化发展之路。此外，草原也是民族文化生存、

① 《国家林业和草原局草原工作会议强调：全面推进草原与林业工作深度融合》，载《国土绿化》2018年第5期。

② 卫草源：《我国草原事业发展取得瞩目成就》，载《中国畜牧业》2018年第15期。

③ 《我国草原资源现状、保护建设成效和今后的工作重点》，载中国林业网：http://www.forestry.gov.cn/main/3957/20180718/103759438556210.html，最后访问日期：2019年8月31日。

传承、发展的土壤。没有健康美丽的草原，牧区人民就会丧失可持续发展的根基。因此，要实现边疆和谐稳定和各民族共同发展、实现脱贫致富奔小康的目标，就必须把草原保护好、建设好、发展好。[①]

六、《草原法》2002年修改后的法律法规与政策的解读

（一）《草原法》的重要意义

1. 改革开放后有关制定《草原法》的呼声一直不断。[②]

过去我国关于草原保护的理念主要集中于自然科学技术领域，近年来才逐步认识到，草原保护既需要自然科学技术手段的“修补”，又需要社会科学制度的保障，特别是法律制度的保障。法律具有其他社会制度所无法比拟的强制性，与此相比，政策、经济、教育等均属于“软”手段。[③]

经第六届全国人民代表大会常务委员会第十一次会议通过，自1985年10月1日施行的《草原法》是我国制定的第一部草原法。草原法是草原保护、管理、建设和合理利用的历史经验的总结。其颁布贯彻后的实践证明草原法是草原兴旺发达的法律保证。[④]

2.《草原法》的任务和作用就是为了保护、建设和合理利用草原。[⑤]

草原是我国重要的自然资源，所以，草原是我国各族人民生存环境不可分割的重要组成部分，也是发展畜牧业的物质基地。[⑥]《草原法》旨在改善生态环境，维护生物多样性，发展现代畜牧业，促进经济和社会的可持续发展。[⑦]

---

① 《我国草原资源现状、保护建设成效和今后的工作重点》，载中国林业网：http://www.forestry.gov.cn/main/3957/20180718/103759438556210.html，最后访问日期：2019年8月31日。

② 朱屹：《迫切需要制定草原法》，载《政治与法律》1984年第6期。

③ 万政钰：《我国草原立法存在的主要问题及对策研究》，东北师范大学2013年博士学位论文。

④ 施文正：《草原法是草原兴旺发达的法律保证》，载《中国草原》1987年第2期。

⑤ 严学兵、周禾：《新草原法是草原生态建设和可持续发展的重要保障》，载《中国草业可持续发展战略论坛》2004年。

⑥ 施文正：《草原法是草原兴旺发达的法律保证》，载《中国草地学报》1987年第2期。

⑦ 中国畜牧业年鉴编辑委员会编：《中国畜牧业年鉴2007》，中国农业出版社2007年版。

《草原法》作为调整草原经济关系的法律，是国家通过法律手段规定的关于草原的社会规范或者称人们对草原的行为规则。当代世界各国的草原立法，包括有关草原的所有制和租赁关系、草原的保护、草原的利用和建设、林间草地放牧管理、牧草种子经营管理等法律规定，是在随着近代农牧业生产力的发展，草原经营和草原畜牧业已经由游牧的自然经济，向科学的集约管理经济转化的条件下，产生和发展起来的。①

（二）2002年新《草原法》的修改与颁行

1. 新《草原法》给草原建设与保护提供了细致、具体、明确的法律保证。

2002年修订后的《草原法》（以下简称新《草原法》）经第九届全国人大常委会第三十一次会议审议通过，于2003年3月1日起正式实施。新《草原法》的出台是我国草原资源管理和草原畜牧业生产领域的又一件大事，其科学性和系统性，以及在我国草原牧区贯彻执行的现实意义和必要性，非常重大。②③

新《草原法》的修订，在立法上进一步深化了保护草原生态的内涵，实行了草原保护、建设、利用的科学规划，总结实践经验并充实了建设、利用和保护草原的法律规范，严格了法律责任。④

修订的情况，一方面与专家学者保护生态发展草业的主张仍有差距，另一方面对较多的实际工作者和群众来说，需要改变传统的草原价值观念才能适应。⑤从实施情况看，新《草原法》既起到了引导和规范人们从事草原规划、保护、建设、利用和管理活动的积极作用，又存在落实不够的问题。所以还

---

① 李毓堂：《草原法讲授提纲（在中央机关干部经济法讲座会上的报告）第二讲　制定颁布〈草原法〉的目的和意义》，载《草业科学》1987年第3期。

② 张小平、乌兰：《以新修订和颁布的〈草原法〉为契机全面开创草原保护、建设、利用新局面》，载《内蒙古草业》2003年第3期。

③《草原法》发布之后又分别于2009年、2013年修改了个别法条。

④ 施文正：《草原生态的法律保障——论新草原法的立法与实施》，载《前沿》2004年第10期。

⑤ 施文正：《草原生态的法律保障——论新草原法的立法与实施》，载《前沿》2004年第10期。

需要尽快完善相应的配套法规、规章，包括地方性的法规、规章，更好地依靠科学和公众的参与，当然更需要采取其他积极的措施。①

草原作为我国最大的陆地生态系统，其生态建设和可持续发展具有重要意义。新《草原法》的修订、颁布和实施旨在通过政策和法规来调动农牧民保护和合理利用草原的积极性，旨在保护、建设和合理利用草原，改善生态环境，维护生物多样性，发展现代畜牧业，促进经济和社会的可持续发展实现草原的可持续利用。新《草原法》的特点是重视草原生态建设和可持续发展，在内容上也特别强调生态建设和可持续发展。在草原生态建设得到普遍重视的前提下，新《草原法》在新时期草原可持续发展方面具有更深远的历史责任。②

新《草原法》全文共有 9 章，75 条，每章都条理分明、阐述清楚。《草原法》自 1985 年颁布以后，经过近 20 年的实践检验，自须不断完善健全，才可能有力地促进草原生态的保护，有利于草原畜牧业生产的发展。特别是其基本草原保护制度、以草定畜与草畜平衡制度、禁牧休牧制度三个制度，从源头入手，明确修法的懿旨。③

2. 修改后的新《草原法》的基本体例与内容。

2002 年新《草原法》，分别从草原的界定、草原确权登记、草原承包经营、规划、建设、利用、保护、监督检查、法律责任等方面作了详尽和可操作的规定。④ 其可分为四个部分。

（1）第一部分即第一章“总则”。

其主要是对草原的概念予以明确界定。

（2）第二部分即第二章“草原权属”。

其主要规定草原的所有权、确权登记、承包经营权、承包经营权转让等

---

① 施文正:《草原生态的法律保障——论新草原法的立法与实施》，载《前沿》2004 年第 10 期。

② 严学兵、周禾:《新〈草原法〉是草原生态建设和可持续发展的重要保障》，载《中国草业可持续发展战略论坛论文集》2004 年。

③ 张建雄:《贯彻实施新草原法的一点体会和建议》，载《榆林科技》2012 年第 2 期。

④ 唐栋:《我国草原保护法律制度及其完善初探》，吉林大学 2014 年硕士学位论文。

重大内容。

（3）第三部分包括第三章至第七章。

其中第三章至第六章是规划、建设、利用、保护等行政管理内容。

如“草原规划”是国家对草原管理的宏观调控和政策指导；“草原建设”包括人工草地建设、草原改良或饲草料基地建设[①]、草原围栏和牲畜圈舍建设、草原水利设施防火设施建设等；“草原利用”是针对承包经营中的超载过牧、乱占滥用等不合理利用进行规制；“草原保护”包含了草畜平衡制度、草原禁牧轮休制度、禁止破坏草原植被制度、草原采矿制度、防治病虫害制度、基本草原保护制度、草原保护区制度、草原旅游管理制度等。

第七章“监督检查”是指明草原监督管理工作的主体即草原行政主管部门和授权的草原监督管理部门。

（4）第四部分即“法律责任”和“附则”。

其中第八章“法律责任”中的第六十一条至第六十三条，是对行政主体违法乱纪行为的行政处罚，第八章第六十四条至第七十三条，是对其他自然人、法人等主体的各种破坏草原、违反草畜平衡等违法行为进行的民事、刑事、行政方面的处罚。第九章即“附则”。

（三）至新《草原法》修订我国草原相关法律规范系统逐渐成形

1. 新中国草原资源管理法律法规渐成系统。

（1）新《草原法》修订后地方层面出台了一系列地方性法规和规章。

2005年1月1日，新修订的《内蒙古自治区草原管理条例》正式实施。作为条例的执行实施主体单位，农牧业管理部门以条例的修订实施为契机，进一步加强了依法保护、建设和合理利用草原工作，促进了畜牧业持续、稳定、协调、健康发展。[②] 2004年11月26日内蒙古自治区第十届人民代表大

① 曹家树、秦岭：《园艺植物种质资源学》，中国农业出版社2005年版。

② 陶克：《全面贯彻落实〈内蒙古自治区草原管理条例〉依法保护、建设和合理利用草原促进畜牧业持续、稳定、协调、健康发展》，载《当代畜禽养殖业》2005年第3期。

会常务委员会第12次会议修订通过《内蒙古自治区草原管理条例》，公布后自2005年1月1日起施行。

《内蒙古自治区草原管理条例实施细则》1998年6月17日于内蒙古自治区人民政府第5次常务会议通过，1998年8月4日内蒙古自治区人民政府令第86号发布，2006年1月12日内蒙古自治区人民政府第2次常务会议修订。[①]

（2）中央政府一系列的管理办法等均陆续出台渐成体系。

为保护、建设和合理利用草原，维护和改善生态环境，促进畜牧业可持续发展，根据新《草原法》制定了《草畜平衡管理办法》。该办法经2005年1月7日农业部第2次常务会议审议通过，2005年1月19日农业部令第48号公布。该办法共18条，自2005年3月1日起施行。之后，《草原征用占用审核审批管理办法》自2006年3月1日起施行，旨在加强草原征占用的监督管理，规范草原征占用的审核审批，保护草原资源和环境，维护农牧民的合法权益。《草原防火条例》亦依据新《草原法》制定，旨在加强草原防火工作，积极预防和扑救草原火灾，保护草原，保障人民生命和财产安全。该条例于2008年11月19日经国务院第36次常务会议修订通过，2008年11月29日发布，自2009年1月1日起施行。

（3）随着各种法规和规章的增多，草原法治体系的完善提上议程。

在改革开放的大环境下，草原各项事业取得了相当的发展。特别是修改后的新《草原法》的内容从之前的23条增加至75条，立法理念向生态中心主义转变，立法的可操作性进一步增强，牧区及草畜产业进入一个新的阶段。现行的各种自然资源法普遍存在立法理念明显滞后、立法体系不够合理、法律规范配置失衡、立法重心失之偏颇四大突出问题。[②]为此，自然要提升立法理念，把可持续发展、生态中心主义与和谐共存的生态文明作为自然资源立法的灵魂。

学界一直在呼吁：一定要完善立法体系，制定《自然资源法通则》《资源

① 中国畜牧业年鉴编辑委员会：《中国畜牧业年鉴2008》，中国农业出版社2008年版。

② 李龙亮：《中国自然资源立法的反思及其完善》，载《资源科学》2008年第4期。

节约与综合利用法》《资源调控法》以及其他急需的资源单行法；要合理配置规范内容，增加权利性规范、程序性规范和可操作性的规定，[①] 完善促进资源优化配置和提高生态系统综合保护能力方面的规范；要建立健全资源调查与评估制度、资源安全影响评价制度、资源生态补偿机制、环境资源综合决策机制，以及资源节约与综合利用的"三同时"制度等。[②]

2. 配合《草原法》修改出台了一系列有关草原资源的重要政策文献。

（1）国发〔2002〕19号《国务院关于加强草原保护与建设的若干意见》。

为尽快改善草原生态环境，促进草原生态良性循环，维护国家生态安全，实现经济社会和生态环境的协调发展，对加强草原保护与建设提出了指导意见：其一，建立基本草地保护制度。其二，实行草畜平衡制度。其三，推行划区轮牧、休牧和禁牧制度、稳定和提高草原生产能力、实施已垦草原退耕还草，转变草原畜牧业经营方式，推进草原保护与建设科技进步等，均为重要的思想和制度建设。[③]

（2）确立和实施生态保护补助奖励政策。

2010年10月国务院作出决定，在全国8个主要草原牧区省区实施草原生态保护补助奖励机制，之后中央财政连续5年每年投入134亿元。[④] 这是国家做出的保护草原生态的重大战略决策，也是内蒙古各族人民期盼已久的一件大事、喜事，充分表明了党中央、国务院对草原生态环境保护的高度重视，全面提升了草原生态保护建设的能力和水平，以尽快扭转草原持续退化的被动局面，进一步提高牧民的生产生活水平，正确处理好保护与发展的关系，实现草原的可持续利用。[⑤]

---

① 祁雪瑞、张书占：《论构建经济与生态效益共赢的自然资源使用制度》，载《中州大学学报》2016年第6期。

② 李龙亮：《中国自然资源立法的反思及其完善》，载《资源科学》2008年第4期。

③《国务院关于加强草原保护与建设的若干意见》，载《黑龙江畜牧兽医》2003年第5期。

④ 张五四：《内蒙古启动草原生态保护补助奖励机制》，载中国农业信息网：http://www.agri.cn/V20/ZX/nyyw/201106/t20110621_2033730.htm，最后访问日期：2019年8月31日。

⑤ 郭健：《内蒙古自治区落实国家草原生态保护补助奖励机制》，载《现代农业》2011年第7期。

2011年国务院第128次常务会议出台《关于促进牧区又好又快发展的若干意见》，[①]随后开始在内蒙古、新疆、西藏、青海、甘肃等8个省区进行草原奖补政策试点，每年国家财政投入逾140亿元，实行草原禁牧补助、草畜平衡奖励、牧民生产性补贴、牧业保险补贴政策等，惠及1645万名牧民。[②]

以内蒙古自治区为例，“十二五”时期10亿亩草原纳入补奖范围，共投入草原生态保护补奖资金超300亿元人民币。生态环境不断好转，146万户、534万名农牧民从草原补奖机制政策中受益。[③]

“十三五”期间，《农业部办公厅、财政部办公厅关于印发〈新一轮草原生态保护补助奖励政策实施指导意见（2016—2020年）〉的通知》中规定：在8省区实施禁牧补助、草畜平衡奖励和绩效评价奖励；在有关五省实施“一揽子”政策和绩效评价奖励，补奖资金可统筹用于国家牧区半牧区县草原生态保护建设，也可延续第一轮政策的好做法。

（3）《国务院关于促进牧区又好又快发展的若干意见》。

为改善草原生态环境、促进牧民增收，经国务院常务会议审议决定，从2011年开始，中央财政安排专项资金在内蒙古自治区等8个主要草原牧区省份全面实施草原生态保护补助奖励政策。2012年又将政策实施范围扩大到黑龙江等5个非主要牧区省的36个牧区半牧区县。这是新中国成立以来，在我国草原牧区实施的重大改革措施。[④]其中均提出，加强草原生态保护建设，提高可持续发展能力，做好基本草原划定和草原功能区划工作。要把保护基本草原和保护耕地放在同等重要的位置。

---

① 《国务院关于促进牧区又好又快发展的若干意见》（国发〔2011〕17号），载中央政府网：http://www.gov.cn/zhengce/content/2011-08/09/content_2821.htm，最后访问日期：2019年8月31日。

② 《中央财政支持草原生态保护补助奖励政策情况》，载中央政府门户网站：http://www.gov.cn/gzdt/2013-10/21/content_2511183.htm，最后访问日期：2019年8月31日。

③ 郭健：《内蒙古自治区落实国家草原生态保护补助奖励机制》，载《现代农业》2011年第7期。

④ 胡静林：《全面落实草原生态保护补助奖励政策　为生态文明建设作出新的更大的贡献》，载《农村工作通讯》2014年第18期。

第二节
我国草原法律规范系统的理论解构

1985年10月1日起施行的《草原法》是草原可持续发展战略和政策的定型化，草原立法是把草原进行法制化管理的重要途径，是草原可持续发展战略付诸实践的重要保障。在使草原可持续发展战略的政策转化为行动的过程中，草原法律规范系统是其重要的工具，它不仅通过命令和强制手段予以执行，而且是经济管制和市场调节工具的底线框架。

一、草原法对改善草原生态环境实现可持续发展的作用

(一)《草原法》被认为具有仅次于宪法的法律地位和效力

我国《宪法》第九条规定："矿藏、水流、森林、山岭、草原、荒地、滩涂等自然资源，都属于国家所有，即全民所有；由法律规定属于集体所有的森林和山岭、草原、荒地、滩涂除外。国家保障自然资源的合理利用，保护珍贵的动物和植物。禁止任何组织或者个人用任何手段侵占或者破坏自然资源。"宪法关于保护草原资源的规定在整个草原法律体系中具有最高法律地位和法律权威，是草原立法的基础和依据。[①]

《草原法》是对有关草原方面的重大问题作出规定和调整的综合性立法，

① 李晓沛:《论获得良好环境权》，郑州大学2011年硕士学位论文。

故而许多学者认为，其在草原法律规范系统之中，具有仅次于宪法规定的最高法律地位和效力。①

（二）我国草原法从广义上包括了所有法律规范的总和

草原法律规范整体上以系统论来观察，普遍认为从广义上要包括：宪法关于保护草原资源环境的规定；国家草原法；有关草原资源的单行法；其他部门法中关于保护草原资源的法律规范；地方性法规；国家和地方有关草原的标准和规程。②

依现在的草原法律体系理论看，虽然其已经有了一个基本框架，但并不完善。特别是技术标准体系并不完善，如在草原生态监测、草原防火、牧草种子检验、草产品生产方面的标准和规程多为空白，所以必须尽快组织制定和修订工作。③

新中国成立以来，国家出台了两部《草原法》，第一部《草原法》出台于1985年，这部《草原法》对草原的保护、利用和建设曾经起到非常重要的规范作用，但随着时间的推移，社会经济条件的变化，它已逐渐不适应新形势的需要，所以，国家又于2002年12月颁布了重新修订的《草原法》，这部新《草原法》是对多年来草原执法实践的全面总结，它进一步健全和完善了对草原保护、建设和合理利用等方面的法律制度，充分调动了广大农牧民保护和合理利用草原的积极性，对改善草原生态环境实现草原的永续利用和畜牧业的可持续发展起到了巨大的作用。④之后《草原法》即又两次对个别条款进行调整。

所以我国的草原法律规范系统从广义上看，是指那些为了保护建设和合

① 斯庆图：《内蒙古“一法一例一规章”草原法律体系的实践探析》，载《内蒙古林业调查设计》2012年第6期。

② 刘永志：《草业政策法规保障体系》，载《内蒙古草业可持续发展战略——内蒙古自治区2005年自然科学学术年会论文集》2006年版。

③ 王国钟、额尔灯宝力格、许怀军、高宏：《论草原法律体系建设》，载《内蒙古草业》2006年第6期。

④ 王国钟、额尔灯宝力格、许怀军、高宏：《论草原法律体系建设》，载《内蒙古草业》2006年第6期。

理利用草原，改善生态环境，维护生物多样性，发展现代畜牧业，促进经济和社会可持续发展，而由国家制定或认可并由国家强制力保证实施的法律规范的总和。①

（三）"与经济并重而生态要优先"贯穿《草原法》的始终

1. 草原法律法规系统旨在协调人类与草原生态环境间的关系。

修订后的《草原法》总结以往实践经验，把草原工作的战略重点从"以经济目标为主"转移到"生态、经济目标并重而生态优先"上来。"生态、经济目标并重，生态优先"是贯穿《草原法》的重要指导思想，它体现了党和国家尊重客观规律办事，既考虑生态环境、草场资源永续利用和畜牧业的可持续发展，又考虑社会、群众经济繁荣，奔赴小康的目前利益。在提倡生态优先的前提下，争取走畜牧业发展和生态建设的"双赢"之路。这个指导思想也是草原监理部门进行草原监督管理的重要原则。②

经济的高速发展不仅为人类的生产生活提供了极大的便利，加速了社会的进步，也为人类赖以生存的自然环境带来了巨大影响，相当严重地破坏了自然生态环境。在生态危机日益加剧的今天，草原作为生态系统的重要组成部分，草原恶化问题更不容忽视。草原资源具有可再生性和易开发性等特点，不仅蕴含着巨大的经济价值，还具有极高的人文价值。过去，人们过于追求经济效益，忽视对自然环境的保护，导致世界上草原恶化现象严重、自然灾害频繁发生。

2. 依自然规律建设、利用、保护和改善人们赖以生存发展的草原环境资源。

面对草原恶化的严峻现实，许多国家采取了多种方式改善生态环境恶化的趋势，法律作为一种调整人们行为的社会规范，是一种十分有效的方式。大多数国家普遍采取通过立法手段保护环境的方式，其中以美国和澳大利亚

① 徐柱、肖海峻、单贵莲：《草原法律法规对草原资源保护的影响及作用》，载《中国牧业通讯》2009年第8期。

② 庄优美：《加强草原保护与建设、确保畜牧业可持续发展》，载《榆林科技》2007年第1期。

表现最为突出。由于美、澳两国的草原保护立法起步早，法律体系完善，管理制度健全，两国的草原保护立法位居世界领先水平，可资借鉴。我国虽然是一个草地资源丰富的国家，但草原恶化现象却最为严重。虽然我国针对草原保护制定了一系列的法律法规，但草原恶化的趋势并没有得到有效遏制，说明我国目前的草原保护法律仍存在需要完善的部分。①

所以，草原法律法规的作用和地位首先是要协调人类与草原生态环境之间的关系，保证人们按照自然客观规律，特别是生态学规律进行建设、利用、保护和改善人们赖以生存发展的草原环境资源，以维护生态平衡，保障经济和社会可持续发展。②

二、我国草原法有关理论的演进路径

（一）新中国畜牧业的社会主义改造时期的理论热点

1. 针对牧区的草地资源物权与内地农田物权差异的改革。

（1）牧业民主改革实行的是土地公有公营而牲畜私有私营。

由于自然条件、生产资料的差异与技术手段选择的不同，中国游牧地区的土地实践与内地农村存在着较大差异。民主改革以前，牧区牧地为部落和氏族所共有，但实质上草场所有权归部落贵族、头人所控制。1952—1958年，牧民对自己的草牧场可以全面地行使占有、使用、收益和处分的权利。③牧业互助组和初级合作化阶段并未触动草原集体所有和牲畜家庭经营的根基，符合哈萨克族游牧社会互帮互助抵御自然灾害和外族侵略的传统，受到了牧民的普遍欢迎，起到了稳定社会秩序推动社会发展的作用。尽管牧业初级合

① 芳芳：《我国草原保护立法问题研究》，吉林大学2015年硕士学位论文。

② 徐柱、肖海峻、单贵莲：《草原法律法规对草原资源保护的影响及作用》，载《中国牧业通讯》2009年第8期。

③ 刘鑫渝：《土地制度变迁视野下的哈萨克牧区社会——以新疆新源县为例》，吉林大学2011年博士学位论文。

作社是对互助组的替代，但在其初期实行牧场集体所有，牲畜私有，牧民拥有比较充分的退出权，且退出的自由度与合作社的经营风险呈正相关。由于牧民不仅可以实施对合作社的监督，使管理者注意改善制度绩效，还可以参与对合作社的监督，就社员而言，拥有较完整的退出权，这也就意味着他们有完整的剩余控制权和剩余索取权。如此，牧区初级社既成功地分割了部分私有产权，又通过给予社员较完善的退出权，有效化解了当地初级社的解散风。①

（2）公社化后才实行了有其特色的变个体经济为社会主义集体所有制经济的畜牧业社会主义改造。

1958年年底，全国牧区除西藏等少数地区外，在合作化基础上，实现了人民公社化。草原所有权和经营使用权明确实行草原公有制；全民所有或集体所有。经营使用权实行三级所有（公社、大队、生产队）或二级所有（公社、大队），队（大队）为基础。②

新中国成立初期，中国共产党在中华大地上推行了意义深远的土地改革运动，其中当然包括内蒙古自治区。只是针对内蒙古地区自身的特点，在农业区实行土地改革的同时，在牧业区实行的是与当地实际情况相符的民主改革。之后伴随着全国农业合作化运动的全面展开，内蒙古牧业区为了使自己的发展与全国农业合作化运动的大潮相适应，也实行了有其特色的变个体经济为社会主义集体所有制经济的畜牧业社会主义改造。

内蒙古牧区畜牧业社会主义改造有重要的历史意义和现实意义。它不仅促进了当时内蒙古牧区牧民生活水平的提高、畜牧业经济的发展和整个国民经济的发展；而且畜牧业社会主义改造过程中提出并执行的一些方针政策，对于指导当时全国牧区改革及至今天内蒙古牧区工作都具有重要的现实意义。③

---

① 刘鑫渝：《土地制度变迁视野下的哈萨克牧区社会——以新疆新源县为例》，吉林大学2011年博士学位论文。

② 李毓堂：《中国草原政策的变迁》，载《草业科学》2008年第6期。

③ 高玲：《内蒙古牧区畜牧业社会主义改造研究（1953年～1958年）》，河南师范大学2010年硕士学位论文。

2. 新中国牧区草牧场管理制度变迁的特点。[①]

（1）草牧场管理制度变迁始终围绕所有权、经营（使用）权制度进行。

草牧场管理制度变迁更倾向于讨论草牧场所有权制度与经营（使用）权制度的变迁规律，新中国成立以来，我国农村土地制度经历了土地改革、互助合作、公社体制下的三级所有，特别是集体土地家庭承包四次重大变革，而以内蒙古为代表的牧区草牧场管理制度则大体经历了不同历史阶段的七次变革，其中经历了所有权制度从民族公有到全民所有和集体所有两种所有制并行；经营（使用）权制度从放牧自由到家庭承包经营、流转使用与用益物权化并行的历史变迁过程。

（2）作为社会公共资源草原的规制须发挥非成文法的积极作用。

整个变迁过程反映在草牧场制度设计中，国家权力不断延伸至基层组织，草牧场经营的传统方式快速退缩，市场经济主体的主体地位逐步显现，而这种制度设计使个体的逐利思想蚕食了集体的生态觉悟。因此，在具有社会公共资源性质的草牧场经营（使用）过程中，制度设计本身不能只关注政府权力的集中或市场经济的高效性，而应兼顾培育具有社会责任意识的市场主体，积极发挥民族传统文化中非正式制度的积极作用，并使其价值化。[②]

（二）“文革”时期草原法治的研究几乎陷于停顿

1974 年 1 月“文革”期间，中国农业科学院草原所召开全国草原科学技术座谈会，以聚焦草原问题的焦点、重点和核心。农业科学院草原所召开的 1973 年度科研总结汇报会，在以往研究工作的基础上取得了醉马草化学防除、浅耕翻改良羊草草场、披碱草大面积种植、干旱地区人工草地建设技术和牧草引种选育等科研成果。草原建设工作，已“由过去以合理利用天然草原为主的一般性建设进入了一个着眼于长期建设，建立丰产、稳产基本草牧场的新阶段”。

① 文明：《中国牧区草牧场管理制度的变迁》，载《财经理论研究》2018 年第 4 期。

② 文明：《中国牧区草牧场管理制度的变迁》，载《财经理论研究》2018 年第 4 期。

在十年“文革”期间，科学研究、学术交流和大规模连续性的科研活动很难正常进行，科研人员被下放到基层，科研工作几乎处于停顿状态，然而，就是在这样困难重重的情况下，农科院草原所仍然坚持开展了一部分科研活动，并取得了一定的成绩。并在1979年召开了第三次东北草原学术会议，对如何开展草原科研和加速我国草原建设提出建议。①

（三）《草原法》颁布前我国牧区已有强烈的立法需求

1984年我国的畜牧业之所以落后，根本原因还是草原问题，其中有以下比较突出的问题需要解决：

1. 生产方式落后致草原资源没有得到充分的利用。

我国生态环境局部改善、总体恶化趋势尚未根本扭转，其中一个重要原因就是当地农民不合理的生产生活方式没有真正转变，许多林草资源尚未得到合理开发利用和有效保护。因此，必须加快建设资源节约型、环境友好型社会，推动农民生产生活方式发生根本性转变，有效保护林草植被资源和生态环境。②

广大牧区、半牧区基本上仍处于靠天养畜、逐水草而居的原始放牧状态。据有关资料表明，到1982年，新疆、内蒙古牧区只有一半左右的牧民定居，其他都是游牧或半游牧状态。青海省实现定居或半定居的还不到牧民总户数的20%。围栏放牧和建立人工草场同自然游牧相比，经济效益大不一样。而游牧经济的特点是：草场的使用没有计划，无法修棚圈、储草料，无法加强牲畜的抗灾设备，常常遭到自然灾害的侵袭和破坏，严重影响畜牧业的发展。③

2. 草原沙化、碱化、退化的情况日趋严重。

草原作为陆地生态系统的重要组成部分，作为一种自然资源，是人类重要的宝贵财富，更是牧区草地畜牧产业健康发展的重要基础，一旦遭受到破坏，将很难在较短时间内恢复。最近几年，虽然国家和地方政府高度重视草

① 王煜生：《第三次东北草原学术会议在齐齐哈尔市举行》，载《中国草原》1980年第1期。
② 杨申卉、朱志明：《推动农民生产生活方式根本性转变有效保护林草植被资源和生态环境》，载《中国发展》2006年第4期。
③ 朱屹：《迫切需要制定草原法》，载《政治与法律》1984年第3期。

原生态环境保护，但草原退化趋势一直难以得到有效抑制，草原退化面积不断扩大，草原生产能力逐渐下降。因此，需要及时分析草原退化的原因，然后采取针对性措施进行治理。[①]

过去由于受极“左”思潮的影响，片面地强调“以粮为纲”，因而在草原上大量开荒；牧区很多人乱挖药材，不断引起沙化；片面强调发展牲畜数量，超载过牧，[②] 也是草原退化的重要原因。

（四）草原权属不明从而严重影响生产和建设

草原包括天然草原和人工草原，既是生态系统的组成部分，又是人类畜牧业赖以生存的基地，对保障畜牧业发展具有不可替代的作用，对于维持生物圈的稳定具有重要意义。但是，由于几十年来对草原过度不合理的开发利用，草原监管的缺失，可以说，造成了草场严重退化，草场载畜量锐减，水土大量流失，草原生态系统中的野生生物资源受到了破坏，生态环境极其脆弱，可持续发展问题受到了挑战。造成这一状况的主要原因就是长期以来草原权属不明，导致草原管理和建设的迟滞、弱化。[③]

多年来，牧区内驻军部队、国家机关、工厂以及其他企事业单位很多，由于草原使用权不固定，所以滥垦、滥牧、滥占草原，吃草原“大锅饭”的现象日益严重，各单位与牧民之间以及单位、牧民内部之间的纠纷不断出现。因此，加强草原立法工作，尽快完善草原法律规范系统，就不仅关系到我国草资源的保护、开发、利用，能不能加快发展畜牧业，改善我国的食物构成，而且是关系到我国农业生产能不能进一步发展的一个重要问题。[④]

草原权属的确定就是依法明确国土资源中应该是草原的土地的草原属性及其所有权和使用权。为更好地促进草原监理事业的发展，保障草原生态安

① 王翠莲、李胜旺、郝耀、乌日更、李伟军、黄三霞：《草原退化原因及治理对策》，载《畜牧兽医科学（电子版）》2018年第19期。

② 朱屹：《迫切需要制定草原法》，载《政治与法律》1984年第3期。

③ 刘乐乐、李占婷：《加快明确草原权属》，载《财经界（学术版）》2014年第8期。

④ 朱屹：《迫切需要制定草原法》，载《政治与法律》1984年第3期。

全、推进草原地区经济社会进步我们必须进行草原确权。[①]

三、《草原法》的颁行是临时应急措施的法律定型化

（一）1985 年《草原法》的颁行反映了国家对草地资源和畜牧业的高度重视

1985 年通过《草原法》对草原这一自然资源实行法治管理，在我国历史上还是第一次，其表明党和国家对我国草地资源和发展畜牧业的高度重视，业已将多年来解决草原资源权益纠纷的各种临时应急措施，用法律的形式确定下来，标志着我国法律制度正在不断健全和加强，反映了我国各族人民的迫切愿望。旨在切实贯彻实行《草原法》，树立《草原法》的权威，发挥《草原法》的作用，有关主管部门业已认识到：首先，提高对草原的目的和内容的认识是实施草原法的基础；其次，搞好草原承包责任制是实施草原法的重要一环；再次，充分利用草原资源普查成果，做好草原畜牧业发展规划，推动草原法的落实；最后，发展草原科学与发展种草是实施草原法的两项重要内容。[②]因而，《草原法》应运而生。

（二）《草原法》修改的作用与意义

草原在畜牧业经济的发展和生态环境的保护与改善方面所产生的价值和作用，是其他资源所无法替代的。虽然有关草原保护的法律法规正在健全和完善，但是草原的破坏日益严重，究其原因，就在于有法不依，执法不严，违法不究。所以，保护草原还需要从法律入手，采取对策。[③]随着改革的深化和市场经济的发展，旧的《草原法》已经不能适应新形势下草原保护管理的需要，特别是草原生态环境的恶化更加呼吁早日出台新的《草原法》。因而，

---

① 刘乐乐、李占婷：《加快明确草原权属》，载《财经界（学术版）》2014 年第 8 期。

② 许鹏：《对贯彻实施草原法的几点认识》，载《中国草原》1986 年第 4 期。

③ 薛原：《内蒙古草原资源的法律保护》，载《法制与社会》2008 年第 19 期。

经第九届全国人大常委会第三十一次会议审议通过的新《草原法》出台了。[①]新《草原法》在立法上有了显著进步，深化了保护草原生态的内涵。在立法上既肯定了草原作为畜牧业的重要生产资料需要保护，又进一步表明草原作为经济和社会可持续发展所依靠的重要生态系统需要保护。

第九届全国人大常委会第三十一次会议于2002年12月28日修订通过，2003年3月1日正式施行的新《草原法》较原来的《草原法》增加了“规划”一章，并把原来《草原法》的“保护利用”一章分成“保护”和“利用”两章分别进行了规定，突出了草原生态环境的保护和建设，加强了草原资源合理利用的管理。在新《草原法》的“法律责任”和“监督检查”规定中，还加大了对草原违法行为处罚的力度，进一步明确了草原行政执法主体。

可见，新《草原法》的贯彻实施标志着我国草原法制化管理进入了一个新阶段。草原法律法规不断完善之后，以内蒙古西部干旱、半干旱地区为例，不但其草原围栏面积及禁牧面积、牧区牲畜结构、牧民收支等都发生了变化；而且草原生态管理体制的运行、草原所有权和使用权的落实、草原权属纠纷的依法解决等工作效果良好，也逐渐接近了预期目的。[②]

（三）“美丽中国”是草原生态环境保护及其法治建设的重心

1.“绿水青山就是金山银山”。

（1）建设草原生态文明是关系人民福祉且关乎民族未来的大计。

作为实现中国梦的重要内容，习近平总书记在纳扎尔巴耶夫大学回答学生问题时指出：“我们既要绿水青山，也要金山银山。宁要绿水青山，不要金山银山，而且绿水青山就是金山银山。”[③]2018年第十三届全国人大通过的宪法修正案提出，把我国建设成为富强民主文明和谐美丽的社会主义现代

① 张小平、乌兰：《以新修订和颁布的〈草原法〉为契机全面开创草原保护、建设、利用新局面》，载《内蒙古草业》2003年第3期。

② 郭晓岚：《草原法律法规对草原资源保护的影响及作用》，载《阴山学刊》2012年第3期。

③ 人民日报：《习近平系列重要讲话读本：绿水青山就是金山银山》，载“人民网”：http://opinion.people.com.cn/n/2014/0711/c1003-25271026.html，最后访问日期：2019年8月31日。

化国家，这就使“美丽中国”被确立为中国现代化的重大战略目标和价值原则之一。[①]

“美丽中国”法理念，把生态环境价值与经济财富价值、政治民主价值、精神文明价值、社会和谐价值在宪法中平列出来，这是将生态环境价值摆在了国家价值体系的战略地位。习近平总书记指出：“要把生态环境保护放在更加突出位置，像保护眼睛一样保护生态环境，像对待生命一样对待生态环境，在生态环境保护上要算大账、算长远账、算整体账。”[②]生态环境关系人民福祉、关乎民族未来，尽管我国宪法尚未明确将环境权规定为公民基本权利，但“美丽中国”法理念体现了我国对于人民享有生态环境权益的重视达到前所未有的高度。[③]

（2）“美丽中国”建设目标的实现中草原生态环境建设是重中之重。

我国所拥有的约4亿公顷草原，约占国土面积的2/5，是面积最大的陆地生态系统，也是主要江河的发源地和水源涵养区，故其生态地位十分重要。草原在保持水土、防风固沙、调节气候、维护生物多样性等方面具有不可替代的作用。[④]因而“美丽中国”的法理念，需要活生生的“美丽草原”来呈现，这都为我国草原生态环境建设提出了新要求，提供了新机遇。总之，就是要以草原生态环境保护和草原地区经济社会现代化建设更好的发展，为“美丽中国”建设做贡献。因此，要从“美丽中国”的理念出发，客观审视目前的我国草原生态环境保护和建设的现状、问题及其变化趋势，透析它与草原法治体系及实施的深刻机制，最终仍然要以“美丽中国”的高度法理念为指导，通过草原生态环境法治体系的进一步完善和切实实施，持久有效地推进美丽

---

① 胡玲：《顺应自然、追求天人合一，是中华民族自古以来的理念，也是现代化建设的重要遵循》，载《当代广西》2018年第3期。

② 《十八大以来，习近平反复强调“绿水青山”》，载新华网：http://www.xinhuanet.com/politics/2017-06/05/c_129624876.htm，最后访问日期：2019年11月30日。

③ 王子龙：《以“美丽中国”法理念提升草原生态环境法治体系》，载《草原与草坪》2018年第2期。

④ 刘晓莉：《我国草原生态补偿法律制度反思》，载《东北师大学报（哲学社会科学版）》2016年第4期。

草原建设目标。[①]

2. 草原法治是庞大复杂系统工程，须不断整合协调最终走向科学完善。

（1）从法律部门的角度看，草原法律规范体现在几乎全部的传统法律部门。

目前，我国以《草原法》为主干的草原法律体系已经基本都有了。从法律部门的角度分析，草原法律规范体现在涉及宪法、民商法、行政法、经济法、社会法等几乎全部的各法律部门。从具体涉及的单个法律而论，基本而主要的法律如《宪法》《民法通则》《土地管理法》《环境保护法》《草原法》《野生动物保护法》《水污染防治法》《农村土地承包法》《种子法》等都包含草原法律规范。从法律规范制定机关和形式上，包括宪法、法律、行政法规、地方性法规、行政规章等。足以表明，草原法律体系庞大复杂。草原在我国生态安全和农牧业发展中所具有的举足轻重的作用，使加强草原立法，完善草原法律体系，保护建设和合理利用草原成为我国草原工作的重中之重。[②]

（2）我国草原法治内容广泛、形式繁多，多种视角的逻辑解读意义重大。

在立足草原法律体系取得的立法成就之上，需要面对庞大复杂的法律体系不断查漏补缺，面对草原法治实施的系统工程不断整合协调，以推进草原法治体系不断走向科学完善。鉴于我国草原法治体系内容广泛、形式繁多，对于其逻辑解读意义重大，如何解读自有多种视角。以“美丽中国”法理念为指导，以提升草原法治的逻辑性、协同性、有效性，完善草原法治体系为目标，就目前我国草原生态环境保护法律体系和法治体系所存在问题及完善策略予以分析，故而十分重要。[③]

党的十八大以来，党中央、国务院对草原生态环境保护高度重视。有关领导指出，各有关地区和部门认真贯彻党中央关于全面依法治国的决策部署，强化草原法制建设，扎实开展草原执法监督工作。在全国人大环资委指导下，

① 王子龙：《以“美丽中国”法理念提升草原生态环境法治体系》，载《草原与草坪》2018年第2期。

② 冯学智、李晓棠：《我国草原法律体系的完善》，载《草业科学》2013年第1期。

③ 王子龙：《以“美丽中国”法理念提升草原生态环境法治体系》，载《草原与草坪》2018年第2期。

农业部配合开展《草原法》修订工作，深入进行立法调研，广泛征求有关专家和部门意见，形成了《草原法》修订草案。按照推进“放管服”改革的要求，农业部修订了《草种管理办法》和《草原征占用审核审批管理办法》，取消下放草种进出口等4项审批事项，简化了草种经营许可等审批手续。内蒙古自治区修订了基本草原保护条例，对基本草原实行最严格的保护。①

① 《草原生态环境保护法律法规体系初步形成 2013年以来共立案查处草原违法案9万余起》，载法制网：http://www.legaldaily.com.cn/index/content/2017-11/01/content_7375302.htm?node=20908，最后访问日期：2019年8月31日。

第三节
草原法治法律规范系统框架模式

我国《草原法》规定的草原保护法律制度包括了基本草原保护制度、草原自然保护区制度、草畜平衡制度、退耕还草和禁牧休牧制度、草原防火制度、草原规划建设利用制度、草原生态补偿制度、草原法律责任制度等。这些制度在《草原法》中仅作了原则性的规定，具体制度内容未能展开，需要结合其他相关的法律文件共同确定我国草原保护法律制度，了解其基本框架。

中央高度重视基本草原划定和管理工作。2002年、2011年国务院两个关于加强草原保护与建设的专门文件，提出要把保护基本草原与保护耕地放在同等重要的位置，加快推进基本草原划定和管理工作。2014年中央一号文件又提出，要把基本草原划定当作农村改革的一项重要任务，2015年基本完成划定工作。原农业部从政策、资金、项目等多方面支持，努力推动全国基本草原保护工作，并专门印发通知，要求各地依法开展基本草原保护工作，并在全国22个省区确定75个县作为划定基本草原的试点。为使基本草原保护工作有抓手，原农业部始终把基本草原划定工作作为退牧还草、京津风沙源治理等草原重大项目立项的前提，特别是在2011年实施草原生态补助政策时，把划定基本草原作为实施政策的硬性条件，要求必须在划定基本草原的区域实施项目，明显加快了全国基本草原保护工作落实步伐。[①]

① 马有祥:《加快健全完善基本草原保护制度》，载《农产品市场周刊》2016年第3期。

一、基本草原资源法治之法律规范子系统

（一）我国《草原法》中确立了基本草原保护制度但仅有原则性规定

所谓基本草原是指为改善草原生态环境、保护草原生物多样性、适应畜牧业可持续发展、满足一定时期内人口和国民经济对畜产品的需求而确定的重点保护的草原。基本草原主要包括重要放牧场，割草地，对畜牧业生产具有重要意义的人工草地、退耕还草地、改良草地和草种基地，对生态环境具有特殊作用的草原，如调节气候、涵养水源、保持水土、防风固沙等，草原科研、教学试验基地，作为国家重点保护的野生动植物生存环境的草原，以及国务院规定应当划为基本草原的其他草原。①

故可见，基本草原，即指根据一定时期生态、经济、社会可持续发展需要而确定的重点保护、不得随意占用的草原。《草原法》明确规定，国家实行基本草原保护制度。认真梳理十多年来我国基本草原保护制度落实情况，查找影响制度落实的关键问题，进一步健全完善基本草原保护制度，是切实贯彻绿色发展理念，加快推进草原生态文明建设的重要举措。②

近些年来，随着我国草原的环境污染问题日益严重，运用法律的手段对我国草原进行有效保护，以保障草原资源的合理开发，不仅事关我国草原生态系统的可持续发展，更对保障我国经济发展和实现社会稳定具有重要的现实意义。③

根据原农业部的要求，各地划定的基本草原数量应当占其行政区域内草原总面积的80%以上。“国家实行基本草原保护制度，严格管理列入基本草原

---

① 唐栋:《我国草原保护法律制度及其完善初探》，吉林大学2014年硕士学位论文。

② 刘加文、杨智、卫琳、因丁、刘帅:《健全完善基本草原保护制度》，载《中国畜牧业》2015年第12期。

③ 阿其力斯:《我国草原保护的法律问题研究》，天津工业大学2018年硕士学位论文。

范围的草原，任何单位和个人不得擅自改变基本草原的性质和用途，禁止开垦基本草原，禁止占用基本草原植树造林、挖塘养鱼以及从事其他破坏基本草原的活动，禁止在不适宜种植的基本草原上翻耕原生植被建设人工草地和饲草料基地。”草原生态保护无疑是生态文明建设的一个重要内容，对维护国家生态安全及区域经济社会可持续发展具有重大意义。①

（二）我国现在的《草原法》尚算不上一部基本法

1. 草原保护依赖于我国多层次法律规范整体性法律调整之目的功能。

我国《草原法》中确立了基本草原保护制度但并未规定其具体的内容，由于基本草原占据我国草原整体面积的 80%，我国基本草原的保护现阶段依赖于我国草原保护制度的整体规定，我国草原资源保护制度的规范性法律文件绝大部分涉及基本草原保护制度。②

1982 年《宪法》规定，“矿藏、水流、森林、山岭、草原、荒地、滩涂等自然资源，都属于国家所有，即全民所有；由法律规定属于集体所有的森林和山岭、草原、荒地、滩涂除外。国家保障自然资源的合理利用，保护珍贵的动物和植物。禁止任何组织或者个人用任何手段侵占或者破坏自然资源。”宪法位于法律的最高效力位阶，在我国法律体系中具有最高法律地位和权威。宪法明确了国家保障的“自然资源”包括“草原”，草原资源受宪法和法律的保护，这是关于草原资源保护在我国法律体系当中最权威的规定。

2.《草原法》与《环境保护法》以及《土地管理法》都对草原予以调整。

早在我国1979年颁布实施的《环境保护法（试行）》第十四条就作出了“保护和发展牧草资源。积极规划和进行草原建设，合理放牧，保持和改善草原的再生能力，防止草原退化，严禁滥垦草原，防止草原火灾”的规定，对草原保护进行了原则性规定。1985 年我国首次颁布了《草原法》，作为我国第一

① 冯伟、何广礼、杜宝红：《生态文明建设下的锡林郭勒草原生态保护探讨》，载《草原与草业》2018 年第 6 期。

② 唐栋：《我国草原保护法律制度及其完善初探》，吉林大学 2014 年硕士学位论文。

部关于草原保护的专门法律，弥补了《环境保护法》原则性规定的不足，包括了禁止开垦和破坏草原等内容，为依法制止破坏草原行为，调解和处理草原纠纷，建立草原科学管理制度提供了法律依据。

2002年年底，全国人大常委会重新修订了《草原法》，条文数量增加了两倍，内容更加详细完备，是对我国多年来草原执法实践所进行的全面总结，深化了保护草原生态的内涵，规定了全面保护、重点建设、合理利用草原的一系列规范，也为我国草原生态的保护、草业经济的发展、草原地区社会秩序的稳定提供了必要的法律支撑，也为我国草原产业的振兴奠定了坚实的法律基础。只是其中关于草原资源保护的内容依旧都是原则性的规定，根据《草原法》的授权，由国务院、省、自治区、直辖市人民政府、县以上地方人民政府草原行政主管部门制定具体实施办法。这是考虑各地需要结合当地实际情况对以上内容进行详尽的规定，也是为了能使《草原法》在对以上事项进行原则性规定的基础上及时发挥作用。①

为了加强对包括草原资源在内的土地的管理，合理利用土地，新中国还制定了《土地管理法》，从保护和合理开发利用土地资源的角度对不同的土地进行分类管理。《土地管理法》规定的土地用途管理制度，将土地分为农用地、建设用地和未利用地不同用途用地。其中农用地是指直接用于农业生产的土地，包括耕地、林地、草地、农田水利用地、养殖水面等，对农用地转为建设用地进行严格限制。从草原亦是土地的一种类型的角度来考察，草原法律规范系统与土地法律规范系统显而易见出现了交叉重叠。

（三）能够带来经济利益的草原须综合法律规范系统来予以调整

《草原法》有关草原资源保护制度规定的原则性也意味着我国草原保护法律体系的开放性，草原资源的保护需要《草原法》结合其他相关法律法规共同发挥作用，这些法律法规包括《环境保护法》《水土保持法》《防沙治沙法》《野生植物保护条例》《野生动物保护法》《水法》《水污染防治法》《种子法》

---

① 陈新:《我区基本草原划定工作中存在的主要问题及对策》，载《新疆畜牧业》2017年第2期。

等，这与草原是一个庞大而复杂的地球生态系统有关。《防沙治沙法》制定的目的是预防土地沙化，治理沙化土地，维护生态安全，促进经济和社会的可持续发展。

沙化土地最初往往也可能是草原，据报道，科尔沁草原曾是中国四大草原之一，但是，现在却日渐被沙漠化了。[①] 内蒙古草原沙化严重，呼伦贝尔七大河流全部断流。[②] 可见，因对草原不合理使用以及受恶劣自然条件影响导致草原退化，形成沙化土地。在天然沙漠和良田的过渡地带基本都是以草原形态存在的土地，所以防沙治沙，在很大程度上也是对草原的保持，因此要防止流沙侵占草原，才能阻止沙漠的扩张。故《防沙治沙法》关于土地沙化的预防部分的内容也有针对草原保护的内容。[③]

另外，《环境保护法》《种子法》《水土保持法》《水污染防治法》《草原防火条例》《野生植物保护条例》等法律法规对草原资源的健康发展也都发挥着重要的作用。

2018 年国家机构改革成立国家林业和草原局，对草原保护与利用提出新的要求。[④] 学界从全国层面梳理目前草原相关法律、政策和机构现状，总结草原改革和保护体制机制存在的主要问题是：相关法律制度尚不完善；地方基层草原监管能力薄弱；草原科研与推广力量薄弱；草原改革试点推进缓慢；草原生态保护修复投入明显不足。最后都是从林草融合的视角，来提出草原保护发展的基本思路与政策建议。[⑤]

---

① 《科尔沁草原沙漠化原因是什么》，载佰佰安全网：https://www.bbaqw.com/cs/75721.htm，最后访问日期：2019 年 8 月 31 日。

② 《内蒙古草原沙化严重，呼伦贝尔七大河流全部断流》，载搜狐新闻：http://news.sohu.com/20100729/n273841249.shtml，最后访问日期：2019 年 8 月 31 日。

③ 唐栋：《我国草原保护法律制度及其完善初探》，吉林大学 2014 年硕士学位论文。

④ 焦玉梅：《国家林业和草原局宣布机构改革后机关司局班子成员任职》，载中国绿色时报：http://www.greentimes.com/greentimepaper/html/2018-09/18/content_3325702.htm，最后访问日期：2019 年 8 月 31 日。

⑤ 李冰、张志涛、谭淑豪、王建浩、张欣晔：《完善草原生态保护政策机制　促进林草体制机制融合发展》，载《林业经济》2019 年第 4 期。

（四）地方性法规也是我国草原资源保护法律体系的重要组成部分

以内蒙古自治区制定的地方性法规、规章及规范性文件为例，有《内蒙古自治区草原管理条例》《内蒙古自治区基本草原保护条例》《内蒙古自治区基本草牧场保护条例》《内蒙古自治区人民政府关于建设节水型社会的实施意见》《内蒙古自治区实施〈中华人民共和国水法〉办法》《内蒙古自治区草原管理实施细则》《内蒙古自治区湿地保护条例》《内蒙古自治区实施〈中华人民共和国防沙治沙法〉办法》《内蒙古自治区实施〈中华人民共和国水土保持法〉办法》《内蒙古自治区国有农牧场条例》《内蒙古自治区农业环境保护条例》，等等。

《内蒙古自治区基本草原保护条例》是内蒙古自治区对辖区内基本草原实施保护的重要法规，[①]其规定了旗县级人民政府负责基本草原划定工作：集体所有草原以嘎查村为单位划定，国家所有草原以使用权单位为单位划定。其第十五条规定了禁止在基本草原上实施的行为包括：开垦基本草原，擅自改变基本草原用途，毁坏围栏、人畜饮水设施等草原建设保护设施，擅自钻井提取工业用水，挖鱼塘、挖沟渠、铲草皮、挖草炭等破坏草原植被的行为，建造坟墓，违反环境保护法律、法规倾倒排放固体、液体、气体废物和生活垃圾或者造成环境噪声污染、粉尘污染、放射性污染、电磁波辐射污染，其他破坏基本草原的行为。《内蒙古自治区基本草原保护条例》进一步强化了对基本草原的保护与管理，加大了对基本草原进行保护的力度，也加强了对破坏基本草原行为的处罚力度。

已有的地方性法规中有关基本草原的保护制度的规定和具体实践，可成为我国对基本草原保护制度进行全国性立法的参照。[②]

---

① 王占义、李晋生：《〈内蒙古自治区基本草原保护条例〉施行》，载中国社会科学网：http://www.cssn.cn/zt/zt_zh/nmgzzqcl70zn/lsfzstbj/zdbz/201707/t20170712_3577843.shtml，最后访问日期：2019年8月31日。

② 唐栋：《我国草原保护法律制度及其完善初探》，吉林大学2014年硕士学位论文。

二、草原自然保护区法律规范子系统

（一）草原自然资源保护区的概念

国外的草原自然资源保护区也叫草原类国家公园，是指由国家最高行政机关划定和管理的草原保护地，维持一个或多个典型草原生态系统的原始自然状态，作为当代及未来进行草原科学研究、生态旅游、环境教育和启智的场所。我国建立草原类国家公园，自然得做好顶层设计，既要符合中国国情又要和国际接轨。这种草原类国家公园建设应该定位于保护、科研、教育、旅游和区域发展五大功能。根据不同的环境承载力、游客进入强度、基础设施供给状态等，将公园划分为严格保护区、环境保育区、旅游展示区和社会参与区四个区域，进行分区管理。所以得加快建立健全法律法规、管理体系、准入制度、投入机制和生态补偿机制为其健康运行提供长效的机制保障。①

2019年6月26日，中共中央办公厅、国务院办公厅印发了《关于建立以国家公园为主体的自然保护地体系的指导意见》，该文件对自然保护区作出了定义：其指保护典型的自然生态系统、珍稀濒危野生动植物种的天然集中分布区、有特殊意义的自然遗迹的区域。它应具有较大面积，确保主要保护对象安全，维持和恢复珍稀濒危野生动植物种群数量及赖以生存的栖息环境。据此，可以将草原自然保护区定义为：其指保护典型的草原自然生态系统、珍稀濒危野生动植物种的天然集中分布区、有特殊意义的草原自然遗迹的区域。它应具有较大面积，确保主要保护对象安全，维持和恢复珍稀濒危野生动植物种群数量及赖以生存的草原栖息环境。

（二）草原自然资源保护区涵盖草原和自然资源保护区两个法律规范子系统

我国1994年颁布了《自然保护区条例》，对自然保护区设立的条件、分类、

① 张宇、朱立志：《关于我国草原类国家公园建设的思考》，载《草业科学》2016年第2期。

批准程序、管理机构、管理制度、经费来源等问题都作了规定。如第十条规定，应当建立自然保护区的地区为珍稀、濒危野生动植物物种的天然集中分布区域和具有特殊保护价值的草原。第十一条规定，国家级自然保护区和地方级自然保护区是我国自然保护区的两个类别。第十八条规定，自然保护区分为核心区、缓冲区和实验区，必要时可以在自然保护区的外围划定一定面积的外围保护地带。要求在自然保护区内设立专门管理机构，配备专业技术人员，等等。

建立自然保护区是保护自然生态系统、维护生物多样性的最有效措施，是生态文明建设的重要内容。通过积极划建草原自然保护区，提高保护管理等级，完善保护区管理机构，加大资金保障，提高草原自然保护区建设和管理水平，切实保护和恢复内蒙古草原生态系统，自可建设起生态安全的重要屏障。①

草原自然保护区制度在我国草原资源法治的框架内是一个特别制度，草原自然保护区制度的确立使我国草原资源的法治上升到了新高度。建立草原自然保护区并进行立法保护的做法目前还未得到推广，草原立法应加大这方面的工作力度，通过在草原基础较好、需要进行特殊保护的草原建立草原自然保护区，使我国草原资源得到更加完备的保护，并通过法制手段强化对草原自然保护区的保护。

三、草畜平衡法律规范子系统

（一）草畜平衡制度的概念

系统总结草原生态保护措施研究演变过程，提出进一步开展牧区水—土—草—畜平衡研究非常必要，其是将草原保护与畜牧业生产紧密结合，以

① 范英、高建平、余娜：《加强自然保护区建设，保护和恢复内蒙古草原生态系统》，载《内蒙古农业科技》2014年第1期。

草质草量定畜种畜量，保持饲草饲料供应量与载畜量的动态平衡，实现草原生态系统的良性循环和畜牧业可持续发展。[①]

我国对草原实行以草定畜、草畜平衡制度，《草原法》第四十五条、第四十六条规定，依据国务院草原行政主管部门制定的草原载畜量标准，县级以上地方人民政府草原行政主管部门应当结合当地实际情况，定期核定载畜量，防止超载过牧。第三十三条至第三十五条要求科学、合理、均衡利用草原，规定由国务院草原行政主管部门规定草原载畜量标准和草畜平衡管理办法，由国务院或国务院授权的有关部门规定草原禁牧、休牧、轮牧的具体办法。

（二）草原是发展畜牧业的重要载体

发展草原畜牧业是草原资源利用的重要方式，合理利用草原资源是保持草原生态平衡，持续获得经济效益的前提。长期的科学研究和实践证明，合理利用草原是防止草原退化、保障生态安全和食物安全的最有效、最经济、最实用的途径。[②]发展畜牧业是草原的一项重要经济功能，我国草原法律法规、政策的制定往往与畜牧产业相结合，对国家指导性政策进行推广，同时调动民众保护草原的积极性。

2006年7月1日起施行的《畜牧法》对我国的畜牧业发展进行了全面的规范，《畜牧法》第三十五条第二款规定："国家支持草原牧区开展草原围栏、草原水利、草原改良、饲草饲料基地等草原基本建设，优化畜群结构，改良牲畜品种，转变生产方式，发展舍饲圈养、划区轮牧，逐步实现畜草平衡，改善草原生态环境。"这是单独针对草原畜牧业的规定。

《畜牧法》是我国首部完整调整畜牧生产过程的法律，把近年来发展畜牧业的重大决策及实践证明成功的政策措施，通过立法形式，对畜禽的遗传资源保护利用、繁育、饲养、经营、运输等环节进行了全面规范，是一部集产

① 李和平、包小庆、鹿海员、王军：《我国牧区水—土—草—畜平衡研究进展与展望》，载《中国水利水电科学研究院学报》2018年第10期。

② 常秉文：《合理利用草原发展草原畜牧业》，载《中国畜牧杂志》2006年第12期。

业促进和管理双重性质的法律。认真贯彻实施好《畜牧法》，无疑对加快推进现代畜牧业的发展具有十分重要的指导意义，[①] 我国于 2015 年又对其进行了修正。

2002 年 1 月 1 日起施行的《防沙治沙法》中有草畜平衡制度的重要内容，《防沙治沙法》第十八条直接规定了控制草原载畜量，实行以产草量确定载畜量的制度，对人工草场控制载畜量、调整牲畜结构、改良牲畜品种、推行牲畜圈养和草场轮牧等在草原上进行畜牧养殖、放牧的生产方式加以引导，与《草原法》第三十三条至第三十五条的规定相得益彰。

另外，2005 年原农业部出台了《草畜平衡管理办法》，对我国草畜平衡制度予以细化。其后有《内蒙古自治区禁牧和草畜平衡监督管理办法》《天然草地合理载畜量计算标准》等。这些法律法规以及规范性文件均为我国草畜平衡制度的组成部分。

由于草畜平衡制度的有关规定很大部分是授权性立法，一方面规定草畜平衡制度的法律文件较分散，另一方面立法层级较低，对违反草畜平衡制度规定的行为的处罚规定不明确，对草畜平衡的约束缺乏强制性，因而不利于草畜平衡制度的落实。

四、退耕还草和禁牧休牧法律规范子系统

（一）“退耕还草”与“禁牧休牧”的基本概念

退耕还草，是指对水土流失严重、有沙化趋势、需要改善生态环境的已垦草原，应当有计划、有步骤地退耕还草，国家对在国务院批准规划范围内实行退耕还草的农牧民在粮食、现金、草种等方面予以补助。

禁牧休牧，是指对于严重退化、沙化、盐碱化、石漠化的草原和生态脆

---

① 钱定海、吴丽娟:《学习贯彻〈畜牧法〉，推进畜牧生产方式的转变》，载《浙江畜牧兽医》2007 年第 1 期。

弱的草原，实行禁牧、休牧、划定禁牧区和休牧区，规定禁牧期和休牧期，保护牧草的恢复生长和繁殖更新，使草场得到休养生息，促进植被的恢复，保护和改善草原生态环境。《草原法》规定国家支持依法实行退耕还草和禁牧、休牧，并由国务院、省、自治区、直辖市人民政府制定相应的具体办法。①

（二）“退耕还草”是独立于“退耕还林”的法律规范子系统

在我国，退耕还草与退耕还林往往规定在同一个文件中，如国务院下发的《关于进一步做好退耕还林还草工作的若干意见》、原国家林业局等部门下发的《关于开展2000年长江上游、黄河上中游地区退耕还林（草）试点示范工作的通知》。在一些规定退耕还林的文件中也有退耕还草的内容，如国务院制定的《退耕还林条例》中第六十三条规定，已垦草场退耕还草和天然草场恢复与建设的具体实施，依照《草原法》和国务院有关规定执行。国务院《关于进一步完善退耕还林政策措施的若干意见》中规定，该意见中所称退耕还林，包括退耕地还林、还草、还湖和相应的宜林荒山荒地造林。②

在休牧、禁牧方面，国家公布了《休牧和禁牧技术规程》（NYT 1176—2006），规定了施行休牧、禁牧措施时的技术要点，包括适用地区、地块选择、休牧或禁牧时间、确定休牧或禁牧起止期的植被指标、气候参数等，以便丁对放牧地和潜在放牧地实施休牧、禁牧制度进行指导。另外，鄂尔多斯市人民政府2006年发布了《鄂尔多斯市禁牧休牧划区轮牧及草畜平衡暂行规定》、吉林省人民政府2013年公布了《吉林省封山禁牧管理办法》等。

退耕还草制度与林业退耕还林制度在同一法律文件中规定的做法使立法的重点更多关注于退耕还林，使退耕还草立法缺乏应获得的重视。禁牧、休牧制度在我国还没有全面确立。禁牧、休牧制度的科学确立需要相应的技术支持，且各地情况不同，禁牧、休牧的具体措施也有差别，需要依据科学标准，

① 范梅华、张建华：《〈畜牧法〉实施将规范我国畜牧业的持续健康发展》，载《中国禽业导刊》2006年第18期。

② 《国务院关于进一步完善退耕还林政策措施的若干意见》，载中央人民政府网：http://www.gov.cn/zhengce/content/2016-10/13/content_5118407.htm，最后访问日期：2019年8月31日。

因地制宜，尽快完善休牧、禁牧制度。鉴于禁牧休牧已成为保护和培育生态植被的一种主要方式，也已成为遏制草原荒漠化的有效手段，因此相对于禁牧休牧的制度需求，其监管立法更存在诸多问题需要完善，故需从立法层级、监管体制、法律责任等方面找出禁牧休牧监管立法中存在的问题以寻求完善途径，并提出了相应的立法建议。[①]

五、草原防火法律规范子系统

（一）草原防火即草原火灾的预防和扑救

《草原法》第五十三条规定了草原防火制度，内容主要包括：草原防火是各级人民政府的重要职责；草原防火贯彻预防为主、消防结合的方针；草原防火应规定草原防火期，制订草原防火、扑火预案，建立草原防火责任制。这是保护草原安全的重要措施。

（二）《草原防火条例》及相关规定

《草原防火条例》于2008年进行了修订。根据条例的要求，我国草原防火工作要不断完善和加强防火值班报告制度、草原火灾应急处置制度、火情信息发布制度。森林草原防火工作点多、面广、线长，突发性强、破坏性大、危险性高、处置困难，森林草原防火任务艰巨而繁重。因此，进一步提高预防和扑救森林草原火灾能力，加强森林草原资源保护，维护生态安全，就尤为必要和重要。[②]根据以上要求，2012年发布的《草原防火值班报告制度》，规定了防火期内和特殊情况下实行24小时值班和领导带班。[③]

---

① 王政：《禁牧休牧监管立法的分析与探讨》，载《草业科学》2016年第7期。

② 许雅璐：《为绿色内蒙古构筑生命线——写在〈内蒙古自治区森林草原防火条例〉修订颁布之时》，载《内蒙古人大》2016年第11期。

③ 《农业部草原防火指挥部关于印发〈草原防火值班报告制度〉的通知》，载中国农业信息网：http://www.agri.cn/V20/ZX/tzgg_1/tz/201301/t20130106_3173074.htm，最后访问日期：2019年8月31日。

2010年发布的《全国草原火灾应急预案》，明确了草原火灾预警预防机制、应急响应、后期处置等制度措施。[①] 同年还制定了《草原火灾级别划分规定》[②]《关于加强基层草原防火应急队伍建设的意见》。2011年发布的《关于加强草原防火信息化建设的意见》提出了建立各级草原防火网络互联互通平台、加强信息资源采集与利用、完善防火信息系统、强化信息发布等制度要求。

在地方性法规层面，2004年内蒙古自治区人大常委会通过了《内蒙古自治区森林草原防火条例》，[③] 对防火组织、火灾预防、火灾扑救和善后等工作均作出细致的规定。

我国草原防火法律制度的落实情况，草原防火工作远不如林业防火工作力度大，草原防火意识需进一步提高，草原防火工作需进一步落实。

六、草原规划建设利用法律规范子系统

我国对草原保护、建设、利用实行统一规划制度，草原保护、建设、利用规划作为我国土地利用总体规划的一部分，应当与环境保护规划、水土保持规划、城市总体规划、村庄和集镇规划、防沙治沙规划、水资源规划、林业长远规划以及其他有关规划相协调。与此相适应，我国《草原法》规定了草原调查制度，对草原进行评等定级，还规定了草原统计制度、草原生产、生态监测预警系统，对我国草原基本状态进行动态监测。近年来，原农业部相继编制了《全国草原生态保护建设规划》《长江、黄河中上游草地生态建设规划》和《南方草山草坡开发五年规划》等单项规划，一些地方也编制了相关规划，为近年草原保护、建设、利用工作的顺利开展奠定了初步的基础。

---

① 《农业部关于印发〈全国草原火灾应急预案〉的通知》，载中央政府门户网站：http://www.gov.cn/gzdt/2010-11/26/content_1754048.htm，最后访问日期：2019年8月31日。

② 《农业部关于印发〈草原火灾级别划分规定〉的通知》，载中国网：http://guoqing.china.com.cn/zwxx/2011-10/23/content_23703378.htm，最后访问日期：2019年8月31日。

③ 《内蒙古自治区森林草原防火条例》，载《内蒙古自治区第十届人民代表大会常务委员会公告》第13号，2004年3月26日。

加强草原保护建设利用，是推进生态文明建设，实现绿色发展，保障国家生态安全的重要任务，也是精准扶贫、改善民生和建设美丽中国的重要举措。为切实做好“十三五”时期草原保护建设利用工作，加快草原生态改善，推进草牧业发展，2016年12月，原农业部组织制定了《全国草原保护建设利用“十三五”规划》。[①]

对草原资源进行规划、建设、利用，是集生态、环境、资源、经济、人口、社会、民族等问题于一体的巨型系统工程，必须有强有力的科学技术支撑，需要专业部门和人员进行技术设计和制度设计，如一些专项技术规程和技术标准的发布，这也是草原资源保护法律体系的组成部分之一。我国关于草原资源规划、建设、利用方面的法律规定尚需进一步完善。

七、草原生态补偿法律规范子系统

我国草原退化、沙化问题严重，实施京津风沙源治理工程和退耕还草工程等工程、项目使我国草原生态环境恶化局面得到根本性扭转，草原生态环境日益得到改善。为合理保护草原资源，促进生态、经济、社会可持续发展，“十一五”规划纲要中正式提出草原生态补偿的计划。[②]未来我国草原保护建设将以增强草原可持续发展能力，最终实现遏制草原退化、改善草原生态环境、优化草原地区的经济结构为目标。2011年到2015年，中央财政每年拿出130多亿元，在内蒙古、新疆等8个主要草原畜牧区全面建立草原生态保护补助奖励机制，给牧民禁牧补助、草畜平衡奖励、生产性补贴等，以此加强草原生态保护。

但是，由于目前草原生态补偿欠缺长效机制，极有可能重复“贫穷—过度破坏利用—生态再次恶化”的发展轨迹。因此，只有通过立法设立草原生

① 《农业部发布规划加强草原保护建设》，载《中国饲料》2017年第2期。

② 刘晓莉：《“国家社科基金规划项目”推介——牧区生态文明视野下我国草原生态补偿法律制度建设研究》，载《东北师大学报（哲学社会科学版）》2016年第7期。

态效益补偿基金，完善草原生态补偿的原则、补偿方式、补偿主体、补偿专项资金来源及使用等法律机制制度建设，才能从根本上保障草原生态环境的保护者和建设者的利益，进而持续地推动和改善草原生态环境。[①]

由于我国目前草原方面的法律比较单一，只有一部《草原法》，在草原生态补偿方面还存在很多缺陷和立法空白。当前草原生态补偿主要以项目实施为主进行限期补贴，缺乏整体性、综合性和可持续性，建立草原资源生态补偿法律机制，使草原资源生态补偿的建设有章可循，成为当前的一项重要任务。

八、草原法律责任法律规范子系统

（一）草原法律责任的概念

这里所谓草原法律责任指违反《草原法》和其他有关草原使用保护等强制性的法律和行政法规以及地方性法规和规章，违反草原有关管理制度，所应当承担的法律后果。根据法律规定，违法者应当承担的法律责任按其性质，可分为民事责任、行政责任和刑事责任三种形式。为了保证草原法的有效实施，惩治一切有害草原的违法行为发生，《草原法》规定了明确的法律责任。《草原法》明文规定的法律责任主要涉及行政责任和刑事责任。此外，如果违法行为给他人造成民事损害，还应承担民事赔偿责任。

（二）《草原法》既“有罪无名”也“有罪无罚”

由于我国立法体系本身存在的弊端，《草原法》与《刑法》脱节，使得《草原法》中出台时对犯罪的规定只有罪没有刑罚，《刑法》分则中的罪名也没有与其相对接的罪名。我国幅员辽阔，草原分布广，各地的历史、文化、地理环境、经济发展水平不一，中央立法不能规定得过细，这就要求各地方发挥

① 童光法：《我国草原生态补偿法律机制初探》，载《南京工业大学学报（社会科学版）》2015年第3期。

各自的灵活性和能动性。

在《刑法》中对草原进行保护的规定集中在第三百四十二条——非法占用农用地罪。《刑法》第三百四十二条规定："违反土地管理法规，非法占用耕地、林地等农用地，改变被占用土地用途，数量较大，造成耕地、林地等农用地大量毁坏的，处五年以下有期徒刑或者拘役，并处或者单处罚金。"

此外，《刑法》第二百二十八条非法转让、倒卖土地使用权罪从土地非法流转的角度，第四百一十条非法批准征用、占用土地罪和非法低价出让国有土地使用权罪从渎职犯罪的角度，也对草原犯罪行为进行了规定。2009年8月27日修正的《全国人民代表大会常务委员会关于〈中华人民共和国刑法〉第二百二十八条、第三百四十二条、第四百一十条的解释》规定，"刑法第二百二十八条、第三百四十二条、第四百一十条规定的'违反土地管理法规'，是指违反土地管理法、森林法、草原法等法律以及有关行政法规中关于土地管理的规定"。该解释使《刑法》第二百二十八条、第三百四十二条和第四百一十条的规定适用于针对草原资源的犯罪行为的依据更加明确。

根据原农业部的建议，最高人民法院后于2012年11月2日通过了《最高人民法院关于审理破坏草原资源刑事案件应用法律若干问题的解释》，规定非法占用草原，改变被占用草原用途，数量在二十亩以上的，或者曾因非法占用草原受过行政处罚，在三年内又非法占用草原，改变被占用草原用途，数量在十亩以上的，应当认定为《刑法》第三百四十二条规定的"数量较大"。该条款对毁坏草原的数量的认定标准作出了规定。

该解释第二条第二款的规定反映出该解释对草原"毁坏"采用的两个标准，一是对于非法开垦草原种植粮食作物、经济作物、林木，或者在非法占用的草原上建窑、建房、修路、挖砂、采石、采矿、取土、剥取草皮的，采取"改变用途即毁坏"的认定标准。二是对于在非法占用的草原上堆放或者排放废弃物，或者违反草原保护、建设、利用规划种植牧草和饲料作物，造成草原沙化或者水土严重流失的，采取"造成草原的原有植被严重毁坏或者严重污染”或者“造成草原沙化或者水土严重流失”作为“毁坏”草原的认定标准。

《最高人民法院关于审理破坏草原资源刑事案件应用法律若干问题的解释》对非法破坏草原的标准进一步予以明确，对在处理破坏草原资源类案件中《刑法》的适用具有重要意义。[①]

（三）严格和准确适用《草原法》的各种法律责任

1. 草原立法缺陷的存在直接影响着草原执法目的的实现。

我国草原法律法规体系的形成对依法管理草原、维护生态安全、促进经济和社会的可持续发展发挥了重要作用，是一部草原保护建设管理的法律，特别是新《草原法》的颁布实施，对草原保护建设起到良好作用。应当完善草原立法的正义价值、逻辑结构和法律责任等内容，从而保障对草原违法行为的行政责任与草原犯罪的刑事责任的有效追究。[②]

草原行政主管部门工作人员及其他国家机关有关工作人员正在更大程度上结合《草原法》的原则性规定，积极做好《草原法》的配套地方立法工作，不断对草原管理中产生的新的违法行为进行规范，切实为草原的可持续利用和发展考虑，在草原执法工作中深感弱化的草原法律规范体系不完善所带来的偏差。随着社会经济建设发展，草原执法开始面临十分巨大的压力。[③]

2002年年底修订的《草原法》颁布后，草原执法机构和执法力度不断强化和提升，为更进一步促进依法保护、建设和合理利用草原，更要积极呼吁从中央、部门、地方多个层面尽快完善草原法律体系。为我国的草原工作走上法制化的轨道建立坚实的法律基础，以更好地保护和利用草原。

---

① 郑天锋、巩建锋:《对新〈草原法〉中法律责任的理论分析》，载《草业科学》2004年第3期。

② 万政钰、刘晓莉:《我国草原立法评价及其建议——以2002年底修订后的〈草原法〉为视角》，载《求索》2010年第8期。

③ 赵忠、丁建江、傲英:《草原执法中遇到的问题及应对措施》，载《新疆畜牧业》2010年第2期。

2. 严格和准确适用《草原法》的刑事责任、行政责任和民事赔偿责任，才可能使新草原法律保护得以真正的实施。

草原法律责任形式包括了民事责任、行政责任和刑事责任，虽然《草原法》对以上责任形式均有体现，但具体适用时还需要参照其他法律，故而可见其实际上是综合运用各种法律手段来调整草原这种自然资源开发利用与整体保护领域内的各种法律关系的。

草原民事责任是由草原民事违法行为引发的责任，主要由公民和法人以财产责任的形式来承担。除了《草原法》，承担草原民事责任的法律依据还包括《民法通则》《民法总则》《物权法》《合同法》《侵权责任法》《农村土地承包法》等。

草原行政责任和草原刑事责任的内容集中体现在《草原法》第八章。草原行政责任是由草原行政违法行为引发的责任，行政责任的承担者，除国家机关和国家公务人员外，还有经济组织、其他组织和公民。根据《行政处罚法》的有关规定，行政制裁措施主要有四种：一是申诫罚；二是财产罚；三是行为罚；四是人身自由罚。草原行政责任承担的依据主要是《草原法》和《行政处罚法》，在各地制定的有关草原保护的地方性法规中也有草原行政责任的规定，如《青海省实施〈中华人民共和国草原法〉细则》。

草原刑事责任是违反草原保护法律制度并触犯了刑法而应承担的刑事制裁措施。责任主体可以是公民或法人，承担方式主要是人身责任和财产责任。草原刑事责任承担的依据有《草原法》《刑法》《全国人民代表大会常务委员会关于〈中华人民共和国刑法〉第二百二十八条、第三百四十二条、第四百一十条的解释》《最高人民法院关于审理破坏草原资源刑事案件应用法律若干问题的解释》。

除此以外，对违法主体是国家公务人员的玩忽职守、滥用职权，不依法履行监督管理职责的渎职行为还包括行政处分等责任形式。这部分责任的规定主要在《草原法》和各地制定的有关草原保护的地方性法律文件中。

草原行政法律责任与国家公务人员责任的承担是《草原法》中规定得较为细致的方面，草原行政法律责任的承担方式较《行政处罚法》的规定更有针对性，其中涉及的一些行为罚的种类也颇具草原特色，但由于部分行为罚超出了《行政处罚法》规定的行政处罚类型的范畴，需要通过立法行为使二者形成包容关系，避免《草原法》中的行政处罚方式成为“无本之木”“无源之水”。①

① 唐栋:《我国草原保护法律制度及其完善初探》，吉林大学2014年硕士学位论文。

第六章

新中国海洋海岛领域法治 70 年

第一节
新中国海洋法治的发展历程

自新中国成立之初到党的十一届三中全会之前，这一阶段被称为我国海洋立法的起步阶段。

一、新中国建设初期海洋立法主要基于政治与外交需要

（一）新中国成立之初对海洋立法尚无暇顾及

1. 百废待兴的新中国成立伊始海洋法制亟待建设。

就海洋法立法来看，在历经数千年的历史发展过程中，中华民族不仅创造了高度发达的“农耕文化”，而且在经营海洋方面付出了巨大努力，并由此形成了多种多样的海洋观。但直到20世纪初，随着马汉制海权理论的传入，中国人才开始对保护本国海洋利益的重要性有了较深刻的认识。中华人民共和国成立之初，面对西方的经济封锁和政治压力，中国政府只能以陆地开发和“海防安全”为重心，无暇对自己的海洋国土加以有效管理。

正因如此，新中国刚成立，便于1951年即颁布了《中华人民共和国暂行海关法》，该法是新中国历史上第一部海关基本大法，系统明确地规定了新中国海关的组织、任务、职权和统一的工作原则、方法。这部海关法到1987年6月底终止执行，前后施行达36年之久。

1954年颁布了《中华人民共和国海港管理暂行条例》，并划定了舟山群岛

的禁航区界限和庙岛列岛禁航区，对港区划定、港务区职责进行了规定，规定了港务局应遵照本条例之规定负责执行海港行政管理工作与业务事项，港务局局长在其法定权限内所颁发之命令指示，有关的机关、企业、船舶及一切有关的人员，均须严格遵守与执行，其于1988年才失效。

不过在1954年《宪法》和1975年《宪法》中对海洋权利的保护几乎只字未提。在当时，迫于政治及外交的需要，仅出于应急对一些领海和船舶等问题进行了规定。[①]

2. 新中国成立初期我国海洋立法主要基于政治及外交的需要。

当时海洋立法涉及的问题多与政治及外交的需要相关。事实上，新中国法制建设的源头，在新中国成立之初就已发端。海洋立法也是经历了从无到有并进入了迅速发展的时期。废除了国民政府的法律体系和近代以来的一系列不平等条约，新中国先后制定和颁布了一系列新的海洋立法。[②]这一时期，海洋立法的内容除少数是海洋渔业管理方面，更多集中于维护国家主权和国防安全等方面。我国海洋法体系在与时代接轨、内容和体系结构等方面均存在一定缺陷。

3. 当时海洋立法数量不多、立法的层次较低且范围局限。

新中国成立之初，由于海洋问题在当时并不突出，这一时期涉及面较小，总体上比较简单，只是一些最基本、最迫切的规章或政策性文件，没有一部法律。

新中国成立初期所颁布的法律法规中对以后影响最大的是《中华人民共和国关于领海的声明》。它虽然仅是立法性的声明，未作任何具体的规定，但它第一次向全世界宣布了我国领海宽度为12海里和一些基本原则，对维护我国的国防安全和海洋权益具有十分重要的历史意义。其发表标志着中国领海制度的初步建立，也标志着我国的海洋法制初具雏形。另外，我国在1971年恢复联合国的合法席位后，加强了中国与世界上其他国家在海洋事务方面的

① 南海燕：《我国海洋法立法现状研究》，载《法制与社会》2017年第8期。

② 李凤图、汪保康：《中国海洋法治建设的历史轨迹》，载《社科纵横》2014年第11期。

国际合作，并积极参与国际海洋立法活动。

（二）新中国成立初期海洋战略发展的理论沿革

1. 近代以来“海防”安全一直是中国头等的海洋战略。

海防建设是新中国国防建设的一项重要内容。在新中国成立初期，加强海防建设，对于巩固新生的人民共和国政权，发展社会主义建设事业，有着举足轻重的作用。[①②] 因此，新中国刚建立之初的海洋立法对海防问题给予了极大的重视，海洋立法的内容仅有少数事关海洋渔业管理等方面。

通过1954年至1979年“政府工作报告”中对海洋政策各领域的表述考察，可以看出，涉及“海洋”的相关词汇只有“海防相关问题”（1954、1959、1964、1978年）；“海运或港口”（1955、1979年）；“海洋渔业”（1978、1979年）。可见这一时期海洋政策的施政重心是海防相关问题，具体包括1954年提出的“为了保卫我国领海主权而发展海军”的主张，以及在1954年、1959年、1964年和1978年均提出的“要求美国军事力量撤出台湾海峡”的主张。这些都属于海洋事务中的海洋权益政策的内容。

正如一些研究者所指出的，受新中国成立初期国际国内形势的影响，我们的海洋观念主要体现为“海洋是海防的前线”，因为必须以保卫国家领土与主权安全为首要目的来制定海洋政策。[③] 除此之外，该时期海洋政策的施政领域还包括海洋运输（以及与此相关的沿海港口建设）和海洋渔业等传统海洋产业，它们都属于海洋资源开发政策的范畴。不过，这些政策领域只是在少数几个年份的政府工作报告中被简单提及，缺乏明显的施政力度与政策持续性。

① 李凤图、汪保康:《中国海洋法治建设的历史轨迹》，载《社科纵横》2014年第11期。

② 赵付科:《新中国成立初期中国共产党巩固新生政权的历史经验》，载《社会主义研究》2011年第5期。

③ 侯晚梅、唐远华:《新中国海洋开发政策的历史考察》，载《浙江海洋学院学报（人文科学版）》2011年第1期。

2. 新中国海洋战实践的不断与时俱进。

中国作为一个陆海复合型国家，在海洋方面有着巨大的安全利益和发展利益。新中国成立后，中国共产党从维护国家海洋领土主权和国家统一，突破帝国主义封锁禁运到实行改革开放，引领国家实现了由内陆向海洋方向的发展，融入了经济全球化的历史潮流，走上了中华民族的崛起之路。中国共产党海洋战略思想是历届党中央领导集体在应对和解决国家面临的海洋问题中总结形成的规律性的认识，在我国维护海洋安全、海洋主权和权益，推进国家统一、发展海洋经济、融入国际经济体系，并利用其资源实现国家发展等重大决策，已得到了成功的实践。可以说是中国特色社会主义理论的重要组成部分。

在中国共产党海洋战略思想的引导下，我国经多年的和平发展，已成为世界贸易大国、造船大国、海运大国、制造业大国、海洋水产大国，经济总量居世界第二位，海上军事力量也快速增长，中国在海洋方向整体实力不断增强，正实现着海洋大国向海洋强国的转变。[①]

可以说，中国的海洋战略实践在新中国成立初期突出强调海防安全的重要性和组建海军的紧迫性，同时辅助发展海洋测绘、渔业和港口建设等工作。此为第一阶段。

在改革开放初期开始关注海洋油气资源开发，大力发展海洋科技。在全面改革开放时期高度重视海洋，制定了《全国海洋开发规划》，海洋经济也有了大发展。此为第二阶段。

在构建社会主义和谐社会时期，将海洋经济发展作为中国经济发展的重要组成部分，制定《全国海洋经济发展规划纲要》，为建设海洋强国谋篇布局。[②] 此为第三阶段。

党的十八大以来，实施“21 世纪海上丝绸之路”合作倡议，进入了建设

---

① 杨兰:《建国以来中国共产党海洋战略思想研究》，大连海事大学 2015 年博士学位论文。

② 郭玉华:《新中国海洋战略实践历程考察》，载《云南社会主义学院学报》2016 年第 3 期。

海洋强国时代。此为第四阶段。①

二、社会主义革命和建设时期海洋法制的成绩与经验

(一)新中国海洋法制建设的发展

1. 将包括领海主权在内的一系列重要问题上升到法规制度层面加以规范。

新生的中华人民共和国为我国海洋法治建设创造了崭新的历史条件，颁布了一系列海洋法律规范。

1955 年发布了《中华人民共和国国务院关于渤海、黄海及东海机轮拖网渔业禁渔区的命令》; 1956 年颁布了《关于商船通过老铁山水道的规定》; 1957 年颁布了《对外国籍船舶进出港口管理办法》来维护中华人民共和国的主权，维持港口和沿海水域的秩序，保证航行安全，防止水域污染，此法于 1979 年 9 月 18 日发布《中华人民共和国对外国籍船舶管理规则》时才废止。

1958 年，全国人大常委会批准了对维护我国的国防安全和海洋权益具有十分重要的历史意义的《中华人民共和国政府关于领海的声明》，首次对领海宽度进行了规定，另外，也谈到了台湾和澎湖地区的主权问题。

1959 年，交通部发布了《海损事故调查处理规则》。

1961 年发布《国务院关于批准进出口船舶联合检查通则的通知》来加强对进出口船舶、船员、旅客、行李和货物的联合检查工作，以保证航行安全，维护国境治安，查禁走私，防止疫病传入和传出，及便利船舶进出港口和对外贸易运输。

1964 年，国务院根据《中华人民共和国政府关于领海的声明》，为了界定琼州海峡的法律属性，颁布了《外国籍非军用船舶通过琼州海峡管理规则》，认定琼州海峡为我国内海，由新中国行使一切主权。其规定了一切外国籍军

① 王义桅:《21 世纪海上丝绸之路的五大使命》，载中国青年网: http://news.youth.cn/zt/qxfj_131887/mtjj/201706/t20170613_10058900.htm，最后访问日期: 2019 年 9 月 1 日。

用船舶不得通过，一切外国籍非军用船舶如需通过，必须按照规定申请批准。

1961 年发布了《进出口船舶联合检查通则》；1971 年制定和颁布了《海损事故调查和处理规则（试行）》；1973 年中国政府宣布加入《国际船舶载重线公约》；1976 年发布《中华人民共和国交通部海港引航工作规定》，维护我国海港的主权，加强对外国籍船舶进出海港和在港内移泊的安全，等等。

这一时期所颁布的法律法规和规范性文件中对其后影响最大的是《中华人民共和国政府关于领海的声明》。根据国家主权原则，在总结中国领海管理的理论与实践的基础上，结合国际实践和公认的国际法原则，新中国于 1958 年颁布了《中华人民共和国政府关于领海的声明》，其标志着新中国领海制度的初步建立，对捍卫中国领海主权、维护海洋利益、发展海上交往、巩固海防等都具有重大的意义。[①] 它虽然仅仅是立法性的声明，但它第一次向全世界宣布了我国领海宽度为 12 海里和一些基本原则。它的发表标志着新中国领海制度的初步建立，也标志着新中国的海洋法制初具雏形。

只是由于海洋问题在当时对新中国影响并不突出，故而这一时期海洋立法数量并不多，且立法层次较低，缺乏针对性，涉及面较小，总体上比较简单，只是在新中国成立初期突出强调的海防安全和紧迫性地组建海军等方面，同时又辅助性地在发展海洋测绘、渔业和港口建设等工作的一些最基本、最迫切的方面，制定了一些规章或政策性的文件，但没有一部法律。

2. 新中国艰难曲折的海洋法治建设创造了显著成绩并积累了宝贵经验。

新中国成立后，伴随国际、国内政治的演变发展和国际关系格局、国内政策的变化调整，中国与国际体系的关系也在不断发生相应的变化调整，中国的国际话语权也随着这一进程起伏消长，经历了一个变化演进的过程。[②] 随着中国综合国力的增强所导致的在国际上的话语权的增大，新中国能够得以于 1971 年恢复自己在联合国的合法席位，随即加强了中国与世界上其

① 史春林：《1958 年〈中华人民共和国政府关于领海的声明〉研究》，载《当代中国史研究》2005 年第 7 期。

② 陈正良、王宁宁、薛秀霞：《新中国成立以来中国国际话语权的演变》，载《浙江社会科学》2016 年第 6 期。

他国家在海洋事务方面的国际合作，并积极参与国际海洋立法活动。1971年10月，中国加入了联合国海底委员会，并参与了《联合国海洋公约》的起草与审议工作，1973年加入1966年国际海事组织通过的《国际船舶载重线公约》。

（二）“文革”中新中国海洋法治建设遭受破坏

“文革”十年新中国的法制环境和法制建设都遭到严重摧残，海洋立法也几乎停滞不前。

回顾这一时期新中国海洋立法的历程，更使我们认识到新中国在海洋立法方面所存在的不足，意识到海洋法治的地位确实有待提高，也看到了新中国海洋法律体系不够健全且内容亟待完善。为使缺乏完整性和协调性的海法结构得以补正，也为了使法律操作性较差的涉海法律规范系统，能够找到构建新中国海洋立法的正确途径，人们开始认识到，不但在指导思想上必须高度重视海洋立法，而且要构建起一个层次分明、效力有别、科学合理而运行有效的海洋法律规范系统，才能改革与完善我国海洋行政管理体制，故新中国必须关注国际海洋事务立法的发展，加强海洋立法工作力度。①

三、改革开放后社会主义商品经济时期的新中国的海洋法治

（一）新中国的涉海事务正式走上了法治化的轨道

随着“文革”的结束，党的十一届三中全会召开，中国社会主义民主和法制建设又被提上了日程，改革开放迎来了法治现代化的春天。改革开放以后，以邓小平为核心的中共第二代领导集体提出了“近海防御”的海防战略思想和以“搁置争议、共同开发”为内容的处理海洋争端的原则，以江泽民同志为核心的中共第三代领导集体更是强调从战略高度认识海洋。海

① 张辉:《论我国海洋立法的现状、问题及完善途径》，载《桂海论丛》2012年第4期。

洋观的历史变迁体现了中国人对海洋认识的不断进步，也反映了国家战略的重大转变。[①]中国的海洋战略实践在改革开放初期开始关注海洋油气资源开发，大力发展海洋科技。全面改革开放使得新中国开始高度重视海洋，于是制定了《全国海洋开发规划》，海洋经济随之也有了很大的发展。在构建社会主义和谐社会时期，将海洋经济发展作为中国经济发展的重要组成部分，制定《全国海洋经济发展规划纲要》，为建设海洋强国谋篇布局。党的十八大以来，实施“21世纪海上丝绸之路”合作倡议，进入建设海洋强国时代。[②]

海洋法律意识在法治建设中逐步强化。[③]改革开放以来，我国的法治建设取得了前所未有的成就，确立了依法治国基本方略，形成了中国特色社会主义法律体系，促进了我国海洋经济的快速发展。特别是人民海军成立70周年多国海军活动在青岛举行时，习近平总书记关于构建海洋命运共同体、发展蓝色经济的重要讲话，宣示了人类命运共同体理念在海洋领域的具体实践，充分体现出总书记深切的海洋情怀，以及对海洋经济发展的新期待和新要求。[④]

（二）新中国整个社会的海洋意识、法治包括海洋法治意识得到不断的加强

新中国的海洋立法、海洋执法、海洋司法和海洋法律监督工作在改革开放背景下都取得了巨大的成就。为了强化依法管理海洋事务的观念，沿海地区各级政府把提高领导班子的海洋法律意识，作为海洋法治建设的重中之重，成为重要议事日程。通过举办有关领导参加的法律知识培训班，极大地增强了领导干部依法治海的紧迫感、使命感和责任感。同时积极开展海洋普法宣

---

① 孙立新、赵光强：《中国海洋观的历史变迁》，载《理论学刊》2012年第1期。

② 郭玉华：《新中国海洋战略实践历程考察》，载《云南社会主义学院学报》2016年第3期。

③ 李凤图、汪保康：《中国海洋法治建设的历史轨迹》，载《社科纵横》2014年第11期。

④ 黎云、张汩汩：《大海作证——庆祝人民海军成立70周年多国海军活动全记录》，载新华网：http://www.xinhuanet.com/politics/2019-04/26/c_1124422832.htm，最后访问日期：2019年9月1日。

传，普及海洋法律知识，不但增强群众对海洋法制的认识和遵守法规的自觉性，也进一步增强了群众的海洋法律意识。实践证明，海洋法律意识的提高是实现海洋法治的基础。[①]

为此，各地特别是沿海地区采取一系列有效的措施，在海洋法治宣传方面做出了很大努力。不但在宣传内容上，主要侧重于海洋环境保护、海洋渔业资源的保护等关系沿海群众切身利益的法律法规，旨在增强他们科学护海、依法护海的自觉性，引导他们合理开发和利用海洋资源；而且在宣传方式上，于传统宣传方式的基础上不断创新，深入基层，通过案例讲解，工作人员现身说法等方式，把原本抽象的法律条文变成形象化的故事，使海洋法治宣传的效果大大增强。

经验证明，只有使广大群众意识到自己的切身利益、生存质量和海洋法治建设紧密结合且息息相关，才能够使他们自觉遵守和维护相关海洋法律法规，参与到海洋法治建设当中去，使我国的海洋法治建设变得更加全面和协调。

四、新中国海洋行政管理体制改革在曲折中前行

新中国的成立，揭开了中国海洋历史崭新的一页。海洋事业发展迅速，海洋管理也逐步得到重视，海洋行政管理体制在当时计划经济体制下也逐步建立和完善起来。

（一）海洋由早期的分散管理改为后来由海军代管

海洋行政管理体制是国家管理海洋事业的根本组织制度，通过一定的海洋管理部门的组织结构体现出来。[②] 从 1949 年新中国成立至 1964 年国家海洋

① 杨洪红:《中国海洋法治意识与海洋强国建设》，载《法制与社会》2015 年第 14 期。

② 崔旺来:《我国海洋行政管理体制的多维度审视》，载中国行政管理学会编:《“中国特色社会主义行政管理体制”研讨会暨中国行政管理学会第 20 届年会论文集》2010 年 8 月。

局成立之前，海洋行政管理主要是分散管理的方式。

这一时期国家成立了相关管理机构。当时的海洋行政管理体制受当时政治、经济、国防等因素的影响，内容上主要体现在港务监督方面；而在管理体制上主要按行业部门管理为主，从中央到地方分兵把口；管理职能上只是陆地各种资源管理部，根据海洋自然资源的属性及其开发产业特点向海洋的延伸。例如，海洋渔业由国家和各级政府的水产主管部门负责管理；海上交通安全由交通部门负责管理；滨海旅游由旅游部门负责管理；海上油气开发由石油部门负责管理等。

从 1964 年国家海洋局成立到 1978 年改革开放之前，我国海洋行政管理工作一直由海军统一管理。

（二）新中国成立之初海洋相关管理机构设置的沿革

新中国成立之初，在交通部海运总局设立航政室，负责海上安全监督管理；1953 年，设中华人民共和国港务监督局及沿海港口的港务监督机构；1956 年，交通部设立船舶登记局；1958 年改称船舶检验局，并在沿海设立船舶检验分局，在长江主要港口设立船舶检验处及在香港地区设立远东船舶检验社。

近年来，随着中国海洋环境问题在类型、规模、性质等方面发生了深刻变化，近海海域环境污染日益严峻。究其根源，我国的海洋环境管理体制实际上陷入了瓶颈性障碍。回溯我国海洋环境管理体制变迁的历史与现状，可以看出我国海洋环境管理体制是一种“条块结合、以块为主、分散管理”的属地管理体制。其存在着“职能管理体制”“行政区划行政”“与海洋环境一体化”间的冲突与张力的问题症结。[①] 在“渐进增量”的改革模式下，可以有纵向与横向两个备选方案，既可以侧重于纵向权力关系束的重塑，对整体管理体制进行调整；也可以侧重在现有管理体制下，加强横向政府间关系的边

① 王刚、宋锴业：《中国海洋环境管理体制：变迁、困境及其改革》，载《中国海洋大学学报（社会科学版）》2017 年第 2 期。

际调整，主张分散而渐次的转变到“垂直管理、区域管理、综合管理”的体制之中。

（三）成立了国务院职能部门——国家海洋局

1963年5月海洋专家致函国家科委并报党中央、国务院，提出《关于加强海洋工作的几点建议》中谈道：近20年来，国际间海洋事业发展迅速，许多国家对其邻近海区已在积极开发利用，并对世界海洋做了大规模调查研究。我国的海洋工作因基础薄弱，措施不力，发展比较缓慢，仍未摆脱落后的状态。而海洋情况复杂，变化多端，需要长期、持续积累材料，才能探明其规律。因此，他们表示要发愤图强，自力更生，争取海洋科学尽快接近和赶上世界先进水平，以满足各方面的迫切要求。同时认为必须采取有效措施，才能保证海洋事业迅速发展。为加强对海洋工作的组织领导，应建立国家海洋局，直接隶属于国务院。

1964年2月11日中共中央在《关于成立国家海洋局的批复》中说：“统一在国务院下成立直属的海洋局，由海军代管。请向国务院办理手续。”1964年7月22日，全国人大通过了在国务院下设立国家海洋局的议案。

1964年7月，国家海洋局正式成立，它是管理海洋的职能部门，主要负责海洋调查研究、海洋资料情报、海洋预报服务、海洋仪器的研制、生产与分配、管理调查船只和沿海水文站等，从而把分散的、临时性的各种协作力量转化为一支稳定的海洋工作力量。但是其管理体制仍是局部统一管理基础上的分散管理体制，管理的职责仍分散于与海洋有关的不同政府单位，如渔业、矿产资源、环境、教育、科学技术、安全、外交事务和海事等。因此，这个时候的国家海洋局只属于事业性的管理机构，而非海洋政策规划和制定的机关。

1964年11月1日，中共中央、国务院作出《关于国家海洋局管理体制问题的批复》，同意国家科委的意见，海洋工作方面有关科学调查研究的方针政策、远景规划、年度计划等由国家科委管理，海军负有督促检查之责。国家海洋局党的领导、组织编制、海上行动指挥等由海军负责。

国家海洋局的成立，是我国海洋事业发展中的一件大事。当时，国家海洋局的基本任务是调查、科研，以及为国民经济和国防提供资料服务。国家海洋局统筹规划，开展了一系列海洋调查，诸如定期海洋水文断面调查、东海大陆架调查、远海和大洋调查，为远程运载火箭试验而进行的太平洋特定洋区综合调查等，开创了海洋事业新局面，并提出了长远的奋斗目标——查清中国海，进军三大洋，登上南极洲。①

五、中国维系海洋秩序的基本定位与转型目标

新中国成立后，我国根据国际习惯、《联合国海洋法公约》和其他海洋制度规范，制定和实施了有关海洋问题的政策和法制，初步构建了我国海洋法制体系和政策制度，在海洋领域取得了可喜的成就。

最后应该指出的是，为实现依法治海目标，维护以规则为基础的海洋秩序，中国应实现角色和定位的转换，包括从海洋规则的遵守者到制定者的转换；从海洋规则的维护者到引导者的转化；从海洋规则的模糊者到精确者的转换；从海洋规则的特色者到普通者的转换；从海洋规则的承受者到供给者的转换。

而要实现这些角色和定位转换目标，自需要长期不懈的努力，尤其应坚持陆海统筹理念，遵循新发展观、新安全观、新开放观、新治理观，并以亲诚惠容理念和正确的义利观等新时代中国外交思想指导海洋事务，通过构筑新型国际关系、推进“一带一路”倡议进程，以实现人类命运共同体视域下的人类海洋命运共同体，使海洋的空间和资源活动更为合理和规范，为人类福祉的提升，人类的繁荣和发展，作出海洋可持续的贡献。②

历史的辩证法是无情的，近代以来西方资本主义各国在利益的驱使下，纷至沓来以坚船利炮打开了中国的大门，令侵略者们没有想到的是，列强隆隆的

① 参见国家海洋局编:《国家海洋局大事记》(1963—1964年)，国家海洋出版社1964年版。

② 金永明:《新中国在海洋法制与政策上的成就和贡献》，载《毛泽东邓小平理论研究》2009年第12期。

侵略炮声却惊醒了沉睡已久的中国人。在这些炮声的背后，西方的先进思想和科学技术也随之而来，“西法东渐”与传统国人的守旧保守的思想所发生的碰撞和冲突，使得越来越多的中国人逐渐认识到了包括马克思主义在内的那些西方科学以及民主思想的先进性。虽然帝国主义的侵略和封锁阻滞了新中国海洋经济的发展，但也为中国人加强海防、重视海洋权益提出了现实的客观要求。

改革开放前的历史时期是新中国建设新政权、巩固新政权和曲折探索社会主义建设道路的时期，也是中国共产党海洋战略的初步形成时期。在民生凋敝、百废待兴的国内经济条件和社会主义与资本主义两大阵营对峙的国际政治条件下，新中国不具备海洋资源深度开发和深入发展海洋贸易的条件。[①]虽然当时的历史条件阻滞了新中国海洋经济的发展，但却为加强海防、重视海洋权益提出了现实的要求。在这样的背景下，改革开放前中国共产党的海洋战略呈现重军事和国防而轻经济和人文的特点，如此曲折的新中国的“海防”政策之与时俱进，[②]无疑也使得海洋法治旨在维系海洋秩序的基本定位与转型目标，逐步成型。

① 郭玉华:《新中国成立以来中国共产党海洋战略的历史考察》，载《广西社会科学》2014年第9期。

② 张忠良、贺宏礼:《新中国成立以来海防使命任务的演变》，载《军事历史》2014年第1期。

第二节
改革开放加入联合国海洋法公约后新中国海洋法治实践的演进

从20世纪80年代起，随着人类的发展、科技的进步，海洋已经越来越被人们所重视，我国海洋经济也不断攀升，其以平均每年20%以上的速度增长，海洋经济比例在国民生产总值中由0.7%升至10.11%。[①]尽管海洋经济在不断攀升，但是在当时还没有把多种多样的海洋经济都纳入我国经济发展的重点当中，同时在当时科技并不发达的情况下，海洋各种资源的开发也非常有限。

党的十一届三中全会做出了把全党工作重点转移到社会主义现代化建设上来的战略决策，尤其是经济建设方面，所提出的改革开放政策，要对过分集中的经济管理体制予以改革，主要针对农业发展和国民经济重大比例严重失调问题。另外，由于“文革”时期法制建设严重倒退，全会还提出了健全社会主义民主和加强社会主义法制的任务，确立了依法治国的思想，[②]我国的海洋法体系因此开始着手建立，当时的立法主要包括海洋经济发展和环境保护两个方面。

一、20世纪新中国海洋治理的演进历程

这段期间的海洋立法相对简单，主要集中在三个方面，包括国家战略方

① 张楚涵:《中国海洋法律体系研究》，大连海事大学2013年硕士学位论文。
② 刘富胜:《十一届三中全会实现的伟大转折及其深远意义》，载《重庆日报》2019年1月4日。

面、经济发展方面、海洋环境保护方面。

（一）新中国海洋战略意识的谋篇布局

新中国成立以来，中国的海洋战略实践可分为几个阶段：在新中国成立初期突出强调海防安全的重要性和组建海军的紧迫性，同时辅助发展海洋测绘、渔业和港口建设等工作；在改革开放初期开始关注海洋油气资源开发，大力发展海洋科技；在全面改革开放时期，高度重视海洋，制定了《全国海洋开发规划》，海洋经济也有了大发展；在构建社会主义和谐社会时期，将海洋经济发展作为中国经济发展的重要组成部分，制定《全国海洋经济发展规划纲要》，为建设海洋强国谋篇布局；[①] 党的十八大以来，实施21世纪“海上丝绸之路”战略，进入建设海洋强国时代。

自实行改革开放政策以来，中国的现代化建设事业在经济方面和政治方面突飞猛进，迅速融入世界经济大潮成为影响世界经济发展的建设者之一的同时，作为一个社会主义大国在国际政治舞台上也扮演着越来越重要的角色。在此期间，国际形势也发生了巨大变化，海洋的战略地位不断提高，为海洋利益进行的政治斗争日益剧烈，海洋已成为国际重大政治、经济、军事博弈的新领域。

1. 构建新时期海洋战略意识的新内涵和新体系的关键在于海洋意识法治化。

实施海洋强国战略面临的基本问题之一是给予海洋意识一个历史性的正解。作为意识范畴问题，海洋意识特有的多元包容之色彩，被赋予丰富的具有引申性的含义。海洋意识在海洋强国建设的战略中具有核心和统领的地位，其内涵、体系与路径在不同的历史时期存在差异性。中外各国实施海洋战略的实践表明，从海洋意识的历史脉络与地缘差异性上看，海洋意识在海洋战略实施进程中不但具有由初级阶段向高级阶段演化的属性，而且其内涵与体系日益明朗化。对于就中国的海洋意识培育和增强而言，我国的海洋意识历

---

① 张广海、尚修竹：《我国沿海省市旅游吸引半径测度及差异分析》，载《经济与管理评论》2014年第6期。

史悠久，亦积淀了独树一帜的海洋文化，海洋意识不再属于一个虚幻的概念或者范畴。[①]

2. 突破传统"近岸防御"海防观的"近海防御"海防战略思想。

海洋政治战略是海洋国家为维护和巩固其海洋权益在较长时期内所确立的，对指导国家的海洋政治活动具有重大指导意义的方针、政策及其战略安排的总和。邓小平作为中国第二代领导集体的核心，他所提出的"近海防御"的海防战略思想，以"精干"与"顶用"为目标的海军建设思想，以"搁置争议，共同开发"为内容的处理海洋争端的思想，共同构成了其海洋政治战略思想的主要内容。以至于一个时期以来，凡我国南海、东海频起波澜，面临如何处置之时，"搁置争议，共同开发"即被不时提起并引发了诸多争论。其实早在20世纪80年代，邓小平就系统地提出了解决海洋争端的战略思想。[②]

现代中国的一些周边国家一个时期以来，加紧了侵占或控制中国海域岛礁，分割中国海洋国土，掠夺中国海洋资源的步伐。这种局势更因一些海洋大国的插手而变得十分严峻。面对这种新形势，以邓小平为核心的中共第二代领导集体果断地突破了传统近岸防御的海防观，提出了"近海防御"的海防战略思想。在邓小平看来，近海就是中国的管辖水域以及与之相连的特定水域，这一水域自古以来就是中国主权管辖区，绝不允许他国侵犯，不仅如此，由于中国重要的政治、经济、文化、科技中心大多集中在沿海地区，未来战争中的侵略者必然会将占领我国沿海地区，或者摧毁我国沿海地区的经济能力和战争潜力，作为其主要作战目标之一，因此必须对之加以有效的保护。

近海防御不同于中国传统的守土保疆的消极防御思想，它把防御的范围从近岸推到了近海，极大地扩大了海军的活动范围，拓展了海防的广度和深度，对于保障中国陆地国土、沿海区域、海洋岛礁和海洋资源等都具有重要

① 马得懿:《海洋意识的内涵、体系与演化路径》，载《上海行政学院学报》2015年第4期。

② 蔚刚强:《邓小平关于海洋争端的战略思想》，载中国网: http://guoqing.china.com.cn/2012-04/11/content_25118796.htm，最后访问日期: 2019年9月1日。

意义。近海防御也不同于殖民主义和帝国主义与控制海洋、争霸世界的侵略性海洋战略，其出发点和立足点完全是维护中国海洋权益和世界和平的。同孙中山、毛泽东等老一辈政治家、革命家一样，邓小平也主张“建设一支强大的具有现代战斗能力的海军”。但他不主张数量的庞大，而是强调质量上的“精干”和行动上的“顶用”。他曾指出，“面临霸权主义强大的海军，没用适当的力量也不行。这个力量要顶用。我们不需要太多，但要精，要真正是现代化的东西”。“近海防御”战略思想为中国海军现代化建设指明了方向，推动了中国海军战略由“近岸防御”向“近海防御”的跨时代转变；而海军人才建设思想和新时期中国海军装备发展战略，为中国海军现代化建设提供了人才保障和装备保障。在新的海军战略思想的指导下，中国海军完成了由弱小向接近世界一流，由落后向现代化转变的跨步发展。①

3.“坚持主权，毫不退让”和“搁置争议，共同开发”的对策。

针对中国一些海洋岛屿被侵占、海洋区域被划分、海洋资源被掠夺的严重情况，邓小平提出了“坚持主权，毫不退让”和“搁置争议，共同开发”等处理海洋争端的主张。

邓小平说，“今天的中国政府不是晚清政府，今天的中国领导人不是李鸿章”。对于中国而言，主权问题不是一个可以讨论的问题，但在岛屿、海域主权归属的问题上，争议双方的认识往往相距甚远，大多是严重对峙、互不相让，甚至有发生冲突和战争的危险。为了既能够向人民交代，又能够不伤害任何一方，达到稳定局势的目的，可以在不放弃中国主权的前提下，搁置争议，共同开发。但共同开发，是有原则的，即不能损害中国国家主权。邓小平多次严正声明：“国家的主权、国家的安全要始终放在第一位。”邓小平的海洋观，既体现了坚定不移的反侵略、反霸权决心，也展示了高度务实的精神和宽广眼界，表达了中国人民期待与周边国家和平共处、共同发展、共同富裕的真诚愿望。故而可以认为，当代中国的马克思主义者把马克思、恩格斯创立的海权观同中国的实际相结合，提出了与马克思主义海权观一脉相承

① 刘新博：《刘华清海洋战略思想研究》，黑龙江大学2015年硕士学位论文。

的毛泽东海权维护思想，弘扬马克思主义海权观的邓小平和平解决海洋争端的理论，和发展马克思主义海权观的我党新时期领导人的海洋法治理念，形成了当代中国马克思主义的海权观，并且随着时代的进步而不断丰富和发展。①

（二）海洋经济的发展是新中国海洋立法的经济基础

新中国走上改革开放的发展道路，各方面的经济改革如火如荼，能源应用以及渔业作为经济发展中心的农业的重要组成部分，都得到了切实的发展，而20世纪随着信息科技的发展，世界逐步进入信息时代，相应的我国在信息基础设施方面也顺应时代潮流，铺设海底电缆管道也成为追逐世界经济的重要组成部分，因此，我国改革开放以来至1996年以前的海洋经济发展方面可以分为三部分。

1. 新中国海洋石油资源开采立法。

21世纪无疑已成为海洋的世纪，工业社会几十年的高速发展已让陆地资源走向枯竭，而海洋面积巨大，石油资源蕴藏丰富，世界各国纷纷将眼光投向了海洋。②为海洋石油开采需要，我国1982年制定颁布实施了《中华人民共和国对外合作开采海洋石油资源条例》，旨在鼓励开发我国海洋石油资源、促进国民经济的发展的同时扩大国际经济技术合作，且在维护国家主权和经济利益的前提下允许外国企业参与合作开采中华人民共和国海洋石油资源。而相应的，为更好地实施这个条例，我国在1989年制定了相应的配套措施，通过制定《开采海洋石油资源缴纳矿区使用费的规定》，为我国海洋石油资源的开采提供完善的制度保障。

2. 新中国海洋渔业资源的保护开发立法。

在渔业资源保护开发方面，我国主要是从农业发展的角度进行开发，从1978年、1979年和1988年的政府工作报告中就可以看出，工作报告分别指出，"建立一批淡水和海洋渔业基地，积极促进农村副业和社队企业的发展，使造

---

① 李凤图：《当代中国马克思主义海洋法治观探析》，载《经济研究导刊》2015年第1期。

② 夏巧雅：《开采海洋油田的环保法律问题研究》，浙江大学2017年硕士学位论文。

林面积、畜产品和水产品产量都有一个大幅度的增长”“更好地保护水产资源，发展海洋捕捞和海水、淡水的养殖业”“开展内陆水域和沿海滩涂养殖，全面发展农林牧渔业”。

在 1986 年，我国制定了《渔业法》，目的在于加强渔业资源的保护、增殖、开发和合理利用，发展人工养殖，保障渔业生产者的合法权益，促进渔业生产的发展，适应社会主义建设和人民生活的需要。1987 年，为了更好地实施《渔业法》又制定了《渔业法实施细则》。

1989 年，还制定了《渔业资源增殖保护费征收使用办法》，规定凡在中华人民共和国的内水、滩涂、领海以及中华人民共和国管辖的其他海域采捕天然生长和人工增殖水生动植物的单位和个人，必须依法缴纳渔业资源增殖保护费。而渔业资源费的征收和使用，实行取之于渔、用之于渔的原则。

除此之外，各沿海渔业发达的省市，依据这些法律法规结合本地区的经济发展情况，制定了更加具体化的地方法规。例如，1987 年山东省制定的《山东省实施〈中华人民共和国渔业法〉办法》，上海市在 1990 年制定的《上海市渔业资源增殖保护费征收使用实施办法》，青岛市于 1991 年制定的《青岛市海洋渔业管理规定》等。

海洋渔业资源面临枯竭是世界性难题，我国既有的海洋渔业资源养护与管理法基本上业已形成国内法体系与国际法体系。但是，就渔业资源的养护与管理而言，我国缺乏适应市场经济要求的理念，致渔业资源立法的现状堪忧。①我国既缺乏基本的渔业资源养护与管理原则，也没有完备的制度及其规范，所以这个问题特别是其缺陷，应在法律规范系统的构建之中得以矫正。

3. 新中国海底电缆管道铺设立法。

海洋石油天然气管道和海底电缆是涉及国计民生油气资源的主要输送载体，也是国家的重要基础设施，随着海上油气资源日益成为企业生产、居民生活的用能来源，海上油气资源的开发利用也逐渐成为我国能源供应体系的

① 宋旭明、李良才：《我国海洋渔业资源养护与管理的法律对策》，载《企业家天地（理论版）》2009 年第 11 期。

重要支撑。因此，海底电缆管道承担着满足用户能源需求的重任，一旦遭受破坏，不但严重污染海洋环境，而且经济损失巨大。

在海底电缆管道铺设方面，我国于1989年制定了《铺设海底电缆管道管理规定》，这个规定主要是为了维护中华人民共和国国家主权和权益，有秩序地铺设和保护海底电缆、管道，对海洋合理开发利用。2019年《铺设海底电缆管道管理规定》修订工作启动后，从修订的依据和理由、修订重点内容和具体条款可见，《铺设海底电缆管道管理规定》的修订，是深化国务院“放管服”改革、简化审批流程、减少捆绑事项的具体落实。[①]

（三）我国先于经济发展制定了一系列海洋环境保护相关法律

1.《海洋环境保护法》的制定是新中国海洋生态环境保护领域的一件大事。

我国1982年就制定了《海洋环境保护法》，目的在于保护和改善海洋环境，保护海洋资源，防治污染损害，维护生态平衡，保障人体健康，促进经济和社会的可持续发展。这部《海洋环境保护法》对防治陆源污染物对海洋环境的污染损害；防治海岸工程建设项目对海洋环境的污染损害；防治海洋工程建设项目对海洋环境的污染损害；防治倾倒废弃物对海洋环境的污染损害；防治船舶及有关作业活动对海洋环境的污染损害五个方面进行了总括的规定。这是海洋生态环境保护领域的一件大事，对于推进生态文明建设、提升海洋法治水平、实施海洋强国战略具有重大意义。[②]

2. 有关海洋环保的一系列配套法规得以出台。

为了更好地贯彻实施《海洋环境保护法》，我国1983年制定《防止船舶污染海域管理条例》，防止船舶污染海域，维护海域生态环境；1983年制定《海洋石油勘探开发环境保护管理条例》，防止海洋石油勘探开发对海洋环境

---

① 《〈铺设海底电缆管道管理规定〉修订通过专家审查》，载海洋网：http://www.hellosea.net/Tech/1/58677.html，最后访问日期：2019年9月1日。

② 王宏：《推进生态文明 建设法治海洋》，载央视网：http://news.cctv.com/2016/11/09/ARTItaeflJWIxyFz5VC3MKlw161109.shtml，最后访问日期：2019年9月1日。

的污染损害；1985年制定《海洋倾废管理条例》，严格控制向海洋倾倒废弃物，防止对海洋环境的污染损害，保持生态平衡，保护海洋资源，以促进海洋事业的发展。同年，我国加入了《防止倾倒废物及其他物质污染海洋的公约》；1990年制定《防治陆源污染物污染损害海洋环境管理条例》，加强对陆地污染源的监督管理，防治陆源污染物污染损害海洋环境；同年制定《防治海岸工程建设项目污染损害海洋环境管理条例》，加强对海岸工程建设项目的环境保护管理，严格控制新的污染，保护和改善海洋环境；以及根据该法中的相关条文，1990年制定了《海洋石油勘探开发环境保护管理条例实施办法》；同年，为实施《海洋倾废管理条例》，又制定了《海洋倾废管理条例实施办法》。

1988年的国务院政府工作报告中也指出“加强环境保护也是我国的一项基本国策，要十分珍惜和保护土地、水源、森林、草原、海洋和野生动植物等自然资源，合理开发和有效利用各种矿产资源”。

1989年的《环境保护法》中，也对海洋环境的保护进行了一些原则性的规定，为更好地保护海洋环境提供了法律保障，促进海洋环境保护事业的发展。①

1994年，我国制定《自然保护区条例》，将根据国家保护海洋生态的需要建立的自然保护区纳入条例保护的范围。之后，1995年制定专门的《海洋自然保护区管理办法》，加强海洋自然保护区的建设和管理。无疑，用法律、法规的硬手段约束人们合理开发利用资源、保护环境，是科学开发海洋的必然选择。②

---

① 马英杰、董莹莹：《论中国海洋环境保护法律体系中的不足与完善对策》，载《海洋科学》2007年第12期。

② 张岭泉：《沿海经济社会发展强省的资源、环境硬约束问题研究——合理开发利用沿海资源》，载《河北农业》2007年第4期。

3. 沿海省市根据各自实际情况对海洋环境保护也作出了相应的规定。

沿海地区各省市根据国家有关法律、法规，结合各省市的实际情况，对环境保护和合理开发利用海洋资源也作出了相应的规定。

河北省1994年制定《河北省海域管理规定》，以加强海域管理，合理开发利用海洋资源，保护海洋生态环境；1994年广西制定《广西壮族自治区北仑河口海关自然保护区管理办法》，以加强对北仑河口海洋自然保护区的管理，同时注意保护和恢复保护区内的海洋自然环境和自然资源，促进海洋科学研究合理开发利用海洋资源，维护生态平衡；1995年大连市制定《大连市海域使用管理暂行规定》，以加强大连市沿海海域的综合管理，合理开发利用海洋资源，提高海域使用的社会、经济和生态环境的整体效益。

地方性海洋法治规范文件，有关海洋环境保护的地方性法律规章主要有地方性法规、地方政府规章以及其他地方规范性文件。从涉及保护的具体内容来讲，主要有以下几类：

第一类是直接针对海洋环境保护的，如福建、山东、浙江、江苏、天津、辽宁、广东、河北、青岛、厦门等省、市通过的海洋环境保护条例或办法；第二类是针对海域使用的，如山东、江苏、河北、浙江、天津、广东、辽宁、广西、大连、海口等省、市通过的海域使用管理条例或办法；第三类是海洋自然保护区的，如针对广西、海南红树林的保护区管理规定或办法等；第四类是关于海岛保护的，如宁波、厦门、青岛、浙江等省、市的此类条例或办法；第五类是关于渔业保护的，如福建、山东、浙江、江苏、辽宁、广东等省都有渔业管理条例或办法；第六类是关于海洋工程的，如1999年《广东省铺设海底电缆管道管理办法》。由于海洋环境保护是一个复杂的系统工程，单靠专门的立法不可能顾及海洋环境的全部社会关系，需要其他的法律法规加以规定，如《水污染防治法》《固体废物污染环境防治法》《矿产资源法》，等等。

4. 保护海洋生态环境实现人海和谐共生的根本要求和基础保障。

以习近平同志为核心的党中央高度重视海洋事业发展和海洋生态环境保护。党的十八大作出了建设海洋强国的重大部署，党的十九大明确提出“坚持陆海统筹，加快建设海洋强国”。①

形势发展需要我国进一步理顺海洋生态环境保护立法的内在关系。由于海洋生态环境保护各项法规出台、修订时间不同，沿海地方政府相继颁布了一些规定，造成国家与地方之间、上位法与下位法之间衔接不紧，甚至有所矛盾。所以学者建议：由国家统一组织，对现行国家和地方海洋生态环境保护法律法规进行系统梳理，编制相关法规修订和调整的路线图、时间表，力争用3—5年的时间完成对主要法规制度的清理重构，理顺法规之间存在的矛盾与冲突，形成一套完整统一的海洋生态环境保护法规体系，以增加海洋生态环境保护法规的指导性。②

二、《海洋环境保护法》于海洋法律规范系统中异军突起

（一）海洋经济发展的兴起使海洋环境保护成为海洋法的重心

我国在海洋经济发展的初始，就把海洋的环境保护作为了一个海洋法方面重点的立法对象，一方面我国积极加入保护海洋环境的国际公约，另一方面积极地进行相关的防止海洋污染的立法，同各类海洋资源开发利用的相关立法的零散和不成体系相较比而言，我国海洋立法在海洋环境保护方面已经初步建立起了一套以《海洋环境保护法》为核心的包含广泛规制对象的体系。

海洋环境保护大致经历了三个阶段：第一个阶段主要是防止海洋事故对周边的大陆和海洋渔业造成财产上的损失，这个时候全世界对于海洋的认识尚局限在单纯的资源开发和利用上面，一切行动的开展以最大化地开采和利用海洋资源为导向；第二个阶段是只针对局部的、个别的海洋环境污染问题进行规范和整治；第三个阶段才开始进入全面保护阶段，开始重视海洋资源

① 沈跃跃：《全国人民代表大会常务委员会执法检查组关于检查〈中华人民共和国海洋环境保护法〉实施情况的报告——2018年12月24日在第十三届全国人民代表大会常务委员会第七次会议上》，载《中国人大》2019年第1期。

② 苏士亮：《政协委员呼吁完善环保立法　保护海洋生态环境》，载《人民日报》2013年7月10日。

利用的可持续性及海洋生态系统价值对于人类生存的不可或缺。①

倘若整理1980—1996年在国务院政府工作报告的内容，就可以看出当时主要是在1993年国务院政府工作报告中提及能源时提到“积极开发天然气和海上油气田”；以及1996年国务院政府工作报告中提到“积极开发海洋资源。尽快完善自然资源有偿使用制度和价格体系，建立资源更新的经济补偿机制”。由于国家经济发展的重心并不在海洋经济发展上，有限的一些关于海洋资源开发发展的法规都是为了保障农业的稳步发展，而不是为了促进海洋经济的发展，这导致了我国对于海洋资源利用立法的范围严重局限于经济快速发展所必需的几个方面。

不过可以认为，这一方面是由于“文化大革命”结束以后，当时法治建设及各项重要的政治制度都有待建立健全，尤其宪法的修正和各个部门的基本法的制定自然成为重中之重；另一方面也是因为，计划经济下生产不平衡的问题亟待解决，而我国作为一个农业大国，着重发展农业是自然的。随着改革开放，经济逐步得到发展，海洋下巨大的经济利益才会使海洋经济逐步走入人们的视野，其成为经济发展的一个新的增长点也将是必然的。特别是在世界经济发展到21世纪以后，工业化、城市化、全球化带来的资源“瓶颈”和环境压力逐渐显现，陆域资源的有限和发展空间的萎缩，都使世界各国日益认识到蓝色海洋的经济价值所在。在全球范围内，海洋经济已高度渗透到国民经济体系内，成为拓展经济和社会发展空间的重要载体，早已是衡量一个国家综合竞争力的重要指标。②

（二）改革开放推动沿海经济特区的兴起及发展

为了进一步解放和发展生产力，让中国逐步实现现代化，逐步实现中华民族的伟大复兴，1979年我国开始实行改革开放后，国家在沿海城市逐步建

① 季千惠：《我国海洋生态环境保护保障机制研究》，中国海洋大学2014年硕士学位论文。

② 张春宇、刘东民、郑联盛：《人民日报国际视野：现代海洋经济蓬勃兴起》，载《人民日报》2014年5月8日。

立了“经济特区”与“沿海开放城市”，包括深圳、珠海等经济特区，广州、湛江、北海等南海沿海重要港口城市，拉开了南海地区开发的序幕。这些崛起的新兴技术群体、新兴产业群体、新兴城市群体，将是我国未来的科技、经济和社会发展的支柱。①

中国经济特区的创办与发展，是中国实行改革开放政策以来实现历史性变革的一个精彩缩影。经济特区发展从一种形式到多种形式，从沿海到内地，成为区域经济发展的重要形式。② 经济特区在我国改革开放和现代化进程中发挥了“试验田”“窗口”和示范性的作用。随着我国改革开放和现代化继续向前推进，经济特区将继续发挥重要作用，做出新的更大贡献。③

经济特区作为中国改革开放的“窗口”和“试验田”，“利他”的设区背景决定其目标旨在如何突破传统计划经济体制的束缚，探寻有利于经济与社会发展的社会主义市场经济新体制。而自由贸易试验区是在我国进入全面深化改革大背景下成立的，设区目标是在“自利”基础上达到“互利”。创办经济特区是改革开放的突破口，设立上海等自由贸易试验区是改革开放的全面深化。与经济特区相比，自由贸易试验区是对经济特区改革的深化和进一步发展，但二者都是通过探索和“试错”不断前进的。自由贸易试验区是中国在全球化经济竞争中主动展开的一场攻守兼备的试验，可谓经济特区的“升级版”。

从经济特区到自由贸易试验区，诠释了中国改革开放路径与目标的演绎逻辑。中国自由贸易区的发展路径一是在国内建设自由贸易试验园区，为进一步深化改革提供有益的尝试和经验借鉴；二是要与当前和未来重要的经贸合作伙伴在贸易、投资等领域建立跨境自由贸易区。④ 未来的目标是要通过

① 邓寿鹏：《世界新的技术革命与我国经济特区、沿海开放城市的未来》，载《未来与发展》1985年第1期。

② 钟坚：《中国经济特区创办与发展30年历史的回顾与总结》，载《创新》2010年第6期。

③ 钟坚：《中国经济特区创办与发展30年历史的回顾与总结》，载《创新》2010年第6期。

④ 罗清和、朱诗怡：《从经济特区到自由贸易区：中国改革开放路径与目标的演绎逻辑》，载《深圳大学学报（人文社会科学版）》2018年第1期。

实施“引进来”与“走出去”相结合的对外开放战略，在更大范围、更广领域和更高层次上，参与国际经济技术合作与竞争；同时借助“一带一路”倡议与沿线国家间建立自由贸易区，为双边、多边跨境贸易交流合作提供新的平台。①

（三）海南省成为全国唯一的省级经济特区

海南，简称“琼”，省会海口，位于中国的南端。1988 年，国家将原先隶属于广东省的海南岛划出，单独设立海南省并成立海南经济特区。海南全省下辖 4 个地级市，5 个县级市，4 个县，6 个自治县；海南全省陆地（主要包括海南岛和西沙、中沙、南沙群岛）总面积 3.54 万平方公里，是仅次于台湾岛的中国第二大岛；海南海域面积约 200 万平方公里，含海域面积的海南省已是中国国土面积的第一大省。国家还赋予了海南省管辖南海近 200 多万平方公里海域的管辖权，成为处在南海之上中国面积最大的海岛经济特区，含海域面积的海南省无疑也是中国国土面积的第一大省。

海南经济特区作为沟通大陆腹地与广袤的南海地区的桥梁与窗口，被赋予了新的历史使命。海南经济特区的成立，使得南海管理权限得到升级，促进了琼台合作，维护祖国统一，共同加强了我国对于南海地区的管辖力度，强化了以巡航、护渔为主的海洋管理活动，有效维护了我国海洋权益。同时，经济特区的建设极大地促进了地区政治经济文化的发展，使得海南省由一个落后的农业省转变为以旅游业为主导的新型经济特区，跨入中等收入地区行列。海南经济特区也不断融入世界竞争与合作，成为我国经略南海，面向世界的前沿窗口。②

经过 30 年的发展，海南省经济实现了腾飞，GDP 从 1988 年的不到 80 亿元增长至 2017 年的 4400 多亿元。2013 年，中共中央总书记习近平视察海南时强调，海南作为全国最大经济特区，后发优势多，发展潜力大，要以海南

① 许欣：《东北振兴战略演进轨迹及其未来展望》，载《当代中国史研究》2018 年第 12 期。

② 符振峰：《新中国成立以来南海海岛行政价值观研究》，广东海洋大学 2017 年硕士学位论文。

国际旅游岛建设为总抓手，闯出一条跨越式发展路子来，争创中国特色社会主义实践范例，谱写美丽中国海南篇章。[①]

专家学者建议，目前应探索把海南打造成为自由贸易港，这是海南更大程度开放政策、开放模式的突破，将更有利于发挥海南在“一带一路”建设尤其是在泛南海经济合作中的中心枢纽作用。[②]作为全国最大、唯一的省级经济特区，海南始终承担着改革开放试验田的重要职责。

2015年9月，《海南省总体规划纲要》发布，其整合六大空间规划，确保海南发展“一张蓝图干到底”。纲要划定了生态保护红线，框住了城市开发边界。以资源环境承载力为硬约束，海南确定生态优先发展战略，将全省重要生态功能区、生态敏感区域和脆弱区域划入生态保护红线，涵盖全省陆域面积的33.5%、近岸海域面积的35.1%。

2018年4月，《中共中央、国务院关于支持海南全面深化改革开放的指导意见》出台，对推动海南成为新时代全面深化改革开放的新标杆，形成更高层次改革开放新格局，探索实现更高质量、更有效率、更加公平、更可持续的发展具有重大意义。

三、新中国海洋法治的发轫与滥觞

（一）可持续发展原则在海洋法治各个层面得以渗透并被接受

海洋在全球生态系统的重要性和不断恶化的海洋环境状况，都对海洋环境保护提出了迫切立法需求，随着“可持续发展原则”被广泛接受和其在社会发展各个层面的渗透，这种学说不但体现在海洋保护理论基础和根据的完善方面；还适宜支持国家海洋政策的确立与施行；对于海洋立法体系的构筑和

① 施耀忠：《为谱写美丽中国海南篇章献计出力》，载人民网：http://theory.people.com.cn/n/2013/0521/c40537-21562715.html，最后访问日期：2019年9月1日。

② 科技智囊专题研究小组：《迎历史新起点　海南将建全球最大自由贸易港》，载《科技智囊》2018年第6期。

一系列重要保护制度完善等几个方面，均有重要的意义。所以，对这些基本和重要问题的深入研究，进一步促进了对海洋环境的保护。学者提出，我国海洋经济可持续发展应采取的基本原则：首先是一切从实际出发的原则；其次是市场导向的原则；再次是统一有序与多元开发的原则；复次是轻重有序的原则；最后是开发与保护相结合的原则。①

（二）全面和可持续的海洋环境保护必须具有坚实的理论基础

全面和可持续的海洋环境保护的理论基础，在于海洋环境问题的综合性、复杂性等特点的存在，必须是多元化的，单一的理论无法解释海洋环境问题的日益严重的现状，也难以提供彻底解决这一问题所必需的路径、策略和方法。学者从对环境正义、环境契约论、环境经济学理论、后现代主义理论、生态系统论、可持续发展理论等诸多学说和理论的分析入手，从不同角度分析和阐述了各种理论对海洋环境问题的认识，从而总结出相关理论对解决海洋环境问题所能提供的依据和方法，力求较全面地构建海洋环境保护的理论基础。②

① 孙吉亭：《论我国海洋经济可持续发展的基本原则》，载《东岳论丛》1997年第9期。

② 高益民：《海洋环境保护若干基本问题研究》，中国海洋大学2008年博士学位论文。

第三节
新中国海洋法治演进之中临时应急措施的定型化

改革开放后，我国积极进行海洋海岛建设，海洋海岛的建设对我国经济的发展起到促进作用，成为我国经济发展的一个新的战略选择，海洋的建设与我国和平发展的道路是一体的，1996 年到 2011 年是我国海洋建设的关键时期。

一、改革背景下新中国海洋法治急飞猛进之热潮

中国作为一个人口最多的发展中国家，在陆地资源人均占有量低于世界平均水平的情况下，要使经济社会长期繁荣发展，必然越来越多地依靠海洋。向海洋要资源，向海洋要效益，大力发展海洋经济，已成为我国经济发展的战略选择。

（一）改革之初新中国对海洋经济整体规划以全面发展

1. 沿海省市依中央部署健全了统一的海洋管理体制。

在中央部署下，全国沿海省市健全了统一的海洋管理体制。①1991 年 8 月，召开了首次全国海洋工作会议，这次会议是新中国成立以来的第一次海洋综

① 王刚、宋锴业：《中国海洋环境管理体制：变迁、困境及其改革》，载《中国海洋大学学报（社会科学版）》2017 年第 12 期。

合性会议。[①]一场前所未有的全面开发利用海洋的活动就此开始。海洋开发的长远目标是：海洋经济要发展成为国民经济的主要支柱之一，应占到国民经济10%左右的份额。为引导海洋经济科学有序发展，国务院组织制定了《海洋技术政策要点》《科技兴海行动计划》《全国海洋开发规划》《中国海洋21世纪议程》等文件。

2.《海域使用管理暂行规定》旨在消除“无序、无度、无偿”的用海局面。

1993年5月，国家发布了《国家海域使用管理暂行规定》改变了多年来海域使用“无序、无度、无偿”的局面，使海域和管理进入法制化轨道。在党和政府有远见的海洋政策的指引下，中国海洋经济实现了健康、有序、快速的发展，其科技含量不断提高，已成为国民经济的主要成分之一。[②]

3. 新中国第一次把海洋提到关系国家发展的重要地位。

1996年，中国颁布了《国民经济和社会发展“九五”计划和2010年远景目标纲要》。在该文件中，中国第一次把海洋提到关系国家发展的重要地位。由于《联合国海洋法公约》已在我国生效，为了更好地贯彻联合国有关海洋政策，并由中华人民共和国国务院新闻办公室以《中国海洋事业的发展》为名的白皮书，用7种文字向世界宣布中国海洋事业发展进程中遵循的原则、采取的基本政策。该白皮书成为指导当时中国海洋事业发展的纲领性文件。[③]

4. 21世纪是海洋世纪已是包括新中国在内之全球的共识。

海洋已成为各国谋求生存和发展的必争之地，作为发展中大国，我国在海洋领域有着重大的战略利益。21世纪是海洋世纪，开发和保护海洋资源、发展蓝色经济已成为全球共识，中国也把发展海洋经济提到了前所未有的高度。[④]

---

① 《首次全国海洋工作会议在北京召开》，载王振川主编：《中国改革开放新时期年鉴》1991年。

② 国家海洋局海洋发展战略研究所：《中国海洋发展报告》，海洋出版社2009年版，第376页。

③ 李国选：《中国和平发展进程中的海洋权益》，武汉大学2015年博士学位论文。

④ 修建华、李进梅：《蓝色经济发展国际高峰论坛青岛开幕》，载《青岛日报》2011年10月29日。

（二）21世纪海洋成为新中国发展的主要战略方向

从2002年至2012年，在党中央领导下，我国海洋事业坚持陆海统筹、可持续发展的原则，科技支撑引领原则，和平利用海洋和合作共赢原则，在具体实行上依照“规划用海、集约用海、生态用海、科技用海、依法用海”的要求，科学有序地开发利用海洋资源，推动了海洋经济健康快速的发展。①

1.“十五计划”提出依法开发海洋等国土资源。

2000年10月，中国共产党通过《中共中央关于制定国民经济和社会发展第十个五年计划的建议》，其中在第十条合理使用、节约和保护资源，提高资源利用率中公开指出依法开发海洋等国土资源。

2001年，全国人民代表大会批准《中华人民共和国国民经济与社会发展第十个五年计划纲要》。该文件着重强调开发利用海洋资源，加强海域管理，维护国家海洋权益。

2.《全国海洋功能区划》为经济和社会发展提供用海保障。

2002年8月，中华人民共和国国务院批准了《全国海洋功能区划》。该文件的主线是合理开发海洋资源、提高海洋资源的利用率和保护海洋生态环境。海洋功能区划是根据海域区位、自然资源、环境条件和开发利用的要求，按照海洋功能标准，将海域划分为不同类型的功能区，目的是为海域使用管理和海洋环境保护工作提供科学依据，为国民经济和社会发展提供用海保障。

《全国海洋功能区划》的范围包括我国管辖的内水、领海、毗邻区、专属经济区、大陆架及其他海域（香港特别行政区、澳门特别行政区和台湾地区毗邻海域除外）。

3.党的十六大明确提出“实施海洋开发”的要求。

党的十六大以来，党坚持和发展了经济与军事并重的思想，提出建设“和谐海洋”思想。②和谐海洋是我国建设和谐社会的重要内容，它应该包括人与

① 张俏：《习近平海洋思想研究》，大连海事大学2016年博士学位论文。

② 郭玉华：《新中国成立以来中国共产党海洋战略的历史考察》，载《广西社会科学》2014年第9期。

自然海洋的和谐生态观、国与国之间和谐利益观以及国家与社会之间和谐行政观。“和谐海洋观”的提出和阐释既是对我国海洋强国内涵中重要理念的解读，也是对国内海洋活动主体共同价值认知的整合。其试图为解决世界各国海洋权益问题，实现海洋可持续发展，创新政府海洋管理理念，提供理论基础和行动指南。①

4.《全国海洋经济发展规划纲要》确定了建设海洋强国的战略目标。

2003年，中国国务院颁布了《全国海洋经济发展规划纲要》，确定了建设海洋强国的战略目标。

《全国海洋经济发展规划纲要》涉及的主要海洋产业有海洋渔业、海洋交通运输、海洋石油天然气、滨海旅游、海洋船舶、海盐及海洋化工、海水淡化及综合利用和海洋生物医药等；涉及的区域为我国的内水、领海、毗连区、专属经济区、大陆架以及我国管辖的其他海域（未包括我国港、澳、台地区）和我国在国际海底区域的矿区。

5.《国民经济和社会发展第十一个五年规划纲要》提出维护中国的海洋权益。

2006年，《国民经济和社会发展第十一个五年规划纲要》明确提出维护中国的海洋权益，提出强化海洋意识，维护海洋权益，保护海洋生态，开发海洋资源，实施海洋综合管理，促进海洋经济发展。综合治理重点海域环境，遏制渤海、长江口和珠江口等近岸海域生态恶化趋势。恢复近海海洋生态功能，保护红树林、海滨湿地和珊瑚礁等海洋、海岸带生态系统，加强海岛保护和海洋自然保护区管理。完善海洋功能区划，规范海域使用秩序，严格限制开采海砂。有重点地勘探开发专属经济区、大陆架和国际海底资源。②

6.党的十七大明确提出“发展海洋产业”的要求。

2007年党的十七大提出，发展海洋产业，构建现代产业体系。时任总书

① 王印红、吴金鹏：《“和谐海洋观”的阐释与建构》，载《中国海洋大学学报（社会科学版）》2015年第5期。

② 李国选：《中国和平发展进程中的海洋权益》，武汉大学2015博士学位论文。

记胡锦涛在2010年4月视察山东时强调指出："要大力发展海洋经济，科学开发海洋资源，培育海洋优势产业，打造山东半岛蓝色经济区。"① 发展海洋产业对促进国民经济发展和产业结构优化升级具有重大意义。海洋战略性新兴产业作为国家战略性新兴产业的重要组成部分，是新时期海洋经济可持续发展的重要着力点。培育和发展海洋战略性新兴产业有利于提升海洋产业的国际竞争力，通过物质文明与生态文明的共赢实现海洋经济的可持续发展。② 将经济发展与海洋发展相结合，使得海洋经济得到良好的利用。

7.《国民经济和社会发展第十二个五年规划纲要》提出推进海洋经济发展。

2011年，《国民经济和社会发展第十二个五年规划纲要》明确提出，推进海洋经济发展，坚持陆海统筹，制定与实施海洋发展战略，提高海洋开发、控制、综合管理能力。优化产业结构，加强海洋综合管理。

8. 党的十八大把建设海洋强国作为国家重大战略部署提出来。

2013年7月30日，习近平在十八届中央政治局第八次集体学习时强调：建设海洋强国是中国特色社会主义事业的重要组成部分。党的十八大作出了建设海洋强国的重大部署。实施这一重大部署，对推动经济持续健康发展，对维护国家主权、安全、发展利益，对实现全面建成小康社会目标、进而实现中华民族伟大复兴都具有重大而深远的意义。要进一步关心海洋、认识海洋、经略海洋，推动我国海洋强国建设不断取得新成就。③

在海洋成为国家发展主要战略方向的时代，海洋安全和海防战略在我国国家安全战略中的地位更加重要。④ 国家海防战略的出发点是保证国家海洋主权和领土不受侵犯，维护国家的海洋权益，争取有利于国家生存发展的和

① 吴秋雨:《山东半岛蓝色经济发展的对策研究——以烟台市为例》，载《中国市场》2012年第15期。

② 吴炜:《可持续发展观视野下的福建省海洋战略性新兴产业培育研究》，福建农林大学2011年硕士学位论文。

③ 《习近平谈建设海洋强国》，载人民网：http://politics.people.com.cn/n1/2018/0813/c1001-30225727.html，最后访问日期：2019年9月1日。

④ 《托起蓝色的希望：我国海洋事业改革发展40年综述》，载浙江省国土资源厅门户网站：http://www.zjdlr.gov.cn/art/2018/12/18/art_1289957_27640620.html，最后访问日期：2019年9月2日。

平及稳定的海洋环境。在全球化时代的各国，尤其是相邻各国之间利益相互交织，互为生存发展的条件。中国是一个面向海洋、走向世界的发展中大国，为应对复杂严峻的海洋安全形势，建设海洋强国，实现国家统一和民族复兴，党中央提出了构建“和谐世界”“和谐海洋”的理念。

习近平同志说，建设海洋强国是中国特色社会主义事业的重要组成部分。党的十八大也作出了建设海洋强国的重大战略部署。实施这一部署对推动经济持续健康发展，对维护国家主权、安全、发展利益，实现全面建成小康社会的目标，进而实现中华民族伟大复兴，都有着深远的意义。①

二、改革开放后新中国的海洋法治的热点理论问题

（一）新中国海洋环境严重污染破坏的对策

随着海洋经济的高速发展，新中国海上开发活动的范围不断在扩大，海洋污染范围也势必相应地扩大，沿海地区固体废弃物的岸边堆放和污水排海总量将继续增加，近海污染程度日益加重；海洋开发强度加大，污损事件发生的几率也在增加，人为带来的海洋环境灾害更加严重；沿海经济结构和产业结构的变化使入海的污染物种类发生变化，新的污染物将会引起新的环境问题，海洋经济发展正在带来严重的海洋环境问题。

新中国所面临的问题主要是：近岸海域环境恶化，生态系统结构失衡，典型生态系统受损，生物多样性和珍稀濒危物种减少，赤潮等海洋生态灾害频发，以及外来物种入侵产生危害，要改变这一现状，仅靠市场机制的自发作用和企业及个人的单方面行为是行不通的，在海洋环境保护与海洋经济利益之间容易发生冲突的情况下，只有依靠海洋环境政策的干预，才可以寻求到使经济发展和环境保护得到“双赢”的解决方案。

① 《习近平：进一步经略海洋 推动海洋强国建设》，载中国新闻网：http://www.chinanews.com/gn/2013/07-31/5108322.shtml?_da0.6837640271987766，最后访问日期：2019 年 11 月 30 日。

1. 近海海洋污染严重何以有效治理。

国家海洋局海洋发展战略研究所2015年发布的《中国海洋发展报告（2015）》中称，我国80%近岸海洋生态系统处于亚健康和不健康状态，我国近海污染面积大。不但近岸局部海域污染严重，陆源排污压力巨大，而且海洋环境灾害多发等问题依然突出。[①] 近海海洋生态被破坏，给经济社会发展带来了严重的影响。

根据国家海洋局发布的《2015年中国海洋环境状况公报》，2015年我国近岸局部海域污染依然严重，冬季、春季、夏季和秋季劣于第四类海水水质标准的海域面积分别为67150平方公里、51740平方公里、40020平方公里和63230平方公里，污染海域主要分布在辽东湾、渤海湾、莱州湾、江苏沿岸、长江口、杭州湾、浙江沿岸、珠江口等近岸海域，主要污染要素为无机氮、活性磷盐酸和石油类。[②]

因此，根治海洋污染、恢复海洋生态环境，应该从近海开始，实行陆海并行的治理措施。近岸海域污染治理的矛盾之处在于，受污染的是海洋，最需要治理的环节却在陆上。在海洋环境污染物中陆域污染源占90%，要从根本上解决海洋污染问题，就必须坚持海陆联动，实行海域污染陆域治理。

实践中提出"近海海域环境容量"这一概念。其是指在充分利用海洋的自净能力和不造成污染损害的前提下，某一特定海域所能容纳的污染物质的最大负荷量。据此，地方政府便要科学规划，合理设置入海排污口和沿海排污企业，逐步实现入海排污总量的控制。

落实了海洋环保目标管理责任制，控制了排污总量，最后一步便是尽快建立海洋生态环境损害补偿、赔偿机制。可以建立"损害环境者赔偿，保护环境者补偿"的政策性赔偿、补偿机制。"要推行环境受益地区向环境输出地区付费、环境资源消耗多的群体向环境资源消耗少的群体付费，污染户向受

---

① 《2015年中国海洋环境状况公报》，载中国政府网：http://www.gov.cn/xinwen/2016-04/08/content_5062298.htm，最后访问日期：2019年9月2日。

② 《2015年中国海洋环境状况公报》，载中国政府网：http://www.gov.cn/xinwen/2016-04/08/content_5062298.htm，最后访问日期：2019年9月2日。

损害户付费的新政策，改变过去实行的‘谁污染谁治理’的处罚方式。”①

2. 近海富营养化危险加剧时政策上和科学上的切实可行对策。

通过地面径流和大气沉降进入海水中的废物富含无机氮和活性磷酸盐，导致我国近岸局部海域富营养化。2015 年冬季、春季、夏季和秋季，呈富营养化状态的海域面积分别为 120370 平方公里、69110 平方公里、77750 平方公里和 109910 平方公里。夏季呈富营养化状态的海域面积较上年增加 13350 平方公里，重度、中度和轻度富营养化海域面积分别为 20190 平方公里、21170 平方公里和 36390 平方公里。重度富营养化海域主要集中在辽东湾、长江口、杭州湾、珠江口等近岸海域。②

只有对国内外有关近海海水富营养化的结果及对策方面予以研究，特别是对引起近海海水富营养化和外在因素进行分析与总结，才可能对造成近海海水富营养化的正面及负面结果进行逐个剖析，并在此基础上提出防止健康水体发生富营养化的措施，及对已经发生富营养化的水体应采取的切实可行的政策上和科学上的（物理的、化学的和生物的）对策。③

3. 对陆上围填海和水利工程负面影响的控制。

我国因农、渔等产业发展而逐渐兴起，因工业化、城市化进程而不断扩大规模的围填海项目，在项目实施过程中出现了诸如沿海滩涂湿地遭破坏，红树林等植被遭破坏，渔业资源衰竭，港口功能弱化和填海房地产质量低劣等负外部性问题。④

人类陆地上的活动同样也会给海洋带来污染，当前比较严重的主要有两方面：其一，围填海失控导致海洋生态服务功能严重受损，近十年来，中国因围填海失去了近 50% 的湿地，而湿地消失给海洋生态环境带来的破坏是毁

① 《政协委员：近海污染严重海洋生态保护刻不容缓》，载《舟山日报》2015 年 1 月 25 日。

② 《2015 年中国海洋环境状况公报》，载中国政府网：http://www.gov.cn/xinwen/2016-04/08/content_5062298.htm，最后访问日期：2019 年 9 月 2 日。

③ 柴召阳、何培民：《我国海洋富营养化趋势与生态修复策略》，载《科学》2013 年第 4 期。

④ 初敏、王辰良子：《谈规制围填海项目的政策路径》，载《中国海洋大学学报（社会科学版）》2011 年第 5 期。

灭性的，几乎是难以恢复的。其二，陆上大型水利工程导致的河口生态环境负面效应开始显现。①

从围填海的负面生态影响及对其进行的货币化评估技术研究，在对生态系统提供的“产品”、“服务”和“功能”等基本概念进行分析比较的基础上，学界将海岸带生态系统服务划分为提供物质性产品和条件的供给服务，以及其他非物质性的服务，包括调节、文化和支持服务，进而明确围填海对生态系统服务造成的各种负面生态效应。针对生态系统服务大都属于无市场价格的公共物品这一特点，提出围填海造成的海岸带生态系统服务损害的货币化评估技术选择的基本框架，这样才能做出全面的判断。②

除此之外，还有船舶及海上作业的油污等环境损害，海平面和近海水温持续升高，过度捕捞与外来物种入侵等海洋环境问题，等等。③

我国参加了若干个与海洋环境保护有关的国际条约，除了最值得关注的《联合国海洋法公约》外，我国还根据海洋保护的领域不同，参加了船舶污染、海洋倾废、废物转移、事故反应、污染损害赔偿等几类国际公约。

当然，实现这些方案对海洋环境政策的制定和实施提出了更高的要求，需要政府运用科学、规范的决策手段，制定出切实可行的政策方案，并通过构建严密的事先防范机制，采用新型的海洋环境管理模式，才能实现对海洋环境的有效管理。④

《中国海洋报告（2019）》表明，海洋发展宏观环境总体稳定向好。海洋政策管理体系逐步完善。

在海洋政策方面，2018年是中国海洋管理体制发生重大变革的一年。

---

① 王丹、吴立之、孙笑妍：《中国海洋生态环境问题与可持续发展思路》，载《大连海事大学学报（社会科学版）》2014年第2期。

② 王萱、陈伟琪：《围填海对海岸带生态系统服务的负面影响及其货币化评估技术的选择》，载《生态经济》2009年第5期。

③ 邓俊英、张继承、李晓燕：《对我国海洋可持续发展的政策建议》，载《海洋开发与管理》2014年第22期。

④ 王琪、何广顺：《海洋环境治理的政策选择》，载《海洋通报》2004年第3期。

2018年3月的《深化党和国家机构改革方案》将国家海洋部门的职责整合到新组建的自然资源部，新时代的海洋工作被赋予了新的发展平台和更重要的职责。

根据党的十九大“陆海统筹”的战略部署，海洋管理的顶层设计持续优化，改革方案加速了海洋与土地、矿产、森林、草原、湿地等其他自然资源在政策举措上的融合，海洋政策体系日臻完善。①

（二）海洋环境的多元协同治理机制如何予以构建

应对海洋环境突发事件，走出海洋环境治理的困境，除要发挥好政府在治理中的主导作用外，还应当进一步转变治理策略，积极推进政府主导治理向政府、社会、公众协同治理的转变，构建一种政府间相互协同、公众有效参与、社会组织深入协助的海洋环境治理新格局。②

近年来，政府对海洋环境的多元协同治理理念已经基本形成。例如，2014年修正后的《环境保护法》第五章明确规定，“公民、法人和其他组织依法享有获取环境信息、参与和监督环境保护的权利。各级人民政府环境保护主管部门和其他负有环境保护监督管理职责的部门，应当依法公开环境信息、完善公众参与程序，为公民、法人和其他组织参与和监督环境保护提供便利”。

2018年12月29日修正的《环境影响评价法》第五条规定：“国家鼓励有关单位、专家和公众以适当方式参与环境影响评价。”

2014年出台的《国家级海洋保护区规范化建设与管理指南》中规定，“国家级海洋保护区应与所在地政府、有关单位及当地社区的关系协调融洽，可以通过建立共管机制、签订共管协议等多种形式，积极推进地方社区和居民参与海洋保护区管理”。

这些文件之中虽然体现了政府对海洋环境的多元协同治理理念，但并没

① 《〈中国海洋发展报告（2019）〉发布》，载《中国海洋报》2019年8月19日。
② 梁亮：《海洋环境协同治理的路径构建》，载《人民论坛》2017年第17期。

有对多元主体参与决策的具体制度和机制做出规定。[①] 因此，顺应政策体系不断完善的趋势，中国应该建立多元协同政策理念下的决策参与制度来固化政策理念，并构建有效的机制使决策制度更具有可操作性。

2019 年 5 月，生态环境部发布《2018 年中国海洋生态环境状况公报》。公报表示，2018 年我国海洋生态状况整体稳中向好，并重点从海洋环境质量、海洋生态状况、主要入海污染状况、海洋倾倒区和油区环境状况、海洋渔业水环境质量状况、海洋环境灾害状况、突发海洋污染事件、相关行动与措施等方面对我国海洋生态环境状况进行了详细监测。[②]

（三）对新中国海岛损害赔偿机制付之阙如的补正

对于破坏海岛的行为，《海岛保护法》赋予海岛保护行政执法机关行政处罚权和必要的行政强制措施，但是对被破坏的海岛如何从民事上赔偿，缺乏相应的操作程序。

虽然 2012 年修改后的《民事诉讼法》确立了公益诉讼制度，但是这一制度由于缺乏必要的操作机制，不能实现对海岛的有效保护。其第五十五条规定："对污染环境、侵害众多消费者合法权益等损害社会公共利益的行为，法律规定的机关和有关组织可以向人民法院提起诉讼。"该条的适用范围仅仅包括"污染环境"和"侵害众多消费者合法权益"两种损害社会公共利益的行为。现实生活中对海岛的人为破坏除了海岛环境污染以外，更重要的是对海岛资源的损害（海岛动植物物种的掠夺、植被的损害等）和海岛岛体的损害（如炸岛取石），对于这类损害除进行行政处罚外，如何从民事上进行赔偿缺乏直接的法律依据。

2017 年 6 月 27 日第十二届全国人民代表大会常务委员会对《民事诉讼法》进行修改，第五十五条增加一款作为第二款："人民检察院在履行职责中发现

---

① 许阳：《中国海洋环境治理政策的概览、变迁及演进趋势——基于 1982—2015 年 161 项政策文本的实证研究》，载《中国人口·资源与环境》2018 年第 1 期。

② 郑辉：《生态环境部正式发布〈2018 中国生态环境状况公报〉》，载《水处理技术》2019 年第 6 期。

破坏生态环境和资源保护、食品药品安全领域侵害众多消费者合法权益等损害社会公共利益的行为，在没有前款规定的机关和组织或者前款规定的机关和组织不提起诉讼的情况下，可以向人民法院提起诉讼。前款规定的机关或者组织提起诉讼的，人民检察院可以支持起诉。”

另外，对海岛损害主张民事赔偿的主体是谁？《海岛保护法》并没有作出规定。《民事诉讼法》仅仅规定“法律规定的机关和有关组织”可以作为民事公益诉讼的主体。也就是说对民事公益诉讼的主体《民事诉讼法》授权法律作出具体规定，由于《海岛保护法》的颁布实施是在2010年，而《民事诉讼法》是在2013年确定公益诉讼制度的，《海岛保护法》对海岛民事公益诉讼机制没有作出规定也是可以理解的，但在以后的修改中应当弥补这一缺陷，并应在海岛民事公益诉讼的范围、主体、举证责任分配、赔偿的标准、赔偿金的接受和支配主体等方面作出自己特殊的规定。

（四）新中国海岛保护中社区居民参与机制亦付之阙如

1. 海岛保护的实施需要在实践中平衡各用岛主体的利益。

海岛保护最突出的矛盾是海岛所在地的社区居民对海岛的经济利益需求与海岛生态保护的矛盾。海岛保护社区居民参与机制就是通过立法规定社区居民在海岛保护上享有的权利和应当履行的义务、承担的责任，以及明确社区居民参与海岛保护的具体程序和路径，使社区居民有机会参与到海岛的保护活动中去。

我国的绝大多数海岛存在于一定的社区中，社区居民在长期的生产、生活实践中对海岛资源进行了不同程度的利用，并且一直在使用海岛资源。海岛保护的好坏与社区居民的利益密切相关。

2. 海岛保护同样是一项社会系统工程。

良好的海岛保护体制的设计有利于实现对海岛的保护。根据《海岛保护法》第五条的规定，我国现行的海岛保护体制分两类：一类是分级分部门的分散保护体制，这类保护体制针对的对象是有居民的海岛。对有居民的海岛沿用传统的陆地保护方式。另一类是综合保护体制，这类保护体制针对的对象是无居民海岛，由海洋局负责无居民海岛的保护工作，县级以上海洋主管部门在各自的管辖范围内负责无居民海岛的保护工作。①

三、新中国海洋法治中不断涌现的新的法律规范子系统

近几年，我国各沿海地区纷纷从自身优势出发，制定了主题为“海洋经济强省”的战略部署。因此，海洋被多方位地开发和发展，海洋经济发展迈入新的高潮。②

（一）划定珠三角、长三角、环渤海等八大经济圈的法律依据

在国家层面上，新中国的海洋法治业已逐渐完善政策体系以协调区域海洋经济发展，划定了珠三角、长三角、环渤海以及大湾区等“八大经济圈”。但这些区域性规划虽然上升为国家战略，但全部未经过国家最高权力机关肯认，且涉及多个省级行政单位、投入资金巨大、涉及的人口数以亿计，这有其有利的一面，如更具效率，但更存在如规划本身的法律性质不明且政策性成分居多，临时性、对策性的因素居多等的重大隐患。

沿海发展战略的立法目的是促进国家区域发展规划战略的实施，协调沿海发展战略涉及的各种利益要求，提供沿海发展战略进行制度创新的合法空间。其立法重点为资源优化利用、生态环境保护、管理制度创新三个方面。在立法中，自要注意立法策略：既要注重依法协调各种利益关系，也得注重选择最优的立法路径。③

（二）地方海洋立法如何与国家单行法协调共进

国家管理立法的基本性法律法规适用于国家主权内的全部海域，主要是

① 李巍：《基于生态安全的海岛保护法律制度完善》，载《延边党校学报》2018年第5期。

② 孙瑶：《我国促进海洋经济发展的法律研究》，海南大学2016年硕士学位论文。

③ 刘小冰、刘青、张琳：《江苏沿海发展战略的立法思考》，载《江苏行政学院学报》2012年第3期。

对我国海洋权益进行原则性的宣示而没有制定具体的法律管理制度，履行操作上存在必然的难度，不利于海洋执法人员依法进行管理；海洋经济发展需要以健全的海洋法制体系为依托，但遗憾的是，当前我国海洋经济发展的法律法规仍不够健全，因而无法对海洋经济发展起到应有的指导与规划作用，导致海洋经济发展过程中过于片面追求经济效益，而忽视了海洋经济可持续发展的长期利益诉求。

尽管我国先后出台了《海洋环境保护法》《邻海及毗连区法》和《倾倒区管理暂行规定》等法律文件，但这些法律法规及规范性文件往往只承担履行单一管理职能的法律责任，缺乏对整个海洋经济发展整体情况统一指导与管控。而且这些法律法规及规范性文件大部分都是我国在20世纪80年代制定的，许多法律规范已然无法满足当前海洋经济发展的诉求，即便是已经修改过的法律法规规范也经常出现与现实需求不相符的情况。我国海洋经济发展缺乏一部能够在宏观上对海洋经济发展起到协调与规划作用的法律规范系统用于保护海洋资源，而且，防治污染法律法规也缺乏综合性管理法律条文的指导。①

作为我国实施海洋战略、发展海洋经济和海洋事业的实验场，浙江早在2005年就出台了《浙江海洋经济强省建设规划纲要》，该纲要的科学之处在于提出先对海洋经济发展现状进行调研，再根据实际情况作出发展规划。2011年，国家发展改革委印发的《山东半岛蓝色经济区发展规划》中提到海洋经济发展的战略目标，即打造国际水准的现代海洋产业集聚区、创建一流海洋科技教育核心区。山东省的海洋发展规划是全面统筹、综合协调、科学布局的规划。该规范不仅有发展目标，还有发展政策，可操作性极强。

① 侯丽维：《海南省发展海洋经济的政策法律保障研究》，载《海南广播电视大学学报》2015年第12期。

四、海洋安全和海防战略在新中国海洋法治中的地位凸显

（一）新中国的和平发展对海洋空间的依赖日益加重

海洋的发展对我国和平发展有重大意义，中国的和平发展对海洋空间的依赖日益加重。中国的大陆空间随着人口的增长已经大大缩小。全球化时代，中国已不可能孤立于世界体系之外，也不可能在封闭的状态下发展经济。海洋对中国可持续性的和平发展提供了第二空间。中国陆地资源日趋减少，和平发展的中国经济对资源的高度依赖决定了中国对海洋资源的需求量与日俱增。为了满足中国和平发展对资源的需求，中国必须通过海洋或从海洋中来寻找新的战略资源。①

（二）新中国全面迈进“海洋世纪”的必要条件业已具备

改革开放以来，中国已经积累了实施新型国家海洋战略的内部资源，这构成了中国全面迈进“海洋世纪”的必要条件。2012 年，中国共产党第十八次全国代表大会提出“建设海洋强国”的战略目标。如何构建中国特色的海洋强国理论体系，探索建设海洋强国的新模式，是当前所面临的一个重大理论和现实课题。海洋战略是国家大战略的有机组成部分。现阶段及今后一个时期，中国将以建设海洋强国为战略目标。确立海洋强国战略是顺应国际潮流、符合国家利益之举。中国建设海洋强国的内外基本条件已经具备。②主要表现在以下几个方面：

1. 建立于海洋战略理论上的海洋开发政策已定型化为制度与法律保障。

新中国改革开放以来，历届政府已将海洋发展作为一项国家战略明确予以提出，显示了国家战略对海洋的高度重视。特别是 2012 年以来，新中国陆续

① 李国选：《中国和平发展进程中的海洋权益》，武汉大学 2015 年博士学位论文。

② 张海文、王芳：《海洋强国战略是国家大战略的有机组成部分》，载《国际安全研究》2013 年第 11 期。

提出“建设海洋强国”战略和“21世纪海上丝绸之路”倡议，将海洋事业发展、海上区域经济合作上升到国家战略高度。“建设海洋强国”战略和“21世纪海上丝绸之路”之倡议是中国规划和实施的重大海权战略，它们是中国开发和利用海洋，实现“陆海统筹”，推动经济社会可持续发展的重要依托战略。①

我国海洋战略的演化促成新中国较为全面的海洋开发政策的形成，国家在改革开放的过程中，不断地将新的理论指导下形成的各种临时应急措施予以定型化，为海洋战略的实施奠定了较为扎实的制度和法律基础。

2. 海洋经济的发展为新中国制定全面海洋战略提供了坚实的物质基础。

自然资源部海洋战略规划与经济司公布的《2018年中国海洋经济统计公报》显示，据初步核算，2018年全国海洋生产总值83415亿元，比上年增长6.7%，海洋生产总值占国内生产总值的9.3%。其中，海洋第一产业增加值3640亿元，第二产业增加值30858亿元，第三产业增加值48916亿元，海洋第一、第二、第三产业增加值占海洋生产总值的比重分别为4.4%、37.0%和58.6%。据测算，2018年全国涉海就业人员3684万人。②

新中国成立后，我国海洋经济得到快速发展，为复兴中国海洋文明奠定了坚实的物质基础。21世纪“海上丝绸之路战略构想的提出，是对千百年来中国海洋文明的传承与创新；是中国和平解决海权争端，构建和平稳定周边环境的战略举措；是我国拓展经济发展空间，加快转型升级的深谋远虑；是中国从开放战略走向全球布局战略，实现中华民族伟大复兴的“中国梦”的新举措。为此，我们需要从战略思维、经济发展、政治外交、文化融合等领域提供支撑保障。③

3. 新中国海洋意识的提高为制定全面海洋战略提供了思想保障。

为了在全国范围内定期开展国民海洋意识调查，客观评价国民海洋意识水平，2016年国家海洋局宣传主管部门曾委托北京大学海洋研究院开展了“国

---

① 陈成：《海峡两岸海权维护研究》，中共中央党校2015年博士学位论文。

② 《2018年中国海洋经济统计公报内容是什么？》，载中国网：http://guoqing.china.com.cn/zhuanti/2019-06/24/content_74914625.htm，最后访问日期：2019年11月30日。

③ 林惠玲、黄茂兴：《中国海洋文明与海上丝绸之路的复兴》，载《东南学术》2016年第5期。

民海洋意识发展指数”研究工作。北京大学课题组已开始正式发布“海洋意识发展指数评价指标体系”，该指标体系将作为评价国民海洋意识水平的标尺。①

国民海洋意识是指一定时期内，国民对涉海相关政治、国防、法律、管理、经济、科技、环境、安全、自然、资源、文化、教育等方面的反映和认识。北京大学海洋研究院编制的《2016 年国民海洋意识发展指数（MAI）研究报告》首次将互联网大数据和线下调查数据相结合，对我国 31 个省（区、市）民众的海洋意识状况进行了综合评价，为客观了解我国海洋意识水平、支撑政府海洋相关决策提供了重要参考依据。②“海洋意识发展指数评价指标体系”被称为作为评价国民海洋意识水平的标尺。根据国家海洋局主导的“国民海洋意识”调查，表明中国国民普遍对海洋存在良好印象，海洋维权意识有较大幅度提高，公众海洋经济意识日益增强。③

2017 年的报告显示，我国海洋意识发展指数相较 2016 年有明显提升，近 8 成省份达到及格线。④

4. 海洋经济成为新中国国民经济新的增长点，迅猛发展。

党的十八大报告提出，我国在未来要努力建设海洋强国，大力发展海洋经济。当代，发展海洋经济成为很多国家积极主动关注的一个重点领域。中国的海洋面积十分广阔，海洋资源非常丰富，拥有的海洋资源位居世界前列。近年来，海洋经济作为国民经济新的经济增长点，发展迅猛。

2012 年颁布的《国务院关于印发全国海洋经济发展“十二五”规划的通知》，强调要加大海洋执法力度，维护海洋资源开发秩序，加快构建法律保障体系，完善涉海法律法规和政策，是促进海洋经济发展的重中之重。大力发

① 阮煜琳：《中国国民海洋意识发展指数评价指标体系正式发布》，载中国新闻网：http://www.chinanews.com/gn/2016/06-25/7917490.shtml，最后访问日期：2019 年 9 月 2 日。

② 《权威解读国民海洋意识指数报告——专访北大海洋信息研究主任王继民教授》，载《海洋世界》2016 年第 12 期。

③ 《我国国民海洋意识调查指数正式发布　四川位居内陆省份第一》，载《华西都市报》2016 年 11 月 4 日。

④ 《〈国民海洋意识发展指数研究报告（2017）〉发布》，载中国海洋在线：http://www.oceanol.com/content/201806/01/c77639.html，最后访问日期：2019 年 11 月 30 日。

展海洋经济，进一步提高海洋经济的质量和效益，对于提高国民经济综合竞争力，加快转变经济发展方式，全面建设小康社会具有重大战略意义。

2015年，《国务院关于印发全国海洋主体功能区规划的通知》指出提高海洋资源开发能力，发展海洋经济，保护海洋生态环境，维护国家海洋权益，对于实施海洋强国战略，扩大对外开放，推进生态文明建设，促进经济持续健康发展，对于实现“两个一百年”奋斗目标和中华民族伟大复兴中国梦具有十分重要的意义。

2017年，《国家发展改革委、国家海洋局关于印发全国海洋经济发展“十三五”规划的通知》也提出，大力发展海洋经济，科学合理地开发海洋资源，维持海洋生态平衡，全面统筹陆海发展，维护国家海洋权益，建成海洋强国。

2018年，关于《国家发展改革委、自然资源部关于发展海洋经济加快建设海洋强国工作情况的报告》深刻学习领会习近平总书记关于建设海洋强国的重要论述，通过客观分析我国发展海洋经济、建设海洋强国的总体情况，采取有力措施进一步推动海洋经济发展和海洋强国建设。所以，应从我国海洋经济的发展状况入手，分析海洋经济发展过程中出现的问题，针对其提出适合有效的对策，以期为我国海洋经济的可持续发展提供合理建议。

2018年发布的《国家发展改革委、自然资源部关于建设海洋经济发展示范区的通知》以习近平新时代中国特色社会主义思想为指导，全面贯彻党的十九大和十九届二中、三中全会精神，以供给侧结构性改革为主线，科学规划、突出特色、创新引领、集约节约，以创新体制与先行先试促改革，以产业集聚与转型升级促发展，以资源节约和环境保护促生态，实现改革和发展高效联动，将海洋经济示范区建设成为全国海洋经济发展的重要增长极和加快建设海洋强国的重要功能平台。

我国开始大力发展海洋经济，已取得了较好的成绩，但是在海洋经济发展中还存在着思路不清晰，统筹协调机制不健全；粗放经营，海洋科技投入不高；环境破坏严重，可持续发展受阻等方面的问题，为此自应科学规划，坚持陆海统筹；要加大投入提高海洋科技转化率；大力发展海洋旅游业，提升产业结构优化；依托海洋产业聚集，大力发展海洋经济；注重环保，促进海洋经济可持续发展等，以促进海洋经济的健康发展。①

（三）海洋权益与中国和平发展全面对接的效果已经非常明显

1993—2002 年为海洋经济与我国和平发展全面对接的阶段，2002 年，中国加入世界贸易组织，这标志着中国经济已完全进入世界经济体系。20 世纪 80 年代以来，中国的海洋产值以每年 20% 以上的速度增长，1980 年约 80 亿元，1990 年为 438 亿元，1994 年达 1400 多亿元②。2000 年，中国的海洋产业总产值达到 4133.5 亿元。可以明显看出，中国海洋产业总产值在中国经济总量中的比重是逐年上升的。

2002 年以后是海洋经济与我国和平发展的深入融合阶段，海洋权益与中国的和平发展需要进一步的深入融合，二者融合的程度、速度与力度影响中国海洋强国的建设。当然，海洋权益与中国和平发展的深入融合是一个长期的过程，而不是一朝一夕就能完成的。

这一阶段，中国对海洋的认知比以往任何时期都更加积极，中国对海洋立法支持力度空前加大，中国海洋政策实践也十分丰富，这些都促使海洋权益与中国和平发展深入融合的效果非常显著。中国的海洋产业发展迅速，在国民经济中的比重逐年上升。2003 年中国的海洋产业总产值达到 10077.71 亿元，第一次突破 10000 亿元大关。2004 年海洋产业总产值达到 12841 亿元。2005 年中国海洋产业总产值 18026 亿元。2006 年中国主要海洋产业总产值 20958 亿元。2007 年全国海洋生产总值 24929 亿元。2008 年全国海洋生产总值 29662 亿元。2009 年全国海洋生产总值 31964 亿元。2010 年全国海洋生产总值 38439 亿元。2011 年全国海洋生产总值 45570 亿元。③ 2012 年全国海洋生产总值 50087 亿元。④

---

① 王娜：《我国海洋经济发展的现状与对策研究》，载《产业与科技论坛》2015 年第 5 期。

② 国家海洋局编：《中国海洋 21 世纪议程》，海洋出版社 1996 年版。

③ 国家海洋局发布《2011 年中国海洋经济统计公报》，载中国政府网：http://www.gov.cn/gzdt/2012-03/13/content_2090846.htm，最后访问日期：2019 年 9 月 2 日。

④ 国家海洋局：《2003-2012 中国海洋经济统计公报》，载中国政府网：http://www.gov.cn/gzdt/2013-02/27/content_2341076.htm，最后访问日期：2019 年 9 月 2 日。

这也是海洋权益与中国和平发展深入融合的最显著的效果。中国正在渐渐地向海洋国家转型，这应该也是中国几千年来前所未有之大变局。[①]2018 年全国海洋生产总值超过 8 万亿元人民币。[②]

五、海洋战略的演进与维权机制的强化变革

（一）海洋在新中国的战略位置日益提升

伴随着有关海洋的国际条约和惯例日益增多以及我国海洋立法的完善，海洋权益越发引起学界重视。海洋权益关系到国家安全，关系到海洋强国的实现，更关系到中华民族伟大复兴的中国梦的实现。然而，我国海洋权益的现状不容乐观，面临着岛礁被侵占，海域被瓜分，油气被盗采，环境被污染等多种问题。捍卫海洋权益，必须要采取法律手段与军事手段并举，相互配合，相互支撑。用完善的法律制度建构法理依据，用强大的军事实力构筑国防后盾。海洋划界，海上安全，海岛归属以及海洋环境保护，均开始成为学界的热点词汇。

同时，我国是资源紧缺的人口大国，新型能源的发掘迫在眉睫，而海洋正是新型能源的一个重大突破口，与之产生的是我们海洋权益保护意识的增强，因此维护我国海洋权益也越发具有现实意义。[③]

有效捍卫领土主权，维护海洋合法权益关系到中华民族伟大复兴和“两个一百年”奋斗目标的实现，保护海洋权益刻不容缓。党的十九大为新时代我国海洋维权工作明确了目标方向，提出了指导原则。为保证有效维护国家海洋权益目标的实现和各项战略任务的落实，应坚定不移地贯彻党的十九大精神，以习近平维护海洋权益思想为指导，从能力建设、机制构建、理论创

① 李国选：《中国和平发展进程中的海洋权益》，武汉大学 2015 年博士学位论文。

② 《自然资源部：2018 年全国海洋生产总值超过 8 万亿元》，载中国新闻网：http://www.chinanews.com/cj/2019/04-11/8805990.shtml，最后访问日期：2019 年 9 月 6 日。

③ 陈树艳：《比较法域下的海洋权益保护及其在我国的实践》，载《求索》2011 年第 5 期。

新等多个方面着手开展工作。

（二）海洋维权协调机制发生重大变革

2012 年，党中央设立了中央维护海洋权益工作领导小组，下设中央维护海洋权益工作领导小组办公室，作为维护国家海洋权益最高层次协调机构，负责统筹协调外交部、国家海洋局等涉海管理部门开展维护我国海洋权益工作。①

2013 年，按照党中央和国务院的统一部署，国家海洋局重组，原国家海洋局中国海监、农业部中国渔政、公安部边防海警、海关总署海上缉私警察的队伍和职责进行整合，组建中华人民共和国海警局（以下简称中国海警局）。中国海警局的组建标志着海上维权执法力量整合进入实质推进阶段，因而受到国内外广泛关注，很多学者认为，国家海洋局的重组和中国海警局的组建有助于形成执法合力，提高海上执法效率，增强维权力度。②

2013 年 8 月，我国外交部长王毅在河内就推进制定“南海行为准则”发表“四点看法”，提出“南海行为准则”的制定涉及多方利益，推进“准则”应参考制定《南海各方行为宣言》的经验，共同协商，排除干扰，循序渐进。③

2015 年，国家发改委会同有关方面组织编制《南沙岛礁民事功能设施建设实施方案》，明确了南沙岛礁民事功能设施建设的目的是，“为有效保障南沙岛礁民用需求，为国际社会提供南海海上救助等公共服务，促进海洋科研

---

① 史春林：《中国海洋管理和执法力量整合后面临的新问题及对策》，载《中国软科学》2014 年第 11 期。

② 参见周华伟、张童：《以中国海警局的设立为视角论完善我国海上统一行政执法制度》，载《水运管理》2013 年第 8 期；郭倩、张继平：《中美海洋管理机构的比较分析——以重组国家海洋局方案为视角》，载《上海行政学院学报》2014 年第 1 期；王琪、董鹏：《我国海上执法体制有效运行的困境与出路》，载《中州学刊》2014 年第 8 期；杜明明、徐宽等：《中国海警局成立后亟待解决的几个问题》，载《公安海警学院学报》2014 年第 1 期；裴兆斌：《海上执法体制解读与重构》，载《中国人民公安大学学报》2016 年第 1 期；王杰、陈卓：《我国海上执法力量资源整合研究》，载《中国软科学》2014 年第 11 期等。

③ 《“南海行为准则”中国提四点主张》，载人民网：http://world.people.com.cn/n/2013/0806/c157278-22453705.html，最后访问日期：2018 年 3 月 4 日。

等国际合作”。2016 年实施的《中华人民共和国政府关于在南海的领土主权和海洋权益的声明》再次重申中国在南海的领土主权和海洋权益，加强与各国在南海的合作，维护南海和平稳定。

2017 年 8 月 5 日，在中国与东盟国家积极努力下，“南海行为准则”框架获得通过，从而为“南海行为准则”的制定奠定了坚实的基础，[①] 也使得美国企图借南海争端控制南海周边区域形势的企图落空。另外，海洋维权方面也取得了突破。

2018 年，十三届全国人大一次会议通过了新的国务院机构改革方案，组建自然资源部，对外保留国家海洋局牌子，原国家海洋局部分职能划归自然资源部等部委承担，中国海警转隶武警部队。这一系列举措进一步整合了资源，提升了涉海管理部门的层级，从而强化了涉海管理工作，更加有利于国家海洋事业的发展，对我国海洋维权事业具有重要的推动作用。而且，外交方面也取得了历史性的进步。

---

① 《媒体解读李克强南海“双轨思路”新思维》，载新华网：http://www.xinhuanet.com/politics/2014-12/02/c_1113493273.htm，最后访问日期：2018 年 3 月 4 日。

第四节 新中国海洋法治的展望

一、新中国海洋政策及法治发展的特点

我国管理海洋的手段越来越综合全面，从新中国成立初期的简单的军事化、防御性管理逐步演进到如今的国际化贸易、渔业捕捞等的进出口经济管理；环境的防治管理；生物研究等科学化管理。大到宪法、法律，小到行政法规、规章，都从不同方面尽可能地践行着我国的海洋法律政策。我国的法治建设历史久远。在国家和海洋法治建设大背景之下，从“法制”到“法治”的形式要件为理论出发点，海洋法治建设的实践随着其自身的建设发展而不断演进。[①] 在近半个世纪的海洋开发与治理中，我国始终坚持在平等的基础上以协商对话的方式解决国际争端。

（一）强调开发的合理性、利用的持续性更注重对海洋资源的保护

2017年修订的《海洋倾废管理条例》，防止海洋环境的污染，保护海洋资源，其中明确规定：“为实施《中华人民共和国海洋环境保护法》，严格控制向海洋倾倒废弃物，防止对海洋环境的污染损害，保持生态平衡，保护海洋资源，促进海洋事业的发展，特制定本条例。”

① 李凤图、汪保康:《中国海洋法治建设的历史轨迹》，载《社科纵横》2014年第11期。

（二）新中国部门法律规范在调整各种海洋法律关系中交叉重叠

在海洋法律法规中，既有属于传统法律部门中的法律规范和文件，如《海洋环境保护法》是中国环境保护法体系的重要组成部分。同时，也有部门法涉及对海洋法律法规的适用与延伸。例如，2017 年修订的《固体废物污染环境防治法》中“禁止任何单位或者个人向江河、湖泊、运河、渠道、水库及其最高水位线以下的滩地和岸坡等法律、法规规定禁止倾倒、堆放废弃物的地点倾倒、堆放固体废物”就明确规定了禁止污染海域。显而易见，同一领域海洋法与环保法同时予以调整。

根据 2017 年 6 月 27 日第十二届全国人大常委会第二十八次会议修正的《水污染防治法》第二条规定，海洋污染防治适用《海洋环境保护法》。

（三）新中国涉海管理的法律、法规明显增加种类繁多

海洋管理工作全面推进。具体体现在：在海域使用管理方面，相继建立了海域使用审批、有偿使用、功能区划等制度；在海洋环境管理方面，建立和完善了海洋环境监测系统；在海上监管方面，加大了海上执法和处罚力度。

（四）新中国海洋管理部门规划体制进一步完善

“重海轻陆”的传统思想已经发生了彻底的改变，自党的十八大以来，明确提出了建设海洋强国的战略目标。根据十八大的部署，2012 年，国家发改委、国土资源部、国家海洋局联合印发实施《国家海洋事业发展“十二五”规划》，对海洋事业发展进行全面深入部署。2012 年，国务院批准《全国海洋功能区划（2011—2020 年）》，成为合理开发利用海洋资源、有效保护海洋生态环境的法定依据。2014 年 6 月，海洋行政主管部门对海洋领域“十三五”规划编制工作进行部署。

陆续发布实施《全国海洋标准化“十三五”发展规划》《全民海洋意识宣传教育和文化建设“十三五”规划》《全国生态岛礁工程“十三五”规划》《全国海水利用“十三五”规划》《海洋可再生能源发展“十三五”规划》《全国

海洋系统法治宣传教育第七个五年规划》《全国海洋经济发展“十三五”规划》《海洋观测预报和防灾减灾“十三五”规划》《“十三五”海洋领域科技创新专项规划》，统筹部署未来我国海洋各领域发展目标、重点任务。2015年，国务院印发实施《全国海洋主体功能区规划》，标志着我国主体功能区战略和规划实现了陆域国土空间和海洋国土空间的全覆盖。2016年3月，《国民经济和社会发展第十三个五年规划纲要》正式发布。2016—2017年，《海岸线保护与利用管理办法》《围填海管控办法》和《海域、无居民海岛有偿使用意见》分别经中央全面深化改革领导小组第二十九次、第三十次和第三十五次会议审议通过并印发执行。逐步确立了方向明确、目标清晰、措施有效、约束有力、监管到位的“生态+海洋综合管理”新模式。

《关于促进海洋经济发展示范区建设发展的指导意见》《全国科技兴海规划（2016—2020年）》等重要文件先后出台，推动海洋经济向形态更高级、分工更优化、结构更合理的阶段转变，推动海洋科技向创新引领型转变，构建形成以创新为主要引领和支撑的海洋强国建设模式。

2017年，党的十九大报告提出“陆海统筹，加快建设海洋强国”，为新时代海洋事业发展指明了方向。海洋行政主管部门科学研判我国海洋事业发展面临的宏观环境和战略需求，着眼长远积极谋划制定海洋战略规划，以海洋经济发展、海洋生态保护、海洋科技创新、海洋防灾减灾、海岛保护、海洋文化等为主题的国家和地方专项规划相继出台，构建起引领和支撑海洋事业发展的“四梁八柱”。①

二、新中国海洋法治发展成就巨大且前途辉煌

（一）海洋强国的战略部署确定后新中国海洋事业成就辉煌

目前是最好的海洋发展时期，新中国深度参与全球海洋治理，践行人类

① 《中国海洋事业改革开放40年系列报道之规划篇》，载搜狐网：http://m.sohu.com/a/228625753_100122948，最后访问日期：2019年9月2日。

命运共同体理念。倡导绿色考察，秉承尊重、合作、可持续三大政策理念，构建极地全球治理的人类命运共同体。

在深海大洋资源勘探事业上取得重大进展，实施“蛟龙探海”工程，截至2018年11月，蛟龙号载人潜水器最大下潜深度即达7062米，推动海洋科考由近海走向深远海，为实现人类保护深海与科学开发利用深海资源的平衡提供保障。中央印发《“一带一路”建设海上合作设想》，与“一带一路”沿线国家深化合作，加强与世界海洋大国双边对话交流，我国在全球海洋治理体系中的话语权和影响力日益凸显，我国海洋生态建设在国家生态建设中的地位更加重要，全方位开展海洋生态环境保护，实施海洋主体功能区制度，划定海洋生态红线，扩大海洋保护区范围。

（二）《国家海洋局海洋生态文明建设实施方案（2015—2020年）》的印发

海洋作为巨大的资源宝库，作为支撑未来可持续发展的战略空间。进入21世纪后，海洋在国家经济发展格局和对外开放中的作用越来越引起重视，在维护国家主权、安全、发展利益中的地位更加突出，在国家生态文明建设中的角色也更加显著。国家海洋局于2015年印发了《国家海洋局海洋生态文明建设实施方案（2015—2020年）》。①

随后，《关于全面建立实施海洋生态红线制度的意见》出台，指导全国海洋生态红线划定工作。截至目前，全国海洋生态红线已基本完成划定，全国30%的近岸海域和35%的大陆岸线纳入红线管控范围，筑牢了生态环境保护的防线。严格实行围填海总量控制，新建国家级海洋保护区（海洋公园）40个，在18个城市实施“蓝色海湾、南红北柳、生态岛礁”的海洋生态修复工程，累计恢复滨海湿地面积达到2000多万平方米，岸线190多公里，

① 袁立明：《“十三五”海洋生态文明建设怎么搞？国家海洋局副局长、海洋生态文明建设协调小组组长王飞解读〈实施方案〉》，载《地球》2015年第10期。

实施 101 个海岛保护项目和 10 处生态礁工程。①

（三）持续加大海域资源和生态环境保护力度

完善海洋生态监测体系，明确沿海水质考核指标，不断优化海洋空间利用布局，构建美丽海洋。海洋经济转型升级进程不断加快，海洋经济结构不断优化，占国内生产总值的比重达 10%，“蛟龙”“海龙”“潜龙”等深海装备应用跻身世界前列，从严管海、生态用海、系统护海、着力净海的工作格局基本形成，我国海洋事业进入历史上最好的发展时期。坚持以创新推动海洋经济绿色发展，拓展蓝色经济空间，优化海洋产业结构，推进海洋科技成果转化，强化海洋资源环境领域科技攻关，驱动海洋可再生能源等新兴产业迅猛发展。海洋经济运行总体稳中有进，海洋战略性新兴产业逐渐成为海洋经济新的增长点。海洋服务保障水平大幅提升，发展涵盖全球的海洋预报系统，开展重点保障目标的精细化海洋预报服务，开发专题环境保障系统，提升海洋预报服务和保障能力，展开海洋灾害风险评估和排查，成功应对各类海洋灾害。坚定维护国家海洋权益，海上维权执法力度不断加大。正式公布钓鱼岛及其部分附属岛屿标准名称，开始发布钓鱼岛海洋环境预报。在我国管辖海域实现常态化维权巡航，维护海洋环境安全。

三、加强顶层设计并强化涉海综合管理以完善海洋法律法规体系

2018 年 12 月下旬，全国人大常委会听取和审议了国务院关于发展海洋经济加快建设海洋强国工作情况的报告，全国人大财经委专门就此展开了专题调研。全国人大财政经济委员会有关领导表示：希望国家加强顶层设计，强化涉海的综合管理，完善海洋法律法规体系。

---

① 《国家海洋局学习贯彻习近平海洋强国思想纪实》，载中国网：http://www.china.com.cn/haiyang/2017-10/22/content_41772849_2.htm，最后访问日期：2019 年 9 月 2 日。

（一）目前发展海洋经济面临的突出问题

1. 经略海洋的认识还有待深化。

目前很多地方发展海洋经济的重点主要是在沿岸、领海、近海，对于走向远海、走入深海、走向大洋的重视远远不够。

2. 海洋经济结构必须予以调整且产业亦须升级。

海洋传统产业过多过滥，但海洋的新兴产业、战略性产业、高科技产业发展远远不够，所以海洋经济结构调整和产业升级面临十分繁重的任务。

3. 提高科技基础和支撑能力以改变海洋产业的粗放发展方式。

目前，海洋产业发展方式还很粗放，特别是海洋科技基础和支撑能力有待进一步提高。

4. 海洋生态环境压力依然比较大。

近海污染情况比较严重，生物资源衰减状况没有得到根本好转。①

（二）人大代表对发展海洋经济旨在加快建设海洋强国的建议

1. 新中国须科学用海。

希望国家加强顶层设计，强化涉海的综合管理，完善海洋法律法规体系。

2. 新中国须产业兴海。

加快海洋产业的转型升级和结构调整，促进陆地与海洋资源互补、产业互动，实现协调发展。

3. 新中国须科技强海。

通过海洋科技创新，大力发展海洋装备，强化涉海的基础设施建设，实现高质量发展。

4. 新中国须生态护海。

把开发利用与管理、保护摆在相同的位置，有效地降低陆源入海的污染

---

① 邢翀：《全国人大财经委：望强化涉海综合管理　完善海洋法律法规体系》，载中国新闻网：http://www.chinanews.com/gn/2019/03-10/8776477.shtml，最后访问日期：2019 年 9 月 2 日。

负荷，强化海洋的生态环境保护，实现人海和谐可持续发展。

5. 新中国要进一步开放活海。

构建全方位的海洋合作体系，更好地保护领海、掌控近海、进入深海、走向远洋直至南极、北极，发展海洋经济，维护海洋权益，保护海洋安全。①

海洋学界普遍认识到，通过中国近代到改革开放后涉及海洋立法的历史状况的梳理，无疑可以看到新中国海洋立法的不足和国际海洋法律制度新发展的需求，因此也就可以理解完善我国海洋法律体系的必要性，②从而才可以提出包括构建海洋法律规范系统在内的完善海洋法律体系的设想和建议。

海洋强国建设不是一句口号，不能一蹴而就，自然需要不忘初心、牢记使命。海洋工作要主动适应新形势、新任务、新要求，坚持问题导向、目标导向，自我革新、自我超越，要进一步聚焦海洋经济，使之成为新常态下国民经济发展的新增长点和新动能；要进一步聚焦生态用海管海，使之成为国家生态文明建设的样板和亮点；要进一步聚焦业务体系建设，使之成为海洋部门履职尽责担当的重要体现；要进一步聚焦国际治理，使之成为海洋强国的重要标志。

潮平两岸阔，风正一帆悬。自党的十八大作出建设海洋强国的战略部署以来，我国海洋事业进入历史上最好的发展时期。我们坚信随着党的十九大方针、政策的进一步贯彻落实，海洋事业必将站在新的历史起点上，迈入新的辉煌，为实现建设海洋强国的宏伟目标、为实现中华民族的伟大复兴做出新的更大贡献！

---

① 邢翀：《全国人大财经委：望强化涉海综合管理　完善海洋法律法规体系》，载中国新闻网：http://www.chinanews.com/gn/2019/03-10/8776477.shtml，最后访问日期：2019年9月2日。

② 杨先斌：《完善中国海洋法律体系的思考》，载《法制与社会》2009年第4期。

第七章
新中国湿地保护法治 70 年

第一节 新中国70年来湿地保护立法工作的变化与发展

一、新中国湿地保护的立法现状

（一）我国湿地资源丰富且类型众多却欠缺有效的法律保护

随着为经济发展而对湿地的不合理利用，已造成我国湿地日益减少、湿地生态被破坏严重的局面，所以近年来，国内不少省区业已制定了关于湿地的地方法规，只是有关湿地保护的国家立法尚未出台。鉴于我国至今还没有一部关于湿地保护的综合性专门立法，故而从法理上对我国湿地保护专门立法的可行性予以分析，旨在为出台专门的湿地保护立法来提供法理基础，自更显重要。

（二）湿地保护的法律渊源几成体系

与湿地保护与管理有关的法律有《刑法》《民法通则》《民法总则》《环境保护法》《水污染防治法》《海洋环境保护法》《渔业法》《土地管理法》《农业法》《野生动物保护法》《草原法》《水法》《防洪法》等，法律多且大都出台早。

有关的行政法规则有《自然保护区条例》《河道管理条例》《森林采伐更新管理办法》《海洋石油勘探开发环境保护管理条例》《风景名胜区管理暂行条例》《航道管理条例》《陆生野生动物保护实施条例》《水生野生动物保护实

施条例》《土地管理法实施条例》《防治船舶污染海洋环境管理条例》等，法规众多。

部门规章还有《海洋自然保护区管理办法》《在国家级自然保护区修筑设施审批管理暂行办法》《湿地保护管理规定》《森林和野生动物类型自然保护区管理办法》《自然保护区土地管理办法》《水生动植物自然保护区管理办法》《国家级自然保护区监督检查办法》等，它们作为抽象的行为均为国家行政机关行使行政行为的一种重要的表现形式，是实现国家行政管理职能的重要手段。

司法解释业已有《最高人民法院关于全面加强长江流域生态文明建设与绿色发展司法保障的意见》等，将司法实践中的各种临时应急措施，不断地予以定型化。

不言而喻，既然我国已经参加了1971年订立于拉姆萨尔的国际公约即《关于特别是作为水禽栖息地的国际重要湿地公约》(以下简称《湿地公约》)等，但从中国湿地在全球范围的重要地位和对社会经济发展的重要意义看，中国作为《湿地公约》的缔约国自然应当享受该公约所赋予的权利并履行该公约所规定的义务。

（三）湿地保护专门立法已具有其紧迫性与可行性

中国现行法律法规体系在湿地保护方面存在着严重缺陷，自然湿地保护的公众呼声日趋高涨，有关方面一直在讨论湿地保护专门立法的必要性；特别是中国近年来湿地保护政策的制定；现行法律相关规定和湿地管理实践经验；民众环境资源保护意识的提高等诸方面，都一再证明湿地保护专门立法已具有其现实可行性。

有关专家在此基础上，业已具体提出了中国湿地保护专门立法不但应当明确“湿地”法律概念的内涵与外延；而且应当将“湿地保护”作为专门立法的核心目标，将湿地生态系统作为统一整体进行管理；还应当通过成立湿地管理委员会的方式进行湿地统一管理；以及应当按照湿地功能等级排序，进行分级管理等立法重点建议。①

二、新中国湿地保护立法的发展沿革

对于新中国有关湿地保护和管理的法律法规，按照立法工作的特点，可以将其分为三个部分进行分析：第一阶段为新中国成立至1992年中国加入《湿地公约》以前，第二阶段为1992年加入《湿地公约》以后至2012年党的十八大以前，第三阶段为党的十八大以来至今。

回顾中国湿地保护相关的立法及政策，可以认为：其相继经历了1992年中国加入湿地公约以前，即为谋取经济利益而保护湿地生物资源的立法时期；1992年加入湿地公约以后至2012年党的十八大前，是逐步认识湿地生态价值而采取就地保护湿地的立法时期；至于党的十八大以来至今，则是将湿地作为环境要素独立保护的立法时期。②

（一）旨在促进自然资源开发利用仅兼顾湿地的立法时期

第一阶段为新中国成立至1992年中国加入《湿地公约》以前。

1. 新中国成立之初有关湿地的立法付之阙如。

在这一时期，中国关于湿地的立法成果寥寥无几，既没有关于湿地的成文法律，"湿地"字样也只是在其他法律中有零星的出现，为数不多的出现也只是被作为自然科学的概念来研究，如1982年修改的《宪法》将"草原""滩涂"等特定的湿地资源纳入了宪法所规定的自然资源的范围之内。

2. 旨在促进经济建设的湿地保护立法呈现"碎片化状态"。

在这一阶段，由于当时工业化程度不高，自然环境还未遭到大规模的破坏，国家对环境保护以及生态价值的认知不够，因此对于湿地的立法基本上

---

① 朱建国：《中国湿地保护立法——必要性与可行性讨论》，载《中国法学会环境资源法学研究会2004年年会论文集》。

② 潘佳、汪劲：《中国湿地保护立法的现状、问题与完善对策》，载《资源科学》2017年第4期。

呈现出零散化，未形成明晰的湿地法律体系，仅有的法律成果的立法目的也更多是为了促进经济建设。例如，1986年《渔业法》禁止围湖造田、围垦沿海滩涂；1987年经国务院批准，林业部发布《森林采伐更新管理办法》，其中第十六条有提到水湿地的概念，强调水湿地应当由森林经营单位制定规划，限期完成更新造林，但此规定更多的是为了保护森林资源。尽管这些规定客观上也具有保护湿地的效果，但其立法背后的目的主要在于保护渔业、养殖业、林业的发展，还未将保护湿地的生态功能独立定为立法主旨。1987年，国务院发布的《中国自然保护纲要》首次将湿地定义为沼泽与海涂的集合。

1979年颁布的《刑法》中规定了污染环境罪等破坏环境资源保护类犯罪，但仅统称环境，未对湿地作出明确的规定。

所以，可以大致总结为，这一阶段与湿地相关的立法目的主要是促进自然资源的开发利用，对湿地保护所能起到的作用是有限的，同时在主观上国家和社会还没有认识到湿地在生态系统中的重要性。

（二）开始逐步认识到湿地对生态环境重要性的立法时期

1992年加入《湿地公约》以后至2012年党的十八大以前为新中国湿地立法的第二阶段。

1. 这一时期国家与社会开始逐步认识到湿地对于生态环境的重要性。

中国作为湿地资源大国，长期以来，对其所具有的极高经济价值、生态价值和社会价值却认识不足，随着工业化城市化建设和农村的不断发展，大量的围湿地造田、造地等活动不但导致湿地这种国土资源被严重破坏，进而还导致湿地生态环境遭受破坏，可以说，湿地保护中存在着诸多问题，以至于此时人们才真正认识到湿地作为生态环境要素的重要性。不合理的开发利用不但导致了我国天然湿地的锐减，以至于湿地景观严重丧失；而且湿地环境变化，资源利用过度，还会导致生物多样性受到损害；再加上污染日益严重，更使湿地功能日益下降。这些现象显然与我国的可持续发展之战略主旨相悖。

2. 新中国首次定义湿地并加入了《湿地公约》。

为了保护国内湿地资源、适应国际湿地保护交流合作的需要，中国于1992年向湿地公约保存机构递交了加入书，我国自1992年加入《湿地公约》之后，湿地资源保护和利用在中国成为一个新话题，自然也是环境保护法需要研究的课题。[①]随着黑龙江扎龙、吉林向海自然保护区等六处被指定为国际重要湿地，且1992年7月31日加入书正式生效，中国成为公约第六十七个缔约方。

3. 国家制定出台了一系列旨在保护湿地生态功能的规范性文件。

在加入湿地公约以后，为了履行公约所规定的义务，国家制定出台了一系列旨在保护湿地生态功能的规范性文件。[②]1994年9月出台的《自然保护区条例》第十条首次规定：湿地应当建立自然保护区。1999年12月修订的《海洋环境保护法》第二十条、第二十二条要求在“滨海湿地”建立海洋自然保护区。2002年12月修订的《农业法》第六十二条第二款强调：“禁止围湖造田以及围垦国家禁止围垦的湿地。已经围垦的，应当逐步退耕还湖、还湿地。”2008年2月修订的《水污染防治法》第六十一条规定了在饮用水水源保护区内应建造湿地等保护措施，防止水体遭到污染。为保护依赖湿地生存的鸟类、哺乳动物、鱼类和两栖动物等野生动物，2011年9月，国务院制定的《太湖流域管理条例》第四十八条也特别强调：“……保护湿地，促进生态恢复。”

4. 虽无专门立法但初步构建了新中国湿地保护的法规规章和标准体系。

加入《湿地公约》至党的十八大召开前这一时期，除以上规定外，国务院及其相关主管部门还分别针对湿地保护颁布了包括《国家重点保护湿地名录》《中国湿地保护行动计划》《全国湿地保护工程规划》《关于加强湿地保护管理的通知》等在内的湿地保护文件。自2005年以来，原国家林业局和原建设部在国家湿地公园建设、湿地生态风险防范以及国际重要湿地保护等方面制定了一系列行业标准和技术规则，初步构建了中国湿地保护的法规规章和

① 冯海燕：《我国湿地保护立法问题研究》，山西财经大学2007年硕士学位论文。

② 潘佳、汪劲：《中国湿地保护立法的现状、问题与完善对策》，载《资源科学》2017年第4期。

标准体系。[①]

总体而言，这一时期并没有专门配套的湿地立法；而关于湿地的规定散见于各单项法律中，大多内容为湿地保护及管理的原则性或单一方面规定，缺乏具有可操作性的规定；但与此同时，湿地保护的行业标准、技术规则、名录、计划与规划等规范已经初步建构起来，为下一阶段建立较为完整的湿地保护立法体系打下了基础。

（三）开始将湿地作为环境要素予以独立保护的立法时期

第三阶段是自党的十八大以来至今，在这一阶段，国家对于湿地这一生态环境要素的重要性有了前所未有的重视，将湿地开始作为环境要素进行独立保护。

1. 作为一系列法律法规主旨的湿地保护的“法政策”陆续出台。

2012 年 11 月，党的十八大报告提出要扩大湿地面积。[②]

2013 年 3 月，原国家林业局出台了《湿地保护管理规定》，此为新中国首个专门规范湿地保护的国家层面的法律文件。

2014 年 4 月，全国人大常委会修订《环境保护法》，在第二条将“湿地”作为唯一新增的环境要素，这是法律第一次通过修改“环境”定义的方式将“湿地”明确列举为法律保护的范围。

2015 年 5 月，在《关于加快推进生态文明建设的意见》中，中共中央、国务院对湿地保护立法工作提出了新要求。

2015 年 8 月修订的《大气污染防治法》第六十八条第一款着重强调：“……扩大绿地、水面、湿地和地面铺装面积，防治扬尘污染。”

2015 年 9 月，中共中央政治局通过的《生态文明体制改革总体方案》提出保护森林、草原、河流、湖泊、湿地、海洋等自然生态，确定湿地等自然生态要素的产权确权登记制度，对生态功能重要的环境要素直接行使所有权。

---

① 潘佳、汪劲：《中国湿地保护立法的现状、问题与完善对策》，载《资源科学》2017 年第 4 期。

② 财政部农业司：《加强湿地生态系统的保护与恢复》，载《中国财政》2015 年第 11 期。

该方案特别提出建立湿地保护制度，将所有湿地纳入保护范围，禁止擅自征用占用国际重要湿地、国家重要湿地和湿地自然保护区；确定各类湿地功能，规范保护利用行为，建立湿地生态修复机制；制定完善湿地保护等方面的法律法规。

2016 年 3 月，中央全面深化改革领导小组通过了《关于健全生态保护补偿机制的意见》。该意见将湿地列为七个生态保护补偿的重点领域之一，提出到 2020 年，实现全面覆盖森林、草原、湿地、荒漠、海洋、水流、耕地等重点领域和禁止开发区域、重点生态功能区等重要区域生态保护补偿，同时要求稳步推进退耕还湿试点，适时适地扩大试点范围，探索建立湿地生态效益补偿制度，开展补偿试点。

2016 年 7 月修订的《野生动物保护法》将第二章标题改为“野生动物及其栖息地保护”，强化了对湿地的保护。

2016 年 11 月，经中央全面深化改革领导小组审议通过，国务院办公厅发布了《湿地保护修复制度方案》。该方案突出了生态优先，保护优先的原则，规定了湿地统一协调与分部门结合的湿地保护管理体制、湿地保护目标责任制、健全湿地用途监管机制、建立退化湿地修复制度、健全湿地监测评价体系、完善湿地保护修复保障机制等内容。

为了抢救和全面保护湿地，多年来全国人大代表多次呼吁制定统一的湿地保护法律。①《湿地保护条例》草案已起草完成并报原国务院法制办审议，同时完成了对社会公众意见的征求。

2. 新中国最高人民法院出台了涉及湿地保护的相关司法解释。

2015 年 1 月 6 日，最高人民法院公布了《关于审理环境民事公益诉讼案件适用法律若干问题的解释》，于 2015 年 1 月 7 日已开始施行。②

2016 年 5 月，最高人民法院出台《关于充分发挥审判职能作用为推进生

① 《人大代表呼吁国家划湿地保护红线》，载中国新闻网：http://www.chinanews.com/gn/2014/03-04/5910019.shtml，最后访问日期：2019 年 1 月 20 日。

② 《最高人民法院发布环境侵权司法解释》，载最高人民法院网：http://www.court.gov.cn/zixun-xiangqing-14616.html，最后访问日期：2019 年 8 月 20 日。

态文明建设与绿色发展提供司法服务和保障的意见》，里面有提到湿地生态保护修复；[①]2017 年 4 月，最高人民法院出台《关于审理环境公益诉讼案件的工作规范（试行）》，第五条将湿地列为环境公共利益。

2017 年 12 月，最高人民法院发布《关于全面加强长江流域生态文明建设与绿色发展司法保障的意见》，大量提到湿地保护，旨在大力促进湿地生态保护与修复。[②]

综上所述，党的十八大之后，国家社会对湿地越来越重视。相较以前，提出了具体的制度要求，但迄今为止，除新修改的环境保护法和大气污染防治法有原则性规定外，其他法律法规尚未作出具体且深入的规定。

三、新中国 70 年来湿地保护立法存在的问题与思考

（一）相关规定目标定位偏离、内容零散化、缺乏可操作性

1. 新中国还没有专门的湿地保护法律或行政法规。

新中国有关湿地的部门规章、司法解释等大多着眼于湿地的资源开发而非生态保护。大体来看，自然资源相关法律法规中湿地的规定多为原则性宣示，抑或浅尝辄止，缺乏深入性和可操作性，致使湿地保护立法的系统性、完整性不够。而单项资源立法中，湿地保护管理规定则呈现出零散化和碎片化趋向，一致的保护目标难以在多元湿地要素中达成。同时，就现有立法而言，在具体生活中，有些涉及湿地保护的规定并不具有可操作性。

所以，湿地立法应顺应环境资源法的发展趋势，选择生态系统方式同法律的联结点作为突破口，探索湿地保护立法体现生态系统方式的途径。我国

① 《最高人民法院关于充分发挥审判职能作用　为推进生态文明建设与绿色发展提供司法服务和保障的意见》，载中国法院网：https://www.chinacourt.org/law/detail/2016/05/id/148722.shtml，最后访问日期：2019 年 1 月 20 日。

② 《江必新在〈最高人民法院关于全面加强长江流域生态文明建设与绿色发展司法保障的意见〉新闻发布会上的讲话》，载《人民法院报》2017 年 12 月 5 日。

湿地生态状况整体恶化，然而目前的湿地保护相关立法却无法满足现实的需要，所以应当引入一种新的科学的管理理念即生态系统管理理念，并将其引入湿地保护立法之中。对这一理念的引入，自然首先应体现在立法模式的更新上。故而将环境资源的孤立要素予以空间连线，以保护或恢复生态系统某种结构或功能为直接目的，或为此目的采取综合性手段所产生的法律，形成“生态系统管理立法模式”。综合生态系统管理吻合“第一代环境法”向“第二代环境法”转变的内在要求，成为现代环境资源立法的重要理念。①

2. 新的湿地立法模式需要以生态系统观念为核心。

新的湿地立法模式需要建立在生态系统管理基础之上的生态化的法律调整机制的支撑。这一机制以生态系统观念为核心，强调生态系统功能和结构的完整性，遵循自然生态规律和经济社会发展规律，运用生态系统管理方法，调整与环境有关的利益关系的运行系统和运行过程。在新的湿地系统法治理念的基础上，建立协调统一的湿地保护法律框架，才能够对湿地保护基本原则和基本制度进行合理的、长期的安排。

毋庸置疑，生态系统法治理念的引入，必将带来立法模式的更新。通过生态系统管理立法产生的“生态系统管理法律规范系统”的思想渊源主要包括“生态学、生态经济学、伦理学和系统学”，基本特征是“生态性、系统性、科学性和社会公益性”，并专门从“传统原则”和“针对性原则”两方面归纳生态系统法治应当遵循的基本原则，进一步勾勒出生态系统法治的轮廓。只有在此基础上，建立协调统一的湿地保护框架，才能够对湿地保护基本原则和基本制度进行合理的长期安排。②

3. 构建湿地生态法律规范系统的法治框架观。

首先，中国既已加入《湿地公约》，即应针对公约的法定义务审视我国国内湿地保护立法并加以调整，尽可能消除我国履行义务的障碍阻隔；其次，地方立法应在“地方湿地保护条例”和“一区一法”中体现湿地生态系统管

① 郭武：《论综合生态管理对生态环境保护立法模式的启示》，载《环境资源法论丛》2010年第3期。

② 李静：《中国湿地保护立法研究：以生态系统管理为视角》，中国海洋大学2008年硕士学位论文。

理理念，对存在的缺乏地方特色、可操作性差等突出不足积极应对；最后，就中央立法而言，于全国性湿地保护条例在整个立法进程对生态系统管理理念的体现，待时机成熟时即应当制定“湿地保护法”。应坚持原则性与灵活性的统一，不但可以制定流域管理基本法以确立流域管理立法的基本问题，而且要由国务院、地方人大、地方政府结合实际情况制定相应的法规政策，建立具有针对性的管理制度，以弥补目前湿地保护立法无法适应跨行政区域湿地生态系统管理的缺陷。①

（二）有关湿地保护的专门规定之法律位阶过低

1. 新中国严峻的湿地保护形势要求社会进一步加强相关的法治建设。

据第二次全国湿地资源调查结果显示：根据《湿地公约》定义，本次调查将湿地分为5类，其中近海与海岸湿地579.59万公顷，河流湿地1055.21万公顷，湖泊湿地859.38万公顷，沼泽湿地2173.29万公顷，人工湿地674.59万公顷。前4类为自然湿地。从分布情况看，青海、西藏、内蒙古、黑龙江4省区湿地面积均超过500万公顷，约占全国湿地总面积的50%。我国现有577个自然保护区、468个湿地公园，受保护湿地面积2324.32万公顷。两次调查期间，受保护湿地面积增加了525.94万公顷，湿地保护率由30.49%提高到现在的43.51%。②

数据显示，我国近30余年来国家级湿地自然保护区内湿地面积总体呈现下降趋势，总净减少量达到8152.47平方公里，其中减少最多的是沼泽湿地，湖泊湿地减少次之。国家级湿地自然保护区仍有79%面积的保护区保护效果较差，主要分布在长江湿地区、滨海湿地区、三江源湿地区，而保护效果优良的面积仅占15%，主要分布在松花江湿地区。因此，严峻的湿地保护形势

① 李静：《中国湿地保护立法研究：以生态系统管理为视角》，中国海洋大学2008年硕士学位论文。

② 《我国湿地保护形势严峻　需更加重视和支持湿地保护工作》，载中央政府门户网站：http://www.gov.cn/wszb/zhibo601/content_2565226.htm，最后访问日期：2019年5月20日。

要求国家、社会进一步加强相关的法制建设。①

2. 新中国湿地保护立法在立法层级上明显不够。

近些年来，中央政府层面制定的较为重要的湿地保护规范性文件首先是2013年3月国家林业局颁布的《湿地保护管理规定》；其次是2016年11月国务院办公厅发布的《湿地保护修复制度方案》。

首先，从立法的性质上分析，前者属于国务院部门规章，而后者属于中央政府文件。

依照《立法法》，它们都不具有普遍适用的法律属性，与其他要素立法，如《森林法》《水法》《水污染防治法》《大气污染防治法》《海洋环境保护法》等相比，在立法层级上明显不够。

其次，该规定仅仅是林业部门颁布的部门规章，位阶较低，难以对湿地保护管理产生全面深刻的影响。

由于中国湿地保护管理体制一直实行“环境要素式”管理，湿地管理部门众多而具体权限划分不明，容易造成相互推诿，权责不明。

湿地在中国所具有的重要生态价值和地位，要求对中国湿地保护立法进行整体、系统和深入的分析研究。而从立法角度来研究中国有关湿地保护的规定、问题及对策具有重要的现实意义。但就当前中国有关湿地保护的立法而言，有关湿地保护规定的数量虽然多，却存在诸多不足，其集中表现为：除了相关规定目标定位偏离、内容零散化、缺乏可操作性以外，就是湿地保护的专门规定法律位阶过低。

最后，从本质上来看，关键在于专门的和可操作的湿地保护法律规范缺位。

由此，亟待完善湿地保护的相关立法，我国不但需要颁布《湿地保护条例》等专门法规为核心寻求突破；而且得对涉及湿地保护利用的现有法规与政策规定进行系统评估和清理；完善与湿地保护相适应的配套机制和运行体制。②最

① 王仁春、郑德胜、黄清：《我国湿地保护管理制度建设研究问题》，载《中国林业经济》2015年第5期。

② 潘佳、汪劲：《中国湿地保护立法的现状、问题与完善对策》，《资源科学》2017年第4期。

终形成以湿地保护法为龙头的新中国的“湿地法律规范系统”。

（三）有关湿地保护及利用的法律规定严重滞后

目前，涉及湿地开发利用及其保护的规定总体上滞后，这种滞后一方面表现在很多规定的价值目标滞后，另一方面表现在十八大以来党和国家的要求尚未得到具体落实。

1. 部分资源立法与当前最重要的湿地环保目标背道而驰。

现有湿地有关立法规范，除少数环境保护的法律法规将湿地要素作为保护对象外，一般自然资源立法均将有利用价值的湿地作为资源对待而在开发利用方面做出规定，以至于没有经济价值的湿地无人问津。

2. 部门分割的行政委托湿地保护立法“南辕北辙”事与愿违。

一些涉及湿地的自然资源法律不仅未能保护湿地，相反还对湿地保护起到破坏作用。例如，我国《土地管理法》第四条是按照土地利用的用途标准将土地分为农用地、建设用地和未利用地三大类。而新中国目前土地分类体系中，许多类型的天然湿地在土地分类体系中既非农业用地也非建设用地，而是被列入作为后备土地的“未利用”土地行列。许多涉及破坏湿地的开发利用活动中，正是因为缺少专门的湿地征用、占用前置审批制度，才使得滩涂、沼泽、湖泊、河道等大量天然湿地被作为“未利用地”“荒地”或者“劣地”被土地管理部门合法地批准给建设项目使用。因此，有学者认为，上述规定对全国各地湿地保护工作的开展起到关键性和制度性的阻碍和破坏作用。

（四）我国现行立法中“湿地”的法律概念混乱

1. 不同学科对“湿地”的内涵和外延理解不同。

《湿地公约》生效以来，科学界广泛接受了公约的定义，即“指天然或人造、永久或暂时之死水或流水、淡水、微咸或咸水沼泽地、泥炭地或水域，包括低潮时水深不超过6米的海水区”。尽管中国在1992年加入《湿地公约》，但涉及湿地的法律法规均未根据公约的定义对“湿地”概念加以修订，有的法律法规甚至根本没有“湿地”这一用语，造成了关于湿地的内涵、外延均不统一。

2. 没有确定湿地的法律概念是导致我国湿地保护陷入困境的重要原因。

没有确定的湿地法律概念不但使湿地保护范围不明，而且造成管理体制不顺，导致无法遏止湿地数量与质量双重下降的趋势，所以亟须通过制定湿地保护的专门法律，来建立以科学概念为基础的湿地法律概念，如此才能明确湿地保护的范围和对象，建立合理的湿地保护管理体制。

在我国湿地的重要性远未引起足够的重视，特别是湿地所具有的水陆结合的性质，既容易围填，且占用成本低廉，因而使其极易成为经济快速发展中“造地运动”的牺牲品。①

① 吕忠梅:《湿地保护呼唤明确的法律概念》，载《环境保护》2013年第1期。

第二节
新中国湿地保护法政策之演进

一、新中国法学中的政策与法的关系

（一）新中国党和政府对湿地保护与恢复的政策

马克思主义法学历来坚持：政策是法律的依据和内容，法律是政策的规范化。按照马克思主义法学原理，法律是通过国家立法程序予以规范化（即法律化），并以国家强制力保障其实施的国家意志。法律的本质特征，首先就是规范性，其须经立法机关制定为法律规范，具有明确的适用范围、构成要件和法律效果，可以作为法院裁判的依据（即“法源”）；其次自然是政策向立法转化过程的程序化。[①]

在推进建设中国特色社会主义法治体系、推动依法治国的进程中，作为执政党的中国共产党，在全面推进依法治国的进程中扮演着重要的政治角色，而在依法治国进程之中，中国共产党要发挥好领导核心作用，必须进行为了适应依法治国环境而对自身角色的重新定位，完成新形势下的角色转换，以推进全面依法治国的进程。

依法治国新生态下推动中国共产党的角色转换，就是要深刻认识依法治国的形势要求。明确依法治国是执政党角色转型的前提，认识到依法治国需

① 梁慧星：《“政策”与“法源”关系辨》，载《北京日报》2017年2月20日。

要处理好党的领导与执政；党的政策与法律；党员双重代表身份以及党内法规与国家法律的关系等，从而明确依法治国的新要求以及认识依法治国之下执政党角色转型的欠缺及原因。[①]

（二）不断演进之党的领导与法治中国建设之间的内在逻辑和实践进路

党的十八届四中全会确立了“依法治国”的主题，使“法治中国”从理论构建愿景，进入具体实践的方案。把党的领导贯彻到依法治国全过程和各方面，作为了中国法治建设实践中的构成性存在，作为了党领导中国法治建设的基础性存在，这两者共同构成了我国法治建设的一条基本经验。

（三）党的十八大之后中国湿地保护法律意识与时俱进

在党的十八大报告《坚定不移沿着中国特色社会主义道路前进　为全面建成小康社会而奋斗》（2012 年）中与十九大报告《决胜全面建成小康社会　夺取新时代中国特色社会主义伟大胜利》（2017 年）中，对湿地保护均有提及。

而中央文件之中，特别是十八大以后的历年中央一号文件中湿地保护与恢复均被频繁提及，包括《中共中央国务院关于切实加强农业基础建设进一步促进农业发展农民增收的若干意见》（2008 年）、《中共中央国务院关于 2009 年促进农业稳定发展农民持续增收的若干意见》、《中共中央国务院关于加快水利改革发展的决定》（2011 年）、《关于全面深化农村改革加快推进农业现代化的若干意见》（2014 年）、《关于加大改革创新力度加快农业现代化建设的若干意见》（2015 年）、《关于落实发展新理念加快农业现代化实现全面小康目标的若干意见》（2016 年）、《关于实施乡村振兴战略的意见》（2018 年）等。

全国人大提案与答复中，从第九届人大会议开始，包括但不限于第十届、第十一届、第十二届会议提案。环境与资源保护委员会对湿地保护提案也

---

① 戴俊剑:《依法治国视域下中国共产党角色定位研究》，南京师范大学 2016 年硕士学位论文。

一一进行了详细具体的答复。

二、新中国70年来中国湿地保护政策的历史变迁

（一）寻求新的提升环境水平的湿地政策手段与工具来实现湿地保护目标

1. 湿地丧失与退化已被公认为全球性的生态环境和社会问题。

学者一般在综述相关文献的基础上，都是将国际湿地政策的演变划分为三个阶段：20世纪60年代以前的湿地开发期；20世纪60年代至90年代的政策转型期以及20世纪90年代至今的湿地全面保护期。湿地被围垦、转换为农地是湿地开发期最主要的特质，这无疑是导致湿地大量丧失与退化的主要原因；而《湿地公约》的签署标志着国际湿地政策进入转型期阶段，倡导湿地保护与合理利用：美国政府于20世纪90年代初期提出的湿地"零净损失"政策目标，成为继《湿地公约》签署后推动全球湿地政策发生深刻改变的最主要驱动力之一，标志着国际湿地政策进入全面保护期阶段。①

2. 湿地保护政策的演变是由湿地生态系统所具有的自身特殊性所决定的。

这种特殊性集中体现在：湿地经济价值高却又极度脆弱，集多样性与系统性为一体。中国湿地保护立法经历了启蒙时期、酝酿时期和初步发展时期三个阶段。目前，我国湿地保护立法在立法的指导思想、基本原则、法律制度以及监管体制上均有一定的发展，积累了一些有益的经验，然而仍有许多有待完善之处。②

根据党和国家对湿地保护与恢复的全局性统筹阶段及具体措施的提出，可以将其分为三个阶段进行分析：第一阶段为1949年新中国成立以后至2001年全国人大会议中提出相关提案以前，第二阶段为2001年以后至2012年党

① 宋园园、訾婷、姚志刚、王中生：《国际湿地保护政策及形式的演变研究》，载《环境科学与管理》2013年第5期。

② 王玉娟：《湿地保护立法比较研究》，中国地质大学（北京）2008年硕士学位论文。

的十八大以前，第三阶段为党的十八大以来至今。

3. 自愿性与经济型的环境管理政策旨在追求其实现具有内在的动因。[①]

我国的环境政策由来已久，通过对其发展演变的历程进行梳理分析，自可以看出我们的环境政策还难以在短时期内实现目标。因此，必须发展出新的政策手段与工具来提升环境水平，才可能实现我国的政策目标。目前对环境政策的研究发现，只有逐渐旺盛的自愿性环境政策，还有经济型环境管理政策，才将是未来的主要环境政策发展方向，[②]当然也是中国湿地保护的政策。

（二）湿地保护的“前政策时代”

在湿地保护与恢复政策方面，学界一般将1949年至2001年统一划分为“前政策时代”。1949年新中国诞生初期，国家的发展重心偏重于工业化，尤其侧重弥补新中国重工业的不足。从“一五计划”至改革开放前期，在工业化发展方面取得了举世瞩目的成绩，为改革开放后的发展打下了坚实的基础。

新中国成立之初，国民经济恢复任务完成后，党中央为了迅速改变贫穷落后的面貌，结束备受欺凌的历史，把我国由落后的农业国建设成为强大的工业国，实现社会主义工业化的目标，在借鉴苏联工业化建设历史经验的基础上，制定了符合我国国情的、以优先发展工业特别是重工业为主导的发展国民经济的第一个五年计划。“一五”计划在我国工业化进程中胜利完成，奠定了我国社会主义工业化的初步基础，客观上促进了高度集中的计划经济体制的建立，虽然也对其后的经济建设进程带来了一定的消极作用，但不能借此否定“一五”计划的历史作用，所以应根据客观形势的变化，对这种业已落后的经济体制进行改革，才能适应新中国经济发展和工业化建设的要求。[③]只是改革开放以后，我国国力发展策马狂奔，而在整体工业发展进程之中，由于路径依赖的思维定式，对湿地的保护尚欠缺认识。故可见，之所以称这

① 屈健:《中国环境政策的发展与分析》,《环境与发展》2018年第7期。

② 屈健:《中国环境政策的发展与分析》，载《环境与发展》2018年第7期。

③ 陈胜才:《“一五”计划在我国工业化进程中的历史地位》，载《黔东南民族师专学报》2000年第4期。

一阶段为“前政策时代”，是指在这一阶段内，我国在湿地保护与恢复方面的政策几乎处于空白的状态。

（三）湿地保护的“政策初步转变的探索期”

1. 20 世纪末湿地保护开始受到重视且保护湿地的观念初步形成。

湿地作为大自然的宝库，在人类发展史上扮演着不可或缺的角色，甚至是某些文明史的发祥地，但也是至今最被严重破坏的生态系统之一。那种一切独享或是认为自然资源取之不尽的想法，最终只能导致湿地的破坏，甚至导致人类自身的毁灭。20 世纪 90 年代，湿地的保护问题开始受到人类重视，保护湿地的观念亦开始在我国得以形成。[①]

随着人们对湿地价值和作用认识的提高，过去仅凭借道德制约或是其他零散的保护模式，显然已经不再能满足新中国湿地在经济可持续发展模式下的需求，系统性的法律规制成为保护湿地的客观要求。可持续发展作为全人类在几十年过度开发地球资源后所得出的共同认知，使人类对待湿地保护以及开发利用应持的态度发生了转变。缺乏完整的法律制度保障，被认为是我国湿地受到严重破坏的首要原因，正是这一缺陷使得新中国管理湿地、保护湿地、利用湿地的政策无法真正得以落实。[②]

为更好地保护湿地这一已被公认为是自然界最富生物多样性的且与森林、海洋并称的地球三大生态系统之一的重要生态系统，1971 年 2 月 2 日，18 个缔约国在伊朗的拉姆萨尔镇签订了《湿地公约》这一政府间公约，作为湿地保护及资源合理利用、国家行动和国际合作的框架。公约主要强调了国家保护湿地的责任，如缔约国至少指定一个国立湿地列入国际重要湿地的名单中，缔约国应设立湿地自然保护区等，在湿地保护方面发挥了重要的作用。超过 150 个以上的国家签约。我国于 1992 年加入该湿地公约，积极履行公约义务。

---

① 刘小春、谢青霞、吴晓军：《我国湿地保护的法律现状及其完善研究》，载《科技广场（管理科学）》2006 年第 2 期。

② 郭梦梅：《论湿地保护的国际法规则及其在我国的法律适用》，华东政法大学 2015 年硕士学位论文。

经过不懈的努力，我国湿地面积减少、功能下降的趋势逐步得以控制，我国的湿地保护成就也得到了国际社会的关注与肯定。[①]

2. 中央文件一直对各界湿地保护的呼声予以肯认。

对作为生态系统中重要一环的有限自然资源，被称为“地球之肾”的湿地，党和国家十分重视，自2008年起，中央陆续提出了一系列连贯的政策，旨在保障湿地保护工作的顺利进行。

党中央、国务院高度重视湿地保护工作。曾有连续几年的中央一号文件和政府工作报告都对湿地保护提出了具体要求；党的十八大和中央城镇化工作会议都明确提出，要扩大湿地面积，保护生物多样性；十八届三中全会《中共中央关于全面深化改革若干问题的决定》中也要求划定生态保护红线；国务院专门下发《全国湿地保护工程规划》。[②]自2008年开始，中央一号文件陆续提及了各种关于湿地保护的条例措施。2008年中央一号文件中写明，要继续加强生态建设，加强荒漠化、石漠化治理，加大坡改梯、黄土高原淤地坝和南方崩岗治理工程建设力度，加强湿地保护，促进生态自我修复。

2009年与2011年的中央一号文件分别提出：**“推进生态重点工程建设，提高中央财政森林生态效益补偿标准，启动草原、湿地、水土保持等生态效益补偿试点。安排专门资金，实行以奖促治，支持农业农村污染治理。”“搞好水土保持和水生态保护。实施国家水土保持重点工程，采取小流域综合治理、淤地坝建设、坡耕地整治、造林绿化、生态修复等措施，有效防治水土流失。进一步加强长江上中游、黄河上中游、西南石漠化地区、东北黑土区等重点区域及山洪地质灾害易发区的水土流失防治。继续推进生态脆弱河流和地区水生态修复，加快污染严重江河湖泊水环境治理。加强重要生态保护区、水源涵养区、江河源头区、湿地的保护。”**这充分可以看出，新中国初步对于湿地的治理与恢复有了一定的系统性认识。

① 封晓梅:《〈湿地公约〉与我国的湿地保护》，中国海洋大学2008年硕士学位论文。

② 《坚守湿地保护红线》，载《国土绿化》2014年第2期。

（四）湿地法治的第三阶段即“全面保护的新发展期”

1. 党代会报告对湿地保护与恢复政策的阐述。

在党的十八大之前，党中央屡次在中央一号文件中阐述有关湿地保护与恢复的态度，并领导全国人大、国务院与各级政府展开对湿地的保护与恢复工作。自党的十八大以来，党中央高度重视湿地保护与恢复，在党的十八大、十九大报告中均提及**“开展国土绿化行动，推进荒漠化、石漠化、水土流失综合治理，强化湿地保护和恢复，加强地质灾害防治”**。突出提及强化湿地保护和恢复，开创性地将湿地保护工作提升到新的高度。将湿地的保护与恢复单独提出，是党结合实际的考量从而做出的重要决定，同时这也是新中国生态文明保护建设中的关键一环。

2. 历年党的中央一号文件中对湿地问题连续作出指示。

党中央一号文件2014年、2015年、2016年三年更是连续在湿地问题上予以指示，结合党的全国代表大会文件，湿地的保护与恢复的进程加速，工作持续深入，从而有了连贯性指导意见。①2016年一号文件曾提出：**“……从2014年开始，继续在陡坡耕地、严重沙化耕地、重要水源地实施退耕还林还草。开展华北地下水超采漏斗区综合治理、湿地生态效益补偿和退耕还湿试点。通过财政奖补、结构调整等综合措施，保证修复区农民总体收入水平不降低。”“……扩大重金属污染耕地修复、地下水超采区综合治理、退耕还湿试点范围，推进重要水源地生态清洁小流域等水土保持重点工程建设。……实施湿地生态效益补偿、湿地保护奖励试点和沙化土地封禁保护区补贴政策。……建立健全最严格的林地、湿地保护制度。深化集体林权制度改革。……健全‘三农’支持保护法律制度。健全农业资源环境法律法规，依法推进耕地、水资源、森林草原、湿地滩涂等自然资源的开发保护，制定完善生态补偿和土壤、水、大气等污染防治法律法规。”“加强农业生态保护和修复。实施山**

---

① 《2016中央一号文件，与我们息息相关的事》，载中国猪业网：http://www.chinapig.cn/html/n2/2/2016/2/1/2016/2/111115309.shtml，最后访问日期：2019年6月18日。

水林田湖生态保护和修复工程，进行整体保护、系统修复、综合治理。……湿地面积不低于8亿亩。实施湿地保护与恢复工程，开展退耕还湿。”

2018年在往年的基础上更进一步，那一年的中央一号文件明确提出：**“强化湿地保护和恢复，继续开展退耕还湿。”**并且提出了：**“正确处理开发与保护的关系，运用现代科技和管理手段，将乡村生态优势转化为发展生态经济的优势，提供更多更好的绿色生态产品和服务，促进生态和经济良性循环。”**[①] 由此可见，近年来对于整体生态文明方面，党中央意见以保护与恢复为主，逐渐提升至可持续的良性循环，将湿地视为战略级重要的自然环境要素。

① 《中共中央国务院关于实施乡村振兴战略的意见》，载新华网：http://www.xinhuanet.com/politics/2018-02/04/c_1122366449.htm，最后访问日期：2019年6月18日。

第三节
新中国70年来学者对湿地保护学术观点的演进

一、新中国湿地保护法政策研讨的回顾与展望

如今无论是从执政的角度还是每年工作分配的层面上来看，湿地的保护与恢复都成了不可忽视的重要部分。

（一）湿地环境效应的认识从定性分析向定位定量研究的演进

作为自然资源的重要组成部分，湿地具有巨大的环境调节功能，但目前对湿地环境效应的认识多为定性分析，缺乏定位定量研究，难以为湿地的合理开发保护提供科学依据。因此，从环境建设和经济发展的需要出发，有待于加强湿地环境效应的系统研究。

所以，只有在系统进行湿地生态系统稳定性研究的基础上，才可能搞清楚：在自然和人类活动双重影响下，天然湿地生态系统稳定性对水文、营养物质及生物地球化学循环等变化或波动的响应机制；也才能建立相关综合评价指标体系与综合评价模型；客观评价和系统认识天然湿地生态系统稳定性的历史、现状及未来发展趋势，提出维持湿地生态系统相对稳定的保护对策与措施。[①]

---

① 郑李军：《基于水生态过程和水环境效应的湿地生态系统稳定性研究》，载《能源环境保护》2012年第3期。

（二）人类活动对湿地的影响及应采取的对策成为热点问题

从协调人口、资源、环境与社会经济持续发展的目标出发，研究人类活动对湿地的影响及应采取的对策将是一个热点问题，在多部门、多学科的共同努力下，将取得重大进展。

由于湿地丰富的资源和优越的环境，人们对其进行了大规模的开发利用，导致了湿地的丧失与生态退化。湿地位于生态要素相互作用最活跃的地带，具有非常重要的生态意义。总结湿地水动力、地貌、生态、环境质量的特征，分析围填海、养殖、污染物排放及人工生态工程等对湿地的影响。结果表明，随着社会经济的快速发展以及人类活动的显著增强，不但湿地面积减少，而且其他生态要素的路径和运行方式也发生了变化，以至于湿地环境质量显著下降，生物多样性及生物量减少。

故而为了实现我国湿地的可持续发展，必须注意高强度人类活动对滨海湿地环境的影响，所以应通过立法为开展湿地研究，特别是湿地的整治与修复，制定湿地开发利用与保护对策提供科学的依据。①

（三）加强湿地珍稀濒危动植物生物学、生态学和行为学的研究

被称为“地球之肾”的湿地，由于其具有独特的生态结构，以及丰富的资源，为地球的生态环境作出了极为有价值的贡献。湿地的恢复研究重点已成热点，故而对湿地普遍面临的问题、常用评价方法及恢复措施所做的研究，均旨在做好湿地生态恢复工作，所以，加强湿地生态恢复的方法学、基础理论、应用技术和示范推广的研究，都旨在奠定有关的理论基础。②

这其中既包括湿地濒危动植物就地保护、迁地保护与引回大自然的研究；也包括湿地动物种群生存力，特别是种群自稳定的最小种群数量，最小栖息地需求的研究；还包括湿地自然生态系统退化机制及其恢复研究试验等；其最

---

① 叶翔、王爱军、马牧、方建勇：《高强度人类活动对泉州湾滨海湿地环境的影响及其对策》，载《海洋科学》2016 年第 1 期。

② 罗婧、刘宏、裴雪、张舒惠、金萍萍：《湿地研究现状综述》，载《时代农机》2018 年第 11 期。

终都为达到实现在其原栖息地恢复和发展种群的目的。

（四）中国湿地保护起步晚、基础差且缺乏管理与研究人才之短板

为保护湿地，美国、加拿大和澳大利亚等国均制定了相应的湿地保护政策，并在水资源综合管理、湿地监测技术、退化湿地的恢复与重建、湿地环境影响评价和重要湿地保护计划等方面开展了大量研究。①

相比之下，培养一批精通业务、善于管理的人员以及具有较高学术水平的湿地研究人才，自属当务之急。同时应加强全民教育，提高公民，特别是政府的领导者对湿地重要性的认识，为了彻底实现保护目标和有效管理的目的，当然还必须建立和健全湿地保护法规。

（五）学者关于湿地保护理论的演进热点

1. 学界关注新中国湿地的细致分类。

2000 年年初，学界的论文主要是将湿地生态系统看作一个整体而进行研究，之后的学者关注到湿地项目下更加细致的分类，切入的角度更为具体，探究某一类湿地在生态保护方面的特殊性和重要性，如滩涂、滨海湿地、农田湿地，等等。

2. 将视线转向国外以借鉴外国湿地保护法律制度。

随着湿地保护兴起，湿地这一名词首次出现在修改后的《环境保护法》中，近几年诸多学者开始探索域外经验，通过了解外国适用的比较成熟的湿地保护法律制度并与我国的法律实践相比较，希望能够为我国完善湿地保护制度提供借鉴。

3. 关注湿地保护中的公众参与制度。

学者认为，湿地生态保护虽是政府的职能，但湿地生态服务属于公共物品，具有公共消费和公共消费超过阈值产生负效应的明显特点。湿地及其生态服务功能，是市场不能提供的产品，属于应当由政府提供必要制度保障的

---

① 戴建兵、俞益武、曹群:《湿地保护与管理研究综述》，载《浙江林学院学报》2006 年第 6 期。

公共物品生产，故亟须依靠政府的公共政策构建湿地保护与合理利用秩序。

近年来，越来越多的学者提出了湿地保护主体的多样性问题，开始关注如何发挥公众参与的作用，并提出了一些建议，如完善环境信息公开制度、环境知情权制度、公众参与环境保护制度、环境公益诉讼，借鉴澳大利亚湿地公共参与制度，等等。

4. 基于湿地的系统性研究不再局限于环境保护领域。

2015年，有学者结合农村土地“三权分置”改革，思考如何构建与完善我国湿地产权法律制度，从推进湿地产权制度改革的角度确认湿地权属，确定湿地使用权的用益物权性质，加强湿地保护。

2016年，有学者将湿地保护与物权法相结合，在明确湿地概念的基础上探讨破解滩涂用益物权边界不清的物权制度困境，建立滩涂的用益物权制度。

二、学理层面关于我国湿地保护的立法建议

（一）学界主张一定要统一“湿地”之概念

1. 湿地的经典定义。

所谓湿地：“指天然或人造、永久或暂时之死水或流水、淡水、微咸或咸水沼泽地、泥炭地或水域，包括低潮时水深不超过6米的海水区。”而要完善新中国湿地法律概念，关键即必须改变过去科学性不足的问题，充分尊重湿地的生态特性。①

有学者总结了美国、加拿大和欧洲等国的湿地概念，同时查阅了国内已经出台的湿地保护条例，包括甘肃、湖南、广东、陕西、内蒙古、宁夏、四川等20个省份的湿地概念后，对国内外已有的湿地概念进行了分析总结，结合我国湿地的具体情况，提出了具有普遍适用性的湿地概念。认为只有在明

① 陆健健、张利权、童春富、朱晓君：《世界与中国湿地及其保护现状》，载《上海市湿地利用和保护研讨会论文集》2002年12月。

确概念的基础上，才可能在生态主义的视角下对原有的合理利用的湿地立法理念进行反思。[①]

（1）明确“湿地水”“湿地土壤”“湿地植被”作为湿地立法定义的内涵。

至于湿地水的积水时间、盐度，湿地土壤的水成过程、土壤的酸碱度，湿地植被的类型等指标及其阈值，可以通过调查、评估、监测数据的分析逐步形成共识。

（2）明确排除湿地周边永久性水域，而陆域纳入湿地范围。

必须对湿地是陆域、水域的生态过渡带的基本内涵有清醒认识，改变目前将河流、湖泊等水域直接纳入湿地范畴的错误做法，即使在保护手段上统一管理，那么在认识上也必须予以区分。

（3）考虑湿地生态特性的异常情况。

对于湿地的生态特性，还应考虑“正常情况下”的生态条件，防止因为极端自然事件导致湿地认定标准的失误。

2. 湿地法律概念“管理性”的平衡。

与美国、加拿大已经形成了全面的湿地分类系统不同，我国湿地科学调查、监测网络仍处于逐步完善的过程之中。因此，在提升湿地法律概念科学性的同时，也需要兼顾湿地管理上的便捷性。

（1）要完善重要湿地名录机制。

通过将一些具有重要生态功能的湿地纳入名录管理，以弥补在湿地生态要素指标及阈值科学界定过程中，可能造成的对现有重要湿地管理上的疏忽。

（2）严格限定将天然湿地转化为“人工湿地”的行为。

《湿地公约》将人工湿地全部纳入保护范围，美国基于“零净损”的原则为了防止破坏天然湿地补充人工湿地的行为，将人工湿地不纳入湿地保护范围。从我国国情出发，现有很多大型水库或者人工运河所形成的湿地已经具有较高的生态价值，对于这部分人工湿地应当纳入湿地的管理范畴。但同时，应当严格禁止将天然湿地转化为人工湿地的行为。

① 宋瑞龙:《湿地法律制度研究》，南京工业大学2016年硕士学位论文。

（3）逐步构建新中国的湿地分类系统。

立法应当为法律概念的不断完善留下空间，自可由立法机关确定较为宽松的湿地生态要素，并授权湿地保护主管部门通过环境政策（或者规章）的形式，逐步确定生态要素下的具体指标体系及阈值。可以借鉴加拿大的方法，在国家林业局下设全国湿地调查研究小组，由该小组专门进行湿地的调查、监测、评估及湿地相关的科学研究，并逐步建立符合国情的科学湿地分类体系。

3. 不同位阶立法中湿地法律概念的协调。

为加强我国跨界湿地的一体化保护，国家层面立法的湿地概念应提高法律位阶，至少要将湿地法律概念提升到行政法规层面，否则就很难对下位法形成法律约束力。而一旦国家层面立法的湿地概念确定下来，就不能允许地方在其规定中对湿地自行确定内涵要求及国家重要湿地的认定标准。地方立法的权限范围只能在国家层面立法的湿地概念的指标体系和阈值之下设定地方重要湿地的认定标准。

综上，我国湿地概念应规定在将来的《湿地保护条例》或者《湿地保护法》当中，其内容应当分为如下几个部分：

（1）湿地生态三要素的确认。

湿地是指正常情况下常年或者季节性积水的陆地和低潮时水深不超过6米的海域，湿地形成的标志是湿地土壤和湿地生物。

（2）湿地保护范围的特别规定。

永久性水域和湿地周边陆地不属于湿地法所称的湿地。重点保护野生动物栖息地或者重点保护野生植物原生地等人工湿地却是湿地法所称的湿地。

（3）湿地综合分类系统。

湿地的水文、土壤、生物的指标和阈值由国家林业主管部门会同国家标准委员会通过发布《湿地分类标准》予以确定。

（4）重要湿地名录。

湿地按照其重要程度、生态功能等，分为重要湿地和一般湿地。重要湿地包括国家重要湿地和地方重要湿地。重要湿地以外的湿地为一般湿地。国家重要湿地的认定标准由国家林业部门依照《湿地分类标准》确定，地方重要湿地的认定标准由所在辖区人民政府依照《湿地分类标准》确定。

（二）专门的湿地保护基本法之起草与制定

在三大生态系统中，我国已通过立法对森林和海洋进行了保护。然而，对湿地的开发保护和管理工作却处于无法可依的境况。我国至今尚未颁布《湿地法》，只有《湿地保护管理规定》这一部门规章和省级的专门性湿地保护法规，缺乏国家层面的湿地保护法律。为了从根本上解决我国湿地开发保护与管理面临的问题，学界建议尽快制定《湿地法》及相配套的法律法规和保护政策，以形成完备的湿地保护规范体系。

近年来，国内一些省区已经制定了关于湿地的地方法规，但有关湿地保护的国家立法仍没有出台。故而对我国湿地保护专门立法的可行性的法理分析，自然就成了我国出台专门的湿地保护立法的理论前提与基础。[①]

（三）合理划分湿地所有权及其用益物权

土地权属对保护区而言至关重要，土地权的归属将直接影响保护区保护管理工作的开展。由于历史和其他原因，目前我国绝大多数湿地保护区没有明确的土地所有权，这显然会给湿地保护区带来诸多问题。有关湿地土地权属的历史及土地权属不清所可能造成的不良后果，均可以借鉴国外湿地保护区土地权属管理的经验，找到符合我国国情的解决方案。[②]

在我国现行的法律体制下，湿地资源大部分归国家所有，少部分可以由集体所有，湿地周围的水资源和野生动物资源归国家所有。在湿地立法中要对湿地的所有权进行限定，规定湿地归国家所有，集体和个人允许承包管护或低碳经营，但不得享有所有权。由国家在整体上对湿地享有所有权，有利于充分发挥集中管理的优势，避免因集体和个人对湿地享有所有权而擅自对湿地进行处分和破坏。至于湿地资源的使用权必须经过严格的审核程序，通

① 鲁冰清、文海光：《浅谈制定我国湿地保护专门立法的理论基础》，载《法制与社会》2013年第4期。
② 李彧挥：《湿地保护区土地所有权问题的探讨》，载《中南林学院学报》2002年第4期。

过办理法律规定的手续，确认并登记注册后才可以进行移转。经过严格的审查，单位和个人可以依法获得国有湿地的使用权，但不可擅自改变湿地的用途及其固有环境，同时要对使用年限和目的加以规定。单位或个人若擅自破坏湿地或改变湿地用途，要通过法律程序予以追究和处罚。

（四）对农田湿地专门立法予以保护

由于我国没有国家层面统一的湿地法，在湿地保护过程中，相关管理部门的职责范围存在交叉，湿地开发与保护之间的矛盾得不到妥善处理，导致我国近年来在湿地开发利用过程中存在诸多问题。

在发展低碳经济的大背景下，我国应弥补湿地保护相关立法及管理过程中存在的缺陷和不足，加快制定国家层面的《湿地法》，并在立法中规定相应的制度。坚持湿地旅游的低碳指导原则，合理划分湿地所有权及使用权，完善公众参与机制。同时，通过农田湿地专门立法加强对农田湿地的管理和保护，建立湿地统一管理的专门机构以加强管理的系统性，实现对湿地的有效保护并促进湿地生态作用和特殊功能的发挥。[①]

我国有大面积的湿地属于农田湿地，分布广泛且难以管理，而我国对农田湿地的控制和管理存在着诸多不足。应学习美国在农田湿地管理中的管理经验并借鉴美国处理湿地转农田问题中的鼓励机制，制定《农田湿地保护条例》。

在《农田湿地保护条例》中要规定可变更用途的农田湿地和不可变更用途的农田湿地的相应条款。对于可变更用途的农田湿地，通过政府发放农业补贴鼓励农民自觉保护农田湿地；对周围生态环境影响较大且不宜改变用途的农田湿地，个人不得对农田湿地进行改造或破坏。如果行为人擅自破坏或将农田湿地改造做其他用途，相关部门可对其处以罚金并责令其恢复湿地原有环境。同时，由相关管理部门对农田湿地建立使用记录，对于有违反条例擅自破坏或改变农田湿地用途记录的行为人应加大罚金数额，以达到警示和

① 李爱琴、唐铭泽:《基于低碳经济背景的湿地立法研究》，载《学术交流》2015年第3期。

引导作用，进而有效地保护我国大范围的农田湿地。

（五）完善湿地保护中的公众参与机制

我国虽对湿地保护制定了一些相关的法律法规，但湿地资源保护中的公民参与制度还存在较大缺漏，为构建完整的湿地保护法律体系，更好地保护湿地资源，自须结合我国目前的公众参与制度，在日、澳湿地资源保护中的公众参与制度的启示之下，构建和完善我国的湿地资源保护公众参与制度。[①]

目前，我国公众参与机制停留在宣传教育层面，并没有为公众参与提供有效可行的方法。为了加强湿地管理活动中的公众参与，应建立有利于公众参与湿地管理的相关组织，也可以通过湿地听证会等形式予以实现。在湿地立法中，通过上述方式保障公民有效地参与湿地的管理，为公民参与湿地的管理提供法律依据。行政部门在提出有关湿地项目议案时，要采取公众听证会的形式，听取湿地利益相关公众的意见与建议，综合考虑议案的可行性。应建立湿地公众委员会，由公众组成湿地保护监督组织，代表公众的同时，亦便于与行政部门进行交流和维权。同时，政府也要为公众提供湿地的相关信息，定期举办湿地宣传活动，让公众参与到湿地文化中，参与到湿地保护的各项活动中，让每一个公民都切身感受到社会生活低碳发展的趋势。

（六）进一步完善湿地保护法律措施

为有效地保护湿地，在原有湿地保护法律措施的基础上补充或者建立新的措施是必要的。目前，在湿地保护中应建立的措施包括：完善环境信息公开制度、环境知情权制度、公众参与环境保护制度、环境公益诉讼、湿地影响评价制度、湿地保护区制度、湿地资源开发利用的审批制度、对湿地的资金投入及法律补救或救济措施。

2014年，新修订的《环境保护法》将湿地作为新的环境要素纳入其中，体现了国家对湿地保护的重视，但是湿地的现状不容乐观，湿地保护的法律

---

① 李凤霞、刘媛媛:《论我国湿地资源保护中的公民参与制度》，载《贵州农业科学》2013年第2期。

制度存在缺陷，为此，从构建完善的湿地保护法律体系、基本理念和基本法律制度等方面，都需要对湿地保护法律制度予以完善。①

（七）完善湿地管理的系统性结构

我国长期以来采用的立法与管理模式是将湿地生态系统分割为一个个生态要素，如湿地野生动物资源、湿地野生植物资源以及水体资源等，并由不同的管理部门分别管辖，打破了湿地作为生态系统的整体性，造成了效率低下的交叉管理的局面。所以得建立专门机构对湿地统一管理，协调好相关湿地管理部门的关系，因此完善湿地保护管理体系就成了合理开发与保护湿地的前提条件。

就湿地的行政管理而言，《湿地保护法》应明确湿地的管理机构及其法律地位、职责范围、管理权限、基本权利、义务等，还应实行湿地保护管理公务合作制度。因为湿地常涉及跨省的区域，上下游之间关系密切，在建立流域性和区域性的湿地保护机构的同时，要明确协调机构，解决跨省、跨地区的水污染纠纷，对流域实行有效的监督和管理。

顺应环境资源法的发展趋势，选择生态系统方式同法律的联结点作为突破口，探索湿地保护立法体现生态系统方式的途径。我国湿地生态状况整体恶化，然而目前的湿地保护相关立法无法满足现实需要，应当引入一种新的科学的管理理念即生态系统管理理念，并将其引入湿地保护立法。对这一理念的引入，首先应体现在立法模式的更新上。将环境资源的孤立要素进行空间连线，以保护或恢复生态系统。②

（八）让市场在湿地保护及开发利用中起决定性的作用

习近平总书记论述全面深化改革时提出，要使市场在资源配置中起决定性作用。他说："关于使市场在资源配置中起决定性作用和更好发挥政府作用。

① 张雪：《完善中国湿地保护法律制度的建议》，载《法制博览》2015年第1期。

② 李静：《中国湿地保护立法研究：以生态系统管理为视角》，中国海洋大学2008年硕士学位论文。

这是这次全会决定提出的一个重大理论观点。这是因为，经济体制改革仍然是全面深化改革的重点，经济体制改革的核心问题仍然是处理好政府和市场关系。”①

湿地生态系统能够提供许多类型的服务，具有公共物品属性，这决定了湿地保护和开发利用过程中私人成本与社会成本的不对等，形成湿地资源过度开发利用的负外部性，容易造成社会福利的损失。

通过显示湿地开发利用的私人成本和社会成本的差异，可以判定湿地开发利用市场失灵或政府失灵。同时，由于缺乏制度安排等原因，沿海湿地生态系统服务没有得到合理的补偿，湿地资源难以得到持续的保护和有效的管理。这就需要适时采取适宜的资源可持续利用与管理策略，进行沿海湿地生态系统保护，使其服务功能得以稳定的发挥。②所以应完善自然资源有偿使用制度与生态补偿制度以促进湿地开发的市场规制。

在以往评价湿地效益时，沼泽、河滩、滩涂、水塘等天然湿地往往被视为没有价值或者价值低廉的荒地、荒滩，不受控制地而被利用，湿地使用者在获得湿地使用权或收益权时，并不需要按照湿地资源的价值向所有者或者管理者支付对价，对湿地资源的免费开发利用容易导致人们对湿地的盲目开发，致使湿地资源浪费、环境破坏、生态受损。而建立健全湿地生态补偿制度，不但有助于保证湿地保护与合理利用获得稳定的资金来源，而且有助于平衡相关利益群体保护湿地的利益关系，促成生态保护与生态建设投入的制度化、规范化、市场化。

（九）完善湿地保护冲突解决机制和法律责任规范

建立完善的冲突解决机制，对冲突各方的利益进行平衡。《湿地保护法》应明确公民及湿地保护管理部门的工作人员违反湿地保护的法律责任，包括

① 《关于〈中共中央关于全面深化改革若干重大问题的决定〉的说明》（2013年11月9日），载《人民日报》2013年11月16日。

② 包晓斌：《沿海湿地可持续利用与管理策略》，载《环境保护与循环经济》2011年第10期。

经济责任、行政责任和刑事责任的追究。

资源能为人类所利用并具有相对稀缺性。在资源利用中，冲突难以避免，尤其近代以来日益突出。目前，我国资源利用冲突主要包括自然资源所有权纠纷、自然资源用益物权纠纷、自然资源污染破坏纠纷等。

当前我国资源利用冲突解决的途径主要有两大类，既有非诉讼解决方式，也有诉讼解决方式。非诉讼解决方式具体包括协商、调解、仲裁与行政裁决等替代性纠纷解决方式；诉讼解决方式则包括民事诉讼、行政诉讼与刑事诉讼等。

我国现有资源利用冲突解决途径都或多或少地存在一些问题。基于此，我们应采取有效的措施完善与创新资源利用冲突解决机制：进一步规范资源利用冲突行政调解，明确行政调解效力；建立并完善资源利用冲突仲裁机制，扩大仲裁适用范围；统一资源利用冲突行政裁决立法，确立司法最终原则；改造民事诉讼当事人制度，建立环境资源民事公益诉讼制度；扩大行政诉讼受案范围，建立环境资源行政公益诉讼制度；强化环境资源刑法保护，增设环境资源犯罪新罪名，综合改进与完善纠纷解决途径，建立健全多元化资源纠纷解决机制。①

我国在联合国安理会上也一贯主张："国际社会应尊重各国对自然资源的永久主权。冲突国家应进一步重视对资源的利用和管理，避免非法开采和使用资源滋生和助长武装冲突，将一国的资源优势转化为发展优势，让全体民众享受资源开发红利。跨国公司和私营部门在开发、利用自然资源过程中，应尊重所在国家主权，切实承担企业社会责任，确保回馈当地社会。"②

---

① 奉晓政：《资源利用冲突解决机制研究》，载《资源科学》2008 年第 4 期。

②《中国代表：以可持续发展解决资源滥用引发冲突的问题》，载新华网：www.xinhuanet.com//photo/2018-10/17/c_129973498.htm，最后访问日期：2019 年 11 月 30 日。

第四节
新中国湿地保护法治对国外湿地保护法律制度的借鉴

一、可资借鉴的美国湿地开发许可制度

西方像美国在国家层面建有严格有效的湿地开发许可制度，而我国目前尚没有像美国、加拿大那样，在国家层面建有严格有效的湿地开发许可制度，一些地方性法规虽设定了湿地开发许可制度却存在重大缺陷：一是效力层级低，无上位法渊源；二是仅有制度名称，缺少制度落实的具体措施。在中国的地方湿地开发许可中，往往是依靠地方政府自由裁量决定，随意性大，也缺乏监督，使得湿地开发许可制度往往徒具其名，无法真正发挥对湿地面积大量减少的规控。

故有学者建议借鉴美国、加拿大在湿地开发许可制度方面的成功做法，[①]于立法中增加湿地开发许可制度，在下一步可能制定的“国家湿地保护条例”或“湿地保护法”中纳入湿地开发许可制度。同时，也应考虑像美国一样，设有可操作性强的配套制度。比如，湿地开发许可中设有法定的批准机关、严格的申请条件、向公众公开相关信息并慎重考虑公众意见等规范。

二、美国湿地补偿银行制度与我国湿地面积补偿制度之比较

（一）美国的湿地补偿制度对我国湿地保护极具借鉴意义

20世纪90年代，美国实施湿地补偿银行制度，借助市场力量进行受损湿

---

① 邵深霞:《湿地补偿制度：美国的经验及借鉴》，载《林业资源管理》2011年第2期。

地异地补偿，有效地保护了湿地，被认为是开发给湿地造成的损害进行补偿的极具特色的制度。其旨在实现美国湿地“零净损”的政策目标，迄今已实施近三十年。美国湿地补偿制度包括湿地银行补偿，湿地替代费补偿和湿地被许可人自行补偿三种补偿机制。其不但在美国发展迅速，而且可以认为，美国的湿地补偿制度对我国湿地保护极具借鉴意义。①

要弄清美国“湿地补偿银行制度”这样于20世纪90年代借助市场交易手段所进行的湿地生态保护方式，何以能成功实现湿地“零净损失”的管理目标，自需要系统梳理美国湿地补偿银行制度的产生背景、发展历程、管理框架及基本补偿交易流程，重点了解国外学者对湿地补偿银行交易制度中的“湿地信用”、交易补偿率及存在问题的研究进展，如此才能最终为我国建立湿地生态损害补偿的市场化运作研究提供借鉴。②

研究表明，20世纪70年代以前，美国政府也是鼓励开发湿地以推动经济发展的，这同样也使湿地遭受了巨大破坏。随着环境问题频发，美国联邦政府开始转为实施湿地保护政策。“零净损失”逐渐确立为美国湿地保护的目标。湿地补偿银行制度已被公认为是美国在湿地补偿实践中的制度创新。

这一制度成功运用市场机制以利于土地利用与湿地保护相协调，同时调动了公众参与湿地保护的积极性，推动了补偿资金多元化，为实现湿地保护“零净损失”的目标提供了行之有效的模式。

（二）资金补偿由“输血”变“造血”旨在缓解经济发展与资源保护之间的矛盾

目前，我国在湿地保护方面还存在诸多不足，如湿地生态补偿机制的建立还处于初级阶段，市场机制缺失，政府补偿一直是最主要的方式，由于补偿资金由国家财政进行统筹规划，来源单一。故此，湿地补偿银行制度可为我国建立湿地补偿的市场机制，实现湿地补偿资金由“输血式”向“造血式”转变，以及为缓解经济发展需求和资源保护之间的矛盾提供了可资借鉴的经验。

---

① 邵深霞：《湿地补偿制度：美国的经验及借鉴》，载《林业资源管理》2011年第2期。

② 李京梅、王腾林：《美国湿地补偿银行制度研究综述》，载《海洋开发与管理》2017年第9期。

我国湿地保护法律中虽没有湿地银行补偿制度，但有相近制度——湿地面积补偿制度。比如，可变通规定这样的湿地银行制度：鼓励和支持我国农村集体经济组织或取得农民承包经营地的经营权的组织，在经过政府相关部门批准后，成为“湿地银行”并进行人工湿地建造（含修复），其所建造出的湿地有权“贷给”有“先补后占、占补平衡”义务的用地单位，而该占补义务者从湿地银行购买湿地即视为其承担了湿地补偿责任。这样，既保障了湿地面积补偿制度的落实，保障湿地面积不因项目建设而减少，也调动了社会力量和资本积极参与湿地保护，还不改变该湿地的所有权和承包权。

所以，如何重点研究美国湿地补偿银行制度，分析出该制度如何在政府主导的情况下，实现市场机制在生态补偿中的成功运作；同时了解政府如何利用市场手段和经济激励政策来提高生态效益，重点应是如何实现湿地资源的动态平衡和可持续利用。①

特别是需要梳理美国湿地补偿银行制度的总体框架，从湿地补偿银行的建立、银行客户与信贷内容，湿地补偿率的确定和湿地补偿的监管等诸多方面，找出湿地补偿银行制度的运转关键点，了解湿地信贷的交易以及湿地补偿率等技术问题。在此基础上，自可提出中国建立湿地补偿银行交易制度的政策建议，为推进湿地生态损害补偿市场化运转和实现湿地资源可持续利用提供依据与参考。②

三、美国湿地占用付费补偿机制对我国湿地法治的启示

（一）湿地占用补偿有其前提条件和适用范围

1. 生态付费制度缓解了美国湿地流失的速度，实现了湿地面积的动态平衡。

党的十八届三中全会提出生态文明建设需要建立生态补偿制度，用制度

① 唐燕东：《美国湿地补偿银行制度研究及对我国的启示》，中国海洋大学2015年硕士学位论文。

② 唐圣囡、李京梅：《美国湿地补偿银行制度运转的关键点及对中国的启示》，载《湿地科学》2018年第12期。

保护生态环境。工业化、城市化进程的不断加快使湿地生态不断退化，湿地占用补偿故应尽快提上日程。《湿地保护管理规定》首次确立了工程占用补偿制度，但未涉及具体的占用补偿实现机制。而美国湿地占用付费补偿制度是通过各种湿地生态价值评估方法，借助湿地预付信用这样的量化单位，使湿地开发者付费给即将开展的湿地保护项目，实现了湿地的动态保护，协调了经济发展和生态保护的冲突。美国的经验对我国中央和地方设计湿地占用补偿的具体实现机制无疑具有参考意义。①

美国湿地付费补偿实施的前提是必须遵循了“避免、减小”的程序，即开发行为对湿地的损害一定是无法避免，也采取了所有可行的合理措施最大化地减小了负面影响，在此前提下付费补偿湿地损害，履行了补偿义务才获得开发许可。这种“避免、减小、补偿”的理念在美国《国家环境政策法》中就有体现，来防止开发行为对环境的肆意侵害。

我国湿地占用补偿制度应吸收这样的理念，避免付费补偿行为沦为建设开发行为的利用工具。美国湿地占用补偿义务对占用的湿地来说，是不考虑占用湿地的等级的，即所有湿地的用途转化都需补偿。

2. 我国的湿地占用补偿对占用湿地的范围规定不尽相同。

广东省的占用补偿前提是“重点湿地”，甘肃、江西未有限定，北京是8公顷以上的湿地。从我国湿地保护的现状来看，一般情况下，重点湿地都以保护区或湿地公园的形式予以保护，除此以外的其他湿地保护手段也有限。如果占用补偿仅仅局限于这部分重点湿地，其作用会极为有限，亟须保护的一般湿地将得不到有效的保护。建立湿地生态补偿制度是湿地保护的有效措施，但我国湿地生态补偿制度立法上仅有原则规定，湿地概念缺乏严谨定义，补偿主体过于单一，所以，完善湿地生态补偿制度有利于提高湿地资源的法律保护以构建和谐社会。②

① 邵琛霞：《美国湿地占用付费补偿制度及其启示》，载《河北法学》2015年第3期。

② 韩君芳、陈梦雨、章彬：《我国湿地生态补偿制度的不足与完善》，载《中国环境管理干部学院学报》2016年第3期。

而占用一般湿地也可能对生态产生巨大影响，以上海浦东国际机场建设为例，其东移修建在潮滩上，虽然占用的并非重点湿地，但由于地理位置特殊，影响了长江河口的湿地生态环境，后来通过在九段沙岛实施生态工程，才补偿了占用湿地而丧失的生态功能。实践证明，补偿应适用于所有被占用湿地才能起到应有的生态补偿的作用。2013年的《湿地保护管理规定》对占用湿地类型并无限制，是一个很好的方向。

3. 美国经验表明付费补偿优于个案自行补偿的效果。

重大工程项目建设引起湿地流失是我国湿地面积减少的重要原因。美国湿地资源丰富，美国政府曾鼓励湿地开发与利用的政策和法律随着湿地的快速流失在近三十年来发生了显著的变化。为缓解湿地流失，对于无法避免的工程开发活动所引起的湿地损害，法律逐步要求开发主体承担损害补偿责任，湿地损害补偿的立法从无到有，历经几十年逐步发展并趋于完善，实现了湿地在全美总量和功能上的平衡。①

美国收取替代费的主体是已然明确、到位的，费用的使用也是清晰有具体指向的，项目明确规划又不失灵活性，所以法律规定其优于开发者负责制。但即便如此，由于湿地补偿涉及复杂的生态环境问题，每个个案都有自身特点，付费补偿项目虽然提供了高质量的湿地恢复项目，但它也只是美国存在的多种湿地占用补偿机制之一。

我国湿地占用补偿制度的实现机制也应适应地区差异性的需求，在具体实施时结合项目具体情况，在法律层面上以付费补偿或者开发者负责制不做强制性规定为宜。在具体的补偿数额上，美国的付费制度根据补偿风险大小有补偿比率要求，我国现有立法只有广东做了明确要求“同等面积和功能”，考虑到补偿有失败的风险，以及保持湿地生态系统的整体平衡，补偿湿地的数量应该比占用湿地只多不少。

---

① 邵琛霞：《美国缓解湿地流失立法变迁及其启示——以损害补偿为中心》，载《云南大学学报（法学版）》2013年第1期。

（二）承担湿地占用补偿责任与湿地恢复项目相结合

不同于我国湿地占用费用由政府主管部门收取，美国湿地占用付费补偿是以湿地恢复项目形式使湿地占用补偿付费有的放矢，费用的给付是以各个地方独立的湿地恢复项目的实际成本来确定的，费用的给付有明确的靶向性，避免了只收费不补偿或者拖延补偿，其有四个明显优点。

（1）收取补偿费用的主体要非常明确。

湿地恢复项目建设人收取费用，用以将来湿地恢复项目。建设人无须拥有湿地所有权，只要通过有关协议确保湿地用途不被改变即可。我国地方实践中已出现一些案例为这种项目制提供了基础，山东省微山县政府租用农村集体土地，在农村集体土地上投资建成人工湿地，以净化水质，鼓励农民种芦苇、莲藕等，每亩收入和粮食种植差别不大，受到农民欢迎。①

（2）收取补偿费用的标准须非常客观。

湿地占用补偿费用的收取是根据湿地恢复项目的规划框架，依据生态修复技术手段估算恢复成本而得，不同项目的费用都不相同，既有原则性也有灵活性。

（3）整个湿地恢复补偿项目过程非常透明。

在我国湿地占用补偿过程中，主管部门常常既是裁判员也是运动员，既负责收费也负责湿地恢复项目，湿地恢复项目的经费使用不够透明。美国湿地恢复项目建设人是政府主管部门、付费人之外的第三方，其恢复项目的批准、建设过程、经费使用都要受到政府部门的监管，主管部门只要做好裁判员即可。

（4）承担湿地占用补偿责任成为地区水域资源生态恢复规划的组成部分。

（三）多元主体参与且协作实现整个湿地补偿过程

在美国湿地占用付费补偿项目的运作过程中，呈现出多部门合作、多主体参与的特征。

---

① 黄兆胜：《南四湖湿地建设的综合效益》，载《中国环境管理干部学院学报》2012年第3期。

1. 政府部门合作建立协商机制监管整个湿地占用付费补偿过程。

除了主管部门以外，由多个政府部门代表组成的联合评估小组要从始至终参与整个过程，涉及许可申请、签发、付费、长期监管各个环节，还包括征求公众意见、土地所有权人自愿参与等内容。

2. 湿地占用付费补偿项目设计使非营利性组织成为湿地恢复的重要参与主体。

收取补偿费的项目建设人除政府部门外，非营利性组织是重要组成部分，这些组织的非营利性性质、目标、资金、技术手段等具有天然优势，在自然资源保护方面发挥了特别作用，如著名的大自然保护协会就是多个湿地替代费项目的建设人。

在我国实践中，补偿制度设计需要体现出生态资源问题的特点，确保多主体合作共同参与实现保护目标。在湿地占用补偿过程中，林业、渔业、水利、农业、环保等部门以及占用行为行业主管部门需要开展广泛合作，所以需建立必要的综合协调协商机制，才能有效实现补偿目的。

3. 生态付费制度缓解了美国湿地流失的速度，实现了湿地面积的动态平衡。

美国湿地占用付费补偿制度是通过各种湿地生态价值评估方法，借助湿地预付信用这样的量化单位，使湿地开发者付费给即将开展的湿地保护项目，实现了湿地的动态保护，协调了经济发展和生态保护的冲突。美国的经验对我国中央和地方设计湿地占用补偿的具体实现机制具有参考意义。①

故而占用补偿制度的设计应体现当代生态保护的特点，多利用经济手段，多创造公众参与空间，“建立国家、地方和社会各界共同参与的多层次、多渠道湿地保护投入机制，充分发挥各方力量加快湿地保护步伐”。

四、英国的湿地管理协议与我国“两权分离”相契合

随着社会发展的资源需要，世界各国对湿地资源的开发利用也不断加剧，由此而引发的日益严重的环境和资源问题，已逐步引起人们的关注和重视。

① 邵琛霞：《美国湿地占用付费补偿制度及其启示》，载《河北法学》2015年第1期。

通过就美国和英国的湿地法律保护内容进行比较，[①]可以看出，我国土地虽是公有的，但却与借鉴英国湿地管理协议制度不矛盾，英国湿地管理协议制度的成功经验还是可以值得我国借鉴的。

我国物权法语境下的私人主体——主要是农民拥有土地承包经营权，这种土地承包经营权实际包含了所有权权能之中的占有、使用和收益权，其与英国的私人湿地拥有者在与政府签订管理协议之后，仅转让该湿地的占有、使用、收益权，而不转让该湿地的所有权，刚好在法理上可以异曲同工。

在我国引入和施行湿地管理协议制度至少有三个益处：一是能控制湿地生态功能的退化，二是农民可获得经济收益，三是可避免因保护湿地而强制收回农民土地承包经营权所引发的社会矛盾。因此，英国湿地管理协议制度可为我国湿地保护法律参考借鉴。[②]

五、英国类型化湿地保护区制度、加拿大湿地分级分类保护区制度对我国湿地保护区制度的启迪

在我国现行法律文件中，没有像英国、加拿大两国一样对湿地进行专门细划，仅是在湿地管理实践中，参照了《湿地公约》中的湿地分类进行统计，即按“近海与海岸湿地、河流湿地、湖泊湿地、沼泽与沼泽化湿地、库塘等人工湿地”5大类进行统计。我国的这种湿地分类虽有公约依据，但与同为《湿地公约》成员国的英国和加拿大相比，明显存在不足：一是在国内立法上没有对湿地进行专门细致分类；二是在实践中的五大分类缺乏个性化特征。因为公约的分类毕竟是针对全球范围内的湿地所作的分类，而各国湿地状况实际存在着各种外象和实质的差异，故需各国进行因地制宜的分类保护。因此，在我国的湿地保护现实中，就不及英国、加拿大两国更有针对性和实效性。

由此，学者建议，在我国今后关于湿地保护区制度的完善中，可参照英

---

① 叶伟为：《美英湿地法律保护之比较研究》，载《中国市场》2011年第3期。

② 刘雁翎、董小雨：《中外湿地保护法律制度比较及借鉴》，载《环境保护》2018年第17期。

国、加拿大两国的经验，作出符合我国国情的湿地分类规定。

我国湿地保护面临面积急剧缩减、生态功能退化两大主要问题。而造成湿地问题的一个重要原因就是湿地保护法律制度不健全。党的十九大报告明确强调要“强化湿地保护和恢复”。为了切实解决湿地问题，亟须加快健全我国湿地保护法律制度。学界通过分析美国、英国、加拿大、澳大利亚的湿地保护法律制度，将其与我国湿地保护法律制度进行了对比，无论从建立湿地开发许可制度方面，还是从完善湿地保护区制度的角度，以及健全湿地公众参与制度等诸方面，均可对我国湿地保护法律制度提供有益的借鉴。①

六、澳大利亚湿地公共参与制度对我国公众参与制度的示范

澳大利亚政府特别重视湿地的保护和恢复，做了大量的卓有成效的工作。澳大利亚是1972年第一批签署《湿地公约》的国家之一，1996年澳大利亚联邦编制了《澳大利亚生物多样性保护国家战略》，战略中对澳大利亚特殊的自然环境、资源和物种提出了保护、管理和合理利用的措施，湿地保护和合理利用是该战略中的重要组成部分。全国现已建立包括湿地在内的各类自然保护区（地）5950处，是全世界拥有自然保护区（地）最多的国家之一。②

澳大利亚湿地公共参与制度中的非政府组织和社区广泛参与机制、磋商机制、土著居民参与湿地管理保护的法定机制等，都可以作为进一步完善我国公众参与湿地保护制度予以借鉴的地方。尤其是，澳大利亚许多湿地都是土著居民聚居的社区，这些社区的土著居民对湿地保护有着不少传统方式和习惯法。我国是多民族国家，全国各地的许多湿地居住着各少数民族，且各少数民族千百年来在自己的世居地形成了独特有效的湿地保护方式及习惯法，如青藏高原三江源的藏族居民有对圣湖湿地严禁污染的自觉做法和习惯法。但是在我国湿地保护的相关法律制度中，尚无明确鼓励和支持当地少数民族参

① 刘雁翎、董小雨:《中外湿地保护法律制度比较及借鉴》，载《环境保护》2018年第17期。

② 安尼瓦尔·木沙:《澳大利亚的湿地保护》，载《新疆林业》2002年第6期。

与湿地保护管理的法定机制。

因此，学者建议，我国可借鉴澳大利亚湿地公众参与制度中的成功做法，尤其是其中关于土著人参与湿地管理保护的法定机制，在我国公众参与湿地保护制度完善构建中，重视和纳入非政府组织和社区广泛参与机制、磋商机制，少数民族参与湿地管理保护的法定机制等内容，使我国公众参与湿地保护制度更加健全，以充分调动公众积极参与湿地保护。这其中完善法律途径最为关键。由于我国在湿地保护立法方面的不足以及相关法律制度的不完善等因素，导致了湿地保护难以避免管理混乱、执法不力、公众参与程度低等众多影响湿地保护的问题产生。因而，建立一套科学完备的关于湿地保护的法律体系和管理机制，对于湿地的保护与开发利用是十分重要的。

故此可见，完善我国湿地保护法律制度的首要关键在于，构建以生态理念为中心的湿地综合性框架立法。在科学、协调、统一的法律体系下，改变湿地要素式管理体制，建立与湿地生态系统相适应、多部门参与的决策机制，明确权限，确保执法能力。最后，运用多种调整方法，构建湿地保护的监管体系，对湿地保护的立法及管理进行监督，并给予有力保障，形成坚固的补充力量。[①]

① 陈延欢:《我国湿地保护法律制度完善研究》，西北农林科技大学2015年硕士学位论文。

第八章

自然资源法律规范系统理念的勃兴

第一节 社会主义法律体系与法律部门[①]

一、新中国法律体系的概念构成与其理论基础[②]

（一）法的体系的概念

1. 法的体系的含义——不同国家各有其特点。

国内外法学著作对法律体系含义的解释可以说是众说纷纭，极不统一。法律体系实际上是个多义词，法学家常常在不同的意义上理解和使用这个概念。既可以将其解释为法律制度、法系或法制体系等，也可以将其理解为规范性法律文件的体系。一般所谓“法律的外在体系”，系指法律的编制体例，如民法第几编、第几章、第几节、第几款、第几项，及前后条文的关联位置，此亦可资阐明法律的规范意旨。[③]而所谓“法律的内在体系”，则是指法律秩序的内在构造、原则及价值判断。[④]

当年在以苏联为代表的社会主义国家的法学著作中谈到法律体系时，其

① 参见李显冬、王倩：《论法律规范系统理论对构建和谐的法律体系之重要意义》，载纪念钱学森诞生100周年 / 全国首届法制系统科学理论研讨会召开26周年《全国第三届法制 / 法治系统工程理论研讨会论文集》。

② 参见李显冬：《从〈大清律例〉到〈民国民法典〉的转型——兼论中国古代固有民法的开放性体系》，中国人民公安大学出版社2003年版，第154—156页。

③ 王泽鉴：《法律思维与民法实例》，中国政法大学出版社2001年版，第223页。

④ 参见李永军：《物权与债权的二元划分对民法内在与外在体系的影响》，载《法学研究》2008年第5期。

实一般均是指“部门法体系”。[①] 而西方法学著作中对部门法的分类则往往不用法律体系这个术语，而是用“法律结构”或“法律分类”等术语。在目前国内的法学基础理论中，一般认为法的体系是泛指由各个法律部门所组成的一国现行法律规范有机联系的统一整体。[②] 故可见，我国法学著作中一般所讲的法律体系即部门法体系。也就是：一个国家在一定历史时期的各种法律规范遵循一定规律和原则，相互联系、相互作用而组成的具有调整社会关系特定功能的有机整体或系统。[③]

法律体系是一国现行法构成的体系，反映一国法律的现实状况。就外在体系而言，它不包括历史上废止的已经不再生效的法律，一般也不应包括尚待制定、还没有制定生效的法律。研究法律体系可以对本国理想状态的法律体系作出设想，但这不同于现行法律体系。具体到民事立法而言，就是要在同一社会背景下，研究如何既吸收西方先进的法律思想和法律制度，同时又保留民族法律传统中有价值的部分，以建立一个既具有现代科学性，又符合中国特定的民风国情，并符合一定社会群体利益的民事法律体系。[④]

2010 年形成的具有中国特色的社会主义法律体系，作为国家各方面、各层次、各领域全部现行法律规范的集大成者，其被认为已涵盖了经济、政治、文化和社会生活的方方面面。然而对于组成法律体系的法律部门的划分标准，学界依然尚未达成一致意见，各种观点争相出现、百家争鸣。[⑤] 党的十八大明确提出了“全面推进依法治国”的宏伟方略，将法治确立为“治国理政”的基本方式，中国特色社会主义法治体系的基本架构清晰可见。

2. 法律体系概念之通说——部门法划分的理论基础。

《中国大百科全书》(法学卷)载：所谓“法的体系”，通常指由一个国家

① 欧志龙:《论部门法的划分标准》，载《法制与社会》2005 年第 34 期。

② 北京大学法律系法学理论教研室编:《法学基础理论》北京大学出版社 1984 年版，第 395 页。

③ 佟柔、王利明主编:《社会主义商品经济法律调整》，中国检察出版社 1991 年版，第 57 页。

④ 朱勇撰稿、张晋藩总主编、朱勇主编:《中国法制通史》(序言)，法律出版社 1999 年版，第 2 页。

⑤ 史华祥:《试论当代中国法律部门的划分标准——兼论宪法在法律体系中的地位》，扬州大学 2012 年硕士学位论文。

的全部现行法律规范分类组合为不同的法律部门而形成的有机联系的统一整体。任何一个国家的各种现行法律规范，虽然由于所调整的社会关系的性质不同具有不同的内容和形式，但都是建立在共同的经济基础上，反映着统一的阶级意志，受共同的原则指导，具有内在的协调一致性，从而构成了一个有机联系的统一整体。

随着 18 世纪和 19 世纪的法典编纂运动，大陆法系逐渐形成了现代法律体系的雏形，包括宪法、行政法、刑法、民法、商法、民事诉讼法和刑事诉讼法等法律部门。法律部门的划分总是与编纂法典相关联，[①] 在统一的法的体系中，各种法律规范，因其所调整的社会关系的性质不同，而划分为不同的法的部门。在各个法的部门或几个法的部门之间，又包括各种法律制度，如所有权制度、合同制度、公开审理制度、辩护制度等。制度与制度之间，部门与部门之间，既存在差别，又相互联系、相互制约，于是形成了一个内在一致的统一整体。

任何一个国家的法律，不论其表现形式如何，都有其一定的体系，归根结底这是由一定的经济关系所决定的，所以，建立在同一类型经济基础上的法，就必然有基本相同的法的体系。但每个国家的历史传统、民族特点和文化发展水平不尽相同，对法的体系的形成和发展也不可能不产生一定的影响，因而同一类型的法的体系中，不同国家的法的体系又往往具有着其各自的特点。

既然法的体系就是国家对于现行的法律规范加以组合而形成了不同的法律部门，使其系统化并成为一个有机联系整体，[②] 其表现的就是一个国家法律规范既统一又区别，而且具有内在的联系和协调一致的特征。而法系则是指根据各国法律的特点和历史传统的外部特征，对法律进行的分类。通常是把具有一定特点的某一国的法律以及仿效这一法律的其他国家的法律，划为了同一法系，如大陆法系和英美法系等。[③] 所以，法的体系和“法系”的含义并不相同。

---

① 朱景文：《中国特色社会主义法律体系：结构、特色和趋势》，载《中国社会科学》2011 年第 3 期。

② 怀效锋：《中国古代民法未能法典化的原因》，载《现代法学》1995 年第 1 期。

③ 《中国大百科全书》（法学卷），中国大百科全书出版社 1984 年版，第 84 页。

（二）从比较法的视角看法的体系
——法的主要部分就是其结构本身

20世纪初，中国开始按照西方的法典模式来改造自己传统的法律体系，这当然是一项前所未有的重大举措。[①]中国法律自清末改制以来的发展和演化所经历的是一个艰难曲折的过程，其基本内涵即表现为法律的近代化，也就是废弃传统法律体系，在吸收西方法律理论和法律原则的基础上，确立具有近代意义的新的法律体系。[②]

20世纪40年代后，当中国近代法典编纂运动的高潮业已过去后，从维护已经建立起来的中国法典体系的合理性出发，当时的法学家们都曾提出过诸如应当加强法律解释和法学著述，促进统一完善的职业法律家的训练等许多富有远见的建议。[③]其中不乏有关比较法的论述。所以如果我们从方法论的角度来看，通过比较的方法来研究法律体系问题，无疑有利于促进法制史、法哲学与法的基础理论的研究，可以避免我们单纯依具体条文的差异来观察中国古代法律体系可能产生的表面、肤浅的结论。其关键在于我们运用比较的方法研究时所考察的根本的东西：包括各种概念、范畴、立法技术、解释方法等，所有这些无疑都是同一定的社会秩序观念相联系的。显而易见，法的实施方式甚至法的职能都决定于特定的社会秩序观念。法律移植涉及的首先是一种具体制度、规则的移植，著名比较法学家勒内·达维德说过：“每个法事实上是一个体系，它使用和一定概念相对应的一定词汇，它把规定分成一定种类，它包含对提出规定的某些技术和解释这些规定的某些方法的运用，它和一定的社会秩序、观念联系着，这种观念决定法的实施方式和法的职能本身。”[④]

党的十八届四中全会首次使用了法治体系的概念，从法律体系到法治体系，中国人民对于治道的探索和认识发生了根本性转变和提升。法治体系是

① 王健编:《西法东渐——外国人与中国法的近代变革》，中国政法大学出版社2001年版，第8页。
② 朱勇主编、张晋藩总主编:《中国法制通史》(序言)，法律出版社1999年版，第1页。
③ 王健编:《西法东渐——外国人与中国法的近代变革》，中国政法大学出版社2001年版，第10页。
④ [法]勒内·达维德:《当代主要法律体系》，漆竹生译，上海译文出版社1984年版，第22页。

“法的统治”在法律的价值层面、事实层面和形式层面的有机统一，社会主义法治体系是真正意义上的系统工程。[①] 学界认为这一概念的提出，是我们党在法治理论上的一次重大飞跃。[②]

所以尽管无论古今中外，只要立法者大笔一挥，法律条文就可修改或废止，但有些根本性的东西却不是他们能左右的，因为那些东西是同一个国家的文明与思想方式密切联系着的。法律条文应该熟悉，但更重要的却是要抓住据以制定这些条文的内在的、基本的、稳定的因素。因为正是这些因素透过法律条文所表现出来的变化，才使一个国家的法具有了其历史的连续性。也正是由于这些因素，法学才被视为科学，此即法的历史精神。

法与政党政治在现代国家治理体系中内在相通，都要明确权利与权力各自的边界并协调存在于不同权力与权利之间的矛盾。各民族在不同文化基础、不同历史起点上进入现代化，其法治、政党政治自然就遵循了不同的生成和发展进路，在演绎共同规律、指向相似目标的同时，展现出现代法政系统和治国实践的丰富性、多样性。由于独特的文化、历史和现实，中国国家现代治理的转型面临复杂繁重的任务和挑战。为此就尤其需要关注、解决好在历史文化层面上有所欠缺的政道问题，着眼于社会现代化和精致化治理的要求，坚持和完善当代中国政党制度，探索一条统一了民族性与现代性、融会了法治精神与民主实践的国家治理现代化之路。[③] 所以才有人说，法的体系的理论之所以重要，完全是由于法的主要部分显然就是法的结构本身，包括它所认可的分类，它所使用的概念，还有作为它的基础的法律典型，而不仅仅是在某个时候它所包含的那些法律规定。在大陆法系中，法律系的学生主要是在学习一套“词汇”，熟悉一些“概念”，这些概念以后将长期起作用，使得他们能够得以研究某些法律问题；至于对他在法律学校曾经学过的那些条文

---

① 魏治勋：《从法律体系到法治体系——论党的十八大对中国特色社会主义法治体系的基本建构》，载《北京行政学院学报》2013年第1期。

② 卢中品：《浅析法治体系概念在党的法治理论中的地位》，载《福州党校学报》2015年第1期。

③ 徐锋：《法的精神、政党政治与国家治理的现代转型——基于文化和历史比较的意义解析》，载《理论月刊》2016年第10期。

而言，则很可能到什么时候就已发生了变化。不言而喻，这些能使学生较为顺利地掌握其所学习的有关内容的罗马法系各国法的体系，必须是一个相对合理又符合逻辑的体系。[①]

法律具有时空的局限性，又具有普遍性。法律的这一内在矛盾与法律是否具有移植性的争论密切相关。第二次世界大战后，一些法学家从功能理论出发，发起了“法律与社会”运动，进行法律移植的尝试。然而实践表明：否认各国法律间的相互借鉴与吸收是不可能的；但是，未经认真研究和设计便推行的大规模的移植也是失败的。在这种借鉴与吸收的过程中，应当注意哪些因素呢？法律的内在因素和外在因素都是应当注意的；从接受国的角度看，应当注意创造使所引进的法律能够真正实现的条件，如法律的实施机构、技术手段、法律意识的调整和法律间的协调与配套等。[②] 所以我们应更好地研究与借鉴德国法的内在体系，在主观上承认此种划分引起的外在的质的规定性。[③]

二、法律部门划分的理论

（一）法律部门的概念

——调整同类社会关系的法律规范的总和

1. 法律部门是法律体系的构成要素。[④]

据《中国大百科全书》（法学卷）：所谓“法的部门”是指对一国现行法律规范按其所调整的社会关系及与之相适应的调整方法的不同所作的一种分类。它体现一国法律规范的内部结构，是组成法的体系的基本因素。法的部

① ［法］勒内·达维德著：《当代主要法律体系》，漆竹生译，上海译文出版社 1984 年版，第 314—318 页。

② 王晨光：《比较法研究中的一项重要课题》，载《中国法学》1992 年第 4 期。

③ 李永军：《物权与债权的二元划分对民法内在与外在体系的影响》，载《中国检察官》2009 年第 2 期。

④ 李显冬、王倩：《论法律规范系统理论对构建和谐的法律体系之重要意义》，载纪念钱学森诞生 100 周年／全国首届法制系统科学理论研讨会召开 26 周年《全国第三届法制／法治系统工程理论研讨会论文集》。该小标题下的内容部分参见李显冬：《从〈大清律例〉到〈民国民法典〉的转型——兼论中国古代固有民法的开放性体系》，中国人民公安大学出版社 2003 年版，第 157—158 页。

门的划分不是由人们的主观意志决定的，而是由需要法律规范调整的社会关系的多样性的客观存在决定的。一国的法的体系中法的部门的划分也并不是固定的、一成不变的。随着新的社会关系的产生和发展以及调整这种关系的新的法律的不断制定，也必然会出现新的法的部门。

譬如，中国特色社会主义法律体系被宣告形成之时，认定七大法律部门共同组成了中国特色社会主义法律体系，但显而易见，军事法不在其列。《中国特色社会主义法律体系》白皮书透露，军事法不是国家认定的法律部门，也不独属于七大法律部门中任何一个，似乎国家法律体系中的军事法仅指军事法规和规章，且法律地位较低。故而军事法在国家法律体系中居于何种地位，以及如何对待这种地位，自然成了军事法学界需要追问和回答的重大现实问题。而厘清这一问题，不仅关系到军事法制建设的实践，也关系到军事法学理论研究，更关系到中国特色社会主义法律体系的完善。①

按照法律规范所调整的社会关系的性质所划分的法的部门，也不是截然分开的，因为社会关系各个方面相互联系交错，反映在法的部门之间，也是既有区别、又有联系，一种社会关系可能通过几个法的部门来调整，同样一个法的部门除调整其主要对象外，还可能调整其他社会关系。例如，经济关系，就不止一个法的部门来调整：其中大部分由经济法和民法来调整，但也有的归行政法、劳动法等来调整。至于哪一部分经济关系由哪一个法的部门调整，这同调整社会关系的调整方法有着密切联系。虽然调整方法不是划分法的部门的主要依据，但是离开调整的方法，就不能正确地划分法的部门。

中国社会主义法的体系随着社会主义现代化建设的发展，逐步形成和发展起来，并日趋完善。中国的法的部门大致有：宪法、行政法、刑法、民法、经济法、劳动法、婚姻法、刑事诉讼法、民事诉讼法、组织法等。②

可以说，《中国大百科全书》所阐述的这种观点，是当时最具代表性的观

① 张艳：《再议军事法在国家法律体系中的地位——基于对〈中国特色社会主义法律体系〉白皮书的分析》，载《解放军西安政治学院学报》2012 年第 12 期。

② 《中国大百科全书》（法学卷），中国大百科全书出版社 1984 年版，第 84 页。

点。毋庸置疑，中国社会主义法的体系随着社会主义现代化建设的发展，逐步形成和发展起来，并日趋完善。中国特色社会主义法治是在社会主义条件下，坚持“依法治国、执法为民、公平正义、服务大局、党的领导”的理念，依靠有中国特色的符合中国国情的法律制度和体系来治理国家。[①]

2. 法律部门的划分标准是法律体系的核心问题。[②]

（1）法律调整的对象是部门法划分之主要标准但并非唯一标准。

部门法理论一直是学术界研究的重点。关于部门法划分标准，理论界历来有不同的解读和表达，但均存在诸多不足。以法律演进与法律本质属性为标准来重构部门法划分理论，具有重要的理论价值。[③] 法学基础理论的通说认为，法律调整的社会关系即法律的调整对象是法律部门划分的主要标准。由于不同的社会关系需要由不同的法律规范来调整，故而当某些构成调整对象的社会关系在性质上属于同一类时，调整这些社会关系的法律规范，在法学理论上就可以被称之为一个法律部门或制度。[④]

但一种特定的社会关系可能由几个不同法律部门予以调整，而一个法律部门除调整其主要对象外，还可能调整其他社会关系，故法律调整对象并非其划分的唯一标准。

（2）调整方法也是部门法划分的又一标准。

一般而言，法律体系指一个国家在一定发展阶段上的所有法律规范，以一定的标准划分为一定的层次和门类所组成的有机的统一整体。法律体系问题的解决不仅极富理论意义，而且包含实践价值。迄今为止，法律的发展在体系结构上经历了两个阶段：首先是没有较为严密的层次和门类的划分，而

① 胡兵：《论中国特色社会主义法治建设的推进——以党的十八届三中全会公报为基点》，载《广西社会主义学院学报》2014 年第 1 期。

② 李显冬、王倩：《论法律规范系统理论对构建和谐的法律体系之重要意义》，载纪念钱学森诞生 100 周年 / 全国首届法制系统科学理论研讨会召开 26 周年《全国第三届法制 / 法治系统工程理论研讨会论文集》。

③ 张美玲、谭金可：《部门法划分理论刍议——兼论职业安全卫生法部门法归属》，载《西部法学评论》2014 年第 4 期。

④ 朱景文主编：《法理学》，中国人民大学出版社 2008 年版，第 368 页。

以诸法合体为特征的早期形态。严格意义上说，此时并无真正的法律体系。[①]部门法划分是近代资本主义商品经济发展的产物。

但至于在部门法的划分中，究竟哪一部分社会关系是由哪一个法的部门调整，这同调整社会关系的调整方法又有密切的联系。[②]法理学通说也认为，法律调整方法是作用于一定社会关系的特殊法律手段和方法的总和。法律调整方法虽然不是划分法律部门的主要标准，但是，离开法律调整手段也是难以正确划分法律部门的。

科学合理地划分法律部门，无疑是建立有中国特色社会主义市场经济法律体系的重要基础和前提。自新中国成立以来，尤其是1979年改革开放以来，我国法理学和各部门法学几乎都坚持这样一条金科玉律，即法律部门划分的标准是其所调整的社会关系的性质以及由此决定的法律调整方法。对法律体系和法律部门划分问题虽有过一些讨论，但上述的社会关系性质决定论并未受到根本性的撼动。[③]

（二）法律体系中部门法划分的意义
——以法律调整的方便与统一为目的[④]

1. 部门法划分利于通过领会概念和基本要素的学习来把握法的体系。

在古代，市民法本来就是全部法律整体的意思，它是与神法和万民法相对立的概念，换言之，市民法就是所有的世俗法或内国法的意思。[⑤]只是到了近代，经过了法学家的努力和路易十四制定一系列分门别类法律的立法实践，市

① 王学辉：《我国法律体系的模式构想》，载《社会科学家》1990年第2期。

② 李显冬：《从〈大清律例〉到〈民国民法典〉的转型》，中国人民公安大学出版社2003年版，第349页。

③ 王源扩：《法律部门划分理论再探讨——兼论经济法的地位问题》，载《安徽大学法律评论》2001年第1卷。

④ 参见李显冬：《从〈大清律例〉到〈民国民法典〉的转型——兼论中国古代固有民法的开放性体系》，中国人民公安大学出版社2003年版，第158—159页。

⑤ 参见《牛津法律指南》中关于Civil Law的词条。对该词条的分析参见王宏林：《谈谈Civil Law的涵义》，载《中国法学》1992年第5期。

民法才被缩减为了一个部门法，而原先市民法的许多构成要素反而成了与市民法相并列的法律部门。[①]基于这一事实，故有学者认为：公法和私法，或者宪法、民法、刑法和诉讼法这些分类本身已经不纯粹是技术问题了。它们代表着某种价值，某种思考社会问题的特殊立场，而这种立场或态度又不仅反映在法律的分类上面，也不可避免地反映于法律的原则、条文和概念当中。[②]

毋庸置疑，在德国"潘德克顿"法学派亦即"学说汇编派"的传统之中，他们并不认为法律教学的主要目标是向学生阐明在实践中怎样解决问题的具体规定；他们认为，最重要的应是使学生领会构成法的那些基本概念和要素。因为在他们看来，解决问题的具体规定并不重要，因为它们是不断变动的；而最主要的则是要把握法的体系。[③]

2. 社会关系的多样性决定了以其为调整对象的法律规范之多样性。

西方近代法律部门的出现，说到底，同样也是为了适应法所调整的社会关系日趋复杂、社会分工愈益精细的发展趋势，而为把握该体系才作出的一种划分。法律体系因此而将一国全部的现行法律规范划分为各种法律部门，并由这些部门组成了互相协调一致的统一整体。法律体系其实是一个系统，不但有其形成和发展的历史，而且相对于社会这个大系统而言，其只是大系统中的一个元素，一个子系统，必须与社会这个大系统、母系统即环境相适应。[④]

其所体现出来的是一个国家现行法律规范的一致与统一，却并不排斥自己可以划分为不同的法律部门。故社会关系的多样性决定了以其为调整对象的法律规范的多样性，也决定了由法律规范所构成的法律部门的划分。法律部门作为调整一定种类社会关系的法律规范的总和，"体现着一国法律的内部

---

① 徐国栋：《民法典草案的基本结构》，载徐国栋主编：《中国民法典起草思路论战——世界民法典编纂史上的第四次大论战》，中国政法大学出版社 2001 年版，第 69 页。

② 梁治平：《寻求自然秩序中的和谐——中国传统法律文化研究》，中国政法大学出版社 1997 年版，第 355 页。

③ [法] 勒内·达维德著：《当代主要法律体系》，漆竹生译，上海译文出版社 1984 年版，第 140 页。

④ 翁其银：《用系统观点研究我国社会主义初级阶段的法律体系》，载《河北法学》1988 年第 1 期。

结构，是组织法律体系的基本因素”。①

3. 法律部门即调整各社会领域中相同性质或内容的社会关系的法律规范系统。

法律规范作为法律体系的基本单元，是法律体系之所以能够产生调整、规范和引导行为的作用之关键，也是法律关系之所以产生和存在的基本依据。②正由于传统的部门法划分的关键，主要取决于社会关系的分类和划分。当被调整的社会关系形成法律关系时，通常人们都是根据其主体、客体和内容方面的某些共同特征，把调整横跨各个社会领域的具有相同性质和内容的某一类社会关系的法律规范，看作一个独立的法律部门。因此，我们才说，传统法律部门划分的最基本的标志，就是法律规范所调整的对象。③

故可见在近代法学理论中，说到底，正是鉴于以一个统一的立法来调整横跨各个社会领域的具有相同性质和内容的社会关系，往往可以收到综合平衡的效果，不致因不同领域的分割而造成在同类问题处理上的差异，以利于法律调整的方便与统一，④所以，凡某些构成调整对象的社会关系在性质上属于同一类，即被认为其构成了一个法律部门。一个国家的全部现行法律规范由此即组成了若干个法律部门，故所谓的“法律部门”其实就是指那些调整同一类社会关系的全部法律规范。⑤事实上，法律体系存在若干基本单元，它既高于法律规范也高于部门法。它们由若干个具有共性的部门法组成，我们可以称之为法律体系的“结构单元”。传统法律体系的结构就是由公法与私法两个单元组成的。⑥

---

① 卢云：高等政法院校规划教材，《法学基础理论》，中国政法大学出版社 1994 年版，第 296 页。

② 李林：《中国法律体系构成》，载中国法学网：http://www.iolaw.org.cn/showArticle.aspx?id=523，最后访问日期：2019 年 8 月 25 日

③ 丁关良：《农业法学若干理论问题研究》，载《山东农业大学学报（社会科学版）》2004 年第 4 期。

④ 江平主编：《中国矿业权法律制度研究》，中国政法大学出版社 1991 年版，第 118 页。

⑤ 北京大学法律系法学理论教研室编：《法学基础理论》，北京大学出版社 1984 年版，第 395 页。

⑥ 孙笑侠：《论传统法律调整方式的改造——兼论法律体系的三元化结构》，载《法学》1995 年第 1 期。

第二节
传统部门法划分的局限性[①]

任何国家的法律体系都不可能是一成不变的，国家机器就像杀毒软件的病毒库一样，也在做着同样的调整。比如，美国建国两百多年来，它的整个法律体系越来越完善，有人称，如果按照纸的重量来称的话，这些制度都有成千上万吨了。由此我们可以看到，法律制度也是在不断地调整与完善之中。[②]

恩格斯就曾经指出："'法发展'的进程大部分只在于首先设法消除那些由于将经济关系直接翻译为法律原则而产生的矛盾，建立和谐的法体系，然后是经济进一步发展的影响和强制力经常摧毁这个体系，并使它陷入新的矛盾。"[③] 恩格斯在这里指明了经济的发展变化是法律体系发展变化的根本原因。除经济原因外，立法者的法律意识对法律体系的发展变化也有重大影响。[④] 需要特别指出的是，现代的法理学也是在西方经过长时间的推衍，直到中世纪

---

① 关于传统部门法划分的局限性的反思，已经纳入学术研究的视野。综合而言，依据提出时间的先后主要呈现出三种不同的理论应对样态：其一，法律规范系统论；其二，行业法；其三，领域法。其共同的问题意识在于对既有的法学学科分类无法应对社会分工的日益成熟对法律精密化要求的认知。参见李显冬：《溯本求源集：国土资源法律规范系统之民法思维》，中国法制出版社 2012 年版；刘剑文：《论领域法学：一种立足新兴交叉领域的法学研究范式》，载《政法论丛》2016 年第 5 期；孙笑侠：《论行业法》，载《中国法学》2013 年第 1 期。

② 杨思卓：《制度不能一成不变》，载《中国证券报》2013 年 1 月 5 日。

③ 《马克思恩格斯选集》第四卷，人民出版社 1995 年版，第 858 页。

④ 卢云：《法学基础理论》，中国政法大学出版社 1994 年版，第 297 页。

结束后开始，到最近的两个世纪，特别是最近几十年，才逐渐最终形成其现在的体系的。①

一、传统部门法理论的本质

目前的法学基础理论一般都认为：法主要是由各种法律规范构成的，而如果从法律体系的角度来说，法律体系中的各部门法就是由各种同类的法律规范而构成的。②故划分部门法的首要标准就只能是法律所调整的对象，即一定的社会关系的领域。③而这里所谓“法律调整的对象”无非就是指：“法律规范所调整的社会关系。社会关系即人们之间的相互关系，既包括自然人，也包括法人。不同性质的社会关系实际上是指社会关系的不同领域，如政治、经济、文化、民族、家庭、宗教、工业、农业、商业等各个领域。当这些社会关系被法律规范所调整时，就成了法律调整的对象，而不同的社会关系决定了其要由不同的法律规范来调整。”④

可见，在传统法学基础理论中，所谓“法律体系就是将一个国家的全部法律规范（规则），根据一定的标准和原则划分成相互间具有内在联系的各部门法”，反过来看，“这些部门法的整体就是法律体系。故部门法就是法律体系中最大的独立组织部分（单元），它是根据一定标准和原则划分的同类法律规范的总称，如我们通常所说的民法、刑法、诉讼法，等等”。⑤

显而易见，法律部门划分的最大特点，无非就是强调其调整对象和调整手段的相对单一性而已。⑥

① 黄仁宇:《中国大历史》，生活·读书·新知三联书店2001年版，第28页。

② 沈宗灵:《法学基础理论》，北京大学出版社1988年版，第353页。

③ 沈宗灵:《法学基础理论》，北京大学出版社1988年版，第357页。

④ 孙国华:《法理学教程》，中国人民大学出版社1994年版，第380页。

⑤ 沈宗灵:《法学基础理论》，北京大学出版社1988年版，第353页。

⑥ 江平主编、李显冬副主编:《中国土地立法研究》，中国政法大学出版社1999年版，第220页。

二、大陆法系传统的法律部门划分理论的局限

（一）根据社会关系的性质来划分法律部门的标准只能是相对的

传统法律部门划分的理论，不可避免地有其局限性，这主要表现在客观实际要求法律对社会关系作愈益深入细致的调整与法律部门划分不宜过细的矛盾上。

不论古今中外，由于法律所调整的社会关系无所不包，如果依照目前的部门法划分理论，凡是调整特定社会关系的法律规范即可以构成一个法的部门或法律制度。[①] 特别是由于那些作为划分部门法标准的“不同的社会关系”，实际上仅是指社会关系的不同领域，故此种根据法律规范调整的社会关系的性质来划分法律部门的标准实际上只是相对的。由于社会关系复杂交错，彼此联系，依此标准而划分出来的法律部门之间，实际上还是很难截然分开的。[②] 故而必须转变观念，改变狭隘的纯粹法学的方法论，将现行各种自然资源法律规范子系统放到社会经济生活的整体中去考察，放到整个国家法律系统中去考察。[③]

故法所调整的对象亦即社会关系只能是划分法的部门的主要标准，但不能是唯一的标准。再加上构成调整对象的社会关系的多样性，如果仅仅以对象来划分的话，必然会产生数不清的法律部门。在司法实践中，又由于“有的社会关系需要几个法律部门来调整，婚姻关系要受民法、行政法、刑法调整；有的社会关系因调整的法律规范数量有限，还不能成立独立的法律部门，如选举法只能作为宪法的附属部门。故在每个独立的法律部门内还可以进行第二、第三层次的划分，形成某个法律部门的子部门”。[④]

---

① 叶必丰:《论部门法的划分》，载《法学评论》1996 年第 3 期。
② 李显冬:《横向经济联合的综合法律调整》，中国政法大学 1989 年硕士学位论文。
③ 吕忠梅:《论经济法的边缘》，载《法商研究》1995 年第 4 期。
④ 刘金国等:《法学基础理论》，中国政法大学出版社 1989 年版，第 259 页。

（二）调整新的社会关系的法律规范需解决其在法律体系中的归属问题

随着法律社会功能的强化，立法越来越要求具有及时性和针对性。大量地调整新的社会关系的法律规范迅速涌现，亟待从理论上去解决其在法律体系中的归属问题。“民商合一”与“民商分立”，在中国已是老生常谈。[①]诸如，有学者甚至提出，生命法具有自身特殊的调整对象与调整方法，这是其成为独立部门法的法理前提；而调整生命社会关系的现实需要是生命法成为一个独立部门法的重要原因；此外，从我国生命立法建设的现实情况来看，正在将生命法作为一个独立的部门法来加以建设。[②]

于是，人们又不得不对作为部门法划分标准的社会关系再次提出了许许多多新的分类办法。[③]这就使法律调整方法成了划分部门法的又一个重要标准。不过，仅依靠所谓的客观标准来进行划分还是有困难的，因为尽管法律调整对象和方法等这些标准是客观存在的，但部门法毕竟是人们根据这些标准来划分的。在这里必然存在客观存在和主观认识之间的距离问题。

事实上我们也见到，同样的社会制度、经济、文化发展水平的国家，在划分部门法上就存在很多差别。故现实中在划分部门法时仅依靠调整对象和调整方法这两个客观标准是不够的，除以上标准外，还应考虑其他一些原则。当然这些原则也不是可以由划分者自己任意确定的，但毕竟还得通过他们的主观认识和意志才能形成，因此，根据同样的客观标准，但由于遵循着不同的原则，也会导致不同的划分方法。[④]所以在我国法学界对划分部门法问题，虽然学者们都承认调整对象和调整方法两个客观标准，但依然存在很多不同的意见。部门法理论一直是学术界研究的重点。关于部门法划分标准，理论

① 赵旭东:《民法典的编纂与商事立法》，载《中国法学》2016年第8期。
② 刘长秋:《论生命法的独立部门法地位》，载《东方法学》2008年第5期。
③ 江平主编、李显冬副主编:《中国土地立法研究》，中国政法大学出版社1999年版，第220页。
④ 沈宗灵:《法学基础理论》，北京大学出版社1988年版，第358—359页。

界历来有不同的解读和表达，存在诸多不足。[①]

（三）部门法的划分难以避免交叉重叠且仍无法穷尽一切新的可能性

事实上，尽管部门法的划分标准一再增加，却仍无法穷尽一切新的可能性。如果囿于既有的部门法划分的理论框架之中，这样又会使得平行的法律部门越来越多，难以形成一个错落有致的层次结构。[②]

1. 法律部门之间难以截然分开。

既然由于根据法律规范调整的社会关系的性质来划分法律部门的标准只能是相对的，而社会关系又复杂交错，彼此联系，那么所谓的法律部门之间自然很难截然分开。因为事实上，有的社会关系需要几个法律部门来调整。而且由于司法实践的需要，在每个独立的法律部门内往往还需要进行第二层次甚至第三层次的划分。[③]

2. 法律部门之间的交叉重叠事实上无法避免。

部门法的这种再划分有两种形式，一是在某一法律部门内，如宪法部门内，除占主导地位的具有总则性的法律规范外，又有几个附属的第二层次的部门法，如国家机关组织法、选举法等；二是某个独立的法律部门如自然资源法领域中，是由几个平行的低层次的子部门法共同组成，如森林法、渔业法、能源法等，但其中往往需要却没有像宪法部门那样的一个占主导地位的法律规范系统，[④]即所谓“小宪法”属性的各种基本法，亦即某一特定经济领域中的“母法”。[⑤]

作为法律体系中至关重要的宪法，因其特殊目的所形成的根本法地位促

---

① 张美玲、谭金可：《部门法划分理论刍议——兼论职业安全卫生法部门法归属》，载《西部法学评论》2014年第2期。

② 江平主编、李显冬副主编：《中国土地立法研究》，中国政法大学出版社1999年版，第220页。

③ 刘金国：《法学基础理论》，中国政法大学出版社1989年版，第259页。

④ 刘金国：《法学基础理论》，中国政法大学出版社1989年版，第259页。

⑤ 刘素娟：《建立我国税收基本法的思考》，东北财经大学2003年硕士学位论文。

使其在法律体系中不能以部门法的“身份”存在。无论是在部门法的产生、部门法的划分，还是在部门法的实际运用中都应该体现尊重宪法的精神，只有这样才能实现以法律部门为组成单位的法律体系的内部层次分明、协调一致。宪法应在法律体系尤其是法律部门的划分中发挥其统领性作用，以保障社会主义法律体系内部法律规范的一致性、和谐性。[①]

（四）单纯以社会领域的划分作为划分依据难免交叉重叠

1. 单纯以社会领域的划分作为划分依据同样也有弊端。

例如，在目前的经济法著作中，调整经济领域内的各种社会关系的法律规范的总和，即被称为经济法；同理，调整教育、金融、环保、矿业、自然资源、能源、科技、信息等社会领域内的社会关系的法律规范的总和，即被称作教育法、金融法、环保法、矿业法、自然资源法、能源法、科技法、信息法，等等。此种划分的结果，可以毫不夸张地说，就是使我国几乎每一个行政主管部门，都要把一个对口的法律学科主张为由自己主宰的“新的独立的法律部门”。譬如，我国目前实行的食品安全监管模式是分段监管模式，涉及多个部门和环节，造成我国食品安全监管各部门之间存在职能交叉，相互推诿责任的现象；另外，我国食品安全法律法规体制不完善，食品安全标准缺失且未与国际接轨，导致法规之间相互冲突、矛盾等问题日益突出，严重影响我国经济的发展和社会的稳定。[②]故而“食品安全法”是否为新的独立的法律部门的问题应运而生。

2. 社会领域这个范畴在不同视角下其本身就是交叉重叠的。

例如，在经济领域中，本身就不但包含土地领域的法律关系，而且包含契约、雇佣以及建筑、水利、交通、通信等领域的法律关系，而划分法律部门的本意，原本是想通过对现行法律规范的分门别类，使之相互独立，界限

---

① 史华祥：《试论当代中国法律部门的划分标准——兼论宪法在法律体系中的地位》，扬州大学2012年硕士学位论文。

② 徐桃：《我国食品安全规制问题及对策研究》，东北财经大学2010年硕士学位论文。

分明，各司其职。如若如此划分后的法律部门却这样交叉重叠，你中有我，我中有你，那么所谓法律部门何以称其为法律部门？

3. 不能单纯以社会领域来作为法律部门划分的唯一依据。

因为单纯以社会领域来作为法律部门划分的依据，其最大弊端在于，很可能会产生一种有悖于初衷的后果。这就是，基于部门法的划分原则而确立起来的法律部门，还不等自己被社会公认为一个新的独立的法律部门，就会像在经济法中那样，又被自己确立的划分原则分割成了更多新的“独立的法律部门”。①

三、传统法律部门划分有其逻辑方法上的先天缺陷②

（一）逻辑划分就是把属概念分成几个种概念的思维方法

逻辑划分由三部分构成：即划分的母项、划分的子项以及划分的根据。逻辑划分的规则是：每次划分只能使用一个根据；子项相互间须不相容；子项之和等于母项；而且划分结果层次须清晰。法律部门既是对法律体系划分的结果，此种划分自应符合划分逻辑规则，显然，传统法律部门划分理论难以彻底自洽自己的划分逻辑。

（二）作为法律部门划分根据之标准不具有客观确定性

传统部门法划分标准有两条：一是调整对象，二是调整方法；前者为主，后者为辅。这种划分标准及其相应的部门法划分理论更多地源于我们对法国、德国等大陆法系国家已有的民法、刑法、诉讼法等法律规范的提炼和界定，而不是先有调整对象和调整方法的部门法划分标准及其划分理论，才有部门

① 江平主编、李显冬副主编：《中国土地立法研究》，中国政法大学出版社 1999 年版，第 221 页。

② 参见李显冬、王倩：《论法律规范系统理论对构建和谐的法律体系之重要意义》，载纪念钱学森诞生 100 周年 / 全国首届法制系统科学理论研讨会召开 26 周年《全国第三届法制 / 法治系统工程理论研讨会论文集》。

法划分的存在。[①] 法律部门划分的主要标准为法律调整的社会关系，而社会关系作为一个社会中经济、政治等各方面关系的总和，是十分复杂，且互相交叉的多层次主体的结构。[②] 故用同一方法对社会关系进行平面分割，使各个分割界面保持清晰，此事自古难全。正由于社会关系不同领域的划分本身即可多解，而以本身就无法划分清楚的社会关系作为划分法律部门的标准，无疑是用一种本身并不客观的东西当作了客观标准，其合理性本身就颇有疑问了。

（三）法律调整对象与调整方法难以周延导致部门法划分界限模糊

法律调整方法标准的出现，主要在于解决一个法律部门可以调整不同种类的社会关系以及一个社会关系需由不同的法律部门来调整的问题。[③] 由其所负载的任务看，法律调整方法这一标准并不具有完全的普适性。当然，法律调整对象这一标准亦不具有完全的普适性，否则，就不会产生法律调整方法这一标准了。社会关系纷繁复杂，使得社会关系各领域之间相互牵连，这必然造成依此标准所划分的法律部门难以截然分开，而法律部门间交叉重叠，又不符合各子项之间必须不相容的逻辑要求。但很显然，以这种其产生逻辑所形成的传统部门法划分标准，及其划分理论来界定和分析包括经济法在内的晚近产生的部门法，无疑是力不从心的，更何况随着社会的发展，法律所调整的社会关系和调整方法愈益复杂化，部门法所调整的社会关系的交叉与模糊在所难免。[④]

---

① 李昌庚:《中国经济法学的困境与出路——兼对社会法等部门法划分的反思》，载《北方法学》2014 年第 5 期。

② 何文杰:《部门法理论革新论》，载《兰州大学学报（社会科学版）》2007 年第 4 期。

③ 李拥军:《当代中国法律体系的反思与重构》，载《法制与社会发展（双月刊）》2009 年第 4 期。

④ 李昌庚:《中国经济法学的困境与出路——兼对社会法等部门法划分的反思》，载《北方法学》2014 年第 5 期。

（四）传统部门法划分之总和与法律体系既不相应亦不相称

逻辑的相应相称，要求部门法划分得到的子项外延之和要等于母项。法律部门即法律调整对象与方法为标准来对一国现行法律规范进行划分的结果，从定义上看，各法律部门外延之和无疑应等于整个法律体系，但是实际上，现有的各法律部门之和却与法律体系整体并不相应。

（五）法律部门划分所形成的结果层次不清，难以自圆其说

有学者认为，法律部门包括四个层次：第一层次，宪法部门；第二层次，基本法部门；第三层次，包括各基本法律部门的子部门；第四层次，包括第三层次各法律部门的子部门。[①] 这些层次看似清晰，其实不然。法律位阶的合理性关涉一个国家法律体系的统一和法治实践的稳定。虽然，我国现行《立法法》第八十七条至第九十一条已对法律位阶进行了大致划分，但其简单地将“法律位阶”与“法律效力等级”相等同，并存在着划分对象不全、划分标准不一等诸多弊病，这显然不利于法治国家之建设。为此学者提出，应当重新界定法律位阶，并将其功能定位于法律冲突的解决，继而形成确立法律位阶的两大标准，亦即形式标准和实质标准。[②] 似乎这两人标准，与意指法律规范系统的外在形式与其内在表达的理论异曲同工。

随着社会的发展，社会关系的划分会出现新领域，此时就会依照划分标准产生新的法律部门。诸如最近提出的“环保法典”和“自然资源基本法”以及“社会法”诸多划分，如此平行的法律部门越来越多，但始终难以形成一个错落有致的层次结构。[③]

---

① 参见朱景文主编:《法理学》，中国人民大学出版社 2008 年版，第 373 页。

② 张强、梅扬:《论法律位阶的概念及其划分标准——兼议〈立法法〉第 87—91 条的修正》，载《东华大学学报（社会科学版）》2015 年第 4 期。

③ 江平主编、李显冬副主编:《中国土地立法研究》，中国政法大学出版社 1999 年版，第 220 页。

四、传统法律部门的划分还违背了体系划分的逻辑目的[①]

（一）作为划分标准的调整对象和调整方法缺乏独立性和全集性

法律部门划分的目的说到底就是方便人们了解和掌握本国的现行法律。而要达到此划分目的，自需要法律部门相互独立，界限清晰。但是，“无论是调整对象还是调整方法，都缺乏独立性和全集性”。[②]所以，依此标准划分的法律部门不可能不交叉重叠。

此外，鉴于依该标准建立起来的法律部门，不等被社会公认为一个新的独立的法律部门，又被已确立的划分原则分割成了更多的、新的、独立的法律部门，[③]这就导致法律专业人士对现行法律的掌握都尚感困难，更不要说没有法律专业基础的一般大众了。故传统法律部门的此种划分显然无法达到其最初划分之目的。尽管无论在中外，社会化市场经济的发展以及国家积极干预和参与生产、流通过程，都使得经济法现象应运而生，但是由于受到传统法律部门划分理论的束缚，各种所谓的经济法在我国依然尚未能在“正统”的法律体系中谋得稳固的一席之地。在新的社会条件下囿于传统理论之论争，无疑既贻误学术，又有害于经济法的立法实践。[④]

（二）所谓“综合法律部门说”有其内在矛盾亦有悖于划分逻辑

在任何社会里，法律部门都存在相对（不是绝对）的分工。对于同一类社会关系，事实上都需要由不同的法律来予以调整。[⑤]所谓“综合法律部门”其

---

① 参见李显冬、王倩：《论法律规范系统理论对构建和谐的法律体系之重要意义》，载纪念钱学森诞生100周年/全国首届法制系统科学理论研讨会召开26周年《全国第三届法制/法治系统工程理论研讨会论文集》。

② 刘诚：《部门法律论批判》，载《河北法学》2003年第3期。

③ 李显冬：《从〈大清律例〉到〈民国民法典〉的转型》，中国人民公安大学出版社2003年版，第361页。

④ 史际春：《经济法的地位问题与传统法律部门划分理论批判》，载《当代法学》1992年4期。

⑤ 孙笑侠：《兼论法律体系的三元化结构》，载《法学》1995年第1期。

实就是把某些互相联系的法律部门结合起来，使这些部门的相关制度整合起来，或把某些法律部门的规范结合起来而形成的法律体系中的“相对独立部门”。

譬如，教育法是否是独立的法律部门也成为近年来教育法学研究的重要命题。传统法律部门理论导致教育法地位研究陷入困局。教育法“独立说”与“隶属说”都从侧面反映出教育法的基本特点，具有各自的合理性，但却不能完全反映教育法的基本性质。故而提出将教育法纳入综合法律部门的理论。这不仅是传统法律部门理论不断修正，同时又适应新兴法律规范兴起与需要的结果，也是教育立法本身的特点与性质所决定的。

所以，超越传统法律部门理论，以解决实际法律问题为中心，才是法地位研究的价值与意义所在，故走向开放的法体系研究，应成为未来的重要取向。①但是，从传统法律部门划分理论看，对待综合法律部门的态度是矛盾的。从根本上说，它使法律部门的概念及其划分标准失去了确定性，降低了部门法划分的意义，并使一些新兴法律门类的独立地位受到动摇，所以，许多学者反对使用该概念，认为只能称之为“综合法律组合体”或“综合立法部门”，但否定“综合法律部门”的说法，又的确无法解释不同性质的法律规范越来越多地被结合起来服务于某种法律调整目的的现象，这似乎又导致人们实际上不得不面对它的出现。故可见，综合法律部门的理论本身就含混不清。②

五、传统部门法划分是社会发展到一定阶段的产物
——法律体系要体现与时俱进的精神③

传统的法学基础理论又告诉我们，一个国家的立法是否完善，在很大程

① 覃红霞：《教育法地位问题新论——传统法律部门理论的超越与反思》，载《教育研究》2016年第7期。

② 史际春：《经济法的地位问题与传统法律部门划分理论批判》，载《当代法学》1992年第3期。

③ 参见李显冬：《从〈大清律例〉到〈民国民法典〉的转型——兼论中国古代固有民法的开放性体系》，中国人民公安大学出版社2003年版，第162页。

度上要取决于是否有一个完善的法律体系。[①] 第十届人大常委会二次会议上曾一再重申争取在本届人大任期内基本形成中国特色的社会主义法律体系的立法任务，并指出："中国特色社会主义法律体系是以宪法为统帅，法律为主干，包括行政法规、地方性法规、自治条例和单行法规等规范性文件在内的由七个法律部门、三个层次的法律规范组成的统一整体。这个法律体系是动态的、开放的、发展的，而不是禁止的、封闭的、一成不动的。我们的法律体系要体现与时俱进的精神，处理好稳定性和变动性、前瞻性与阶段性的关系。即使到 2010 年中国特色社会主义法律体系形成之后，也还要根据我国经济、政治、社会发展的需要不断进行调整和完善。"[②]

故很清楚，要使整个法随着社会的前进而前进，传统的建立在"民法个人主义"基础上，采取还原主义方法论的法理学，[③] 其所谓法律体系的理论研究自需不断地完善和发展。故而，科学地划分部门法，不但对搞好立法总体规划，而且对完善法律规范体系都有重要的意义。同时，对立法和执法部门也有着直接的应用价值。[④] 譬如，在公共资源交易研究中，似乎就始终存在这样一种两难的境地，即如果不用近代以来的部门法分类体系研究各种公共资源，许多研究往往很难深入，而且不可能系统化；但如果要用现在比较有其完整体系的部门法分类标准去"识读"不同的公共资源领域，却又很难找到或根本找不到完全与之相对应的法典之所在。目前自然资源部成立以后所面临的局面，恰在于此。

---

① 翟勇：《完善我国法律体系有哪些着力点》，载《解放日报》2017 年 11 月 1 日。

② 高民权、万一：《中国特色社会主义法律体系的提出和形成》，载中国法学网：http://www.iolaw.org.cn/showNews.asp?id=25897，最后访问日期：2019 年 6 月 21 日。

③ [苏联] Б. 格里戈里耶夫、刘伸：《原子论与还原论》，载《国外社会科学》1981 年第 8 期；刘敏、董华：《还原论传统的盛行与隐匿》，载《系统科学学报》2011 年第 1 期。

④ 李林：《深入开展中国特色社会主义法律体系理论研究》，载《中国人大》2011 年第 3 期。

第三节
新的“法律系统”观念的引入①

一、商品交换本来就是一项复杂的社会系统工程
——国家经济运行和管理机制的法律化和定型化②

（一）法律本身就是一个社会大系统
——表现为行为规范的社会自我调整体系

1. 法律体系这个词其实是可以从不同的角度来理解的。

“体系”这个词一般是指若干个有关事物相互联系而构成的一个整体，因此有人认为，一个国家既然应当有相对完备的法律，那么法律体系就应是指

① 钱学森将系统工程理论与法治相结合，始于1979年。当年，钱学森在系统工程学术讨论会上做了《大力发展系统工程，尽早建立系统科学的体系》报告，将“法治系统工程”首次纳入系统工程体系。彼时，正值“文革”刚过，鉴于我国法制系统曾遭受严重破坏，钱学森主张要建立法制与法治系统，并可以通过电子计算机和系统工程的方法来促进我国社会主义法制和法治系统工程建设。根据钱学森的设想，法制/法治系统工程首先要构筑我国社会主义的法治传统，即一个以宪法和党章为最高层次，以下由法律、法规、法令等组成的多层次规范控制系统；其次是要防止法律漏洞和相互矛盾的条文，及时修改或补充法律。参见《纪念钱学森诞生100周年“经济—科技—社会—环境—法律”系统协调发展研讨会在京召开》，载《法制日报》2011年10月17日。

② 张维：《纪念钱学森诞生100周年“经济—科技—社会—环境—法律”系统协调发展研讨会在京召开》，载凤凰财经网：http://finance.ifeng.com/roll/20111017/4857216.shtml，最后访问日期：2019年6月21日。

业已完备的法律。也有人认为，如果一个国家的全部法律总是合乎某种逻辑的，那么法律体系就是法律的合乎逻辑的独立整体。更有人认为，假如一个国家有着多种不同的法律渊源，如宪法、法律、行政法规、地方性法规等，那么这些法律渊源的分类就可以称为法律体系。还有人认为，其实法律本身就是一个系统工程，[①] 公共资源法律体系就是法律系统工程或法制系统工程，不一而足。[②]

2. 系统科学已成为现代科学技术体系中一门十分重要的新兴学科。

在钱学森、宋建等科学家们的大力倡导和推动之下，系统工程这门科学在我国已有了很大发展。[③] 它不仅吸引了大批自然科学工作者，而且从事社会科学、军事科学、管理和决策研究的许多专家和实际工作者也都对系统科学产生了浓厚的兴趣。20 世纪 70 年代末，我国自然科学家和法学工作者携手合作，首次提出建立"法律系统论"的大胆设想。经过几年的理论开拓，法律系统论已渐具雏形，引起国内外法学界和自然科学界的重视。[④]

故我国法学界不少同志很早即已在法律研究中突破了过去单一的部门法划分理论，开始引入了法律规范系统的新的法学概念，[⑤] 使法律体系理论的研究有了新的发展，从过去一些无法解脱的矛盾中跳了出来，得到了快速的完善和发展。可以说，要想对诸如中国古代有无民法，或者经济法是否为独立的法律部门这一类问题，给予一个正确的答案，无疑也得从法学基础理论研究着手，在对法的部门划分和法律体系的理论研究的梳理之中，才可能搞清楚。

毋庸置疑，系统控制的理论和实践是 20 世纪对人类科学活动、生产活动和社会生活发生重大影响的科学领域，但中外许多著名的系统论专家均

---

① 王利明:《依法治国正在从法律体系迈向法治体系》，载《法制日报》2014 年 10 月 29 日。

② 沈宗灵:《法学基础理论》，北京大学出版社 1988 年版，第 352 页。

③ 参见钱学森:《创建系统学》，山西科学技术出版社 2001 年版;《钱学森论系统工程》，湖南科技出版社 1988 年版。

④ 朱勇:《中国法律的艰辛历程》，黑龙江人民出版社 2002 年版，第 441 页。

⑤ 程玉:《矿产资源开发生态补偿法律规范系统》，载《石家庄经济学院学报》2015 年第 4 期。

早已指出：关于系统的某些观念和实践早在两千年前的中国和欧洲即已出现，只不过作为一门现代科学，它的产生和发展起源于近代自然科学和技术科学的成就罢了。[①]显然，把社会作为有机整体的社会系统的范畴、理论和方法并不是现在提出来的，它们在哲学、社会学和更为具体的科学中早已存在。[②]

其实，社会学家在对历史上许多种类型的法制制度作某种综合性研究的时候，会使用一个重要的概念：合理性。这是一个含义丰富的概念。它可以简单地用来指依据规则或者原则的统治，也可以指受理智控制的解决纠纷的手段。有时，合理化是指建立在“意义之抽象阐释”基础上的法律分析方法；有时，它又是指法律秩序的系统化特征。[③]无疑，随着控制论、信息论、系统论、耗散结构理论等现代系统科学在社会领域中的推广和应用，现代系统科学中也孕育和发展了社会系统的思想和方法。[④]

3. 法律作为一个大系统仅是社会巨系统中的一个子系统。

系统论的学者将社会视为一种要素众多、层次复杂、关系错综、目标功能多样的巨系统。人们可以从不同的划分中，寻找出不同的要素，建构起不同的描述。[⑤]故而法律大系统仅是社会巨系统中的一个子系统，其与政治系统、文化系统等进行着频繁的信息与物质交流，正是通过其与社会其他子系统的多方向交流，我们才可以了解整个社会的变化，进而不断改变自身的内容，协调社会巨系统的内部关系。[⑥]中国学者关于法律体系的观点，实际上仅强调了对现行法律规范的部门划分及其整体性，而忽略了法律体系本身是一个

① 宋健：《科学与社会系统论》，山东科学技术出版社1991年版，第3页。

② 吴元樑：《社会系统论》，上海人民出版社1993年版，第1页。

③ 梁治平：《寻求自然秩序中的和谐——中国传统法律文化研究》，中国政法大学出版社1997年版，第321页。

④ 吴元樑：《社会系统论》，上海人民出版社1993年版，第4页。

⑤ 吴元樑：《社会系统论》，上海人民出版社1993年版，第24页。

⑥ 朱勇：《中国法律的艰辛历程》，黑龙江人民出版社2002年版，第447页。

母系统，它是由若干个子系统组成的基本事实。①

而从现代民法理论来看，完备的民事法律体系当然是国家经济运行和管理机制的法律化和定型化的最重要内容。法不但是经济手段的最高表现形式，各种经济手段最终都需要通过法律规范进行抽象和概括，而且，法同样是行政管理手段的最高表现形式。行政手段的形成离不开行政法，行政手段的实现，即各种行政决定、命令、指示、规章等广义的行政性法规，本身就是法的具体的表现形式。显然，凡是人们在商品交换活动中，对某一规律性的问题认识越深刻、越充分，或者说某种经济杠杆或管理方式越重要、越成熟，就越需要用法的形式将其固定下来。②

于是，我们身处其中的社会就如此被看成一个具有多层次结构的，通过内在矛盾的解决而发展着的，并且在自我调节的基础上来发挥功能的有机巨系统。事实上任何一个社会在客观上都要求具有社会调整系统，以满足社会生活的一般需要。社会发展的内在属性，自然不可避免地表现为了一定的行为规范系统。而所谓社会调整，实际上不过是指一定的行为规范体系按照一定的方向和目标，把社会主体的行为纳入一定的轨道和秩序之中。③

不言而喻，法律规范体系也是其中重要的一种行为规范体系。法律规范作为一种被构建起来的概念系统，应当强调其是能够独立地发挥调整功能的最小单位。④故根据系统理论，社会作为一个极端复杂、高度完善的超级巨系统，其内部各构成部分按其职能分工，互相配合，维持着社会巨系统的正常运转。以各种社会关系为调整对象的强制性行为规范——法律，在社会中无疑也自成体系，构成了完整的法律系统。⑤

---

① 李林：《中国法律体系构成》，载百度文库：https://wenku.baidu.com/view/ee08d87f03020740be1e650e52ea551810a6c9f8.html，最后访问日期：2019年6月23日。李林：《努力建构中国特色法学体系》，载中国法学网：https://www.chinalaw.org.cn/Column/Column_View.aspx?ColumnID=956&InfoID=24645，最后访问日期：2019年6月23日。

② 江平主编、李显冬副主编：《中国土地立法研究》，中国政法大学出版社1999年版，第226页。

③ 佟柔、王利明主编：《社会主义商品经济法律调整》，中国检察出版社1991年版，第1页。

④ 余文唐：《法律规范的逻辑结构新论》，载《法制与社会发展》2007年第1期。

⑤ 朱勇：《中国法律的艰辛历程》，黑龙江人民出版社2002年版，第441页。

4. 整个法律体系均应完全可以根据理性的法则进行推演而获得。

法律当然应该扎根于法官和律师的头脑之中，因为只有法官和律师可以方便地检索到法律，才有可能谈得上他们恰当地进行司法活动的问题。法典可以使得律师和法官能够更为容易地获得可以处理各种案件的明确的法律规范。所以，一部法典不但能够为学者提供一个统一的研究文本，还可以为学术的积累提供便利。所以法典对于法学教育具有巨大的积极意义，[①]并有助于培养人民健全的法律意识。正因如此，逻辑推演的必然结论只能是，既然法律不过是理性的产物，那么很自然的，整个法律体系完全可以根据理性的法则进行推演而获得。[②]因为从社会学的角度来看，法律也是社会发展的产物，而社会本身就是一个相互联系、相互制约的巨系统。[③]

但同时，法律体系本身又是一个动态的而且是不断整合的过程。正如日本民法学家北川教授所说："民法的现代图像极富有变化，且内容复杂。古典的民法图像以其抽象的概念和制度成为自我完结的学问体系。"[④]特别是改革开放之后，中国特色社会主义法律体系的形成为研究中国法律体系的结构、特色和发展趋势奠定了现实基础。许多学者均提出，可把规范性法律文件的归属和法律规范的性质两个方面作为研究法律体系的框架。[⑤]可以认为，清末改制中"西法东渐"而来的法律部门的划分，显然就是这种法律规范系统构建变更的直接成果。可以认为，以"六法全书"为代表的部门法划分模式，在目前两大法系相互影响和相互融合的大形势下，业已成为束缚我们正确理解现有法律体系的桎梏。

---

① 薛军：《蒂堡对萨维尼的论战及其历史遗产》，载徐国栋主编《中国民法典起草思路论战——世界民法典编纂史上的第四次大论战》，中国政法大学出版社 2001 年版，第 404 页。

② 薛军：《蒂堡对萨维尼的论战及其历史遗产》，载徐国栋主编《中国民法典起草思路论战——世界民法典编纂史上的第四次大论战》，中国政法大学出版社 2001 年版，第 407 页。

③ 曲阳等：《外来法与本土法——全国外国法制史研究会第十三届年会综述》，载何勤华主编《法的移植与法的本土化》，法律出版社 2001 年版，第 610 页。

④ 王利明：《合久必分：侵权行为法与债法的关系》，载徐国栋主编《中国民法典起草思路论战——世界民法典编纂史上的第四次大论战》，中国政法大学出版社 2001 年版，第 360 页。

⑤ 朱景文：《中国特色社会主义法律体系：结构、特色和趋势（英文）》，载《Social Sciences in China》2011 年第 3 期。

（二）法律体系本身所具有的多层次性
——没有层次及其相互关联就没有体系

1. 所有现代的法律体系本质上均是多层次的。

如果我们考察一个国家的法律体系的话，就会发现，各法律部门其实并不具有同等的地位，而是具有层次性的。层次是系统科学的重要概念，从某种意义上讲，系统科学就是研究层次之间相互联系、相互转化规律的。[①] 由于法律部门所调整的社会关系的性质和内容的不同，人们将其分为了不同的层次，自然，没有层次及其相互关联，就没有体系，没有系统。

我国社会主义法律系统具有多层次、多因素的复杂结构。系统的顶端即宪法，宪法作为根本法，它是基于人民主权原则制定的，与立法机关制定的法律等其他法律形式具有完全不同的法律特性。宪法作为根本法是其他一切法律形式赖以产生和存在的法律依据，“合宪性”是宪法对其他一切法律形式的正当性提出的最基本要求。

宪法无疑在一个国家法律体系中居于核心地位，在一个国家的法律形式体系中，宪法是居于最顶端的具有最高法律效力的法律形式。由于宪法在法律效力上和法律形式上与其他法律形式的法律特征相区分，所以，在法理上不宜将宪法视为一个与行政法、刑法、民法、诉讼法等部门法相提并论的独立的法律部门，宪法应当在法理上作为各个部门法的法律原则而存在，宪法对社会生活的各个领域都具有根本法的法律约束力。[②] 其规定我国基本的政治制度以及国家与公民在政治生活中的社会地位。

宪法之下，基本法构成了法律系统的第二层次，其中每一个子系统均以某一类社会关系为调整对象。各类行政法规及地方性法规构成法律大系统的第三层次和第四层次，每一层次又自成系统，按照由上而下、逐层统辖，由下而上、节级补充、具体化的原则，组成多层次、多因素的法律大

① 顾文涛、王以华、吴金希：《复杂系统层次的内涵及相互关系原理研究》，载《系统科学学报》2008年第2期。

② 莫纪宏：《论宪法与其他法律形式的关系》，载《上海政法学院学报》2007年第6期。

系统。[①] 显然应以宪法作为其他部门法的统帅，以基本法部门和基本法以外的其他部门为主干，以基本法部门的子部门为其具体基础要素。它们构成了以宪法为中心的层次分明、和谐一致的法律体系。[②] 即在法律系统内部，以其调整的社会关系性质为标准，不但可划分为不同的法律部门，包括民法、刑法、婚姻法、环保法、商标法、专利法等，且每一部门法均可作为法律母系统所属的子系统，实现着自身母系统内部的专门职能。使各系统纵向相互统辖，其职能由粗而细；而横向能使它们互相配合，涉及社会生活各个方面。纵横交错，高下相叠，组成一个类似生命的、由不同层次有机组织在关联活动中形成的统一整体。[③]

2. 狭义的市场交换的立法亦即所谓商品交换体制的确立问题。

即使在中国古代也要综合运用各种基本法律手段，依现今标准称之为行政法、刑法、民法等，来对当时商品交换的运行、管理、监督等的制度和方法予以确认，所以在中国古代当然也会有今之所谓商品交换体制的确立问题，这无疑也就是狭义的市场交换的立法。与此相对应，在经济手段里有市场经济管理的各种经济杠杆的法律化和制度化的问题。市场经济是法治的经济基础，法治是市场经济的内在要求。法治的发展是市场经济社会运动的逻辑表现——权利与权力结构优化直接推动的。所以，选择了市场经济就选择了法治，选择了法治必须选择市场经济。同时，法治通过确认和维护市场经济关系，保护自由竞争，约束政府行为，弘扬与市场经济相符合的人文精神，为市场经济的发展创造条件；通过确立市场主体的地位，规范市场主体的行为，培育健全的市场体系，促进社会保障事业的发展，促进市场经济的不断完善。[④] 在商品交换的行政管理中，任何时代显然都得搞好有关的行政立法，解决依法治吏的问题。可以说这些必然会共同构成整个市场交换体制的“确认功能层次”，即广义的民事立法层次。

---

① 朱勇:《中国法律的艰辛历程》，黑龙江人民出版社 2002 年版，第 443 页。

② 刘金国:《法学基础理论》，中国政法大学出版社 1989 年版，第 259 页。

③ 朱勇:《中国法律的艰辛历程》，黑龙江人民出版社 2002 年版，第 441 页。

④ 陈琦:《社会主义市场经济与法治建设研究》，中央民族大学 2004 年硕士学位论文。

显然，民法规范系统和经济行政法规范系统以及部分财政、税收、金融、劳动、环保性质的诸法律规范系统对于经济关系所表现出的功能，主要是调整作用；而调整自然资源这类经济关系的刑法规范系统对于经济关系所表现的功能，主要是确认和保护的作用。①

3. 除了法律的调节功能层次，它还有保护功能层次。

从现代法律体系的理论来看，法律制定以后，就是实施问题了，对市场交换中的各种社会关系的调整自不待言。与法的这种调节功能一样，经济手段对市场交换的调节作用更为直接和明显。在行政手段里，政府行政管理也具体表现着对国家某一特定的市场交换社会关系的直接调整。可以说，这些都构成了社会整个商品交换中的调节功能层次。

法的保护功能，人所共知。除此之外，行政手段中的惩处职能，特别是行政司法等，同样发挥着对商品交换秩序的保护作用。至于在经济手段里，税收、价格等，同样对商品交换体制的正常运行起着有力的保护作用。②

如前所述，在自然资源法律规范体系中，有大量的法律规范规定着不同的法律关系主体地位及其权利义务；同时，立法体系同样可以按照颁布规范性文件的效力范围而划分成多层次的等级体系，或称规范性文件的效力的等级体系，那么按照所谓的法律规范调整的社会关系和调整方法的不同，为什么就不能对其做出同样的划分，因此就认为它们同样应当属于某一特定的法律部门呢？当然，确切地说应称之为“系统”。

（三）法的体系与立法体系具有不同的结构

——规范性文件与法律规范部门是不同的组合分类

1. 法律规范与由其组成的规范性文件并非同一概念。

立法体系不等同于法的体系。立法体系是国家制定并以国家强制力保证实施的规范性文件的系统，如宪法、法律、行政法规、地方性法规等构成的

① 佟柔、王利明主编：《社会主义商品经济法律调整》，中国检察出版社1991年版，第62页。

② 参见江平主编：《中国矿业权法律制度研究》，中国政法大学出版社1991年版，第123页。

系统。立法体系与法的体系有不同的含义：法的体系是历史上形成的法的内容方面的结构，立法体系是作为法的表现形式的规范文件系统。

即使在传统法学基础理论中，法律体系与立法体系也并非一回事。“立法体系是指国家制定并以国家强制力保障实施的规范性文件的系统。立法体系实为法律渊源或法律形成的体系，即按照法律规范的表现形式——规范性文件的分类组合所形成的统一整体；而法律体系则是按照法律规范的分类组合而成的统一整体，由法律部门组成。”①

为此，正确地理解法律部门划分与规范性法律文件的区别是非常有意义的。现代各国之中，有的法律部门的名称是用该部门基本的规范性法律文件的名称来表述的，如刑法部门就是用刑法这个规范性法律文件的名称表述的。但是单一的规范性法律文件不能包括一个完整的法律部门，作为一个法律部门的刑法部门绝不仅仅指刑法典，而是指所有刑事法律规范的总和。当然，这方面的法律规范主要存在于刑法典中，但也包括其他法律文件中的刑法规范，可能还包括属于其他法律部门的规范。例如，大量的经济法、行政法的规范性文件中都含有规定刑事责任的刑法规范，这也说明了法律部门与规范性法律文件的不同。这再一次说明法的外在形式的表达，与其内在系统的构成事实上是两个不同的层次。

2. 法律规范与法律规范文件两者之间划分的标准并不相同。

法律规范作为法律体系的基本单元，是法律体系之所以能够产生调整、规范和引导行为作用的关键，也是法律关系之所以产生和存在的基本依据。②一般都认为，立法体系是按照颁布规范性文件的效力范围而划分成的多层次的等级体系，或称规范性文件的效力的等级体系；而法律体系则是按照法律规范调整社会关系和调整方法的不同而形成的法律部门及其所组成的统一整体。③法律体系作为由本国部门法构成的整体，其主要是指每个国家的整个法

---

① 王天木:《法理学精要》，人民法院出版社2000年版，第247页。

② 李林:《中国法律体系构成》，载百度文库: https://wenku.baidu.com/view/ee08d87f03020740be1e650e52ea551810a6c9f8.html，最后访问日期: 2019年6月23日。

③ 卢云: 高等政法院校规划教材《法学基础理论》，中国政法大学出版社1994年版，第298页。

律，即每一个国家的全部国内法，而且是业已生效的国内法。[①]其根据一定的标准和原则划分成相互间具有内在的，即规律性联系的各个部门法，而这些部门法的整体就是法律体系。或者简单地说，法律体系就是部门法体系。[②]同时，由于立法体系与法律体系又有着密切的联系，在立法体系中，法典式的规范性文件如民法典、刑法典或诉讼法典等所调整的社会关系，同相应的法律部门所调整的社会关系并无二致。特别是在现代，除实行判例法为主的国家外，其他国家的法律部门的形成往往都是以制定出法典式的规范性文件为标志的。故一般情况下，法律体系与立法体系的区别并不是绝对的，两者几乎没有不可逾越的界限。[③]

反过来，有不少规范性法律文件按规范的性质与现有法律部门并不完全吻合，从不同角度是可以将其归为不同的法律部门的，因而产生了如何判断其部门法的归属问题。对这类法律，应根据该文件内容的主导性质来划分，如《专利法》从属于对专利事项进行行政管理的法律角度，可划归到行政法部门，但其主导的调整作用是保护公民个人知识产权，故人们一般是将其列入民法部门的。

3. 商品交换高度的复杂化要求法律体系结构的系统化。

整个商品交换体制包括公共资源交易体系，无论古今中外，除了这种管理功能的层次结构，三种管理手段既相互区别又相互联系而表现出来的综合性，以及整个商品交换体制的特定的目的性等都雄辩地说明，商品交换本身就是一项复杂的社会系统工程。社会关系的高度复杂化必然要求法律体系结构的更加深入和一体化。[④]

所以，我们在研究法律体系结构的理论研究时，自然应当更自觉地运用系统论的观点和方法，来探求各种法律对商品交换领域自包括公共资源交易实行综合调整时的规律性的特点。在对各种法律领域的考察中，绝不能把法

① 沈宗灵:《法学基础理论》，北京大学出版社1988年版，第353页。
② 宛吟竹:《当代中国法律体系的反思与重构》，黑龙江大学2008年硕士学位论文。
③ 卢云：高等政法院校规划教材《法学基础理论》，中国政法大学出版社1994年版，第298页。
④ 参见江平主编、李显冬副主编:《中国土地立法研究》，中国政法大学出版社1999年版，第227页。

的体系和立法体系相混同，也不能把法的外在形式与其内在表达混为一谈。“法的体系指的是历史地形成的法的内部结构，而立法体系（或称规范性文件体系、法律渊源体系）则是指法的外在表现形式的系统，二者是内容与形式的关系。立法体系反映法的体系，以法的体系为基础，但并不等于法的体系。在编纂完整法典的传统的立法部门（如刑法、民法等），法的部门与立法部门基本上同名，但内容不完全相符，立法部门的大部分规范属于一个法律部门，但不包括该法律部门的全部规范。法的体系的基本因素是法律规范和法的部门，立法体系的基本因素是法律条文及规范性法律文件。法的体系是立法者最理想的样式，而立法体系则是现实法律文件的组合体。”①

故而可以认为，既然法的体系与立法体系具有不同的结构，规范性文件与法律规范部门又是两种不同的组合分类，所以，正像中国古代没有冠名为“民法”的法律规范文件，并不能因此就得出结论说，中国古代就没有民法；同理，我们现在并没有冠以自然资源法典的法律规范性文件，也并不能说，我们的社会系统中就没有自然资源法律规范系统。

（四）系统分析方法为法学研究带来新的研究方法

1. 系统分析方法来源于系统科学。

系统分析方法（System Analysis Method）是指把要解决的问题作为一个系统，对系统要素进行综合分析，找出解决问题的可行方案的咨询方法。系统科学是20世纪40年代以后迅速发展起来的一个横跨各个学科的新的科学部门，它从系统的着眼点或角度去考察和研究整个客观世界，为人类认识和改造世界提供了科学的理论和方法。最初，系统分析是咨询研究的最基本的方法，我们可以把一个复杂的咨询项目看成系统工程，通过系统目标分析、系统要素分析、系统环境分析、系统资源分析和系统管理分析，可以准确地诊断问题，深刻地揭示问题起因，有效地提出解决方案和满足客户的需求。

系统一词来源于古希腊语，意思是由部分构成整体。今天的科学家们对

① 孙国华:《法理学教程》，中国人民大学出版社1994年版，第374页。

系统的界定多达几十种，比较通行的系统定义为：由若干要素以一定结构形式联结构成的具有某种功能的有机整体。系统分析方法是美籍奥地利人、理论生物学家贝塔朗菲于1937年创立的“系统论”的一种延伸，其核心思想是系统的整体性，即系统是一个有机整体，而不是各个部分机械地、简单地相加，部分之间是存在一定的逻辑上的联系的，这使得部分组成的整体大于部分之和。但是“系统论”并未停留在这一哲学认识层面，系统分析方法进一步将作为整体的“系统”分解为“要素”，同时关注作为系统存在条件的“环境”，研究系统、要素和环境之间的整体性、关联性、动态平衡性、等级结构性、时序性等特征，探求系统的结构与系统功能之间的联系。①

在法学研究中，我们不能仅仅将其只立足于某一要素自身的分析，还要将其置于其所处的环境、体系之中，“瞻前顾后”，以此才能分析其存在的全面意义和作用。系统分析方法实现了思维方式的深刻转变，跳出了西方由来已久的分析主义传统，使人们有可能更加真实全面地把握研究对象。

2. 法律体系概念理论及其结构已不能适应发展变化了的法律规范体系内容。

论及法学研究，首先进入我们脑海里的即所谓法律体系与法律部门的概念，但是随着经济与社会的发展，民众的生活内容较传统而言已经有了质的改变。加之我国在新时期面对的各种错综复杂的政治、经济、社会问题，传统的法律部门理论对法律体系的划分已经越来越凸显其局限，原有的法律体系概念、理论及其结构已经不能满足我们现已发展变化了的这样一种规范体系的内容。② 为了促进法律与社会经济的协调发展，相当多的学者将系统分析方法引入了法学研究领域。③

有学者指出：“过去将法律渊源区分为正式的法律渊源和非正式的法律渊源的分类理论，已经失去了法律依据和理论依据而遭到破解。在一种规范已

① ［美］路·冯·贝塔朗菲、王兴成：《普通系统论的历史和现状》，载《国外社会科学》1978年第2期。

② 刘作翔：《规范体系：一个可以弥补法律体系局限性的新结构体系》，载《人民法院报》2012年7月20日。

③ 王新举：《论我国社会主义法制建设的系统特征——以中国传统法制为切入点》，载《巢湖学院学报》2008年第9期。

经被法律明确确立为行为依据和裁决依据的情况下，将它仍称为非正式的法律渊源就已经失去了依据，同时，原有的‘正式的法律渊源’也随之破解。我们不能对这样一种客观现象熟视无睹。我们应该寻找一种新的可以弥补法律体系局限性的新的概念、理论和结构，这种新的概念、理论和结构即‘规范体系’的概念，它可以将法律所确认的规范类型包含进去，形成一种新的理论和结构，即规范体系的理论和结构。”①

3. 法系统是一个由互赖而又互动的各类要素所组成的有机整体。②

系统概念揭示了其整体性、层次性与动态性的特征，基于该特征形成了一般的系统分析方法，即主要是通过把系统视为一个整体，来分析系统内部的各个子系统之间，以及系统与环境或其他系统之间的互动、沟通，特别是通过对系统内外存在的输入、输出、反馈、调适等问题，以及系统的结构和功能问题的分析，来对系统的存续和完善等问题作出适当的判断。③“系统”这个概念是系统工程中的关键性的基本概念或基本范畴。④系统往往是一个多级和多层次的复杂结构。现代系统论的基本思想就是要把各种分散的力量集合起来，组成一个有机整体，以便充分发挥它们的功能作用。⑤

在法律规范系统中，它的组成单位是规范类型，由此而形成一种规范结构，并且形成一种新的位阶关系。“规范系统”的概念、理论和结构可以避免原有的“正式的法律渊源和非正式的法律渊源”的分类理论所存在的弊端。⑥

① 刘作翔：《规范体系：一个可以弥补法律体系局限性的新结构体系》，载《人民法院报》2012 年 7 月 20 日。

② 张守文：《经济法系统的系统分析》，载北大法律信息网：http://article.chinalawinfo.com/Article_Detail.asp?ArticleID=29869，最后访问日期：2010 年 10 月 9 日。

③ 张守文：《经济法系统的系统分析》，载北大法律信息网：http://article.chinalawinfo.com/Article_Detail.asp?ArticleID=29869，最后访问日期：2010 年 10 月 9 日。

④ 罗辉汉：《法制系统工程及其研究途径》，载熊继宁、何玉、王光进主编：《法制系统科学研究》，中国政法大学出版社 1987 年版，第 64 页。

⑤ 李昌麒、周亚伯：《怎样运用系统论研究法学问题》，载《现代法学》1984 年第 1 期。

⑥ 刘作翔：《规范体系：一个可以弥补法律体系局限性的新结构体系》，载《人民法院报》2012 年 7 月 20 日。

按照新的法律规范系统，规范的位阶由高到低分别是：法律、行政法规、司法解释，最后可以是习惯。这四种规范类型都是被法律所确认了的规范类型，并组成了一种新的规范结构，并且形成了一种新的位阶关系，即每一种后位阶规范类型的适用须以前一种位阶的规范类型缺位为前提。①

二、"法律规范系统"特有的综合立法结构②

（一）系统论中系统的概念
——宇宙万物的存在方式

按照系统论的观点，所谓系统，是指由要素组成的具有特定结构、性质、功能的整体，是宇宙间万事万物的一种存在方式。③凡按一定的秩序或因果关系相互联系、相互作用和相互制约着的一组事物所构成的体系，都可称之为系统。④这样一组相互联系，相互作用的元素，通过一定的结构集合在一起，以整体的方式与环境相互发生作用而表现着自己特定的功能。而且系统内还可以包含各种子系统。所以，如果我们依系统论的思路来考察的话，像自然资源开发利用的这样一些相互联系、相互作用的调整自然资源这一特定社会领域中的各种社会关系的法律规范群，无疑完全可以将其看作一个法律规范的系统。

法律仅仅是社会调整系统中的一个子系统，但是它作为体现掌握国家政权的统治阶级意志的国家意志，也有其自身特定的调整体系，以便确立起有利于统治阶级的社会秩序，使社会成员摆脱单纯偶然性和任意性的羁绊。⑤法律调整的基本价值目标，就是要合理地调整在自然资源这一领域，个人与社

---

① 刘作翔：《规范体系：一个可以弥补法律体系局限性的新结构体系》，载《人民法院报》2012年7月20日。

② 参见李显冬：《从〈大清律例〉到〈民国民法典〉的转型——兼论中国古代固有民法的开放性体系》，中国人民公安大学出版社2003年版，第176—184页。

③ 吴元樑：《社会系统论》，上海人民出版社1993年版，第23页。

④ 宋建：《科学与社会系统论》，山东科学技术出版社1991年版，第4页。

⑤ 翁其银：《用系统观点研究我国社会主义初级阶段的法律体系》，载《河北法学》1988年第1期。

会、个人与国家之间的相互关系，并以此为根据建立富有效率的法律调整机制。法律调整就是通过调整个人与社会关系，赋予社会主体以一定权利并使其承担相应的法律义务的方式，进而达到调整社会关系的目的。换言之，所谓法律调整，乃是由国家所决定的某种社会关系参加者的一般行为模式，以及实现该模式的各种必要的法律手段。①

（二）法律规范系统的结构性
——系统结构将其要素联结成为有机的整体

公共资源交易法律规范是通过其特有的综合立法的结构而集合在一起的，因而具有了系统的结构性。② 系统论认为，系统的行为不仅依赖于它的各组成部分即子系统本身的特性，更取决于后者之间的相互作用顺序和方式，即所谓系统的结构。系统结构的变化可能导致完全不同的系统行为。③ 故进行社会系统分析不仅要分析组成系统的要素，还应该分析要素按一定的关系所组成的结构。④

法律规范系统的各个组成部分之间的联系方式和作用形式的总体，就是法律规范系统的结构。法律规范系统的结构一般是由三种因素决定的：一是法律规范系统组成部分的性质；二是法律规范系统组成要素的数量；三是法律规范系统组成要素的联结方式。这三种因素中只要有一种发生了变化，法律规范系统的结构就会发生变化。法律规范系统的结构是维持法律规范系统整体的不变量，法律规范系统的稳定性主要来自其结构。显然是结构把法律规范系统联结成为有机的整体，使法律规范系统具有了内在的规定性。⑤

法律规范系统是社会的上层建筑系统中与国家体系、政策体系、道德体

① 佟柔、王利明主编：《社会主义商品经济法律调整》，中国检察出版社 1991 年版，第 3 页。
② 参见江平主编：《中国矿业权法律制度研究》，中国政法大学出版社 1991 年版，第 124 页。
③ 宋建：《科学与社会系统论》，山东科学技术出版社 1991 年版，第 11 页。
④ 吴元樑：《社会系统论》，上海人民出版社 1993 年版，第 40 页。
⑤ 李林：《中国法律体系构成》，载百度文库：https://wenku.baidu.com/view/ee08d87f03020740be1e650e52ea551810a6c9f8.html，最后访问日期：2019 年 6 月 23 日。

系等并列联系的相对独立的系统。故而，由于调整的社会关系的性质不同，或者调整社会关系的方法不同，各种法律规范分为不同的法律部门，每一个法律部门同时就可以视为由调整同一社会关系或采取同一调整方法的各种法律规范组成的一个子系统，即部门法系统。例如，行政法子系统、民法子系统、经济法子系统、刑法子系统、诉讼法子系统等。而且在每一个部门法系统中，由于调整同一社会关系的不同方面，各种法律规范又分为不同的法律制度。每一种法律制度也就成了由调整同一社会关系的同一方面的各种法律规范组成的一个子系统，即法律制度规范系统，如民法子系统中的所有权制度规范孙系统、债权制度规范孙系统，诉讼法子系统中的审判制度规范孙系统、辩护制度规范孙系统等。①

（三）法律规范系统内部的统一性
——旨在使社会关系得以统一调整

法律体系内部包含若干个子系统，划分为部门和制度，这是法律系统的一个重要特征。与此相适应，法律规范系统即产生了另一个重要特征，即内部统一性。法律规范系统的内部统一性表现在下列方面：②

1. 法的指导思想和原则的统一。

组成法律体系的各种法律规范虽然具有各自的规定性，但它们都必须遵循立法的指导思想，亦即体现在法律规范中的指导思想应当是统一的。法律规范系统内部包含着若干层次的法之原则，这些原则相互之间具有着内在的统一性。③

2. 法律概念和法律术语的统一。

法律规范系统内部无疑得有一系列与其调整对象相适应的法律概念和法律术语。这些法律概念和法律术语的使用必须统一。法律概念是指在法律规范中出现的，用来反映法律规范所调整的事件或行为的特有属性的概念，也称法律

① 佟柔、王利明主编:《社会主义商品经济法律调整》，中国检察出版社 1991 年版，第 58 页。
② 佟柔、王利明主编:《社会主义商品经济法律调整》，中国检察出版社 1991 年版，第 58 页。
③ 薛鹏:《理念、现实与制度的统一——论党的十八届四中全会关于法治论断的科学性》，载《观察与思考》2015 年第 2 期。

专门术语。它是构成法律体系的最基本要素，由其自身的特有属性所决定。[①]

3. 基本规范和具体规范之间所具有内在的统一性。

一个国家的法律体系的各个部门之间既存在着差别，又存在着内在的统一性。[②]在法律体系中宪法性规范按照严格的法律规范等级具体化为具有较少普遍性的具体规范，反过来看，各种具体规范又都是宪法性规范的具体化。社会系统诸要素处在复杂的相互作用之中，每一项既可以成为其他各项变化的原因，也可以成为其他各项变化的结果。[③]故而法律规范之间所具有的密切联系，使其中一些规范的遵守、执行或违反必然引起其他规范发挥作用。所以正是法律规范系统的内部统一性才使社会关系得以统一的调整，并保证了整个社会的相对稳定。

（四）法律规范系统的整体功能性
——其要以整体的形式来发挥作用

法律体系的形成是全面推进法治国家建设的硬件和前提要件。依法治国，前提是要建立科学完备的法律体系，实现有法可依。构建法律体系，有利于实现法制的统一性。[④]构成法律体系的各个组成部分的若干子系统，乃至于各种法律规范要素之间，是通过相互作用而有机地结合成为一个整体的。

具体的法律制度同样也是调整同类社会关系的法律规范的总称，如所有权制度、契约制度等，这些制度同法律部门既有联系又有区别。法律制度中包含的法律规范及其调整社会关系的范围比法律部门要窄，往往按照其调整社会关系的主导性质从属于某个法律部门，同时又分属其他几个部门，如所有权制度属于民法部门，但也涉及行政法、刑法等部门中有关该法律制度的

① 邵健：《法律概念特点的辩证体现》，载《政法论丛》2005年第1期。

② 朱景文：《关于中国特色社会主义法律体系的几个理论问题——概念、部门和渊源》，载全国人大常委会法工委编：《中国特色社会主义法律体系学习读本》，新华出版社2011年版。

③ 吴元樑：《社会系统论》，上海人民出版社1993年版，第64页。

④ 李亮：《法律体系到法治体系：从“建构理性主义”到“进化理性主义”——以中共十五大到十八届四中全会政治报告为分析基点》，载《甘肃政法学院学报》2014年第6期。

规范。“实际上，法律制度是若干部门的法律规范形成的规范小组，这种规范小组因调整相同的社会关系而具有相同的属性。”①

1. 法律规范系统的整体联系性。

构成法律规范系统的各法律部门子系统间也不是截然分开而不可逾越的，相反，它们之间是彼此联系，相互交错在一起的。表现在调整这些不同社会关系的法律部门之间，也往往存在着相互联系，彼此交错的复杂情况。一种社会关系可能通过不同的法律部门来调整，同样一个法律部门除调整一个重要对象外，还可能调整其他相邻近的社会关系。②说到底，各种法律规范是以整体的形式与法的体系发生作用，从而表现出了这些法律规范调整某一特定领域内的各种社会关系这一特定的系统功能性。

换句话说，构成法律大系统内部层次的子系统之间存在着复杂的交叉关系。对于某一件具体的社会行为，常常要数种法律同时加以调整。民法与经济法，经济法与行政法，内容上互相交叉；刑事诉讼法中，有附带民事诉讼的规定；等等。以“非此即彼”“此即非彼”的机械方法来严格划定各部门法的调整范围，既不可能，也无此必要。③

2. 法律规范系统之目的特定性。

对于组成法律体系的法律部门的划分标准问题，学界始终未达成一致意见，各种观点争相出现、百家争鸣，有的学者提出要恢复到最为原始的公私法划分上来，认为法律部门的划分标准只有一个；有的学者以法的价值目标作为划分法部门的标准；部分学者也转换思路提出划分法律部门的因素；甚至存在标准中增加划分原则的方法。传统的以调整对象和调整方式作为划分部门法的依据违反了逻辑规则，致使研究陷入了“瓶颈”，掩盖了事物的本相。

溯本求源，目的才是全部法律的创造者，每条法律规则的产生都源于一种目的。法律规范的目的不是制定者主观臆造的产物，抑或由外界强加的形

---

① 刘金国：《法学基础理论》，中国政法大学出版社1989年版，第259页。

② 王天木：《法理学精要》，人民法院出版社2000年版，第246页。

③ 朱勇：《中国法律的艰辛历程》，黑龙江人民出版社2002年版，第444页。

式，法律制定的直接目的来源于人的需要，即立法需要。每当人们对时下某种现实不满意，或调整某种社会关系的法律已经过时且须以新的立法取代时，人们便根据已有的经验，以及当时已经具备或可能具备的各种条件，提出充实和完善特定的法律规范，使之最大限度地满足现实需要。

这种目的是理性的，立法者在实现其所要达到的目的（作用、价值）时，以人的需求为价值尺度，对这种需求的选择或取舍实际上就是一个价值衡量的行为过程，而为了避免该行为的盲目性给人类自己造成损害，又必须事先预定目的，继而按照设定的行为导向，实施有目的的行为。法律目的贯穿于立法过程，也表现于立法之后法律规范的运行过程中。从实证主义角度讨论法律目的并以此为标准划分法律部门更具有现实性意义。①

以自然资源法律规范系统为例，调整特定准物权设定法律关系的那些法律规范无疑是我国整个法律体系中的一个重要组成部分。与调整其他社会关系的法律规范的体系相比，其最重要的特征当然是与商品经济的关联性。当然像中国特有的土地“两权分离”和“三权分置”法律规范系统的功能那样，调整任何社会关系的法律规范系统，归根结底都是由经济关系所决定的，也都会对经济关系发生一定的影响或作用。②

（1）适应经济需要。

调整自然资源法律关系的这些法律规范，同样是适应调整一定商品交换经济活动的客观需要而产生的，其相当多的内容是直接建立在自然资源配置由市场起决定性作用的基础之上的，因此，这些规范是一定社会的商品经济关系的法律表现。

（2）体现经济职能。

调整自然资源法律关系的这些法律规范是国家经济职能在自然资源法律领域中的体现，是国家调整自然资源市场交换关系，参与经济、保护和发展

---

① 史华祥：《试论当代中国法律部门的划分标准——兼论宪法在法律体系中的地位》，扬州大学2012年硕士学位论文。

② 参见佟柔、王利明主编：《社会主义商品经济法律调整》，中国检察出版社1991年版，第62页。

有利于统治阶级的经济秩序的经济工具。

（3）反映经济规律。

经济规律直接制约着调整自然资源法律关系的这些法律规范的指导思想、原则和调整方法等，故其只有在适应或遵循经济规律的基础上，才能完善和发展，并对包括商品交换在内经济的发展起到积极的保护和促进作用。

（4）具有经济目的。

调整自然资源法律关系的这些法律规范作为调整经济关系的规范系统，其建立和完善具有明确的体现于今天经济法中的那种经济目的。

（5）涉及经济后果。

调整公共资源交易法律关系的这些法律规范在现实生活中的实施，将会直接或间接地导致一定的商品经济关系和其他经济活动发生变化的经济后果。可见，公共资源交易法律关系与经济关系、经济生活密切联系，不可分割，具有明显的经济性特征。

3. 自然资源法律规范系统的功能性。

（1）法律规范系统的目的功能是其实现价值的外部规定。

法律的生命力在于实施，全面依法治国需要健全守法、执法、司法、法律监督的科学机制和动态系统。[①] 法律作为一种特殊的行为规范，实现自己在社会系统中促使内外机构协调发展的功能的主要途径是以强制性手段来调整各种社会关系。[②] 相对于法律体系结构这种法律体系的内部规定来说，法律系统的功能是法律规范系统的外部规定。所谓法律规范系统的功能，就是法律规范系统能够与周围环境发生特定形式的相互作用的本质属性。法律规范系统的功能是法律规范系统存在的重要特征和标志，而法律规范系统的功能只有在它与周围环境发生的相互作用运动中才能呈现出来。由于法律规范系统的环境包括不同的社会现象系统，所以，法律体系在与这些不同的社会现象系统发生相互作用时表现出的功能也就有不同的色彩。

---

① 陈步雷:《全面依法治国的法哲学思考》，载《人民日报》2015 年 7 月 13 日。

② 朱勇:《中国法律的艰辛历程》，黑龙江人民出版社 2002 年版，第 443 页。

例如，自然资源法律规范系统对于经济基础系统所表现出的功能主要在反作用和适应能力方面；对于意识形态系统所表现出的功能主要是影响和吸收影响的能力；对于政治上层建筑系统中其他子系统所表现出的功能主要是制约和接受制约的能力等，中国自然资源的市场配置往往首先特别表现于所谓“反腐利器”之上，防止在各种自然资源从行政配置到市场配置的转换过程之中，在所难免地发生“利益输送”等腐败现象。而且正由于功能是法律规范系统的一个本质特征，故法律规范系统的完善和发展的一个重要方面就是其功能的完善和发展。法律规范系统功能的发展是法律体系发展的标志和方向。

（2）法律规范系统的结构与功能密切关联。

法律体系的结构与功能密切关联，二者的相互作用是一种对立统一的关系。法律体系的结构对法律体系功能的作用主要是：

首先，法律体系的结构是法律体系功能的基础。

法律体系的功能是法律体系内部各个组成部分次一级功能有机结合的统一产物。法律体系的各个组成部分依赖各自功能彼此之间发生特定形式的相互联系并有机地统一成一个整体，从而具有了整体的统一功能。这个统一功能虽来源于各个组成部分的功能，但又不是这些次一级功能的机械总和，而是通过它们有机结合才形成的更高级的整体功能。我国自然资源法律系统的基本结构，逐渐成为经济学学者和法学学者深入研究的重要问题。市场经济法律系统的基本结构的发展，直接影响了自然资源市场经济发展的秩序及人们生活的方方面面。为了有效地促进自然资源市场经济法律工作的有效开展，重视自然资源法律体系的基本结构探究非常关键。[①]

其次，法律体系结构的变化影响着法律体系功能的发展。

法律体系的功能虽然是一个能动活跃的因素，但当功能发展到一定程度后，法律体系结构如不发生变化，功能的发展就要受到限制，功能的更大发

① 李崧源:《谈市场经济法律体系的基本结构》，载《职工法律天地（下）》2017年第2期。

展总是在结构发生变化之后才能实现。①

特别需要注意的是：系统理论有一个重要内容，即所谓“耗散结构理论”。该理论的提出者比利时自由大学化学教授普里高津指出，“耗散结构理论”主要讨论一个系统从混沌向有序，从低级向高级转化的机理、条件和规律。普里高津认为，一个系统形成耗散结构，必须满足一定的条件，首先是系统的开放性。任何一个系统都必须在其所处环境中呈开放状态，不断地与外界进行物质、信息和能量交换。②理解这一点，显然对考察新中国自然资源的法律规范系统如何从不同自然资源的单行立法的混沌状态，向有序的自然资源法律规范系统，认识其中从低级向高级转化的机理、条件和规律，有着非常重要的意义。

（五）法律规范系统的综合性
——多种法律手段的综合运用

社会系统的复杂性还在于它是一种包含着多种物质运动形式的复合系统。③相对于其他的社会系统，法律规范系统的复杂多样性即表现为以统一多样性为其重要特征的综合性。在现代市场经济条件下，国家运用公权力和公法条款对商事活动进行干预，④是一种综合法律调整手段。

1. 调整对象的统一多样性。

古今中外，法律体系所调整的社会关系都是范围广泛、形式多样的领域，它分为不同方面的社会关系。领域法现象本身在当今社会是一种不可否认的客观存在。随着社会的发展和社会关系的日益复杂化，规范环境、财税、金融、互联网、卫生等特定社会经济生活领域的一个个领域法已经形成，或者正在形成中。相应地，作为对社会现实的回应，以问题为中心，以各个领域法现象、法规范为研究对象的环境法学、财税法学、金融法学、卫生法学、互联网法

① 佟柔、王利明主编：《社会主义商品经济法律调整》，中国检察出版社1991年版，第59页。

② 朱勇：《中国法律的艰辛历程》，黑龙江人民出版社2002年版，第441—445页。

③ 宋建：《科学与社会系统论》，山东科学技术出版社1991年版，第86页。

④ 陈立虎：《论国际商法的地位和渊源》，载《东吴法学》2012年第2期。

学——当然少不了自然资源法学等新兴学科、交叉学科便应运而生。但这些学科的研究对象往往是某一重大社会领域中具有整合性、交叉性、复杂性的法律现象，无论从学理层面去建构、解释、适用这些领域法规范，还是从治理层面去回应、协调、解决这些领域问题，部门法理论在适用性方面都是难以为继的。①

这些不同方面的社会关系分别由整个法律体系的各规范子系统来予以调整。例如，自然资源规范系统调整的是商品交换方面的关系，自然资源管制规范系统调整的是经济管理方面的经济关系，自然资源交易涉及诸多方面的社会关系。然而，法律体系各规范子系统所分别调整的各方面的社会关系在整体上和根本上又是统一的。换言之，法律体系的各个组成部分共同来调整着统一的自然资源商品交换即市场配置社会关系。

2. 调整原则的统一多样性。

不论古今中外，法律体系各规范子系统分别调整着社会关系的不同方面，因此，各自遵循着自己特有的具体的调整原则。例如，自然资源市场配置中“招、拍、挂”作为民法规范系统遵循的私法特有的调整原则是平等、等价有偿的原则；而对其管制作为行政法规范系统当然也遵循着其自己特有的“依法行政，越权无效”的调整原则，同样，自然资源市场配置中诸规范子系统同样也都遵循着自己特有的调整原则。然而，有关商品交换的法律体系中的各规范子系统的具体的调整原则，又都是以商品交换的基本原则为基础的，是其在法律调整不同方面的具体化；自然资源法律体系中的各规范子系统共同地遵循着这些基本原则，共同地保护和维护着自然资源领域的正常生产关系的运行。

3. 调整方法的统一多样性。

谁也不能否认，20 世纪末在我国发生的所谓民法和经济法之争所反映出的问题，首先是说明我国法律体系理论研究在那个时候长期滞后，以至于连许多基本的分类、基本的概念都确定不下来，因而才出现了对什么叫“法律部门”

① 刘剑文:《论领域法学——一种立足新兴交叉领域的法学研究范式》，载《政法论丛》2016 年第 5 期。

都难以统一的怪现象。但这一现象的出现，特别是各种不同的经济法学说的出现，从蓬勃兴起到初步发展，再到部门经济法地位之争；早期经济法诸学说之理论齐鸣，再到初步发展时期经济法诸学说之统合，最终必然会走向成熟达到理性繁荣。① 这一过程无疑反映出一个具有共识的事实：即随着从 21 世纪初开始的，许多个像经济法这种社会关系纵横交错的新领域的出现，人们逐步再一次认识到了，只有同时运用不同的法律手段综合进行调整，才有可能更有效地发挥出法律手段的作用，实现法律系统调整的社会功能，最终达到全面调整譬如自然资源市场配置这样的领域内各种社会关系的预定目标。②

既然法律调整的方式是多样的，不同的社会关系，所采取的调整方法也必然是多样的，而非单一的。自然资源市场配置就既包括调整商品交换关系的平等、等价的民法方法；又包括调整经济管理关系的行政干预和经济调节相结合而以行政指令为主的经济行政方法；同时还包括调整税收关系的强制、无偿、固定和调节的税法方法；甚至还要包括以制裁犯罪为特征的刑罚方法。然而，法律的调整方法又可以说是统一的。以对自然资源市场配置法律关系的调整为例，不仅各种有关自然资源的法律调整方法共同体现了国家的经济职能，本质上都是国家对经济生活的调整方式，而且各种经济法律调整方法之间具有相互渗透、相互影响、相互作用、相互补充的紧密联系。③

4. 法律体系的功能对法律体系结构的反作用。

（1）法律体系的特定结构总是适应其特定功能而形成的。

从过去“山、水、林、田、湖、海、草”，再加上下面的矿产资源的部门单行立法，到现在自然资源综合法律调整，向自然资源基本法统率各单行立法的体系转化，都再次证明：没有法律体系的特定功能也不会有法律体系的特定结构，而且，法律体系的功能是体系变化的原因。在法律体系的发展中，其功能比较活跃，而结构则相对稳定。但法律体系的功能与结构的发展又不

① 席月民：《中国经济法基础理论的变革与创新》，载《经济法论坛》2011 年第 8 卷。

② 江平主编、李显冬副主编：《中国土地立法研究》，中国政法大学出版社 1999 年版，第 216 页。

③ 佟柔、王利明主编：《社会主义商品经济法律调整》，中国检察出版社 1991 年版，第 64 页。

能完全脱节，当功能发展到一定的阶段，结构已不再适应时，结构当然就要随之变化。[①]

（2）单一的法律调整对象显然并不能把一切法律部门区别开来。

在许多情况下，对同一种社会关系要用不同的方法进行调整。[②]譬如土地所有权这种社会关系，即须由民法、刑法、行政法等规范来共同调整。这再次证明，法律调整对象并不能把一切法律部门区别开来。[③]故而如果我们用此种综合性来考察自然资源市场配置领域中的这些法律规范，同样可以发现，其既有调整横向民事法律关系的民法规范，又有调整纵向经济行政法律关系的行政法规范，还有调整各种经济犯罪的刑事法律规范等，可见，自然资源配置中的这些法律规范也当然具备系统的综合性。

在现代社会，无论是发达资本主义国家，还是中国，国家及其立法者顺应某种客观必然性或出于某种主观目的，而将某一社会领域的各种社会关系加以统一调整，已经成为一种普遍的、不可逆转的趋势。这是现代社会生活日益复杂化，国家与社会之间的对立趋于缓和，法律对于社会关系的调整不断深化的结果。[④]

① 佟柔、王利明主编:《社会主义商品经济法律调整》，中国检察出版社 1991 年版，第 60 页。

② 孙国华:《法理学教程》，中国人民大学出版社 1994 年版，第 381 页。

③ 孙国华:《法理学教程》，中国人民大学出版社 1994 年版，第 381 页。

④ 史际春:《经济法的地位问题与传统法律部门划分理论批判》，载《当代法学》1992 年第 3—4 期。

第四节
我国自然资源法律规范系统的构建

对法律体系进行法律规范系统划分，对于解决传统法律部门划分理论的问题有重要意义。这不仅使经济法等调整综合社会关系的法律门类的独立地位得以确定，而且对于整个法律体系的清晰划分亦有重要作用。这顺应了社会经济的发展趋势，符合科学发展观，对于经济、社会、科技、环境与系统法制的和谐发展无疑有其特殊的重要意义。①

一、自然资源法律规范系统理论体系构建的意义②

（一）法律规范系统可以准确反映“领域性调整”的立法要求

对于综合性的社会关系领域，其本身就要求门类齐全、结构合理、功能协调，使其中的法律规范能够作为一个有机整体充分调整该领域内的各种社会关系。法律规范系统恰好准确地体现了“领域性调整”这一立法要求。

“领域法学”的概念提炼和范式探讨，被认为旨在提供一类新的社会科学研究方法，甚至是一种新的国家治理方式。它既有助于中国特色的法学学科

---

① 参见李显冬、王倩：《论法律规范系统理论对构建和谐的法律体系之重要意义》，载《法学研究动态》1990年第11期。

② 参见李显冬、王倩：《论法律规范系统理论对构建和谐的法律体系之重要意义》，载《法学研究动态》1990年第11期。

体系、学术体系、话语体系建设和理论创新，又有助于推动中国法治体系的制度创新；既能为中央按重大领域推动改革提供理论支撑，又可期为实际部门立法提供法理依据。正因如此，加快重点领域立法，推动新兴领域法学研究，加强领域法学学科建设，实现立法和改革决策相衔接，将是我国未来法学研究和教育改革的关键发力点。[①]

（二）法律规范系统划分具有部门法划分所欠缺的灵活性

系统概念所反映的事物并不是事物所有组成部分的简单集合，它要按一定的目的和要求，选定事物的特定部分作为执行特定功能的要素，这就是所谓系统的“抽象性”。[②]

如果从另一个角度来理解这种“抽象性”，那么，凡是与自然资源法律关系有关的法律规范，由于它们是从不同的方面执行经济系统的功能，所以都可以视为自然资源法律规范系统的要素。这充分体现了法律规范系统划分的灵活性。

（三）法律规范系统划分的本质属性恰恰在于其相对性

1.“系统”这一概念本身即具有相对性。

根据研究目的之不同，分析方法的相异，法律规范系统中的同一对象，允许作为不同系统要素，具有不同的法律特征。[③]

2. 系统允许交叉重叠使法律规范系统具备了部门法欠缺的包容性。

系统的“相对性”具体到“法律规范系统划分”而言，就是允许各法律规范系统之间相互交叉。这正好解决了“目前部门法划分”中无法避免的，一旦出现交叉重叠，你争我夺，各不相让，却又无法在理论上作出令人信服的解释的难题。譬如，目前关于自然资源市场配置中的“税、费、金”法律规范的归属，

---

① 刘剑文：《论领域法学——一种立足新兴交叉领域的法学研究范式》，载《政法论丛》2016年第5期。

② 李显冬、杜晓光：《经济法概念与经济法规范体系》，载《法学杂志》1998年第5期。

③ 李显冬、杜晓光：《经济法概念与经济法规范体系》，载《法学杂志》1998年第5期。

最能说服人的解读也是将其解释为一种法律规范系统，这样其不论是作为财政法律规范系统的子系统，还是作为税收法律规范的子系统，还是作为“准物权”法律规范子系统，都有了理论依据。

（四）法律规范系统的独立性使其具有了实现目的功能之可能性

自然资源法律规范系统在调整纵横交错的自然资源社会关系时，系统内的各个要素都带有各自的独立性，自成体系，分别从不同的侧面具体调整着该领域各个方面的社会关系。但同时，系统内的各个要素又好似紧密联系、相互制约的，从而形成一个整体来实现其功能。公共资源法律规范系统同样如此。

二、自然资源法律规范系统构建的重要性

（一）自然资源法律规范系统构建的理论与实践意义

党的十八大以来，习近平总书记在推进政治、经济、军事、科学、文化等方面的思维和决策，表现出系统思维方法的科学性与系统性。他强调一定要注重用系统思维方法来推进党和国家治理体系的变革，“全面深化改革是一项复杂的系统工程，需要加强顶层设计和整体谋划，加强各项改革关联性、系统性、可行性研究”。[①]

习近平总书记在主持中央第二十次集体学习时强调指出，全面深化改革，要突出改革的系统性、整体性、协同性。要坚持系统地而不是零散地、普遍联系地而不是单一孤立地观察事物，准确把握客观实际，真正掌握规律，妥善处理各种重大关系。要提高解决我国改革发展基本问题的本领。

习近平总书记的这一重要论述，运用马克思主义哲学唯物辩证法原理，对当前和今后我国的全面深化改革与发展提出了一个带有指导性的思想方法

① 《习近平的系统思维方法》，载中国新闻网：http://www.chinanews.com/gn/2018/08-11/8596972.shtml，最后访问日期：2019年8月25日。

论，即在改革和发展上，要突出“系统性”思维。“系统地而不是零散地”观察分析、思考认识事物，有利于透过现象在矛盾双方对立统一的过程中把握事物发展的本质和规律。因此，作为党员干部，尤其是领导干部在今后推进改革和发展的工作中自觉形成“系统性”辩证思想方法，尤为重要。

治国理政说到底，就是用思考的力量来治理国家改造世界。系统思考，实际上就是全面性、协调性、可持续性的思维方式。领导方略的谋划、领导使命的实现，就是系统思维的集中表现。没有系统思维就没有战略远见和目标，没有战略远见和目标就无法实施领导。在新的历史条件下，认真学习和运用好习近平的“系统性”辩证思想方法，才能“提高解决我国改革发展基本问题本领”。①

系统思考是“提高解决我国改革发展基本问题本领”的内在诉求；系统思考才能把握改革与发展的本质；系统思考才能使改革与发展具有中心性，关键性。习主席多次强调，创新是一个复杂的社会系统工程，涉及经济社会各个领域。坚持创新发展，既要坚持全面系统的观点，又要抓住关键，以重要领域和关键环节的突破带动全局。②

（二）自然资源法律规范系统构建的法理学意义

1. 系统论引入自然资源法律治理的理论优势。

恩格斯说：“‘法发展’的进程大部分只在于首先设法消除那些由于经济关系直接翻译为法律原则而产生的矛盾，建立和谐的法体系，然后是经济进一步发展的影响和强制力经常摧毁这个体系，并使它陷入新的矛盾。”③法体系是由社会经济制度决定的，我国的法律部门划分理论继受于苏联。④但时

---

① 范义：《论习近平“系统性”辩证思想方法》，载人民网：http://theory.people.com.cn/n/2015/0603/c168825-27099130.htmlhttp://cpc.people.com.cn，最后访问日期：2019年6月23日。

② 《2016年1月18日，习近平在省部级主要领导干部学习贯彻党的十八届五中全会精神专题研讨班上的讲话》，载《人民日报》2016年5月10日。

③ 朱景文主编：《法理学》，中国人民大学出版社2008年版，第363页。

④ 《关于苏维埃社会主义法律体系》（综合报道），载《政法译丛》1958年第5期，转引自侯佳儒：《法律部门划分传统理论批判》，载《民商经济法评论》2010年第10期。

至今日，因法律部门划分与生俱来的缺陷，已不能满足其所调整的社会主义市场经济关系。公共资源交易毋庸置疑是个社会系统工程，钱学森同志在《大力发展系统工程、尽早建立系统科学体系》一文中把法制系统工程列入了系统工程中的社会系统工程体系。①

经过多年的理论开拓，法律系统论已渐具雏形，引起国内外自然科学界和法学界的重视。②法律规范系统就是用系统方法来研究分析法律体系，使其成为由一系列互赖而互动的要素组成的有机整体，同时兼具部门法划分所欠缺的灵活性。法律规范系统所反映的并非事物所有组成部分的简单聚合，而是按一定的目的和要求，选定事物的特定部分作为执行特定功能的要素，这就是所谓公共资源系统的"抽象性"。③

如果从另一个角度来理解这种"抽象性"，那么，凡是与自然资源经济关系有关的法律规范，由于它们是从不同的方面执行经济系统的功能，因此都可以视为自然资源法律规范系统的要素。这充分体现了法律规范系统划分的灵活性。

2. 依据系统论的观点来完善自然资源法治。

自然资源法律规范系统划分的本质属性恰恰在于其相对性。不但"系统"这一概念本身具有相对性，根据研究目的之不同，分析方法的相异，同一对象允许作为不同系统要素，具有不同的特征。④自然资源法律规范系统的理论并不否认现行部门法划分方法，将此种"相对性"具体到"自然资源法律规范系统的划分"而言，就是允许现行部门法划分之中的各有关自然资源市场配置的内容，视为整个自然资源法律规范的子系统，允许传统法律部门的有关内容，与自然资源市场配置各经济领域的法律规范系统之间相互交叉，使法律规范系统具备了传统部门法所欠缺的包容性。

① 熊继宁、李曙光、王光进、覃桂生：《新的探索——系统法学派的崛起》，载熊继宁、何玉、王光进主编：《法制系统科学研究》，中国政法大学出版社1987年版，第20页。

② 朱勇：《中国法律的艰辛历程》，黑龙江人民出版社2002年版，第441页。

③ 李显冬、杜晓光：《经济法概念与经济法规范体系》，载《法学杂志》1998年第5期。

④ 李显冬、杜晓光：《经济法概念与经济法规范体系》，载《法学杂志》1998年第5期。

故若要保证自然资源市场配置的公平高效进行，就必须找准政府和市场的定位以及明确其相互关系。自然资源交易包含了政府行为和市场调节等诸多方面因素，单凭行政权力还不足以支撑平台的良好运转，背后必须有统一的法律系统来进行规制，构建有利于社会主义市场经济发展的自然资源交易法制体系是当务之急。

三、自然资源法律规范系统建构的必要性探析

（一）自然资源法治调整对象的复杂性

1. 自然资源法治凸显市场和行政权力交织的特殊调整方法。

随着改革开放的递进，我国市场主体数量陡然增加，产权流转的效率大幅提高，自然资源各领域的交易运作也逐渐采用市场配置资源的方式进行。市场本应由平等的交易主体组成，但市场经济也难免会伴随着一些行政权力的干预，特别是在一些自然资源市场配置过程中，形成了市场和行政权力交织的特殊调整方法。这些调整手段既包括调整商品交换关系的平等、等价的民法方法，又包括行政审批和行政监管的行政方法。[①]

2. 自然资源法治的实践倒逼须运用不同法律部门的调整方法来综合调整。

冗杂的调整对象使得我们单纯通过某几个法律部门分别调整已无法实现，实践倒逼我们必须综合运用不同的法律部门的调整方法，才能适应自然资源市场配置调整对象的特殊性。法律调整方法标准的出现“主要在于解决一个法律部门可以调整不同种类的社会关系以及一个社会关系需由不同的法律部门来调整的问题”。[②] 诚如此，自然资源市场配置的法律调整方法自应具有综合性。

---

① 李拥军：《当代中国法律体系的反思与重构》，载《法制与社会发展》2009 年第 4 期。

② 李拥军：《当代中国法律体系的反思与重构》，载《法制与社会发展》2009 年第 4 期。

（二）自然资源法律规范系统功能定位的复合性

1. 自然资源法治中公法管秩序、私法重效率。

任何一个群体成员对于自然资源的使用都会妨碍其他群体成员的使用权，因而自然资源既具备消费或使用上的公用性，同时又须具备使用权上的竞争性和占有意义上的非排他性。自然资源的此类特性决定了其既不能单独由私法调整，又不能单独由公法调整，必须放在二者的交叉领域进行共同调整，才能起到优化自然资源配置的目的。溯本求源，目的才是全部法律的创造者，每条法律规则的产生都源于一种目的。法律规范的目的不是制定者主观臆造的产物，抑或由外界强加的形式。法律制定的直接目的来源于人的立法需要。①

在公法与私法的作用问题上，私法侧重于维护市场经济的基本运行规则，其中民事主体制度确立了市场参与者的主体资格，物权法律制度维护市场秩序静的安全，契约法律制度维护市场秩序动的安全；而公法主要是保障国民经济整体运行和市场竞争秩序，其中在宏观经济层面，由公法直接调控国民经济整体运行秩序，在微观经济层面，公法主要是通过清理破坏自由竞争和平等竞争的障碍，间接地规制市场经济的竞争秩序。②

这其中政府部门和私人企业之间自是平等的民事合同买卖关系，而政府部门对于私人企业参与自然资源开发的监督管理自为行政法律关系。由于所谓“行政合同”在理论上争议颇多，特别是何为行政合同在我国尚未形成较为统一的看法，理论界争议颇多，在实践中也存在界定不清的现象。③因此，要想使自然资源市场配置得以正常进行，理论界和实务界必须对有关法律关系的本质属性予以界定，才有可能形成统一自然资源市场配置的标准和操作规范。

2. 传统法律部门的划分在自然资源法治中交叉重叠。

由于历史原因，我们一直是将法律调整对象及不同的社会关系作为法律部

---

① 史华祥：《试论当代中国法律部门的划分标准》，扬州大学2012年硕士学位论文。

② 王继军、李锋：《论公法和私法在我国市场经济中的作用》，载《山西大学学报（哲学社会科学版）》2008年第6期。

③ 邓维瀚：《行政合同认定标准的再认识》，载《学理论》2014年第16期。

门划分的标准。但随着社会的发展，新的复杂的社会法律关系不断出现，仅依调整对象为标准，明显力不从心。[①] 自然资源市场配置兼具交换的价值性、资源配置的公共性以及行政管理的强制性，这些因素都必然影响到上层建筑的法律属性。自然资源市场配置的法律属性之所以要考虑这些因素是因为立法既然业已赋予行政机关代表国家行使对归全民所有的自然资源和公共产品进行交易的权利，那么正是由于此种交易权并非一种任意性权利，作为公法规制其自然要受到“依法行政，越权无效”的公法束缚，所以公法仅限于搭建向市场主体提供公共资源的平台，以及正确履行交易程序并负有监管的义务。

探究自然资源法律规范系统的属性，其本质即所谓“公法的私法化”。作为传统的公法与私法的二元区分从近代社会向现代社会转变过程中出现的一种新趋势，这无疑是公法与私法间相互渗透、相互融合的必然产物，不但有深层的法律价值观和政治经济制度上的原因，而且在此潮流中所出现的，将私法原则引入公法关系和公益事业的管理现象，既反映了现代政府行使经济管理职能手段的多样化，而且其理论基础仍然以坚持公法与私法的划分为前提，仅仅是再次肯定了私法对公法的渗透和私法原则对公法原则的影响，反映了市场经济条件下社会关系的复杂化以及由此带来的法律调整手段的多样化。[②] 这当然也意味着，将具有经营性的非禁用的国有的自然资源和公共财产，在所有权明晰的前提下，进行各种物权变动的权利流转。

3. 现行法律部门的划分无法完全解读自然资源法治的客观需求。

传统法律部门的划分自产生以来就存在先天性的不足，随着社会经济的发展需要对其不停地缝缝补补。也许目前应该考虑的是：究竟应该继续“打补丁”，还是“另做新衣”。[③] 目前就我国的公共资源交易领域而言，统一交易涉及市场经济的诸多方面，涵盖的法律关系纷繁复杂，交易主体类型各异，

---

① 牛忠志：《论科技法在我国法律体系中的部门法地位——兼论传统法律部门划分标准的与时俱进理解》，载《科技与法律》2007 年第 5 期。

② 田喜清：《探析公法的私法化：以行政法为视角》，载《探求》2014 年第 3 期。

③ 侯佳儒：《法律部门划分传统理论批判》，载百度文库：https://wenku.baidu.com/view/82f808e2aeaad1f346933f32.html，最后访问日期：2019 年 9 月 1 日。

继续“打补丁”只会让自然资源市场配置秩序更加混乱，而现实中又无法将自然资源市场配置笼统地纳入某一个法律部门中进行规制。故而，综合运用不同法律部门的调整手段，构建新的法律规范系统自势所必然。

构建自然资源市场配置法律规范系统的根本目的在于寻求系统最优化，使系统的整体功能大于全部子系统的功能之和。依法治理自然资源市场配置自然要依法交易和监管，我们亟须制定一部自然资源市场配置领域的“基本法”，在内容上提取各单独市场的“最大公约数”，将“基本法”的效力位阶定位于自然资源市场配置领域的最高层级，进而起到统筹协调、提纲挈领的根本作用。

四、自然资源法律规范系统构建的价值基础[①]

自然资源法律规范系统的构建，需要正视由诸多立法目标综合而成的理论基础，此种理论基础的追求更需要进一步通过立法技术加以整合，从而发挥公共资源交易法律法规系统的体系效应。

（一）维护自然资源开发管理中的公共利益

自然资源市场配置中第一个理论是要以社会公共利益为理论基础。即自然资源市场配置法律规范系统构建要以维护社会公共利益为目标，而不仅仅是维护市场主体的个体利益。自然资源法律规范应当是以交易为核心，但这种交易与纯粹的市场主体之间交易不同，不是私人之间的交易，不能完全适用意思自治原则，因为意思完全自治很可能出现暗箱操作，出现市场主体一方和政府代理人一方相互勾结，恶意串通和利益输送的问题。所以自然资源市场配置基本法必须实行以强制公开竞争原则，而不是买卖双方私下协商。因为交易一方不是一般的市场主体，而是政府。政府作为代理人出让资源是

① 主要内容基于中国政法大学薛克鹏教授于2018年7月在中国地质大学召开的公共资源交易法律规范系统构建研讨会的发言整理而成。

对国有资产的出让，该资源并非自己的资源，而是全民所有的资源。如果完全意思自治，就可能出现政府土地管理部门的某些人和房地产开发公司相互勾结，贱卖国有土地使用权的情形。因此，应将社会公共利益作为自然资源法律规范的价值取向。

（二）促进自然资源开发利用之中的公平竞争

第二个理论基础是公平竞争。公平竞争是市场经济的基本原则，任何人都有通过公平竞争利用自然资源的权利，所以，自然资源法应以公平公开竞争作为其价值取向。一块土地归谁开发，不是政府说了算，大家可以在市场上公平竞争，谁能最大化利用，谁就应该取得；还有矿产资源该给谁开发，也不是政府一方说了就算，应该是公平竞争。如果自然资源基本法不把公平竞争理论贯彻始终，这个法和其他法律就没有任何区别，也就不需要专门制定自然资源法，合同法就足够了。

（三）在自然资源法治下依法规制政府

自然资源基本法应当是约束政府配置公共资源行为的法律，或者说，自然资源基本法规制的对象是政府，而不仅仅是市场主体，这是经济法中的一个基本目标。这里的规制政府和行政法规制政府目的不同，行政法规制政府是为了保护行政相对人的权利。在自然资源市场配置中，行政相对人如果和政府恶意串通，如政府私下采购或出让土地使用权，不但没有受到损失，反而获得了巨大利益，行政相对人绝对不会因此提起行政诉讼，但是，社会公共利益却受到了损失，公平竞争机制被严重破坏。所以，公共资源交易法律规范必须从维护社会公共利益角度规制政府。从行政法来讲，公权滥用是私权最大的威胁，在经济法中公权滥用是公共利益最大的威胁。所以自然资源基本法应该是约束政府的法律，同时，也要规制交易相对人的行为，如通过串通招标投标和贿赂方式参与交易，因为私人权利滥用和政府滥用权力都会危害社会公共利益，如果二者叠加，则危害会急剧放大。具体方法就是，负责自然资源市场配置的部门、土地出让部门以及矿业权出让部门都应当成为被规制的对象。只有对政府进行严格规范，自然资源市场配置才有公平竞争，社会公共利益才能得到维护和保障，国家的公共财政才能得到最大化的利用。但是，现在自然资源市场配置方面的法律法规或规章文件，都是政府相关部门负责起草，形成了政府设置权力、政府负责执法、政府参与交易，即自然资源所有权、配置权、执法权和监督权一体的体制。这是我国目前该领域出现各种乱象的重要原因。所以，自然资源基本法必须重新给政府相关部门进行定位。

五、自然资源法律规范系统建构的技术特征

（一）自然资源法律规范系统必须具有统一性

作为经济法中重要学说之一的“需要国家干预论”，因其影响大，其争论和分歧也多，分歧的焦点在于对“谁之‘需要’”与“‘干预’什么”存在不同理解。对此问题，按整体主义理解，国家干预是社会基于整体经济发展的“需要”，这意味着“需要”的主体是社会，干预的内容是具有全局性和社会公共性经济关系。正是社会的“需要”决定了经济法的目的，目的作为指针指出了经济主体的行为准则，同时，整体构造的复杂性预示了经济法技术规范的复杂性与多样性。①

法律规范之间具有密切联系，“对其中一些规范的遵守、执行或违犯必然引起其他规范发挥作用。所以正是法律体系的内部统一性才使社会关系得以统一的调整，并保证了整个社会的相应的稳定”。②我们强调构建自然资源市场配置的法律系统，并非简单地推翻原有的分散立法体系，而是在原有法规的前提下进行完善和补充，体现法律规范系统的整体目的功能性才是题中应有之义。

① 刘水林：《经济法的观念基础与规则构成——对“需要国家干预论”的反思与拓展》，载《现代法学》2006年第1期。

② 李显冬：《从〈大清律例〉到〈民国民法典〉的转型》，中国人民公安大学出版社2003年版，第377页。

自然资源市场配置分散的立法模式在某种程度上契合了我国经济发展和立法实现的现实状况，反映了自然资源管理的一些内在要求。[①]尽管不同类别的自然资源市场配置方式有很大差异，但我们必须从人大立法的高度对其进行统一监管和规制，减少部门委托分散立法所导致的管理权和监督权的冲突，杜绝各行政主管部门通过立法博弈和规章起草来强化部门权力的行为。

（二）自然资源法治法律规范系统内部必须具有的适当关联性

自然资源市场配置是各领域不同交易方式的有机结合。法律规范间具有密切的联系，各种自然资源在统一平台上进行交易，各子系统之间必然会有密切联系。[②]应当认为，自然资源市场配置的法律规范系统是以整体形式进行规制，各子系统相互协调，共同调整自然资源交易的法律系统。体系思维要求人们认真对待法律规范体系（部门法体系）、法律渊源体系、法律价值体系、法律话语体系、法治理论体系，以及法律方法论体系（法律思维规则体系）等。从司法、执法过程来看，这些"体系"开放的"法律体系"的要素，体系思维和体系解释方法就是在这些要素间寻求一致性或融贯性，这对法治中国的实现有建设性意义。[③]

结合当下的经济发展形势以及我国的自然资源市场配置立法现状，制定一部自然资源市场配置的程序监督法是较为合理的做法。它和原有立法的关系并非新法和旧法的关系，而是程序法和实体法的监督关系。当社会关系发生变化时，所涉及的法律规范系统会进行相应的调整，而不影响到原有其他系统的正常运行，因而具有传统法律部门划分所欠缺的开放性。[④]

（三）自然资源法律规范系统应具有规范层次性

在自然资源市场配置法律关系的调整过程中，对特定制度性问题的一系

① 肖北庚：《公共资源统一交易之法律空间与实现途径》，载《法学评论》2015 年第 194 期。

② 何文杰：《部门法理论革新论》，载《兰州大学学报》2007 年第 4 期。

③ 陈金钊：《开放"法律体系"的方法论意义》，载《国家检察官学院学报》2018 年第 5 期。

④ 吴元樑：《社会系统论》，上海人民出版社 1993 年版，第 79 页。

列临时应急措施必须用法律规范形式将其固定下来。确立自然资源市场配置管理的单行法，就是对统一平台管理模式的法律确认，即我们通常所讲的狭义的立法。由于我国有关自然资源交易的法律规定分散于法律、行政法规、部门规章和地方性法规当中，层次性模糊，导致制度冲突不断，相同位阶部门的利益的摩擦变成市场秩序的绊脚石。出台自然资源市场配置的“小宪法性”文件，专门针对自然资源市场配置规则立法，能够有效改善当前各地制度相异，市场主体准入难的现状。法治思维无疑就是系统性思维。[①]

自然资源市场配置所包含的市场关系交叉重叠，既涉及公法也涵盖私法，因此必须在层级明确的前提下，纳入同一个法律规范系统之中。我们必须针对被调整公共资源交易对象的特殊性，通过建立层级分明的法律规范子系统、孙系统，逐步建立起涵盖整个公共资源交易领域的法律规范系统。社会系统是一个具有复杂性的复合系统，法律规范系统作为其子系统，当然也具有复杂性，该复杂性表现为以统一多样性为特征的综合性。[②]一旦法律系统中的层级明确，就能有效规避诸如现行种类繁杂的各自然资源单行部门立法等同位阶规范性文件的制度性冲突。

中国特色社会主义法律体系的形成，始终立足于中国国情，坚持将传承历史传统、借鉴人类文明成果和进行制度创新有机结合起来。一方面，注重继承中国传统法制文化优秀成分，适应改革开放和社会主义现代化建设需要进行制度创新，实现传统文化与现代文明的融合；另一方面，注意研究借鉴国外立法有益经验，吸收国外法制文明先进成果，但又不简单地照搬照抄，使法律制度既符合中国国情和实际，又顺应当代世界法制文明时代潮流。中国法学体系具有很强的包容性和开放性，充分体现了它的独特文化特征和深厚文化底蕴，充分展现了大国法治文明的道路自信、制度自信和文化自信。[③]

---

① 李雅云：《法治思维究竟包括哪些思维？》，载人民网：http://legal.people.com.cn/n/2014/1128/c188502-26111447.html，最后访问日期：2019 年 6 月 25 日。

② 李显冬：《从〈大清律例〉到〈民国民法典〉的转型》，中国人民公安大学出版社 2003 年版，第 378 页。

③ 李林：《努力建构中国特色法学体系》，载中国法学网：https://www.chinalaw.org.cn/Column/Column_View.aspx?ColumnID=956&InfoID=24645，最后访问日期：2019 年 6 月 23 日。

第九章

自然资源基本法在其法律规范系统内的基本法地位

第一节 《自然资源基本法》起草的必要性[①]

学界一般认为，自然资源法是调整人们在自然资源的开发、利用、保护和管理过程中形成的资源权属关系、资源流转关系、资源管理关系和其他经济社会关系的法律规范的总称。[②]新中国成立以来，自然资源立法研究已取得相当进展，随着自然资源部的组建，自然资源法立法不言而喻要提上议事日程。

一、自然资源的管理需要基本法的规范依据

党的十八届四中全会公报中指出“全面推进依法治国”“法律是治国之重器，良法是善治之前提。建设中国特色社会主义法治体系，必须坚持立法先行，发挥立法的引领和推动作用，抓住提高立法质量这个关键”。“坚持依法治国首先要坚持依宪治国，坚持依法执政首先要坚持依宪执政”。在自然资源领域就是要依照具有基础统筹作用的被称之为“小宪法”的基本法来调整公法与私法之间的关系，因此须加快自然资源立法的速度，发挥自然资源立法的推动作用，使涉及自然资源领域的各种法律行为都能于法有据，调整自然资源领域开发和保护过程中的各种社会关系，解决自然资源领域的法律适用问题。

---

① 参见孟磊、李显冬:《自然资源基本法的起草与构建》，载《国家行政学院学报》2018 年第 4 期。
② 肖乾刚:《自然资源法》，法律出版社 1992 年版。

二、新中国经济基础要求将自然资源法治中的各种临时应急措施予以基本法形式的定型化

20 世纪肇始，世界各国政府为实现其特定的经济战略目标，通过经济立法、行政指导等各种手段，来干预经济和产业的活动已渐成“历史传统”，各国常常颁行规制特定经济领域的以“振兴法”之类来命名的特别法，其本质上无非是“宪法司法化”的一种普通法转换路径。[①]

尽管我国目前颁布了《矿产资源法》《水法》《土地管理法》《海洋环境保护法》《草原法》等，但是成文法是有其固有缺陷的，成文法只能解决社会中已出现的法律现象并对其进行调整，无法穷尽一切法律问题。社会生活中最新的法律问题一般面临着“找法”的困境。因此，成文法律规定得太过具体和详细会限制其适用范围。若有相关的基本法律制度对其进行原则性的规定，那么反而可以适用相关的原则来处理新的法律问题，提高法律适用的弹性。而且，随着社会经济的不断发展变化，不断修订以前颁布实施的有关法律成为必须，但单纯依靠制定自然资源的单行法无法及时建立起统一协调的自然资源法律规范体系。而且，过去以部门为单位所形成的单行法和特别法，往往会由于法律规范的效力等级层次低，难以协调相互之间的关系。因此，就需要制定《自然资源基本法》，来作为统领自然资源领域一切法律关系的，仅次于宪法的基本大法。

三、自然资源产权的配置与流转需要基本法的规制

（一）自然资源的稀缺程度愈益加剧严重制约新中国经济的进一步发展

随着我国国民经济的快速增长，人类对自然资源的需求量空前加大，社

① 陶卫忠:《试析 20 世纪 60 年代前期日本〈特定产业振兴临时措施法〉——从政治、经济史角度考查》，载《首都师范大学学报（社会科学版）》2005 年第 1 期。

会中存在着大量过度开采自然资源的现象，导致环境问题日益严峻，不论是可再生资源或者是不可再生资源，还是恒定资源，都面临耗竭的危险，资源的稀缺程度愈益加剧，自然资源稀缺对社会经济发展的制约亦日益显现。[①]从多角度对自然资源进行综合评价，已成为资源利用研究的热点。

（二）产权制度旨在既使权利受法律保护又使其有责任约束

经济学中的产权概念不同于法学上所有权。现代产权经济学创始人阿尔钦（A.Alchian）明确指出："产权是授予特别个人某种权威的办法，利用这种权威，可以从不被禁止的使用方式中，选择任意一种对特定物品的使用方式。"[②]

当代学者如菲鲁博腾就特别强调：产权不是指人对物的关系而是人与人之间的关系，并认为社会关系是产权的本质。他认为：产权不是人与物之间的关系，而是指由于物的存在和使用而引起人们之间一些被认可的行为性关系。产权分配格局具体规定了人们与物相关的行为规范，每个人在与他人的相互交往中都必须遵守这些规范，或者必须承担不遵守这些规范的成本。我国还有学者将产权定义为人们拥有的有权用自己的财产去损害他人，或让他人收益的权益。[③]

科斯作为"新制度经济学"的创始人与产权理论的奠基人，对新制度经济学的开创性研究包括产权经济学等诸多交叉学科，他把制度和企业引入了此前把眼睛盯紧市场价格体系、注重诠释市场价格体系如何发挥作用的主流经济学，论证了企业、产权、契约和市场之间的关系以及这些因素对于经济发展的重要作用。[④]科斯认为，要解释经济现象、经济行为和经济关系，就必须研究对它们产生影响、支配或约束作用的制度安排。

---

① 庄立、刘洋、梁进社：《论中国自然资源的稀缺性和渗透性》，载《地理研究》2011 年第 8 期。

② 参见徐淑丹：《马克思产权理论和现代西方产权理论的比较分析》，载《改革与开放》2012 年第 7 期。

③ 陈安宁：《论我国自然资源产权制度的改革》，载《自然资源学报》1994 年第 1 期。

④ 冯兴元、科斯：《"我将长眠，祝福中国"——科斯的遗产》，载《南方周末》2013 年 9 月 5 日。

（三）自然资源的产权配置与流转是自然资源基本法规制的重要内容

权利作为物权法律关系的客体在我国已有明文法律依据，我国《物权法》第二条第二款明文规定：**“本法所称物，包括不动产和动产。法律规定权利作为物权客体的，依照其规定。”**现代经济学认为产权制度的功能就在于：激励产权主体以最有效的方式利用资源以实现资源的价值最大化，同时又能给产权主体一定的责任约束。而实现这一功能的关键就在于产权界定必须赋予产权主体明确而对称的权利与责任。[①]只有权利激励没有责任约束，必然导致权利的滥用；而只有责任约束没有权利激励，必然导致资源配置效率的低下。[②]

经验已经证明，明确产权的归属能够确定人们在经济活动中如何收益，以及他们之间如何进行补偿等问题，减少人为的不确定性，增强交易双方对自己劳动成果的预期程度，从而提高资源配置的效率。

四、完善自然资源法律体系的内在要求

（一）多部门“九龙治水、各自为政”难以发挥综合调整的作用

虽然现行的自然资源的单行立法已经基本涵盖了我国自然资源开发、利用、保护和管理的主要方面，自然资源法治建设基本实现了有法可依、有章可循。从总体上看，我国的自然资源法律法规体系对保护和改善环境质量，保护生态平衡和生态安全，促进经济、社会和环境的协调发展起到了积极的作用。[③]但是，众多的自然资源单行法之间缺乏协调统一。由于自然资源保护基本法的缺失，目前我国自然资源单行法之间存在整理对象交叉、内容重

① 李显冬、车彤:《完善准物权理论以健全自然资源资产产权制度》，载《中国国土资源经济》2004年第2期。

② 康纪田:《采矿权并非用益物权的法理辨析——与中国政法大学李显冬教授商榷》，载《时代法学》2008年第2期。

③ 孙佑海、丁敏:《制定配套法规若干问题研究》，载《法学杂志》2007年第2期。

复、法律效力层次混乱等现象，导致资源管理部门利益倾向严重、资源执法权力争夺或推诿等情况时有发生，自然资源单行立法的效应难以真正发挥。[①]

（二）委托立法致我国目前缺失作为顶层设计的《自然资源基本法》

尽管目前我国已经形成了主要以各种单行自然资源法集合为法群形态的自然资源法律法规系统，只是我国现行立法体制实际上难以摆脱行政体制的制约，各单行自然资源法主要由相对应的资源行政管理部门负责起草，在这种体制下，负责起草的部门往往很难主动统筹考虑，而更多地是从本部门、本系统的利益出发，依各自的角度来设计管理、保护和开发相关资源的种种临时措施。

毋庸置疑，此种“法群状态”下的部门单行法由于缺乏统一的立法指导思想、基本原则和技术标准，无法形成协调统一的规范体系；相反，容易成为扩展部门权力，维护部门利益的工具，并且相互之间在所难免地会产生冲突和矛盾，不能真正发挥综合调整效应。所以为更好地整合各单行法律法规子系统的目的功能，制定《自然资源基本法》以宣示整个自然资源领域法律规范系统之目的功能，自刻不容缓。

---

① 李龙亮：《中国自然资源立法的反思及其完善》，载《资源科学》2008年第4期。

第二节
《自然资源基本法》起草的可行性

一、我国自然资源法的诸单行立法渐成体系

自1984年颁布《森林法》以来，全国人大常委会制定了包括《土地管理法》《水法》《水土保持法》《矿产资源法》《草原法》《煤炭法》《野生动物保护法》《渔业法》《节约能源法》《领海和毗连区法》等在内的一大批广义的自然资源法律。连同国务院制定的近百部涉及自然资源的行政法规和地方人大制定的几百部地方性法规，以及国务院有关部、委、办、局以及地方政府制定的几百部规章，加上我国参加的《气候变化框架公约》《生物多样性公约》《海洋法公约》《世界文化和自然遗产保护公约》等十余个国家条约，一个以各种自然资源单行法法群集合为基础，以法规规章为配套，以国际条约为补充的自然资源法律规范系统业已形成。但我们必须承认，这些所谓“补丁上面打补丁”模式的法律法规构成的系统，事实上是有其各自的层次性特别是各自的目的功能性的。

二、自然资源部的建立对资源综合管理提供了体制上的条件

1982年，国务院设置了一大批产业型管理部门，如农林牧渔部、水利部、石油工业部等，其既负责相应的产业发展，又负责对应类目之自然资源的管理。1998年，根据第九届全国人民代表大会第一次会议通过的国务院机构改

革方案，由原地质矿产部、原国家土地管理局、国家海洋局和国家测绘局共同组建国土资源部。[①] 国土资源部行政优势在于力量集中，专业性强，行政效率高。后虽经多次调整，但不同行政部门分别管理不同类别自然资源的惯例，始终被保留下来。随着时代发展与社会变迁，经所谓“三定方案”即新中国“定职能、定机构、定编制”所确定的行政部门权责分工之界限的体制，越来越清晰，其问题当然也愈益暴露出来。所以党的十九届三中全会通过的《中共中央关于深化党和国家机构改革的决定》提出：增强“三定”规定的严肃性和权威性，以完善党政部门机构设置、职能配置、人员编制规定。

为解决行政机构的“条块化”职权分割的现象，党的十三届人大一次会议通过了国务院机构改革方案。新组建的自然资源部除囊括国土部原有的大部分职责外，还将国家发改委的组织编制主体功能区规划职责、住建部的城乡规划管理职责、水利部的水资源调查和确权登记管理职责、农业部的草原资源调查和确权登记管理职责、国家林业局的森林、湿地等资源调查和确权登记管理职责、国家海洋局的职责和国家测绘地理信息局的职责进行整合。自然资源部整合了原国土等 8 个部、委、局的规划编制和资源管理职能，生态环境部整合了原环保等 7 个部、委、办的环境保护与污染防治职能。也就是说，自然资源部将负责全国 960 万平方公里陆地和 300 万平方公里海洋上的所有自然资源的空间规划和数量监管，而生态环境部将主要负责生态环境质量的监管。[②] 这当然也对自然资源部的相关工作提出了新的要求。

党的十九大报告早已提出，“深化机构和行政体制改革。统筹考虑各类机构设置，科学配置党政部门及内设机构权力、明确职责。统筹使用各类编制资源，形成科学合理的管理体制，完善国家机构组织法。转变政府职能，深化简政放权，创新监管方式，增强政府公信力和执行力，建设人民满意的服务型政府”。

---

① 蒋承菘：《认真落实“三定”方案　建立适应社会主义市场经济体制的国土资源管理体制》，载《中国地质》1998 年第 8 期。

② 靳利飞：《关于新形势下我国自然资源管理制度建设的思考》，载《国土资源情报》2017 年第 2 期。

自然资源部成立后，有鉴于此，其为实现有法可依，制定一部自然资源基础性的法律尤为急迫，制定《自然资源基本法》势在必行。

三、自然资源综合立法的国际经验可资借鉴

综合考察世界各国的自然资源立法，由自然资源单行立法到自然资源基本法是自然资源立法的基本趋势。世界上已经有相当一部分国家制定并实施了相对完备的自然资源基本法。比如，美国《国家环境政策法》,[①] 俄罗斯《俄罗斯联邦自然环境保护法》等。[②] 这些国家的自然资源基本法的立法给我国的自然资源基本法的立法提供可资学习和借鉴的经验。

---

① 丹尼尔·R. 曼德尔克、卢锟：《美国〈国家环境政策法〉：经验与问题评述》，载《甘肃政法学院学报》2018 年第 9 期。

② 金霜霜：《中国与俄罗斯环境保护法比较研究》，新疆大学 2014 年硕士学位论文。

第三节 《自然资源基本法》的本质法律属性

一、自然资源法治旨在保障新中国最大多数人的最长远的最大利益

（一）自然资源是自然界形成的可供人类利用的一切物质和能量的总称①

自然资源包括的范围很广，主要有森林、水、土地、矿产、海洋、草原、野生动物等。而我国自然资源的单行法律已较为全面，森林、水、土地、矿产、海洋等都有专门的法律加以管理和保护。为了统筹整个自然资源领域的立法，在自然资源单行法的基础上出台一部统领全局、兼顾各方的自然资源基本法已被实践证明非常必要。

（二）自然资源事关国计民生必须首先维护公共利益

虽然公共利益很多时候成了公法干预私法的一个理由，但由于自然资源在经济中的基础性地位，自然资源基本法的立法必须从保护公共利益出发，并且应严格对公共利益进行界定，减少和防止"假公济私"现象的发生。鉴于自然资源的稀缺性和所具有的公共利益这一特征，为了防止自然资源被滥

① 蔡守秋：《环境资源法教程》，高等教育出版社2010年版。

用，自然资源法的基本原则应当由公法，即首先通过宪法予以宣示和肯认，以表彰其所蕴含的公益优益权。[①]

二、自然资源基本法是细化宪法规定的基本法

（一）宪法作为其他一切法律法规的基础和前提，作出的一般仅是原则性的规定

依宪治国是落实依法治国的重点和关键，是建设法治中国的内在要求，《中共中央关于全面推进依法治国若干重大问题的决定》中指出："宪法是党和人民意志的集中体现，是通过科学民主程序形成的根本法。坚持依法治国首先要坚持依宪治国，坚持依法执政首先要坚持依宪执政。"

不过宪法作为其他一切法律法规的基础和前提，仅能作出一些原则性的规定。[②]不可能也不应该对具体的政策和制度作出详细列举。要真正认真地对待和实施宪法，必须选择所要适用的宪法规范。而作为一部可予实施的国家基本法，宪法的基本性质决定了只有一些有限的宪法条款才能得以直接适用。只不过鉴于宪法不只是政治宣言，因而学界主张，一般不应该直接适用宪法中规定的积极权利；而且宪法也不是普通的法律，因而不应该适用其所规定的公民义务或经济政策细节，而应将这些事项留给部门立法。[③]而在我国，目前即必须由行政部门主导的"部门法"来规制。如此，作为连接宪法与单行法、特别法工具的"小宪法"亦即各种"基本法"自应运而生。

（二）基本法成了解决宪法适用问题的有效之道

对于宪法的适用，目前我国有学者主张放弃"宪法直接适用论"者，亦有选择"宪法间接适用论"者。而在一般的意义上，法律适用是将抽象的法

---

① 宁小珊:《论行政合同行政优益权存在的必要性》，载《商》2016年第7期。
② 赵冬冬:《1982年宪法及修改与中国的社会变迁》，郑州大学2010年硕士学位论文。
③ 张千帆:《论宪法的选择适用》，载《中外法学》2012年第5期。

律规范与具体的法律事件相联系，以抽象的法律规范为标准对具体法律事件进行评价并做出具有法律意义的决定的过程。由于在法律适用过程中，法律只能是直接适用而不可能是间接适用，对于宪法作为法律之一种，众多学者主张，宪法的适用也只能是直接适用而不可能是间接适用。①

故此，《自然资源基本法》以“小宪法”或者准确地说以“基本法”的形式出现，针对自然资源领域做出宪法性的基本原则性的规定，在配套的单行法律未被制定出来之前，其可以作为原则性的法律规范从而被得以适用，解决社会中存在的矛盾问题，以维护我国自然资源的安全与高效利用。

三、自然资源基本法应是《宪法》的具体化规定

传统社会的政府职能的重心在于政治统治，现代工业社会转向了社会管理尤其是经济管理，现在又转到了社会服务职能。②19世纪末20世纪初，行政权对经济的干预代替了原来的自由经济政策，到20世纪中叶，环境保护、社会保障等又均成了行政管理的内容。行政权作为一种执行法律，治理国家和服务社会的公权力，“权自法出”，在现代社会当中，宪法既是国家基本法律秩序的基础，也是公民基本生活规范。宪法作为我国的根本法，具有最高的法律效力和至上的权威性，其他一切法律、法规、规章均不能与之相抵触，否则无效。③现代国家一般总是原则性地在宪法中规定，然后通过具体的法律使其各项内容变成行政权所依据的法律规范体系。

---

① 谢维雁：《“宪法间接适用论”质疑》，载《法商研究》2011年第2期。

② 胡建淼：《公权力研究》，浙江大学出版社2005年版。

③ 韩大元：《论宪法权威》，载《法学》2013年第5期。

第四节
自然资源基本法立法需要处理好的几个关键问题

一、自然资源基本法的立法名称与其立法体例

（一）自然资源基本法的立法名称问题

自然资源综合立法的名称，目前有“自然资源法”“自然资源基本法”“自然资源法通则”“自然资源法总则”等不同称谓。笔者认为，“自然资源基本法”的这一称谓比较科学。主要理由是：

首先，立法名称和立法体例密切相关。由于制定自然资源统一法典难度大，世界范围内的自然资源统一法典的成功先例也极少。因此，短期内制定一部自然资源法或自然资源法通则并非最佳的选择。

其次“自然资源基本法”和“自然资源法总则”就其立法内容并没有什么区别。二者都是运用综合调整和系统调整的方式，规定自然资源管理、自然资源产权配置和流转的基本法律原则和基本法律制度。但“自然资源基本法”的称谓除包含上述内容外，更能凸显其在自然资源法律体系中的龙头地位，也更能显示“自然资源基本法”是实施宪法的基本法。

（二）自然资源基本法的立法体例

当下的自然资源立法，主要应适宜规范对象的综合性特征，形成一个结构科学合理、内容充实完备、效力层次分明的法制体系，以保障人与自然协调发

展。自然资源部的角色设定，是具有所有、管理和监督多重职能的部门，故而资产性管理和资源性管理都需要重视。自然资源综合管理，包括央地协同、府际协同、部门协同、官民协同等多层次、多向度的协同机制。故而应推动以合理利用为原则、权责明确、处罚严厉的统一的自然资源法立法。应从理念原则、法律体系、立法模式、基本制度方面进行自然资源统一立法创新。[①]

所以自然资源综合立法现阶段不适合采用制定一部自然资源统一法典的形式，可以先制定自然资源基本法，再同步制定或修订自然资源单行法。随着社会经济的进一步发展，随着自然资源立法和实践经验的不断丰富，随着自然资源立法的理论研究不断深入和成熟，将来在时机成熟时再制定统一的自然资源法典才是比较适宜的。

另外，自然资源基本法的立法需要处理好与生态保护基本法的关系。自然资源基本法和生态保护基本法不是互相包含的关系，也不是互相对立的关系。两者是相互独立、相互补充、相辅相成的关系。自然资源基本法应当体现国家对自然资源所有权的统一行使，主要内容应当围绕自然资源的所有和利用，具体应当包括自然资源的所有权法律制度、勘察测绘法律制度、规划法律制度、使用法律制度，以及在使用中的节约与保护法律制度等。生态保护基本法应当体现生态环境的综合治理，主要内容应当围绕生态环境的监测、保护与治理。包含现行的环境污染防治法以及生态保护法的有关内容。

二、立法技术

（一）《自然资源基本法》应是自然资源领域法律规范的公因式

“提取公因式”作为民法典总分体系立法技术的经典表达，体现总则在分则中的普遍适用特征。“提取公因式”立法技术是抽象化立法技术发展的必然结果，是民法和社会发展的必然要求。当然此种立法技术理论的致命错误是

---

① 祁雪瑞:《论自然资源综合立法》，载《中国国土资源经济》2018 年第 12 期。

共性法律规则的绝对化和缺乏体系的内在整体性，所以在自然资源法律规范系统中提取“公因式”自必须摆脱绝对化的抽象思维的局限，构建自然资源法律规范系统的内部整体性。[①]

《自然资源基本法》就是以其共性为基础，采取相对全面、概括、总结的形式，对自然资源法的立法理念、立法目的、基本原则、基本概念、使用范围、调整对象、管理体制、基本国策、权属制度、有偿使用制度、交易制度、资源安全性评价制度、保护利用、监督检查、法律责任、纠纷解决等内容，以提取公因式的方法，进行综合性、原则性和纲领性的规定，以统一的精神理念和抽象的制度轮廓，来统筹自然资源单行法的立法、司法、守法和执法工作。

（二）《自然资源基本法》赖以立足的抽象原则重在对其全部内容抽象和概括

具体而言，《自然资源基本法》的制定就是要从各个单行的自然资源法中抽象出基本概念、基本原则、基本制度、法律责任，就像《民法总则》那样，通过提取“公因式”的方式来确立法的一般性规则，作为法典中最基础、最通用、最抽象的部分。法学界也已达成共识，《民法总则》的此种提取公因式的立法方法，完全可以普遍适用于各个民商事单行法律，当然也包括《自然资源法》。无疑，此种总则或基本法包含“所赖以立足的抽象原则的阐述”，是对法的全部内容的抽象和概括。[②]

三、自然资源基本法之立法创新

从 1979 年颁布的《环境保护法（试行）》算起，我国的环境与资源保护立法已走过了 40 年历程，其迅猛的发展速度以及展现出的生机活力，令世人

① 李建华、何松威、麻锐：《论民法典“提取公因式”的立法技术》，载《河南社会科学》2015 年第 9 期。

② 王利明：《民法总则：民法的“公因式”》，载《北京日报》2017 年 8 月 28 日。

瞩目。作为中国特色社会主义法律体系的重要组成部分，通过了包括环境保护法在内的约30部法律，涵盖综合类、污染防治类、资源和生态类立法，形成了涉及宪法和宪法相关法、民商法、行政法、经济法、社会法、刑法、诉讼与非诉讼程序法七大法律部门相关法律规范，由法律、行政法规、地方性法规、规章、司法解释等多层级规范性法律文件共同组成的环境与资源保护法律体系已经基本形成。①而自然资源基本法不是对原有自然资源单行立法简单的"公因式"抽取，而应在提取过程中，体现自然资源管理的理念和立法理念，亦即具体制度的创新。

自然资源基本法的立法理念应当坚持生态文明建设的理念，体现尊重自然、顺应自然、保护自然的"人与自然的和谐"。在自然资源基本法的基本原则的抽象和提炼中应当把握好绿色发展、整体发展、长远发展的新发展理念。坚持人与自然是生命共同体，人类必须尊重自然、顺应自然、保护自然。坚持节约优先、保护优先、自然恢复为主的方针，形成节约资源和保护环境的空间格局、产业结构、生产方式、生活方式，还自然以宁静、和谐、美丽。②自然资源基本法的制度设计中要处理好基本法和单行法的关系，要处理好统一管理和分头管理的关系，要处理好国家干预和发挥市场机制的关系，要处理好公法和私法的关系。这些问题都应是自然资源基本法立法中的重点和难点，而上述问题的解决均需要立法理念、立法理论、立法方法和法律制度的创新。应当说我国自然资源的立法无论是理论研究，还是实践经验，已经具备了创新的基础和条件，立法的时机业已成熟。

① 王毅、程多威：《加快统筹立法和立法创新，促进生态文明建设进程》，载《中国人大杂志》2017年第9期。

② 《光明日报评论员：坚持人与自然和谐共生——九论深入学习贯彻党的十九大精神》，载光明日报网（原标题：坚持人与自然和谐共生）：http://theory.gmw.cn/2017-12/15/content_27107450.htm，最后访问日期：2019年6月18日。

第五节
自然资源基本法的立法框架

立足于我国自然资源法律现状，尊重自然生态规律，适应可持续发展的要求，突出综合法的功能与特点，注重立法的可操作性，对自然资源基本法做出框架结构设计。

一、第一章“总则”

如果起草《自然资源基本法》其总则部分主要介绍立法的宪法依据、立法目的、调整对象、自然资源概念、基本原则、适用范围、自然资源的基本国策或政策等。

（一）自然资源概念及分类

自然资源一般可以被理解为，存在于一个国家或地区的领土主权之内、具有使用价值、能够提高居民生活水平和未来生存质量的各种森林、矿产、土地资源等资源的集合体。作为环境因素的集合，其具有生态和经济双重属性，它的生态效益体现其生态价值；它的开发利用体现其经济价值。

从自然资源赋存状况看，有地表资源和地下资源之分。地表资源包括山岭、水流、森林、耕地、湖泊、草原、滩涂、大陆架、海洋、气候（光热风雨）、动植物等；地下资源包括矿藏等。

而如果从自然资源再生状况来看，有可再生资源、不可再生资源和恒定资源之分。从自然资源法的体系看，处于顶端的为自然资源法通则；次一级为可再生资源法、不可再生资源法、恒定资源法，或者是空间资源法（土地，水体，大气层，太空）、能量资源法（天然机械能，太阳光热能等）、物质资源法（水资源，矿产资源，森林、牧草等生物资源）；再次一级为各行政部门资源管理法，如土地管理法、矿产资源法、水法、森林法、草原法、海洋基本法、渔业法等；最下面自是自然资源法规及规章。

（二）自然资源法是调整自然资源领域内各种法律规范的总称

自然资源法就是调整人们在自然资源开发利用、保护和管理过程中所发生的各种社会关系的法律规范的总称。

在自然资源部国土空间统一规划和自然资源统一登记管理的需求下，各类自然资源的差异性造成了统筹的困难，自然资源全要素概念才能够有效地构建统筹基础。自然资源的研究方法，也已从通过探究测绘地理空间信息发展到了自然资源信息化的法律关系，发生了从“土地”扩展到“土地空间”及“地理空间”的转变；从“要素”到“全要素”的统一；出现了“自然资源数据”与“泛地图”的关联，凡此种种。[①]提出了自然资源全要素的概念。可见，自然资源全要素的概念提出对于统筹调整各社会关系的法律规范而言至关重要。

（三）自然资源法的基本原则

从立法角度看，自然资源的社会性、系统性为自然资源统一立法提供了法理依据；而自然资源的自然性、相对性却给自然资源统一立法增加了难度。[②]就我国现行的法律而言，自然资源法主要包括各种不同自然资源类型方面的法律，主要有水资源法、土地管理法、矿产资源法、渔业法、森林法、草原法、野生动物法、水土保持法等，以及相关的行政法规、规章和地方性

① 应申、李程鹏、郭仁忠、李霖、刘耀林：《自然资源全要素概念模型构建》，载《中国土地科学》2019年第3期。

② 付英：《自然资源语境下的自然资源统一立法研究——初论自然资源法通则》，载《中国国土资源经济》2018年第5期。

法规。

因此，自然资源法基本法的制定不仅要与我国的宪法理念保持一致，更要与我国的经济发展政策、现行的部门法保持连贯，这样才能确保我国的自然资源法律法规体系对保护和改善环境质量，保护生态平衡和生态安全，促进经济、社会和环境的协调发展起到积极的作用。

因此，我们可以将我国的自然资源保护原则规定如下：①

1. 保护自然资源第一的原则。

从国家安全和经济社会长远发展的战略观点出发，全面审视全球的资源态势和我国异常严峻的自然资源形势，如何保护自然资源将成为21世纪人类生存和发展所面临的重要问题。我们必须牢固树立资源忧患意识，增强保护自然资源的责任感和紧迫感。将保护自然资源确立为第一项基本法律原则，对于我国这样一个人口众多的发展中国家将具有深远的历史意义。

北美自然资源保护会议是世界上第一次国际自然资源保护会议，通过了具有重要意义的《原则声明》，促进了国际自然资源保护运动的开展，开创了国际合作保护自然资源的先例。②其所倡导的保护第一原则要求我们从人类生存和发展的战略出发，正确处理经济发展与保护自然资源的关系。同时，强调自然资源总量上的动态平衡。我们要针对不同种类的自然资源在生态经济系统中的相应地位与作用，统筹全局，全面规划，坚决制止自然资源的滥采滥用，遏制资源总量的迅速减少。

首先，要保护珍贵的稀有野生动植物资源及其生态环境。其次，对已经开发利用或待开发利用的自然资源采取保护措施，即在开发利用的同时要考虑保护，在保护条件下进行合理的开发利用。最后，强调保护第一，意味着有些资源在现有条件下不能开发或暂不开发或只能有限度开发，而有些已经开发过度或被严重破坏的资源，必须立即采取非常措施制止开发。

保护资源也并不是消极的保护，要与培育、改造结合起来。保护那些已

---

① 孟庆瑜：《论综合性自然资源立法》，载《中国人口资源与环境》2001年第11卷第1期。

② 丁金光：《世界上第一次国际自然资源保护会议的意义》，载《鄱阳湖学刊》2014年第2期。

有的良好资源条件，使其逐步提高生产力，自然条件较差的要逐步培育改造，达到提高生产力的目的。对地下资源除处理好其开采利用与地上资源环境条件的关系外，还应注意我国矿产资源的特点，当开采某种矿种时，对那些伴生的，暂时不能开采的资源应采取保护措施。

2. 坚持生态可持续的立法原则。

我国的自然资源立法理念严重滞后、各单行法难免相互冲突、具体法律制度不完善、立法漏洞较多，存在很多问题，而最根本的问题则是我国的自然资源法没有体现生态性立法的内在要求。

第一，自然资源立法的法理基础具有生态性。这从资源立法发展的伦理基础和自然资源法的价值论中可以看到。从单纯保障自然资源以促进国民经济为目的的自然资源立法到以偏重自然资源生态保护，资源立法的伦理基础也在趋向生态化。自然资源立法价值包含生态性，即从过分追求资源的经济价值到开始兼顾资源经济价值和生态价值或者更偏重其生态价值，这都是自然资源立法价值追求生态性的体现。

第二，在分析我国自然资源立法现状的基础上，认为我国很多自然资源单行法成文于计划经济时代，带有明显的“经济优先”的立法指导思想。当然，也有一部分自然资源法通过修正案的形式试图改变这一滞后的立法思想，但是这种前进的步伐过于缓慢，实践中效果也并不明显。

所以要强调应该真正确立人与自然相和谐的自然观，坚持生态可持续的立法理念。同时自然资源立法不仅应该遵循生态规律，更要坚持生态可持续的立法原则。[①]

合理开发利用自然资源是自然资源自身属性和特征的客观要求，也是人类对自然资源开发利用长期正反两个方面的经验总结。自然资源合理开发利用原则以经济效益和生态效益协调统一为目标，按照不同的资源类型、区域和特点，统一规划，合理配置，高效利用，综合利用。对土地、森林、水生生物等可更新资源，应根据其更新能力，合理规定其开发利用最适宜的时间

① 安淑梅:《生态文明视野下的自然资源立法研究》，西南交通大学2015年硕士学位论文。

和数量，努力使资源增值，抑制资源生产力下降，防止资源的破坏与流失，确保其永续利用。对矿物能源、矿产等不可更新资源要坚持综合利用，高效利用原则，科学规定资源的储采比率，根据国家需要和资源的可能性，合理调节有限资源的耗竭速度，提高资源的采、选、冶的回收率和综合利用率，大力推广废物资源化技术，变废为宝，化害为利。

自然资源合理开发利用原则特别强调加快两个根本性转变。这就要求建立和完善资源产权制度，明晰产权，强化资源管理，防止国有资源的流失；逐步理顺资源的价格体系，切实改变“资源无价、原材料低价、产品高价”的价格扭曲现象；完善资源有偿使用制度，建立健全资源更新的经济补偿机制；大力发展资源产业，鼓励和扶持资源再生产活动，缓解资源供需矛盾；加强对资源核算的研究和实践工作，建立资源核算制度，逐步将其纳入国民经济核算体系。合理开发利用原则最后强调立足于自然资源的基本自给，充分利用国内外资源。包括粮食、能源、钢铁、建材等在内的主要资源要立足国内，保护自给，同时充分利用国际、国内两个市场，调节品种，适当进口国内紧缺资源及其产品，积极出口国内优势资源及其产品，对国内稀缺资源和珍稀资源实行保护性开采利用，对重要战略资源建立储备制度。

3. 自然资源开源与节约的原则。

开源与节约是自然资源开发利用中互为依存的两个方面，开源是节约的前提，节约是开源的继续。两者有机的结合构成了缓解我国自然资源供需矛盾的基本途径。当然，各种自然资源由于它的存量、供需状况和稀缺程度的差异，开源与节约的侧重点也应不同。

所谓开源，就是增加，扩大资源的开发。从我国自然资源的总体状态出发，开源潜力还是巨大的。首先，要做好资源开发的超前准备，与后续开发相结合。自然资源开发利用的特点是：资源勘探和资源调查等前期准备是开发的前提条件，并且具有十分明显的超前性。[①] 目前，可供利用的矿产储量不足，资源开发处于“等米下锅”的状态，因此，从现在起就必须着手加强

---

① 孟庆瑜：《论综合性自然资源立法》，载《中国人口·资源与环境》2001年第3期。

资源勘查工作，寻找新的后备资源，运用高科技开发尚未被人们认识的资源。其次，要加快替代资源和能源的研究开发，大力开发可再生能源，如太阳能、风能、沼气、地热、潮汐等新能源，减少对煤炭资源的依赖，促进能源结构的调整；积极开发新材料，如氟利昂替代品、木竹品、塑料替代品等，促进产品更新换代，减少环境污染。最后，要做好综合开发，鼓励创建人工生态系统，提高资源利用率。开源固然重要，节约更不可偏废。要改变那种重开源、轻节约的思想和做法，改变那种“开源有功劳”“节约无成绩”“浪费无罪”以及不讲资源效益的错误思想。

所谓节约，可有两个含义：一是指“节省”，与浪费相对立，我们必须放弃过度消费主义的偏见，树立节约观，从更广泛的领域规范消费行为。二是指“集约”，与粗放相对立。面对我国异常严峻的自然资源形势，我们必须选择一条与发达国家不同的资源组合方式即非传统的现代化道路，其核心思想就是建立一个低度消费资源的节约型国民经济体系，以促进资源的节约，杜绝资源的浪费，降低资源的消耗，提高资源的利用率、生产率和单位资源的人口承载力，以缓和资源的供需矛盾。

加强自然资源的立法，建立起与可持续发展战略和社会主义市场经济体制相适应的自然资源法律规范系统，充分依靠法制，从根本上保护自然资源已成为我国法制建设的一项紧迫而重要的任务。鉴于我国自然资源与自然资源立法现状，在重新构建我国的自然资源法基本原则体系中，开源与节约原则，自为其题中应有之义。[①]

4. 自然资源产权化与有偿使用原则。

自然资源是人类生存的总条件，是经济发展的基本要素。人类的经济活动虽然可以发挥其协调功能和组织功能，减少或避免产生不必要的废弃物，减少危害，但其终将要受到自然资源有限性、稀缺性的制约。如何适应市场经济发展的要求，处理好自然资源的保护、节约与利用关系，加强自然资源利用者的自律和国家监督管理之间的关系，将是我国能否实现自然资源可持

① 王立林：《略论自然资源法的基本原则》，载《东方论坛：青岛大学学报》1999年第3期。

续利用的关键因素。适应自然生态规律和市场经济规律的要求，实现自然资源的产权化和有偿使用，将是基础性、根本性的原则。

自然资源的产权化就是实现包括自然人、法人、其他经济组织和特定条件下的国家等市场主体与各类自然资源之间联结关系的确定化、结构化和合理化。自然资源产权化水平如何，直接决定着产权主体对于自然资源利益的关注程度，保护和开发利用程度，这构成了自然资源能否得到合理配置的前提和基础，也为国家监督管理职权的行使划定了清晰的边界和范围。自然资源的有偿使用，就是要以健全的产权制度和政府管理体制为前提，建立合理的资源价格和有关的税费体系。这种体系应由三个层次构成：第一，自然资源所有者和使用者之间存在的“租金”与“价格”，国家在此以平等的民事主体身份出现，以“卖方”和“买方”的身份参与交易和对“租金”与“价格”的决定。第二，政府或政府委托的机构或单位为补偿提供公共服务的成本所收取的“使用费”，国家或国家机构在这里是“委托”提供服务者或服务单位的监督者。第三，政府的税收或其他强制性行政规费，包括行政罚款等。

2015 年中共中央、国务院《生态文明体制改革总体方案》明确提出，要健全完善全民所有自然资源资产有偿使用制度，并将制定出台指导意见列为重要改革任务。2016 年《关于全民所有自然资源资产有偿使用制度改革的指导意见》的出台，在促进自然资源保护和合理利用、维护国家所有者和使用者合法权益、夯实生态文明制度基础、加快美丽中国建设等方面发挥十分重要的作用。[①]

5. 可持续发展原则。

可持续发展是人类面对社会发展新情势审思作出的必然选择，自然资源作为可持续发展的一个独立子系统决定着可持续发展的得失成败，在可持续

① 国土资源部调控和监测司负责人解读〈关于全民所有自然资源资产有偿使用制度改革的指导意见〉》，载新华网：http://www.xinhuanet.com/politics/2017-01/16/c_1120322511.htm，最后访问日期：2019 年 6 月 18 日。

发展视野下，自然资源法才谈得上遵循公平分配原则、效益发展原则、协调持续原则、合理利用原则、市场调节和国家宏观调控相结合的资源有偿使用原则等。①

可持续发展作为对传统社会经济发展模式的巨大挑战和自我创新，涉及人口、资源、环境、经济、社会等诸多方面，其中，资源构成了可持续发展的中心环节。把可持续发展确立为指导思想和基本原则是当前我国自然资源立法的客观要求。自然资源基本立法的可持续发展原则，主要是体现可持续发展理论中的资源观，即保护和加强人类生存与发展所必须依赖的资源基础，对不同属性的资源，采用不同的对策，坚持公平性、持续性和共同性。

二、第二章“自然资源所有权与其他物权”

该部分主要介绍自然资源所有权、使用权及其他物权的含义、类型、取得方式、行使、变更和消灭、处分与救济、自然资源不得滥用等。

（一）明晰自然资源的准物权制度②

公权与私权是法权属性的基本界分，不能含糊，无法折中。近些年来，自然资源国家所有权相关理论在否认此种权利的纯粹私权属性方面取得了共识，这无疑是一大进步，但对该权的公权属性认识仍不够坚决和彻底。相关理论要么在把该权定性为私权的前提下，主张如对待公权般的严格限制；要么把私权内容与公权内容强塞入一个权利概念之下，形成无所不包的“超级所有权”；要么强调作为整体目标的制度建设，而回避对基础法权的属性判断，在逻辑和实践方面都有不足，犹待修正。③

① 靳文辉、曾涛:《可持续发展视野下自然资源法的基本原则》，载《商洛师范专科学校学报》2003年第12期。

② 李显冬、牟彤:《完善准物权理论以健全自然资源资产产权制度》，载《中国国土资源经济》2014年第2期。

③ 巩固:《自然资源国家所有权“非公权说”检视》，载《中国法律评论》2017年第8期。

应当认为，宪法上的所有权反映的是所有权人和国家之间的公法法律关系；民法上的所有权反映的是所有权人和个体之间的民事法律关系，旨在调整民事法律关系中的客体。此两种层面的所有权其侧重点是有所不同的，故建立一个系统化的法律体系和所有权体系已成为趋势。当自然资源由国家所有并由政府或政府职能部门代为占有、使用、收益和处分时，国家具有民事和行政双重主体地位，其拥有的自然资源所有权也具有公权与私权的双重性质，所以应对自然资源进行综合性的法律调整。

私法在形式上是披着国家意志外套的社会正当行为规则，其价值恰是要在所有权的交换过程中确定规则以达到定分止争的目的，并以最有效的方式利用资源以实现其价值的最大化。私法虽承载了国家意志，却并不影响它以有效的方式帮助自然资源实现自身价值。《宪法》中的全民所有权，不以私人所有权的客体为客体，仅旨在保障基本经济制度，这才成为其私法所有权设定的基本依据。而这便也成为全民所有权的权属基础，为自然资源产权具有公权和私权双重属性提供了法理基础。

自然资源产权是一系列权利的泛称，自然资源产权作为准物权的客体，其并非单一权利与同一财产的称谓，而是不同产权组合的总称。具体包含探矿权、采矿权、水权、养殖权和采伐权等一系列权利。[①]同时这些权利又是各自分开的，此种权利配置导致自然资源产权具有复杂性的特征。权利主体可能对自然资源不享有所有权，但可以拥有使用权。

全国人大法学界代表孙宪忠研究员业已提出议案：就类似于采矿权可以准用物权保护规则的权利作出规定。这些权利大体上有：采矿权、海域使用权、渔业权、采伐权、取水权等。它们依据行政批准或者行政许可取得、直接占有使用特定物，有些还可以取得收益，虽然并非根据民事行为取得，但是在权利的享有和保护上也可以准用物权规则，因此民法上统一称之为“准物权”。考虑到这些权利都是在所有权基础上设置的权利，将它们规定在“用益物权”的体系之下，强调其外观上占有、使用和收益的特点，这种体例既

① 许广平：《准物权的概念》，载《法制与社会》2017年第6期（中）.

符合法理也符合国情。[①]

（二）自然资源准物权的权利构成具有多重性

1. 权利客体的复合性。

准物权的客体有着复合性，它往往不是单指某一个或某一类物，通常包含两个或两类以上的物；另外，某些准物权的客体还具有不确定性，如水权客体的水就不具有固定的形态。[②]比如，国家对水流拥有所有权，而取水的民事主体则对水流享有用益权；或者不同的权利主体也会对同一种自然资源分别拥有性质不同的权利，如针对一片水域，一方权利人有取水权，另一方权利人则可以享有养殖权。林业权的作用客体既有一定范围的土地，又有生长在土地上的林木资源；矿业权的作用客体不仅是指向其中蕴藏的矿物，也包括矿区的土地。

2. 权利义务内容具有综合性。

尽管我国《物权法》对山地、水域、森林、农田、湖泊、草场等自然资源未做详尽规定，但宪法明确规定自然资源属于社会主义公共资源，由国家或集体为其所有者。这意味着其他民事主体都不会拥有其所有权，只能取得他物权即定限物权。而自然资源准物权制度目标不仅包括对自然资源的占有、使用、收益和处分的权能，还包含对其持续开发与保护环境等法定义务。

3. 准物权法律事实构成具有多重性故被称为“权利（义务）束”。[③]

“法律事实构成”亦称“复杂法律事实”，是指一个民事法律事实的产生、变更或消灭，必须因两个以上的法律事实的出现才能发生。其作为不同法律事实的结合；相互间具有法律上的关联性；其又可以分为“基础性法律事实”和“后续法律事实”。[④]而所谓后续法律事实，既能引起自身法律事实的产生，又在基础事实之上，作为事实构成的组成部分，与业已形成的基础事实，共

① 孙宪忠：《关于修改我国〈物权法〉的议案（征求意见稿）》，载中国法学网：http://iolaw.cssn.cn/bwsf/201907/t20190730_4947332.shtml，最后访问日期：2019年8月10日。

② 崔建远：《准物权研究》，法律出版社2003年版，第38页。

③ 陈嘉映：《海德格尔哲学概论》，三联书店出版社1995年版。

④ 刘煜：《浅谈法律事实构成及其存在价值》，载《今日湖北·中旬刊》2013年第4期。

同引起了新的法律关系的变动。譬如在物权变动过程中，买卖合同的签订就被认为是基础法律关系；而不动产登记则被认为是新的法律事实，其将产生新的法律关系，亦即产生物权变动的结果。[①]

因此，不能用传统的分析方法，简单地将准物权的客体归于单一或某一特定的物，学界已统一将其称之为“权利束”。[②]

自然资源法本章中可以对自然资源的所有权，即自然资源所有权的含义、类型、取得方式、行使、变更和消灭、处分与救济、自然资源所有权不得滥用等进行规定。

对自然资源的使用权，即自然资源使用权的含义、种类及各自权利内容、取得方式、变更、消灭及其保护、自然资源使用的一般要求和限制条件等进行规定。此外还要规定自然资源他项权利，即自然资源他项权利的种类及各自权利内容、设定、变更条件及其对自然资源使用权的限制等加以规范。

三、第三章“自然资源开发利用”

该部分主要介绍自然资源开发利用的一般要求，包括总体目标和规划的编制与执行，勘探、开发许可、开发的监控、登记与统计、开发利用的补偿机制、税费征收与负担、自然资源开发与区域经济发展等。

不同的法律具有不同的调整对象，不同的调整对象决定着不同法律的作用领域和适用范围。因此，综合性自然资源法调整对象的确立是制定该法时所要解决的首要问题。一般认为，法律是通过调整人与人之间的关系间接实现对人与自然关系的规制的。因此，自然资源法是以自然资源的保护和开发利用等发生的社会关系为调整对象的。综合性自然资源法当然也不例外。但是，它之所以具有独立存在的必要性，就在于它所调整的社会关系具有客观

① 陈金钊:《论法律事实》，载《法学家》2000 年第 2 期。

② 裴丽萍、张启彬:《国外森林法立法经验及其对我国森林立法的启示》，载《林业资源管理》2015 年第 9 期。

性、基本性、综合性、整体性、开放性等特点，而这又是由其作用对象（间接作用）——自然资源自身属性和共同特征所决定的，这是它区别于各自然资源单行法的关键所在。不同类型的自然资源具有不同的属性特征，这种个性特征构成了现行自然资源单行立法的客观基础。但从它们与生态经济系统的结合上来看，又具有如下的共同特征，反映了自然资源整体存在的规律性：

（一）自然资源开发利用的整体性特征

自然资源在自然界中以系统整体为方式存在，任何一种资源的变化都会影响到其他资源的变化和功能的发挥。这就要求人们利用自然资源的活动要立足于自然资源的综合整体，遵循单个自然资源要素及其所组成的自然资源体系的时空演变规律，而不能仅从个别、局部资源的效益出发。自然资源这一特性是构成综合性自然资源法调整对象特定性的根本原因。

自然资源使用权以自然资源为客体。自然资源的属性是构建自然资源使用权制度的起点和内在决定性因素。自然资源使用权语境下的自然资源是指能为人力所控制或支配，并能满足人们某种需要的可以特定化的自然物质。自然资源的自然性、价值性、社会性、整体性、相对性、公共物品属性是构建自然资源权属制度的基础和出发点。自然资源赋存的整体性及法律规范体系的分散性，极易造成各类自然资源使用权之间相互影响或冲突，因此，应注意各种自然资源使用权的协调。①

加快生态文明建设，需要改变自然资源用途管制过程中各自为政的局面，着眼于自然资源的可持续利用、生态环境的一体保护和国土空间的整体规划，推进自然资源用途的整体性管制。实现这一目标，需要处理好自然资源用途管制与自然资源市场化配置的关系，理顺自然资源用途管制中的央地关系，协调好自然资源用途管制“权力”与自然资源开发利用“权利”的关系。在制度设计上，要建立统一的自然资源用途管制主体制度，明确自然资源用途管制的总体思路，健全自然资源开发利用的空间规划体系和自然资源用途管

① 黄萍:《自然资源使用权制度研究》，复旦大学2012年博士学位论文。

制的配套机制。[①]

（二）自然资源开发利用的有效性

自然资源对社会所具有的开发利用价值，刺激着人们不断开发利用资源，并决定着资源利用的基本特征和方向。自然资源的有效性是自然资源最直接的共性，也是存量资源减少的原动力。这一特性为确立自然资源价值观，实行资源有偿使用制度提供了客观依据。

我国自然资源使用权功能偏离的内在根源，在于自然资源使用权合理配置资源的功能以及提高自然资源利用效率的功能没有充分得以发挥，自然资源保护功能因此出现了偏差。其内在根源是多方面的，不但长期以来自然资源使用权性质不明；而且规范自然资源使用权法律间缺少沟通和协调；再加上自然资源价值观念落后，造成了自然资源使用权相关制度缺失。

所以应树立基于可持续发展的自然资源价值观。我国自然资源使用权重构应遵循整体与区别相结合原则、生态化原则、永续利用原则和权利义务相协调原则。在具体制度上应做到物权客体现代化、自然资源使用权立体化、自然资源使用权类型化、自然资源使用权生态化、自然资源使用权权利义务协调化、自然资源使用权流转化、自然资源使用权登记制度规范化、自然资源使用权征收补偿制度合理化。[②]

（三）自然资源开发利用必须注意的资源稀缺性

资源只要利用总会伴随消耗，这种消耗即使不是量的减少，也会是质的变化。资源稀缺性迫使人们不断发掘新资源，寻找替代，探索资源优化配置和高效利用的新途径。这就为社会以法律的手段保障自然资源的永续利用提供了最基本的动因。

随着人类社会对自然资源开发利用深度、广度的扩展，自然资源开发利

---

① 施志源:《自然资源用途的整体性管制及其制度设计》，载《中国特色社会主义研究》2017 年第 2 期。

② 黄萍:《自然资源使用权制度研究》，复旦大学 2012 年博士学位论文。

用的负外部性日益显现，传统的命令加控制的自然资源行政管理体制难以消除自然资源利用中的负外部性，建立一种有效率地利用资源的内在激励机制成为必然。而物权制度是内在激励机制的基础和前提，财产权制度通过规范和引导人们利用自然资源的行为，在自然资源利用中达到保护自然资源的目的。由于越来越多的国家将自然资源公有化，自然资源利用的制度主要表现为非所有人对自然资源开发利用的使用权制度。①

（四）自然资源开发利用之多宜性

无论是单项自然资源，还是复合自然资源，抑或自然资源系统，都具有多功能、多用途和多效益的多宜性特征。这一特征带来了资源利用的复杂性，从而为自然资源综合利用法律制度的创建提供了依据，也为资源管理主体的多头叠置创造了条件。

在对传统自然资源价值观分析的基础上，提出应树立基于可持续发展的自然资源价值观。认为我国自然资源使用权重构应遵循整体与区别相结合原则、生态化原则、永续利用原则和权利义务相协调原则。在具体制度上应做到物权客体现代化、自然资源使用权立体化、自然资源使用权类型化、自然资源使用权生态化、自然资源使用权权利义务协调化、自然资源使用权流转化、自然资源使用权登记制度规范化、自然资源使用权征收补偿制度合理化。②所以，为了实现自然资源的可持续利用的目标，须以可持续发展的基本内容为依据，对我国自然资源产权制度进行检视与反思，来提出改革与创新思路。③

（五）自然资源开发利用的地域性

自然资源可持续开发利用系统的组成要素即自然资源、开发利用、人口、

① 黄萍:《自然资源使用权制度研究》，复旦大学2012年博士学位论文。

② 黄萍:《自然资源使用权制度研究》，复旦大学2012年博士学位论文。

③ 孟庆瑜:《我国自然资源产权制度的改革与创新——一种可持续发展的检视与反思》，载《中国人口·资源与环境》2003年第1期。

环境、经济等子系统，这一社会系统具有整体性、综合性、层次性、区域性、动态性等诸多特点。①

受地带性和非地带性因素的影响，自然资源具有鲜明的地域性特点。②表现为：自然资源的形成和分布具有一定规律性；自然资源的分布具有不均衡性；不同地域具有不同的资源结构和社会经济开发利用条件，以及不同的开发利用问题。这一特征要求我们在自然资源立法中既要因地制宜，又要考虑地区公平协调，资源优势互补。

正是由于自然资源的上述特性，我们应当合理地开发利用自然资源，将现有的自然资源物尽其用，实现可持续发展。

四、第四章“自然资源的保护”

自然资源管理的目的是合理开发利用自然资源和保护自然资源，即以资源的可持续利用促进经济社会的可持续发展。保证中国的粮食安全、水资源安全和能源资源安全，是自然资源部必须承担的三大任务。

对于自然资源的管理，可以采用以下几种制度安排：③

（一）自然资源空间规划制度

功能定位、政策分区、区块拒止、统分结合是规划制度的逻辑。体系化、地尽其利、物尽其用是规划制度的法理。多龙治水、数据矛盾、叠床架屋、成本高昂是规划制度的问题。本底清晰、承载合理、战略引领、三线协同、多规合一、用地控制是规划制度的技术原则。

空间规划是实施国土空间用途管制的基础。目前，主体功能区规划、土

① 梁吉义：《略论自然资源可持续开发利用系统的构建与优化》，载《资源科学》1998年第2期。

② 蒋国平：《自然资源对区域发展的影响及其评价研究》，载《经济师》2004年第4期。

③ 付英：《自然资源语境下的自然资源统一立法研究——初论自然资源法通则》，载《中国国土资源经济》2018年第5期。

地利用规划、城乡规划、海洋主体功能区规划等各类空间规划分别由不同部门编制，导致空间功能定位交叉、区域重叠、布局不够合理。为有效解决这些问题，近年来一些地方结合实际开展了“多规合一”改革试点，在统一空间规划体系，解决空间规划的编、用、管，完善规划管理体制和运行机制等方面，取得了积极成效，探索了一批可复制、可推广的经验做法。

2018年党和国家机构改革在总结经验的基础上，着力推进“多规合一”，将发展改革委的主体功能区规划、住房和城乡建设部的城乡规划、原国土资源部的土地利用规划以及原海洋局的海洋主体功能区规划等空间规划编制管理职能进行整合，划给自然资源部，由其负责建立统一的空间规划体系，实现各类空间规划的有机融合，统筹自然资源配置，优化结构布局，宜水则水、宜林则林、宜牧则牧、宜矿则矿，从源头上加强国土空间管控，强化空间规划的指标约束，健全国土空间用途管制制度，保障空间规划的落地实施，为“一张蓝图干到底”奠定基础。①

（二）自然资源用途管制制度

适宜性评价、用途转换许可、经济和生态补偿是用途管制的逻辑。矿藏、水流如何使用是用途管制的问题。公权约束私权是用途管制的法理。总量、结构、时序、强度、类型控制是用途管制的技术构成。国土空间用途管制是加强生态文明建设的重要手段，是统筹国土开发与保护的核心制度。根据国家机构改革的精神，国土空间用途管制的机构和依据已经明确，相关职能正在调整和理顺中，统一的国土空间用途管制制度已处于探索建立阶段。②

（三）自然资源严格保护制度

保护优先、节约优先、自然恢复、代际平衡是自然资源保护的逻辑。如

---

① 《中央编办二司司长黄路：改革自然资源和生态环境管理体制 | 强化国土空间规划，推进“多规合一”》，载搜狐网：http://www.sohu.com/a/235419525_650579，最后访问日期：2019年6月18日。

② 罗讲平：《统一行使所有国土空间用途管制职责》，载《南方国土资源》2019年第4期。

何调动各方积极性，提高保护的内生动力是自然资源保护的问题。构建人与自然生命共同体是其法理。保护自然生态系统是保护核心（如美国国家公园体制）。源头严控、过程严管、后果严惩是保护的技术路线（如我国的河长制）。习近平总书记反复强调，在生态环境保护问题上，就是要不能越雷池一步，否则就应该受到惩罚。① 只有实行最严格的制度、最严密的法治，才能为生态文明建设提供可靠保障。我国生态环境保护中存在的突出问题，大都与体制不完善、机制不健全、法治不完备有关。所以，必须把制度建设作为推进生态文明建设的重中之重，加快生态文明体制改革，着力破解制约生态文明建设的体制机制障碍。②

（四）自然资源节约集约利用制度

规划引领、技术先行、政策鼓励、税费减免是节约集约的逻辑。"节约资源就是保护环境，循环利用就是生态修复"是法理基础。制定自然资源节约集约标准体系和分门类资源节约集约标准是实现节约的技术手段。健全自然资源节约集约利用制度，是建立完善的生态文明制度体系的重要途径。我国自然资源节约集约利用制度主要包括节约利用制度、集约利用制度和综合监管制度。目前尚存在规划管控不够、标准规范不严、市场配置不足、考评机制不健全和监督体系不完善等问题。通过加强规划引导控制、健全利用标准、完善激励约束机制、优化考核评价机制、加强监管制度建设等措施，自可对我国自然资源节约集约利用制度加以完善。③

① 习近平：《在生态环境保护上不能越雷池一步》，载中国新闻网：http://www.chinanews.com/gn/2013/05-24/4855327.shtml，最后访问日期：2019 年 6 月 18 日。

② 杨伟民：《建设生态文明　打造美丽中国》，载新华网：http://www.xinhuanet.com/politics/2016-10/14/c_1119714759.htm，最后访问日期：2019 年 6 月 19 日。

③ 石吉金、林健宸：《我国自然资源节约集约利用制度改革策略探析》，载《中国国土资源经济》2015 年第 8 期。

（五）自然资源有偿使用制度

我们长期存在对于自然资源和生态环境的认识误区，一直认为新鲜的空气、洁净的水等资源是“无价”的，无须计算在经济成本之中，更无须付费。改革开放以来，我们在开发利用自然资源方面所作的很多工作，虽然初步实现了一部分自然资源的有偿使用，促进了诸如土地使用权、探矿权、采矿权等经济社会方面的发展。但由于整体忽视了自然资源有偿使用问题，对潜在的自然资源市场认识不清，以至于不但导致自然资源权属不清，而且自然资源配置不合理，资源使用效率不高，更容忍了生态破坏和环境污染长期存在。

从立法角度考察，有关自然资源开发、利用及保护和配置的细则法律不够完善。市场经济呼唤一套切实可行的自然资源有偿使用的法律制度。而自然资源有偿使用制度，就是在自然资源属于国有的前提之下，在坚持资源公有的语境下，对自然资源的用益权予以有偿转让，如此，自然资源的使用者即必须按照相应定价付费使用自然资源的制度。

2013年，党的十八届三中全会通过了《中共中央关于全面深化改革若干重大问题的决定》，其中明确提出：要实行资源有偿使用制度，加快自然资源及其产品价格改革，全面反映市场供求、资源稀缺程度、生态环境损害成本和修复效益。逐步将资源税扩展到占用各种自然生态空间。可以说，这无疑为进一步制定和完善自然资源有偿使用制度指明了方向。[①]

产权明晰、权能丰富、规则完善、监管有效、权益落实是自然资源有偿使用的逻辑。资产性质不清、定价机制模糊、市场配置较弱是如何使用的问题。维护自然资源所有者、使用者权益，合理征收税费是其法理。资源核算、价值评估、市场出让、收益管理、监测监管是技术要求。

（六）自然资源生态修复与补偿制度

经济学上所说的生态补偿是从成本利益的视角揭示了法律制度当中的生

① 张云飞：《自然资源有偿使用制度》，载《绿色中国》2018年第21期。

态效益补偿中的障碍本源与应该处理好的方面；法律则是以公正作为其第一要实现的价值目标，表现在生态补偿制度中，凭借权利、义务的对等与和谐为逻辑出发点。对生态环境破坏弥补赔偿的法律制度其逻辑构成主要因素应当包括补偿的主体本身、补偿的依据和补偿的方法等。①

专项整治、系统修复、异地补偿、升质奖励是生态修复与补偿的逻辑。"谁开发谁保护、谁受益谁补偿"是法理基础。央地共同参与、多元主体介入、差别化政策激励、自然综合整治是生态修复的技术路线。②

（七）自然资源执法监督制度

土地等自然资源作为人类生存与发展的源泉。随着经济建设开展，其保护与利用、需求与供给之间的矛盾日益突出，违法违规使用土地等自然资源的现象越来越多，执法监察工作越来越难。土地等诸多执法监察工作面临着违法行为难预防、难发现、数量多、难处理，土地等自然资源保护与集约使用等政策难以落实等问题。③

立体监督、综合执法、公众参与、政绩考核是执法监管的逻辑。"全面提升自然资源领域治理体系和治理能力的现代化"是监管的法理基础。"天上看、地上查、网上管"是最终监管实现的技术路线。

五、第五章"自然资源的管理"

自然资源基本法的制定和实施，需要有相应的管理体制改革或与管理制度创新相配套、相衔接。因此，如果起草《自然资源基本法》，该部分主要介绍自然资源保护的基本目标和任务、机构设置及其职责权限、管理的形式与

① 贾楠：《我国煤矿资源开发生态补偿制度研究》，长安大学2013年硕士学位论文。

② 付英：《自然资源部语境下的自然资源统一立法研究》，载《中国国土资源经济》2018年第5期。

③ 张维龙：《酒泉市土地执法监察研究》，燕山大学2016年硕士学位论文。

制度、自然资源行政管理体系构建等。①

（一）我国传统的自然资源管理体制弊端分析

长期以来，我国对自然资源的管理主要通过行政手段进行，伴随经济发展和改革推进，原有管理体制暴露出诸多弊端。主要有：（1）国有资源性资产的所有权未能得到强化，管理纠纷频发；（2）自然资源管理体系条块分割，各自为政，缺乏有效的协调和综合；（3）自然资源资产化管理和资源化管理职能相混同，只强调了管理的“看家”功能；（4）传统事业型机制，不利于建立资源“造血功能”；集体所有的资源重开发利用、轻保护节约，重处罚、轻监督，自然资源的开发利用充满短期行为。

（二）我国自然资源管理体制改革的主要障碍

自然资源管理制度是生态文明制度体系的重要组成部分，作为一项基础性制度，立足问题和目标导向的研究方法，以国际经验为借鉴，就可以发现我国自然资源管理存在的理念落后、管理制度不完善、管理体制不健全等问题。②

（1）一些部门和地区不愿放弃因历史原因形成的管理格局所带来的管理权限。

（2）一些部门从本部门工作的便利出发，总想控制一部分自然资源。

（3）在资源有偿使用的条件下，各部门都想通过控制自然资源，获取较多的经济利益。

（4）传统管理体制部门重叠，机构庞杂，人浮于事，改革带有牵一发而动全身的特点。

---

① 自然资源（基本）法立法可行性研究课题组：《自然资源（基本）法立法可行性研究报告》，载《兰州大学学报（社会科学版）》1998年第26期。

② 马永欢、吴初国、苏利阳、林慧：《重构自然资源管理制度体系》，载《中国科学院院刊》2017年第7期。

（三）自然资源管理体制改革的基本定位

自然资源产权管理和专业监管的分立可充分发挥市场作用，进一步促进简政放权，实现对山水林田湖草的综合管理，克服监管盲点，提升综合保护绩效，促进绿水青山转化为金山银山。设立专门机构开展自然资源资产管理，《生态文明体制改革总体方案》等规定了改革依据；自然资源统一确权登记试点取得积极进展，奠定了工作基础；与自然资源资产负债表、绿色 GDP 核算、生态文明建设目标评价考核等结合起来，促进改革的系统化和连贯化；建议在国家和省、市成立三级国有自然资源资产管理机构，在部分区域和流域派驻机构。为保障改革的实施，需界定国有自然资源资产的范围及所有权、监管权的角色和权限；改革生态补偿、排污权有偿使用、资源有偿利用等制度；明晰流域与属地的权力（利）关系；明确自然资源资产管理职责和生态环保党政同责的关系；重构环境保护税、资源税和自然资源资产使用费的关系；规定自然资源资产管理的原则、体制、制度和责任；建立自然资源资产清单、权利清单和管理信息平台；厘清各方权利边界和监管边界，建立评价考核和奖惩机制。①

我国自然资源管理体制改革的基本定位应该考虑以下几个方面：

1. 将经营管理职能和行政管理职能剥离开来。

自然资源的行政管理实际上是将资源从物质形态上或实物形态上进行的管理，包括自然资源的权属管理、存量管理、增量管理、保护开发和利用的宏观管理，采用的主要手段是行政手段和计划管理方式。自然资源的经营管理实际上是价值管理或资产化管理，它要求培育完善的资源市场体系，通过公平、公正、公开的市场竞争，实现资源的优化配置，要求运用经济手段调节资源的开发和利用，促使人们节约资源，充分合理利用资源，提高资源的使用效率。

---

① 常纪文：《国有自然资源资产管理体制改革的建议与思考》，载《中国环境管理》2019 年第 2 期。

习近平总书记在党的十九大报告中指出，“改革生态环境监管体制。加强对生态文明建设的总体设计和组织领导，设立国有自然资源资产管理和自然生态监管机构，完善生态环境管理制度，统一行使全民所有自然资源资产所有者职责，统一行使所有国土空间用途管制和生态保护修复职责，统一行使监管城乡各类污染排放和行政执法职责”。这意味着，生态文明体制改革必将提速，当务之急是推进生态环境监管体制改革，部门职能及相互关系有待深入研究。①

2. 将综合管理职能和部门管理职能结合起来。

显而易见，自然资源的综合管理是大势所趋，资源大国更是如此。各资源大国往往运用地球系统科学的理念，实行大资源管理。②

我国原有的自然资源管理体制是按照自然资源的自然属性和特征的分类管理或部门管理，缺乏综合管理和协调。只有二者结合，统一协调，综合管理，才能达到合理开发、注重节约，才能保证自然资源的可持续利用，才能保证自然资源的整体保护和全面管理。

3. 将宏观管理与微观管理结合起来。

自然资源管理机构的每一次改革和微调，都是围绕着实现“治理能力现代化”的总目标。③应当首先明确中央有关部门及地方政府有关自然资源管理部门对资源管理的三种职能：一是政府作为国有自然资源资产拥有者所享有的管理职能；二是政府作为资源的社会管理者享有的管理职能；三是政府作为宏观调控者应享有的管理职能。

在国家和地方政府自然资源宏观管理的基础上，在微观层面上，由自然资源经营企业作为市场主体自主经营自然资源，自然资源资产经营可以通过三种方式与企业衔接：一是自然资源性资源作为投资进入企业；二是由企业

① 董祚继：《统筹自然资源资产管理和自然生态监管体制改革》，载《中国土地》2017年第12期。

② 侯增谦：《关于推进自然资源综合管理制度改革的几点思考》，载搜狐网：http://www.sohu.com/a/230588016_651611，最后访问日期：2019年6月19日。

③《一起回顾这40年来自然资源管理机构改革！》，载凤凰网：http://news.ifeng.com/a/20181204/60182375_0.shtml，最后访问日期：2019年6月19日。

向自然资源性资产的所有者支付租金；三是通过现代公司制度或股份制改组，按照一定法律程序取得企业对资源性资产的占有和使用权。

（四）国有自然资源的经营管理体制的创新思路[①]

可将我国目前正在探索和实践中的自然资源经营管理体系划分为三个层次：

1. 国家资源性资产所有权专职机构。

从自然资源生产要素和生态要素两重身份的角度出发，才可能搞清楚自然资源基本管理制度与监管制度的内容与关系，以期更好地明确自然资源经营管理制度设计目标和内容。[②]

国家国有资源资产管理部门（自然资源部）作为国务院行政机构的一个组成部分，从宏观上管理全国国有资源性资产的管理工作，其职责主要有：第一，贯彻执行国家关于国有资源性资产管理的法律、法规和政策，拟定全国性的国有资源性资产管理制度，组织实施并监督执行；第二，组织对全国资源性资产的调查和统计管理工作；第三，依法界定中央政府管辖的国有资产产权，确定各部门、各单位经营使用的国有资源性资产产权范围；第四，推动中央政府管辖的国有资源性资产的优化配置，组织对国有资源性资产的评估及确认；第五，协调处理各部门、各行业、各地区、各单位在国有资源性资产管理方面的关系。

地方各级自然资源局，其职能除在管理范围和权限大小上同自然资源部有所区别外，其他方面大致相同。

2. 国有资源性资产经营机构。

政府凭借国有资源资产所有权获取国有资源资产收益的理论根源，是国有资源资产作为一项生产要素参与了社会财富的创造，按照市场经济配置

① 李维明、谷树忠：《自然资源资产管理体制改革之管见》，载《中国经济时报》2016 年 2 月 19 日。

② 王峰、余星涤、冯聪、樊笑英、杜雪明：《新时代的自然资源资产管理体制改革理论分析》，载《国土资源情报》2018 年第 2 期。

资源的内在要求，国有资源资产所有者理应按照这种生产要素在社会财富创造过程中所做贡献大小来获取相关权益收益。受限于我国传统财政学理论和过去计划经济体制的影响，现阶段我国财政学界仍未对政府国有资源资产收益的依据、形式、制度安排等问题展开深入研究，导致我国政府现阶段获取国有资源资产收益的理论指导思想相对缺失。本属于国家所有的国有资源资产收益绝大部分以国有资源资产开发利用者利润存在并逐渐形成了部门、行业、垄断企业利益，自然资源使用租金大量流失。众所周知，一般意义上的政府财政收入体系应该包括政府依据所有者权益所得的自然资源使用租金；依据政府提供公共服务时的成本补偿原则所获取的税；依据政府特殊公共服务和特许权授予所获取的费；依据市场经济准则参与市场经济活动所获取的利；而一个有效的财政收入体系实质上是要求租、税、费、利等各项财政收入的筹集必须顺应历史发展需要，符合经济社会发展需要，满足政府履行职能需要。①

因此，在各级政府有关部门下设立若干资源性资产经营公司，作为专门经营国有资源性资产的特殊企业法人，经营专司机构授权范围内的国有资源性资产，它作为国有资源性资产代表，行使出资者权能，承担国有资产保值增值的责任。

3. 使用国有资源性资产的公司或企业。

这些企业包括捕捞业、采掘业、畜牧业等，它们均拥有企业法人财产权，依法自主经营、自负盈亏、自我约束和自我发展，照章纳税，在充分竞争的市场环境中依法行使法人财产权，对出资者承担国有资源性资产的保值增值责任。

六、第六章“自然资源法律责任”

规定违反本法而产生的民事责任、行政责任和刑事责任，行政处罚机关

① 罗鸣令:《国有资源资产收益制度研究》，东北财经大学2011年博士学位论文。

和行政强制执行权，自然资源行政复议和行政诉讼的特别规定等。本章规定应当注意与其他部门法的衔接问题。

生态补偿的法律责任在整个生态补偿法律体系中占有重要的地位。追究生态补偿主体不履行生态补偿义务的法律责任，让不履行生态补偿的行为受到法律的惩罚，才能保障生态补偿制度切实得到履行，确保生态补偿法律制度具有国家强制执行力。生态补偿法律责任是为了保障生态补偿主体的权利得到有效实现，维护环境正义，使自然资源的开发利用和保护环境之间实现动态平衡。[①]

七、自然资源基本法的制定

（一）自然资源基本法应由全国人民代表大会制定

鉴于自然资源在国民经济和社会发展中的地位，加上自然资源所牵扯到的利益和矛盾很复杂，常会碰到一些全局性的问题，因此在制定自然资源基本法时，应当由全国人大常委会法工委进行主导，自然资源部等部门负责立法的准备工作，在此基础上听取其他有关资源管理部门及社会各界的意见，防止部门立法的行政化倾向。最后由全国人民代表大会审议通过。

（二）自然资源基本法的立法程序

如同全国人民代表大会的所有的立法一样，自然资源基本法的制定，也必须按立法法等所规定的程序进行。加之自然资源的特殊性所决定，在立法程序上还应走更为广泛的民主之路。除了听取法学家、立法者的意见外，还应听取资源经济学专家们的意见，从资源战略发展的高度，丰富、充实和提高“基本法”的地位和能量，真正起到龙头的作用，使自然资源基本法的质

① 张倩:《我国生态补偿法律责任研究》，中国地质大学（北京）2016年硕士学位论文。

量在集思广益的基础上不断提升和完善。

事实上，立法程序的公正和科学对于立法质量是至关重要的。更何况自然资源基本法所承担的任务和它所涉及的问题，肯定会对程序问题提出更高的要求。只有满足了这种程序的要求，才能达到立法目的，实现自然资源基本法的价值。[①]

---

① 王宗廷:《论制定自然资源基本法（社会科学版）》，载《中国地质大学学报（武汉）》2005年第1期。

第六节
构建自然资源法律规范系统旨在实现综合法律调整

要构建自然资源法律规范系统，首要的是界定其基本法律特征：即综合性、整体关联性、结构功能性以及系统层次性等诸多基本法律特征。

一、自然资源法律规范系统应突出地具有系统的综合性

社会系统是一个具有复杂性的复合系统，法律规范系统作为其子系统，当然也具有复杂性，该复杂性表现为以统一多样性为特征的综合性。[①]

（一）自然资源法律规范同其他法域的法律规范之间具有统一多样性

以海洋环境问题的法律调整为例，其无疑具有综合性、复杂性、广泛性、累积性、流动性、多样性和公害性等特点。任何一个自然资源的法治都与许多领域有关系，既是生态问题，又有地理问题或技术问题，也是一个经济问题，所以海洋环境保护的法律规范内容广泛，涉及的领域众多。

我国海洋环境保护的法律体系大体可分为国内法和参加的有关国际条约。国内法方面，有关于海洋环境保护的中央立法，《宪法》作为我国的根本大法，把环境保护作为一项国家职责和基本国策予以确认，对环境保护的

① 李显冬：《从〈大清律例〉到〈民国民法典〉的转型》，中国人民公安大学出版社2003年版。

指导原则和主要任务做出了规定，为海洋环境保护确立了基础和立法依据。我国《宪法》第二十六条规定："国家保护和改善生活环境和生态环境，防治污染和其他公害。国家组织和鼓励植树造林，保护林木。"2014年修订的《环境保护法》在海洋环境保护法律法规体系中占有重要的地位，是制定海洋环境保护法律法规的基础，也是我国环境保护的基本立法。《环境保护法》第三条规定："本法适用于中华人民共和国领域和中华人民共和国管辖的其他海域。"对于海洋环境污染造成的损害，《环境保护法》的基本原则和基本要求可依法适用。《海洋环境保护法》确立了保护和改善海洋环境、保护海洋资源，防治污染损害，促进经济和社会可持续发展的基本方针。为了适应发展的需要，修订后的法律在加强对污染源控制的同时，突出了对海洋污染的治理和对海洋生态环境的保护，同时对今后越来越多的海洋工程活动也提出了更高的环境保护要求。这些新措施的实施对促进海洋环境的治理和保护工作的全面发展起到了重要作用。2017年11月，该法又进行了个别条款的修改。

关于海洋环境保护的法律还有涉及某个具体方面的立法，如《渔业法》（1986年施行，2000年、2004年、2009年、2013年修正）。此外，一些其他的部门法中也涉及对海洋环境的保护，如《固体废物污染环境防治法》（1995年施行，2004年修订、2013年、2015年、2016年修正）。行政法规方面，我国一些行政法规中就包含了海洋环境保护的法规，如《国务院关于促进海洋渔业持续健康发展的若干意见》（2013年实施），《防治船舶污染海洋环境管理条例》（2013年实施，2016年、2017年修订，2014年、2018年修正），《防治海岸工程建设项目污染损害海洋环境管理条例》（1990年实施，2007年、2017年修订，2018年修正），《防治海洋工程建设项目污染损害海洋环境管理条例》（2006年实施，2017年修订，2018年修正），《海洋倾废管理条例》（1985年实施，2011年、2017年修订），等等。

除国内法外，我国还参加了若干个与海洋环境保护有关的国际条约，自然资源法律规范系统所涉及的不仅仅是民事法律规范，还包括了行政法领域；不仅仅是土地管理、矿产资源领域的规范，还包括其他各类，诸如山、水、林、草、湖、海以及湿地等自然资源领域的法律规范。但是不管涉及的法域数量有多少、范围有多广，都应当在自然资源基本法律统领之下予以统一的协调。在同一个系统之下协调国家自然资源法治规范的经济性、社会性，是自然资源法律规范系统之综合性的客观要求。[①]

（二）自然资源法律规范系统的形成过程发展变化的动态性

用法律规范系统对公私合作领域进行调整具有灵活性和开放性。系统在建立过程中，总是经历了一个从无到有，从简单到复杂的变化过程。在最初，系统中的子系统数量较少，系统也不健全，但随着法律及社会关系的发展，越来越多的子系统就被纳入了系统中。[②]因此，在构建自然资源开发管理法律规范系统过程中，最早多为开发性的子系统，后来出现的环保子系统，又以保护为其基本特征，现在不但山、水、林、田、湖、草、海子系统均渐成系统，湿地法治系统也愈益壮大。所以可见，自然资源法律规范系统必须对外保持一种开放性，使系统中的法律规范不断地完善和丰富。而动态性不仅表现在系统的开放性上，还表现在系统始终运动的状态上。社会在不断地发展，作为关键要素的社会关系也随之变化。相应的，系统中的法律规范也要随之进行不断的调整和改变。因为法说到底，无非是一种“定型化的临时应急措施”。[③]

二、自然资源法律规范系统应保证系统的整体关联性

（一）自然资源法律规范系统必须具有整体性

1. 各项自然资源开发管理制度的整体统一。

在长期计划经济条件下建立和发展起来的我国各类自然资源开发管理体系，面对中央提出要发挥市场在社会资源配置中的决定性作用，自应当探索

---

① 朱勇：《中国法律的艰辛历程》，黑龙江人民出版社2002年版。

② 吴元樑：《社会系统论》，上海人民出版社1993年版。

③ ［英］密尔松：《普通法的历史基础》，李显冬等译，中国大百科全书出版社1999年版，第18页。

利用市场机制有效配置资源，将市场机制和自然资源开发管理有机结合起来，使其在各自所适合的领域内恰如其分地发挥作用。[①]

譬如，被长期诟病的，我国《土地管理法》第四条按照土地利用的用途标准将土地分为农用地、建设用地和未利用地三大类。以至于鉴于新中国目前土地分类体系中，许多类型的天然湿地在土地分类体系中既非农业用地亦非建设用地，而是被列入作为后备土地的“未利用”土地之中。而在许多涉及破坏湿地的开发利用的活动之中，恰恰是因为缺少专门的湿地征占前置审批制度，才使得滩涂、沼泽、湖泊、河道等大量天然湿地被作为“未利用地”“荒地”或者“劣地”被土地管理部门合法地批准给建设项目使用。[②]这一现象恰恰从反面证明了，新中国的自然资源法律规范系统必须具有整体统一的系统目的功能。

2. 不同自然资源开发模式下经济效益和社会效益的整体统一。

追求经济效益是民营资本进入自然资源开发管理活动的重要目的，民营资本的逐利性将会促使其考虑参与自然资源开发活动的资本回报率；社会效益要求更多地考虑社会公共服务和人民福祉，政府财政资金的公益性则是国家自然资源开发得以贯彻实施的重要行政基础。

譬如地质遗迹作为一种自然资源，可被人们开发利用，转变为社会效益和经济效益。然而，作为一种不可再生资源，要实现其永续利用必须注重集中统一管理。我国是世界上地质遗迹资源比较丰富、种类齐全的少数国家之一，在世界自然宝库中享有盛名。联合国教科文组织已将我国列为世界地质公园计划试点国家之一。[③]因而在新中国地质遗迹资源保护和管理中，国家自然资源法律系统的目的功能就是要实现这一自然资源领域内经济效益和社会效益的高度统一。

---

① 范力:《国家实物储备调控机制分析》，中国社会科学院研究生院 2002 年博士学位论文。

② 潘佳、汪劲:《中国湿地保护立法的现状、问题与完善对策》，载《资源科学》2017 年第 4 期。

③ 王永生:《论地质遗迹资源的集中统一管理》，载《国土资源导刊》2007 年第 6 期。

（二）国家自然资源法律规范系统内部必须具有合理的关联性

法律规范间具有密切的联系，[①]以“使其中一些规范的遵守、执行或违反必然引起其他规范从而发挥作用。所以正是法律体系的内部统一性才使社会关系得以统一的调整，并保证了整个社会的相应的稳定”。而自然资源法律规范所调整的社会关系涉及多个不同社会关系，并且很多社会关系由于在不同方面具有重叠和交叉，无法机械地予以划分。[②]

譬如在创新政府主导型的矿业投资模式，建立以国有投资公司为主体，以国有企业和事业单位为运营主体，以勘查成果权利化为目标的矿业投融资模式过程中，就既涉及国有资产管理法律规范子系统，也涉及投融资法律关系子系统，还可能在必要时，譬如政府与社会资本合作时，在采用PPP模式吸收社会资本参与涉及矿业权市场公共领域的地勘或开采项目时，甚至会涉及PPP领域的法律规范子系统。而最终的目的旨在遵循公私共赢、政府主导的原则引导下，最大限度地扩展投融资渠道，增加投融资总量，推进矿业权市场升级。

由此可见，每一个特定自然资源领域的法律规范都是以整体的形式与外界发生作用的，各个子系统之间相互联系，共同形成调整该自然资源领域社会关系的法律规范系统。

三、国家自然资源法律规范系统应具备结构功能性

（一）自然资源开发法律规范系统应当首先具有特定的结构性

法律规范系统是由一系列要素通过特有的结构集合而成的，因此其具有结构性。所谓系统的结构，是指系统的各组成部分即子系统之间的相互作

① 何文杰:《部门法理论革新论》，载《兰州大学学报》2007年第4期。

② 刘诚:《部门法理论批判》，载《河北法学》2003年第3期。

用顺序和方式。[①] 构建自然资源法律规范系统，不仅仅是在构建专门针对自然资源开发行为的法律规范系统，还要构建与自然资源开发管理活动相关的机构设置、财政预算、运营、争议解决等制度。而这些相互依赖又相互影响的各种要素放在一个整体的系统中，需要对它们进行系统归类，使其具有结构性。

在目前法学界较为普遍地将传统“法律部门”等同于“行政部门法”的情况下，是追求大而全去搞一个“自然资源法典”和“环境生态法典”，还是提取既有的各个自然资源单行法为基础的各个自然资源法律规范子系统中的“公因式”，制定《自然资源基本法》，无疑就是如何建构其特定的结构的问题。

（二）自然资源法律规范系统的各部分应具有其特定的目的功能

法律规范系统的功能，是通过系统对不同社会关系的调整表现出来的，即系统中各个部分的功能性由其所调整的社会关系的不同来体现。每一个子系统都有其独立的功能。在自然资源法律规范系统中，山、水、林、田、湖、草、海各个子系统都具有其独立的社会与生态功能。例如，如果将自然资源法律规范体系划分为土地使用规范子系统、矿产资源子系统、其他自然资源子系统的话，虽然其大同小异，但制度目的与功能无疑各有自己的特点和侧重，各类自然资源开发管理制度的特性在立法中不能被置之不理。

譬如，由于遵循不同的行政管理体制，我国对自然遗产保护，逐渐形成以自然保护区和风景名胜区两种不同的法律制度来规制的体制。当时有关专家认为，自然保护区是“以生物多样性保护为目的的公益性的单位，兼顾生态旅游等资源利用活动”；而风景名胜区则是“在保护的基础上向公众提供旅游、参观、游览等”。[②]

例如，自然保护地既是我国生态建设的核心载体，又是我们中华民族的

① 宋健：《科学与社会系统论》，山东科学技术出版社1991年版。

② 祁建平、杨舒淇、李显冬：《试论我国的自然遗产保护法律规范系统》，载《国家行政学院学报》2012年第1期。

宝贵财富，还是美丽中国的重要象征，在维护国家生态安全中有着重要的地位。面对业已建立的数量众多、类型丰富、功能多样的各级各类自然保护地，在所难免地存在着重叠设置、多头管理、边界不清、权责不明、保护与发展矛盾突出等问题。为加快建立以国家公园为主体的自然保护地体系，提供高质量生态产品，推进美丽中国建设，2019年6月26日，中共中央办公厅、国务院办公厅印发了《关于建立以国家公园为主体的自然保护地体系的指导意见》，明确指出："坚持依法确权，分级管理。按照山水林田湖草是一个生命共同体的理念，改革以部门设置、以资源分类、以行政区划分设的旧体制，整合优化现有各类自然保护地，构建新型分类体系，实施自然保护地统一设置，分级管理、分区管控，实现依法有效保护。"这无疑是对自然资源保护地不同管理系统的整合。

因此，尽管国家级自然保护区和国家级风景名胜区法律属性在本质上有共性，是同根同源的，它们的保护对象都是具有国家代表意义的、处于或基本处于自然状态的、最珍贵的资源，都具有生物多样性保护作用，也都允许在保护的基础上开展旅游活动，但却并不能简单地认定或划分各自的管理区域，而将同一自然资源的保护和利用截然地予以分开。

我们必须认识到管理上存在的交叉重叠的客观现实，从而消除不同类型自然遗产管理上存在的差异，对具有多种功能和多种保护价值而被要求适用不同的法律的自然遗产，统筹加以保护与管理。

1. 自然遗产保护法律规范有其自己特殊之目的要求。

由于自然遗产具有极大的生态价值、经济价值、审美价值与科研价值，所以自然遗产保护法不仅是要达到保护生态环境这个首要目的，同时还要兼顾到带动当地旅游业发展、弘扬祖国山河之美、促进科学研究等多重目的。而自然遗产保护法律规范系统工作的开展，就是为了满足自然遗产保护法特殊目的的要求。

2. 自然遗产保护法律规范系统涉及众多自然资源领域交叉重叠。

由于自然遗产所涉及的自然资源种类繁多，且彼此联系松散，没有紧密的共性，如何将这些与自然遗产有关的繁杂的自然资源法律法规统一起来，仅仅依靠传统的法律部门划分是不能解决的。譬如，在海洋法律法规中，既有属于传统法律部门中的法律规范和文件，如《海洋环境保护法》《海洋污染防治法》是新中国环境保护法体系的重要组成部分。同时，这些部门法又涉及对海洋法律法规的适用与延伸。其中2016年修改的《固体废物污染环境防治法》中“禁止任何单位或者个人向江河、湖泊、运河、渠道、水库及其最高水位线以下的滩地和岸坡等法律、法规规定禁止倾倒、堆放废弃物的地点倾倒、堆放固体废物”就明确规定了禁止污染海域。明显涉及环保与海洋以及水资源三个不同领域。

再如，新中国很长时间内对自然遗产的保护主要是靠自然保护区制度和风景名胜区制度来予以实现的，故而自然保护区和风景名胜区的同根同源即决定了两者的交叉重叠，类似情况客观普遍存在且较为突出，故使得自然遗产的保护与管理更需要整体统筹。①

四、自然资源法律规范系统具有其特有的系统层次性

在法律规范系统的理念中，法律规范系统可以包含很多系统，在母系统下可以存在若干子系统，而每一个子系统又可以包含若干孙系统，不同层次的要素共同构成了法律规范系统这一有机整体。②

（一）制定自然资源单行法都是对该特定自然资源领域管理体制的法律确认

完备的自然资源法律规范系统是国家自然资源管理运行机制的法律化和定型化。由于法是行政手段的最高表现形式，不但行政手段的形成离不开行政法，就是行政手段的实现即各种行政决定、命令、指示、规章等广义的行

① 祁建平、杨舒淇、李显冬：《试论我国的自然遗产保护法律规范系统》，载《国家行政学院学报》2012年第1期。

② 朱勇：《中国法律的艰辛历程》，黑龙江人民出版社2002年版。

政性法规，其本身就是具体的法的表现形式。[①]人们在国家自然资源管理法律关系的调整过程中，对某一规律性的问题认识得越深刻、越充分，就越需要用法的形式将其固定下来。制定国家自然资源管理单行法，就是对该领域管理体制的法律确认，也就是狭义的立法。

（二）《自然资源基本法》要处于各个单个领域法律规范体系中的最高层级

目前，我国有关自然资源的法律规定分散于行政法规、部门规章和地方性法规当中。《自然资源基本法》的制定无疑将改变这一局面，其作为自然资源开发管理的“宪法性”文件，它将要对自然资源管理领域所有规范的制定起到统领的作用。与此相对应，又要根据立法的迫切性与被调整领域的特殊性，对国家自然资源管理的各个具体领域，根据依法行政的原则，进行针对性的行政立法和地方性法规的制定，通过一个个具体的自然资源领域性调整的法律规范子系统、孙系统的建立和完善，逐步建立起健全的国家自然资源管理法律系统。较低层次系统中的法律规范依法自然不得违反较高层次中的法律规范。

① 应松年、马怀德：《建立市场经济体制离不开行政法》，载《中国法学》1994年第1期。

余论

自然资源基本法制定的必要性与可能性

自然资源单行法在过去的几十年对我国经济社会的发展产生了积极深刻的影响，而经济的发展要求自然资源立法思想更加注重保护资源环境、法律更具协调性。此时，具有中国特色的自然资源法律规范系统已初具规模，具备了制定自然资源基本法的基础和条件。再者，自然资源部的成立必然需要一部基本法律来统筹各个单行法，实现新时代的自然资源保护和管理。因此，自然资源基本法立法不仅具备必要性和可行性，而且随着自然资源部的成立，在依法行政的语境下更显得尤为迫切。

一、自然资源私法立法结构的完善

（一）生态文明背景下的自然资源国家所有权的重要社会化功能

对自然资源所有权的界定，既不能将其完全等同于罗马法中所强调的绝对化的个人所有权，也不能将其看作私法内提及的绝对所有权，其实质应为受到特定约束力作用的有限所有权。这种将所有权加以约束的行为，在西方社会中往往被看作“所有权的社会化”，[①] 此种理论欲停止因所有权的随意使用而带来的资源枯竭和社会风险，以法律为武器，将自然资源开发利用与社会发展目标相统一，使得在实现所有权权能时，必须要全面考虑到社会公共权益。[②]

（二）我国国家所有权是与公有制有密切关系的特殊财产权

公有制不仅仅是产生商品交易活动的物质保障，同时也是人民使用公物的一个基本前提。从公有制的角度看，我国国家所有制确认了自然资源作为全民财产的公共属性，国家掌握着对自然资源的控制权并保障全民受益。如

① 李延铸:《行政管理思想的发展形成与发展》，西南交通大学出版社 2002 年版，第 111 页。

② 于海涌、丁南:《民法物权》，中山大学出版社 2002 年版，第 70 页。

果政府作为国家的代表对国有财产进行占有与使用，那么政府的这种行为被视作掌控和行使私权，自需经由民法规范予以调整；如果是以国有财产为主要对象，设定公物提供给人民使用，那么就要经由公法加以调整，此时政府的作用在于按照公法规定进行管理，以防止公物被独占，避免专供一人使用的情况出现。只是通常说来，遵循私法准则与规定是国家进行市场交易活动的一个基本前提，同时还必须考虑到社会的公共利益，使其行为符合各项公法规则。[①]

所以，由此才诞生了在私法与公法一齐调整过程中的国家所有权。

（三）国家所有权制度本身就是一个多层次的立法体系

1.《宪法》对自然资源所有权进行了界定。

《宪法》作为我国法律体系的基石，对自然资源所有权的权能进行界定，此为我们国家当前的社会经济制度受到《宪法》制约的表现之一，其着重于主体的资格，这同具体法律关系无关。同时也彰显出国家所有权制度有着强大根基与理论架构，借由宪法为健全此项制度做出助力。

2.私法的作用同样不可忽视。[②]

《宪法》中明确提出，国家拥有掌握每一类重要自然资源的所有权的资格，然而，单单掌握此类资格是不足够的，还需要借助一定的法律部门对其进行合理的规制。

能够调节国家所有权关系的民法具有不可忽视的意义，既能够合理配置私物，使其符合市场经济的特征，全面激活物的功能，还能够对公物进行有效的调整，彰显出社会的公正与平等，切实实现人民掌握公共性物质资料的诉求。对于社会大众而言，自然资源所有权既是一种权利，同时也带有法律上的责任，它对国家的繁荣富强起到巩固与稳定作用，对百姓生活起到改善与提升的作用。

---

① 马俊驹:《国家所有权的基本理论和立法结构探讨》，载《中国法学》2011年第4期。

② 马俊驹:《国家所有权的基本理论和立法结构探讨》，载《中国法学》2011年第4期。

3. 自然资源法律规范系统需要综合法律调整。

需要注意的是，对待私物关系与对待公物关系不能使用同样的调整方法，因此要求将行政法中公物法的相关界定植入民法中去，一定程度上说来，国家所有权制度是由民法、行政法二者综合而来。站在行政法的立场来看，需要出台相应的《国有财产法》抑或《公物管理法》，与此同时，还可以借助部门法，如刑法、商法、诉讼法、社会保障法等，进行共同的调整。总而言之，国家所有权的调整如果借由上述提及的部门法进行，那么仍带有强烈的原则性，其必须配合一系列的配套法律条文加以具体界定。①

“使用 + 保护”的综合立法模式是在自然资源所有权私法化背景下的比较合理的立法模式，传统的自然资源法采取行政授权，其中自然会有能够无偿和无时间限制地使用但不能流转的规定，这往往导致我们国家的自然资源无法得到高效的利用和有效的节约。②

二、自然资源管理机构的演变属于公法调整范畴

自然资源的管理离不开管理机构职能的合理划分以及规范行使，因此，管理机构的设立、变更、合并等也是自然资源法发展历程中的重要组成部分。

2018 年 3 月 13 日，国务院总理李克强提请第十三届全国人民代表大会审议根据中国共产党十九届三中全会审议通过的《深化党和国家机构改革方案》形成的《国务院机构改革方案》。《国务院机构改革方案》提出，拟组建自然资源部，其主要职责是，对自然资源开发利用和保护进行监管，建立空间规划体系并监督实施，履行全民所有各类自然资源资产所有者职责等。方案提出，将国土资源部的职责，国家发展和改革委员会的组织编制主体功能区规划职责，住房和城乡建设部的城乡规划管理职责，水利部的水资源调查和确权登记管理

---

① 马俊驹:《国家所有权的基本理论和立法结构探讨》，载《中国法学》2011 年第 4 期。

② 柯心:《论我国自然资源法的立法选择》，载 2010 年《生态文明与林业法治——全国环境资源法学研讨会论文集》，第 818 页。

职责，农业部的草原资源调查和确权登记管理职责，国家林业局的森林、湿地等资源调查和确权登记管理职责，国家海洋局的职责，国家测绘地理信息局的职责整合，组建自然资源部，作为国务院组成部门。由此，自然资源部统合了原有的分散的自然资源监管职权，统一行使全民所有自然资源资产所有者职责，从而实现山、水、林、田、湖、草、海整体保护、系统修复、综合治理的价值目标。但反观新中国成立以来的管理机构的设置以及职能划分，可以发现以下问题：

（一）新中国自然资源管理机构一直分散化

回顾新中国成立以来我国自然资源管理的历史，最初，我们主要是将自然资源视作农业、林业、牧业、副业、渔业、工业资源，相应的管理机构也分设于不同的管理部门，直到 1998 年国土资源部组建时将土地、矿产管理进行组合。而从市场角度来看，中国自然资源资产管理经过新中国 70 年，特别是改革开放 40 年来的不断探索，自然资源管理秩序逐渐趋于稳定，相应的体制机制也日趋完善。同时，自然资源市场更加规范，虽然还有很多不足，和我们体制有关的是迄今自然资源管理仍未在管理机构中重视其资产属性，而更多是以资源来进行管理的。如国土资源部的机构设置中有耕地保护司、地籍管理司、土地利用管理司、地质勘查司、矿产开发管理司、矿产资源储量司，也仅仅在土地利用管理司的职责中重点明确是资产管理，并设有地价处、资产处、市场处等。另外，有的自然资源由于监管缺位等原因市场还有待进一步完善。由于新中国成立以来的自然资源管理更多表现为资源管理，而非资产管理，也没有明确自然资源管理部门履行全民所有各类自然资源资产所有者职责的权力，自然资源管理部门自然不能“越俎代庖”，这就致使所有者权益难以得以真正体现。[①]

① 张维辰：《组建“自然资源部”的来龙去脉》，载河南省地质调查院官网：http://www.hnddy.com/xinwenzhongxin/xingyezixun/2018-03-21/1844.html，最后访问日期：2019 年 5 月 19 日。

（二）国土资源与空间管制规划难以落实

此外，国土空间用途管制也处于多、散、乱状态，各种规划难以真正落地。有关国土空间用途管制的规划多达几十种，其中，国土资源部有组织编制土地利用规划、国土资源规划、矿产资源规划、地质勘查规划等规划的职责，国家发展和改革委员会有组织编制主体功能区规划的职责，住房和城乡建设部有组织编制城乡规划的职责，水利部有组织编制水资源规划的职责，农业部有组织编制草原规划的职责，国家林业局有组织编制森林、湿地等资源规划的职责，国家海洋局有组织编制海洋规划的职责，等等。各种规划编制受资料所限，更多是基于部门利益，也只能基于部门范围内考虑，法律依据不统一、标准不统一、实施时间段不统一、基础不统一，致使规划在落实中大打折扣，甚至根本不能执行，只能作为图片在墙上挂挂，管理部门也只能是“望图兴叹”。随着近几年“多规合一”试点的逐步推广，国土空间用途管制的规划日趋完善，已经成为政府进行投资和宏观调控的重要抓手，但部门之间“分崩离析”的状态依然成为影响规划落地的“篱笆”。①

毫无疑问，自然资源部的设立不仅是改革政府管理方式的重大举措，同时也解决了我国长期以来自然资源多头管理、空间规划重叠打架的大难题。正如有学者所讲：“组建自然资源部是关乎中华民族长远发展的英明决策，彰显‘千年大计，功成不必在我’的宽广胸襟和历史担当。自然资源部的设立将根本扫除自然资源管理中政出多门、相互掣肘的体制、机制性障碍，消除部门内耗，降低管理成本，提高管理效率，促进资源的优化高效可持续利用，有利于生态文明建设和国家的转型发展。我们有理由相信，在未来的自然资源管理中，科学技术将大有用武之地，国家的自然资源管理水平将大幅度提

① 张维辰：《组建“自然资源部”的来龙去脉》，载河南省地质调查院官网：http://www.hnddy.com/xinwenzhongxin/xingyezixun/2018-03-21/1844.html，最后访问日期：2019年5月19日。

升，福荫千秋的生态文明建设将顺利推进。”[①]

三、自然资源法治运行机制的完善

（一）要保障国家的自然资源权利行使到位

在国家所有权为资源利用建立了一个基本保障的前提下，自然资源物权化才是合理利用资源最重要的问题。[②]当前，物权法的功能和物权法发展的走势都在发生变化，逐步以“利用”或者“利用的必要性”来取代物的“支配性”。特别是在自然资源所有权不断从公权向私权演化的背景下，不落实权利的行使，必定致使国有资产的浪费，以至于侵害公共权益。目前，以政府为代表，管理着一个国家的自然资源，而政府通常选择特定的国有企业对国有自然资源代行管理，因而权利体系的特点则是权利所有者与权利行使及管理者不统一于所有权人，国家、政府、国有企业都参与了这一过程。

这使国家行使自然资源所有权的效果取决于多人多步骤，徒增了控制的难度和不确定性。随着企业自主权的不断扩大，为了防止和减少国有资产的流失和浪费，应当加强对企业占有的国家资产的监管。[③]因此，重视有关自然资源权利的监督机制和权利限制机构的设立是十分必要的，是帮助国家权力行使到位，以保证国家权益、保护公共利益的屏障。

（二）应当进一步建立和完善自然资源准用益物权制度

自然资源用益物权按照法律规定，就是指非自然资源所有人依照法律的规定或合同约定，所拥有的占有、使用、收益以至于一定范围内处分自然资

---

① 《专家解读新组建自然资源部》，载中国土地学会网站：http://www.zgtdxh.org.cn/xwdt/201803/t20180314_1763648.htm，最后访问日期：2019 年 11 月 30 日。

② 巩固：《自然资源国家所有权公权说》，载《法学研究》2013 年第 4 期。

③ 王利明：《物权法论》（修订本），中国政法大学出版社 2003 年版，第 277 页。

源，以取得合法利益的权利。[①] 建立和完善自然资源用益物权制度，目的在于削弱我国自然资源国家所有权制度体系中长期存在的、浓重的政治化和行政化的色彩，使国家的自然资源所有者和自然资源管理者的双重身份得以分离；另外，鉴于自然资源用益物权制度是国家所有权进入市场的制度性障碍，是市场在自然资源配置中发挥决定性作用的关键一步，自然资源用益物权制度在社会主义市场经济体制之中，能让一般民事主体享有占有、使用、收益，甚至处分国家拥有的自然资源，同时倚重自然资源监督管理的限制，以此完成由国家所有至民事主体市场配置的合理过渡。[②] 而自然资源有偿使用的主要目标，自在于使有关自然资源开发利用的权利，始终掌握在占全社会最大多数且最长远的人的手中，能够对自然资源进行开发、利用，共享权利行使的成果。

（三）要防止国家在行使自然资源权利中越位

避免越位的方法在于明确国家拥有的自然资源同集体持有的自然资源二者的界线。按照我国《宪法》与相关法律的要求，自然资源不完全都是由国家所有，其中还有农民集体所有的诸多自然资源。

例如，《土地管理法》中第八条内容提及，城市郊外地区与农村地区，原则上应该由农民集体所有，当然，它是除却法律做出严格界定的，为国家所有的土地以外的那部分。而《物权法》第四十八条[③] 强调，国家所有的自然资源不包括由法律赋予集体拥有的自然资源在内。此条文就是要求国家在行使自然资源所有权时，既要做到权利行使规范，又要做到不得肆意侵犯不包括在国家所有范围内的那些自然资源。

---

① 施志源：《自然资源的市场配置及制度完善——基于生态文明制度建设视角》，载《中国特色社会主义研究》2015 年第 2 期。

② 施志源：《生态文明背景下的自然资源国家所有权研究》，法律出版社 2015 年版，第 188 页。

③ 《物权法》第四十八条规定："森林、山岭、草原、荒地、滩涂等自然资源，属于国家所有，但法律规定属于集体所有的除外。"

（四）要形成自然资源国家所有权的自我约束机制

所有权自我约束的表现之一就是设置自身所有物的有关利用权。[①]一旦设置了自然资源的相关利用权，那么享有权利的人民或是法人就具备了使用自然资源的资格，但是这在一定程度上制约了国家的所有权，也就是说其他民事主体对自然资源利用权的践行，不得受到国家行使自然资源所有权的干预。[②]所以将自然资源开发利用权利授予其他民事主体，一方面是国家自然资源权利部分让渡的表现，另一方面也是自然资源国家所有权的有效行使路径，这增加了自然资源开发利用的主体，有利于激活市场竞争，减少开发自然资源的投入，有利于保障资源能被高效使用并获取一定经济和非经济效益。[③]

所以，创设自然资源国家所有权的内部约束机制，既能够实现人民使用自然资源的诉求，也可以维护拥有自然资源的主体——国家的正当权益。具体而言，完善与自然资源开发利用相关的环境影响评价制度，着重建立生态补偿制度，持续完善公益诉讼制度，将司法救济途径纳入自然资源保障机制，就可以保证我国的自然资源不被浪费，用在实处，更有利于构建生态文明的社会。[④]

重视环境信用评价机制是贯彻自然资源有偿使用的重要步骤之一，除此之外，对企业的环境信用情况进行公开，落实环境影响评价制度的连锁效应。创设生态补偿体系的首要前提就在于明确“谁开发谁保护、谁受益谁补偿”。加紧出台相关的生态补偿法律，借助创设完善的生态补偿机制，充分维护拥有自然资源的主体——国家的正当权益。[⑤]

所以对环境公益诉讼进行启用，依靠司法机关保护自然资源，惩罚侵害自然资源和不当使用自然资源的行为，自是维护国家自然资源所有权完整性的途径之一。尽管我国的环境公益诉讼案件数目不多且影响上有限，但是环

① 王利明：《物权法论》（修订本），中国政法大学出版社 2003 年版，第 269 页。

② 黄锡生、梁伟：《自然资源物权法律关系理论探析》，载《西南政法大学学报》2007 年第 6 期。

③ 施志源：《生态文明背景下国家自然资源权益的制度保障》，载《福建论坛》2015 年第 2 期。

④ 施志源：《论自然资源国家所有权的法律构成》，载《理论月刊》2015 年第 2 期。

⑤ 江秀娟：《生态补偿类型与方式研究》，中国海洋大学 2010 年硕士学位论文。

境公益诉讼制度对保护自然资源、保障自然资源国家所有权、维护公共利益、庇护个体权益的重要作用不容忽视。经过2012年、2017年修改的《民事诉讼法》，体现了国家在维护自然资源以及环境侵权公益诉讼方面的司法意识开始觉醒，随着检察权等法律制度和司法运行体系的不断优化，此种司法救济制度也正在走上正轨。

（五）加强对生态文明建设的总体设计和组织领导

为了加强对生态文明建设的组织领导，应当创设国有自然资源资产经管与自然生态监督管理机制，健全生态环境保护体系，保证全民所有自然资源资产所有者真正将自身的职责落到实处，同时也保证所有国土空间使用管理与环境修复部门将自身的职责落到实处，保证城乡多种污染排放与行政执法的监督与管理机制真正奏效。①

为了加强对生态文明建设的总体设计和组织领导，实现综合治理，自应对自然资源从空间上进行体系规划，第十三届全国人民代表大会上，国务院机构改革已组建自然资源部，以应对自然资源所有者不到位，以及如何建立和完善自然资源有偿使用制度等问题。

四、对自然资源法未来发展趋势的思考

（一）自然资源类国有资产的定位

根据我国宪法及相关法律规定，自然资源的所有权主体是国家，但对于国家所有权的理解和认识所存在的一定误区，导致国家所有权的行使不规范。《物权法》作为财产确权法，对所有权制度作了详细规定，包括国家所有权。但国有财产种类繁多，《物权法》并没有根据具体财产的经济和社会功能，建

---

① 郧文聚：《专家热议十九大报告涉土要点》，载《中国国土资源报》2017年6月26日。

立有所区别的财产权制度，并规定与之相适应的法律规范。[①]

国家所有权实际上是一种特殊的财产权，传统民法上的所有权是私权的一种，根源于社会分工和商品交换，而我国《物权法》上的国家所有权则不同，它已明确包含了行政权力，部分体现了国家权力的本质特征。如对于专属国家的自然资源所有权，就不直接具有私权性质，这些财产不得进行转让，不适用取得时效制度，不得被纳入破产财产，不得被强制执行。因此，《物权法》上关于物权的一般规则，除国有经营性财产所有权外，对于国家专属财产所有权大都不适用。[②] 所以，应当严格区分国有资产的不同种类，如将国有资产划分为经营性国有资产、公务用行政资产、公共用国有资产以及资源类国有资产，针对不同类型的国有资产在归属和使用上明确所面临的重点问题，有针对性地予以解决。对于资源类国有资产，如何加强资源类国有资产的宏观管理、如何实现资源类国有资产的合理开发利用、在资源类资产的开发使用中如何减少行政手段，特别是行政许可手段而更多转向市场化的手段，所以，如何规范与调整国家所有权与因开发使用资源所产生的各种用益物权之间的关系等应是资源类国有资产的重点与核心。资源类国有资产有别于一般的经营性国有资产，其开发使用需要合理的规划、需要严格的监管与保护，这些措施的施行都涉及公法手段的运用；另外，资源类国有资产无论是公用还是私用，都涉及资源的配置问题，必须遵循市场规律，尽可能使用私法手段或者结合使用公私法的手段，这也是提高资源的适用效率、预防腐败的需要。[③]

综上，自然资源作为特殊的国有资产，应当明确其资源类国有资产的定位，规定特殊的管理规则，着重解决国家干预与市场化之间的协调。

（二）加强自然资源法综合立法以完善法的内在体系

一国法治建设的轨迹，总是从单行散乱立法向综合统一立法过渡，我国

① 马俊驹：《国家所有权的基本理论和立法结构探讨》，载《中国法学》2011 年第 4 期。

② 马俊驹：《国家所有权的基本理论和立法结构探讨》，载《中国法学》2011 年第 4 期。

③ 王克稳：《论国有资产的不同性质与制度创设》，载《行政法学研究》2009 年第 1 期。

自然资源领域已经到了综合立法的历史阶段。我国自制定第一部自然资源单行法以来，各种自然资源领域已经形成法群形态的自然资源法律体系框架。但是，法群成员之间存在很多的不协调，不能适应自然资源开发利用的严峻形势。现在与各项单行法相配套的行政管理体制已经改革，行政职能发生了根本转变，更是迫切需要进行统一综合立法与体制配套，最终建立使用与保护并重的综合立法模式。

此外，目前我国的自然资源法体系已经形成，它以《宪法》为基础，以《环境保护法》等单行法中的相关资源法律规范的抽象与概括为原则，以单行法为主干，以大量的行政法规、地方法规和行政规章以及国际条约为补充。但是，此法律体系内部存在严重冲突：一是各自然资源单行法之间的冲突，包括概念界定、统计口径、污染标准、相互协调等诸多方面；二是环境法与资源法之间的冲突，各自本位导致法条抵触。另外，还存在立法碎片化、目标差异化和生态缺位化等问题。因此，亟须一部综合性基本法律来解决自然资源法内部冲突以及与环境法之间的冲突。

所谓综合立法，离不开协同，是部分之间朝着统一方向的有序协同。自然资源综合管理，包括央地协同、地方政府之间协同、部门协同、官民协同等多层次、多向度的协同机制。综合立法，还包含着公法与私法同体的意思，自然资源法发展至今，已经从单一的公法性质的管理法演变为兼具公法、私法双重属性的法律规范系统。根据自然资源系统管理理论，首先，应当坚持资源与生态环境为一个有机系统，开发与保护是同一问题的两个侧面；其次，要坚持各种自然资源视为一个有机系统，各类资源相互影响；最后，要坚持中央到地方资源监管部门的垂直系统性，必须充分履行国家及其垂直派出机构对资源开发的直接监管职责。此外，要创新自然资源法律规范系统，最重要的就是推动自然资源基本法的制定，以自然资源的共性为基础，采取相对全面、概括的形式，对自然资源法的立法理念、立法目的、基本原则、监督检查、法律责任等内容进行一个综合性和纲领性的规定，以统一的治理理念来统筹自然资源单行法的立法。[①]

1. 制定《自然资源基本法》就是将有关法律规范体系化。

（1）认识理解现行法律内容所规定之普遍性以适用于特定领域。

黑格尔指出，编纂法典并非建立一个内容崭新的法律体系，而是"认识及思维地理解现行法律内容的被规定了的普遍性，然后把它适用于特殊事务"。[②]我国目前的自然资源立法业已从理论空白与法治经验贫瘠背景下的制度诠释，逐步摆脱了只能在法理上"鹦鹉学舌"的窘境，开始运用科学的系统方法来对自然资源的开发管理进行理论思考，不但部门立法群雄并起，理论研究也发展到了具有中国特色的绿色自然资源基本法的理论建设阶段。既完善了作为商品交换的一般规则的自然资源的权利体系，而且也在逐步完善与以"权利为中心"的民法典相对应的权力配置以及自成体系的法律救济体系。

（2）发现规范与规则间法秩序主导原则以体系的形式表现出来。

我国目前有关自然资源管理的法律规范处于一种各自为政的"碎片化"状态，彼此间缺乏逻辑联系，难免相互冲突；故而必然影响有关司法救济，造成司法资源的浪费。因此，需要通过梳理不同领域法律规范的价值及其在整个自然资源法律体系中的定位，进行所谓的碎片整理，这既要在逻辑上进行修复，又要对漏洞予以弥补，从而为自然资源开发管理制度的效率与公平奠定规范基础。

可以说，自然资源法律规范的体系化不仅仅是为了学理上的自洽以自圆其说，而且更是为了"发现个别法规范、规则之间，及其与法秩序主导原则间的意义脉络，并得以概观的方式，质言之，以体系的形式将之表现出来。"毋庸置疑，此"乃是法学最重要的任务之一"。[③]

---

① 祁雪瑞：《自然资源综合立法分析》，载公务员人事网：https://www.gwyoo.com/lunwen/faxuelunwen/lffxyjlw/201901/688874.html，最后访问日期：2019 年 5 月 19 日。

② ［德］黑格尔：《法哲学原理》，范扬，张企泰译，商务印书馆 1961 年版，第 220 页。

③ ［德］卡尔・拉伦茨：《法学方法论》，陈爱娥译，商务印书馆 2003 年版，第 316 页。

2. 现行部门法体系仅仅为法的外在表现形式。

（1）自然资源法律体系是否业已建成。

2011 年我国最高立法机关宣布：具有中国特色的社会主义法律体系业已建成。[①] 国内外法学著作对法律体系含义的解释众说纷纭，虽然其实际上是个多义词，法学家常常在不同的意义上理解和使用这个概念。既可以将其解释为法律制度，法系或法制体系等，也可以将其理解为规范性法律文件的体系。所谓“法的体系”，据《中国大百科全书》法学卷，通常指由一个国家的全部现行法律规范分类组合为不同的法律部门而形成的有机联系的统一整体。而在传统法学基础理论中，所谓“法律体系就是将一个国家的全部法律规范（规则），根据一定的标准和原则划分成相互间具有内在联系的各部门法”，反过来看，这些部门法的整体就是法律体系。综观中国法律自清末改制以来的发展和演化，其艰难曲折的过程中即废弃了传统法律体系，在吸收西方法律理论和法律原则的基础上，确立起了具有近代意义的新的法律体系。[②]

（2）法理上的通说认为法律体系有内在系统与外在形式之分。

法的内在体系是反映法的论证关联的根本的价值取向，亦即实践法律原则以及其价值；而外在体系则是以一定法的概念、制度、规范为基础，根据一定的逻辑加以构建的体系，[③] 外在体系要以法律规范甚至法律文件的形式展现出来，具有稳定性、可预期性的特点。可以说，以民法为例，外在体系作为民法形式理性的集中体现因而是其内在体系的载体与表现形式，而内在的体系则为外在的体系提供了价值引导，避免了法囿于“形式法”的窠臼之中。[④]

外在体系在近代化的过程中主要是由概念法学加以完成的，罗马法系各

---

① 《吴邦国：中国特色社会主义法律体系已经形成》，载中国新闻网：http://www.chinanews.com/gn/2011/03-10/2895965.shtml，最后访问日期：2019 年 11 月 30 日。

② 朱勇主编、张晋藩总主编：《中国法制通史》（序言），法律出版社 1999 年版，第 1 页。

③ 朱岩：《社会基础变迁与民法双重体系建构》，载《中国社会科学》2010 年第 6 期。

④ 朱岩：《社会基础变迁与民法双重体系建构》，载《中国社会科学》2010 年第 6 期。

国法的体系，必须是一个相对合理和符合逻辑的体系。[①] 其通过缜密的法律概念构造起一套具有逻辑自足的外在体系，以通过法律概念进行法律判断与论证，旨在于逻辑涵摄之下获得裁判结果。而内在体系则侧重于为解决现实生活之中的利益冲突提供价值体系的支撑。法必须受制于作为调整对象的生活关系的内在联系，尤其是建立在特定社会伦理价值取向和经济基础之上的民法，其规范必须反映核心的价值取向。[②]

3. 自然资源法律规范系统实质上是指其内在的表现形式。

（1）法治建设本身就是社会这个巨系统中的一个大子系统。

20 世纪末，钱学森首次提出建立"法律系统论"的大胆设想，[③] 法治系统科学已成为重要的新兴学科。[④] 根据现代系统论创立人的权威定义，系统就是由互赖而又互动的各类要素所组成的有机整体。顺理成章，研究法律规范系统就是以系统方法来研究分析法律体系。其揭示一国法律规范的整体性、层次性与动态性的特征。

（2）国家自然资源开发管理有其自己特殊之目的要求。

自然资源法律体系的构建是对社会现实的回应。传统社会生活决定了传统社会财产权制度。在人类的利用能力低，对于自然资源利用的广度和深度十分有限的情况下，就利用范围而言，人类能够开发利用的自然资源主要局限于可以实际感知的物，许多非实物形态但有财产价值的自然资源尚未进入人类开发利用范围。[⑤]随着社会经济的发展，国家自然资源的开发管理对政治、经济、国防、社会等重要领域的影响愈益增大，与国家安全和社会稳定有了直接的关联。

---

① ［法］勒内·达维德著：《当代主要法律体系》，漆竹生译，上海译文出版社 1984 年版，第 314—318 页。

② 朱岩：《社会基础变迁与民法双重体系建构》，载《中国社会科学》2010 年第 6 期。

③ 《纪念钱学森诞生 100 周年"经济—科技—社会—环境—法律"系统协调发展研讨会在京召开》，载《法制日报》2011 年 10 月 17 日。

④ 参见钱学森：《创建系统学》，山西科学技术出版社 2001 年版；《钱学森论系统工程》，湖南科技出版社 1988 年版。

⑤ 王洪亮等：《自然资源物权法律制度研究》，清华大学出版社 2017 年版，第 8 页。

改革开放以来，特别到《国土资源“十三五”规划纲要》出台，规定“十三五”期间我国将对水流、森林、山岭、草原、荒地、滩涂等进行统一确权登记，建立权责明确的自然资源产权体系。纲要提出，建立国土空间用途管制制度，以土地用途管制为基础，将用途管制扩大到所有自然生态空间，构建以空间规划为基础，以用途管制为主要手段的国土空间开发保护制度。①

2015 年 9 月，《生态文明体制改革总体方案》出台，提出健全自然资源资产产权制度、建立国土空间开发保护制度、完善生态文明绩效评价考核和责任追究制度等。

（3）社会资源的优化配置已居于现代物权理论的基础地位。

传统物权理论从所有为中心向利用为中心转变，是生产社会化和资源利用的高效化发展的结果，也是物权社会化发展趋势的体现。②而资源的优化配置和充分利用又必须以资源最大限度的自由运动为前提。③故而现代财产关系更注重动态的财产关系。④

如今财产的意义已经发生了巨大的变化。⑤此即经济学家所谓：“财产的意义从物质的东西扩大为了交易和预期的交易的重复，从使用价值扩大到了以价格表示的稀缺性价值”，⑥而此种财产意义内涵、外延的扩展恰恰“是无形资产的基础，而无形资产又是运行中的机构的观念的基础”。美国于 19 世纪末开始在《宪法》上承认了此类新的财产权利。⑦

国家自然资源的公共性目的和手段的综合性间所存在的矛盾，决定了自然资源开发管理规范系统的完善，就是为了协调这一矛盾，使手段的综合性较好地服务于自然资源开发管理的特殊之目的要求。

---

① 《国土资源十三五规划纲要：提高土地资源利用水平》，载新华网：http://www.xinhuanet.com/politics/2016-04/14/c_128895660.htm 2016 年 4 月 14 日，最后访问日期：2019 年 6 月 20 日。

② 郑云瑞：《论西方物权法理念与我国物权法的制定》，载《上海财经大学学报》2006 年第 3 期。

③ 马俊驹、梅夏英：《论物权法的发展与我国物权法体系的完善》，载《武汉大学学报》1996 年第 2 期。

④ 童列春：《私法上财产关系的身份调整》，西南财经大学 2010 年博士学位论文。

⑤ [美]约翰·康芒斯著：《制度经济学》，赵睿译，华夏出版社 2013 年版，第 147 页。

⑥ [美]约翰·康芒斯著：《制度经济学》，赵睿译，华夏出版社 2013 年版，第 147 页。

⑦ [美]约翰·康芒斯著：《制度经济学》，赵睿译，华夏出版社 2013 年版，第 147 页。

（三）采纳法律规范系统论对自然资源开发管理立法的好处

1. 法律规范系统可准确反映“自然资源领域性调整”的要求。

系统论的学者就是将社会视为一种要素众多、层次复杂、关系错综、目标功能多样的大系统。人们可以依不同的划分，寻找出不同的要素，建构起不同的描述。[①] 凡按一定的秩序或因果关系相互联系、相互作用和相互制约着的一组事物所构成的体系，都可称之为系统。[②] 自然资源这样一个综合性的社会关系领域，其本身就要求门类齐全、结构合理、功能协调，使得其中的法律规范能够作为一个有机整体充分调整该领域内的各种社会关系。

传统物权理论旨在界定财产归属、明晰产权从而保证经济运行有序化的同时，实现资源的充分游移，保证财产利用的畅通性，最大可能地发挥资源的效用，寻求最佳的社会经济效益，这业已成为现代物权理论的首要价值目标和立法重心。[③]

故而自然法律规范系统这种解读恰好准确地表达了“领域性调整”这一立法要求。首先其将系统限定在了自然资源开发管理法律领域，自可涵盖其复杂的内部社会关系，对该特定法律领域内所涉及的各种社会关系进行综合的法律调整。

2. 自然资源开发管理法律规范系统具有其灵活性和开放性。

传统的法律部门划分标准较为呆板，因此，在面对快速发展的社会关系时，会常常感到力不从心，法律会表现出明显的滞后性。而运用系统立法对自然资源开发管理领域进行调整，就具有较大的灵活性。因为系统并不是系统内所有事物的简单叠加，而是强调各个系统要素间所具有的联系性，以实现各自相对独立，分别承担不同功能和目的。

如此自可以认为，凡是调整与自然资源开发管理有关的权利和义务的法

---

① 吴元樑:《社会系统论》，上海人民出版社 1993 年版，第 24 页。

② 宋建:《科学与社会系统论》，山东科学技术出版社 1991 年版，第 4 页。

③ 马俊驹、梅夏英:《论物权法的发展与我国物权法体系的完善》，载《武汉大学学报》1996 年第 2 期。

律规范，不论是矿业权法律制度和海域使用权设定制度，均可以被视为“自然资源开发管理法律规范系统”中的构成要素。也正是在这一点上，可以充分体现出“系统划分”的灵活性。当自然资源开发管理社会关系发生了变化时，其所涉及的法律规范系统自会进行相应的调整，而不影响到其他系统的正常运行，因而具有法律部门划分所欠缺的开放性。[①]

3. 法律规范系统的相对独立性使自然资源开发管理法律规范系统具有了实现目的功能的可能性。

任何法律规范系统在调整领域内的纵横交错的社会关系时，系统内的各个要素都带有各自的独立性，自成体系，分别从不同的侧面具体调整该领域内的各个方面的社会关系。[②]故此进行社会系统分析不仅要分析组成系统的要素，而且应该分析其构成要素按一定的关系所组成的系统结构。[③]

“系统”的独立性是相对的。根据研究目的之不同，分析方法的相异，同一对象允许作为不同系统要素，具有不同的特征。这种“相对性”具体到“系统划分”而言，就是它允许各法律系统之间相互交叉。不过，任何一项法律制度都应对国家和社会具有其特定的功能和作用，这也是制度存在的价值所在。法律制度的功能一般即指立法者所预设的一种能力，而这种预设能力一经确定就具有客观性，就成为法律所固有不可分割的东西。[④]

例如，某一自然资源开发管理法律规范所调整的社会关系，可能既与“招拍挂”合同有关，又涉及自然资源开发管理行政审批的问题，那么，这一法律规范就既可被看作自然资源开发管理法律规范系统中民事子系统的构成要素，又可被看作其行政子系统的构成要素。“法律系统划分”的这种相对性，正好解决了“目前部门法划分”中无法避免的、一旦出现交叉重叠便你争我夺各不相让，却又无法在理论上作出令人信服的解释的难题。

① 吴元樑:《社会系统论》，上海人民出版社1993年版。

② 孙国华:《法理学教程》，中国人民大学出版社1994年版，第372页。

③ 吴元樑:《社会系统论》，上海人民出版社1993年版，第40页。

④ 转引自王亦白:《论不动产登记审查——以公私法接轨为视角》，中国人民大学2018年博士学位论文。

五、自然资源部职能发挥的完善

由于自然资源部建立时间不长，作为一个新兴的政府部门，除了要对内部机构权能进行划分和同外部行政部门合作，还要不断提升资产管理力量，统合全国资源归属和利用情况，具体完善路径包括以下方面：

首先，需要界定自然资源部和生态环境部的权力边界，避免职能重复。

组建自然资源部和生态环境部都是建设“美丽中国”的重要举措。组建自然资源部是：“为统一行使全民所有自然资源资产所有者职责，统一行使所有国土空间用途管制和生态保护修复职责，着力解决自然资源所有者不到位、空间规划重叠等问题，实现山水林田湖草整体保护、系统修复、综合治理。”① 组建生态环境部是：“为整合分散的生态环境保护职责，统一行使生态和城乡各类污染排放监管与行政执法职责，加强环境污染治理，保障国家生态安全，建设美丽中国。”② 自然资源部在生态环境保护中具有“生态保护修复”职责，生态环境部在生态环境保护中具有“加强环境污染治理”职责，前者重点在自然资源开发利用中的生态保护系统修复和综合治理，体现“谁破坏、谁治理”的责任，后者重点在环境污染监督、执法、治理，体现政府在环境污染治理中的更多责任和义务。自然资源部和生态环境部两者之间有一定的交叉。所以，自然资源部和生态环境部下的部门设置如何协调，如何找到各自恰当的边界线，这是一个非常重要的问题，也是职责编制机构非常关注的，既要防止出现“权力”真空区域，又要防止出现过多的“权力”交叉和重叠区域。总的原则是要体现强监管的统一性、穿透性，特别是专业性。

其次，组建自然资源部需要进一步强化自然资源资产属性，适当在机构设置中增强资产管理力量。

① 王勇:《组建自然资源部》，载《经济日报》2018 年 3 月 13 日。

② 《组建自然资源部和生态环境部：推动美丽中国建设》，载搜狐网：https://www.sohu.com/a/225494110_115124，最后访问日期：2019 年 6 月 21 日。

随着自然资源部的组建，自然资源资产管理会有所加强，机构设置中也会相应增强资产管理的力量，需要加快实现自然资源资产管理公平和效率的目的。自然资源管理手段需要更加体现使市场在资源配置中起决定性作用和更好发挥政府作用的原则，以大数据为基础的自然资源资产“云管理”工程和价值工程建设需要进一步提速。作为自然资源管理约束结构的国土空间管制规划需要由单一规划向多元规划进行重组。以产权和产籍作为自然资源资产管理关键的权益与分配制度需要不断创新。自然资源资产资本化运营机制需要进一步完善。自然资源资产的监管和调控手段的系统性需要高效的机制。自然资源资产管理体制的改革和创新力度需要进一步加大、加快、加强。

最后，组建自然资源部需要加强不动产登记体制机制建设，为国家安全和稳定奠定坚实的数据基础。

自然资源不动产统一登记管理体制机制建设，是关乎国家安全和稳定的大计。从工作便利高效的角度来看，对土地调查和确权登记管理职责、矿产资源调查和确权登记管理职责、水资源调查和确权登记管理职责，草原资源调查和确权登记管理职责，森林、湿地等资源调查和确权登记管理职责，海洋资源调查和确权登记管理职责以及国家测绘地理信息局的职责整合，势必加快了自然资源不动产统一调查和确权登记管理的速度和效率，为更好地进行自然资源统一管理和国家宏观调控奠定坚实的数据基础。

综上，自然资源法的独立性发展、理念发展、立法发展以及管理机构的发展构成了自然资源法发展的主要组成部分，通过整合四个方面的历史轨迹，来发现现存制度和管理体制存在的问题，以期未来自然资源法的进一步完善，使其发挥“以史为镜”的“知兴替”的作用。

跋

Postscript

本书作为《新中国法治发展70年观察丛书》中的一本已入选《"十三五"国家重点图书、音像、电子出版物出版规划》。在本书的撰写过程中，得到了著名法学家李步云先生和郭道辉先生的精心指导，本书成稿后又得到了著名法学家江平先生的充分肯定。在此，向三位新中国最著名的坚持"法治天下"的法学家致以最诚挚的谢意！

全书按照总论和分论相结合的方式，依次论述了自然资源法在新中国70年的不断与时俱进、新中国矿产资源法治70年、新中国水资源法治70年、新中国林业资源法治70年、新中国草原资源法治70年、新中国海洋海岛领域法治70年、新中国湿地保护法治70年、自然资源法律规范系统理念的勃兴、自然资源基本法在其法律规范系统内的基本法地位等内容，是一部全面、系统总结新中国70年来自然资源法治理论创新和法治实践创新的著作。

本书的完成无疑是由我们两位主编带领中国地质大学（北京）和中国政法大学的自然资源法学研究团队通力合作而共同完成的成果。

孟磊主编带领中国地质大学（北京）的陈文勤、李林、陈雪三位老师为本书的各分类撰写做了大量卓有成效的工作，中国地质大学（北京）的研究生陈孟伟、王亦卓、陈佩云、鞠婷、鲁声遥、司炜琳、马闻起、刘今、王子晗、何欣、姚志华、张晓阳、杨晨、刘昕悦、陈超、王童、张迪、梁鸿郁、史埼柯、张进尧、李云琪、蔺迪、刘群、潘坤、赵成、张景舜、薛璟、李晶晶、孙辉育、邹严毅、严浩宇、刘艳、薛强、王浩宇、王晓娜、樊少江等同学对本书资料的收集、整理付出了艰苦且卓有成效的努力。

李显冬主编与薛克鹏教授承担了总论有关理论构建的指导，中国政法大学的民商法学院研究生武宜婧、吴怡、殷晓喆承担了全书绪论与余论部分的资料收集与文字整理，中国政法大学毕业的博士、现在清华大学从事博士后研究工作的张文可和我在中国政法大学所指导的从事博士后研究的曹宇，以及自然资源部薛山先生和不动产登记中心刘志强博士还有中国政法大学证据科学研究院杨俊青女士，也都对本书的有关部分做出了他们特有的贡献。

全书完稿之后，由李显冬和孟磊两位主编进行了反复的认真审定。

最后，我们自然要对承担本书编辑工作的陈兴、王熹等编辑表示衷心的感谢，没有他们的不懈努力，本书不可能得以编辑出版。

编者

2019年七十年大庆前夕

图书在版编目(CIP)数据

新中国自然资源法治创新70年 / 李显冬，孟磊主编. —北京：中国法制出版社，2019.11

（新中国法治发展70年观察丛书 / 李步云，郭道晖主编）

ISBN 978-7-5216-0770-3

Ⅰ.①新… Ⅱ.①李… ②孟… Ⅲ.①自然资源保护法－研究－中国 Ⅳ.①D922.604

中国版本图书馆CIP数据核字（2019）第279525号

策划编辑：陈　兴（cx_legal@163.com）

责任编辑：王　熹（wx2015hi@sina.com）　封面设计：蒋怡

新中国自然资源法治创新70年

XINZHONGGUO ZIRAN ZIYUAN FAZHI CHUANGXIN QISHI NIAN

主编 / 李显冬　孟　磊

经销 / 新华书店

印刷 / 鸿博睿特（天津）印刷科技有限公司

开本 / 730毫米 × 1030毫米　16开　印张 / 36　字数 / 572千

版次 / 2019年11月第1版　2019年11月第1次印刷

中国法制出版社出版

书号ISBN 978-7-5216-0770-3　定价：128.00元

北京西单横二条2号　邮政编码100031　传真：010-66010493

网址：http://www.zgfzs.com　**编辑部电话：010-66010493**

市场营销部电话：010-66033393　**邮购部电话：010-66033288**

（如有印装质量问题，请与本社印务部联系调换。电话：010-66032926）